图书在版编目(CIP)数据

宿州年鉴. 2017 / 宿州市档案局（馆），宿州市地方志办公室编. -- 北京：方志出版社，2017.10
ISBN 978-7-5144-2621-2

Ⅰ. ①宿… Ⅱ. ①宿… ②宿… Ⅲ. ①宿州—2017—年鉴 Ⅳ. ①Z525.43

中国版本图书馆CIP数据核字(2017)第265895号

宿州年鉴（2017）

编　　者：宿州市档案局（馆）
宿州市地方志办公室
责任编辑：刘方圆
出 版 人：冀祥德
出 版 者：方志出版社
地址　北京市朝阳区潘家园东里9号（国家方志馆4层）
邮编　100021
网址　http://www.fzph.org
发　　行：方志出版社图书经销中心
电话（010）67110500
经　　销：各地新华书店
印　　刷：安徽煤田光大彩印有限责任公司
开　　本：889x1194　1/16
印　　张：29
字　　数：869千字
版　　次：2017年10月第1版　2017年10月第1次印刷
印　　数：0001~1000册
ISBN 978-7-5144-2621-2　定价：260.00元

《宿州年鉴》编辑部

编辑说明

一、《宿州年鉴》是宿州市人民政府主办，宿州市地方志办公室承办的综合性地方年鉴，逐年出版。

二、《宿州年鉴2017》为第19卷本。本年鉴以马克思列宁主义、毛泽东思想、邓小平理论、“三个代表”重要思想、科学发展观、习近平新时代中国特色社会主义思想为指导，坚持辩证唯物主义和历史唯物主义的立场、观点和方法，全面客观地记述宿州市2016年度自然、政治、经济、文化、社会等各领域的发展概况。

三、《宿州年鉴 2017》依据编纂大纲分工而分类编排，保持一贯风格，力求创新。全书体例采用分类编辑法，依次按类目、分目、条目编排，条目为主要信息载体。卷首设特载、专记、总述、大事记，卷尾设荣誉榜、附录。

四、本卷所载资料由市直各单位、驻宿单位及各县区地方志办公室提供，并经单位主要负责人审阅。单位供稿人署名加括号列于条目正文之后，未署名稿件由单位提供。

五、本卷采用的统计资料由市统计局提供，正文中的资料由供稿单位提供。由于资料来源、统计口径和方法不同，部分数据不一致的，以统计部门公布的资料为准。

《宿州年鉴》编辑部

中国共产党宿州市第五次代表大会

宿州市庆祝中国共产党成立95周年大会

宿州市第四届人民代表大会第六次会议

中国人民政治协商会议第四届宿州市委员会第五次会议

廉政警示教育

深入生产一线调研

客商考察宿马园区

2016中国IT创新年会

2016中国国际徽商大会

华为入驻高新区

宿马园区植保无人机

宿州市第二届青年创新创业大赛

水果大丰收

快乐童年

钟馗宝像　　陈光林 作

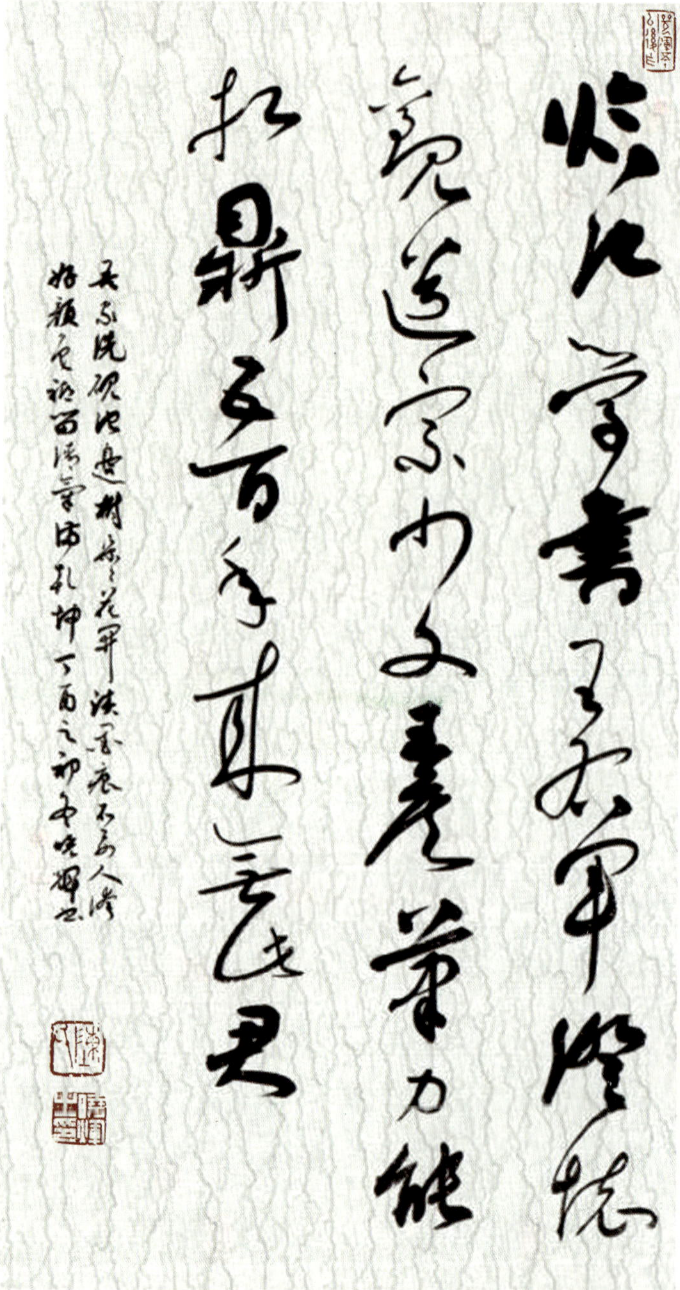

陈晓辉 书

香远溢清　　朱梅 作

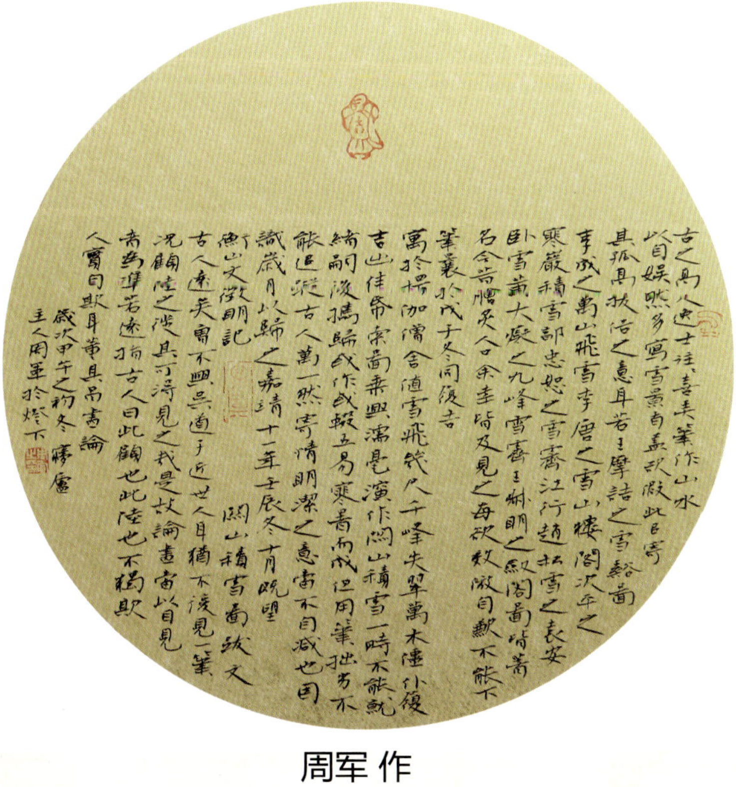

周军 作

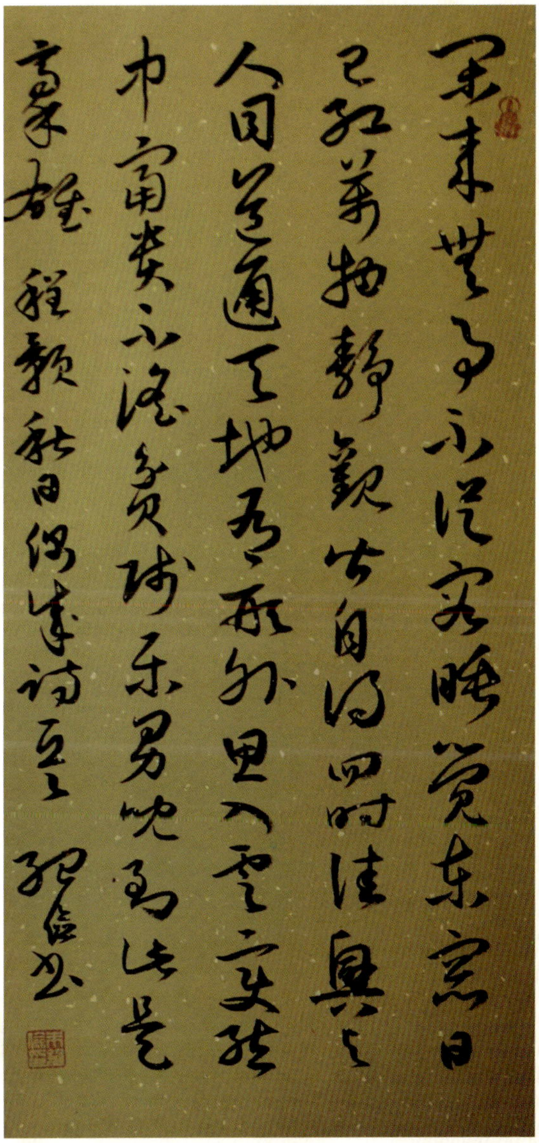

朱绍俭 书

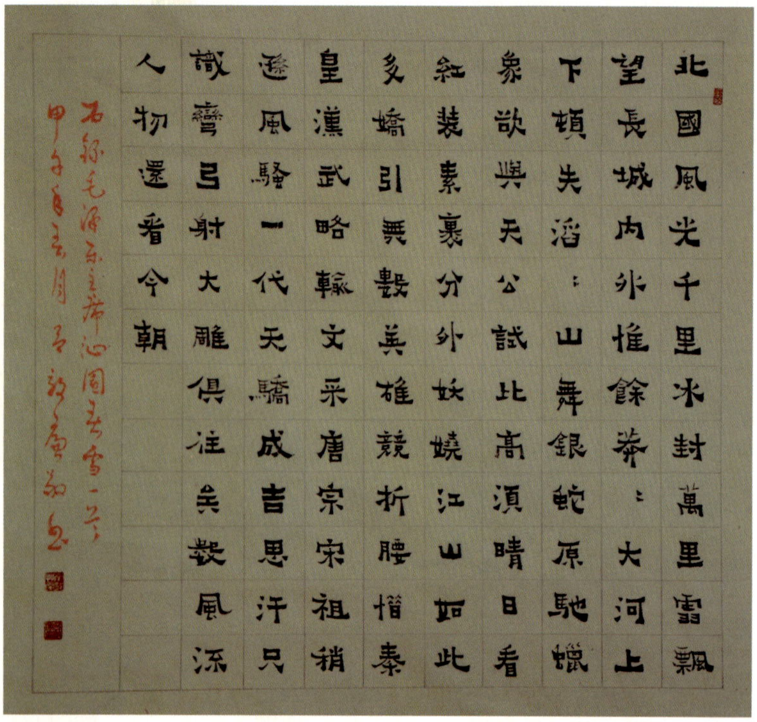
北國風光千里冰封萬里雪飄望長城內外惟餘莽莽大河上下頓失滔滔山舞銀蛇原馳蠟象欲與天公試比高須晴日看紅裝素裹分外妖嬈江山如此多嬌引無數英雄競折腰惜秦皇漢武略輸文采唐宗宋祖稍遜風騷一代天驕成吉思汗只識彎弓射大雕俱往矣數風流人物還看今朝

吕效廉 书

耿震 作

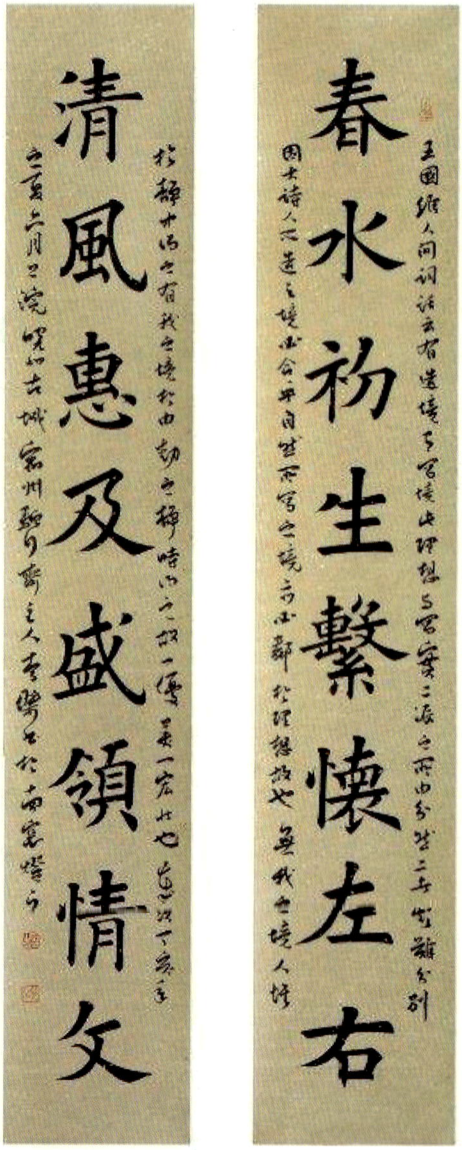
春水初生繫懷左右
清風惠及領情文

李杰 书

董宜峰 作

张铁建 作

秦建 作

郭峰 作

赵松岩 作

汴水唱晚

目　　录

特　载

专　记

总　述

大事记

中共宿州市委

宿州市人民代表大会

宿州市人民政府

中国人民政治协商会议宿州市委员会

中共宿州市纪律检查委员会（监察局）

民主党派

社会团体

法　治

军　事

经济监督管理

财政　税务

金　融

工业经济

商贸物流

交通　邮政

城乡建设和环境保护

信息产业

开放与合作

教育　体育　科技

拂晓报社

文物保护

卫生与计划生育

卫　生

医疗机构介绍

社会民生

民族宗教

园区建设

县　区

荣誉榜

附　录

Main Contents

SPECIAL

FEATURES

OVERVIEW

CHRONOLOGICAL EVENTS

SUZHOU MUNICIPAL COMMITTEE OF THE COMMUNIST PARTY OF CHINA

SUZHOU MUNICIPAL PEOPLE'S CONGRESS

SUZHOU MUNICIPAL PEOPLE'S GOVERNMENT

SUZHOU MUNICIPAL COMMITTEE OF THE CHINESE PEOPLE'S POLITICAL CONSULTATIVE CONFERENCE

SUZHOU MUNICIPAL COMMITTEE FOR DISCIPLINE INSPECTION OF THE COMMUNIST PARTY OF CHINA

DEMOCRATIC PARTIES

MASS ORGANIZATION

LEGAL SYSTEM

MILITARY AFFAIRS

SUPERVISION AND ADMINISTRATION ON ECONOMY

FINACE AND TAXATION

FINANCE

AGRICULTURAL AND RURAL ECONOMY

INDUSTRIAL ECONOMY

COMMERCIAL LOGISTICS

TRANSPORTATION AND POSTAL

URBAN CONSTRUCTION AND ENVIROMENTAL PROTECTION

INFORMATION INDUSTRY

OPENING – UP AND COOPERATION

EDUCATION, SPORTS, SCIENCE AND TECHNOLOGY

CULTURE, TOURISM AND MEDIA

HYGIENE AND FAMILY PLANNING

SOCIAL PEOPLE'S LIVELIHOOD

PARK CONSTRUCTION

COUNTIES AND DISTRICT

HONOR LIST

APPENDIX

特　　载

市委常委会向全委会的工作报告

（2017 年 2 月 15 日）

史　翔

2016 年，在省委的坚强领导下，市委常委会深入学习习近平总书记系列重要讲话特别是视察安徽重要讲话精神，全面贯彻党的十八大、十八届历次全会和省第十次党代会精神，一心一意谋发展，聚精会神抓党建，全市经济发展量质并举，社会事业全面进步，党的建设持续加强，在建设“五大发展”美好宿州新征程中迈出了坚实步伐。

过去一年，市委常委会重点抓了五件大事。

一是认真学习贯彻习近平总书记系列重要讲话特别是视察安徽重要讲话精神。市委常委会牢固树立“四个意识”特别是核心意识、看齐意识，自觉同以习近平同志为核心的党中央保持高度一致，深入学习习近平总书记系列重要讲话特别是视察安徽重要讲话精神，切实以总书记重要讲话精神武装头脑、指导实践、推动工作。我们坚持学在深处，制定学习宣传工作方案，先后开展 22 次中心组理论学习会、举办 15 场报告会，以及各类集中研讨、专题轮训等，持续深化对总书记重要讲话精神的理解把握。扎实推进“送理论进基层”活动，在全省率先开展“推进习近平总书记视察安徽重要讲话精神专题宣讲”，促进总书记重要讲话精神进课堂、进教材、进头脑、进基层。我们坚持改在细处，围绕总书记重要讲话要求，深入查摆思想、工作和作风上存在的突出问题，一条一条对照、一项一项整改，党性修养得到锤炼、工作理念得到转变、引领发展的能力水平得到增强。我们坚持干在实处，出台《五大发展行动计划》，注重把习近平总书记系列重要讲话中蕴涵的新思想、新观点、新要求，转变为统筹推进“五大发展”美好宿州的思路举措和实际成果，实现了更高质量、更有效率、更加公平、更可持续的发展。

二是精准贯彻落实十八届六中全会精神。六中全会召开后，我们及时通过市委常委会议、领导干部大会、党委（党组）中心组、报告会等多种形式组织专题学习和理论研讨，并把全会精神作为各级党校、行政学院培训教学的重要内容，积极开展轮训培训，切实把思想和行动统一到全会要求上来。组织开展“十八届六中全会精神在基层”“五大发展见行动”系列活动，多角度、全方位、立体化宣传报道，做到了家喻户晓、深入人心。全力推进全会精神精准落地，制定出台《中共宿州市委关于学习贯彻党的十八届六中全会精神开创全面从严治党新局面的意见》，全面从严治党各项工作得到有效落实。

三是深入推进“两学一做”学习教育。我们注重早谋划早部署,在全省率先进行安排部署,并制定出台“1+3”实施方案,深入推动学习教育开展。坚持以上率下,市委中心组先后进行6次集中封闭学习,举行3次专题研讨,5次邀请著名专家学者作专题辅导,各级党员领导干部上党课16497次。坚持分类推进,精心组织开展了“千名领导联系千个支部”“在职党员进社区”“学习党章党规和系列讲话知识竞赛”等活动,23万余名党员直接参与进来。坚持典型示范,市级报告团巡回宣讲6场,编排梆子戏《村支书陈德领》《平安是福》巡演40场。坚持问题导向,成立5个督导联络组,重点开展不适应、不符合、不到位等“三不问题”大排查,查找问题40425个,开展“召开一次推进会、设置一张提醒卡、签订一份承诺书、组织一次群众评估”“四个一”活动,确保整改工作清仓见底。

四是扎实开展“讲看齐、见行动”学习讨论。市委常委会高度重视“讲看齐、见行动”学习讨论的开展,精心部署发动,制定工作方案、工作流程图,编发学习讨论资料,迅速掀起了热潮。注重丰富载体,创新开展“七个一”特色做法,即成立一个指导组、组织一次专访、开展一周集中宣讲、开展一次驻村走访、举办一次道德表彰、参加一次组织生活、推出一批主题采访,进一步形成了对标看齐的良好氛围。强化组织领导,建立学习讨论调度制度,坚持每周五召开学习讨论工作例会,有力推动学习讨论深入扎实开展。同时,由市委常委带队赴各县区、市直单位集中开展实地督查指导,推动各地各单位“讲看齐、见行动”学习讨论工作分层实施、有序开展。

五是圆满召开市第五次党代会。成功选举产生了新一届市委、市纪委领导班子,科学确立了未来五年的奋斗目标和重点任务,提出了“一区两中心五基地”的奋斗目标,进一步动员全市广大党员和干部群众,中部崛起闯新路,皖北振兴走前列。

过去一年,市委常委会注重把方向、管大局、作决策、保落实,主要做了七个方面工作:

一、全力促进经济又好又快发展

我们始终坚持把加快发展作为第一要务,深入推进供给侧结构性改革,大力实施“五大发展行动计划”,统筹推进“三去一降一补”,经济社会发展继续保持良好势头。全市完成生产总值1351.8亿元,增长9.1%;财政收入139.8亿元,增长11.3%;固定资产投资1270亿元,增长12.1%;社会消费品零售总额476.9亿元,增长12.3%;城镇、农村常住居民人均可支配收入分别增长8.1%、8.5%;主要动态指标继续保持全省前列。

持续壮大工业经济。实施工业强市兴县战略,“大新专”项目超额完成年度投资计划,新亚电子生产基地、恒邦新材料等项目加快建设,雪龙化纤、东艺鞋业、新宇药业二期等项目建成投产,规模以上工业增加值405.6亿元,增长9.3%;扎实推进“3111”工程,各县区和园区首位产业实现产值807亿元,同比增长31.8%。深入实施“全创改”“三重一创”“调转促”,战略性新兴产业产值、高新技术产业工业增加值分别增长29.6%、25.9%;云计算产业基地入选省级战略性新兴产业集聚发展基地,贝斯康医学大数据省级创新平台建成投运,建立光纤传感工程实验室、3D打印研究院、石墨烯研究院等创新平台,国盾量子通信落户;大力改造提升传统产业,围绕“互联网+”行动计划,实施重点技改项目200个,完成技改投资414.6亿元,轻纺鞋服、食品加工、板材家居、生物医药、煤电能源等传统产业质量效益不断提升。

扎实推进新型城镇化。城市总体规划修编工作顺利启动,《大宿城空间战略发展规划》编制完成,主城区实现双“80”目标,开工建设城乡重点工程201个,完成投资231.9亿元。汽车客运中心站及配套公交枢纽站、动物园等工程进度加快,植物园建成开放,郑徐高铁宿州段、宿灵泗快速通道正式通车。扎实开展“555”工程,四个县开工建设重点项目99个,美丽乡村建设有序推进,41个乡镇政府驻地建成区整治和43个中心村建设规划编制完成,“三线三边”环境治理成效显著。全力加快棚户区改造,保障房开工率、基本建成率均居全省前列。以“16城同创”为契机,全面提升城市管理水平,“城管服务超市”荣获2016全国创新社会治理最佳案例奖,成功获批国家首批电信普遍服务试点城市、“宽带中国”示范城市。砀山县、灵璧县分别入选国家全域旅游示范区、全国休闲农业与乡村旅游示范县。

加快发展现代农业。加快实施绿色增效、品牌建设、科技推广、主体培育、改革创新“五大示范行动”,全力打造“第六产业”。加快发展新型经营主体,现代农业产业化联合体发展到229个、农民合作社9893家、家庭农场4297家，分别增长30.9%、11.5%、18%。农业产业化综合水平全省领先，规模以上农产品加工企业完成加工产值1027.8亿元，增长9.2%；市级以上龙头企业516家。粮食总产403.2万吨，实现“十三连丰”。“农村电商”异军突起，网上农产品销售55亿元，增长20%。砀山酥梨进入“全国果品业最具投资价值品牌30强”。农业基础设施不断完善，新增高效节水灌溉面积0.07万公顷，病险水库水闸除险加固、中小河流治理等重点水利工程加快推进。

二、持续深化改革开放

我们始终坚持高举改革开放大旗，紧盯国家和省重大改革试点项目，全年183项改革任务按时序进度扎实推进，主动融入“一路一带”、皖北振兴等国家和省重大战略，发展空间不断拓宽。

统筹推进改革任务落实。加快“放管服”改革，取消行政审批事项67项，“三集中、三到位”全面落实，行政审批类、公共服务类项目“网上可办”。深化商事制度改革，“五证合一、一照一码”全面实施，对新注册成立的工业、高新技术等民营企业免、缓征开业前所有行政事业性收费，新增登记注册企业10870户，同比增长29%。扎实推进户籍制度改革，“五权不变”“五有并轨”全面落实，新增城镇落户8667人。人地挂钩改革试点、电子商务进农村综合改革、返乡创业示范改革、农业信贷劝耕贷惠农贷款试点、乡贤参与乡村社会治理模式、农村土地承包经营权抵押贷款试点、不动产登记等一批改革走在全国全省前列。文化体制、医药卫生、财税金融、国资国企、统计调查等重点领域改革有序推进，全面深化改革成效正在显现。

不断扩大对外合作交流。加强与黄淮海地区特别是徐州的全面对接，全面推动互联互通，郑徐客运专线和德上高速宿州段建成通车。宿州海关正式开关，实现进出口总额4.7亿美元。大力推进产业链招商，积极参加徽商大会等招商平台，全年实际到位内资1040亿元，增长15.6%；利用外资7.3亿美元，增长8%。实施金融“五个一”工程，新增贷款170.9亿元、增长49.4%，实现直接融资95.7亿元、增长256.7%，均创历史新高。园区对外合作交流水平不断提升，市经开区、宿马园区荣膺“中国产业园区营商环境百强”，市高新区蝉联“中国产业园区创新力百佳”，鞋城成功举办第五届中国制鞋产业发展高层论坛。

三、高度重视生态文明建设

我们始终坚持“绿水青山就是金山银山”的发展理念，妥善处理发展经济与保护环境的关系，努力为人民群众提供良好的生态环境。

持续加大环境保护和污染防治力度。大力推进大气污染防治行动计划，印发《宿州市大气污染防治实施细则》《宿州市重污染天气应急预案》，严控建筑工地、道路、矿区等扬尘、烟尘，坚决解决非煤矿山污染问题，环境空气质量有效改善。大力推进水污染防治行动计划，编制完成《宿州市水污染防治河长制实施方案》，积极推进小流域污染治理、饮用水源地保护、农业面源污染治理、跨界污染联防联控等工作，各园区污水处理厂和管网均已建成，各县区生活污水处理厂建成投运，水体质量进一步提升。大力推进土壤污染防治行动计划，切实强化对未污染的、正在污染的、已污染的土壤防治和风险管控措施。积极开展全国第二批工矿废弃地复垦利用试点市工作，加快土地整治，连续十八年实现耕地占补平衡。

全力闯出绿色发展宿州新路。出台《关于扎实推进生态文明建设闯出绿色发展宿州新路实施方案》，着力构建新汴河生态经济带、黄河故道果林田园生态绿带、符离大道生态文化廊道等三大绿色发展板块。以创建国家森林城市及全国绿化模范城市为契机，成功创建省级森林城市1个，省级森林城镇9个，省级森林村庄34个。积极推进水生态环境建设，河湖沿线水生态环境有效改善，第一批、第二批水环境优美乡村试点建设通过验收，新汴河水利风景区正式获批成为国家级水利风景区。淮水北调宿州段干线工程及配水工程基本完成。标本兼治推进秸秆禁烧和综合利用工作，市及砀山县秸秆电厂投入使用，灵璧县秸秆电厂基本建成，农业秸秆、废弃垃圾得到有效利用和处理，生态环境进一步改善。

四、统筹做好脱贫攻坚和民生工作

我们始终坚持以人民为中心的发展思想，重点抓好群众急需、存在短板、社会关注度高的民生实事，一项一项推进，一件一件落实。

扎实推进脱贫攻坚。建立健全政策体系，明确全市脱贫攻坚“时间表”和“路线图”。落实精准识别和动态管理机制，制定“一图一单一手册”，记好两本帮扶“流水账”，以贫困户为单位、由包户干部记好入户帮扶“流水账”和以村为单位、记好全村贫困户帮扶“流水账”,扶贫对象基础信息进一步完善。坚持精准扶贫,聚焦“十大工程”,深入推进扶贫开发“4 + 3”工作,实施“一村一品”产业推进行动,5000 个产业扶贫项目精准到户,建成 1.2 万个户用、189 个村级光伏电站,完成 3700 人易地扶贫搬迁。坚持精准领导、精准推进,进一步充实市、县扶贫办工作力量,乡镇设立扶贫工作站,村配备扶贫专干;压实党政主职、班子成员、属地镇村、包保干部“四方责任”,359 个贫困村实现“脱贫攻坚第一书记”全覆盖。强化资金监管,坚决避免现金流动,确保扶贫资金在账户中有痕迹、可查询、可追溯。顺利完成省脱贫攻坚第三方评估工作,全年 11.91 万人实现稳定脱贫,140 个贫困村出列。

稳步发展社会事业。33 项民生工程全面完成,全市民生支出 265 亿元,占财政总支出的 85.1%。10 件惠民实事顺利实施,新建改建乡镇公厕 100 座,新增电动公交车 60 辆,市、县城区老旧电线改造稳步推进。新增城镇就业 5.4 万人,城镇登记失业率控制在 4.5%以内。城乡低保人均保障标准分别增长 11.6%、36.4%,农村五保供养标准增长 33%。新建改扩建公办幼儿园 55 所,完成 155 所义务教育学校标准化建设,新增 4 所普通中专。二级以上医疗机构增加到 24 所,创建国家级群众满意乡镇卫生院 16 个、省级群众满意村卫生室 11 个。落实“全面两孩”政策,人口计生工作保持全省前列。

突出抓好社会治理。持续开展信访积案专项治理行动,186 件“钉子案”“骨头案”彻底化解。突出抓好社会治安防控体系建设,基层综治维稳信访工作中心(站)规范化水平进一步提高,“一中心、五系统”综治信息化系统初步构建,平安宿州建设扎实推进。切实规范食品药品监管,在全省率先实现“一乡一所”目标。严格落实安全生产责任制,健全完善应急管理体系,安全生产形势持续向好,社会大局和谐稳定。

五、切实加强宣传思想文化工作

我们始终坚持把宣传思想文化工作摆在突出位置,认真落实“两个巩固”根本任务,全面推进宣传思想文化建设各项工作,努力构筑共同奋斗的精神家园。

全面落实意识形态工作主体责任。坚持党管意识形态,从严加强对意识形态工作的组织领导,建立完善意识形态工作情况报送制度、重大事项报告制度,定期分析研判意识形态领域情况,及时解决处置意识形态领域出现的新情况新问题。牢牢掌控意识形态阵地,坚持政治家办报办台办新闻网站,推动传统媒体与新媒体深度融合,加强宿州新闻网、宿州网络广播电视台、“掌握宿州”移动客户端等全媒体平台内容建设。实施网上舆论引导工程,召开学习贯彻习近平总书记会见中国记协第九届理事会代表重要讲话精神座谈会,建立网络舆情联动应对机制,最大限度挤压负面信息传播空间。强化正面宣传,围绕中央和省、市重大决策部署,积极组织开展专题宣传,营造团结稳定鼓劲浓厚舆论氛围。加大对外宣传力度,出版发行精品图书《诗画宿州》,在《人民日报》、中央电视台等国家级媒体推出一批反映我市特色工作的重要报道,进一步提升宿州知名度。

大力培育践行社会主义核心价值观。持续加大全国道德模范“最美孕妇”彭伟平、全国最美职工“金牌工人”许启金等重大典型宣传。广泛开展“身边好人”选树活动和系列评选活动,5 人上榜中国好人、28 人上榜安徽好人,朱引侠家庭荣获“全国最美家庭”和“全国五好文明家庭”称号。成功举办全省首场道德模范与身边好人现场交流活动暨 4 月安徽好人揭榜仪式,制作设置“图说价值观”“讲文明树新风”等公益广告 2 万多幅,启动建设“爱心墙”近百面,深化“传承中华文化　共筑精神家园”爱国主义读书教育活动,“好人宿州”的示范效应进一步彰显。

不断扩大公共文化供给。加强基层文化服务阵地建设,在全省率先建成 49 个村综合文化服务中心,公共文化服务数字化建设进展顺利,农家书屋实现标准化、均等化、全覆盖,广播电视“村村通”向“户户通”转型升级。持续加强文艺精品创作,话剧《警魂永铸》在全省巡演,梆子戏《平安是福》晋京成功演出,《鞭打芦花》将参加“安徽好人”颁奖晚会。组织系列书画展、“百戏进万家”“送欢乐下基层”等系列群众文化活动,举办纪念中国共产党成立 95 周年“颂歌献给党”演唱会、纪念长征胜利 80 周年名家作品邀请展等重大文化活动。广泛开展“书香宿州阅读季”系列活动,成功举办“倡导文明　万人毅行”“千人骑行倡文明”“宿州国际半程马拉松比赛”等群众性精神文化活动,市民文明素养全面提升。

六、稳步推进社会主义民主法治建设

我们始终坚持党的领导、人民当家做主、依法治国有机统一,不断扩大社会主义民主,深化社会主义法治，巩固发展民主团结、生动活泼、安定和谐的政治局面。

支持人大及其常委会开展工作。市委常委会专题听取市人大常委会党组汇报，对做好工作提出指导意见。在全省率先建立市本级实时在线财政预算监督系统，切实发挥人大监督与审计监督的综合效应。支持人大常委会依法履行职责，围绕民生工程、土地利用、司法行政、卫生计生等工作，集中开展专项督查、视察调研和工作评议等活动。支持人大常委会依法决定重大事项和人事任免，在全省率先实施了宪法宣誓制度。县乡人大换届选举圆满完成。

支持政协履行政治协商、民主监督和参政议政职能。市委常委会专题听取市政协党组汇报，坚持和完善政协主席列席市委常委会议和其他有关重要会议制度，及时批转《政协宿州市委员会 2016 年工作要点》，联合印发《2016 年度政协重点民主协商活动计划》。主动加强与市政协的工作联系，及时参加政协会议和重大活动，及时批复重要请示报告，及时答复各类意见建议。市委常委牵头组织开展 9 项重点民主协商活动，形成 68 篇会议发言、9 篇建言报告，较好发挥了政协协商民主的主渠道作用。圆满完成县区政协换届工作。

全面加强统一战线工作。成立统一战线工作领导小组，制定领导小组工作规则，切实加强党对统战工作的集中统一领导。开展“五个一批”活动，支持非公经济健康发展和非公经济人士健康成长。党外干部工作走在全省前列。开展民族团结进步创建活动，依法管理宗教事务。扎实做好党外代表人士和港澳台工作，支持宿州民盟、民建、民进、农工党、九三学社市级组织圆满完成换届工作。

深入推进法治宿州建设。坚持党对立法工作的领导，制定出台的《宿州市农村垃圾治理条例》为全国首部规范农村垃圾治理的地方性法规。全面推进依法治市各项年度工作任务。司法体制改革进展顺利，市中院、市检察院分别制定改革试点方案，组织参加全省首批员额考核，首批法官检察官产生并开展工作。继续开展“江淮普法行”活动，“七五”法治宣传教育工作扎实推进。支持各人民团体依法按照各自章程开展工作，深化群团改革，充分发挥了群团组织桥梁纽带作用。强化党管武装工作，推进军民融合深度发展，荣获全国双拥模范城“七连冠”。

七、全面推动从严管党治党

我们始终坚持把抓好党建作为最大主业，严格落实党建工作责任制，切实担负起从严治党主体责任，严肃党内生活，严管干部队伍，严整作风效能，严惩贪污腐败，营造风清气正的政治生态。

规范和加强党内政治生活。认真落实《关于新形势下党内政治生活的若干准则》，制发《关于进一步规范全市基层党组织“三会一课”制度的通知》等制度文件，对党员领导干部参加党的组织生活、按时参加所在党支部的党课教育、按月向所在党支部、党小组交纳党费、落实谈心谈话制度、开展民主评议党员等做出硬性规定、完善制度体系，确保党内政治生活规范化、制度化、常态化开展。严格执行《中国共产党党内监督条例》，强化组织部门和执法部门监督，建立干部监督联席会议制度，形成人事、编制、审计、信访、计生、司法等部门的日常交流、信息收集等共享机制，确保党内监督取得实效。重点抽查 297 人次、随机抽查 94 人次，5 名拟提拔重用市管干部人选因个人有关事项报告问题被取消或暂缓使用。

加强干部队伍建设。坚持好干部“20 字”标准，深入贯彻落实《干部选拔任用工作条例》，锻造忠诚干净担当的干部队伍。严格遵循“三在先、六个四”和“九严禁、九一律”要求，创新实行“九大主体”责任捆绑，圆满完成市县乡三级党委、县乡人大、县乡政府和县区政协换届工作。建立健全“1 + 5”干部选任及管理体系，持续深化“四个在先”工作法，出台《落实全面从严治党要求　有效防范干部“带病提拔”的意见》《推进领导干部能上能下实施办法》。严格落实领导干部个人有关事项报告“凡提必核”“一把手”任职承诺公示制度，形成了公道正派选人用人的工作导向，年度选人用人工作总体评价满意率稳步提升。

加强基层组织建设。大力实施基层党建“3456”计划，将基层党建保障纳入市 33 项民生工程，市县财政共投入 3.59 亿元，用于村（社区）干部待遇提升、基本运转经费保障、村级活动场所建设等。梳理制定基层党建“三个清单”，查摆细化 52 项、146 条具体任务，项目化推进基层党建工作。扎实开展“三级联述联评联考”，全市所有村（社区）党组织书记、乡镇（街道）党（工）委书记、县区（园区）党（工）委书记分别向上级党委述职并接受测评。积极开展软弱涣散基层党组织整顿工作“回头看”，开展“基层党组织长期不换届”等专项整治,推动非公企业和社会组织“两个全覆盖”,确保全面从严治党责任在基层得到落实。

抓好作风效能建设。对标中央八项规定抓落实,坚持抓重要节点、抓具体问题、抓监督执纪、抓通报问责。全年累计查处违反中央八项规定精神问题186起,220人受到处理,其中,207人受到党政纪处分。对标效能建设抓督导,深入开展效能建设升级版“十大活动”,着力抓好市直机关《电视问政》工作;严格落实《宿州市党政机关及其工作人员效能问责暂行办法》,着力整治“不作为”“不担当”“中梗阻”等突出问题;开办《效能观察》栏目,加大明察暗访力度,严肃追责问责。对标群众利益抓深化,始终把群众利益作为各项工作出发点和落脚点,结合巡视反馈问题整改和“4+4”专项整治,严肃查处发生在民生领域的“三资”管理、土地征收等违纪行为。全年查处侵害群众利益的不正之风和腐败问题346起、处理397人,其中给予党政纪处分368人、移送司法机关23人。

深入推进党风廉政和反腐败工作。压实“两个责任”,年初将“两个责任”细化为6大项68小项任务,逐一分解落实到各地各有关部门主要负责人及班子成员,配套出台考核、约谈、述廉述责和接受评议等实施办法,形成落实“两个责任”“1+4”制度体系。充分运用“四种形态”,召开2次任前廉政谈话会、4次集体约谈会、开展干部任前廉政谈话57人次,全市共谈话函询71件(次),其中反映失实予以澄清了结的54件(次),坚持“四必查”,对违反纪律的给予党纪轻处分1014人,党纪重处分355人。扎实开展巡察工作,5个巡察组先后开展3轮驻点巡察、1轮扶贫专项巡察以及经省委授权对两所高校开展巡视,共发现问题线索273条,重点问题线索76条,已立案96件,给予党政纪处分116人,移送司法机关7人。保持惩治腐败高压态势,各级纪检监察机关共新立案件2009件,给予党政纪处分2060人,涉嫌犯罪移送司法机关处理66人。

一年来,市委常委会始终牢记打铁还需自身硬,高度重视并切实加强自身建设。切实把好方向,牢固树立“四个意识”特别是核心意识、看齐意识,深入开展“两学一做”学习教育,扎实开展“讲看齐、见行动”学习讨论,自觉与以习近平同志为核心的党中央保持高度一致。切实管好大局,认真谋划关系本地区全局性、战略性、根本性和前瞻性的重大问题,有效调动各大班子和社会各方面的积极性创造性,为加快推进改革发展凝聚了强大合力。切实做好决策,制定出台《市委工作规则》,凡是涉及全局和长远发展的重大问题,均严格按照集体领导、民主集中、个别酝酿、会议决定的原则,由集体研究决定,班子成员之间团结信任。切实抓好落实,从严夯实“两个责任”,严格落实“一岗双责”,倡导想干事、敢干事的鲜明导向,细化任务、夯实责任,形成了齐心协力抓落实的良好局面。

回顾这一年,我们深刻认识到,工作中还存在不少问题和困难,主要是:经济发展的质量效益还不够好;教育、医疗、住房、食品药品安全、社会治安等关系群众切身利益的矛盾问题仍然较多;少数党组织不重视党的建设,主体责任和监督责任履行不到位;少数基层干部侵害群众利益问题时有发生,党风廉政建设有待进一步加强,等等。下一步,我们将牢固树立“四个意识”,坚定不移地向以习近平同志为核心的党中央看齐,确保中央决策部署在宿州落地生根、开花结果。我们将紧紧抓住“2+4+2”重点工作,持续推进“3111”和“555”两大工程,着力抓好“脱贫攻坚、信访维稳、环境保护、安全生产”四件大事,全力推进全面从严治党、争创全国文明城市两项重点任务,努力打造省际交汇区域中心城市、皖北开放新高地和现代农业示范先行区。我们将切实践行以人民为中心的发展理念,以脱贫攻坚为引领,全力解决人民群众普遍关心的热点难点焦点问题,持续增强人民群众的获得感。我们将从严推进管党治党,做到思想建设从严、管党治党从严、执行纪律从严、作风建设从严、吏治反腐从严、党内监督从严,不断营造宿州政治生态的“绿水青山”。

以上报告了市委常委会2016年的工作,希望同志们对市委常委会的工作提出意见建议,帮助我们把各项工作做得更好。

政府工作报告

2017年1月11日在宿州市第四届人民代表大会第六次会议上

代市长　　杨　军

一、“十三五”实现良好开局

过去一年，在省委、省政府和市委的坚强领导下，全市上下全面贯彻党的十八大和十八届三中、四中、五中、六中全会精神，深入贯彻习近平总书记系列重要讲话特别是视察安徽重要讲话精神，攻坚克难，开拓进取，较好完成了市四届人大五次会议确定的目标任务。

初步核算，全市生产总值1320亿元，增长9%；财政收入139.8亿元，增长11.3%；固定资产投资1270亿元，增长12.1%；社会消费品零售总额471亿元，增长12.4%；城镇、农村常住居民人均可支配收入25400元和9980元，分别增长8.3%、9.5%；三次产业结构持续优化，一产比重首次降至20%以下；节能减排达到省控目标；主要动态指标继续保持全省前列。特别是县域经济发展加快，主要经济指标增速高于全市平均水平，经济总量占全市比重达到85%，整体实力显著提升。

*一是产业转型步伐加快。*工业主导地位突出，规模以上工业增加值400亿元，增长9.2%；规模以上工业企业1281户，产值超亿元企业530户。持续实施“3111”工程，“三个10”项目顺利推进，实现首位产业产值720亿元。“调转促”步伐加快，实施传统产业改造升级，完成技术改造投资430亿元，增长15%；依托“全创改”，统筹推进“三重一创”，云计算产业基地入选省级战略性新兴产业集聚发展基地，市经开区生物医药、砀山果蔬食品生物科技、萧县功能性新材料3个市级战新基地启动建设，全市战略性新兴产业产值、高新技术产业工业增加值分别增长30%、21%。3D打印、石墨烯研究院等创新平台相继建立，国盾量子通信落户宿州，新增省级以上研发机构2家。产业发展后劲增强，钱营孜低热值煤发电、和泰陶瓷等190个项目开工建设，新亚电子等192个项目进度加快，立诚包装等85个项目建成投产，“大新专”项目投资640亿元，完成年度计划的146%，获批专项建设基金29.8亿元。积极对接徽商大会等招商活动，实际到位内资1040亿元，增长15.6%；利用外资7.3亿美元，增长8%。新型业态加速成长，电子商务异军突起，全市网上农产品销售55亿元、增长20%，泗县获评国家级电子商务进农村综合示范县。砀山、灵璧分别入选国家全域旅游示范区、全国休闲农业与乡村旅游示范县，萧县获评中国最佳乡村旅游目的地，全市旅游总收入120亿元，增长20.7%。

*二是城乡建设面貌一新。*城市总体规划修编顺利启动，《大宿城空间战略发展规划》编制积极推进。全市实施重点工程205项，完成投资231.9亿元。郑徐高铁宿州段、宿灵泗快速通道正式通车，宿萧砀快速通道基本建成。宿州东站扩建、市政务服务中心加快建设，拂晓大道综合改造顺利完成，万达广场、南翔云集开业运营，植物园建成开放，主城区实现双“80”目标。“555”工程扎实推进，县区开工建设重点项目99个，渔沟镇入选首批省级特色小镇。棚户区改造加快推进，建设房产超市，充实房源项目库，货币化安置比例达70%；完成征迁拆违733万平方米，新开工各类保障房2.2万套，开工率、基本建成率均居全省前列。城市管理文明有序，争创全国文明城市活动扎实开展，荣获国家园林城市称号，“城管服务超市”入围全国创新社会治理典型案例。城市功能持续完善，“智慧城市”13个平台类、民生类项目一体推进，成功获批国家首批电信普遍服务试点城市、“宽带中国”示范城市、省首批优先发展公交示范城市。城乡生态不断改善，

全市新增绿地面积487万平方米,建成绿道70公里,新造林0.98万公顷,森林增长工程通过验收,新汴河景观带获批国家级水利风景区,石龙湖国家湿地公园正式命名,埇桥区获评全国绿化模范县区;美丽乡村建设加快,完成41个乡镇政府驻地建成区整治、43个中心村建设任务,"三线三边"环境治理成效显著;环境执法检查力度加大,非煤矿山整治有力推进,秸秆综禁成效明显,大气和水污染防治取得阶段性成果。宿州变得更美了,为宿州点赞的更多了。

三是现代农业全面提升。粮食总产403.2万吨,实现"十三连丰"。建设创新型农业现代化先行区,着力打造现代农业"两区"升级版。农业经营主体向多元转变,现代农业产业化联合体、家庭农场、农民专业合作社分别达到229个、3970个、9893个,分别增长30.9%、9%、11.5%。农业产业化综合水平全省领先,规模以上农产品加工企业完成加工产值994亿元、增长9.3%,市级以上龙头企业516家。砀山酥梨进入"全国果品业最具投资价值品牌30强"。农村重点改革扎实推进,土地承包经营权确权登记颁证顺利实施,农业规模经营面积占耕地比重达25%,"劝耕贷"试点在全国推广。病险水库水闸除险加固、中小河流治理等重点水利工程加快推进,新增高效节水灌溉面积0.07万公顷,埇桥区荣获省"江淮杯"四连冠。解决20万人饮水安全问题。主要农作物耕种收综合机械化水平达87%以上。

四是脱贫攻坚稳步推进。11.91万贫困人口、140个贫困村有望脱贫出列。建立健全"1+28"政策体系,形成脱贫攻坚政策"组合拳"。强化定点包保责任,359个贫困村实现"脱贫攻坚第一书记"全覆盖。落实精准识别和动态管理机制,扶贫对象基础信息进一步完善。启动脱贫攻坚"十大工程",5000个产业扶贫项目精准到户,建成12100个户用、189个村级光伏电站。在全省率先开展贫困人口综合医保"一站式"即时结算,市内医疗机构就诊费用通过综合补偿后,其余合规费用再补助90%,在全国健康脱贫工作会上作经验介绍。实施易地扶贫搬迁3700人,完成贫困户危房改造8150户,建档立卡贫困家庭高中生学杂费全部免除。

五是改革开放持续深入。供给侧结构性改革扎实推进,"去降补"任务落地见效,商品房去化周期由16.5个月降至12个月,政府平台融资成本不超过银行贷款基准利率的1.3倍,"营改增"降低企业税负3亿元,减负率25%。"放管服"改革深入实施,行政审批"三集中、三到位"全面落实,行政审批类、公共服务类项目"网上可办";大众创业、万众创新深入推进,"五证合一、一照一码"全面实施,新登记注册企业10870户,增长29%。金融服务能力不断增强,全年新增贷款166亿元、增长38%,直接融资102亿元、增长308%,均创历史新高。主板辅导备案企业2家,新三板挂牌企业4家。大力发展股权债权投资基金,各类基金总规模93亿元。萧县民间投资工作在国务院大督查中获得肯定。城市智能管网、206国道北段改建工程等6个PPP项目有序推进,吸引社会资本44亿元。户籍制度改革稳步推进,新增城镇落户8667人,农村转移人口市民化步伐加快。基本实现不动产统一登记全域发证。文化体制、医药卫生、国资国企、统计调查等重点领域改革有序推进。宿州海关正式开关,全市进出口总额5亿美元。园区发展活力增强,市经开区成功扩区,宿马园区荣膺"中国产业园区营商环境百强",市高新区蝉联"中国产业园区创新力百佳",鞋城成功举办第五届中国制鞋产业发展高层论坛。

六是民生福祉不断改善。全市民生支出265亿元,占财政总支出的85.1%。33项民生工程全面完成,再获全省民生工程绩效奖补先进市。10件惠民实事顺利实施,新增电动公交车60辆,新建改建乡镇公厕100座,市、县城区老旧电线改造稳步推进。新增城镇就业5.4万人,城镇登记失业率控制在4.5%以内。"五险"参保180万人次,建立机关事业单位工作人员养老保险制度,企业退休人员基本养老金人均月增150.2元,城乡低保人均月保障标准分别增长11.6%、36.4%,农村五保供养标准增长33%。新建改扩建公办幼儿园55所,完成义务教育学校标准化建设155所,4所职教中心转为普通中专。埇桥区获评全国社区教育示范区。二级以上医疗机构增加到24所,创建国家级群众满意乡镇卫生院16个、省级群众满意村卫生室11个。实施全面两孩政策,人口计生工作保持全省前列,泗县获评全国计划生育优质服务县。入选"中国好人"5名、"安徽好人"25名。《平安是福》晋京赴省演出圆满成功。成功举办2016宿州国际网球公开赛和第二届宿州国际半程马拉松赛。食品药品监管规范有序,基层监管所标准化建设走在全省前列。安全生产监管执法推进年活动深入开展,依法关闭非法企业418家，取缔非法加油站614个，安全生产形势总体稳定。“平安宿州”建设扎实推进，应急管理体系不断完善。“七五”普法和第三次全国农业普查顺利启动。全民国防教育、国防动员、人民防空工作进一步加强，全国双拥模范城实现“七连冠”。全国无偿献血先进城市实现“八连冠”，侨务、科普、防震减灾等工作荣获全国先进荣誉称号，物价、外事、对台、档案、气象、民族宗教、妇女儿童、地方志、残疾人等事业得到进一步加强。

在统筹做好各项工作的同时，我们始终高度重视政府自身建设。扎实开展“两学一做”学习教育，积极开展“讲看齐、见行动”学习讨论，严格落实中央八项规定精神和省市“30条”，持续深化效能建设，有效整治“中梗阻”和“基层板结”。深入推进依法行政，落实重大决策法定程序，推进合法性审查机制全覆盖，加强和改进政府立法，提请市人大常委会审议地方性法规2件。自觉接受人大法律监督、政协民主监督和社会舆论监督，办理人大代表议案和建议121件，政协建议案和委员提案252件。深化政务公开，切实做好市长热线和网络问政工作，一批群众关注的热点问题得到有效解决。认真履行政府系统全面从严治党责任，落实中央巡视组“回头看”反馈问题整改，加强行政监察和审计监督，严肃查处违法违纪案件，党风廉政建设和反腐败斗争取得新成效。

各位代表！一年来的实践探索，我们对推动宿州发展有了更加深刻的体会：必须坚持看齐在前，以习近平总书记系列重要讲话精神为指引，做好结合转化文章，着力释放自身发展潜力；必须坚持发展至上，把工业化、城镇化“双轮驱动”作为强市基本方略，持续推进工业“3111”和城乡建设“555”工程，着力夯实跨越赶超基础；必须坚持民生为本，把增进人民福祉作为一切工作的出发点和落脚点，扎实推进脱贫攻坚，着力保障改善民生；必须坚持担当有为，持之以恒抓主抓重、苦干实干、提速提效、争先争优，着力营造风清气正、干事创业的优良环境。

奋斗历尽艰辛，成绩来之不易。这是市委总揽全局、坚强领导的结果，是市人大、市政协和社会各界监督支持的结果，是全市上下同心协力、顽强拼搏的结果。在此，我代表市人民政府，向奋战在各行各业的全体劳动者，向离退休老同志，向各民主党派、工商联和人民团体，向中央和省驻宿单位、人民解放军驻宿部队、武警官兵、政法公安干警，向参与宿州建设的海内外客商、广大援宿干部，以及所有支持宿州发展的各界人士，表示衷心的感谢，并致以崇高的敬意！

在肯定成绩的同时，我们清醒地认识到，我市发展中仍存在不少问题和不足：实体经济困难依然较多，企业生产经营成本较高，制造业投资、民间投资有所回落；新兴产业规模较小，现代服务业发展不足，人才相对缺乏，创新驱动能力不强；城镇化水平较低，中心城区能级不强，城乡县区之间发展不均衡；脱贫攻坚任务艰巨，环境保护、社会保障和公共服务均等化水平与群众期盼还有不小差距；政府职能转变尚不到位，少数干部不敢为、不愿为、不善为现象不同程度存在，发展环境仍需进一步优化。对此，我们将高度重视，认真解决，绝不辜负全市人民的期望和重托！

二、以五大发展理念统领发展全局

今年是党的十九大召开之年，是实施“十三五”规划的重要一年，也是推进供给侧结构性改革的深化之年。当前，经济发展新常态的特征更加明显，长期向好基本面没有改变。经过多年努力，我市经济总量、产业素质、综合实力都有了较大提升，新型工业化、城镇化和农业现代化潜力巨大，政策叠加效应逐步显现，改革红利持续释放，奠定了实现新发展的坚实基础。只要我们坚定信心，抢抓机遇，迎难而上，就一定能够实现“中部崛起闯新路、皖北振兴走前列”的奋斗目标。立足新起点，面对新征程，省第十次党代会、市第五次党代会吹响了全面实施五大发展行动计划、坚定不移闯出新路的战斗号角，接下来必须真抓实干，更加坚定地用新发展理念统领发展全局。突出创新发展，坚定不移下好创新先手棋，以持续创新推动经济发展不断迈上新台阶；突出协调发展，促进城乡发展要素平等转换、合理配置，加快建成城乡区域一体发展新体系；突出绿色发展，坚持绿水青山和金山银山有机统一，把生态文明建设融入经济社会发展全过程；突出开放发展，加快建设省际交汇区域中心城市，着力打造皖北改革开放新高地；突出共享发展，坚持以人民为中心的发展思想，坚决打赢脱贫攻坚战，切实增进人民群众的获得感、幸福感。

今年工作的总体要求是：全面贯彻党的十八大和十八届三中、四中、五中、六中全会精神，深入贯彻习近平总书记系列重要讲话特别是视察安徽重要讲话精神,坚持稳中求进工作总基调,牢固树立和贯彻落实新发展理念,适应把握引领经济发展新常态,以提高发展质量和效益为中心,以推进供给侧结构性改革为主线,以实施五大发展行动计划为总抓手,深入实施新型工业化、城镇化双轮驱动,着力抓好脱贫攻坚和民生保障,加快振兴县域经济,统筹推进各项工作,加快建设五大发展的美好宿州。

经济社会发展主要预期目标是:全市生产总值增长9%左右,财政收入保持同步增长,固定资产投资增长12%左右,规模以上工业增加值增长9.5%左右,社会消费品零售总额增长12%左右,城镇、农村常住居民人均可支配收入分别增长8.5%、9.5%,城镇登记失业率控制在4.5%以内,节能减排完成年度任务,主要动态指标继续位居全省前列。重点做好以下五个方面工作:

(一)突出创新驱动,持续抓好工业经济

加快产业发展。实施第二个“3111”工程,完成“三个10”任务,各县区、园区分别新签约规上工业项目10个、新开工规上工业项目10个、新投产规上工业项目10个,实现规模以上工业增加值440亿元。壮大战略性新兴产业,统筹推进“三重一创”,做大做强做实省、市两级战新产业集聚发展基地,推进市经开区生物医药产业园申报省级战新产业集聚发展基地,择优再启动一批市级基地。着力推进高新技术产业发展,高新技术企业达到100家。力争战略性新兴产业产值、高新技术产业工业增加值分别增长30%、16%。深入实施中国制造2025宿州篇,大力推进“互联网+”行动,全面提升轻纺鞋服、食品加工、化工建材、板材家居等传统产业。实施重点技改“1245”行动计划,推进重点技改项目200个,完成技改投资470亿元。开展质量品牌提升工程,争创一批省名牌产品、国家地理标志产品,创建国家质量强市示范市。

主攻招商引资。坚持“工业项目、招大引强、税源企业和环境保护”原则,推进战略招商、产业招商、全员招商、以商招商,实际到位内资1160亿元、增长12%,实际利用外资增长7%。坚持招商周、领导带头招商制度,调动各类主体招商积极性,真招商、招真商。全面落实“四督四保”要求,力促美为食品等158个项目开工,加快紫金新材料、和佳医疗等246个项目进度,确保海升果酒、吉之宝凉茶等67个项目建成投产,完成固定资产投资1420亿元、工业投资750亿元。新谋划亿元以上项目不少于300个,其中5亿元以上项目150个。不断充实“大新专”项目库,确保重点项目储备规模超5000亿元。加大引智引技力度,引进高层次科技创新团队5个、创新创业人才20名。大力发展民营经济,力争民营经济增加值占GDP比重达到65%。

夯实园区载体。引导各类园区依法合规、节约集约、错位发展,壮大主导产业,力争省级开发区规模以上工业增加值占全市比重超过30%。支持市经开区发展生物医药产业,支持宿马园区引进一批能够迅速集聚人气的工业项目,支持市高新区壮大云计算产业,支持鞋城产业集聚和生产配套功能提升。推动各县区开发区发展,加快砀山通用航空工业园、张江萧县高科技园、埇桥宿州绿色家居产业园、灵璧医药健康产业园、泗县当涂现代产业园建设。推进产城融合发展,加快水、电、气、路等基础设施和生活服务设施建设,完善园区配套功能,提升项目承载能力和吸纳就业能力。

提升创新能力。大力实施创新驱动发展战略,系统推进“全创改”,加快构建科技创新创业孵化体系。认真贯彻省“1+6+2”政策和我市支持科技创新实施办法,研究制定相关配套政策。支持企业申报重点实验室、工程技术研究中心,培育省级以上企业技术中心3家、科技企业孵化器3万平方米。深化产学研协同创新,新增院士工作站2家。各县区、园区结合自身产业特点,与高校、中科院研究所建立合作关系,围绕各自首位产业分别打造一个“双创”发展平台。积极对接国家和省各类创新基金,用好用活科技投入政策,确保全市研发经费投入5亿元,新增发明专利授权量215件。全面落实股权激励和技术入股有关所得税优惠政策,加强知识产权保护,促进更多的科技成果在我市开花结果。

(二)突出城乡统筹,持续推进新型城镇化

掀起棚改热潮。抢抓新型城镇化试点机遇,加快棚户区改造步伐,围绕“五年规划、三年完成”目标,完成棚户区改造1500万平方米以上,累计完成总任务的80%。坚持市区联动,全面拉开道东区域棚改序幕,改善道东区域形象。大力推进棚改货币化安置,货币化安置率60%以上。加大非住宅商品房去库存力度,加快建设房产超市。有序实施老旧小区改造,不断改善群众居住条件,同步推进安置房配套基础设施建设。

加快城乡建设。投资300亿元,实施四大类210项重点工程。主城区力争实现“双85”目标,产城一体推进汴北发展，启动电视发射塔和各类体育场馆建设，加快市立医院新区、动物园建设，全面建成市客运中心站，确保儿童医院、体育馆、城市规划展示馆、“三馆”投入使用。继续实施“555”工程。县城5项工程：规划实施市级及以上特色小镇不少于3个；提升园林绿化工程不少于10个；完善停车场、一类公厕、充电站等公共服务设施不少于10个；建设民生项目（保障性安居工程等）周边道路等配套基础设施不少于10个；累计完成棚户区改造总任务的80%。县城5项任务：完成PPP融资5亿元；征迁整理净地66.67公顷；完成补充耕地指标213.33公顷；完成高标准基本农田建设省下达任务；完成县级农村垃圾治理和污水治理专项规划。镇村5项工作：创建1家省级优秀旅游乡镇或省级特色景观旅游名镇；贯彻实施市农村垃圾治理条例，实现农村生活垃圾治理全覆盖；创建1个年经营性收益50万元以上的集体经济“示范村”；消除年经营性收益2万元以下的集体经济“空壳村”达上年基数20%以上；完成辖区50%以上县镇政府驻地生活污水管网、处理设施建设和非卫生厕所改造。

完善基础设施。启动宿州火车站综合改造，力争完成符夹线扩能改造、淮北至萧县北客车联络线、宿州东站扩建、宿淮铁路蒿沟站建设，开工建设淮北—宿州—蚌埠城际铁路，持续推进合肥—新沂高铁、宿州—蚌埠高速、宿州—阜阳高速宿州段前期工作。支持萧县轨道交通对接徐州地铁一号线。开工建设符离大道、宿淮快速通道等8条国省干线一级公路。推进宿州机场、泗县通用机场前期工作，开工建设砀山通用机场。完善城市路网体系，加快建设西外环线，完成主城区道路交口渠化规划编制。实施银河三路综合改造，加快人民路与拂晓大道地下综合管廊建设。加快城区夜景照明等PPP项目建设。加快浍河航道升级改造和新汴河复航综合整治前期工作。全面完成农村电网改造升级工程。继续实施“宽带宿州”战略，加快“无线城市”建设。

提升城市管理。持续开展争创全国文明城市活动，不断提升城市管理精细化水平。加快“智慧城市”建设，抓好信息资源整合共享，推动互联网、大数据与城市管理深度融合。大力实施海绵城市、城市绿道、花满宿州建设，全市新增提升绿地800万平方米以上，新建绿道70公里，建设街头游园20个。加快推进公交示范城市建设。落实市容治理条例，开展市容市貌综合整治，完善污水、垃圾、供水等配套设施，提升城市服务功能。积极推进城市执法体制改革，改进城市管理工作，促进共建共管、共建共享。

（三）突出三产融合，持续振兴县域经济

加快建设创新型农业现代化先行区。推进农业供给侧结构性改革，全面落实“五个三”要求，推动一、二、三产融合发展。深入实施“4636”行动计划，加快县区核心区、乡镇示范园建设。推进多种形式适度规模经营，市级现代农业产业化联合体发展到250个，新增示范家庭农场、示范农民合作社各80个。提高农业装备和技术水平，推进农业标准化生产，积极发展品牌农业、特色农业和绿色农业，提升农产品供给质量。积极稳妥推进农村综合改革，抓好农村土地承包经营权确权登记颁证扫尾工作，扩大农村承包土地经营权抵押贷款试点，加快农村产权流转交易市场和仲裁机构建设。推进资源变资产、资金变股金、农民变股东“三变”改革和农村集体资产股份合作制改革，每个乡镇选择一个村开展“三变”改革试点。加强重点水利工程建设，开工怀洪新河水系洼地治理工程，汛前完成2条中小河流治理。加快返乡创业园等载体建设，促进农民工返乡就业创业。完成第三次全国农业普查，摸清“三农”新家底。

全力打好现代农业“三大战役”。推进现代农业产业化，扶持龙头企业做大做强，实现农产品加工产值1100亿元，市级以上龙头企业突破600家，每个县区新增产值超10亿元农业产业化企业不少于1家。推进秸秆综合利用，鼓励社会资本建立秸秆收储和加工处理设施，规划建设秸秆收储点30个。做大做强淮宿建材等企业，加快安徽禾吉等项目建设，确保康桥生物项目建成投产，每个县区各引进亿元以上秸秆综合利用企业不少于1家，全市秸秆产业化利用率每年提高20%。统筹推进美丽乡村、休闲农业和乡村旅游，深入实施“三线三边”环境治理，再建39个美丽乡村示范村，完成48个乡镇政府驻地建成区整改建设，每个县区建成市级休闲农业与乡村旅游示范点2个。

继续主攻县域经济。支持各县区发挥比较优势，培育壮大首位产业，增强县域经济综合实力。继续推进乡镇工业项目向县区开发区集中、农村人口向县城集中、耕地向农业新型经营主体集中，夯实县域发展产业基础。扎实推进镇当县建工作，扶持有条件的乡镇因地制宜发展优势产业。开展“一县一策”专项扶持,强化工作调度,加强督查考核,促进县域经济加快发展,对全市经济的支撑作用更加凸显。

加快提升现代服务业。加快发展科技研发、信息咨询、检验检测等生产性服务业,壮大信息消费、健康养老等新兴服务业,促进生活性服务业向精细化、高品质转变,创建省级服务业集聚区1家。实施“农业+互联网”行动,积极构建农村电子商务体系,努力提高工业品下乡、农产品进城的电商贡献率。加强与国内外知名电商的战略合作,支持建设电商产业园,大力发展跨境电商业务。深入挖掘地方文化资源,促进文化旅游融合发展,抓好皇藏峪AAAAA级景区创建,推进新汴河风景区等AAAA级景区创建,全力打造符离大道沿线景点,旅游总收入超过130亿元。拓展完善市县乡村四级交通物流网络,新建A级以上物流企业5家。开工建设苏宁广场,加快南翔恒泰商贸物流城、国购广场、宿州百大农产品物流中心三期建设。新增限额以上商贸流通企业70家。

(四)突出问题导向,持续深化改革开放

推进重点改革。围绕基础性、关键性领域,全面落实国家和省级改革试点任务,更好发挥改革牵引作用。加大供给侧结构性改革力度,全面落实“去降补”各项任务。深化财税体制改革,建立全面规范、公开透明的预算制度,加强全口径政府债务管理。持续推进“放管服”和“三集中、三到位”等行政管理体制改革,不断提高行政效能。统筹推进户籍制度改革,全面落实“五权不变、五有并轨”,加快农业转移人口市民化进程。深化商事制度改革,优化营商环境。加快社会信用体系建设,推进信用信息互联共享。积极稳妥推进教育、文化、卫生、司法、国资国企、社会治理等领域改革,使改革更好对接发展所需、民心所向。

强化金融支撑。推进金融和资本创新体系建设,继续实施金融“五个一工程”,全年新增贷款155亿元、增长15%,实现直接融资55亿元。充分利用贫困县上市挂牌优惠政策,力争主板在审2家、辅导备案2家,新增新三板挂牌5家。深化投融资体制改革,培育壮大市级投融资服务平台,继续做好专项建设基金争取工作,积极推广PPP模式,引导社会力量参与重点领域建设。积极引进股份制商业银行来宿设立分支机构,深入推进“4321”新型政银担合作、“税融通”贷款、续贷过桥等金融创新业务。做大各类基金规模,加快发展天使投资基金、风险投资基金、新三板股权投资基金等新兴金融业态。完善金融风险监测预警机制,加强金融风险管控,打击非法金融活动,守住风险底线。

扩大对外开放。积极融入中部崛起、淮河生态经济带、皖北振兴等国家和省重大战略,以大开放推动大发展。加强区域合作交流,推进宿州与淮北一体化发展、与徐州全面融合发展,主动参与淮海经济区核心区一体化建设,提升基础设施和市场体系互通对接能力。加快推进大通道大平台大通关建设,积极申报建设保税物流中心,完善“一站式”通关服务体系,加快建设内陆无水港。大力发展外向型经济,引导有实力的企业开展对外合作,全市进出口增幅高于全省平均水平。

(五)突出民生福祉,持续完善社会建设

扎实推进绿色发展。牢固树立绿水青山就是金山银山的发展理念,坚持生态优先,严格环境执法监管,深入实施大气、水、土壤污染防治行动计划。持续抓好非煤矿山整治,强化燃煤、扬尘等污染控制,加强环境空气质量监测能力建设,确保完成空气质量考核目标。积极建设黄河故道等“两河一廊”绿色发展板块,扎实开展北沱河、奎濉河等重点河流水污染整治,大力防治畜禽养殖污染,划定畜禽养殖禁养区、限养区,全面推行市县乡三级“河长制”。启动采煤沉陷区生态修复治理,完成芦岭湖城市湿地规划编制。加强水源地保护,加大城乡黑臭水体整治。统筹抓好农业面源污染、土壤污染治理。落实市城镇绿化条例,启动林业增绿增效行动,造林1.12万公顷。

统筹发展社会事业。推进主城区名校建分校,抓好义务教育均衡发展迎国检。继续实施学前教育行动计划,推进普通高中考试评价制度改革,加快现代职业教育体系建设,支持宿州学院等高等院校发展。完善公共文化设施网络,加强文化遗产保护与利用,广泛开展文化惠民活动,扶持戏曲、书画等文艺事业发展,提高文化供给能力。积极申办第十五届省运会。大力发展卫生计生事业,深入实施卫生人才队伍建设三大计划,加快建设标准化乡镇卫生院、标准化村卫生室,实施“四型医院”创建,开展“健康进万家”活动,积极推进“三保合一”,不断提升计划生育服务管理水平。全面落实各项就业创业政策,加强职业技能培训,强化困难人员就业援助。织密扎牢社会保障网，“五险”参保185万人次以上，城乡居民社会养老保险参保320万人以上。加快养老事业发展，完善保障老年人权益制度。积极打造孝文化名城、儿童幸福生活城、关爱弱势群体模范城。大力支持人民团体发挥桥梁纽带作用，认真做好民族宗教、外事侨务、防震减灾、残疾人、红十字、地方志、档案、对台、气象等工作。

积极创新社会治理。深化平安宿州建设，依法严厉打击各类违法犯罪行为。落实重大决策社会稳定风险评估、重大不稳定问题清单制度，集中化解信访积案。严格落实安全生产责任和管理制度，深入开展“铸安行动”。加强食品药品安全监管，深化食品药品安全示范城创建，加快建设市食品检验中心。全面完成城镇社区标准化建设，继续推进农村社区建设试点。优化应急联动和防灾减灾救灾机制。完善价格调控体系，保持市场平稳运行。扎实开展“七五”普法。加强国防动员、人民防空和国防后备力量建设，推进军民深度融合发展，常态化做好“双拥”工作。

扎实推进33项民生工程，继续办好10件惠民实事，以更大力度提供更多更好的公共服务。

1. 主城区继续实施集中供热试点工程，5000户居民用上暖气。

2. 主城区新增120辆新能源公交车、30个公交车充电桩，新建改建5个公交首末站，优化公交线网，建成公交智能调度和信息化管理系统。

3. 对主城区12个黑臭水体进行综合治理。

4. 主城区建成1500个免费Wi－Fi热点。

5. 实施老城区道路、环城河、公园亮化工程。

6. 完成主城区公厕改造提升。

7. 实施农村饮水安全巩固提升工程，再解决90万人饮水安全问题。

8. 智能化改造全市乡镇（街道）为民服务中心大厅，建设村（社区）政务服务全程代理工作站。

9. 新建100个标准化村卫生室。

10. 在农村偏远地区建设135个惠农金融服务室。

三、坚决打赢脱贫攻坚年度战役

认真贯彻精准扶贫、精准脱贫基本方略，聚焦脱贫攻坚十大工程，推进精准扶贫、监测评估、防范返贫、责任落实四项机制全覆盖，完成107个贫困村出列、12万人脱贫任务。

强化精准施策。继续实施贫困村整村推进工程、“一村一品”产业推进行动，引导贫困户参与新型农业经营主体生产经营活动，加强精准到户产业扶贫。推进就业脱贫工程，完成市级就业扶贫基地认定工作，实现贫困劳动者就业2000人。实施光伏脱贫工程，新建村级光伏电站70个、户用光伏电站1.1万户。发展电商扶贫，新建贫困村电商平台500个。发展乡村旅游扶贫，创建省级乡村旅游示范村、市级旅游扶贫示范点各5个。推进金融扶贫，加大扶贫小额信贷、贫困户子女助学贷款发放力度。完善各类教育资助方式，实现贫困学生资助全覆盖。落实健康脱贫政策，切实解决因病致贫、因病返贫问题。实施兜底脱贫工程，健全特困人员救助供养制度，实现低保线、扶贫线“两线合一”。实施易地扶贫搬迁2876人、危房改造12000户。加快补齐基础设施短板，续建新建农村道路畅通工程1500公里，逐步实现贫困村光纤宽带信息网络全覆盖。积极探索资产收益扶贫方式。

落实精准帮扶。进一步压实“单位包村、干部包户”、驻村扶贫工作队责任，加强基层组织和扶贫干部队伍建设，确保帮扶措施落实到位。实施“百企帮百村”精准扶贫行动，鼓励各类社会组织到村入户扶贫济困。深入开展扶贫日系列活动，促进社会资源向贫困人口聚集。坚持扶智强志，加强政策宣传和思想教育，不断激发脱贫内生动力，引导贫困户自力更生、自主脱贫。

完善体制机制。严把精准识别标准，强化动态管理，应退则退、应进则进，确保扶贫对象更加精准。落实防范返贫机制，对已脱贫人口、已出列贫困村，在一定时期内，保持原有扶贫政策不变、支持力度不减，确保稳定脱贫。加大资金投入，建立财政专项扶贫资金稳定增长机制，市、县两级财政均按照当年地方财政收入增量的20%以上，增列专项扶贫资金预算。市、县两级政府清理收回财政存量资金中可统筹使用部分，确保50%以上用于脱贫攻坚。进一步整合涉农项目资金，确保40%以上优先投向贫困地区和贫困人口。加大融资力度，充分利用农发行、国开行长期低息扶贫专项贷款。强化资金监管，建立完善财政扶贫资金绩效评价体系，开展事前、事中、事后全过程绩效监督。健全考核奖惩机制，坚持“月调度、月点评”，强化督查、审计、专项巡察。完善市县乡村四级脱贫攻坚责任制，严肃问责追责。

四、着力提升政府工作水平

落实五大发展行动计划，完成全年目标任务，对政府工作提出了新的更高要求。我们必须牢固树立“四个意识”特别是核心意识、看齐意识，切实加强自身建设，讲看齐、见行动，全面提升政府工作效能。

持续建设法治政府。坚持“法无授权不可为、法定职责必须为”，时刻做到心中有法、行必依法，全力推进法治政府建设。严格执行政府决策程序，不断提升依法科学民主决策水平。严格规范行政执法权，积极推进重大执法决定法制审核、执法全过程记录、执法文书规范化、执法公示制度。加强重点领域立法，全面实行规范性文件“三统一”。自觉接受人大法律监督、政协民主监督，切实办好人大代表议案和建议、政协建议案和委员提案，广泛听取人民团体意见，全面接受新闻媒体和人民群众监督。深入推进政务公开，确保权力在阳光下运行。

持续建设为民政府。坚持把群众获得感、社会满意度作为政府工作的晴雨表、风向标，全力以赴解民忧，全心全意惠民生。创新联系群众方法，完善市长热线、政风行风热线功能，多渠道了解社情民意、回应群众关切。加大社会事业领域政府购买服务力度，不断提高政府服务效率和质量。建设公共基础数据库和信息服务平台，推进政府部门信息共享。加强“互联网+政务服务”体系建设，优化政务服务流程和服务平台，促进实体政务大厅向网上办事大厅升级，最大程度方便群众和企业。

持续建设高效政府。切实强化担当意识，时刻把责任扛在肩上，恪尽职守，夙夜在公，坚决做到知责、尽责、负责。紧盯“动态指标进入全省前列”，深入推行“一线工作法”，严肃绩效管理和行政问责，建立健全正向激励和容错纠错机制，不断提高政府工作效率和质量。推进政府服务方式创新，勇于破除思维惯性和路径依赖，善于运用市场化、社会化方式，创造性地开展各项工作。推动效能建设常态化、长效化，重拳整治“不作为、乱作为、慢作为”“中梗阻、基层板结”，切实打通“最先最后一公里”，确保政府工作掷地有声、落实见效。

持续建设廉洁政府。严格落实全面从严治党主体责任，全面加强和规范党内政治生活，自觉加强和接受党内监督，提升政府系统从严管党治党水平。全面落实党风廉政建设责任制和“一岗双责”，深入推进惩治和预防腐败体系建设。自觉践行“三严三实”，深入开展“讲看齐、见行动”学习讨论，巩固“两学一做”学习教育成果，严格执行中央八项规定精神和省市“30条”，继续抓好“四风”新问题治理。进一步规范政府采购、招标行为，加强“三重一大”事项管理。推动审计监督全覆盖，对重大项目、重点工程实行全过程监督。强化行政监察，加大违纪违法案件查处力度，严肃责任追究，以廉政建设和反腐败斗争的新成效，保障发展、取信于民。

各位代表！实干成就梦想，拼搏创造未来。让我们紧密团结在以习近平同志为核心的党中央周围，在市委的坚强领导下，凝心聚力、锐意进取，不忘初心、继续前进，加快建设五大发展的美好宿州，以优异成绩迎接党的十九大胜利召开。

专　　　　记

中国共产党宿州市第五次代表大会

·中国共产党宿州市第五次代表大会时间、地点、主要议程·

2016年9月24—26日，中国共产党宿州市第五次代表大会在市政务中心礼堂隆重举行。市委书记、市人大常委会主任张曙光代表中共宿州市第四届委员会向大会作题为《中部崛起闯新路　皖北振兴走前列　为建设创新型“四个宿州”而努力奋斗》的工作报告。市委常委、纪委书记龙道金代表中共宿州市纪律检查委员会向大会作题为《坚持全面从严治党　忠诚履行党章职责　奋力开创全市党风廉政建设和反腐败斗争新局面》的工作报告。大会选举出中国共产党宿州市第五届委员会委员53人、候补委员10人，中国共产党宿州市第五届纪律检查委员会委员35人，出席省第十次党代会代表47人。大会通过中共宿州市第五次代表大会关于中共宿州市第四届委员会工作报告的决议、关于中共宿州市第四届纪律检查委员会工作报告的决议。

·中国共产党宿州市第五次代表大会主席团成员名单·

（2016年9月23日，中国共产党宿州市第五次代表大会预备会议通过）

（按姓氏笔画为序　共47名）

马红钟	王　琦	王　甄（女）	王广敏
王共伟	王启荣	王胜华	王锦程
石文庆	龙道金	史　翔	包来友
吕　剑	刘统海	刘晓云（女）	刘博夫
许广斌	李荣权	李晓宁	李朝晖
李燕子（女）	连　琦（女）	吴宝军	何志中
余向东	沈志刚	张　旭	张忆秋（女）
张孝成	张志强	张晓东	张曙光
陈　莉（女，回族）		邵　郁	郑　超
孟　伟	赵　琳（女）	侯家春	姜　元
夏　莉（女）	高　峰	黄　伟	戚怀民
蒋翠萍（女）	解福来	操隆山	魏建华

中部崛起闯新路　皖北振兴走前列
为建设创新型“四个宿州”而努力奋斗

——在中国共产党宿州市第五次代表大会上的报告

张曙光

各位代表,同志们:

现在,我代表中国共产党宿州市第四届委员会向大会作报告。

中国共产党宿州市第五次代表大会,是在全市上下深入学习贯彻习近平总书记系列重要讲话精神和视察安徽重要讲话、顺利开启“十三五”征程的新形势下召开的一次重要会议。

大会的主题是,高举中国特色社会主义伟大旗帜,全面贯彻党的十八大和十八届三中、四中、五中全会精神,以马克思列宁主义、毛泽东思想、邓小平理论、“三个代表”重要思想、科学发展观为指导,深入学习贯彻习近平总书记系列重要讲话精神,系统总结市第四次党代会以来的工作,科学确立未来五年的奋斗目标和重点任务,进一步动员全市广大党员和干部群众,中部崛起闯新路,皖北振兴走前列,为建设创新型“四个宿州”而努力奋斗!

一、过去五年,“四个宿州”和党的建设取得丰硕成果

市第四次党代会以来,市委认真贯彻落实中央和省委决策部署,团结带领全市广大党员和干部群众,聚焦“四个宿州”建设,一心一意谋发展,聚精会神抓党建,圆满完成市第四次党代会确定的各项目标任务,在厚植优势、奋力崛起的道路上开创了自强不息、勇立潮头的新局面。

五年来,我们调结构、转方式、促升级,产业经济快速发展,综合实力显著提升,实力宿州迈出坚实步伐。经济增长自建市以来首次全面高于全省平均水平,动态指标持续保持全省前列。“十二五”末,地区生产总值达到1235.8亿元,实现翻番。财政收入达到125.6亿元,翻了一番半。规模以上工业增加值达到382.9亿元,年均增长12.4%。战略性新兴产业产值突破百亿元,增幅居全省第二位。固定资产投资累计完成3948.1亿元,年均增长25.7%。实施亿元以上项目2200个,南水北调工程、新汴河治理工程、宿淮铁路、德泉高速、市县快速通道、大数据云计算中心等一批事关全局、引领发展的重大项目建成。现代农业“两区”建设走在全国前列,粮食生产实现“十二连丰”,农产品加工业产值近千亿元,农业产业化综合水平稳居全省前列。服务业增长连续五年位次全省靠前,社会消费品零售总额翻番。各项贷款余额突破800亿元,翻了一番多。园区经济活力增强,省级开发区经营收入591.5亿元,财政收入37.2亿元。市经济开发区和五个县区开发区成功扩区,总面积由28.6平方公里扩大到150.5平方公里。宿马现代产业园区列入首批“全国青年创业示范园区”,市高新区获批省级战略性新兴产业集聚发展基地,现代制鞋产业城成为全国特色制鞋产业集聚区。“3111”工程成效显著,县域经济总量超千亿元,占全市84%;县域财政收入增速高于全市2.5个百分点,对全市贡献率达73.7%。今年以来,全市经济继续保持平稳较快增长,上半年地区生产总值完成650.3亿元,同比增长8.8%,高于全省0.2个百分点,居全省第6位,为四年来同期最好位次;三次产业结构由21.7∶41∶37.3调整为18∶36.7∶45.3,三产比重首超二产,实现历史性突破;财政收入71.3亿元,同比增长10.1%,居全省第5位。26项主要经济动态指标中有17项进入全省前列,实现“十三五”良好开局。

五年来,我们抓改革、增活力、促开放,发展动能加速释放,合作交流不断深化,活力宿州焕发蓬勃生机。现代农业产业化联合体建设、农村土地承包经营权确权登记颁证试点、农村政策性保险服务创新、供销合作社综合改革等走在全省全国前列。“劝耕贷”惠农贷款模式在全国推广。“统筹城乡结对共建、人地挂钩增减平衡”改革试点和不动产登记制度改革受到国土资源部高度重视。乡贤治理模式获得中央改革办充分肯定。全国新型城镇化综合试点扎实开展,城乡统筹和产城融合发展能力进一步提升。在新授予立法权的市中出台全省第一部地方性法规。被列为全省唯一的交通运输物流试点市。市县乡三级政府权责清单制度全面推行,以“三集中、三到位”为主要内容的行政审批制度改革取得明显成效。新登记注册企业居全省前列,民营企业数量翻两番,从业人员占全社会就业总量的96%,税收贡献率达86%。累计引进市外资金4532亿元,实际利用外资23.6亿美元,进出口贸易总额年均增长37.7%。出入境检验检疫业务全面开展,宿州海关即将开关,对外开放的环境更加优越。

五年来,我们夯基础、抓创建、促统筹,城乡融合协同推进,文明程度大幅提升,和谐宿州呈现良好态势。城乡面貌显著改观,中心城区面积由50平方公里扩大到75平方公里、人口由50万增加到75万。“555”工程扎实推进,县城规模持续扩张,特色城镇亮点纷呈,美丽乡村建设深入推进,城乡综合承载能力显著提升。积极培育和践行社会主义核心价值观,文明创建硕果累累,“三线三边”暨农村环境整治持续走在全省前列,首次跨入省级文明城市行列,成功获得“国家园林城市”称号,上榜“中国好人”20人、“安徽好人”58人。依法治市深入开展,“六五”普法成效显著。社会大局和谐稳定,平安宿州扎实推进,信访工作连续两年全省考核第一,砀山县被评为“全国民族团结进步先进县”,灵璧县荣获“全国平安建设先进县”荣誉称号。社会治理不断创新,综治工作连续三年保持全省第一方阵,“城管服务超市”被评为全国创新社会治理十大最佳案例。“宿州舰”正式入列。双拥共建工作成绩显著,蝉联“全国双拥模范城”七连冠。

五年来,我们惠民生、强保障、促共享,社会事业全面发展,群众获得感持续增强,幸福宿州取得明显成效。连续实施33项民生工程和惠民实事,民生支出占全部财政支出比重保持80%以上,惠及城乡500多万居民。城中村、棚户区改造深入推进,建设保障性安居工程14.9万套,完成农村危房改造5.5万户。宿州城区大外环路、市文化艺术中心、公共自行车系统等投入使用,新汴河景观带获批国家水利风景区,泗县石龙湖湿地公园通过国家湿地公园验收。居民生活质量大幅提升,城乡居民人均可支配收入分别达到23631元和9140元,年均增长分别为11.7%和14.4%,增速居全省前列。新增城镇就业16.3万人。脱贫攻坚成效显著,累计减少贫困人口56.4万人。社会保障体系逐步健全,城乡居民基本养老保险和城乡基本医疗保险基本实现全覆盖,被评为“全国新型农村和城镇居民社会养老保险工作先进单位”。城乡居民最低生活保障、农村五保供养、孤儿救助、医疗救助水平大幅度提高。计划生育工作连续三年全省第一。食品药品安全工作跨入全省第一方阵。文化建设工程深入推进,公共文化服务体系不断健全。大运河泗县段列入世界文化遗产名录。埇桥区被评为“全国科技进步先进县(区)”。市红十字会、防震减灾、人民防空等工作荣获全国先进荣誉称号。

五年来,我们学讲话、提效能、强主业,党的建设全面加强,政治生态明显优化,政治保障更加坚强有力。深入学习习近平总书记系列重要讲话精神,思想理论建设不断加强;高质量开展党的群众路线教育实践活动,整治“红包风”做法获中央党的群众路线教育实践活动领导小组办公室充分肯定;“三严三实”专题教育成效显著,党风政风民风持续优化;“两学一做”学习教育扎实推进,党的思想政治建设抓在日常严在经常。有效掌控意识形态阵地,主流思想舆论强劲有力。持续加强市委常委会和各级党委自身建设,全面从严治党的主责主业主阵地意识切实增强。健全领导班子、领导干部考核评价体系和综合分析研判机制,坚持“四个在先”,落实“凡提四必”,干部选拔任用工作满意率连年提升,2015年度位居全省前列。在全省率先圆满完成县区和乡镇党委换届任务,连续三年从重点高校选拔近百名高层次青年人才来宿挂职,领导班子和干部队伍结构进一步优化。连续两年开展全市科级干部大交流,132名科级干部跨区域、跨部门交流任职,458名干部内部轮岗交流。在全省率先建立并落实“三级联述联评联考”制度。全力推进基层党建“3456”行动计划,大学生村官量化管理、基层党组织建设和党员星级创评工作经验在全省推广。非公企业党组织单独组建率全省第一。全面落实“两个责任”,认真履行“一岗双责”,党风廉政建设责任制得到层层落实。党风廉政建设教育基地建成使用,廉政剧《平安是福》晋京及全省巡演获得成功。持续保持惩治腐败高压态势,立案7047件,给予党政纪处分7153人,其中县处级干部106人,涉嫌犯罪移送司法机关处理193人。深入开展“点燃激情、提升效能”系列活动,切实抓好中央八项规定精神和省市30条的贯彻落实,认真对照中央巡视“回头看”和省委巡视反馈问题,扎实开展“4+4”专项整治。支持人大、政府、政协和司法机关依照法律和章程开展工作。老干部工作进一步加强。统战、民族、宗教、外事、对台等工作取得新成绩。以党建带群建,工会、共青团、妇联、科协、残联、关工委等群团组织作用得到更好发挥。

过去五年,是宿州市综合实力提升最快、城乡面貌变化最大、干部作风转变最明显、人民群众得到实惠最多的五年。沉甸甸的成绩背后是沉甸甸的汗水。这些成绩的取得,是中央和省委正确领导的结果,是历届市委接力奋斗的结果,是全市广大党员和干部群众顽强拼搏的结果,是各民主党派、工商联、无党派人士和人民团体密切合作的结果,是广大老干部、老同志和驻宿部队、武警官兵以及社会各界大力支持的结果。在此,我代表中共宿州市第四届委员会,向全市广大党员和干部群众,向所有关心、支持、参与宿州改革开放和现代化建设的同志们、朋友们,表示衷心的感谢!

回顾过去五年,我们欣喜地看到,全市广大干群在岗提神、在干提速,绘就了一幅加速崛起的宏伟蓝图,锤炼了一支忠诚干净担当的干部队伍,锻造了一种奋发有为的时代精神,形成了一种思进求变的社会氛围。五年来的工作启示我们,必须始终坚持“贯彻中央精神、契合省委部署、彰显宿州特色、回应人民期待”的基本遵循;必须始终坚持“整体承接、双轮驱动、三区共进、四化同步”的工作路径;必须始终坚持“抓主抓重、苦干实干、提速提效、争先争优”的工作要求;必须始终坚持“又好又快、好中求快、快中见好、能快则快、越快越好”的工作导向;必须始终坚持“民生为本、民意至上、民心所向、普惠共享”的施政取向;必须始终坚持“一心一意谋发展、聚精会神抓党建”两条主线不动摇。加快发展赢得未来,党的建设决定成败。越是发展,就越要加强和改进党的建设,这是事业持续健康发展的根本保证。

在充分肯定成绩的同时,我们也必须清醒地认识工作中的问题和不足。主要体现在产业结构不优、创新能力不足、战略性新兴产业不强、大企业大项目支撑不够、人均水平不高、城镇化率偏低;教育、医疗、住房、食品药品安全、社会治安等关系群众切身利益的矛盾问题仍然较多;少数党组织不重视党的建设,主体责任和监督责任履行不到位;一些党员理想信念淡化,精神不振、作风不实,起不到先锋模范作用;极少数干部破纪违法、影响恶劣,少数基层干部侵害群众利益问题时有发生等。对此,我们必须高度重视,切实解决。

二、今后五年,奋力谱写中国梦宿州新篇章

过去五年,我们风雨兼程勠力同心,提振了干群精气神,集聚了发展正能量,塑造了宿州新形象。未来五年,世界经济在深度调整中曲折复苏,我国经济长期向好基本面没有改变;习近平总书记视察安徽重要讲话,为我省加速崛起提供了强大的思想武器;我市新型工业化、城镇化和农业现代化潜力巨大,政策叠加效应逐步显现,改革红利持续释放。但不确定因素和制约发展的深层次矛盾及问题依然比较突出。综合研判,宿州即将迎来蓄势待发、跨越提升的战略机遇,也将面临负重奋进、改革攻坚的严峻挑战。我们必须不忘初心、继续前进,努力在千帆竞渡的大时代闯出新路、走在前列!

今后五年全市工作的指导思想是:高举中国特色社会主义伟大旗帜,全面贯彻党的十八大和十八届三中、四中、五中全会精神,以马克思列宁主义、毛泽东思想、邓小平理论、“三个代表”重要思想、科学发展观为指导,深入学习贯彻习近平总书记系列重要讲话精神,统筹推进“五位一体”总体布局,协调推进“四个全面”战略布局,认真践行五大发展理念,以供给侧结构性改革为引领,紧扣“一大目标”“五大任务”,坚持整体承接、双轮驱动、三区共进、四化同步,坚持抓主抓重、苦干实干、提速提效、争先争优,一心一意谋发展,聚精会神抓党建,确保如期全面建成小康社会。

今后五年全市的奋斗目标是:按照“皖北领先、省内争先、闯出新路、全面小康”的总体要求,全力保持经济发展中高速,奋力推进产业迈向中高端,把宿州打造成为全国创新型农业现代化先行区,区域性综合交通中心和区域性综合物流中心,全国重要的大数据云计算产业基地、现代鞋服产业基地、农产品生产加工基地、新能源新材料基地和区域性特色文化旅游目的地,全面完成“十三五”规划目标任务。中部崛起闯新路,皖北振兴走前列,为建设创新型“四个宿州”而努力奋斗。

——更加突出创新发展,质量、总量、均量全面提升。创新能力全面增强，科技进步贡献率进一步提高；综合实力显著提升，力争地区生产总值达到2200亿元、财政收入达到230亿元，经济总量保持全省第一方阵，综合财力水平进入全省前八；产业结构进一步优化，发展效益进一步提高，人均主要经济指标在全省的位次进一步前移。

——更加突出协调发展，城区、园区、农区统筹推进。新型工业化、城镇化、农业现代化和脱贫攻坚工作实现重点突破。“一核多轴两板块”的城镇空间结构持续优化，园区转型升级与产城融合进一步提升，美丽乡村实现“四美三宜”，坚决打赢脱贫攻坚战，确保如期实现“人脱贫、村出列、县摘帽”。

代表举手表决

——更加突出绿色发展，生产、生活、生态共融共赢。落实主体功能区战略，循环经济加快发展，资源节约集约利用水平大幅提高，环境保护与治理力度持续加强，主要污染物排放、万元GDP综合能耗达到省控目标，打造生态文明建设宿州样板。

——更加突出开放发展，知名度、美誉度、参与度持续提高。优惠政策、优良环境、优质服务“三优”品牌持续优化，招商引资引智引技水平同步提升，开放型经济水平全面提高，区域影响力进一步扩大。

——更加突出共享发展，幸福感、获得感、归属感不断增强。居民收入与经济发展同步增长，基本公共服务均等化水平稳步提高，社会保障体系更加完善，城乡就业更加充分，人民群众共享改革开放发展的“美好时光”。

——更加突出全面从严治党，学习型、服务型和创新型党组织坚强有力。深入学习贯彻习近平总书记系列重要讲话精神和视察安徽重要讲话，管党治党责任进一步强化，广大党员思想政治素质不断增强，各级领导班子能力和水平得到提升，高素质干部队伍建设切实加强，党组织创造力凝聚力战斗力持续增强，党的制度建设更加完善，以完善惩防体系为重点的反腐倡廉建设取得新成效，党同人民群众的血肉联系更加密切，良好的政治生态进一步巩固。

三、深入实施供给侧结构性改革，一心一意谋发展

各级党组织要切实担负起对经济社会发展的全面领导责任，主动加强对中国特色社会主义政治经济学的理解和把握，引领新常态，贯彻新理念，聚焦供给侧，加快“去降补”，推动经济社会发展不断迈上新台阶。

（一）厚积薄发，奋力闯出加速崛起、全面提升综合实力的宿州新路。始终把加快发展作为实干兴宿的第一要务，不断做大经济总量，持续积累发展成果，增强文化软实力，全面提升宿州综合竞争力。

倾力打造全国创新型农业现代化先行区。深入实施“4636”行动计划，坚持以人的现代化为核心，以物的现代化为基础，以产业的现代化为依托，以社会治理的现代化为目的；立足“三农”，强化“三基”，融合“三产”，统筹“三区”，巩固“三权”，管控“三险”；着力推进“现代农业+”等六大工程。探索实践在保障国家粮食安全的前提下，以农业现代化支撑新型城镇化、以农村改革发展支撑经济社会跨越发展的新路径。实现农业“接二连三”，促进产业融合，发展第六产业；农村“退二进三”，守护绿水青山，建设美丽家园；农民“进二进三”，人口有序流动，城乡一体发展，打造“两区”建设升级版，为全省全国农业现代化发展探索模式、提供示范。

全力锻造特色工业强市。以“中国制造2025”和“互联网+”为引领，加快传统产业改造升级，更加突出产业优势，提升产业层次，增强产业实力。全力打造食品加工千亿级产业集群和轻纺鞋服、煤电能源、化工建材、板材家居等4个五百亿级产业集群。支持市经济开发区发展生化医药产业，宿马现代产业园区做强食品产业，市高新区打造云计算产业，做大做强现代制鞋产业城。推动产城融合发展，支持符合条件的园区争创国家产城融合示范区和国家级开发区。省级开发区规上工业增加值占全市比重超过50%。

大力培育区域性现代服务业中心。加快发展

生产性服务业，进一步向专业化和价值链高端延伸。加快发展生活性服务业，进一步向精细化和高品质转变。优化服务业布局规划，进一步完善城乡市场流通体系，打造区域性综合物流中心，形成一批主题功能突出的省级现代服务业集聚区和示范园区。

聚力塑造充满活力的文化强市。加快文化事业发展，完善公共文化服务体系。挖掘整合楚汉文化、红色文化，培育提升孝贤、书画、戏曲、马戏、奇石等特色文化，推广灵璧县智慧旅游模式，加快符离生态旅游大道建设，打造区域性特色文化旅游目的地。发展文化创意等现代文化产业，促进文化产业与相关产业融合，全面提升宿州软实力。

（二）厚植优势，奋力闯出转型升级、全面提高发展质量效益的宿州新路。抢抓供给侧结构性改革机遇，从产业优化提升、战略性新兴产业集聚、县域经济振兴、城乡协调发展等方面，多点发力，闯出一条具有自身特色的发展新路。

着力在“去降补”上实现新突破。坚持把供给侧结构性改革贯穿经济工作全过程，培育新动力、打造新引擎。积极稳妥地去产能、去库存、去杠杆，做好煤炭等重点行业、重点企业去产能脱困发展工作；促进房地产业健康发展；扎实推进金融“五个一”工程，确保市场出清、社会稳定。坚持有的放矢降成本，大刀阔斧减轻企业负担，降低企业制度性交易成本，让实体企业轻装上阵。坚持着眼长远补短板，在创新驱动、产业升级、基础设施、公共服务、生态环境等重点领域，持续扩大有效投入，着力增强发展后劲。

着力在三次产业优化提升上实现新突破。充分发挥现代农业产业化联合体龙头带动作用，延伸产业链条，增加农业收入。推动信息化与现代农业深度融合，用信息化改造提升传统农业。建设10个左右战略性新兴产业集聚发展基地，重点培育新一代电子信息、生物医药、高端装备制造等产业。大力拓展云计算、量子通信、增材制造、石墨烯和通用航空等新领域、新业态。谋划建设全国重要的区域性电子商务基地，支持砀山发展“现代果蔬+”电子商务产业。

着力在县域经济振兴上实现新突破。以“3111”工程为抓手，统筹首位产业布局，加大扶持引导，加快培育在全省知名乃至全国有重要影响力的县域首位工业产业。支持埇桥区发展纺织服装、板材家居产业，萧县发展建材、化工产业，泗县发展机械电子、品牌服装产业，灵璧县发展机械电子、食品加工产业，砀山县发展果蔬、食品产业。建立完善权责对等的行政管理体制，赋予县区更大的自主权。鼓励扶持有条件的乡镇因地制宜发展优势产业，打造一批特色小镇。完善县域经济发展考核体系，强化考核调度。县域经济总量突破1650亿元，全面形成特色突出的县域主导产业体系，促进县域经济水平整体上台阶。

着力在城乡协调联动发展上实现新突破。坚持以人为本，按照“城乡一体化、城镇田园化、全域景区化”的理念，积极开展新型城镇化试点，加快海绵城市和地下综合管廊建设，提升城市安保水平，促进城乡基础设施和基本公共服务均衡化，建设大美宿州。完善“大宿城”空间发展布局，支持有条件的县申报实施县改市，推动“镇当县建”试点。统筹推进创建全国文明城市等十六城同创和申办省运会工作。深入开展“三治三增三提升”专项行动，持续推进“555”工程，加快棚户区改造步伐，促进县城提质扩容。探索打造具有宿州特色的现代田园城镇。加快推进美丽乡村建设，支持泗县美丽乡村整县推进试点工作。全市常住人口城镇化率力争达到50%，户籍人口城镇化率达到28%。

（三）拓展空间，奋力闯出创新驱动、全面培育核心竞争力的宿州新路。实施创新驱动发展战略，坚持“三重一创”建设思路，培育发展新动力，增强核心竞争力，以持续创业创新推动经济发展不断迈上新台阶。

拓展创业创新的动力空间。完善创新驱动制度体系，积极推广股权激励政策，加强知识产权保护，促进企业和高校院所科研人员双向流动。落实创新驱动财税制度，促进企业扩大再投资、设备更新和技术成果应用。深化科技管理体制改革，推动政府职能从研发管理向创新服务转变，建立创新驱动发展评价机制。

扩大创业创新的主体空间。完善企业、人才、政策、金融、平台“五位一体”链条，大力引进培养省级战略性新兴产业技术领军人才，激发创业创新主体活力。夯实创业创新载体，落实扶持政策，完善服务体系，健全服务平台，支持萧县张江高科技园区建设，推动大众创业、万众创新。

构建创业创新的网络空间。加快推进国家智慧城市试点，全面建设“智慧宿州”。加快信息基础设施建设，紧紧抓住宿州成为“宽带中国”示范城市和全国首批电信普遍服务试点市的机遇，持续推进“宽带宿州”建设，实现宽带网络城乡全覆盖。

(四)激发活力，奋力闯出改革开放、全面打造皖北开放新高地的宿州新路。全面深化改革，持续扩大开放，扎实推进重点领域改革，把宿州打造成为皖北改革开放的新高地。

深入推进重点领域改革。全面落实国家级和省级改革试点任务，积极打造深化改革的宿州品牌，务求在重点领域和关键环节取得新突破。聚焦建设全国创新型农业现代化先行区，深入推进农村综合改革，积极探索“资源变股权、资金变股金、农民变股民”的发展新模式，推进“人地挂”等城乡土地制度改革，为城乡统筹发展提供有力保障。分类推进国资国企改革，最大限度激发国资国企活力。深化财税金融体制改革，建立现代财税制度，持续推广创新“劝耕贷”“徽农贷”等惠农金融产品，利用多层次资本市场，提高服务发展水平。持续推进“放管服”和“三集中、三到位”等行政管理体制改革，不断提高行政效能。深化商事制度改革。积极稳妥推进教育、卫生、保障等社会领域分类改革，为经济社会发展注入新动能。深化司法体制改革，促进社会公平正义。统筹推进民主法制、文化体制、社会治理、生态文明、党的建设等领域改革，加快构建有利于践行五大发展理念、推动创新型“四个宿州”建设的体制机制。

着力加快民营经济发展。实施民营经济提升工程，引导优质资源向民营企业集中。采取推广“PPP”等多种模式，鼓励民营企业依法进入更多领域。加快培育一批专精特新中小企业和大型民营企业集团，提高民营经济对经济发展贡献率。积极倡导“亲”“清”新型政商关系，构建健康、清廉、公开、透明的发展环境。

大力发展开放型经济。坚持引资引智引技并举，打造发展的政策洼地、服务的环境高地。突出首位产业招商、产业链招商，加大战略性新兴产业、高新技术、现代服务业等领域招引力度。加强与央企、省属国有企业和知名民企的战略性合作，探索投资利用新方式，进一步提升经济发展外向度。全面融入国家“一带一路”等“三大战略”，积极参与中原经济区、淮海经济区核心区一体化、淮河经济带建设。支持宿马现代产业园区、泗涂现代产业园区等合作共建园区建设。充分发挥境内“四纵三横”的铁路网和“三纵两横”的高速公路网等优势，打造区域性综合交通中心。申报建设保税物流中心，建设内陆无水港，强力推进民航机场、通用机场等项目建设进程。

(五)提升内涵，奋力闯出生态优先、全面推进绿色发展的宿州新路。生态环境保护和生态文明建设，是持续发展最为重要的基础。要坚持把生态文明建设放在突出战略位置，融入经济社会发展各方面和全过程，共同守护绿色家园。

全面改善人居环境。实施大气、水、土壤污染防治行动计划，推进黑臭水体治理工程。加快萧县砀山果林生态区、皇藏峪大五柳风景区等生态板块建设，推进黄河故道综合开发，加强农业面源污染防治。持续推进“三线三边”暨城乡环境整治，巩固“六有”长效机制。保护培育森林生态系统，保护恢复湿地和河湖生态系统，积极创建国家森林城市和国家生态市。

积极发展循环经济。推行企业循环式生产、产业循环式组合、园区循环式改造，构建循环型工业体系。推广农林牧渔多业共生的多功能大循环农业生产方式。建立健全城乡再生资源和垃圾分类回收体系。推进矿产资源综合利用示范基地建设。

构筑生态安全屏障。开展煤矿塌陷区整治和非煤矿山生态修复。实施秸秆综合利用攻坚计划。加强生态文明制度建设，把生态环境指标纳入目标管理考核评价体系，建立领导干部任期生态文明建设责任制、问责制及离任审计制度。创建国家环保模范城市。

(六)以民为本，奋力闯出改善民生、全面增进共享发展的宿州新路。站稳人民立场，践行共享理念，让全市人民共享改革发展成果。

坚决打赢脱贫攻坚战。认真贯彻精准方略，紧紧围绕“123456”大脱贫工作部署，坚持“六看六确保”，聚焦十大工程，大力推进精准识别、精准施策、精准帮扶、精准脱贫。广泛动员和凝聚社会力量参与脱贫攻坚，形成政府、社会、市场互为支撑，专项扶贫、行业扶贫和社会扶贫三位一体的大扶贫格局。在加大普惠政策支持的基础上，对贫困人口实施特惠政策。加强贫困村基础设施建设，切实解决饮水、出行、住房、通电、网络、教育、医疗等问题。落实市县乡村脱贫攻坚责任制，完善脱贫攻坚责任体系。实施最严格的督查考核问责，推动脱贫攻坚各项政策和工作部署落到实处。在扶贫的路上，不能落下一个贫困家庭,丢下一个贫困群众!

加快发展社会事业。以提升居民幸福指数为指引,大力实施民生工程和惠民实事,将更多的资源政策、资金项目、工作精力向民生倾斜,优化公共服务供给,完善普惠共享的民生保障体系。加快快速通道和农村道路畅通工程等基础设施建设,大力发展智慧交通,创建公交示范城市。坚持“全覆盖、保基本、多层次、可持续”,构建完善的就业创业服务体系。统筹推进教育事业均衡发展,提高教育质量,促进教育公平。强化制度衔接,稳步提升水平,健全覆盖城乡居民的社会保障制度体系。把人民健康放在优先发展的战略地位,大力推进“健康宿州”建设,加快构建相适应的医疗、养老、公共卫生服务体系,加大食品药品监管力度,大力推动群众体育与竞技体育协同发展,切实推动新时期人口和计划生育工作转型发展。巩固双拥工作成果,创建军民结合产业示范基地,推动军民融合发展。

提升社会治理水平。推进法治宿州建设,积极主动开展重点领域立法工作,加强法治政府建设,大力推进公正司法,深入开展法治宣传教育,培养全民遵法守法的社会风尚。完善社会治安综合治理体制机制,加快建设基层综合服务管理平台。落实重大决策社会稳定风险评估制度,完善社会矛盾排查预警和调处化解综合机制,推广乡贤参与乡村社会治理新模式。加强和改进信访工作。完善和落实安全生产责任与管理制度。健全突发公共事件应急机制和指挥体系。积极打造儿童幸福生活城、关爱弱势群体模范城。

四、学习贯彻习近平总书记系列重要讲话精神,聚精会神抓党建

顺利实现目标任务,党的领导是根本,干部队伍是关键。各级党组织要聚焦主业、履行主责、坚守主阵地,坚定不移推进全面从严管党治党,为全面建成小康社会、建设创新型“四个宿州”提供坚强的政治保证。

(一)聚焦对标看齐,深入学习习近平总书记系列重要讲话精神。习近平总书记系列重要讲话蕴涵新思想、新观点、新要求,是我们实现奋斗目标的强大思想武器,是我们干事创业的根本遵循。要认真学习习近平总书记关于治国理政新理念、新思想、新战略,深刻领会丰富内涵和精髓要义,准确把握贯穿其中的马克思主义立场观点方法,切实做到真学真懂真信真用,以理论上的成熟确保政治上的坚定。不断改进和创新学习方式,完善党委(党组)中心组学习制度,充分发挥党校、社会主义学院等主阵地作用,积极运用新媒体技术拓展学习平台载体,加强对干部的教育培训,大力开展思想理论教育、党性教育和专业化能力培训。广泛开展面向基层的理论宣讲,推动习近平总书记系列重要讲话精神进机关、进校园、进社区、进乡村、进企业。坚持学用结合、知行合一,从习近平总书记系列重要讲话中找方法、找路径,增强贯彻落实的主动性坚定性,做好结合文章,切实转化为符合宿州实际的科学思路、工作举措和发展成效,确保讲话精神在宿州大地落地生根、开花结果。

(二)聚焦铸根塑魂,大力加强思想政治建设。思想建党是党的建设的首要任务,是党的先进性建设的灵魂。要深入开展“两学一做”学习教育,践行“四讲四有”,切实增强广大党员干部“学”的主动性、“做”的执行力。充分发挥思想政治理论教育的主渠道作用,认真学习贯彻党章,不断深化中国特色社会主义和中国梦宣传教育,引导全体党员在党言党、在党忧党、在党为党。坚持把纪律和规矩挺在前面,认真学习贯彻“一准则两条例”,紧绷纪律之弦,严守规矩之戒,坚决维护党中央权威和党的集中统一。严格落实意识形态工作党委主体责任,切实把意识形态责任扛在肩上、抓在手中。加强和改进宣传工作,加快推进传统媒体与新媒体融合发展,强化正面宣传,不断巩固舆论阵地、净化网络空间、集聚发展正能量。大力弘扬社会主义核心价值观,积极培育、选树、宣传先进典型,营造崇德向善的良好风尚。

(三)聚焦固本强基,切实强化组织建设。全面建成小康社会的新要求,迫切需要提升各级党组织建设水平。要认真贯彻《中国共产党地方委员会工作条例》和《中国共产党党组工作条例(试行)》,加强各级党委(党组)建设,统筹抓好各级领导班子建设,建设政治过硬、本领过硬、工作过硬、廉洁过硬的坚强集体。严格贯彻新时期好干部“20 字”选用标准,健全完善体现五大发展理念和正确政绩观要求的考核评价体系,选好用好“狮子型、亮剑型、阵地型”党员干部。推进重要岗位干部交流轮岗全覆盖,进一步加大年轻干部、女干部、党外干部和少数民族干部的培养力度。充分发挥老干部的积极作用。提高发展党员质量,优化党员队伍结构。巩固和加强党的基层组织,持续推进“3456”行动计划,加强基层服务型党组织和基层党组织标准化建设，加强基层党组织带头人队伍建设，选派优秀年轻干部到村担任第一书记，加大软弱涣散村（社区）整顿转化力度，发展壮大村级集体经济。发挥脱贫攻坚第一书记领导、引导、指导、督导作用，建好用好脱贫攻坚移动纪实系统，切实抓好党建促脱贫攻坚。全面推进企业、社区、机关和学校等基层党组织建设，加大在非公有制经济组织和社会组织建立党组织力度，推进网络党建，实现党组织和党的工作全覆盖。坚持党管人才原则，实施重大人才工程，推动各类人才队伍建设，形成人人皆可成才、人人尽展其才的生动局面。

（四）聚焦从严从实，扎实推进作风建设。作风建设永远在路上，必须常抓不懈，久久为功。要认真落实和完善“两清单一办法”，严格执行中央八项规定精神和省市30条，全力打造效能建设升级版。健全直接联系服务群众制度，推动机关工作重心下移，着力解决好群众最关心、最直接、最现实的利益问题。强化问题导向，紧盯重要领域、重要问题、重要节点，加强督促检查，严肃责任追究，加大通报曝光力度，从严查处顶风违纪行为。加强基层干部作风建设，密切党群干群关系。持续加大“四风”问题整治力度，切实以优良的党风促政风带民风育家风。按照“一个结合起来”“三个区分开来”的要求，健全完善干部鼓励激励和容错纠错机制，鼓励创新、激励担当、宽容失败，加强对勤勉做事干部的关心爱护，为敢于担当的干部担当、对勇于负责的干部负责，着力形成支持改革创新、激励干事创业的鲜明导向。压紧夯实“任务分解、落实报告、跟踪督查、社会监督”四位一体责任链条，形成“狠抓落实、实干兴宿”的浓厚氛围。

（五）聚焦标本兼治，深入推进反腐倡廉建设。反腐败是一场输不起也决不能输的斗争。要严格落实“两个责任”和“一岗双责”，把握运用监督执纪“四种形态”，进一步巩固不敢腐的成果，构建不能腐的机制，形成不想腐的氛围。常态化开展党风廉政警示教育，公开曝光、深刻剖析典型的违纪违法案件，坚持以案说法、以案释纪、以案施教，以身边事教育身边人，引导广大党员干部守住廉洁底线、保持清廉之身。坚持“一案双查”，开展专项整治，加大重点领域、重要岗位、重点环节和群众身边腐败案件的查处力度，让腐败分子在党内没有任何藏身之地。加强巡察工作体制机制建设，完善派驻机构统一管理，对标“六项纪律”，深化“四个着力”，统筹开展常规巡察、专项巡察和“回头看”巡察，着力发现深层次问题。全面推进惩治和预防腐败体系建设，聚焦“一把手”这个监督重点，强化对干部特别是领导干部的日常管理监督，严格执行领导干部重大事项报告制度，强化权力运行的全程监督。创新监督执纪审查方式，树立鲜明执纪导向，健全重大案件剖析制度，建立起教育、监督、惩处、保护并重的党风廉政建设体系。

中共宿州市第五次代表大会会场

（六）聚焦常态长效，加强党的制度建设。全面从严治党，最根本的就是制度治党。要把制度建设贯穿于党的建设各方面，着力构建内容协调、程序严密、配套完备、有效管用的制度体系，建立健全决策权、执行权、监督权既相互制约又相互协调的权力结构和运行机制，真正做到用制度管权、按制度办事、靠制度管人。进一步强化全委会决策和监督作用。推进公共决策民主化，完善深入了解民情、充分反映民意、广泛集中民智的决策机制。认真落实“三会一课”制度，贯彻民主集中制原则，发展党内民主，推进党务公开，保障党员主体地位和民主权利。推进领导干部能上能下，重点解决干部能下问题。加强不合格党员退出机制建设，促进党员干部队伍的新陈代谢。巩固扩大党代表大会常任制和党代表任期制成果，充分发挥党代表作用。不断深化干部人事制度改革、组织制度改革、人才发展体制机制改革。实行全程跟踪督查机制，健全问责机制，确保让铁规发力，让禁令生威，不断强化制度的刚性约束和惩戒作用，推动管党治党从宽松软向严紧硬转变。

（七）聚焦同频共振，积极发展社会主义民主政治。各级党委作为推动事业发展的领导核心，必须统揽全局、协调各方。要始终坚持党的领导、人民当家做主、依法治国有机统一,持续加强和改进党委对同级人大、政府、政协以及政法机关、人民团体工作的领导,支持和发挥好各类组织中党组织的领导核心作用。巩固和发展最广泛的爱国统一战线,全面落实党的知识分子、民族、宗教、对台等政策,充分发挥民主党派、工商联和无党派人士作用,带领广大干部群众立足本职、建功立业。进一步发展基层民主,保障人民群众的知情权、参与权、表达权、监督权。

各位代表、同志们,宏伟蓝图催人奋进,庄严使命重于泰山。让我们紧密团结在以习近平同志为总书记的党中央周围,在省委的坚强领导下,高举中国特色社会主义伟大旗帜,一心一意谋发展,聚精会神抓党建,持续叫响"狠抓落实、实干兴宿"的时代强音,持续深化"点燃激情、提升效能"的作风品牌,持续锤炼"不干则已、干则必成"的鲜明特质,团结带领全市广大党员和干部群众,坚定地干、大胆地干、扎实地干、精准地干、决不回头地干,为建设创新型"四个宿州"、实现"两个一百年"奋斗目标、实现中华民族伟大复兴的中国梦而努力奋斗!

·中国共产党宿州市第五届委员会委员当选人名单·

(按姓氏笔画为序　共53名)

马红钟	王　甄(女)	王广敏	王共伟
王启荣	王明奎	王法立	王锦程
龙道金	史　耘	史　翔	包来友
吕　剑	刘晓云(女)	刘博夫	许广斌
许启金	李光超	李荣权	李晓宁
李朝晖	连　琦(女)	何志中	余向东
沈志刚	张　旭	张孝成	张志强
张建军	张晓东	张曙光	
陈　莉(女,回族)		陈礼平	邵　郁
武　戈	郑　超	孟　伟	赵　琳(女)
胡兴无	侯家春	夏　莉(女)	高　杨
陶广宏	黄　伟	黄　健	黄甦婷(女)
戚怀民	蒋翠萍(女)	曾　超	雷云启
鲍远利	解福来	操隆山	

·中国共产党宿州市第五届委员会候补委员当选人名单·

(按得票多少为序　共10名)

齐克省(女)	王　琼	高　剑	乔　森
杨维志	崔怀鹏	彭　飞	孟丽华(女)
刘　光	黄　河		

·中国共产党宿州市第五届纪律检查委员会委员当选人名单·

(按姓氏笔画为序　共35名)

马　克	马实忠	王　琦	石玉明
龙道金	刘　擎	刘洪涛	孙　勇
李　虎	李新建	杨洪军	时雪峰
张　民	张　伟	张万鹏	张久嵬
张代君	陈望北	纵　昆	武　敏(女)
武　静	武玉文	岳　峰	郑　超
胡长恕	祖洪旭	贾爱玲(女)	晁友福
高　云(女)	高　峰	高建平	唐　震(女)
黄学传	彭湘影(女)	魏松波	

总　　述

·市情概况·

【行政区划】 宿州市位于安徽省最北部，与苏、鲁、豫3省11个市县接壤，是淮海经济协作区的核心城市之一，也是安徽省距离出海口最近的城市。1999年设立省辖宿州市，辖砀山县、萧县、灵璧县、泗县、埇桥区和宿州经济技术开发区、宿马现代产业园区、宿州市高新技术产业开发区。全市总面积9787平方公里，年末全市总人口654.05万人。

【历史沿革】 宿州历史悠久，早在八千多年的新石器早期，先民们就在这方土地上繁衍生息。夏、商、西周时期，这里是徐夷、淮夷等部落的居住区。春秋战国时期，又有宿国、萧国、徐国等小诸侯国、秦汉设立。隋大业年间，通济渠（汴水）开通，古城宿州随着汴水漕运的兴盛逐步发展起来。唐宪宗元和四年始置宿州，千余年间，宿州一直是历代州府的治所。宣统三年（1911年）辛亥革命爆发，12月16日宿州光复。民国肇建，宿州称宿县，泗州改泗县，与灵璧县均属安徽省。砀山县、萧县属江苏。民国21年（1932年），萧县、砀山属江苏省铜山行政督察区，宿县、灵璧、泗县属安徽省第六行政督察区。民国27年（1938年）5月，今宿州所属各县先后沦陷。日伪、国民党、抗日人民政府三方政权并存直至抗日战争结束。国民党政权则在县城以外乡集设立流亡政府，宿、灵、泗隶属国民政府第六行政督察区，萧、砀则隶属江苏徐州专区。共产党则在各县交界毗邻处建立抗日政权，如宿东县、宿西、萧宿铜、灵睢泗、泗五县、泗南县、泗宿等，隶属于中共淮北地委。民国32年（1943年）日伪在苏皖北部设淮海省，今宿州各县均属淮海省。抗日战争胜利后，宿县、灵璧、泗县属安徽省第四行政督察专员公署。砀、萧属江苏省徐州专员公署。

1949年1月，淮海战役结束，今宿州各县相继解放。各县分别属于豫皖苏边区三专署、六专署和江淮边区二专署、三专署。1949年3月25日，江淮二专署并入三专署和豫皖苏三地委、六地委之一部合并，成立宿县专区，属皖北行署。辖邳睢、睢宁、泗阳、淮宝、泗南、泗宿、泗灵睢、萧铜、灵璧、宿东、五河、永城、砀山、萧县、怀远、宿西、宿城市和盱凤嘉、洪泽湖工委、宿迁市21个县级政权。1949年6月，经过合并、调整后，邳睢、睢宁、泗阳、宿迁市归属江苏建制。宿县专区辖永城、砀山、萧县、宿县、灵璧、泗县、五河、怀远、泗洪九县，宿城市撤销。1950年，析宿县西部置濉溪县。1951年，重置宿城市。1953年，砀山、萧县划归江苏，永城划归河南，宿县专区属安徽省。1953年，撤销宿城市。1955年，泗洪划江苏，砀山、萧县划回安徽省宿县专区。1956年2月，宿县、滁县两专区合并为蚌埠专区。1961年3月，蚌埠专区撤销，重新设立宿县专区，辖濉溪、砀山、萧县、宿县、灵璧、泗县、五河、怀远八县。

1964年，析宿县、灵璧、五河、怀远衔接处各一部，置固镇县。1971年，宿县专区更名为宿县地区。1977年，濉溪县划归淮北市。1979年10月，析宿县城关镇及城郊、城西区之一部分置县级宿州市。1983年7月，五河、固镇、怀远三县划归蚌埠市。宿县地区辖砀山、萧县、宿县、灵璧、泗县、宿州市（县级）计五县一市。1992年12月11日，国务院批准县级宿州市与宿县合并，仍为县级宿州市。1998年12月国务院批复，撤销原宿县地区，设立省辖宿州市。1999年元月，埇桥区挂牌成立。1999年5月，省辖宿州市正式挂牌,宣告成立。

【区位条件】 宿州市地近沿海、背靠中原,是沿海发达地区与中西部地区的过渡带。宿州铁路、公路、水路、航空交通十分便捷。京沪、陇海两大铁路干线呈"十"字状贯穿全境,京沪高铁通车后,宿州1小时到达南京、2小时到达上海、3小时到达北京。公路网四通八达,(北)京福(台)、连(云港)霍(尔果斯)和泗(洪)许(昌)高速穿越南北东西;4条国道、9条省道、60多条县道和密如蛛网的乡村公路交织其间,公路网密度和人均通公路里程全国领先。水路可连接洪泽湖、淮河。市区域内有浍河、新汴河、沱河、萧濉新河等河流。全市有7级以上航道里程176.23公里。新汴河和浍河沿线设有5个港口,建有100吨级泊位48个,年吞吐能力300多万吨。至出海口连云港码头200公里,可通过汴河、浍河直达长江入海。距徐州观音机场70多公里,距合肥、南京机场均只200多公里,乘民航进出十分方便。

【自然环境和资源】 宿州市位于皖苏鲁豫四省交汇的黄淮平原中南部,东西横跨184.6公里,南北纵深151.2公里,总面积9787平方公里。地貌以平原为主,平原面积8897平方公里,占国土总面积91%;小部分低山、丘陵、台地,总面积890平方公里,占国土总面积9%左右;地势西北高、东南低。

宿州地处北暖温带季风半湿润气候区,四季分明,年平均气温14.3℃,年平均日照2403.6小时,无霜期201—210天之间,年均降雨量774—895毫米之间,夏季雨水较集中,属雨热同季。境内大小河流70多条,大多属淮河北坡支流,最大河流为新汴河。

宿州市是传统的农业大市,粮食作物盛产小麦、玉米、水稻、山芋和各种杂粮,年产量412.26万吨,是国家重要的商品粮生产基地;油料作物主要以花生、油菜、大豆、芝麻等类为主,年产量约25.21万吨,经济作物主要是棉花、烤烟和少量麻类,棉花年均种植面积约1.95万公顷,年产量约2.58万吨;养殖业主要有猪、牛、羊和鸡、鸭、鹅等,年出栏约在:猪396万头,羊360万只,牛28.5万头,家禽0.57亿只,肉类年产量约52.9万吨,禽蛋产量年均27.5万吨,是全省乃至全国重要的肉类、禽蛋商品生产基地;蔬菜瓜类年均种植面积8.24万公顷,年产量约350万吨;宿州是全省乃至全国重要的水果生产基地,果园面积近百万亩,品种以梨、苹果、葡萄、桃、杏等为主,年均总产120万吨以上,占全省总产量的70%以上。林木总面积31万公顷,森林覆盖率28.95%,是全国平原绿化先进地区之一。

宿州市矿产资源丰富,已发现矿产资源28种,其中探明且具有一定储量和工业开采价值的有17种,以能源和非金属矿产为主。主要有煤、煤层气、石油、铁、铅、石灰石、白云石、大理石、石英石、高岭土、耐火黏土、瓷石等。优势矿产储量大,区域分布集中,便于开采利用。全市储煤面积2000平方千米,矿产地41处,品种全、煤质优,已探明储量32亿吨,预测远景储量135亿吨,约占淮北煤田总储量的75%,全省总储量的1/3以上;其中大型煤田21处,已投产或在建矿井23对,年开采能力1200万吨,已投产的朱仙庄、芦岭、蕲南、蕲东、桃园、钱营孜等6对现代化大型煤矿年产原煤1000万吨以上,是华东地区最重要的煤电能源基地之一。宿州地域含煤层气面积广、层次多、厚度大,预测储量十分可观。仅前几年试钻探明的宿南煤层气矿一处,预测总储量就高达600亿立方米,且甲烷含量超过95%,发热量达8500大卡,极具开采利用价值。白云石、大理石、耐火黏土储量居全省第一位,瓷石储量居全省第四位。

宿州文化底蕴深厚,人文资源丰富。在这块土地上,相继走出闵子骞、嵇康、刘伶、刘裕、朱温、马皇后等历史名人,现当代涌现出刘开渠、朱德群、王子云、萧龙士、梅雪峰、李百忍、孙叔平、邓伟志、杨在葆、刘世龙、李炳淑等名人志士。宿州还留下了刘邦、项羽、李白、白居易、苏轼、赛珍珠等人的历史遗迹。宿州是著名的"中国酥梨之乡""中国书画艺术之乡""中国书法艺术之乡""中国马戏之乡""中国民间艺术(钟馗画)之乡""中国观赏石之乡""泗州戏之乡"。

【年度气候】 2016年,全市平均气温为15.3℃,较常年同期偏高0.5℃,除春季气温略偏高外,其他季节接近常年。极端最高气温为38.3℃,极端最低气温为-14.9℃。年降水量宿州和泗县较常年同期偏多,其他地区少于常年。年日照时数较常年偏少。

年内全市出现雷雨大风、暴雨、冰雹等多种灾害性天气。其中,6月13—15日、6月30日—7月1日和7月29—30日的雷雨大风,给人民生活和工农业生产等造成不同程度经济损失。

气温　全市各地年平均气温在14.8℃—16.0℃之间，全市平均气温为15.3℃，较常年同期偏高0.5℃。

冬季（2015年12月—2016年2月）气温北部偏低南部偏高。全市各地平均气温在1.8℃—3.7℃之间。宿州、灵璧和泗县分别较常年同期偏高0.7℃、0.5℃和1.2℃；砀山和萧县较常年同期偏低0.1℃。泗县为偏高年份，砀山、萧县、宿州和灵璧为正常年份。日最低气温≤0℃的最长连续日数，砀山、萧县和灵璧为21天、宿州和泗县为20天和10天。日平均气温≤0℃的日数，砀山为29天，较常年偏多7天；萧县、灵璧和泗县分别为25天、22天和14天，分别较常年偏少3天、5天和7天；宿州18天，与常年持平。日平均气温≤0℃的最长连续日数，砀山为10天，出现在1月17—26日；萧县为9天，出现在1月18—26日；宿州、泗县和灵璧为5天，宿州和泗县均出现在1月22—26日，灵璧出现2次，分别出现在1月22—26日和1月30日—2月3日。

全市日最低气温≤－5℃的日数，砀山、萧县为20天、29天，分别较常年偏多3天、8天；宿州和泗县为9天，分别较常年偏少5天和9天；灵璧18天，较常年偏少3天。日最低气温≤－5℃的最长连续日数，砀山、萧县和灵璧均为6天，分别出现在1月22—27日、1月22—27日和2月1—6日；宿州为3天，出现在2月1—3日；泗县为4天，出现在1月23—26日。冬季全市日最低气温低于－10℃的日数，砀山4天，出现在1月23～25日和2月1日；萧县和灵璧为3天，均出现在1月23—25日；宿州和泗县为1天，出现在1月24日。

春季（3—5月）气温偏高。全市平均气温在15.0℃—16.2℃之间，较常年同期偏高。砀山较常年偏高1.0℃；萧县较常年偏高0.9℃；宿州较常年偏高1.2℃；灵璧较常年偏高0.6℃；泗县较常年偏高1.2℃。除萧县和灵璧属于正常年份外，其他地区属于偏高年份。全市日平均气温稳定通过10℃的开始日期：砀山、萧县和泗县为3月27日，较常年分别提前了4天、5天和4天；宿州为3月16日，较常年提前13天；灵璧为3月28日，较常年提前4天，标志着各地较常年提前进入春季。

夏季（6—8月）气温正常，全市各地气温≥35℃的高温最长连续日数较常年相比明显偏少。全市平均气温在26.1℃—27.1℃之间，除萧县较常年同期偏低0.1℃外，其他地区较常年同期偏高0.1℃—0.7℃。2016年，全市各地较常年相比进入夏季的时间晚，各地进入夏季的时间均推迟。全市各地日平均温度稳定通过22℃的日期，除宿州出现在6月4日外，其他地区均出现在6月7日，与常年相比，砀山和萧县分别推迟4天；宿州和灵璧推迟3天；泗县推迟了1天。2016年，气温≥35℃的高温日数，砀山9天，较常年偏少2天；萧县和宿州均为17天，分别较常年偏多7天和3天；灵璧12天，与常年持平；泗县13天，较常年偏多2天。

全市各地≥35℃高温最长连续日数较常年相比明显偏少。砀山为4天，较常年偏少6天，出现在7月28—31日；萧县为5天，较常年偏少6天，出现在7月28日—8月1日；宿州为11天，较常年偏少2天，出现在7月22日—8月1日；灵璧为9天，较常年偏少4天，出现在7月23—31日；泗县为5天，较常年偏少8天，出现2次，分别出现在7月22—26日、7月28日—8月1日。

秋季（9—11月）气温正常，全市各地较常年相比进入秋、冬季的时间推迟。全市各地平均气温在15.4℃—16.8℃之间，砀山和灵璧较常年同期偏高0.3℃，宿州和泗县分别较常年同期偏高0.5℃和0.6℃，萧县较常年同期持平。

2016年全市各地进入秋季的时间较常年明显推迟。以日平均气温稳定降至22℃以下日期为标准：砀山和萧县进入秋季的日期分别为9月26日和9月27日，进入秋季的时间分别较常年同期推迟22天、21天；宿州、灵璧和泗县进入秋季的日期均为9月28日，进入秋季的时间分别较常年同期推迟17天、21天和20天。

全市进入冬季的时间较常年明显推迟。以日平均气温稳定低于10℃的日期为统计标准，砀山进入冬季的日期开始于11月21日，较常年同期推迟了16天；萧县、宿州、灵璧和泗县进入冬季的时间均开始于11月22日，分别较常年同期推迟16天、21天、13天和14天。

年末气温偏高：12月，全市各地平均气温在3.3℃—5.3℃之间，较常年同期偏高0.8℃—2.2℃。

年极端气温：全市极端最低气温为－14.9℃，出现在1月24日的砀山；其他各地的极端最低气温为：萧县－13.0℃、宿州－12.1℃、灵璧－13.2℃、泗县－12.6℃，均出现在1月24日。全市极端最高气温为38.3℃,出现在7月30日的泗县;其他各地的极端最高气温为:砀山36.1℃、萧县36.6℃、宿州37.7℃和灵璧38.1℃,各地均出现在7月30日。

初终霜日、无霜期砀山和萧县上年度的终霜日出现在3月27日,分别较常年同期提前了8天和7天;宿州的终霜日出现3月26日,较常年同期提前了5天;灵璧的终霜日出现在3月14日,较常年同期提前了18天;泗县的终霜日出现在3月16日,较常年同期提前19天。年度初霜日:砀山和萧县出现在11月1日,分别较常年推迟了4天和1天;宿州和灵璧出现在11月24日,分别较常年推迟了22天和26天;泗县出现在11月2日,较常年推迟4天。

全年无霜期日数:砀山和萧县为218天,宿州242天、灵璧254天、泗县230天;无霜期日数分别较常年偏多12天、8天、27天、44天和23天。

降水 全市各地年降水量在700.9—1058.6毫米之间。宿州和泗县较常年同期偏多203.6毫米和69.1毫米,同比偏多23.8%和7.6%;砀山、萧县和灵璧分别较常年同期偏少45.8毫米、30.2毫米和122.5毫米,同比偏少6.2%、3.7%和13.4%。

冬季降水除宿州正常外其他地区显著偏少。全市各地降水量在10.9—56.6毫米之间。降水量较常年同期偏少6.4—37.2毫米,宿州偏少10.2%,属于正常年份,其它各地显著偏少(与常年同期相比,下同)50.3%—77.4%,属显著偏少年份。

春季降水南部偏多北部偏少。全市各地降水量为84.1—263.9毫米。砀山较常年同期偏少49.2毫米,偏少37.0%,属偏少年份;萧县较常年同期23.1毫米,偏少16.4%,属正常年份;宿州较常年同期偏多53.6毫米,偏多34.9%,属偏多年份;灵璧较常年同期偏多36.7毫米,偏多23.2%,属正常年份;泗县较常年同期偏多94.0毫米,偏多55.3%,属显著偏多年份。

夏季降水偏少。全市各地降水量在274.9—449.3毫米。砀山、萧县、宿州、灵璧和泗县的降水量分别较常年同期偏少101.1毫米、110.1毫米、25.8毫米、241.6毫米和115.6毫米,分别偏少23.6%、22.9%、5.5%、46.8%和24.1%。本季度全市各地暴雨日出现8站次。其中,砀山和灵璧各1次,萧县、宿州和泗县各2次。

秋季降水偏多。全市降水量在232.6—308.7毫米之间,较常年同期偏多86.2—145.1毫米,偏多49.3%—88.6%,灵璧属于偏多年份,砀山、萧县和泗县属于显著偏多年份,宿州属于异常偏多年份。

年末降水异常偏多。2016年12月全市各地降水量较常年同期偏多,各地降水量在41.3—47.0毫米之间,较常年同期偏多26.5—32.5毫米,偏多156.1%~224.1%,全市各地均属于异常偏多年份。

大雾 砀山、萧县和灵璧全年大雾日数分别为35天、52天和50天,分别较常年偏多8天、34天和17天;宿州和泗县全年大雾日数分别为19天和24天,较常年偏少2天和7天。

日照 全年日照时数,全市各地均较常年偏少。砀山、萧县、宿州、灵璧和泗县分别为2102.5小时、2002.8小时、1909.3小时、1933.9小时和1894.4小时,分别较常年偏少17.8小时、144.5小时、297.6小时、152.8小时和206.3小时。

冬季日照时数,砀山和灵璧分别为476.1小时和438.9小时,分别较常年偏多53.9小时和8.6小时,偏多12.7%和2%;萧县、宿州和泗县分别为417.5小时、453.9小时和424.0小时,分别较常年偏少15.5小时、2.3小时和13.7小时,分别偏少3.6%、0.5%和3.2%。

春季日照时数,全市各地均较常年偏少。砀山、萧县、宿州、灵璧和泗县分别为605.9小时、579.5小时、571.6小时、562.3小时和524.5小时,分别较常年偏少1.9小时、33.5小时、35.9小时、21.4小时和51.2小时,分别偏少0.4%、5.5%、6.0%、3.7%和8.9%。

夏季日照时数,除宿州较常年偏少外,其他地区偏多。砀山、萧县、灵璧和泗县分别为657.5小时、615.6小时、595.6小时和600.2小时,分别较常年偏多80.5小时、30.9小时、28.8小时和28.2小时,分别偏多13.9%、5.2%、5.0%和4.9%;宿州为537.4小时,较常年偏少65.4小时,偏少10.9%。

秋季日照时数,全市各地均较常年偏少。砀山、萧县、宿州、灵璧和泗县分别为390.1小时、393.0小时、368.2小时、334.3小时和358.9小时,分别较常年偏少123.2小时、123.6小时、172.2小时、171.6小时和156.4小时,分别偏少24.0%、24.0%、31.9%、34.0%和30.4%。

年末日照:2016年12月,全市各地日照时数较常年同期偏少。砀山为120.3小时,较常年同期偏少19.7小时;萧县为129.5小时,较常年同期偏少16.0小时;宿州为126.8小时,较常年同期偏少29.2小时;灵璧为136.2小时,较常年同期偏少

11.8 小时;泗县为 126.6 小时,较常年同期偏少 25.9 小时。

【主要灾害性天气及影响】

暴雨 7月19日08时至21日08时,宿州市有39个乡镇雨量站点超过50毫米,主要集中在砀山、萧县以及埇桥区西部,最大降雨量95毫米出现在砀山的玄庙镇。降雨时多地伴有雷雨大风,其中7级以上大风有23个乡镇、8级以上大风7个,主要分布在灵璧、泗县和埇桥区南部部分乡镇。据市民政局统计,此次灾害造成在地农作物倒伏,树木折断,部分房屋倒损,造成120人受灾,1人受伤。农作物受灾面积4公顷,倒塌房屋3户12间,损毁房屋9户18间,折断树木100余棵。此次灾害共造成直接经济损失45万元。

雷雨大风 6月13日20时至6月15日08时,受冷涡影响全市多个乡镇出现了雷雨大风。据市民政局统计,此次灾害共造成20782人受灾,农作物受灾面积0.03万公顷,倒塌房屋48间,损毁房屋547间,折断树木10030棵左右,损毁大棚14.69公顷,高压电线杆6棵,直接经济损失990万元。

6月30日20时至7月1日08时,宿州市多地出现雷雨大风和短时强降水。据市民政局统计,灾害共造成20684人受灾,农作物受灾面积34公顷,倒塌房屋10间,损毁房屋385间,损毁厂棚7间,折断树木5165棵左右,电线杆14根,种植大棚21.65公顷,此次灾害共造成直接经济损失322万元。

7月29日20时至7月30日08时,宿州市萧县部分地区出现雷雨大风和短时强降水。据市民政局统计,此次灾害共造成1.3万人受灾,受伤2人,倒塌房屋8间,损毁房屋140间,农作物(玉米倒伏)受灾0.09万公顷,经济作物受灾(桃树落果)66.67公顷,折断树木1300余棵左右。此次直接经济损失668.5万元,其中农业经济损失420万元。

冰雹 7月17日16时40分—45分,砀山县唐寨镇山寨村出现冰雹,小的如黄豆粒,大的如花生米。灾害共造成1100人受灾,损毁房屋1间,造成经济作物受灾213.33公顷,无人员伤亡,此次灾害共造成直接经济损失150万元。

【人口】 2016年末,全市常住人口559.93万人,比上年增加5.83万人,增长1.05%。全市出生人口10.09万人,出生率为15.48‰;死亡人口3.61万人,死亡率为5.54‰;人口自然增长率为9.94‰。

城乡人口结构 全市常住人口中,居住在城镇的人口224.14万人,与上年相比增加9.54万人,占总人口的40.03%(常住人口城镇化率),比上年提高1.3个百分点。居住在乡村的335.79万人,占总人口的59.97%。

年龄结构 年末全市常住人口中,0—14岁人口119.94万人,点总人口的21.42%;15—59岁人口340.38万人,点总人口的60.79%;60岁以上人口99.61万人,占总人口的17.79%,其中65岁以上人口66.35万人,占总人口的11.85%。

·国民经济和社会发展·

2016年,宿州市全年地区生产总值(GDP)1351.8亿元,按可比价格计算,增长9.1%。其中:第一产业增加值260.2亿元,增长2.6%;第二产业增加值512.8亿元,增长9.2%;第三产业增加值578.8亿元,增长12.3%。三次产业结构比为19.2:38.0:42.8。人均生产总值24270元(折合3654美元),比上年增加1855元。全员劳动生产率35871元/人,比上年增加2730元/人。

年末全市从业人员377.8万人。分产业看,第一产业148.2万人,第二产业108.0万人,第三产业121.6万人。全年城镇新增就业5.4万人,安置下岗失业人员再就业1.7万人,就业困难人员再就业1.4万人,转移农业劳动力6.14万人。年末城镇登记失业率2.42%,比上年下降0.57个百分点。

全年居民消费价格(CPI)比上年上涨1.4%。其中,食品烟酒价格上涨2.0%,衣着价格上涨0.5%,居住价格上涨1.2%,教育文化和娱乐价格上涨1.5%,医疗保健价格上涨6.2%。

一、农业

全年粮食作物种植面积83.39万公顷,比上年增长0.7%。其中,小麦种植面积35.81万公顷,增长0.8%;油料种植面积5.34万公顷,下降6.9%;棉花种植面积1.45万公顷,下降25.9%;蔬菜及食用菌种植面积8.36万公顷,增长1.5%。

全年粮食产量403.19万吨,比上年下降2.2%。其中,夏粮产量239.59万吨,下降0.8%;秋粮产量163.6万吨,下降4.1%;棉花产量2.11万吨,下降18.4%。油料产量23.72万吨,下降5.9%。

全年肉类总产量50.33万吨,下降4.8%;牛奶产量1.64万吨,下降4.9%;水产品产量4.58万吨,增长2.0%;禽蛋产量28.74万吨,增长4.5%。

年末全市农业机械总动力874.6万千瓦,增长2.6%,大中型拖拉机保有量5.18万台,增长5.7%,联合收割机保有量2.54万台,增长11.0%,大中型拖拉机配套比1:5.2,耕种收综合机械化水平达到87.1%。全年农用化肥施用量(折纯)33.30万吨,下降0.2%。其中复合肥18.35万吨,下降0.1%。有效灌溉面积428.43千公顷,增长1.6%,新增耕地灌溉面积8.28千公顷,增长22.5%;节水灌溉面积103.86千公顷,增长7.7%,新增节水灌溉面积7.58千公顷,增长48.9%。

二、工业和建筑业

全年全部工业增加值438.78亿元,比上年增长9.5%。其中,规模以上工业增加值405.60亿元,增长9.3%。全年战略性新兴产业产值135.22亿元,增长29.6%。农产品加工产值1027.83亿元,增长9.2%。

年末全市规模以上工业企业1294家,比上年净增125家。34个工业大类行业中有28个增加值保持增长。其中,农副食品加工业增长3.9%,食品制造业增长4.1%,纺织业增长9.4%,木材加工和木竹藤棕草制品业增长6.9%,电力、热力生产和供应业增长8.7%;煤炭开采和洗选业下降54.1%,皮革羽毛制品和制鞋业下降16.9%。

规模以上工业统计的主要产品产量中,原煤下降13.7%,小麦粉下降5.1%,饲料增长28.0%,饮料酒增长7.8%,机制纸及纸板增长31.0%,塑料制品增长14.1%,水泥增长0.4%。

全年规模以上工业企业实现主营业务收入1772.05亿元,增长11.9%;实现利润69.46亿元,下降1.6%,实现利税99.31亿元,下降1.1%。

全年建筑业总产值257.40亿元,增长17.9%。房屋建筑施工面积1112.13万平方米,增长41.8%。

三、固定资产投资

全年固定资产投资1269.98亿元,比上年增长12.1%。其中,一、二、三产投资分别增长13.8%、6.8%和19.8%。全年工业投资700.75亿元,增长7.4%。民间投资983.95亿元,占全市固定资产投资的比重为77.5%,比上年下降4.6个百分点。全年固定资产投资到位资金1340.47亿元,增长14.0%,其中国内贷款增长61.6%。

全年房地产开发投资235.78亿元,增长7.3%。年末商品房销售面积564.24万平方米,增长44.8%;商品房销售额232.66亿元,增长57.9%。全年开工建设城镇保障性安居工程住房2.17万套,基本建成1.47万套。

全市亿元以上重点项目393个,完成投资629.2亿元。列入省亿元以上重点项目、市“5161”工程项目、市重点项目和园区建设调度项目均超额完成年度目标任务。钱营孜低热值煤发电、和泰陶瓷等190个项目开工建设,新亚电子生产基地、恒邦新材料、正新食品等192个项目进度加快,雪龙化纤、新宇药业二期、立诚包装等85个项目建成投产。宿灵泗快速通道建成通车。

四、国内贸易和对外经济

全年社会消费品零售总额476.92亿元,比上年增长12.3%,其中,限额以上消费品零售额272.14亿元,增长13.9%。分城乡看,城镇零售额395.92亿元,增长12.8%;乡村零售额81.00亿元,增长10.2%。

限额以上企业商品零售额中,书报杂志、日用品、文化办公用品、家具、煤炭及制品、汽车等零售额分别增长21.8%、15.1%、20.1%、14.9%、21.1%和12.5%。

全年进出口总额4.70亿美元,比上年下降36.7%。其中,进口总额0.82亿美元,下降14.7%;出口总额3.87亿美元,下降40.0%。

全年引进外资项目11个,比上年增加1个;全市合同利用外资7451万美元,下降41.0%;外商直接投资7.30亿美元,增长8.0%。全年实际利用内资1040亿元,增长15.6%。

五、交通、邮电和旅游

全年公路客运量4683万人,下降9.4%,旅客周转量271852万人公里,下降15.1%。公路货物运输量22115万吨,增长6.4%,货物周转量4684501万吨公里,增长4.1%。年末汽车保有量36.47万辆,比上年增长27.4%,其中个人汽车保有量31.78万辆,增长25.4%。

全年邮电业务总量29.25亿元;年末移动电话用户416.38万户,移动电话普及率64.11部/百人;互联网用户达到346.82万户。

全年入境旅游人数3.99万人次,比上年增长11.0%;国际旅游外汇收入1993.8万美元,增长

7.3%；国内旅游收入119.14亿元，增长21.2%；旅游总收入120.47亿元，增长21.2%；国内旅游人数1877.54万人次，增长18.3%。

六、财政、金融和保险

全年财政收入139.80亿元，增长11.3%，其中，地方财政收入95.62亿元，增长11.2%。全部财政收入中，税收收入100.76亿元，增长2.1%；非税收入39.04亿元，增长45.1%。财政支出311.35亿元，增长5.7%，其中，民生支出265.04亿元，增长5.8%，占财政支出的85.1%。从重点支出项目看，教育支出增长10.3%，农林水支出增长8.8%，城乡社区事务支出增长4.1%，社会保障和就业支出增长2.6%。

年末，全市金融机构人民币存款1747.19亿元，增长17.4%。其中，居民住户存款1143.96亿元，增长12.3%。金融机构贷款余额979.35亿元，增长21.1%。金融机构存贷比56.1%，比上年提高1.8个百分点。

全年保险业保费收入69.96亿元，增长12.5%。其中，财产险保费收入19.54亿元，增长25.0%；人寿险保费收入50.42亿元，增长8.3%。赔款和给付支出22.03亿元，增长36.4%。其中，财产险赔款9.89亿元，增长31.5%，人寿险赔款和给付12.14亿元，增长40.0%。

七、人民生活和社会保障

全年城镇常住居民人均可支配收入25533元，增长8.1%。城镇常住居民恩格尔系数22.63%，城镇居民人均住房建筑面积34.55平方米，比上年增加1.78平方米。

农村常住居民人均可支配收入9917元，增长8.5%。农村常住居民恩格尔系数为26.48%。农村居民人均拥有住房面积40.89平方米，比上年增加0.72平方米。

年末人均住户存款20537元，比上年增加4773元，增长30.3%。

全年参加城乡居民养老保险人数355.12万人。其中，城镇居民参保7.11万人，农村居民参保348.00万人。城乡居民社会养老保险金领取人数92.14万人，增长6.7%。年末城镇基本医疗保险参保人数95.89万人，增长2.1%。其中，城镇职工参保31.24万人，下降0.1%；城镇居民参保64.65万人，增长3.2%。年末参加农村新型合作医疗人数达522.77万人，参合率达104%。

八、教育、科学技术和文化

教育科技文化事业持续发展。全年普通高等学校招生0.67万人，在校学生2.38万人，毕业生0.55万人。高中阶段招生2.84万人，在校生9.74万人，毕业生3.60万人。高中阶段毛入学率93.55%。中等职业学校招生2.57万人，在校生5.27万人，毕业生3.49万人。初中阶段招生5.65万人，在校生16.37万人，毕业生5.34万人。初中学龄人口入学率100%。小学招生8.50万人，在校生44.51万人，毕业生5.76万人。小学学龄儿童入学率100%。幼儿园在园幼儿21.79万人。特殊教育在校学生0.18万人。各类民办学校在校学生23.56万人。

全年高新技术企业77家，其中当年新增企业15家。全年专利申请量3324件，其中发明专利申请量1694件。市级以上科技计划项目35个。省科技成果登记12项。全市省级以上研发平台54个，其中省级工程技术研究中心13个，省级院士工作站6个，国家级创新平台1个。

全市有公共图书馆6个，图书馆藏书量61.9万册。群众艺术馆、文化馆108个。年末有线电视入户率29.49%，广播节目综合人口覆盖率95.44%；电视节目综合人口覆盖率96.73%。全年组织文艺活动1833次。年末全市体育社团组织机构数159个，青少年体育俱乐部24个。全市社会体育指导员3275人。全年共开展各项全民健身活动80次。省及省以上比赛共获得金牌39枚，银牌30枚，铜牌56枚。

九、卫生和社会服务

全市拥有卫生机构1833个。其中，基层医疗卫生机构1707个，专业公共卫生机构46个，其他卫生机构3个。医院、卫生院185个，社区卫生服务中心(站)97个。全市实有床位2.07万张，其中医院1.43万张，乡镇卫生院0.59万张。全市卫生技术人员2.22万人，其中，执业(助理)医师0.87万人，注册护士0.91万人。全市各类社会福利收养性单位168个，床位1.76万张。社区服务中心24个，城市社区综合服务设施覆盖率达100%。全市共救助困难群众病患者23.7万人次，支出医疗救助金10611.9万元。农村五保供养对象3.37万人。

全年销售社会福利彩票3.9亿元，筹集福利彩票公益金1.08亿元。

十、资源、环境和安全生产

全年降水量1058.6毫米。全年平均气温16.0℃。极端气温最高37.7℃,极端气温最低-12.1℃。全年日照时数1909.3小时。

全市当年造林面积9818公顷,四旁(零星)植树33075公顷。森林覆盖率达30.1%,林业绿化率达34.0%,活立木总蓄积量达1784万立方米。

全市组织申报省级生态乡镇36个,生态村126个。

城市集中式饮用水源地水质、水量达标率均为100%。

环境空气质量二级。城区空气质量优良率为61.9%,空气污染指数AQI年均值为99。

城市区域声环境等效声级均值和城市道路交通噪声等效声级均值分别为52.1dB(A)和68.3dB(A)。

全年废水中化学需氧量排放总量3.95万吨,较上年削减62.2%;废水中氨氮排放总量0.39万吨,较上年削减59.8%;废气中二氧化硫排放总量3.38万吨,较上年增加3.7%;废气中氮氧化物排放总量4.35万吨,较上年削减15.9%。

全市污水处理厂集中处理率达到86.89%,建成区绿地率达到31.22%。

初步核算,全年全社会综合能源消费量(等价值)678.90万吨标准煤,增长2.95%,单位GDP能耗0.5038吨标准煤/万元,下降5.58%。

全年工矿商贸企业生产安全事故12起,死亡12人;生产经营性火灾事故66起,损失额为318万元。道路交通事故657起,死亡193人。

·精神文明建设·

2016年,全市精神文明创建工作以培育和践行社会主义核心价值观为根本,以强力推进"16城同创"、争创第四届省级文明城市为重点,扎实开展文明单位、文明村镇、文明社区等群众性精神文明创建活动,着力加强思想道德建设、提高市民素质和文明程度。

一、实施"16城同创",进一步深化文明创建活动

高规格成立"16城同创"、创建全国文明城市指挥部和6个督查组,市委、市政府主要领导亲自挂帅,班子成员担任督查组长。先后5次召开"16城同创"专项调度会、6次召开创建文明城市月中调度会、4次召开全市测评迎检推进会和督查工作调度会。市领导带队督查65次,实地解决问题400余件。

集中开展"告别十大陋习""礼让斑马线"、路段包保责任制、"大干40天干净文明过大年"、市容环境治理"百日会战"和"自揭家丑"行动。举办全国文明城市测评体系培训。市文明办组织专人每季度对城区、县城进行模拟检查,排出位次。"自揭家丑"梳理问题2600项,落实责任单位,限期整改,拂晓报、市电视台开辟专栏进行跟踪督查。

在城区探索建立"城管服务超市",让广大市民分享"一站式"服务:只要一个电话、一个点击,"城管服务超市"应急管理系统立即启动为市民提供全方位服务。泗县先后在171个行政村试点设立"乡贤志愿工作站",将村里德高望重的贤能组织起来,为推进移风易俗、邻里和谐发光发热。砀山县坚持开展"百姓大舞台、文明树起来"活动,吸引更多群众自觉参与到文明创建工作中来,引导形成良好社会新风。

二、注重道德引领,着力提升市民文明素质

坚持开展"十佳系列评选",理顺市县区道德模范、身边好人评选时序,逐级规范工作流程,发掘出大量凡人善举。全年入选"中国好人"5人、入选"安徽好人"25人。灵璧县推动建立一整套礼遇和帮扶道德典型暂行办法,获得全国道德模范称号的可奖励2万元,给予省级以上道德模范、身边好人缴纳养老保险和免费体检。市文明办为市级以上道德模范、各类好人、志愿服务典型免费订阅《拂晓报》。成功举办安徽省首场道德模范与身边好人现场交流活动,各县区相继举行道德模范颁奖典礼,示范效应影响深远。筹建宿州好人馆。泗县1400平方米"家风馆"建成开放,在东关、花园井等6个社区相继建成社区"乡贤馆"。

实施"三个纳入":把思想道德教育纳入社区重点工作、把活动场所建设纳入社区建设总体规划、把少年宫建设纳入社区精神文明建设总体规划,通过整合资源、创新载体,充分发挥社区与学校联动、与家庭联手、与社会联合的"三联"作用。2016全市投入资金1000多万元,完成自建乡村学校少年宫52所,实现全覆盖。

围绕培育和践行核心价值观,全市设立20多个文化长廊、7个主题公园和37个"主题社区"广场。

分四季开展“友善季”“敬业季”“诚信季”“爱国季”社会主义核心价值观“主题季”教育实践活动，采取多种举措促进“六进”活动：进机关、进企业、进学校、进社区、进农村、进公共场所。

立足公交站台、交通路口，常态化开展志愿服务文明劝导，引导市民遵守交通规则。完善“月评志愿服务典型”推报、评选机制，建立市、县(区)、街道、社区 4 级培训体系，分级、分类组织培训。招募大批有一技之长的志愿者，公开联系方式，实施点对点服务。全年获评志愿服务典型 7 例，其中光明驿站、乡贤志愿服务站、薛金珉分别被评为全国年度“4 个 100”项目和个人。

三、加强“三线三边”治理，优化人居环境

围绕“六无”标准和“六有”目标，继续实施“六个一”精品工程。各县区均在“六个一”的基础上，实现“三线三边”全覆盖，着力把基层、基础、基本工作做实、做细。

全市广泛开展移风易俗、培育文明乡风活动，制定完善村规民约，组建村民理事会，深化星级文明户、文明家庭创建评比，开展“五老”人员志愿服务、“小手拉大手，携手护环境”等活动，以环境整治中涌现出的先进典型，组织巡回演讲，感染群众。灵璧县实施“宣传教育、志愿帮扶、文化服务、教育培训、环境整治、典型选树”六大行动，不断深化贫困村精神文明建设，推动文明习惯养成，树立文明乡风。

将“三线三边”工作纳入文明城区、文明县城、文明村镇、文明单位的考核范畴，设置达标分数线，线下实行一票否决。2016 年，市领导开展专项督查 50 余次，月考核 10 次，督查问题 1337 个，下发整改通知书 116 份，约谈县乡干部 11 人次，发放以奖代补资金 1750 万元。

市财政投入 5000 万元，各县、区按照人均不低于 25 元的标准列入财政预算，推进全市“三线三边”环境治理市场化，以 PPP 模式加快垃圾发电厂项目建设，解决垃圾出路问题。砀山县试点推行“每人每月一元钱、垃圾杂草全扫完”活动，引导群众积极参与。

2016 年大事记

1　月

4 日

市创建文明城市指挥部召开创建全国文明城市（16 城同创）第三次调度会。市委书记、市人大常委会主任张曙光主持会议并讲话。会议强调，要登高望远认识创建工作的重大深远意义，认真抓好日常工作与创建工作的有效结合，确保创建工作取得阶段性成效。市委副书记、市长史翔，市委副书记张孝成出席会议并分别作工作部署。市领导赵琳、许广斌、何志中、操隆山、王克金、侯家春、李朝晖、马杰、吕剑、武敏等出席会议

5 日

省政协副主席夏涛一行到宿，走访看望驻宿省政协委员及宗教界代表人士，并就省政协 2016 年工作要点征求意见建议。省政协副秘书长曹国强，市政协主席刘晓云等出席座谈会。

宿州市首批不动产权证书在市不动产登记中心颁发。不动产统一登记实施后，将降低群众的办事时间和成本，提高登记工作的准确性、规范性。

5 日至 6 日

全省城市管理现场会暨城市建设重点工作座谈会在宿州召开，省住房城乡建设厅党组书记、厅长侯淅珉出席会议并讲话，市长史翔致辞。

5 日至 8 日

市委书记、市人大常委会主任张曙光，市委副书记、市长史翔率宿州招商考察团赴江苏、陕西、河南三省开展招商和考察活动。

农业部优质农产品开发服务中心发布《2015 年度全国名特优新农产品目录》，砀山酥梨榜上有名。这是砀山酥梨第二次获“全国名特优新农产品”。

8 日

在 8 日召开的 2015 年全国纺织产业转移工作会暨绿色互联纺织发展论坛上，市循环经济示范园区获“2015 年度中国纺织服装行业十大产业园区”称号。

12 日至 13 日

省第四督查组组长、省科技厅副厅长刘明平率领第四督查组到宿就宿州市贯彻落实中央和省重大决策部署情况进行督查。市委书记张曙光，市长史翔，市委副书记张孝成等陪同实地查看或出席座谈会。

14 日

《宿州市城镇绿化条例》颁布实施宣传活动启动仪式在政务中心第四会议厅举行。市委书记、市人大常委会主任张曙光发表重要讲话。市领导史翔、赵琳、王克金、张忆秋、侯家春，市人大常委会秘书长王保华、市政府秘书长马红钟等出席仪式。市人大常委会党组副书记、副主任张旭主持会议，市人大常委会副主任石文庆介绍《宿州市城镇绿化条例》基本情况。

18 日至 19 日

省委常委、组织部部长邓向阳到宿州市调研基层党建工作，市委书记、市人大常委会主任张曙光，市委副书记、市长史翔，市委常委、组织部长、统战部长操隆山分别陪同。

19 日

中国人民政治协商会议第四届宿州市委员会第四次会议在市政务中心礼堂隆重开幕。本次大会执行主席刘晓云、李令臣、王胜华、苏兴佳、武敏及市政协党组成员周舒在主席台前排就座。市委书记张曙光，市委副书记、市长史翔，市委副书记张

孝成应邀出席大会，并在主席台前排就座。

20 日

宿州市第四届人民代表大会第五次会议在政务中心礼堂隆重开幕。本次大会执行主席张曙光、史翔、刘晓云、张孝成、孙勇、赵琳、许广斌、周勇、张兆都、张旭、王克金、张忆秋、石文庆、侯家春、王保华在主席台前排就座。

20 日至 21 日

副省长梁卫国先后深入砀山县、萧县调研农村土地确权和小麦生产田间管理工作。

24 日

砀山县官庄坝镇党委在第六届安徽省“人民满意的公务员和人民满意的公务员集体”评选活动中，获得“人民满意的公务员集体”称号，成为全省基层党委 3 个获奖单位之一，宿州市唯一获奖单位。

27 日

市党风廉政教育中心展厅正式揭牌。市委书记、市人大常委会主任张曙光，市委副书记、市长史翔出席仪式并为展厅揭牌。

28 日

中国共产党宿州市第四届纪律检查委员会第六次全体会议在宿城举行。市委书记、市人大常委会主任张曙光出席全会并讲话。市委常委，市人大、市政府、市政协领导班子成员出席会议。市、县(区)、乡镇(街道)有关方面负责人参加会议。

29 日

宿州市被住建部正式命名为“国家园林城市”。

2 月

1 日

2016 宿州市春节联欢晚会在市文化艺术中心举行。市委书记张曙光，市长史翔，市委常委赵琳、周勇、何志中、张兆都，与社会各界代表欢聚一堂、共赏晚会。

2 日

全市工业企业家新春座谈会在希尔顿逸林酒店召开。市委书记张曙光等分别为获得 2015 年度“工业十强纳税企业”“十大杰出人才”“宿州市荣誉市民”称号的单位和个人颁奖。市委副书记、市长史翔发表讲话。

市委书记张曙光在市人大常委会副主任、市委秘书长侯家春的陪同下，到市干休所，亲切看望慰问市级离休老干部周祖昌。

3 日

宿州市社会组织培育中心开园。市民政局与宿州市阳光天使公益助学中心、宿州市蓝天救援队、宿州市禁毒防艾宣传中心等 14 家入驻社会组织签约。

4 日

市委市政府举行春节团拜会。市委书记张曙光，市长史翔，市政协主席刘晓云，市委副书记张孝成等，与全市各界人士代表欢聚一堂，共迎新春。

14 日

猴年春节后的第一个工作日，市委、市政府召开工作会议，安排部署年度各项任务。市委书记张曙光主持会议并发表重要讲话。市长史翔对 2016 年各项重点工作进行全面安排部署。

15 日

市委议武警支队建设工作会议召开。市委书记张曙光、市长史翔分别发表讲话，市领导张孝成、周勇、王启荣、吕剑出席会议，副市长李朝晖主持会议。

市委书记张曙光、市长史翔、市委副书记张孝成，与市直、埇桥区直机关事业单位部分干部职工、志愿者及军分区、武警、消防官兵，共 1000 多人，在东外环大泽乡镇段参加义务植树，为宿州再添一片绿色。

16 日

宿州市人民政府与徽商银行 PPP 合作协议签约仪式在合肥隆重举行。市委书记张曙光，市长史翔，徽商银行董事长李宏鸣，行长吴学民等出席签约仪式。

17 日

由中国侨联、安徽省侨联、市政府联合主办的“亲情中华 · 欢聚宿州”慰问演出在宿州大剧院盛大举行。中国侨联副主席康晓萍、安徽省侨联副主席兼秘书长杨冰及中国侨联、省侨联相关负责人，市委副书记张孝成，市委常委、常务副市长周勇，市政协秘书长李励与宿州市社会各界和广大侨胞一道，观看精彩演出。

18 日

宿州市人民政府与国家开发银行安徽省分行融资合作协议签约仪式在合肥举行。市委书记张曙光，市长史翔，国家开发银行安徽省分行行长于丕涛等出席签约仪式。

19日

省委副书记李国英参加省十二届人大六次会议宿州代表团审议。省人大代表张曙光、史翔、张旭等参加宿州代表团审议。

22日

全市领导干部大会召开,学习传达全省“两会”精神,安排部署宿州市贯彻落实工作。市委书记、市人大常委会主任张曙光出席会议并作重要讲话,市长史翔主持会议。

26日

中宣部、中央文明办在北京召开全国学雷锋志愿服务工作推进会,公布最美志愿者、最佳志愿服务项目、最佳志愿服务组织、最美志愿服务社区“四个100”先进典型名单。砀山县健康与法律知识宣传志愿者、八旬老人薛金珉被评为全国“最美志愿者”。全省仅4人入选。

28日

全市领导干部学习贯彻中共十八届五中全会精神培训班开班。市委书记张曙光出席开班式并作重要讲话。市长史翔主持开班式。

3 月

1日

市长史翔主持召开市政府第66次常务会议,研究促进经济持续健康较快发展、支持企业上市、扶贫开发等工作。副市长周勇、赵琳、邵郁、李朝晖、马杰等参加会议。

3日

市长史翔在副市长马杰,市政协副主席马红钟等陪同下,赴宿州学院调研。宿州学院党委书记陈国龙,校长张莉等参加调研。

5日

十二届全国人大四次会议在北京人民大会堂开幕,市委书记、市人大常委会主任、全国人大代表张曙光出席会议。

10日

市长史翔主持召开市政府第67次常务会议,研究调整宿州市最低生活保障标准、G206国道宿州职业技术学院南侧收费站拆迁工作。副市长周勇、邵郁、李朝晖、马杰,市政协副主席、市政府秘书长马红钟参加会议。

11日

市政府与徽商银行就家庭农场专项贷款项目开展座谈。徽商银行董事长李宏鸣、市长史翔参加座谈会。副市长李朝晖代表市政府与徽商银行宿州分行、市担保公司签订家庭农场专项贷款风险补偿协议。

2016中国腐蚀控制发展论坛在萧县召开。论坛由全国石油和化工管道专业委员会以及国联股份、国联资源网主办,全国20多个省市100多家企业代表参加。

14日至15日

省委常委、省委秘书长唐承沛深入扶贫联系点砀山县调研精准扶贫工作。市领导史翔、张孝成、侯家春、李朝晖陪同调研。

16日

宿州军分区召开党委十一届二次全体(扩大)会议。市委书记、军分区党委第一书记张曙光讲话。军分区司令员黄伟、政委张兆都作报告讲话。

17日

宿州市传达全国“两会”精神电视电话会议召开。市委书记张曙光主持会议并讲话。市长史翔,市政协主席刘晓云,市委副书记张孝成等市四大班子负责人出席会议。

18日

市委党校2016年春季学期主体班开学典礼在政务中心举行。市委书记张曙光出席开学典礼并讲话。市委副书记、市委党校校长张孝成主持。

20日

省人大常委会原副主任,现任循环经济研究院院长季昆森应邀在宿州市作《五大发展理念为指导,大力发展多功能大循环习业》专题报告。市委书记张曙光主持报告会并讲话。市委副书记张孝成,副市长邵郁、李朝晖等出席报告会。

全国绿化委员会下发《关于表彰全国绿化模范单位和颁发全国绿化奖章的决定》,埇桥区获“全国绿化模范县(区)”称号。

21日

宿州市召开创建全国文明城市“16城同创”第四次调度会。市委书记张曙光主持会议并讲话。市长史翔、市委副书记张孝成分别讲话。市领导许广斌、何志中、王克金、侯家春、邵郁、武敏出席调度会。

22日

宿州市召开工业经济“3111”工程第一季度工业经济运行调度视频会议,市委书记张曙光出席会议并作重要讲话，市长史翔作工作部署市领导孙勇、王启荣参会，副市长邵郁主持会议。

22日至24日

市委书记张曙光先后到埇桥区、砀山县、萧县调研指导乡镇党委换届和经济社会发展等工作。市委常委、埇桥区委书记孙勇市人大常委会副主任、市委秘书长侯家春等先后陪同调研。

23日

长三角牧业联盟青贮玉米生产基地在宿州建成。

31日

中央文明办发布3月“中国好人榜”。灵璧县黄湾镇农民志愿者李玉斗获评助人为乐好人。他捐献造血干细胞，用爱心救助生命。

全市3月工作任务调度会召开，会议聚焦招商引资和园区建设。市委书记张曙光主持会议并作重要讲话，市长史翔作工作部署，市政协主席刘晓云、市委副书记张孝成出席会议。市委常委、常务副市长周勇安排招商引资和园区建设工作。

4　月

2日

为期一个月的2016年“砀山梨花节”在砀山汽博城隆重开幕。砀山自然资源丰富，黄河故道两岸近百万亩连片果园，堪称世界之最。

5日

全市党校工作会议在政务中心召开。市委书记张曙光出席会议并作重要讲话。市长史翔，市政协主席刘晓云，市委常委孙勇、许广斌、周勇、何志中、王启荣、龙道金、操隆山出席会议；市委副书记张孝成主持会议。

省政府第四次廉政工作电视电话会议召开后，宿州市随即召开市政府第四次廉政工作会议，学习贯彻国务院、省政府廉政工作会议精神，研究部署全市政府系统党风廉政建设和反腐败斗争的重点任务。市长史翔出席会议并讲话，市委常委、常务副市长周勇主持会议。市委常委、宿马园区管委会主任王启荣，市委常委、纪委书记龙道金，副市长李朝晖、马杰，市政协副主席、市政府秘书长马红钟，市政府党组成员、市公安局局长张晓东出席会议。

市委书记、市委党建工作领导小组组长张曙光主持召开市委党的建设工作领导小组会议，传达贯彻省委党建工作领导小组会议精神，总结2015年度党建工作，分析研判当前形势，部署2016年度党建工作任务。

7日

宿州市政府与常州第六元素材料科技股份有限公司、泰鼎集团有限公司在市高新区签订战略合作协议，共同推动石墨烯产业发展。市长史翔，市人大常委会副主任张旭，副市长邵郁，市政协副主席、市政府秘书长马红钟，市政协副主席魏建华，常州市石墨烯研究院副院长、常州第六元素材料科技股份有限公司董事长瞿研，泰鼎集团董事长杨华等出席签约仪式。

国务院地震应急督查组到宿州督查防震减灾和地震应急准备工作，并召开汇报会，听取宿州市地震应急准备工作情况汇报。省政府副秘书长汪莹纯主持汇报会，市长史翔代表市政府作地震应急准备工作的汇报。市领导马杰、马红钟出席汇报会。

8日

全市领导干部大会在政务中心召开，会议对宿州市2015年度省管领导班子和省管领导干部综合考核工作进行动员部署。省委第五考核组组长、省人大常委会人事代表选举工委主任陈启涛作动员讲话，市委书记张曙光主持会议并代表市委领导班子作年度总结报告，市长史翔代表市政府领导班子作年度总结报告。省委第五考核组副组长、省纪委机关党委专职副书记席庆锁及考核组全体成员，市政协主席刘晓云、市委副书记张孝成及其他副市级以上领导干部等出席会议。

12日

全市脱贫攻坚工作推进会议在市政务中心报告厅召开。市委书记张曙光主持会议并作重要讲话，市长史翔对全市脱贫攻坚工作进行安排部署，市委副书记张孝成传达全省脱贫攻坚工作调度督查座谈会精神。市领导刘晓云、孙勇、何志中、王启荣、龙道金、吴宝军等出席会议。

13日

省委综合考核第五考核组深入宿州市园区、美丽乡村、市直部门及基层社区等地，通过听取汇报、查看台账、现场询问等方式，实地考核全市经济社会发展和党建工作。市委书记张曙光，以及市领导孙勇、王启荣、操隆山、侯家春等先后陪同。

全市民营企业文化建设高级研讨暨培训会召开，来自全市40余家民营企业的110名企业代表参会。培训会邀请北京同仁堂教育学院副院长徐宗涛、安徽省经济管理学院教授陈发祥授课。

14 日

国家开发银行安徽省分行行长于丕涛一行到宿州调研。市长史翔,市委常委吴宝军出席座谈会或陪同调研。

15 日

淮南市市长王宏率考察团一行到宿州考察学习宿州市云计算项目,市长史翔、副市长邵郁陪同。淮南市委常委、常务副市长袁方,副市长许承通,市政府秘书长洪渊等10余名考察团成员随同考察。

17 日

全市“两学一做”学习教育工作会议在政务中心召开。市委书记张曙光主持会议并讲话。

2015年度安徽经济好新闻(报纸、期刊系列)评选揭晓。拂晓报选送《“诸葛亮+”的融合创新效应》获一等奖,《新联禽业抵押4栋鸡舍贷得100万元》《张红卫的绿色农业“三部曲”》获二等奖,《宿州首家驻外农民工工会成立》《“90”后梨都姑娘微信热销“砀山味道”》获三等奖。

21 日

泗县人民法院屏山法庭乡贤工作室揭牌。该工作室是全省首家人民法院乡贤工作室。

砀山神农合作社被认定为2015年度国家级林业合作社示范社,成为宿州市唯一入选国家级林业合作社。

21 日至 22 日

市委书记张曙光率宿州市党政考察团赴亳州、阜阳两市,就加快县城建设及南北共建园区发展等情况,进行为期两天的密集学习考察。市领导张孝成、孙勇、赵琳、王启荣、侯家春,以及各县区、市经济开发区主要负责人参加学习考察。

25 日

中国共产党宿州市第四届委员会第九次全体会议在政务中心举行。会议由市委常委会主持。市委书记张曙光作重要讲话。市长史翔,市政协主席刘晓云,市委副书记张孝成,市委委员、市委候补委员出席会议。会议深入学习习近平总书记系列重要讲话精神,认真落实中央和省委全面从严治党的新部署新要求,传达贯彻省委九届十六次全会精神,审议通过了《中共宿州市委关于深入推进全面从严治党的实施意见》《中国共产党宿州市第四届委员会第九次全体会议关于召开中国共产党宿州市第五次代表大会决议》和《中国共产党宿州市第四届委员会第九次全体会议决议》。

27 日

市委中心组召开理论学习会议,认真学习《习近平总书记系列重要讲话读本(2016版)》,示范引领宿州市“两学一做”专题教育扎实开展。市委书记张曙光主持会议并讲话。他强调,要深入学习贯彻习近平总书记系列重要讲话精神,以更加自觉的行动、更加有力的举措、更加完善的制度,切实把学习贯彻工作引向深入,为加快建设创新型“四个宿州”提供强大的思想武器和行动指南。市长史翔,市政协主席刘晓云,市委副书记张孝成和其他市委中心组成员参加会议。

28 日

宿州市3D打印技术研究院揭牌仪式暨宿州3D打印科技创新与产业发展峰会隆重举行。市委副书记张孝成,上海市增材制造协会会长、宿州市3D打印技术研究院名誉院长王联凤出席仪式并为研究院揭牌。

全市庆“五一”表彰大会暨职工文艺会演在市文化艺术中心盛大举行。市委副书记张孝成出席会议并讲话。市领导许广斌、王启荣、张兆都、石文庆、吕剑、马红钟等出席会议,市委常委、宣传部长、市总工会主席何志中主持会议。

市政府与中国电信安徽公司在合肥邮电大厦举行“宿州市云计算产业推进合作协议”签约仪式。市长史翔,中国电信安徽公司党组书记、总经理殷一平出席并分别讲话。中国电信安徽公司副总经理郑家升主持仪式,并与副市长邵郁代表双方签约。

5　月

5 日

全市贯彻落实习近平总书记重要讲话精神推进非公有制经济健康发展大会召开。市委书记张曙光出席会议并作重要讲话,市长史翔主持会议。市委副书记张孝成,以及市领导孙勇、操隆山、张旭、侯家春、邵郁、马杰、王胜华、马红钟出席会议。

6 日

第五届中国·灵璧国际奇石文化博览会暨钟馗文化旅游节、虞姬文化旅游节在灵璧奇石文化园开幕。灵璧奇石文化园被授予“首批安徽省研学旅游基地”称号并揭牌。

第五届安徽省文化产业示范基地授牌仪式在合肥举行,皇藏峪旅游发展有限公司获“文化休闲娱乐服务示范基地”称号。

9 日至 11 日

省政协副主席李修松率调研组到宿州，以实地考察、座谈交流、现场询问等方式围绕“加快我省淮河流域旅游产业发展”开展专题调研。市政协主席刘晓云、副市长马杰、市政协副主席苏兴佳等陪同调研。

10 日

国内最大活性炭纤维生产线在宿马现代产业园区试产成功。

11 日

中组部“青年千人计划”专家考察团到宿州，就石墨烯产业在宿的发展应用与宿州市相关应用型企业展开座谈，磋商对接。市长史翔出席座谈会并作重要讲话。

15 日

全市领导干部大会在政务中心召开，省委第五考核组在会上对宿州市 2015 年度省管领导班子和省管领导干部综合考核情况进行反馈。省委第五考核组组长、省人大人事代表选举委员会主任委员、省人大常委会人事代表选举工委主任陈启涛通报综合考核情况，市委书记张曙光主持会议并讲话。市长史翔，市政协主席刘晓云，市委副书记张孝成等出席会议。

砀山县交通运输局的普通养路工石印卓，通过自己的刻苦钻研、精心设计，发明了燃煤综合沥青养护车，解决了燃油养护车成本高、配件难买、维修难等难题，获国家发明专利。

17 日

市委书记张曙光、市长史翔亲切会见到宿考察调研的海螺集团党委书记、董事长高登榜。

副省长、省公安厅厅长李建中到宿州市调研经济社会发展情况及公安、消防等工作。市长史翔，市委常委、副市长赵琳，市政协副主席、市政府秘书长马红钟等先后陪同调研。

19 日

市安委会 2016 年度第二次全体(扩大)会议在市政务中心第一会议厅召开。市长史翔出席会议并发表讲话，副市长邵郁主持会议。

全市环境保护工作约谈会召开，传达贯彻落实全省环境保护工作约谈会议精神，对全市环境保护工作进行再安排再部署。市长史翔强调，全市上下要迅速行动，明确目标，强化措施，真抓实干，全力确保环境质量持续得到改善。省环保厅副厅长贺泽群，副市长邵郁出席会议。

23 日

市委全面深化改革领导小组召开第六次全体会议，市委书记、市委全面深化改革领导小组组长张曙光主持会议并讲话。

24 日

全市首条拥军线路在 28 路公交车挂牌。即日起，每周末 28 路公交车将路线延伸至某部驻军，免费接送官兵，极大方便了部队官兵的出行。

26 日

市委、市政府召开全市深入贯彻落实习近平总书记视察安徽重要讲话推进大会。市委书记张曙光出席会议并讲话。

26 日至 27 日

第一届“赢在江淮”安徽省创业大赛决赛在安徽广播电视台演播大厅落下帷幕。宿州选送的 5 个创业项目全部获奖，其中立腾秸秆综合利用和农业循环经济项目拔得头筹，获优秀组织奖。

30 日

安徽省道德模范与身边好人(宿州市)现场交流活动暨四月安徽好人揭榜仪式在市文化艺术中心隆重举行。市委书记张曙光出席仪式并致辞，省委宣传部副部长、省文明办主任贺懋燮，光明日报安徽记者站站长李陈续，省文明办副主任王运慧，及省文明办、各市文明办负责人，市领导何志中、王克金、侯家春、吕剑、王胜华等出席仪式。全省的道德模范和身边好人代表，中央和省直新闻媒体记者，全市社会各界人士 1000 余人参加活动。

31 日

第五届宿州市“十佳美德少年”表彰大会在政务中心举行。省委宣传部副部长、省文明办主任贺懋燮，省文明办副主任王运慧及省文明办相关负责同志应邀出席会议。市委常委、宣传部长、市总工会主席何志中主持会议，副市长吕剑及市直相关部门主要负责同志出席会议。

6 月

1 日

市委全面推进依法治市领导小组第一次会议在政务中心举行，市委书记、市委全面推进依法治市领导小组组长张曙光主持会议并作重要讲话。

2 日

市长史翔赴宿州经济技术开发区、中国现代制鞋产业城,深入调研园区工业经济和项目建设等情况。

安徽省质量品牌升级江淮行——走进宿州活动在宿启动。省质量品牌升级工程推进小组副组长、省质监局党组书记、局长朱琳,市长史翔先后致辞。省质量品牌升级工程推进小组办公室副主任、省工商局副局长程胤,市人大常委会党组副书记、副主任张旭,市政协副主席王胜华出席仪式。省质监局副局长梅德林与市政协副主席、市政府秘书长马红钟分别代表双方签订《关于实施质量品牌升级工程,促进宿州市"3111"工程做大做强合作备忘录》。

5 日

市政府印发《宿州市国民经济和社会发展第十三个五年规划纲要》。纲要以中共十八届五中全会提出的创新、协调、绿色、开放、共享五大发展理念为指引,全面贯彻落实省委省政府提出的"调转促"行动计划,系统阐述"调转促"十大工程实施方案主要内容,并细化实化到"十三五"发展目标、主要任务、保障措施等方面,全面遵循市委《关于制定宿州市国民经济和社会发展第十三个五年规划的建议》精神,同时,继承市委、市政府长期坚持的建设"四个宿州"和"整体承接、双轮驱动、三区共进、四化同步"等一系列行之有效的思路举措,描绘宿州"十三五"时期全面建成小康社会的宏伟蓝图。

6 日

住建部正式授予宿州市"国家园林城市"牌匾。

6 日至 7 日

省委组织部副部长刘志宏率省换届风气督查组一行到宿进行专项督查,市委书记张曙光陪同。

7 日

2016 宿州市政银担企对接会在希尔顿逸林酒店举行,市委书记张曙光出席,市委常委、常务副市长周勇致辞,副市长李朝晖主持。省徽商银行副董事长许德美出席对接会。

8 日

副省长刘莉到宿州市调研。市委书记张曙光陪同调研。

市委书记张曙光赴泗县深入调研"两学一做"学习教育开展情况、脱贫攻坚、"三夏"工作和秸秆综禁等,就"两学一做"学习教育作专题党课报告。

11 日

安徽省小麦高产攻关专家组邀请农业科研、高校及农业推广部门的 5 名专家,对国审小麦新品种华成 3366 高产示范片进行现场实产验收,平均亩产 653.5 公斤,最高亩产 667.6 公斤,创 2016 年全省小麦单产第一。华成 3366 是天益青种业(宿州市种子公司)以烟优 361 为母本,宿 266(皖麦 52 优系)为父本进行有性杂交选育成的中强筋小麦新品种。

12 日

省农委主任孙正东率队到宿州市泗县调研夏收夏种、现代农业、精准脱贫等工作。市长史翔陪同省调研组到泗县屏山镇播种现场和农业合作社调研夏种进展和现代农业发展状况,市领导李朝晖、马红钟分别陪同。

市委召开全市领导干部大会,认真学习贯彻习近平总书记在听取中央第九轮巡视情况汇报时的重要讲话,紧紧围绕中央第五巡视组"回头看"反馈的全省共性问题和宿州市具体问题,全面部署整改落实工作。市委书记张曙光出席会议并讲话。

13 日

市委书记张曙光以普通党员身份参加市委办公室第一党支部组织生活会,并重点围绕"学党章党规、学系列讲话,做合格党员"主题,为支部党员作了一堂生动深刻的党课报告。

15 日

昌盛日电泗县光伏农业科技大棚项目,落户泗县大路口乡,总装机容量 80 兆瓦,占地约 266.67 公顷,总投资额约 8 亿元,分两期两年建设。项目一期装机容量 40 兆瓦,用地面积约 133.33 公顷,投资额约 4 亿元。

16 日

市长史翔主持召开市政府第 72 次常务会议,会议听取并原则同意关于宿州市城市集中供热特许经营项目实施方案的汇报和宿州市智能管网 PPP 项目实施方案的汇报等。

17 日

市长史翔以普通党员身份参加市政府办公室第一党支部"两学一做"专题学习研讨会。他联系个人学习体会、成长经历和工作实践,围绕"坚定理想信念、明确政治方向"主题作专题党课报告。

宿州市召开中央巡视组巡视"回头看"反馈意见整改暨专项整治推进会,市委副书记张孝成主持会议并讲话。

21 日

砀山县被国土资源部批准为第三届国土资源节约集约模范县。

市长史翔先后到薛园安置区、宿州宾馆地块、军嫂集团地块等重点地块，实地查看城区部分重点工程建设情况。

22 日

市委书记张曙光先后到市气象局、市水利局视察防汛抗旱工作。

23 日

市委书记张曙光赴埇桥区三里湾街道纺织路社区履行“在职党员社区报到”手续，调研城市社区建设工作，并为社区党员干部上了一堂生动的“两学一做”学习教育专题党课。

市委召开全市强化县乡党政正职责任，坚决打赢脱贫攻坚战谈心谈话会。市委书记张曙光出席会议并讲话。

24 日

全市社区建设工作会议召开。市委副书记、市社区建设工作委员会主任张孝成出席会议并讲话。

28 日

省委常委、政法委书记、省政协党组副书记、副主席徐立全率领省政协民进界别的政协常委、委员到宿调研脱贫攻坚工作。市委书记张曙光主持召开座谈会。

南非迪斯特集团亚太地区首个果酒项目落户砀山。南非迪斯特集团是全球第二大果酒制造商，砀山果酒项目是该集团在亚太地区投资的首个项目，集种植、加工、旅游于一体。项目位于新310国道与砀郡生态大道交汇处，占地20公顷，投资约5.5亿元，预计年产15万吨果酒。

30 日

全市基层党建工作会议在灵璧县召开。会议以“夯实基层党建工作基础”为主题，总结回顾上半年基层党建工作，安排部署下半年工作任务。市委书记张曙光出席会议并讲话。

7 月

1 日

全市庆祝中国共产党成立95周年大会举行。市委副书记、市长史翔主持会议，市委书记张曙光出席会议并讲话，

3 日

宿州市召开防汛抗洪工作专题会议，对防汛抗洪工作进行安排部署。市长史翔发表讲话，市委副书记张孝成，市政协副主席马红钟出席会议。

4 日

市长史翔赴扶贫联系点萧县圣泉乡北城集村，看望慰问困难老党员，就“两学一做”学习教育作专题党课报告。

6 日

全市经济责任审计领导小组会议召开。市长史翔发表讲话。

7 日

市委常委（扩大）会议暨市委中心组理论学习会议召开。市委书记张曙光主持会议并讲话。市长史翔，市政协主席刘晓云，市委副书记张孝成等参加会议。

11 日

市长史翔赴埇桥区三八街道迎宾社区深入调研，履行“在职党员社区报告”手续，看望慰问社区部分困难老党员。

12 日

市委统一战线工作领导小组第一次全体会议召开。市委书记、市委统一战线工作领导小组组长张曙光主持会议并讲话。

13 日

光大萧县城乡一体化发电项目开工仪式在萧县丁里镇举行。光大萧县城乡一体化发电项目由中国光大国际有限公司出资建设，项目占地17.2公顷，总投资7.4亿元，是光大公司国内第二座生物质发电与垃圾发电合建项目。

中国计生协计生特殊家庭帮扶项目（宿州）点启动仪式在埇桥区埇桥街道拉开帷幕，省计生协专职副会长李叶西，市委副书记张孝成，市委常委、宿马园区管委会主任、埇桥区委书记王启荣，副市长马杰出席启动仪式。

17 日

市法律援助中心获“全国老年法律维权工作先进集体”称号。

19 日

全省粮食局长座谈会暨粮食产业园区转型升级座谈会在宿州市召开。省粮食局党组书记、局长牛向阳出席会议并讲话，市长史翔致辞。

宿州经开区获“2016中国产业园区营商环境百

强”称号。

20 日

全市换届风气监督工作培训会议召开,市委书记张曙光出席会议并作重要讲话。市委副书记张孝成主持会议。

省政协副主席邵国荷率队到宿州调研专用品牌粮食发展情况。先后走进粮食加工企业、产业联合体,了解全市企业粮食加工产业和品牌粮食发展等情况。市委常委、埇桥区委书记王启荣,副市长李朝晖,市政协副主席、市政府秘书长马红钟等分别陪同调研。

21 日

省人大常委会副主任宋卫平,省人大常委会委员、农业与农村委员会主任委员、农工委主任张华建一行到泗县专题调研农民专业合作社发展情况。市人大常委会党组副书记、副主任张旭,市人大常委会副主任王克金陪同调研。

21 日至 22 日

副省长谢广祥到宿州调研公共文化服务体系建设等工作。省政府副秘书长吴行,省文化厅厅长袁华,省新闻出版广电局局长车敦安等参加调研。

22 日

高校挂职干部第二批欢送会暨第三批动员会举行。市委书记张曙光、省委教育工委副书记江春出席会议并讲话。市委副书记张孝成主持会议。

安徽工程大学与宿州市深化合作项目——社会工作实践基地正式挂牌。

25 日

市委召开市政府党组向市委常委会汇报上半年经济形势会议暨市政府向市人大常委会报告、向市政协及各民主党派通报上半年经济形势会议。市委副书记、市长史翔主持会议并作重要讲话。

26 日至 28 日

省政协副主席牛立文率省政协调研组到宿州,开展“坚决打赢脱贫攻坚战”专题调研。

29 日

市扶贫开发领导小组第三次(扩大)会议召开。市委书记张曙光主持会议并作重要讲话,市长史翔作工作部署,副市长李朝晖传达省扶贫开发领导小组暨省抓金寨促全省脱贫攻坚领导小组会议精神。

宿州市被命名为“全国双拥模范城”,宿州市连续七次获“全国双拥模范城”称号。

宿州市获批 2016 年度国家“宽带中国”示范城市称号。

30 日

市委全面深化改革领导小组召开第七次会议,市委书记、市委全面深化改革领导小组组长张曙光主持会议并讲话。

8 月

3 日

市安委会 2016 年第三次全体(扩大)会议召开。市长史翔出席会议并作重要讲话。副市长邵郁主持会议。

6 日

“云开华藏——王子云作品及文献展”在陕西省美术博物馆亮相,萧县籍艺术大师王子云 500 件作品展出。王子云先后就读村私塾、县官小,上海美专毕业后任萧县第一高等小学美术教员,先后发现培养了刘开渠、王肇民、朱德群等一大批书画新秀,是“龙城画派”20 世纪 30 年代的旗手。

8 日

农业部发布《关于认定第六批全国一村一品示范村镇的通知》,公布第六批 316 个全国一村一品示范村镇名单,萧县酒店乡西赵楼村(西瓜)榜上有名,是宿宿州唯一一家入选的村(镇)。

9 日

省人大常委会副主任花建慧到宿州,对省人大代表王琼提出的“关于在我省开展环保宣传教育的建议”办理工作进行督办调研。省人大常委会委员、城建环资委副主任委员梅劲,省环保厅党组成员、总工程师黄建树,省人大常委会城建环资工委副主任鲍挺等随同督办。市人大常委会党组副书记、副主任张旭,副主任张忆秋等出席督办会或陪同调研。

9 日至 10 日

市委中心组集中学习了《中国共产党问责条例》。市委书记张曙光、市长史翔、市政协主席刘晓云、市委副书记张孝成及其他市委中心组成员参加学习。

11 日

全市计划生育工作电视电话会议召开。市委书记张曙光出席会议并作重要讲话,市长史翔主持会议,省卫计委巡视员杨武应邀到会指导,市委副书记张孝成作工作报告。市委常委、纪委书记龙道金,市委常委、组织部长、统战部长操隆山等出席会议。副市长吕剑通报全市2015年度人口和计划生育工作目标责任制考核情况。

15日

全市深化医药卫生体制综合改革试点工作电话会议在政务中心举行。市长、市医改领导小组组长史翔出席会议并讲话。会议强调，要深入贯彻习近平总书记视察安徽重要讲话和全省深化医改试点工作推进会精神，积极推动全市综合医改工作向纵深发展，增强行动自觉，抓好重点任务，强化保障措施，确保综合医改工作重点领域和关键环节取得突破。副市长、市医改领导小组副组长吕剑主持会议。

16日

宿州市与科大国盾量子技术股份有限公司签订量子保密项目合作协议。市长史翔、科大资产经营有限责任公司董王兵先后致辞并见证签约。副市长邵郁、科大国盾量子技术股份有限公司总裁赵勇分别代表双方签约。

17日

市长、市政府党组书记史翔主持召开市政府党组(扩大)会议，认真学习习近平总书记关于扶贫工作重要论述精神和《中国共产党问责条例》，传达贯彻中央和省里有关文件，研究部署政府系统落实工作。副市长余向东、赵琳、吴宝军、李朝晖、吕剑，市政协副主席、市政府秘书长马红钟，市政府党组成员、市公安局局长张晓东出席会议。副市长马杰，市政府副秘书长，市政府有关部门党组(党委)主要负责同志，市政府办公室党组成员列席会议。

市委市政府召开省级文明城市测评迎检推进会。会议旨在动员全市上下，进一步统一思想、夯实责任，打好测评迎检攻坚战。市委副书记张孝成出席会议并讲话，市政协副主席武敏主持会议。

22日

省政府下发通知，正式确定第二批10家战略性新兴产业集聚发展基地。宿州市高新区云计算产业基地榜上有名，这也是省目前唯一入选省战新基地的云计算产业基地。

23日

庆祝宿州市获“全国双拥模范城”七连冠暨全市双拥工作会议召开。市委书记张曙光出席会议并揭牌，市长史翔主持会议，市委副书记张孝成发表讲话，市委常委、政法委书记许广斌，宿州军分区司令员黄伟，市人大常委会副主任张旭，副市长李朝晖，市政协副主席苏兴佳，宿州军分区政治部主任范文彬等出席会议。

24日至26日

市委书记张曙光深入宿马现代产业园、市经济开发区、高新技术产业园区调研。市委常委、宿马现代产业园区管委会主任、埇桥区委书记王启荣，市人大常委会副主任、市委秘书长侯家春，副市长邵郁等先后陪同调研。

25日

市长史翔主持召开市政府第76次常务会议，审议并原则通过《关于调整规范全市社区工作经费和专职工作人员报酬标准的通知》《关于开展2016年享受市政府特殊津贴人员选拔推荐工作的通知》、研究宿州市徽银高新云计算大数据相关产业发展基金设立工作等。

9　月

1日

全市“两学一做”学习教育暨基层党建工作推进会在政务中心第一会议厅举行。市委副书记张孝成出席会议并讲话。

2日

中国共产党宿州市第四届纪律检查委员会第七次全体会议在市政务中心召开。市委常委、市纪委书记龙道金主持会议并讲话。

市长史翔主持召开市政府第77次常务会议，审议并原则通过《宿州市支持科技创新增强经济发展动力的实施办法》。

中国电信安徽分公司和华为公司与市政府分别签署深化战略合作协议及三方战略合作备忘录。市委书记张曙光会见考察团一行，市长史翔出席签约仪式。

7日

市长史翔看望慰问优秀教师、困难教师代表，同时代表市委、市政府向全市广大教师和教育工作者致以节日问候。

9日

2016年中国安徽名优农产品暨农业产业化交易会在合肥滨湖国际会展中心隆重举办。开幕式后，省委书记李锦斌，省委副书记、代省长李国英，以及省领导唐承沛、吴存荣、詹夏来、方春明、童怀伟等一同巡视了宿州展馆。市长史翔、市委副书记张孝成等陪同。

10 日

郑徐高铁正式通车运营,砀山县、萧县结束了多年不通高速铁路的历史进入“高铁”时代。郑徐高铁连接中东部两大高铁干线——京广高铁与京沪高铁,是徐兰高铁的重要组成部分,途经河南、安徽、江苏三个省份,总投资 479.8 亿元,线路全长约 362 公里,在安徽境内全长 73.43 千米,全在宿州境内,设包括砀山南、萧县北等 9 个车站,全线设计速度目标值 350 公里/小时。

12 日

全市争创第四届省级文明城市工作推进会在市政务中心召开,市委书记张曙光出席会议并作重要讲话。

全市科技创新大会在政务中心礼堂召开。市委书记张曙光出席会议并讲话,市长史翔主持会议并作工作部署。

市长史翔在希尔顿酒店亲切会见阿里云事业部总经理左布啦一行,双方就深化交流、增进了解、寻求合作等方面进行深入座谈。副市长邵郁,市政府及高新区相关负责人参加会见。

17 日至 18 日

画乡墨韵——中国书画艺术之乡萧县龙城画派书画“精品展”在全国政协礼堂举行,画展由中国政协杂志社、中共萧县县委、萧县人民政府、中央文史馆书画院安徽创作基地主办,中央文史馆书画院为指导单位。省政协副主席李卫华,省政府参事室文史馆副主任蒋兆晴,市委常委、宣传部长何志中,市政协副主席魏建华等出席开幕式。李卫华宣布书画展开幕。

20 日

中共宿州市委四届十一次全会召开,张曙光作重要讲话,史翔、刘晓云、张孝成等出席。会议决定市第五次党代会于 9 月 23 日在宿城召开。

21 日至 23 日

省人大常委会原主任孟富林,省人大常委会原副主任卢声道、陈基余、吴天栋、陈瑞鼎、季昆森,省人大常委会原副秘书长孙业藩等到宿州市调研经济社会发展情况。市领导张曙光、史翔、张孝成等分别陪同。

22 日

中国·宿州书画城项目签约仪式在南苑宾馆举行,这是宿州市文化产业发展取得的又一丰硕成果。市长史翔出席签约仪式并讲话。

24 日

全市瞩目的中国共产党宿州市第五次代表大会在市政务中心礼堂隆重开幕。张曙光同志代表中共宿州市第四届委员会向大会作了题为《中部崛起闯新路皖北振兴走前列为建设创新型“四个宿州”而努力奋斗》的报告。龙道金同志代表中共宿州市纪律检查委员会向大会作了题为《坚持全面从严治党　忠诚履行党章职责奋力开创全市党风廉政建设和反腐败斗争新局面》的工作报告。

27 日

市委副书记张孝成赶赴泗县、灵璧县检查指导秋收和秸秆综禁工作。

29 日

市政府党组书记、市长史翔主持召开市政府党组(扩大)会议,学习贯彻市第五次党代会精神,传达学习省委、省政府脱贫攻坚工作有关会议精神,研究部署市政府党组的贯彻落实工作。

30 日

宿州市暨埇桥区向革命烈士敬献花篮仪式在宿州烈士陵园隆重举行。市领导史翔、张孝成、余向东、许广斌、何志中、王启荣、龙道金、操隆山、黄伟等出席仪式。张孝成主持仪式。市人大常委会、市政府、市政协相关负责人,埇桥区相关负责同志,市直、区直部门干部职工,军烈属、老战士代表,驻宿部队官兵,部分学校师生以及社会各界群众代表等千余人共同参加仪式。

10　月

12 日

市委常委(扩大)会议传达学习树立和践行新发展理念学习考察活动总结交流大会精神。市委书记张曙光出席会议并发表重要讲话。

13 日

市委召开“五人小组”会议,专题听取宿州市 2016 年度第二轮巡察情况汇报,研究部署下一阶段巡察工作。副省长、市委书记、市人大常委会主任张曙光主持会议并作重要讲话。市委副书记、市长史翔,市委副书记张孝成,市委常委、纪委书记龙道金,市委常委、组织部长、统战部长操隆山及市委巡察工作领导小组其他成员参加会议。

16 日至 30 日

2016 宿州国际网球公开赛在宿州国际网球中

心举行，100余名中外职业球员报名参赛。

18日

2016年中国国际徽商大会宿州市创新型农业现代化先行区专题推介会在合肥召开。市长史翔出席会议并就宿州市创新型农业现代化先行区建设致推介辞。

19日

第五届（2016）中国制鞋产业发展高层论坛召开。国家发改委国际合作中心（国家推进 “一带一路”建设领导小组办公室组成单位）执行总监、研究员吴维海作主题演讲，中国轻工业联合会秘书长杜同和、省经信委副主任王庆山致辞，中国皮革协会理事长李玉中，中国皮革和制鞋工业研究院院长杨承杰等出席开幕式，市长史翔出席并致欢迎辞。

20日

埇桥区西关街道环宇社区艺术团，在“为祖国喝彩”全国艺术总决赛中，表演的十番锣鼓系列之一的“新春鼓韵”以阵容庞大，音乐婉转悠扬，节奏感强，喜悦欢快博得观众阵阵喝彩，获铜奖。

23日

市委中心组理论学习会议召开，市委书记张曙光发表重要讲话。学习贯彻习近平总书记在纪念红军长征胜利80周年大会上的重要讲话精神。

24日至26日

市委副书记、市长史翔率市党政代表团赴徐州、宿迁两市，就深入贯彻习近平总书记系列重要讲话精神，树立和践行新发展理念等内容，进行学习考察，并召开交流座谈会。徐州市市长周铁根、宿迁市委书记魏国强等先后陪同。

25日

国家民委会公布第二批中国少数民族特色村寨命名挂牌名录，安徽省有10个村入选。砀山县回民许庄入选“中国少数民族特色村”

26日

树立和践行新发展理念学习考察活动总结会暨全市10月份工作任务调度会议召开。市委书记张曙光主持会议并发表重要讲话，市长史翔出席会议并作工作部署。

27日至28日

省人大常委会秘书长朱读稳率省人大常委会环保“一法一条例”执法检查组到宿，通过实地查看、随机抽查和召开汇报座谈会等方式，检查宿州贯彻落实《中华人民共和国环境保护法》和《安徽省环境保护条例》（简称“一法一条例”）情况。市委副书记、市长史翔出席座谈汇报和情况反馈会。市领导赵琳、张旭、张忆秋，以及市人大常委会秘书长王保华等陪同检查或出席反馈会。

28日

宿州海关举行开关仪式。市委副书记、市长史翔和合肥海关关长肖力共同为宿州海关揭牌，并分别致辞。

2016中国IT创新年会在宿州召开。市委副书记张孝成出席年会开幕式并讲话。国家工信部、中国电子信息产业发展研究院相关负责人及业界专家出席。

29日

省第十次党代会宿州代表团在省城合肥召开会议，传达学习中共十八届六中全会精神和中共中央办公厅《关于认真学习宣传党的十八届六中全会精神的通知》，安排部署我市贯彻落实工作。省政府副省长、市委书记、市人大常委会主任张曙光主持会议并作重要讲话，市委副书记、市长史翔，市委副书记张孝成等出席会议。

11　月

1日

共青团中央办公厅下发《关于命名全国示范性“青年之家”综合服务平台暨下拨2016年“青年之家”综合服务平台支持经费的通知》，公布了首批全国示范性“青年之家”综合服务平台评选结果，萧县青少年综合服务平台——萧县青少年之家被命名为全国示范性“青年之家”综合服务平台。

4日

全市县乡人大、政府和县区政协换届工作会议在市政务中心举行。市委副书记张孝成出席会议并讲话。他强调，此次县乡换届选举工作时间紧、任务重、要求高，要熟悉政策要求，明确职责任务，抓住重点环节，扎实做好各项工作，确保换届圆满成功。市委常委、组织部长、统战部长操隆山主持会议。市人大常委会党组副书记、副主任张旭，市政协副主席魏建华出席会议。会上，张旭就县乡人大换届选举工作进行安排部署。其间，与会人员共同观看了警示教育片《镜鉴》。

4日至6日

宿州二中成功举办第八届全国中学生地理奥林匹克竞赛暨第十四届国际中学生地理奥林匹克

竞赛选拔赛。竞赛由中国地理学会主办,宿州二中、北京师范大学地理与可持续发展教育中心承办,安徽省地理学会协办。27 位同学获得了金奖,安徽合肥一中李昊龙获得金奖的第一名。宿州二中高二(31)班张贤明获得银奖。

5 日

全市领导干部会议在市政务中心举行,会议传达贯彻中共十八届六中全会和省第十次党代会精神,安排部署全市贯彻落实工作。省政府副省长、市委书记、市人大常委会主任张曙光主持会议并讲话。会议要求全市要深入学习贯彻中共十八届六中全会和省第十次党代会精神,高举改革发展旗帜不动摇,推进全面从严治党不松懈,奋力开创建设创新型“四个宿州”、全面建成小康社会新局面。市委副书记、市长史翔,市政协主席刘晓云,市委副书记张孝成,市委常委、市人大常委会、市政府、市政协负责人及各县区、园区、市直各部门主要负责人参加会议。

2016“健康安徽”环江淮万人骑行大赛总决赛暨第一届环故黄河游世界梨都骑行大赛在砀山县市民广场开赛。安徽、河北、江苏、河南、湖北、上海等省市的600 名选手参加。比赛分为男子山地精英组、男子山地壮年组、男子山地车体验组、女子山地综合组、女子山地体验组等多个组别,比赛全程约31.44 公里。

9 日

市政府第十一次全体(扩大)会议暨市安委会2016 年第四次全体(扩大)会议在市政务中心召开。市长史翔主持会议并作重要讲话。市委常委、常务副市长余向东,市委常委、副市长吴宝军,副市长邵郁、吕剑出席会议。

10 日

安徽省十二届人大常委会第三十四次会批准《宿州市农村垃圾治理条例》,决定自 2017 年 4 月 1 日起施行。这是国内首部规范农村垃圾治理的地方性法规。

11 日

国家旅游局公布全国第二批“国家全域旅游示范区”名单。安徽省有 11 个县(市、区)上榜,砀山县榜上有名。

12 日

安徽省农村青年电商培训班在宿州市高新区开班。来自全市四县一区与经开区、宿马园区、高新区以及池州的 110 余名青年创业者参加培训。

第十四届中国国际农产品交易会在云南省昆明市开幕,砀山县“地理标志农产品”——砀山酥梨入选“2016 年全国 100 个名优果品区域公用品牌”。

12 日至 14 日

省委副书记信长星深入泗县大庄镇佃庄村蹲点调研,与农民群众同吃同住,了解所思所盼,共谋发展思路。市委副书记、市长史翔,市委副书记张孝成,市人大常委会副主任、市委秘书长侯家春,副市长李朝晖参加座谈或陪同调研。

14 日

市政协主席刘晓云率驻宿省政协委员视察全市供给侧结构性改革工作总体推进情况。市人大常委会副主任王克金、副市长马杰、市政协副主席张生等驻宿省政协委员参加视察。市政协秘书长李励及市经济技术开发区、市高新区、市经信委等市直有关部门负责人陪同。

国家农业部认定 74 个全国休闲农业与乡村旅游示范县,灵璧县获“全国休闲农业和乡村旅游示范县”称号。

16 日

全市“两学一做”学习教育先进事迹报告会在市政务中心礼堂举行。市委副书记张孝成,市委常委、副市长赵琳,市委常委、宣传部部长何志中,市委常委、宿州军分区司令员黄伟等市四大班子负责人,在职副市级领导干部,市直各单位党员干部职工 900 余人参加报告会。市委常委、组织部长、统战部长操隆山主持报告会。

17 日

国家发改委推介第一批传统基础设施 PPP 项目库,宿州市有 12 个项目纳入其中,项目数居全省第二位。

经国务院侨办批准,埇桥区西关街道办事处环宇社区被评为“全国社区侨务工作示范单位”,揭牌仪式在环宇社区隆重举行。这是宿州首次获得此项荣誉称号。

全省“十佳”志愿服务典型揭晓,宿州市乡村电影放映员李彦获评“十佳”志愿服务典型。

宿州市政协和徐州市政协,在市民间艺术馆联合举办“楚汉风度·宿州徐州政协书画作品联展”,市政协主席刘晓云、市政协原主席姜元,市政协副主席魏建华,市政协秘书长李励;徐州市政协副主席张爱军,徐州市政协秘书长杨道君,以及两市部分书画家代表等出席开幕式。

18 日

宿州市第二届“十佳人民警察”表彰大会暨新闻发布会隆重举行。20 名来自不同岗位的十佳人民警察和优秀人民警察受到表彰。

18 日至 20 日

安徽省委宣传部组织“五大发展理念见行动 党代会精神在基层”大型主题采访团到宿州。由中央省市县四级 30 多家新闻媒体记者组成的采访团入县区、进园区、访农户、探企业,用独特的新闻视角捕捉新闻,全方位展现宿州市各地贯彻落实“五大发展”理念的生动实践。

埇桥区道东街道东方社区被中国科协评为 2016“全国科普示范社区”,并获中国科协、财政部奖补资金 20 万。

21 日至 22 日

中央农村工作领导小组副组长袁纯清率调研组一行到宿州市,专题调研现代农业产业化联合体建设情况。副省长方春明、省农委主任孙正东,市委副书记、市长史翔,市委副书记张孝成,市委常委、埇桥区委书记王启荣,副市长李朝晖等先后陪同。

24 日至 25 日

中国计生协基层组织建设研讨会在宿州召开。中国计生协副会长勾清明出席会议,省人大常委会副主任梁卫国,市委副书记、市长史翔出席会议并致辞,中国计生协专职副会长兼秘书长姚瑛主持会议,市委副书记、市计生协会长张孝成代表宿州市作典型发言。北京、山西等 21 个省(自治区、直辖市)计生协负责人,副市长吕剑等参加会议。

27 日

市委召开全市“讲看齐、见行动”学习讨论动员大会。省政府副省长、市委书记、市人大常委会主任张曙光出席会议并作重要讲话。会议要求全市要深入学习贯彻中共十八届六中全会精神、习近平总书记系列重要讲话特别是视察安徽重要讲话精神,扎实开展“讲看齐、见行动”学习讨论,在查摆问题上下功夫,在剖析根源上动真格,在整改落实上出硬招,在建章立制上求实效,努力为建设创新型“四个宿州”、全面建成小康社会做出新的更大贡献。市委副书记、市长史翔主持会议。市委副书记张孝成宣读关于在全市党员干部中开展“讲看齐、见行动”学习讨论实施方案。市委常委,市人大常委会、市政府、市政协负责人和其他在职副市级领导干部出席会议。

12 月

3 日

邀请外交部前部长李肇星做客宿州大讲堂,以《中国的发展与外交》为题作专场报告。

5 日

司法部印发《关于表彰第五届全国法律援助工作先进集体和先进个人的决定》,授予宿州市法律援助中心“第五届全国法律援助工作先进集体”称号,授予萧县马井司法所所长杨德飞“第五届全国法律援助工作先进个人”称号。

6 日

市委召开全市领导干部大会,宣布省委关于对宿州市委、市政府主要负责同志调整的决定。史翔同志任宿州市委书记、宿州马鞍山现代产业园区党工委第一书记(兼),提名为宿州市人大常委会主任候选人,免去其宿州市人民政府市长职务;杨军同志任宿州市委委员、常委、副书记,提名为宿州市人民政府市长候选人,免去其皖北煤电集团有限责任公司党委书记职务;张曙光同志不再担任宿州市委书记、常委、委员,宿州马鞍山现代产业园区党工委第一书记(兼)职务,不再担任宿州市人大常委会主任职务。省委常委、省委组织部长邓向阳出席会议并作重要讲话,省政府副省长张曙光主持会议,省委组织部常务副部长何军宣布省委决定,史翔、杨军分别讲话。

7 日

宿州青年创新创业中心揭牌仪式在高新区举行,团中央常委、宣传部部长景临,市委副书记张孝成出席仪式并为中心揭牌。

8 日

市委书记、市人大常委会党组书记史翔,市委副书记、代市长杨军看望慰问正厅级离退休老干部。

9 日

全市脱贫攻坚大会召开。市委书记、市人大常委会党组书记史翔作重要讲话。市委副书记、代市长杨军主持会议。

10 日

历时 2 年的国道 310 改建工程砀山段全线竣工并通车。

中国民主同盟宿州市第四次盟员大会在市政务中心举行。市委书记史翔在会前亲切接见了全体与会盟员。市委副书记张孝成出席开幕式并讲话,民盟安徽省委副主委张雪平应邀到会指导,市委常委、组织部长、统战部长操隆山出席会议并讲话。

11 日

农业部审定批准建立故黄河砀山段黄河鲤国家级水产种质资源保护区。

12 日

市委中心组理论学习会暨全市领导干部学习贯彻中共十八届六中全会精神集中培训班召开。市委书记史翔出席会议并讲话。市委副书记、代市长杨军主持会议,市政协主席刘晓云、市委副书记张孝成等参加开班式。

13 日

省委常委、政法委书记姚玉舟到宿州调研政法信访工作。

14 日

中国共产党宿州市第五届委员会第二次全体会议召开。市委书记史翔发表重要讲话。市委副书记、代市长杨军,市政协主席刘晓云,市委副书记张孝成,市委委员、市委候补委员出席会议。

18 日

中国农工民主党宿州市第四次代表大会在市政务中心召开。省政协副主席、农工党安徽省委主委牛立文,省政协副秘书长、农工党安徽省委副主委方才到会指导。市委书记史翔、市政协主席刘晓云、市委副书记张孝成出席开幕式。

19 日

市委全面深化改革领导小组召开第八次全体会议,市委书记史翔主持会议并讲话。

20 日

国家质检总局发布创建"全国质量强市示范城市"名单,宿州市获批创建"全国质量强市示范城市"。

21 日

中国民主建国会宿州市第四次会员大会在市政务中心召开。省政协副主席、民建安徽省委主委李修松到会指导。市政协主席刘晓云、市委副书记张孝成出席开幕式。

宿州军分区党委第一书记任职大会召开。省军区政委戴勇出席会议并代表省军区党委宣布决定,史翔同志任宿州军分区党委委员、常委、第一书记。宿州军分区司令员黄伟主持会议。

22 日

九三学社宿州市第四次社员大会在市政务中心召开。省政协副主席、九三学社安徽省委主委赵韩,省政协副秘书长、九三学社安徽省委专职副主委张腊梅到会指导。市委书记史翔、市政协主席刘晓云、市委副书记张孝成出席开幕式。

23 日

代市长杨军主持召开市政府第 84 次常务会议,研究清理规范行政审批中介服务事项、城乡建设、城市管理、法治宣传教育等工作。

26 日

邀请中央民族大学历史系副教授、著名历史学者、北京大学历史学博士蒙曼做客宿州大讲堂,作题为《中国古代家训及其当代价值》专场报告。

27 日

代市长杨军主持召开市政府第 85 次常务会议,审议通过《宿州市全面落实脱贫攻坚责任制实施细则》《宿州市地下水资源管理办法》。

29 日

中共宿州市委与各民主党派市委领导班子成员见面会召开。市委书记、市人大常委会党组书记史翔出席并讲话。市委副书记张孝成出席,市委常委、组织部长、统战部长操隆山主持。

市委市政府召开全市经济工作会议暨 12 月份工作任务调度会。市委书记史翔主持会议并作重要讲话,市委副书记、代市长杨军部署安排工作。市政协主席刘晓云、市委副书记张孝成等出席。市委常委、常务副市长余向东安排部署明年经济工作重点任务。

2016 年全市道德模范、优秀志愿服务典型颁奖盛典在市文化艺术中心大剧院举行。隆重表彰全市道德模范、优秀志愿服务典型。史翔、杨军、张孝成等出席颁奖盛典。

宿州市青年联合会第二届委员会全体会议暨学生联合会第一次代表大会在政务中心大礼堂召开。团省委副书记、省青联主席李国阳出席开幕式并讲话。市委书记史翔、市政协主席刘晓云、市委副书记张孝成,以及市领导王启荣、操隆山、吴宝军、黄伟、张旭、吕剑、魏建华等出席开幕式。

30 日

2017 宿州新年音乐会在市艺术中心大剧院举行。市委书记史翔,市委副书记、代市长杨军,市委常委、宣传部部长、市总工会主席何志中等与全市各界群众代表千余人一起观看演出。

中共宿州市委

·综述·

【“十三五”实现良好开局】 坚持把加快发展作为第一要务，大力实施“五大发展行动计划”，经济社会发展继续保持良好势头。全市完成生产总值1351.8亿元，增长9.1%；财政收入139.8亿元，增长11.3%；固定资产投资1270亿元，增长12.1%；社会消费品零售总额476.9亿元，增长12.3%；城镇、农村常住居民人均可支配收入分别增长8.1%、8.5%；主要动态指标继续保持全省前列。

大力实施创新驱动，经济发展量质并举。坚持创新驱动发展战略，深入实施“全创改”“三重一创”，战略性新兴产业产值、高新技术产业工业增加值分别增长29.6%、25.9%，云计算产业基地入选省级战略性新兴产业集聚发展基地。改造提升传统产业，实施重点技改项目200个，完成投资414.6亿元，轻纺鞋服、食品加工、板材家居等传统产业质量效益不断提升。实施工业强市兴县战略，完成规模以上工业增加值405.6亿元，增长9.3%。扎实推进“3111”工程，各县区、园区首位产业实现产值807亿元，同比增长31.8%。加快发展现代农业，实施“五大示范行动”，现代农业产业化联合体、家庭农场、农民专业合作社分别达到229个、4297个、9893个，分别增长30.9%、18%、11.5%，规模以上农产品加工企业完成加工产值1027.8亿元、增长9.2%。粮食总产403.2万吨，实现“十三连丰”。“农村电商”异军突起，网上农产品销售55亿元，增长20%。砀山酥梨进入“全国果品业最具投资价值品牌30强”。扎实推进脱贫攻坚，民生福祉持续增进。按照“六看六确保”“四严”“四个全覆盖”的要求，建立健全政策体系。聚焦“十大工程”，深入推进扶贫开发“4+3”工作，实施“一村一品”产业推进行动，5000个产业扶贫项目精准到户，建成1.2万个户用、189个村级光伏电站，完成3700人易地扶贫搬迁，在全省率先开展贫困人口综合医保“一站式”即时结算。充实市、县扶贫办工作力量，压实党政主职、班子成员、属地镇村、包保干部“四方责任”，359个贫困村实现“脱贫攻坚第一书记”全覆盖。顺利完成省脱贫攻坚第三方评估工作，11.91万贫困人口、140个贫困村脱贫出列。33项民生工程全面完成，民生支出265亿元，占财政总支出的85.1%。10件惠民实事顺利实施，新建改建乡镇公厕100座，新增电动公交车60辆，市、县城区老旧电线改造稳步推进。新增城镇就业5.4万人，城镇登记失业率控制在4.5%以内。城乡低保人均保障标准分别增长11.6%、36.4%，农村五保供养标准增长33%。

坚决保护生态环境，城乡面貌显著改观。出台《关于扎实推进生态文明建设闯出绿色发展宿州新路实施方案》，着力打造新汴河生态经济带、黄河故道果林田园生态绿带、符离大道生态文化廊道三大绿色发展板块。以创建国家森林城市及全国绿化模范城市为契机，成功创建省级森林城市1个，省级森林城镇9个，省级森林村庄34个，建成森林长廊示范段130.7公里，完成造林0.98万公顷、森林抚育任务1.41万公顷。大力推进大气、水、土壤污染防治行动计划，印发《宿州市大气污染防治实施细则》等，编制完成《宿州市水污染防治河长制实施方案》，深入推进秸秆综合利用和禁烧工作。编制完成《大宿城空间战略发展规划》，主城区实现双“80”目标。棚户区改造加快推进，货币化安置比例达

70%,完成征迁拆违733万平方米,新开工各类保障房2.2万套。扎实开展"555"工程,美丽乡村建设有序推进,"三线三边"环境治理成效显著。全面提升城市管理水平,"城管服务超市"荣获2016全国创新社会治理最佳案例奖。成功获批国家首批电信普遍服务试点城市和"宽带中国"示范城市。

持续扩大改革开放,发展空间有效拓宽。建立健全改革工作机制,制定年度改革工作要点。加快"放管服"改革,取消行政审批事项67项,"三集中、三到位"全面落实,行政审批类、公共服务类项目"网上可办"。深化商事制度改革,"五证合一、一照一码"全面实施,新增登记注册企业10870户,同比增长29%。扎实推进户籍制度改革,全面落实"五权不变""五有并轨",农村转移人口市民化步伐加快。文化体制、医药卫生、财税金融等重点领域改革有序推进,"人地挂钩"改革试点、农业信贷"劝耕贷"惠农贷款试点等走在全国全省前列。全面推动互联互通,郑徐客运专线、德上高速宿州段建成通车,宿州海关正式开关,实现进出口总额4.7亿美元。大力推进产业链招商、战略招商、产业招商、以商招商,积极参加徽商大会等,实际到位内资1040亿元、增长15.6%,实际利用外资7.3亿美元、增长8%。实施金融"五个一"工程,新增贷款170.9亿元、增长49.4%,直接融资95.7亿元、增长256.7%。

积极创新社会治理,社会大局和谐稳定。统筹发展社会事业,新改扩建公办幼儿园55所,完成155所义务教育学校标准化建设,新增4所普通中专。人口计生工作保持全省前列,落实"全面两孩"政策,二级以上医疗机构增加到24所,创建国家级群众满意乡镇卫生院16个、省级群众满意村卫生室11个。全面推进依法治市,《宿州市农村垃圾治理条例》为全国首部规范农村垃圾治理的地方性法规,司法体制改革进展顺利。大力开展"江淮普法行"活动,"七五"法治宣传教育工作扎实推进。突出抓好平安宿州建设,开展信访积案专项治理行动,186件"钉子案""骨头案"彻底化解。突出抓好社会治安防控体系建设,规范食品药品监管,严格落实安全生产责任制,健全完善应急管理体系,社会大局和谐稳定。

【全面从严治党纵深推进】 坚持把抓好党建作为最大主业,严格落实党建工作责任制,定期听取党建工作情况汇报、每周召开党委部门工作例会、每两个月召开基层党建工作例会,及时研究解决党建工作重大问题,确保全市党建工作系统谋划、整体推进。

加强理论武装。认真学习贯彻习近平总书记系列重要讲话特别是视察安徽重要讲话精神,在全省率先开展"推进习近平总书记视察安徽重要讲话精神专题宣讲",先后开展22次中心组理论学习会、举办15场报告会。全面贯彻六中全会精神和省第十次党代会,及时召开全市领导干部大会、中心组学习会,组织开展集中培训,扎实推进巡回宣讲、基层宣讲,制定出台《中共宿州市委关于学习贯彻党的十八届六中全会精神开创全面从严治党新局面的意见》和《宿州市五大发展行动计划》。深入推进"两学一做"学习教育,制订"1+3"实施方案,先后组织6次集中封闭学习,举行3次专题研讨,5次邀请著名专家学者作专题辅导,各级党员领导干部上党课16497次;精心组织开展"千名领导联系千个支部""在职党员进社区"和"学习党章党规和系列讲话知识竞赛"等活动;组织市级报告团巡回宣讲6场,编排梆子戏《村支书陈德领》《平安是福》巡演40场;深入开展"四个一"活动和"三不问题"大排查,查找问题40425个。扎实开展"讲看齐、见行动"学习讨论,精心制定学习讨论工作方案、工作流程图,建立学习讨论调度制度,由市委常委带队赴各县区、市直单位集中开展实地督查指导。创新开展"七个一"特色做法,推动各地各单位"讲看齐、见行动"学习讨论工作分层实施、有序开展。

全面落实意识形态工作主体责任。坚持党管意识形态,建立完善工作情况报送制度、重大事项报告制度,定期分析研判意识形态领域情况,及时解决处置新情况新问题。实施网上舆论引导工程,建立网络舆情联动应对机制,最大限度挤压负面信息传播空间。强化正面宣传,加大对外宣传力度,出版发行精品图书《诗画宿州》,在《人民日报》、中央电视台等国家级媒体推出一批反映宿州市特色工作的重要报道。广泛开展"身边好人"选树活动和系列评选活动,5人上榜中国好人、28人上榜安徽好人,朱引侠家庭荣获"全国最美家庭"和"全国五好文明家庭"称号。

持续抓好作风效能建设。坚持抓重要节点、抓具体问题、抓监督执纪、抓通报问责,累计查处违反中央八项规定精神问题186起,220人受到处理,其中,207 人受到党政纪处分。深入开展效能建设升级版“十大活动”,严格落实《宿州市党政机关及其工作人员效能问责暂行办法》,开办《效能观察》栏目,加大明察暗访力度,严肃追责问责,着力整治“不作为”“不担当”“中梗阻”等突出问题。结合巡视反馈问题整改和“4 +4”专项整治,严肃查处发生在民生领域的“三资”管理、土地征收等违纪行为,查处侵害群众利益的不正之风和腐败问题 346 起、处理 397 人,其中给予党政纪处分 368 人、移送司法机关 23 人。

强化领导班子、干部队伍和人才工作。坚持“三在先”“六个四”“九严禁九一律”,创新实行“九大主体”责任捆绑,完成市县乡三级党委换届和县乡人大政府、县区政协换届工作,实现组织意。坚持好干部“20 字”标准,建立健全“1 +5”干部选任及管理体系,持续深化“四个在先”工作法,出台《落实全面从严治党要求有效防范干部“带病提拔”的意见》等,年度选人用人工作总体评价满意率稳步提升。实施人才优先发展战略,深化“十百千万”人才引进工程,累计引进培养人才 13497 人,其中引进“两院院士”、国家“千人计划”专家领军人才 18 人、博士及副高以上高层次人才 107 人、硕士研究生 254 人。

推进基层组织和党员队伍建设。实施基层党建“3456”计划,将基层党建保障纳入市 33 项民生工程,市县财政投入 3. 59 亿元,用于村(社区)干部待遇提升、村级活动场所建设等。制定基层党建“三个清单”,查摆细化 52 项、146 条具体任务,项目化推进基层党建工作。扎实开展“三级联述联评联考”,积极开展软弱涣散基层党组织整顿工作“回头看”,推进“基层党组织长期不换届”等专项整治,推动非公企业和社会组织“两个全覆盖”。着力加强基层党员队伍管理,制发《关于进一步规范全市基层党组织“三会一课”制度的通知》《宿州市发展党员工作层级管理实施办法》等,党内政治生活更加规范化、制度化、常态化。

深入推进党风廉政和反腐败工作。压实“两个责任”,年初将“两个责任”细化为 6 个大项 68 个小项任务,逐一分解落实、压实责任,并配套出台考核、约谈、述廉述责和接受评议等实施办法,形成落实“两个责任”“1 +4”制度体系。充分运用“四种形态”,召开 2 次任前廉政谈话会、4 次集体约谈会、开展干部任前廉政谈话 57 人次,谈话函询 71 件(次),其中反映失实予以澄清 54 件(次),对违反纪律的给予党纪轻处分 1014 人,党纪重处分 355 人。严格执行《中国共产党党内监督条例》,建立干部监督联席会议制度,强化组织部门和执法部门监督,党内监督更加严密。扎实开展巡察工作,先后开展 3 轮驻点巡察和 1 轮扶贫专项巡察,发现问题线索 273 条,重点问题线索 76 条,立案 96 件,给予党政纪处分 116 人,移送司法机关 7 人。配合省委第四巡视组,完成对皖北卫生职业学院、宿州职业技术学院驻点巡视。保持惩治腐败高压态势,各级纪检监察机关新立案件 2009 件,给予党政纪处分 2060 人,涉嫌犯罪移送司法机关处理 66 人。

稳步开展统一战线、群团、党校和党内法规建设等各项工作。支持人大常委会依法履行职责、决定重大事项和人事任免,在全省率先实施宪法宣誓制度。支持政协履行政治协商、民主监督和参政议政职能,年度重点民主协商计划全面落实。加强党对统战工作的集中统一领导,开展“五个一批”活动,支持非公经济健康发展和非公经济人士健康成长;开展民族团结进步创建活动,依法管理宗教事务;扎实做好党外代表人士和港澳台工作,支持五个民主党派市级组织圆满完成换届工作。支持各人民团体依法按照各自章程开展工作,共青团、妇联、总工会、科协等群团组织的桥梁和纽带作用得到充分发挥。全力提升党校办学水平,深入开展“党校提升年”活动,出台实施《中共宿州市委关于加强和改进新形势下党校工作的实施意见》,市委党校新校区投入使用。扎实做好党内规范性文件制定、审核和备案审查工作,先后出台《中共宿州市委工作规则》《2016 年市委制度建设清单》等党内制度;建立健全党委法律顾问工作制度,四县一区实现党委法律顾问全覆盖,为各级党委决策提供科学依据。强化党管武装工作,推进军民深度融合发展,荣获全国双拥模范城“七连冠”。

【重要会议】 1 月 8—9 日,市委召开中心组理论学习研讨会,深入学习贯彻习近平总书记在中央政治局“三严三实”专题民主生活会上的重要讲话精神。

1 月 17 日上午,市委召开基层党建工作专项述职评议会。

1 月 25 日下午,市委召开巡视整改工作推进会。

1 月 26 日下午,市委、市政府召开全市美丽乡村建设推进会。

1 月 28 日上午,召开中共宿州市第四届纪律检查委员会第六次全体会议。

1 月 29 日下午,召开以“实干兴宿 · 实干为要”为主题的第二批高校挂职干部第二次座谈会。

2 月 4 日上午,市委市政府举行春节团拜会。

2 月 14 日,市委、市政府召开工作会议,安排部署年度各项任务。

2 月 22 日上午,全市领导干部大会召开,学习传达全省“两会”精神,安排部署我市贯彻落实工作。

2 月 28—29 日,举办全市领导干部学习贯彻党的十八届五中全会精神培训班。

3 月 22 日下午,召开工业经济“3111”工程暨一季度工业经济运行调度视频会议。

3 月 31 日,全市 3 月份工作任务调度会召开。

4 月 5 日上午,召开全市党校工作会议。

4 月 8 日下午,召开全市领导干部大会,对全市 2015 年度省管领导班子和省管领导干部综合考核工作进行动员部署。

4 月 12 日晚,召开全市脱贫攻坚工作推进会议。

4 月 13—14 日,市委中心组召开理论学习会议,认真学习贯彻习近平总书记关于学习《党委会的工作方法》的重要批示,深入学习《中国共产党章程》和《中国共产党地方委员会工作条例》《中国共产党党组工作条例(试行)》,认真学习贯彻习近平总书记关于“两学一做”学习教育重要指示、中办印发的“两学一做”学习教育的通知和省委中心组理论学习会议精神,讨论我市深入推进全面从严治党的若干意见和开展“两学一做”学习教育的实施方案。

4 月 17 日下午,全市“两学一做”学习教育工作会议在政务中心召开。

4 月 25 日,中国共产党宿州市第四届委员会第九次全体会议在政务中心举行。会议审议通过了《中共宿州市委关于深入推进全面从严治党的实施意见》《中国共产党宿州市第四届委员会第九次全体会议关于召开中国共产党宿州市第五次代表大会决议》和《中国共产党宿州市第四届委员会第九次全体会议决议》。

4 月 26 日,全市 4 月工作任务调度会在萧县召开。

5 月 5 日上午,宿州大讲堂——学习贯彻习近平总书记视察安徽重要讲话精神报告会在政务中心礼堂举行。

5 月 15 日下午,全市领导干部大会在政务中心召开,省委第五考核组在会上对宿州市 2015 年度省管领导班子和省管领导干部综合考核情况进行反馈。

5 月 23 日上午,市委全面深化改革领导小组召开第六次全体会议,学习传达近期中央、省委全面深化改革领导小组会议精神,讨论审议有关改革文件,部署推动各项改革任务。

5 月 26 日下午,市委、市政府召开全市深入贯彻落实习近平总书记视察安徽重要讲话推进大会。

5 月 31 日上午,全市 5 月工作任务调度会召开。

6 月 1 日下午,市委全面推进依法治市领导小组第一次会议在政务中心举行。

6 月 12 日下午,市委召开全市领导干部大会,认真学习贯彻习近平总书记在听取中央第九轮巡视情况汇报时的重要讲话,紧紧围绕中央第五巡视组“回头看”反馈的全省共性问题和宿州市具体问题,全面部署整改落实工作。

6 月 14 日,全市党委(党组)意识形态工作责任制推进会暨市委中心组学习扩大会议在政务中心举行。

6 月 23 日,市委召开全市强化县乡党政正职责任坚决打赢脱贫攻坚战谈心谈话会。

7 月,市委常委(扩大)会议暨市委中心组理论学习会议在市政务中心召开。会议分 4 个时段进行。7 月 1 日上午,市四大班子负责同志集体收看收听了习近平总书记在庆祝中国共产党成立 95 周年大会上的重要讲话;7 月 6 日全天,进行个人自学;7 月 7 日上午,邀请中央党校马克思主义学院唐爱军博士作客宿州大讲堂作专题辅导报告;7 日下午,进行专题学习研讨。

7 月 12 日下午,市委统一战线工作领导小组第一次全体会议在政务中心召开。

7 月 25 日下午,市委召开市政府党组向市委常委会汇报上半年经济形势会议暨市政府向市人大常委会报告、向市政协及各民主党派通报上半年经济形势会议。

8 月 9—10 日,市委中心组集中学习了《中国共产党问责条例》。

9月24日上午，中国共产党宿州市第五次代表大会在市政务中心礼堂隆重开幕。张曙光同志代表中共宿州市第四届委员会向大会作了题为《中部崛起闯新路　皖北振兴走前列　为建设创新型“四个宿州”而努力奋斗》的报告。龙道金代表中共宿州市纪律检查委员会向大会作了题为《坚持全面从严治党　忠诚履行党章职责　奋力开创全市党风廉政建设和反腐败斗争新局面》的工作报告。

9月26日上午，中国共产党宿州市第五次代表大会完成预定的各项议程，胜利闭幕。张曙光主持大会并致闭幕词，大会选出中共宿州市第五届委员会和中共宿州市第五届纪律检查委员会，通过关于四届市委工作报告的决议、关于市四届纪律检查委员会工作报告的决议。

9月26日上午，中国共产党宿州市第五届委员会第一次全体会议在市政务中心召开。会议选举产生中共宿州市委书记、副书记、常委，张曙光当选市委书记，史翔、张孝成当选市委副书记；通过中共宿州市第五届纪律检查委员会第一次全体会议选举结果的报告；审议通过《中共宿州市委工作规则》。

10月12日下午，市委召开常委（扩大）会议，传达学习省委省政府树立和践行新发展理念学习考察活动和省委书记李锦斌、代省长李国英在总结交流大会上重要讲话精神，研究部署贯彻落实意见。

10月13日上午，市委召开“五人小组”会议，专题听取全市2016年度第二轮巡察情况汇报，研究部署下一阶段巡察工作。

10月21—23日，市委中心组召开理论学习会议，深入学习习近平总书记在纪念红军长征胜利80周年大会上的重要讲话精神，贯彻落实省委中心组理论学习会议和省政府第50次党组扩大会议精神，围绕“坚守纪律底线、培养高尚情操”开展专题研讨。

10月26日下午，市委市政府召开树立和践行新发展理念学习考察活动总结会暨全市10月工作任务调度会。

10月29日上午，省第十次党代会宿州代表团在省城合肥召开会议，传达学习中共十八届六中全会精神和中共中央办公厅《关于认真学习宣传党的十八届六中全会精神的通知》，安排部署我市贯彻落实工作。

11月5日下午，全市领导干部会议在市政务中心举行，会议传达贯彻中共十八届六中全会和省第十次党代会精神，安排部署宿州市贯彻落实工作。

11月27日下午，市委在市政务中心召开全市“讲看齐、见行动”学习讨论动员大会。

12月6日下午，市委召开全市领导干部大会，宣布省委关于对宿州市委、市政府主要负责人调整的决定。省委决定：史翔任宿州市委书记、宿州马鞍山现代产业园区党工委第一书记（兼），提名为宿州市人大常委会主任候选人，免去其宿州市人民政府市长职务；杨军任宿州市委委员、常委、副书记，提名为宿州市人民政府市长候选人，免去其皖北煤电集团有限责任公司党委书记职务；张曙光不再担任宿州市委书记、常委、委员，宿州马鞍山现代产业园区党工委第一书记（兼）职务，不再担任宿州市人大常委会主任职务。省委常委、省委组织部部长邓向阳出席会议并作重要讲话，省政府副省长张曙光主持会议，省委组织部常务副部长何军宣布省委决定，史翔、杨军分别讲话。

12月14日，中国共产党宿州市第五届委员会第二次全体会议在市政务中心召开。全会深入学习贯彻中共十八届六中全会和习近平总书记系列重要讲话特别是视察安徽重要讲话精神，审议通过《中共宿州市委关于学习贯彻党的十八届六中全会精神开创全面从严治党新局面的意见》《宿州市五大发展行动计划》和《中国共产党宿州市第五届委员会第二次全体会议决议》。

12月21日上午，宿州军分区党委第一书记任职大会召开。省军区政委戴勇出席会议并代表省军区党委宣布决定：史翔任宿州军分区党委委员、常委、第一书记。

12月29日，中共宿州市委与各民主党派市委领导班子成员见面会在市委统战部会议室举行。

【重大活动】　1月12—13日，省第四督查组组长、省科技厅副厅长刘明平率领省第四督查组来宿，通过实地查看、座谈交流、查阅资料、个别访谈等形式，就宿州市贯彻落实中央和省重大决策部署情况进行督查。

1月15日上午，市委书记、市人大常委会主任张曙光，市长史翔率宿州市慰问团赴合肥走访慰问省军区。

1月18—19日，省委常委、组织部部长邓向阳到宿州市调研基层党建工作。

2月6日，农历腊月廿八，市委书记张曙光带着党和政府的深情关怀，亲切慰问各条战线一线干部职工。

2月23日，市委书记张曙光赴泗县调研。

3月22—24日，市委书记张曙光先后到埇桥区、砀山县、萧县调研指导乡镇党委换届和经济社会发展等工作。

3月，市领导带头落实招商周、无会周制度，张曙光、史翔、张孝成、赵琳、周勇、王启荣、张旭、侯家春、邵郁、马杰、吕剑、王胜华、魏建华等，带领各园区、县区、市直相关单位负责人，奔赴上海、温州、宁波、常州、北京、天津等地密集开展招商活动，考察相关企业，洽谈合作事宜。

4月21—22日，市委书记张曙光率我市党政考察团赴亳州、阜阳两市，就加快县城建设及南北共建园区发展等情况，进行为期两天的密集学习考察。

5月3—4日，市委书记张曙光深入宿州高新区、经开区、宿马现代产业园区调研。

5月6日上午，市委书记张曙光、市长史翔调研市政务服务中心和政务服务信息化平台建设。

6月8日下午，市委书记张曙光赴泗县深入调研"两学一做"学习教育开展情况、脱贫攻坚、"三夏"工作和秸秆综禁等，就"两学一做"学习教育作专题党课报告。

6月11日晚，市委书记张曙光对宿马现代产业园区、埇桥区夏收夏种和综禁工作突击督查。

6月14—17日，市委书记、市人大常委会主任张曙光率团赴江苏、上海开展招商和考察活动，对接洽谈招商项目，考察学习城市园林建设经验

8月17日下午，市委书记张曙光深入城市建设重点工程工地，现场查看工程推进情况。

9月21—23日，省人大常委会原主任孟富林，省人大常委会原副主任卢声道、陈基余、吴天栋、陈瑞鼎、季昆森，省人大常委会原副秘书长孙业藩等到宿州市调研经济社会发展情况。

9月30日，宿州市暨埇桥区向革命烈士敬献花篮仪式在宿州烈士陵园隆重举行。市领导史翔、张孝成、余向东、许广斌、何志中、王启荣、龙道金、操隆山、黄伟等出席仪式。张孝成主持仪式。

11月21—22日，中央农村工作领导小组副组长袁纯清率调研组一行到宿州市，就现代农业产业化联合体建设情况进行专题调研。

12月13日，省委常委、政法委书记姚玉舟到宿州调研政法信访工作。

·办公室工作·

【概况】 2016年，市委办公室紧贴市委中心工作，团结带领全体干部职工，以提高"三个服务"水平为目标，以打造一流干部队伍为抓手，认真践行"五个坚持"要求，强化争先争优，忠诚履职尽责，做到高水平参谋服务、高效率统筹协调、高质量督办督察、高标准保障运行，为推动中央及省、市委决策部署贯彻落实提供了有力保障。先后荣获宿州市文明单位、全市综治工作目标管理考核优秀单位、全市老干部宣传工作先进单位、全市人口计划生育工作特殊贡献单位、全市午季秸秆综合利用和禁烧工作先进单位、全市招商引资先进单位、宿州市双拥先进单位、"五好"关工委、第九届宿州市文明单位、第九届市直机关文明单位、优秀基层党组织、市直机关先进基层党组织等先进称号，取得全省保密工作考核优异等次、市直机关党建工作目标责任制考核优秀等次、全市年度岗位目标责任制考核优秀等次、党委部门工作考核优秀等次。

【文稿服务】 把加强文稿服务、增强研究谋划能力作为提升"三个服务"水平的集中体现，进一步强化"身在兵位、胸为帅谋"意识，紧扣理论导向，把握政策走向，准确领会领导意图，坚持精雕细琢、反复推敲，做好市委文稿起草工作，全年起草市委主要负责同志综合报告、会议讲话文稿260多篇，审核把关领导活动新闻稿180多篇，220多万字；起草市委负责同志文稿约110篇，65万字。

【调研活动】 注重调查研究，坚持高质量、高标准，扎实做好领导外出调研、驻村蹲点文字服务等工作，先后多次跟随领导参加文明创建、新型城镇化、脱贫攻坚等调研，撰写高质量的调研报告，切实发挥以文辅政、以文咨政作用。

【公文审核】 把加强党内法规制度建设作为推动市委决策落地的根本之策，扎实做好规范性文件制定工作，坚持把调查研究、部门会商、征求意见、合法性审核、领导会签等作为提高文件制定质量的重要环节，严把公文起草和审核的政治政策关、法律法规关、文字文风关，力求每份文件都做到逻辑严

密、表述准确、用语精炼，全年起草和审核各类文件500余份、140万字，有效传达市委政令。认真开展规范性文件备案工作，向省委报备文件20份，全部一次性通过备案审查。认真做好各县区、市直各单位的文件备案审查工作，审查文件110余份。

【信息服务】 充分发挥党委信息主渠道作用，不断加强信息工作规范化建设，制定《信息工作规范化流程》《宿州信息》刊物编辑报送规范，搜集研究重要信息，加大信息报送数量，全年报送信息2500多条（篇），其中报送省委信息1400多条（篇）、编报《宿州信息》系列刊物1100多条（篇）。报送的《宿州市积极探索农业产业化联合体经营的做法》等经验做法，在全省全国推广，报送的《宿州市云计算产业发展亟待纳入省战略性新兴产业并给予省级政策支持》等信息被省委信息专报采用。

【督察督办】 把强化督查督办作为维护市委权威、确保政令畅通的有效手段，扎实开展决策督查，围绕全市贯彻落实中央和省重大决策、习近平总书记视察安徽重要讲话精神等情况开展2次督查。积极开展市委重大决策部署督查，先后开展贯彻市第五次党代会精神、“讲看齐、见行动”等各类专项督查活动10余次。切实抓好专项查办，严把查办案件质量关，全年办理市委领导批示件、信访件135件，有效解决一批群众反映的热点难点问题。全力办好网友留言，办理人民网网友给省、市委书记留言595件。在抓好督查工作的同时，牵头做好中央巡视组“回头看”反馈问题整改工作，市委确定的22个整改任务全部整改到位；牵头做好贯彻落实中央“八项规定”精神和省市“三十条”要求工作，制定县处级领导干部落实中央“八项规定”精神责任清单，对作风建设提出新要求。

【会议活动】 把搞好综合协调作为保障市委运转的关键环节，全力协助市委组织召开市第五次党代会，在会议协调、文稿起草、值班联络、信息报送、简报编写、密码通信、文件印制、后勤保障等方面狠下功夫，党代会各项服务工作受到市委充分肯定和党代表一致好评。扎实做好市委重要会议筹备工作，精心组织谋划，完成5次市委全会、40次市委常委会会议、110余次全市性工作会议召开的各项工作。参与省党代会、省“两会”的会务和政务服务工作，完成宿州代表团参加会议的各项任务。扎实做好领导调研服务工作，完成省委、省政府负责同志来宿视察重要活动保障工作，完成市委负责同志赴基层调研走访服务100余次。把加强后勤服务作为保障市委运转的基本要求，扎实做好值班工作，全年登记上报“四项工作”信息200余条，确保市委领导第一时间掌握相关信息动态；接收办理各类突发事件和敏感信息23条；及时接待和处置各类来访、上访人员90多批216人次，有力维护了市委机关的正常工作秩序。严格财务管理，认真制定年度财务预决算，严格落实各项财务制度，办理各项财务报账120余次2690余件，确保机关正常运转。

【文秘工作】 把公文流转作为做好“三服务”工作的重要抓手，加强对纸质文件的管理，严格执行文件交换制度，切实做到文件处理及时、准确、安全、保密，全年收发处理中央和省市文件1066件、80163份，办理领导批办件856件，处理各类简报、刊物、信件5万余份。严格执行AB岗工作制度，明确专人负责，及时上网签收省电子政务平台文件，全年办理省内网公文630件。全力做好市电子政务平台公文的传输任务，全年通过电子政务平台签收办理公文1495件，发文926件。积极开展“三密”文件统一清退销毁工作，全年销毁废旧文件资料10万余份。

【扶贫工作】 把抓好脱贫攻坚作为最大的政治任务，在深入调研的基础上，协助市委出台《关于贯彻落实习近平总书记视察安徽重要讲话　深入推进精准扶贫精准脱贫及重要政策措施分工的意见》等文件，为全市开展脱贫攻坚工作提供基本遵循。严格落实“双包”责任，突出真帮实扶，对口帮扶泗县彭鲍村，3名县处级领导干部分别担任贫困村脱贫攻坚第一书记，1名干部驻村担任扶贫工作队队长，8名科级干部对口包保贫困户，有针对性地开展帮扶工作，帮助落实各项扶贫政策。坚持精准扶贫，采取“两公示一公告”方式，精准识别贫困人口，精准分析致贫原因，精准施策帮助脱贫，贫困户基本问题得到解决，贫困人口收入不断增长。市委办公室被评为省社会扶贫先进集体。

【招商引资】 按照市委、市政府要求，积极开展招商引资工作，认真梳理线索，全年共外出招商16次，引进到位资金54265.9万元,完成预定任务量10倍以上。

【秸秆禁烧】 扎实做好秸秆禁烧和综合利用工作,选派10名干部进驻埇桥区桃园镇开展包保工作,与村里干部群众同吃同住同劳动,坚持24小时昼夜巡查,全面完成夏秋两季秸秆综合利用和禁烧包保任务。

·组织工作·

【"两学一做"学习教育】 坚持"两学一做"学习教育和"讲看齐、见行动"学习讨论有机结合,突出思想政治建设,突出党性锻炼,突出党支部主体作用,扎实开展十八届六中全会和习近平总书记视察安徽以及"七一"重要讲话精神集中轮训,实现全市党员干部全覆盖。坚持以上率下、树标立规,市委常委带头开展"党课双讲五进""千名领导联系千个支部"等活动,带动各级党员领导干部到所属党支部和基层联系点讲党课1.6万次。自编大型梆子剧《村支书陈德领》《平安是福》在全市巡演,8600多名党员干部到市廉政教育中心接受警示教育。在全省率先建成学习教育网络平台,实时掌握11846个党组织工作情况;在全市开展"千个支部万名党员"集中督查活动,督查结果排序通报;聚焦政治合格、执行纪律合格、品德合格、发挥作用合格四个方面,坚持严的标准、严的措施、严的纪律,高质量高标准开好民主生活会和组织生活会,全市学习教育规定动作从严到位、自选动作从实见效。

全市"两学一做"学习教育工作会议

【市县乡领导班子换届工作】 突出选优配强,强化党委领导和组织把关,坚持因事择人、人岗相适,加强分析研判,严守"凡提四必"(讨论决定前,对拟提拔或进一步使用人选的干部档案必审、个人有关事项报告必核、纪检监察机关意见必听、线索具体的信访举报必查,坚决防止"带病提拔"),科学制订人事方案,严防"带病提名""带病提拔""带病当选"。压实"九大责任主体"(在党委、党委书记、纪检机关、组织部门和人大、政府、政协党组及统战等部门"五大责任主体"职责之外,新增"四大责任主体",即市委常委的包保责任、考察组的督导责任、"五人小组"的连带责任、代表团长的具体责任)。严密警示预防、严肃监督问责、严抓正风肃纪,乡镇党委换届在全省率先完成,县乡两级领导班子结构实现"三升一降"(学历提高,有基层工作经历的增多,年轻干部和女干部比例提升,平均年龄降低),110名"三类人员"(乡镇事业编制人员、优秀村干部、大学生村官)进入乡镇领导班子。2016年启动的换届工作明确要求扩大选拔视野,改善班子结构,加大从"三类人员"中选拔乡镇领导班子成员力度,其中大学生村官76名,三级换届人选全部高票满票当选,换届全程风清气正,实现"绘出好蓝图、选出好班子、营造好氛围"的预期目标。

【干部队伍建设】 持续抓好五大发展理念培训和市管干部法律法规考试,培训各级各类干部1630人次,领导干部业务素质和服务科学发展能力得到有效提升。在全省率先出台"有效防范干部带病提拔的意见""领导干部能上能下实施办法"和"事业单位领导人员管理实施细则",干部人事制度改革深入推进。2016年,全市依规调整不胜任现职的19名县处级干部、54名科级干部,树立"能者上、庸者下、劣者汰"的鲜明导向。持续推进干部大交流,54名县处级干部、232名重要岗位干部交流或轮岗;选派84名后备干部和优秀年轻干部到发达地区、省市直单位和基层一线挂职锻炼。聚焦巡视反馈问题整改,建立"三个清单",注重抓早抓小抓预防,2016年重点抽查个人重大事项报告232人次、随机抽查94人次,6名拟提拔对象被取消或暂缓使用。持续深化干部人事管理突出问题专项整治,在全省率先完成超职数配备干部消化工作,领导干部违规在社团兼职问题全部整改到位。

【基层党组织与党员队伍建设】 始终压紧压实责任，开展"大党建"综合考评，坚持每两个月1次基层党建工作例会，在市"一报两台"对县区委书记就如何抓好基层党建工作进行访谈，深入推进基层党建三级"联述联评联考"；坚持集中培训、集中测试，分级分领域培训基层党组织书记1.2万人次。狠抓重点任务落实，全面完成基层党组织按期换届、党员组织关系集中排查、补交党费等"7+2"重点任务和软弱涣散党组织集中整顿工作，探索推进不合格党员处置工作。深入开展非公党建"两个覆盖"专项行动，非公企业党组织单独组建率和社会组织党组织覆盖率居全省第一，在全省会议上作典型发言。深化"亮身份、亮职责、亮承诺"活动，全省"小个专"党建工作推进会在宿州市召开。全市2016年度非公经济和社会组织党建综合考评，名列全省第二。持续强化基础保障，市县财政投入3.59亿元强化基层保障，同比提高72.2%；村"两委"正职年均报酬同比增长46%，超过全省平均水平；在职村干部养老、医疗、人身意外伤害投保实现全覆盖，强化基层党建保障的做法在全省作经验介绍；在全省率先开展乡镇"五小"（乡镇小食堂、小澡堂、小卫生间、小阅览室、小体育室等设施）标准化建设，94个乡镇"五小"设施标准化建设全面完成，经验做法全省推广。实施"党旗领航促脱贫"工程，制定抓党建促脱贫攻坚"1+3"文件，集中选派359名县处级以上党员领导干部到贫困村任"脱贫攻坚第一书记"，得到省委充分肯定，省委书记李锦斌要求各市学习借鉴。推动基层党建传统优势与信息技术有机融合，建立"抓党建促脱贫"移动纪实平台，实时查询选派第一书记和扶贫队长工作情况，国务院扶贫办、中组部专题推介。

【人才队伍建设】 围绕首位产业发展和战略性新兴产业培育，制定《支持科技创新增强经济发展动力实施办法》《高层次人才评价认定暂行办法》，全年柔性引进领军人才8名、高层次创新创业人才27名，推荐6人获批省第三批"特支计划"，10个产业创新团队成功申报皖北创业创新团队支持计划。积极协调中央和省直有关部门，向宿州选派9名急需紧缺的金融等专业人才，第三批30名省内高校挂职干部发挥较好作用，为全市经济社会发展提供有力的人才支持。

【自身建设】 组织部门自身建设进一步加强。49条组工信息和经验做法先后被中央办公厅、中组部《内部参阅》《组工信息》和《中国组织人事报》《安徽日报》等专题推介。2016年，全市组工信息宣传工作居全省第二，4部党员电教片分获全省先锋系列展播一、二、三等奖，有效提升了宿州党建的美誉度和影响力。

（曹　珂）

·宣传工作·

【理论武装】 围绕学习宣传贯彻习近平总书记系列重要讲话特别是视察安徽重要讲话精神，精心组织各级党委（党组）中心组理论学习。市委中心组举行理论学习会、研讨会、报告会24次，位居全省第一。加强中心组学习督查指导，印发《关于进一步规范党委（党组、党工委）中心组学习情况报送和通报等有关工作的通知》，开展常态化督查通报。学习型党组织建设不断加强，培育市级示范点10个、省级示范点3个。

【意识形态阵地】 认真落实意识形态工作责任制，完善分析研判、学习调研、重点问题报告、考核通报等工作机制，落实中心组学习外请报告，加强论坛、讲座管理，推进网络空间治理，加强媒体管理，严肃新闻纪律。中宣部、省委宣传部来宿开展意识形态工作专题调研。深化"扫黄打非"，办结全国督办案件2件，被评为全国"扫黄打非"工作先进集体。

【社会主义核心价值观】 扎实开展主题实践、公益广告宣传、志愿服务、乡贤和家风培育等活动，广泛开展"中国梦""讲文明树新风""美好宿州　圆梦中国"及纪念中国共产党成立95周年等系列主题教育实践活动，制作公益广告2万多幅（块）。建立以善行义举、志愿服务、家风家训、楼道文化等为主题的"主题社区"6个，成立宿州市志愿服务联合会，推进学雷锋志愿服务项目化、品牌化和制度化建设，制定《弘扬乡贤文化实施方案》，推进乡贤志愿服务站、乡贤文化馆等阵地建设，开展寻找"最美家庭""最美家庭成员"活动及以"红色记忆"好家风好家训展示评议活动，大力培育传承良好家风家训。

【宿州大讲堂】 持续打造"宿州大讲堂"高端理论

品牌,邀请中央党校、中国社科院等权威专家学者作专题理论辅导报告15次。建立市委理论政策宣讲专家库,加强各级宣讲队伍建设,组建专家宣讲团、清风宣讲团、乡贤宣讲团等特色团队,以新兴载体开展“微党课”“语音党课”,以“菜单式主题宣讲”开展社科名家大巡讲活动。市委宣传部获全省宣讲工作先进集体,《贯彻新发展理念,推进安徽“调转促”》入选全省宣讲重点课题。

【重大主题专题宣传】 精心组织党中央治国理政新理念新思想新战略重大主题宣传,策划组织学习宣传贯彻“习近平总书记视察安徽重要讲话精神”“党的十八届六中全会精神”、省市党代会、“两会”“两学一做”学习教育、“讲看齐、见行动”学习讨论、“十六城同创”、战略性新兴产业、脱贫攻坚等专题宣传,为全市经济社会发展营造良好的舆论氛围。

【对外宣传】 在《人民日报》等主流媒体推出专题报道20余篇,中央人民广播电台“一带一路进行时”推出宿州行,央视四套“远方的家”来宿摄制3个专题。先后推出省市党代会、“两会”、现代农业等多个专题专栏专版宣传,在《安徽新闻联播》上稿量位居全省第四。先后召开新闻发布会51场,推出麦田景观艺术,出版发行《诗画宿州》,推出新版外宣片《大美宿州》。做好韩国江原道文化代表团来宿开展文化交流活动,制作《美丽宿州我的家》等3首宿州形象宣传MV,选送地方戏曲赴新加坡参加“欢乐春节”演出活动等,扩大宿州知名度美誉度。

【互联网宣传管理】 深入贯彻落实《关于推动传统媒体和新兴媒体融合发展的指导意见》《关于进一步加强主流媒体新媒体建设的意见》,推动传统媒体与新媒体深度融合。不断加强宿州新闻网、宿州网络广播电视台、“掌握宿州”移动客户端等全媒体平台内容建设,进一步做大做强政务新媒体平台,成立“宿州发布”编委会,逐步建立官方微信制作团队,组建微博微信监督员队伍,“宿州发布”政务微博在全省16个市中位居第二。新华社“党政客户端”、人民日报电子阅报栏、宿州发布网、宿州发布微信公众号和“今日头条”号等新媒体平台稳健运行,社会影响力逐步提升。

【建设“好人宿州”典型品牌】 全年选树“中国好人”5人、“安徽好人”28人、“宿州好人”118人,评选全国志愿服务“四个100”先进典型3个、全省“月评十佳志愿服务典型”7个。朱引侠家庭获“全国最美家庭”和“全国五好文明家庭”称号,朱引侠获2016“心动安徽　最美人物”提名奖。评选产生第二届宿州市“道德模范”,全省首场道德模范与身边好人现场交流活动在宿州举行。

【群众性精神文明创建】 坚持“16城同创”,分阶段分层次落实创建目标任务。先后组织开展“告别十大陋习”“百日会战”“自揭家丑”行动,开展“最美庭院”“最美阳台”等系列评选活动,推进文明家庭、文明校园创建,积极推进乡风文明建设,扎实推进争创全国文明城市和全国未成年人思想道德建设工作先进市。

【文艺精品创作】 话剧《警魂永铸》在全省巡演,梆子戏《平安是福》作为“两学一做”学习教育经典剧目在全省巡演并晋京演出。创排复排大型梆子戏《风涌大运河》《村支书陈德领》,大型泗州戏《垓下绝唱》《万家灯火》,大型历史坠子戏《少年闵子骞》和大型情景剧《我的社区我的家》。以“中国梦　宿州美”为主题,创作歌曲《汴水流宿州》、广场舞《牵牛花开吹喇叭》、泗州小戏《鞭打芦花》等,其中《牵牛花开吹喇叭》在全省广场舞大赛中获二等奖,《鞭打芦花》参加“安徽好人”颁奖晚会。精心组织“千名文艺家下基层”活动,先后创作《大美宿州——百米国画长卷》、文学作品集《谁不说俺家乡好》、长篇纪实文学《禁毒专班》等。

【文化事业】 实施文化民生工程,全市所有文化基础设施全部实行免费开放,落实农村文化建设专项补助工程1400余万元,组织“文艺下乡”1432场,公益电影放映14476场。加强基层文化服务阵地建设,在全省率先建成49个乡镇综合文化服务中心(农民文化乐园),公共文化服务数字化建设进展顺利,农家书屋实现标准化、均等化、全覆盖,农村广播电视“村村通”向“户户通”转型升级。建好、管好、用好汴河景观带艺术剧场、艺术中心等现有城乡公共文化平台,拓展“群众大舞台”群众文化阵地,推进非遗展演、文化创意创作、美术和音乐等公共文化场馆规划建设。开展“百戏进百乡”“送欢乐下基层”、新年音乐会、春节联欢晚会、纪念中国共产党成立95周年“颂歌献给党”演唱会、纪念长征胜利80周年名家作品邀请展、宿州铜陵书法联展、宿州马鞍山书法联展、“三下乡”等系列群众文化活动,群众精神文化生活不断丰富。

【文化产业发展】 出台《宿州市文化发展改革“十三五”规划纲要》,完成9项改革重点任务。推出首批“宿州市中青年书画人才培养工程”(“龙凤计划”)10人,在上海成功举办第一届文化产业研修班。充分利用文化强市建设专项资金,打造阿尔法创梦游戏产业园、CCG中国电子竞技大赛等品牌项目,新增规上文化企业6家、民营文化法人单位100多家,6家企业入选省民营文化企业100强。组织开展第三届文化惠民消费季活动,开展“五看”、戏曲大舞台演出、书画惠民消费、优秀非遗剧目展演等文化惠民活动,其中3个项目被列入省重点活动。积极参加第十二届中国(深圳)文化产业交易博览会,宿州市文化企业阿尔法被评为优秀参展企业,宿州市获优秀组织奖。推进文化与招商、影视、金融融合,规划建设投资总额达120亿元的“中国·宿州书画城”项目,九一影视文化基金成功引进国内知名影视公司7家,投资4600万元制作5部影视剧,继续推进橙天地影视综合体项目建设。46个项目被列入省“大新专”重点项目库,加快推进南翔文化商业街、孝文化产业园、运河人家等重大文化产业项目建设,2016年新增省重点文化产业园区(基地)4个,符离生态旅游大道项目、皇藏峪创AAAAA、灵璧县钟馗文化园、泗县清水湾公园创AAAA级景区工作有序推进,萧县蔡洼红色旅游文化项目完成规划论证。在全省目标管理考核文化产业考核中位居第四,一举扭转落后局面。

【基层宣传思想文化】 深入开展“基层工作加强年”活动,《当前网络意识形态工作调查研究》入选2016年度省委省政府重大决策部署舆情跟踪研判重点课题,《宿州市创新弘扬乡贤文化的实践探索》入选“全省宣传思想文化工作创新范例”,编撰《宿州宣传思想文化工作“调研年”成果汇编》,被中宣部授予《党建》杂志学刊用刊工作先进集体。

【“讲看齐、见行动”学习讨论】 宿州市坚持“七个一”特色载体,推动学习讨论全覆盖,全市11811个各级党组织、261619名党员围绕主题主线集中开展专题学习研讨28527次,从严查摆整改问题104601个,建立常态长效工作机制,为“五大发展美好安徽”提供坚强的政治保障。

(马　旭)

·统战工作·

【党管统战】 3月31日,升格成立由市委主要负责同志任组长的统一战线工作领导小组,7月12日召开领导小组第一次会议,审议通过《市统一战线2016—2017年工作规划》《市委统一战线工作领导小组2016年工作要点》《市委统一战线工作领导小组工作规则(试行)》。各县区均成立由县区委主要负责同志任组长的统战工作领导小组。明确要求统战工作“六个纳入”,即纳入各级党委(党组)重要议事日程、纳入各级领导班子和领导干部考核内容、纳入宣传工作计划和党委(党组)中心组理论学习计划、纳入各级各类干部教育培训内容、纳入政府重点支持,纳入效能督查范围。9月,抽调专人组成3个调研组分赴四县一区三园区开展统战工作专题调研检查。

【多党合作与政治协商】 加强同心思想引领,深化坚持和发展中国特色社会主义学习实践活动,召开学习习近平总书记系列重要讲话精神研讨会,赴萧县蔡洼旧址接受红色教育、走访慰问贫困村等活动,累计召开学习培训会13次、专题报告会4次、座谈会6次,参与党派成员300人次。加强党派自身建设,开展民主党派班子建设情况专题调研和综合分析研判,市委领导约谈走访各民主党派负责人,协助完成宿州民盟、民建、民进、农工党、九三学社市级组织换届工作。引导支持各民主党派开展智力帮扶、法律援助、捐资助学、扶贫济困等社会服务活动,着力打造社会服务品牌。开展专题调研,坚持“党委出题,党派调研,政府采纳,部门落实”的民主党派参政调研工作思路,支持、协助宿州市各民主党派紧扣“十三五”规划实施、城乡建设“555”工程、工业经济“3111”工程等市委、市政府重大部署、重点工作,开展调研,形成7个调研报告。市委办、市政府办印发《2016年度市委、市政府采纳民主党派参政调研建议办理分解表》。完善各民主党派、工商联与政府部门“对口联系”制度,定期召开会议、开展活动。加强政党协商,制定印发《中共宿州市委2016年政党协商计划》，召开协商会、座谈会、情况通报会4次，分别就上半年经济发展、党代会报告、政府工作报告等进行协商。制定《中共宿州市委关于进一步完善市委领导与党外代表人士联谊交友制度的意见》，12月29日，召开市委与各民主党派领导班子见面会。

【非公经济统战工作】 5月5日，召开全市贯彻落实习近平总书记重要讲话精神推进非公有制经济健康发展大会。11月24—30日，举办2016年全市非公经济（党外代表）人士培训班。会同市工商联等十六部门制定《宿州市加强和改进非公有制经济代表人士综合评价工作实施办法》。结合县区换届，指导开展非公经济人士综合评价及党外代表人士政治安排。加强新生代非公经济人士队伍建设，开展对部分新生代非公经济人士引导和培养机制专题调研。推动全市光彩事业发展，向省委统战部争取光彩创业行动贷款贴息项目，落实贴息资金10万余元。做好中华红丝带扶贫工作，争取红丝带项目专项资金30万元。着力构建"亲""清"新型政商关系，深入走访调研百余家非公企业，通过线上线下、会上会下、调研走访等方式，认真倾听民营企业家呼声，广泛征集民营企业家建议。强化工商联服务体系建设，搭建市政府与民营企业家沟通交流平台，推进高校、金融机构与企业的深化合作。以"守法诚信、坚定信心"为重点深化非公有制经济人士理想信念教育实践活动。组织开展优秀中国特色社会主义事业建设者评选表彰活动。开展"百企帮百村"精准扶贫活动，累计组织195家企业对接235个贫困村。市、县区两级工商联组织在全省较早完成换届工作。

【民族宗教】 传达学习全国宗教工作会议精神，召开全市民族宗教工作会议，建立健全县（区）、乡镇（街道）、村（社区）三级宗教工作网络和乡镇（街道）、村（社区）两级责任制。组织12人次赴中央社院、省社院参加宗教工作培训。针对县区民族宗教工作机构和队伍建设、清真食品供应网点建设、资金投入和服务管理体系建设等开展调研、查漏补缺。加强爱国宗教团体和宗教界代表人士队伍建设，成立市佛教协会。推荐5家寺观教堂参加省级"和谐寺观教堂"评选。开展民族团结进步宣传教育活动，砀山县民宗局被省民委命名为"全省民族团结进步创建先进单位"。大力促进民族村发展，市政府与27家市民委成员单位签订29项帮扶项目，累计投入资金150万元，项目全部完成。争取省民委专项资金129万元，申报项目5个。砀山县马良村获专项资金扶持50万元。砀山县回民许庄村被评为全国少数民族特色村寨。

【党外干部工作】 7月21日，市委书记张曙光主持召开组统部门联席会议，专题研究党外干部工作。在县区人大政府政协换届中，新提拔党外干部6名，其中破格3名；交流党派驻会副主委任副县长。市直单位提拔交流4名处级干部，市政府14个部门配备党外副职15名，市中院配备1名党外副院长。市、县（区）人大、政府、政协领导班子中党外干部按要求基本配齐，市、县（区）人大、政府、政协党外代表人士安排比例和数量均符合或超过中央和省委要求。11月11日，召开全市党外领导干部会议。

【党外知识分子和港澳台海外工作】 加强党外知识分子人才库建设，首批入库党外人才1500名左右。筹建成立党外知识分子学习联络小组，建立归国留学人员代表人士队伍，建立《新的社会阶层人士统战工作联席会议制度》，开展中介组织和社会组织统战工作调研，举办党外代表人士培训班。开展以"助台企、送服务、促发展"为主题的"贴心服务助台企"专项行动。加强与中国台湾网、华夏经纬网等媒体的联系，并邀请台湾媒体"大陆魅力城市"专题采访团到宿州采访报道，均收到良好效果。加强与台湾对口交流合作，推荐上报省第二批对台交流基础项目。

【自身建设】 5月25—27日，举办全市基层统战干部培训班，县区统战部机关专职干部和各乡镇、街道统战委员约120人参加培训。加强理论研究和实践创新，《宿州市重视民主党派专题调研任务落实》获全省统战实践创新优秀成果奖；《城市少数民族流动人口服务管理工作存在的不足和应对措施》获全省统战理论创新优秀成果二等奖；信息工作获得全省信息宣传工作先进单位。

（李琳琳）

·机构编制管理·

【政府权责清单动态调整】 《宿州市市级政府权责清单目录(2016年本)》调整后,列入市政府权责清单的权力事项计1338项,其中,行政审批132项。相比2015年2月第一次公布的1347项权力事项,总数减少9项,行政审批减少10项。

【政府权力网上运行】 市编办组织市直单位将1333项权力事项细化为5029项办事项,全部录入安徽省政府权力项目库。其中,行政审批事项由133项细化梳理为694项,除7项涉密事项外,全部实现网上运行。

【加强事中事后监管】 市编办指导市直单位制定583项权力运行事中事后监管细则、913项裁量基准,在政府官方网公布。各单位按照监管细则中明确的监管内容、方式、措施、程序进一步规范权力运行,市政府对照监管细则对部门行权过程实施标准化监管。

【抽查"双随机一公开"】 市编办组织建立"一单两库一细则",梳理"双随机"抽查事项319项,将1823名资质人员纳入执法人员名录库。健全"双随机"抽查机制与检查结果公开机制,重点在市场监管、文化教育等领域应用推行,累计开展随机抽查773次,有效提高事中事后监管透明度。

【行政审批"三集中、三到位"】 2016年5月,市委下发《关于进一步推进行政审批服务"三集中、三到位"工作的意见》(宿办发〔2016〕16号),要求凡具有审批职能的市直单位,必须按照审批和监管职能分离的原则,实行"三集中、三到位"。即部门行政审批服务职能向一个科室集中、承担审批服务职级的科室向市政府服务中心集中、行政审批服务事项向电子政务平台集中,行政审批类事项进驻中心到位、授权到位、监察到位。市编办为具有行政审批职级且尚未独立设置行政审批科的25家市直单位独立设置相关内设机构,市直44家单位进驻中心,实现1057项审批服务类事项进驻中心到位、授权到位。

【清理规范行政审批中介服务】 2016年,市编办根据国务院、省政府关于清理规范行政审批、中介服务事项要求,取消中央指定地方实施的行政许可67项,清理规范市级行政审批中介服务事项49项(其中取消7项、转换25项、放开17项)。

【市场监管体制改革】 全市四县一区104个基层市场监管机构均按照省政府《研究巩固和深化市场监管体制改革工作》专题会议纪要精神完成规范设置,县区市场监管局机关调剂77名行政编制至乡镇市场监管所,实现执法力量下沉、重心下移、保障下倾。

【城市执法体制改革】 市编办会同市城管局等部门研究制定全市城市执法体制改革初步方案,拟整合城管、住建、住房、规划等相关部门执法队伍,设立宿州市城市管理综合行政执法局,并研究拟定《深入推进城市执法体制改革　改进城市管理工作实施意见》。城市管理改革工作扎实推进,获2016年国家城市治理典型案例奖,省内外近30家地市到宿交流学习。

【乡镇(街道)纪检监察资源重组】 市编办配合市纪委(监察局)在萧县、砀山县选取部分乡镇开展乡镇(街道)纪检监察资源重组工作试点,并于2016年6月在全市推广。各县区根据乡镇(街道)行政区划、人口布局等情况,成立若干面向乡镇(街道)工作的纪检监察工作室,负责乡镇的党风廉政建设和反腐败工作。

【事业单位改革】 市编办作为社会事业体制改革专项小组联络员单位,研究确定2016年教育、医药卫生、社会保障三大领域的改革工作目标、18项改革具体任务和2项改革年度调研课题,有序推动各项改革任务落实。市编办研究提出调整市公共资源交易管理和服务机构建设的工作意见,推进市公共资源交易管理和服务机构改革。起草组建宿州市重点工程建设管理局的方案草案,以推进重点工程建设管理机构改革。探索实施名校建分校和集团化办学改革,提出相关改革、管理意见和建议,推进区域优质教育均衡发展。制定实施方案,推进"三保合一"机构改革。国有林场改革。根据省国有林场改革领导小组下发的《关于宿州市国有林场改革实施方案的批复》，全市国有林场按现实有在编人数的45%精简编制。2016年完成市本级、埇桥区、砀山县、萧县国有林场机构编制的批复。使国有林场公益属性明确、事业编制精简到位。

【完善社会信用代码制度】 全市172家事业单位重新颁发社会信用代码证，实现原税务登记证、机构代码证、事业单位法人证的三合一。全市45家机关单位和3家群团组织换发统一社会信用代码证，不断完善统一社会信用代码制度建设。

【机构编制管理】 2016年，市编办加强和创新机构编制管理，一是开展控编减编。认真核对各单位机构、编制、人员数据，摸清单位编制数、实有人数、空编情况等底数，及时更新机构编制实名制管理数据和各项台账，确保全市机关事业单位的机构、编制、人员信息清晰明确。开展县区控编减编方案执行专项督查，详细了解县区控编减编工作的做法、成效，督促县区抓好因机构改革、历史遗留等原因产生问题的整改和落实。二是做好2016年度党政群机关及参公事业单位用编工作，确保编制资源向基层市场监管机构和乡镇倾斜，向经济发展和民生领域倾斜。职能弱化的单位，严格控制用编计划。2016年行政及参公类申请用编163名，同意使用128名，精简21%；非参公事业单位申请用编293名，同意使用59名，精简近80%。围绕精准扶贫战略要求和依法治市建设需要，加强规划、法制、扶贫开发、行政复议、法制仲裁等机构编制。梳理市直编制总量和机构设置情况，研究形成精简职能弱化部门机构编制的初步意见。三是做好实名制维护与数据运用。印发《关于进一步加强市直机关事业单位机构编制实名制系统横向互联管理工作的通知》，市直党政群机关及直属事业单位，开展机构编制实名制管理系统横向互联。定期更新数据，保障数据准确、真实。加强"大数据"分析，系统梳理市直单位实有人员的年龄结构、专业学历、空编以及最近三年单位新进人员情况，综合分析各单位实际用编需求，有效盘活编制资源、统筹调剂编制使用。

·政策研究·

【概况】 市委政研室有编制12人(不含人大4个事业编制)在职9人。主要承担以文辅政和三大办公室职能职责。2016年，市委政研室紧紧围绕全市中心工作，务实进取、开拓创新，主动作为、履职尽责，辅政能力得到新提高，调研成果取得新成效，推动改革实现新突破，服务发展迈出新步伐，扶贫包保取得新成效，队伍建设呈现新面貌，完成各项工作任务。全年形成各类调研材料20余篇，其中被省委《安徽工作》采用5篇，3篇被省改革办简报采用，5篇获得市委负责同志批示，1篇论文被第四届安徽文化论坛采用，国家级和省级媒体发表我市改革工作稿件10余篇，《宿州工作》再次蝉联"全国优秀党刊"称号，美丽乡村建设走在全省前列，改革工作处于全省第一方阵。

【文稿起草】 市委政研室始终把文稿服务作为决策参谋的重要抓手，以起草高质量领导讲话稿、汇报材料等为载体，积极为市委战略决策和工作部署服务。年初，为市委主要领导准备全国"两会"建议案和背景材料16篇。连续起草或参与起草市委领导同志在全市农村工作会议、严肃查处群众身边的"四风"和腐败问题动员会和4月工作调度会等市委、市政府有关重要工作会议讲话材料。9月，起草市第五次党代会工作报告。高质量完成3次深化改革领导小组会议、2次市委党建领导小组会议、3次全市美丽乡村及现代农业建设观摩调度会等会议讲话材料。参与或牵头完成党建工作、综合发展和美丽乡村建设等多次汇报材料撰写，迎接省里各项检查督查和调研。

【调查研究】 结合市委工作部署，以破解全市经济社会发展重点难题为着力点，主动谋划开展一系列调查研究，形成一批具有较大影响力的调研成果。年初，积极参与全市"十二五"规划研究，完成《经济体制改革和社会治理创新》《现代农业和农村综合改革》两个课题研究报告。为总结党的建设、美丽乡村建设、农业现代化联合体发展经验和挖掘创新型农业现代化先行区建设的先进典型，开展实地调研，撰写《以铁的决心保障换届风清气正》(《安徽工作》采用)、《开展三线三边整治推进美丽乡村建设》(《安徽工作》采用)、《产业融合的宿州实践》(《安徽工作》《研究与咨询》采用)、《先行区的先行者》(《拂晓报》采用)。为破解秸秆露天焚烧难题，赴山东聊城进行调研，撰写《借鉴聊城成功经验解决秸秆综禁难题》，受到省委省政府和市委市政府重视。

为促进城镇化发展,撰写《农业地区文化城市建设研究》被编入“第四届安徽文化论坛”文集。同时,围绕融资难、智慧城市建设和战略性新兴产业培育等,联合宿州学院、市委党校等单位开展专题调研,形成多篇调研报告。

【谋划草拟规范文件】 根据市委决策部署和工作安排,牵头、参与和协助市有关部门起草一批对全市工作具有重要指导作用的政策性文件。年初,先后草拟2015年度党建和改革工作考核方案及《市委常委会2016年工作要点》《全面深化改革2016年工作要点》《2016年度全市党建工作要点》。接着根据工作需要,先后牵头或参与起草《关于进一步加强党的群团工作的实施意见》《市委关于全面从严治党的实施意见》《学习贯彻习近平总书记视察安徽重要讲话精神的实施意见》《关于建设创新型农业现代化先行区的实施意见》《关于学习贯彻党的十八届六中全会开创全面从严治党新局面的意见》《宿州市五大发展行动计划》《群团工作联席会议制度》《改革工作“三察三单”制度实施细则》等20余份党内重要规范性文件,有力推动全市各项重大决策部署的有效落实。

【协调服务】 美丽办、改革办、党建办是在市委政研室原有职能基础上新增的三大工作职能,且都是新形势下的新工作。市委政研室克服种种困难,以舍我其谁、义无反顾的勇气和决心,切实履行好新增职能职责,回报组织信任,回应社会和民众关切。充当“五大员”抓好改革办工作。在建立健全从调研到方案审议、督察、考核全过程规章制度并采取挂图作战推进工作基础上,主要履行了联络员、协调员、参谋员、督察员、宣传员的职责。一是当好联络员,保障领导小组工作有序运转。年内赴省委改革办汇报工作6次,并及时接收上级文件和工作安排;筹办市委深改领导小组会议3次,起草宿州市改革制度建设方面的文件5份,向上级报备文件99份。定期召开改革办会议和联系人会议通报交流情况,及时掌握各地改革推进情况。二是当好协调员,统筹协调推进各项改革任务。不定期加强与各专项小组、牵头单位的协调沟通,全过程指导督促改革项目推进。2016年,183项改革任务,完成初步成果69项、进入审议审核程序15项、出台文件或启动实施的99项。其中,10项国家试点和22项省级试点推进良好;26项特色改革项目顺利推进。三是当好参谋员,加强重要改革问题调查研究。围绕经济行政、民主法制、文化、生态、社会事业、社会治理、纪检体制和党的制度建设八大领域中重点改革任务、事关本地发展重大问题,牵头开展市县联合、部门联动的大调研活动,形成35篇高质量调研报告,提高改革方案质量。《关于做好改革办工作的几点思考》被《安徽工作》采用。四是当好督察员,推进改革举措落地生根。督察督办是改革办的一大职责和工作抓手,首先建立健全了督导检查机制,联合相关单位现有的督导力量,动员社会力量,组织“两代表一委员”、群众代表和新闻媒体,采取综合督导和专项督导相结合、开调度会和下督办单相结合、督导和考核相结合、专门督导力量和引入第三方评估相结合,定期开展改革工作督导活动。上半年,专项督察农村土地承包经经营权确权颁证登记试点、户籍制度改革、综合医改等10项重点工作;下半年,对10项深改领导小组重点督察项目、49项专项小组重点督察项目和45项县区、市管园区重点督察项目,分类组织实施督察。五是当好宣传员,营造支持参与改革的浓厚氛围。除不定期编写改革工作简报外,利用改革信息平台,及时发布各地各部门的改革动态。2016年宣传“微改革”“微创新”3000多人次。会同宣传部门在市内媒体开辟“改革进行时”“系列访谈”等专栏专题,在《人民日报》《经济日报》《农民日报》《安徽日报》等省内外主流媒体报道全市改革举措和做法10多篇,形成宿州改革品牌。被省委改革办领导称赞为“南有合肥、北有宿州”。

积极参与配合做好美丽办工作。除参与美丽办的会议、督查等日常事务外,筹备召开3次创新型农业现代会先行区座谈会和报告会。撰写7篇评论员文章,加大对1号文件的解读和宣传。采取购买服务办法,委托安大等单位就创新型农业现代化先行区建设开展调研,并形成初步成果。协助办理“创新型现代化农业先行区规划”和“我市现代农业发展规划”两个规划编制的手续,协调推进编制进度。

突出协调服务开展党建办工作。认真谋划年度党建工作,研究制定实施细则,组织好领导小组专题会议,抓好督促落实,推动各项党建工作有序开展。年初,完成省委2015年度对宿州党建综合考核的材料准备等工作。完成市委向省委报告的上半年党建工作和《地方委员会工作条例》《党组条例》贯彻落实情况的材料。筹备召开2次市委党建工作领导小组会议。完成省委党建办交办的调研课题2篇。同时，根据市委统一部署，9人次参加市委宣传部组织的学习贯彻习近平总书记视察安徽重要讲话精神、市委第五次党代会精神和中共十八届六中全会精神等宣讲活动，听众近2000人，收到较好社会效果。

【办好“三刊”】 《宿州工作》《决策参考》《改革工作简报》是市委政研室开展工作的载体和平台。市委政研室始终把办好刊物为领导决策提供信息服务作为重要抓手，根据刊物不同特点，多角度、广视角及时收集整理各类信息，为领导定期提供准确、快捷的决策信息服务。调整充实3名编辑部人员，加强编辑力量，提升《宿州工作》。实行全员办刊机制，一期一个主题，各科室人员轮流任责编，承担本期稿件落实、编排、制作等工作。每月一期全年12期。为培养新人，采取“传帮带”方式，对新进人员一对一帮助提高。栏目设置除保持卷首语、本刊特稿、最新调研、党的建设等固定栏目外，紧密围绕市委中心工作，不断推出美丽乡村建设、民营经济、县域经济、脱贫攻坚、新型城镇化等专栏。为增加刊物可读性、增加宣传宿州的广度，除聘请60名撰稿人外，与市文联联系，邀请一批有影响力的宿州画家、摄影家为刊物提供作品。《决策参考》主要服务对象是市县四大班子领导干部。坚持每月2期，内容上一“土”(本地高质量调研报告)一“洋”(国家和省级有影响力的调研报告)。全年编写24期。其中，关于石墨烯产业发展、农村综合改革、秸秆综合利用等一批具有参考价值的文章，为领导及时掌握国内外最新经济、政策动态起到了积极作用。动态编写《改革工作简报》，建立上下畅通的信息报送机制，定期通报进度，并把信息报送纳入考核，确保《改革工作简报》及时传达贯彻上级会议精神和反映各地改革进展情况。全年编写改革工作简报55期，上报改革信息15篇，其中“人地挂”、砀山电商发展、泗县返乡创业等3篇被省委改革办简报采用，在全省率先完成信息任务。省委改革办还将宿州泗县的健康扶贫、联合体建设等上报中改办。

【干好“三项”统筹服务宿州发展】 真联实帮促进脱贫攻坚。市委政研室与市委办共同包保泗县屏山镇彭鲍村，市政研室具体联系3户，在摸清家底基础上，开展领导干部与贫困户结对帮扶，先后6次到村蹲点调研，慰问贫困群众。采取光伏扶贫、产业扶贫、资金资助等措施，1户贫困户预脱贫。泗县草沟镇瓦韩村也是政研室联系的贫困村，坚持1月一次，采取教育扶贫、帮助协调解决具体问题等方式，指导、督导扶贫工作。2016年，该村11户预脱贫。想方设法招商引资，经多次洽谈，引进浙江温州林垟房产开发有限公司投资6.5亿元，在宿马现代产业园区建设宿马建材大市场项目。在上年完成一期建设基础上，2016年该项目开始二期投资建设，年内完成投资3000万元。2016年，以商招商，引进无锡格瑞教育科技有限公司，投资2000万元建设金方幼儿园项目。项目2016年4月签约，6月建设，年底建成开园，实现了当年引进、当年建成，超额完成市委、市政府下达的年度招商任务。真抓实干参与文明创建工作，抽调2名人员积极参与全国文明城市创建工作，指定路段开展文明创建宣传、引导，完成阶段性工作任务。积极参与全市秸秆综合利用工作，强化组织，落实责任，包保村无一火点，完成秸秆禁烧包保任务。

【队伍能力建设】 市政研室组织人员系统学习党的十八届六中全会精神和习近平总书记系列重要讲话特别是视察安徽重要讲话精神以及省委省政府、市委市政府重要文件及会议精神，积极参加宿州大讲堂、知名高校专题培训班、各类专题学习班和讲座，积极开展干部在线教育学习(2016年全室参学人员全部超额完成学习任务)。市委政研室坚持“集体学”和“自主学”相结合，坚持“学”与“练”相结合，对全市重大会议和培训讲座，要求全员参会听会，准确把握全市工作动态。每周组织一次集体专题学习，要求全体人员“日学一小时、月读一本书”，每月撰写一篇理论文章，促进政研干部队伍政治理论和业务水平进一步提高。

【党建求严】 市政研室认真抓好“两学一做”学习教育、“4+4”专项整治和“讲看齐、见行动”学习讨论。按照市委部署，紧扣学习教育主题，将专题教育融入领导干部经常性学习教育，紧贴政研室日常工作，按照项目推进表进行，确保学习教育取得实效、学习讨论转化为改革发展的实际成果。领导干部先后讲党课9场次，撰写学习讨论发言材料10余篇。完成党支部换届工作，选举出新一届党支部班子。认真配合市委办公室机关党委开展党费收缴情况清理，重新核实党员党费收缴标准，按时足额收缴党费。深入开展“亮身份、做承诺、当先锋、树形象”活动，支部党员全部到所在社区报到，开展志愿服务活动。同时，选派一名科级干部到学教办挂职锻炼，进一步提高抓党建的能力和水平。

【队伍求廉】 日常工作中，扛起主体和监督责任，坚持“一岗双责”，管业务工作同样管廉政建设，并且逢学必学、逢会必讲《中国共产党廉洁自律准则》《中国共产党纪律处分条例》《关于新形势下党内政治生活的若干准则》《中国共产党党内监督条例》等有关党风廉政建设方面的新文件、新规定，使人人心中有戒，提高每一名党员干部的廉洁自律意识。制度上，进一步完善有关考勤管理、公务接待、财务支出、车辆使用等具体规章制度，使政研室每人都有具体遵循。在充实干部队伍时，廉字当头，把耐得住寂寞和清贫作为重要标准，2016 年选调 3 名党员干部进入政研队伍，加强政研力量。严明的工作纪律和考核机制，锤炼干部队伍，提升党员干部工作作风。

·市直机关党建·

【目标管理】 召开 2016 年市直机关党的工作会议，总结 2015 年党建工作，部署 2016 年重点工作，市直机关工委与市直机关党组织签订 2016 年党建工作目标责任书，明确责任主体，细化责任内容，督促“一把手”履行“一岗双责”。

【组织建设】 做好市直机关党组织换届、党员发展、党组织关系排查、党费收缴规范化工作。指导应换未换市直机关党组织完成集中换届工作，及时调整基层党组织党务干部。指导 21 家党组织完成换届工作，研究基层党建议题 79 个，任免党务干部 162 人。加强新形势下市直机关发展党员工作，举办 2016 年市直机关入党积极分子培训班，培训市直入党积极分子 260 名，发展党员 192 名。3 月底集中摸排市直机关党组织基础信息，排查所属支部 598 个、党员 14351 人，集中摸排覆盖率 100%。正式组织关系在本党支部的党员 11149 人。2016 年前三季度缴纳党费 28.66 余万元。8568 名党员补交 2008—2016 年党费 644.58 余万元。

【思想建设】 扎实推进市直机关“两学一做”学习教育。编印“两学一做”知识口袋书等学习材料，发放到 1.1 万余名党员手中。举办“两学一做”学习教育培训班 1 期，培训党务干部 616 名。指导市直各级党组织开展“两学一做”专题研讨活动，研讨 340 余次。结合纪念建党 95 周年，举办市直机关“两学一做”学习教育先进事迹报告会，邀请全国五一劳动奖章获得者、优秀共产党员宿州供电公司职工许启金，全国住建系统劳动模范、优秀共产党员宿州环卫工人丁保民等先进典型为市直机关党员作事迹报告。

不断推进学习型党组织建设，落实“领导干部上讲台”制度，开展“党课双讲五进”活动。组织禁烧包保人员到田间地头讲“微党课”，市直机关各领导班子成员在所属支部讲党课 759 场，到农村、社区、企业、学校等基层单位讲党课 540 场。开展“我是党课主讲人”活动，鼓励和指导普通党员联系实际讲党课，3760 余名普通党员登台主讲。“4·23”世界读书日，组织开展“送经典图书进机关”活动，联合市总工会，推动市直机关职工书屋建设。

【机关党建】 创新机关党建“五抓五树”（抓学习、抓作风、抓效能、抓基层、抓监管，树威信、树品牌、树典型、树标准、树形象）机关党建新品牌。各基层党组织结合自身实际，开展符合本单位特色的抓树活动，效果显著。如市审计局开展的“五抓五提升”活动，抓党建强队伍，促审计有作为，被全省审计机关转发学习。市城管局“规范、引领、创新”三部曲，制定《党支部标准化建设工作手册》，明确支部建设标准，规范党员发展流程。研发“双争”移动纪实评价系统，对各支部和党员学习教育工作进行评判。市直工委全年通过党建现场会、工作交流会和工作推进会开展 3 次党建督查调研，指名道姓、不留情面通报督查结果，先进单位交流经验，后进单位表态发言。工委班子成员对 11 家党建后进单位重点包保帮扶，限期整改。11 月 17 日，召开市直机关党建工作推进会，4 家单位交流经验，2 家单位表态发言，通过“抓两头、促中间”，表彰先进，鞭策后进，真严真实推进市直机关党建工作发展。

烈士纪念日公祭活动　　（摄影:张伟）

【作风建设】　落实市直机关党风廉政建设全面领导责任,严格落实党风廉政主体责任,把党风廉政建设工作作为“一把手”工程来抓,召开2次专题会议,部署安排工作。积极履行党风廉政监督责任,制订“4+4”专项整治工作方案。严格落实民主集中制,实行主要领导“五个不直接分管”和重大事项末位表态制度,每月召开工委委员会和书记办公会,研究党务干部选拔使用、党组织设置、换届等“三重一大”事项。加大信访举报受理、案件查办力度。2016年,受理办结举报2件,配合市纪委调查处理1件,查处违规违纪人员4人,开除党籍1人,留党察看1人,给予党内警告2人。

【机关文明创建】　落实市委市政府“十六城同创”工作部署,工委配合市文明办开展“创建全国文明城市机关文明走在前”主题活动,抓好创建全国文明城市窗口服务行业督查,窗口行业作风改善明显。开展第九届宿州市文明单位申报、评选工作,全市126家机关事业单位申报市级“文明单位”,21家申报省级文明单位。

【群众性精神文明创建】　市直合唱团与山东交响乐团联合举办2016年新春音乐会,参加安徽省第二届老年艺术节和“八一”慰问宿州舰演出;与市委宣传部在新汴河景观带联合举办“倡导文明　万人毅行”活动;开展2016年“体彩杯”宿州市首届“千人骑行倡文明”骑游活动。9月30日全国“烈士纪念日”当天,组织1000余人在雪枫烈士陵园举行公祭活动。

【效能建设升级版】　紧贴市委、市政府重大决策部署、重点项目工程开展专项督查。先后对城乡建设、棚户区改造、扶贫攻坚、文明创建、综禁工作等进行督查督办。紧扣年假节点、重要会议开展重点督查,先后开展春节上班“收心归位”大暗访,“五一”“十一”值班纪律与安全生产大督查、每周平均4次重要会议会风会纪督查督办。特定督查政务服务突出问题进行,根据市委、市政府领导批示要求,派员进驻市政务服务中心,对职能部门落实“三集中、三到位”情况与办件效率、质量进行督查督办。5月17—19日,通过邀请蚌埠市效能办和市、县区效能办人员异地互查,发现问题128起,并在全市工作任务调度会上进行公开曝光,各单位纷纷查找问题、迅速整改,128起问题件件处理到位。效能办于8月、10月集中开展2次全市效能建设明察暗访活动,对发现的问题全部移交办各单位督查处理,坚决查处与问责一批违反效能建设的人和事。2016年,接受领导同志批示件5件,受理群众来信、来电、来访投诉效能问题193起,办结184起。市、县区效能办查处问题913起,通报批评416人,给予党政处分113人。通过扭住效能、持续发力、拉升标杆、强力推进,全市形成了在岗提神,点燃追求卓越的“宿州激情”;执行提速,打造实干兴宿的“宿州速度”;服务提质,优化惠民利企的“宿州环境”;落实提效,立即快起来、动起来、干起来的“宿州导向”。省直机关工委评价说:“全省效能建设阜阳抓的最早,宿州抓的最好。”

【市直机关党代会】　成立市直机关党代表会议选举工作领导小组,组织指导市第五次党代会市直党代表的推荐提名和确定工作。抽调专人组成考察组对候选人逐一进行考察,并以书面和上门征求意见的方式,征求市纪检监察、组织、信访、综治、计生和市直纪工委等部门的意见。9月14日,市直机关党代会圆满落幕,选举产生55名市直机关出席市第五次党代会代表,其中各级领导干部代表41名,各类专业技术人员代表8名,各条战线先进模范人物代表5名。

【“一先两优”评选】　建党95周年之际,重点选树一批“先进基层党组织”“优秀共产党员”“优秀党务工作者”,进一步推广机关党建先进做法,树立机关党建标杆,发挥典型带动作用。

【自身建设】 通过借鉴吸收各地成功经验，根据当前新形势要求，先后制定了《2016 年全市机关效能建设工作要点》《市效能办内设机构和职责任务》《关于上报效能建设信息材料的通知》及《宿州市效能建设考核办法》等规章制度，加强效能办基础性建设工作。

【精准扶贫】 2016 年，市直机关工委扎实做好泗县屏山镇屏北村帮扶工作。一是牢牢把握“精准扶贫”精神内涵，着力在精准上下功夫。再次开展“回头看”活动，清退 12 户、32 人，新增 28 户、66 人，严格按照科学分类基本工作方法，着力在精准帮扶上显成效。根据贫困户不同的情况进行严格的分类，针对不同的致贫原因制定不同的帮扶措施，组织本机关全体人员到屏北村开展精准扶贫和春节慰问活动。二是加大产业扶贫力度，帮助建成养鸭大棚 4 个，帮扶贫困户 8 户，每年村集体经济增收 2 万元。60 千瓦的光伏发电项目顺利实施，2017 年并网发电。

（王增雷）

·党校教育·

【概况】 紧紧围绕党的工作大局和市委工作中心，认真贯彻落实全国、全省、全市党校工作会议精神，以争创“全省一流、全国先进”市级党校为目标，以“四个引领四个提升”为抓手，深入开展“党校工作全面提升年”活动，推进“两学一做”学习教育和“讲看齐、见行动”学习讨论，圆满完成以教学科研、师资培养、综合保障为重点的各项工作任务。新校区一期工程全面建成投入使用，在全省市级党校、行政学院系统 2016 年办学质量评估中排名第 4、荣获全省市级党校示范单位荣誉称号，1 项教学专题中标省委党校招标专题，1 项获评全省党校、行政学院系统第三届理论教育精品课，1 篇咨政报告被省长李国英肯定性批示。

【干部教育】 党委政府高度重视党校工作，为党校发展提供坚强保障。年初市委专门听取党校 2015 年工作完成情况和 2016 年工作安排。市委常委会研究讨论《中共宿州市委关于加强和改进新形势下党校工作的实施意见》，并在全省率先出台实施；召

全市党校工作会议　　　　（摄影：许成）

开高规格的全市党校工作会议，提出争创“全省最优、全国先进”市级党校目标，为党校发展指明方向；举行高规格的春季主体班开学典礼，市委主要领导作专题辅导报告，为落实领导干部上讲台制度做出表率；市政府召开专题会议研究党校新校区物业托管工作，提升新校区综合保障能力。

突出主业主课，教学设置更加规范合理。一是突出理论教育和党性教育主课地位。主体班教学内容的设置上，加大党的理论教育和党性教育的教学比重，“两大教育”占总课时量 75%，其中，党性教育占总课时量的 25%。在做好全校“两学一做”学习教育的同时，积极搭建全市“两学一做”学习教育大平台，坚持把学习教育内容以教学专题形式纳入主体班教学。重点突出党章党规和习近平总书记系列重要讲话精神学习辅导。围绕市委书记在春季主体班开学典礼上所作的党课报告，以《立足岗位，争做“四铁干部”》《增强党章意识、做合格党员》为题，组织开展学员座谈、讲坛、论坛。二是突出“五大发展”理念和宿州市情。坚持把“十三五”规划和“创新、协调、绿色、开放、共享”五大发展理念贯彻到教学的各个环节。教学内容安排上紧扣市委市政府重大战略部署，紧扣全市经济社会发展中的热点难点问题，结合全市美丽乡村建设、县域经济发展的现状、组织学员到灵璧三元文化园、宿马园区等地开展调研，提高学员解决实际问题，推动本地发展的能力。组织青干班学员深入砀山县良梨镇崔庄村开展“驻村入户”活动，通过“三同”“四访”“五送”的形式，亲身体验农民、农村、农业实情，既让学员进一步培养群众感情、强化宗旨意识，又增强教学的针对性。三是突出依法治国和全面从严治党。把学习贯彻十八届五中、六中全会和纪委

全会精神纳入主体班教学重要内容,开设《习近平总书记依法治国的重要论述》《新理念、新思路、新起点(五中全会精神解读)》《党员干部要守纪律讲规矩》等教学专题。组织学员到埇桥区法院参加法庭旁听、到市廉政教育中心开展廉政警示教育展,通过以案说法、以纪释法等形式,实现了法治法纪教育进教材、进课堂、进头脑,提高学习教育的针对性和实效性。

创新教学举措,教学形式更加灵活多样。充分利用全市改革发展新实践新成果,把主体班培训课堂延伸到经济社会发展火热的实践现场。重点推出宿州高新区、宿马园区、埇桥区光明村、灵璧三元文化园、萧县蔡洼淮河战役总前委旧址等6个体现时代特征、弘扬宿州精神的现场教学基地。在做好课堂讲授式教学的同时,加大案例教学、情景模拟教学、结构化研讨教学等教学比重,注重让学员在互动中提高解决实际问题的能力,提高教学的实效性。如"加快宿州县域经济发展"等课程,采取结构化研讨教学;"提高领导干部的法治思维"采取案例教学;"领导干部的沟通艺术"采取情景模拟等教学方式,提高学员学得主动性、教员教得针对性。

围绕中心工作,干部培训拓面提质增量。一是充分发挥党校干部培训的主渠道作用,完成春秋季县处级党政干部进修班、科级党政干部进修班、中青年干部培训班3个班次246名学员的主体班培训任务。二是围绕贯彻落实十八届五中、六中全会、市委四届八次全会、全市党校工作会议、习近平总书记视察安徽重要讲话精神,加大专题培训工作力度。上半年,联合市委组织部、市直机关工委、市人社局等市直部门和单位,先后举办全市领导干部学习贯彻中共十八届五中、六中全会精神培训班、脱贫攻坚能力提升培训班、乡镇党政正职培训班、全市领导干部学习贯彻习近平总书记视察安徽重要讲话精神集中培训班、基层党务骨干培训班、全市青年干部能力提升培训班、2016年新提任处级科级干部培训班、初任公务员培训班等各类专题培训班,培训各级干部和初任公务员1670人。三是严把质量标准,研究生办学稳步推进。按照省委党校研究生办学的质量要求,认真做好2016级公共管理和经济管理两个专业研究生的报名、审核、入学考试及录取和报到注册工作。完成2013级经济管理、公共管理两个专业164名在职研究生毕业工作。扎实做好在校研究生的日常教学和管理工作,精心编排教学计划,选聘责任心强、教学水平高、善于管理的同志担任授课老师和班主任,2016年,三个年级在校研究生456人。积极探索新形势下研究生办学规律,完善教学管理制度,积极争创2016年省委党校研究生教育优秀办学单位。

【科研咨政】 科研增效上台阶。在宿州学院学报设立"宿州市情"专栏,与拂晓报社建立合作关系,刊发科研文章和"两个中心"研究成果10篇。与安徽大学"农村改革与经济发展研究院"开展科研合作,双方互联研究员,以宿州农业"两区"为基地,积极研究探索新形势下解决宿州"三农"问题的对策办法。与市直部门开展专题研究合作,发挥党校理论优势,利用部门的实际工作经验,把理论和宿州实际更好地结合起来,提升科研工作针对性。牵头举办全市纪念建党95周年理论研讨会,评出10篇优秀论文在《拂晓报》公开发表。组织教研人员围绕习近平总书记视察安徽重要讲话精神及党的十八届六中全会精神等撰写理论文章,在党报党刊公开发表,在关键时刻、关键节点和重大问题上及时发出党校声音,充分发挥党校思想理论引领作用。2016年全校公开发表论文32篇,比2015年增长50%;3篇论文入选省社科联第十一届学术年会和省委党校理论研讨会。2016年,申报省以上各类课题28项,立项全省党校系统重点课题4项、全省行政学院系统课题2项、全省社会主义学院系统课题2项,居市级党校前列。

咨政有为大突破。依托"两个中心",与中国社科院联合组成课题组,开展"习近平总书记治国理政方略与宿州实践"课题研发,分五大发展理念和党的建设六个专题进行研究,完成《五大发展理念的宿州实践》约12万字书稿,并与合肥工业大学出版社签订出版合同。挖掘学员资源,入学时带着课题来,入学后在老师带领下完成相应科研课题。第47期县处级进修班课题组撰写的《砀山县农村电子商务发展情况调研报告》,通过《领导参阅》上报后被市领导作肯定性批示。咨政工作取得历史性突破,1篇咨政报告获省长李国英批示,6篇获市领导批示,其中主要领导批示4篇。

校刊编辑显特色。校刊《新视点》对《本刊特稿》《学员论坛》《宿州市情研究》《党校工作探讨》等栏目进行新的设计调整,大幅增加反映党校教学科研的图片及学术文章,增添反映宿州经济社会发展的板块和内容，进一步发挥校刊《新视点》服务党校教学、服务宿州经济建设的功能和作用，并成为全市重要的科研成果互动交流平台。全年校刊《新视点》出版4期，刊登论文51篇。

【师资队伍建设】 建章立制提水平。制定完善《中共宿州市委党校关于主体班新专题申报、试讲和评审的规定》《中共宿州市委党校教师集体备课制度》等教学管理制度，调动广大教师的积极性和主动性。创新教学专题管理制度，对进入教学计划的新专题推行“五把关、四提升、二淘汰”新专题准入机制。打造一批优质教学专题，2位老师的教学专题通过“五四二”新专题把关提升后，参加省委党校招标专题评比和精品课评选。其中，宋远见老师的教学专题《中国特色社会主义政治经济学研究》中标省委党校招标专题，进入省委党校课堂；夏永老师《互联网+与经济社会发展》教学专题，获评全省党校、行政学院系统第三届理论教育精品课。重培严管育名师。精心组织实施名师工程，有计划的安排党校教师到党政机关挂职锻炼、到基层蹲点调研，着力在理论上求提升，在方法上找思路，在实践上补短板。2016年，安排23名教师分别到中国人民大学、省委党校、省行政学院、杭州市委党校参加师资培训；选派3名教研人员到党政机关、非公企业挂职锻炼；夏、秋两季秸秆禁烧期间选派2名教研人员蹲点调研。狠抓青年教师能力提升，采取师徒结对“三同步”青年教师培养新模式，骨干教师和青年教师同步选题备课、同步授课听课、同步打造提升，通过师徒结对传帮带，一批青年教师业务水平迅速提升。青年教师张贝伟参与的教学专题进入省委党校市厅级主体班课堂。内引外联聚人才。积极争取市委、市政府的支持，加大从高等院校和其他部门招录、引进符合党校教学和管理人员要求的优秀人才工作力度。2016年，招录1名硕士研究生学历的教研人员，招录、遴选2名参公管理人员。全校教研人员33名，占教职工总人数的54%，博士学位1人。有高、中级专业技术职称29人，占教研人员总数的88%，其中正高级职称2人。

【从严治校】 加强行政管理。在推行岗位目标责任制的基础上，完善形成“周例会、月点评、半年小结、年终总结”链条式管理机制。校领导班子周一召开办公会，总结上周工作，研究布置本周工作，对工作中遇到的问题及时研究讨论；每月末召开工作点评会，各处室主要负责人汇报本月工作完成情况及下月工作思路，分管校领导逐一点评，重点指出问题，提出整改建议要求。半年和年终分别召开全校干部职工大会，对各处室工作任务完成情况进行总结、通报。创新学员管理。与市委组织部联合出台《中共宿州市委党校主体班学员管理考核办法》，市纪委、市委组织部、市委党校组成考核组，对主体班学员进行“双百分”考核，并把学员在培训期间综合表现考核情况，作为组织部门选拔使用和考察干部的重要依据，让党校既作为培养培训干部的阵地，又成为发现选拔干部的渠道。加强师资管理。制定出台《关于加强教师对外教学管理的暂行规定》，对教师外出教学的申报、审批做出明确规定，并建立课后回访制度，以确保广大教研人员始终做到“学术研究无禁区、课堂讲授有纪律、公开言论守规矩”，切实维护党校的声誉和形象。

【党的建设】 扎实推进“两学一做”学习教育，充分发挥党校独特资源优势，组织教研人员开展“万堂党课进基层”活动，在讲党课过程中，坚持做到“五个结合”，即结合党章党规讲党课、结合系列讲话讲党课、结合脱贫攻坚讲党课、结合工作实际讲党课、结合基层发展讲党课。深入开展“讲看齐、见行动”学习讨论，通过组织召开中心组理论学习会、支部党员会、专题研讨会等形式，确保干部职工切实把核心意识、看齐意识牢记于头脑、植根于内心、外化为行动。两位老师接受电视采访，从不同的角度阐释“讲看齐、见行动”的重要意义和重大作用，及时发出党校声音。常务副校长孟伟接受电视专访，从坚持先学一步，走在前列，坚持教育引导，当好表率，坚持学用结合，干在实处等三个方面，介绍党校“讲看齐、见行动”学习讨论开展情况。校委不断强化党风廉政建设的主体责任和第一责任人的责任，认真贯彻落实《中国共产党廉洁自律准则》《中国共产党纪律处分条例》《关于新形势下党内政治生活的若干准则》《中国共产党党内监督条例》以及中央“八项规定”精神和省市30条要求，制定《市委党校公务接待管理实施细则》《主体班办学经费统一结算管理办法》等制度。每项开支均需经5人签字把关后，方能准予报销。校委坚持每季度至少研究一次研究党风廉政建设工作，把党风党纪和廉洁从政教育列入月点评的规定内容。常务负责人坚持定期约谈领导班子成员,分管校领导认真履行"一岗双责"。严格贯彻执行民主集中制原则,坚持做到重大决策部署、重大项目建设、人事任免调整、万元以上大额经费的使用均由校委集体研究决定。按照"坚持问题导向,认真查、查认真,彻底改、改彻底"的整改工作思路,扎实开展巡视整改工作。

【综合保障】 市委党校新校区一期工程占地13.13公顷,投资近2亿元,建筑面积4万余平方米建成,具备同时培训在校学员1000人,同时就餐、住宿600人的规模,正式投入使用。新校区互联网宽带为200兆,实现室内无线网络全覆盖。开通党校微信公众号,学员可通过微信入学报到、查阅教学计划、进行教学测评。利用云计算技术资源,新校区接入使用500台华为"云桌面"。稳步推进新校区社会化、专业化服务,努力提升专业化管理服务水平。大力加强党校领导班子建设,市委及时调整1名正处级领导干部担任副校长,从党校内部提拔1名干部担任教育长。在10月召开的市第五次党代会上,常务负责人提名为市委委员人选,并高票当选。创造性地贯彻落实全国全省党校工作会议精神。综合信息宣传报送工作实现历史性突破,2016年,省以上主流媒体和网站刊发信息44条。其中,中央级主流媒体和网站刊发信息30条。中央党校工作通讯2016年第14期,以《中共宿州市委党校奋力争创"全省最优、全国先进"市级党校》为题目,刊发宿州党校工作做法。2016年,党校获宿州市第九届文明单位、秸秆综合利用和禁烧工作先进单位、市直单位财务工作先进单位、计划生育工作先进单位、老干部工作先进单位、市直机关2015年度岗责考核良好单位、市直党群部门综合考核三等奖等多项市级先进。在全省市级党校、行政学院系统2015年度、2016年度办学质量评估中获第九名(2014年度获得全省市级党校、行政学院系统评比第十一名),2016年荣获全省市级党校、行政学院系统评比第四名(前五名获全省市级党校示范单位荣誉称号)。

(许　成)

·保密工作·

【概况】 市保密局贯彻落实中央和省、市委关于保密工作重要决策部署,落实省、市委主要负责同志关于保密工作重要批示,要求全市上下贯彻批示精神,切实加强对保密工作的领导。坚持将保密工作纳入市委、市政府综合考核内容。出台"十三五"时期保密事业发展规划,明确全市"十三五"时期保密事业发展的指导思想、工作原则、发展目标和主要任务。制定全市保护国家秘密应急预案,为保密突发事件处理提供制度保障。

【指导定密工作】 认真梳理汇总各县区、市直单位定密工作情况,综合研判全市定密工作形势,指导市直单位做好定密工作,抓好"三大管理"。组织人员对省电子政务内网宿州市接入节点进行检查,全面完成市级涉密网络测评工作,抓好网络保密管理。做好市电子政务外网安全管控系统的管理和维护,开展互联网门户网站和重点骨干网络保密专项检查,确保全市网络保密安全,确保涉密信息的安全保密。加强涉密人员管理,实施涉密人员分类确定、审查,全面完成分类确定和审查任务。

【推进保密检查设备配备】 切实增强保密指导监管职能,推进保密检查设备配备,实现市直单位全覆盖。制定下发《宿州市"七五"保密法治宣传教育规划》《2016年保密法制宣传培训计划》,开展多种形式保密教育培训,组织学习《红色往事:镌刻在党旗下的保密故事》。年初,对351名初任公务员进行全面保密教育培训。先后在县区及20余家市直单位巡回开展保密专题讲座,组织开展保密教育进军营、全民国家安全教育日宣传等活动,推动保密法制宣传教育贴近实际、入脑入心。加强国家统一考试、省市各类考试的保密监管,配合市教体局、市委组织部、市人社局、市司法局等,完成中高考、人才引进、公务员考试、司法考试期间的保密监管、巡考工作,确保安全保密。

·信访工作·

【领导干部开门接访】 市委、市政府认真贯彻《关于进一步加强和改进领导干部接待群众来访工作的意见》(皖办发〔2016〕9号),制定出台宿州市《关于进一步加强领导干部接访的意见》完善领导干部接访机制,在接访、督办、解决问题上下功夫。2016年,市委、市政府主要领导接访12次,接待群众26批77人次,化解信访事项22件。先后针对农民工工资，城市建设领域，跨县区等突出问题开展接访，跟踪督办进京上访，实行当月接访县乡联动，把接访与包案处理问题有效结合，及时解决问题，维护群众合法权益，促进社会和谐稳定。

【信访调度会】 市委书记张曙光于2月14日、7月11日两次召开信访工作约谈会，约谈县区委书记、纪委书记、政法委书记，强化责任，明确工作重点。市长史翔先后3次召开调度会，解决城市建设中信访的突出问题。张曙光、史翔9次对信访工作作出批示，要求全市学习贯彻习近平总书记的关于信访工作批示精神和省委、省政府领导的批示要求。市分管领导亲力亲为，定期分析研判形势，及时调度处理复杂信访问题，现场督导检查，推进工作开展。县区委书记、县区长亲自安排部署，解决信访难点。

【集中化解重点信访事项】 市信访局认真贯彻《关于印发〈全省集中依法清理化解重点信访事项专项行动方案〉的通知》（皖信联发〔2016〕2号文件）精神，按照"三到位一处理"的要求，以深入排查矛盾纠纷、推进事项解决为切入点，全面深入梳理排查2016年底前发生的重点信访事项，集中交办、动态管理，逐案建账、列出"三单"，落实领导包案、明确责任主体。为确保工作落到实处，市联席办深入发动、周密部署，先后出台《关于做好省市集中交办重点信访事项化解工作的通知》《关于开展全市重点信访事项化解工作实地督查的通知》等系列文件，将专项行动开展情况纳入全年信访工作考评重点内容，实行半月一调度、每月一督查通报。按照"五个一"（一名包案领导，一套工作班子，一套化解方案，一份会议纪要、一套稳控措施）和"五包"（包掌握情况、包教育转化、包稳控疏导、包协调处理、包稳控处置）的要求，全部实行县级以上领导包案，逐案明确承办责任人和化解人。一批钉子案、骨头案得到有效解决，维护了群众的合法权益和社会的和谐稳定。

【落实信访工作责任】 2016年，市信访局把督查督办作为推进信访工作责任落实的重要抓手，不断创新方法，提升效能，敢于担当，较真碰硬，推进了信访工作持续发展。通过一月一督查、对进京非访、进京集体上访实行一案一调查、实地督查、一案双查等方式方法，推进信访工作责任落实，推进重点信访事项化解。

【抓"三有促三不"】 市信访局按照国家局和省信访局的要求，大力加强乡镇村、村居信访工作，及时就地解决问题。制定关于基层信访工作的意见，规范全市乡镇街道，村（居）社区综治维稳信访中心（站）场地、制度、机制，规范人员政治、生活待遇。规范基层基础业务入手，加大培训宣传力度，坚决纠正重实体轻程序的现象。乡镇换届后，市县区信访局班子成员深入乡镇村宣讲信访工作，分县区集中培训乡镇信访干部，使基层业务规范程序明显提高。5月，市局开展基层基础建设大督查，加强业务指导，并针对初信初访办结未息访的65件信访事件，由市县区信访干部每人1—2件，走村入户协调推进解决，争当信访群众的贴心人。

【宣传条例依法处访】 2016年是《安徽省信访条例》颁布十周年，全市上下掀起宣传条例，贯彻条例，应用条例，依法治访的新高潮。市信联办印发《关于开展〈安徽省信访条例〉宣传报告月活动的通知》，开展"五个一"活动，即印发一套宣传资料、开展一次集中宣传咨询、组织一次基层干部条例培训、发送一次提示信息、开展一次带案下访。5月10—20日，市、县、区、乡镇集中开展《安徽省信访条例》宣传，市委常委，政法委书记许广斌和各县区分管负责人，乡镇主要领导走上街头、集镇，宣传《安徽省信访条例》，为群众提供咨询服务。印发各种宣传材料1.5万份。

【信访干部队伍建设】 市信访局认真贯彻落实省委办公厅、省政府办公厅《关于进一步加强信访干部队伍建设的通知》精神，贯彻中央和省、市委关于从严治党的要求，不断完善工作制度，制定《宿州市信访工作人员"四风惩戒暂行规定"》《宿州市信访局廉政风险防控信息预警与处置办法》《宿州市信访工作业务流程》，从制度上为信访各项工作立规定矩。为适应信访工作的新变化，市信访局切实加强培训，邀请省局专家讲课，县区普遍开展2次以上的培训，不断提升能力。结合"两学一做"5—6月、9—10月先后开展"争做信访群众贴心人"活动和"争当合格信访干部活动"。组织信访干部协调推进解决信访事项65件，开展信访业务大讨论大交流4场，成功举办"我是最美信访干部"演讲比赛，提升信访干部工作能力,收获信心。

·档案工作·

【档案资源建设】 1.加大档案接收力度。2016年,接收档案4953卷,以件为保管单位的档案13763件。市档案馆馆藏档案145040卷,以件为保管单位的档案71231件;市直机关档案室库存档案1387327卷,以件为保管单位的档案309610件。2016年,调阅利用档案600多人次,1200多卷次。

2.积极推进数字化建设。自2015年8月份启动馆藏档案数字化项目以来,宿州市档案局积极推动档案数字化建设工作。在开展档案数字化工作中,认真做好数字化档案的出入库清点交接,指导数字化过程中档案规范化整理。于9月和12月,通过对《宿州市档案局档案信息化建设采购项目(2015年度)》项目和二期项目阶段验收。全年馆藏档案扫描3651436页、著录522739条。转发安徽省档案局《转发国家档案局办公室关于印发〈数字档案室建设评价办法〉的通知》,要求县区以及市直单位加快数字档案馆、室建设。8月,指导市城建档案馆数字化建设中硬件设施设备的验收工作;12月,指导埇桥区馆藏档案数字化第三期阶段性验收工作。

3.加强安全体系建设。转发省档案局《转发国家档案局〈关于进一步加强档案安全工作的意见〉的通知》,制发《关于加强汛期档案安全工作的紧急通知》,要求全市各级档案部门加强档案安全工作组织领导,严格落实档案安全工作责任制,搞好汛期档案安全监督检查,消除安全隐患,保证档案实体安全。做好市档案馆库房日常管理工作,在库房内及走廊安装监控设备,坚持库房日巡查制度,做好每天的库房温湿度记录。

4.规范档案管理。规范市直单位档案管理。下发《关于开展档案规范化整理和档案数字化有关工作的通知》,首次将《宿州市市直单位全宗名册》以文件的形式公布,要求各单位按照市档案馆统一编制的《宿州市市直单位全宗名册》规范填写全宗号;对未整理的档案资料进行规范化整理,对已形成的存量档案进行数字化,对增量档案做好电子全文归档。规范宿州市中小学档案工作,提高学校档案的管理水平,与市教体局联合制发《关于加强中小学档案工作的通知》,要求全市各中小学校健全教育档案管理体系,提高档案的管护水平和服务能力,做好文件材料的归档移交和分类整理,对档案的科学分类和保管期限的划分做出具体规定,明确各门类档案的整理标准和质量要求。

【档案业务指导】 1.起草档案"十三五"规划。根据《安徽省"十三五"档案事业发展规划》以及《中共宿州市委办公室、宿州市人民政府办公室印发〈关于加强和改进档案工作的意见〉的通知》,起草《宿州市"十三五"档案事业发展规划(2016—2020年)》征求意见稿。规划在全市档案事业"十二五"的发展基础上,提出"十三五"期间档案事业发展的指导思想、发展目标、包括7个方面23项的具体任务。

2.指导土地确权档案工作。要求各县区档案局加强土地确权档案指导,督促他们按照安徽省农业委员会、安徽省档案局文件精神,结合肥西县土地确权档案整理办法,制定本县区土地确权档案整理办法和编号大纲。9月,派人到砀山农委就土地确权档案整理办法进行专题授课,县、乡镇、部分村三级农业部门50多人参训。指导埇桥区土地确权档案工作顺利通过全省第一批专项验收。

3.加强档案目标管理。2016年,以财政所档案工作目标管理为核心,先后指导埇桥区大营镇、祁县镇、曹村镇等9家财政所通过省一级认定;宿州调查队、埇桥区委办公室、埇桥区档案局档案室3个单位通过省二级认定;市档案局档案室、埇桥区农业财经管理局、埇桥区道东街道办事处3个单位通过省三级认定。

【档案依法行政】 1.做好行政执法检查。按照省档案局做好迎接档案行政执法督查通知的要求,档案局迅速召开专题会议,研究部署迎检各项工作。要求市直部门和县区档案局对照检查内容,认真梳理,找出问题,立即整改。11月,省档案局党组成员、副局(馆)长程潜龙带领省档案行政执法督查组对我市档案行政执法职责情况进行督查。省督查组实地抽查市档案局馆、泗县档案局馆、市二中等12个单位。在督查中发现宿州市档案行政执法存在一些问题,将问题严重的泗县水利局、泗县一中、泗县中医院3个单位列入省档案局挂牌督办,将问题较多的宿州市第一人民医院列入市档案局挂牌督办,要求6个月内整改到位。

2. 加强档案法制建设。根据市政府工作要求，制定《宿州市档案局落实随机抽查规范事中事后监管实施方案》《宿州市档案局随机抽查事项清单》《宿州市档案局“双随机”抽查办法》等相关文件材料。对市档案局权力清单进行逐项认真梳理，细化清单，分出子项，按时报至市编办，在单位网站公开。制定《宿州市档案局政府权力运行监管细则》。对每一项权力事项的监管，都从监管要求、事中监管、事后监管、责任追究、保障措施五个方面做出详细具体的规定。在宿州市档案局制定的权力清单的基础上，结合省档案局工作思路，制定《宿州市档案局行政许可和行政处罚事项目录》，及时报送至市发改委。按照《市级公共服务争项清理规范工作方案》和《市级中介服务争项清理规范工作方案》要求，宿州市档案局出台《档案和方志公共服务清单》，梳理档案、方志服务查询指南23条，规范和进一步提高档案利用工作效能和服务质量。根据省市统一部署，5月，宿州市档案局成立行政审批服务科。

【档案业务培训】 开展多种形式业务培训指导工作。一是开展档案人员岗前培训。按照省档案局文件要求，安排部署宿州市档案人员岗前培训和考试工作。举办岗前培训班，全市有130人参加培训，组织126人顺利完成全省统一考试。二是建立QQ“宿州市直单位档案群”，70名市直各单位专兼职档案人员加入。三是面对面业务指导。深入到市地税局征管分局、市国土局等单位，现场检查档案室，详细讲解档案室基本建设要求、档案分类方案、档号编制方法，各门类档案的收集、整理等。四是举办小型培训班。专程到市交投公司，为机关专兼职档案人员进行业务培训，内容是企业档案工作规范、国家档案局10号令等内容。

【档案宣传】 转发安徽省档案局《关于做好2016年“国际档案日”宣传活动的通知》《关于做好“档案与民生”主题征文活动的通知》，制定《宿州市档案局2016年“国际档案日”宣传活动实施方案》。成立市档案局“国际档案日”宣传活动领导小组。在政务中心主楼悬挂横幅，统一订购“民生档案服务民生”宣传挂图、新版《中国的世界记忆遗产》宣传册（折页）和“档案与民生”宣传海报，作为“国际档案日”宣传材料向社会发放。

【档案新馆建设】 市档案馆新馆设计方案，地上五层、地下一层，档案馆面积1.4万平方米。于2014年完成立项、选址，2016年初，正式动工建设，工程进展顺利。10月，完成土建工程，进入内部施工阶段。为完善新馆建设设计，市档案局分批到太仓市、芜湖市等档案馆建设先进地区，考察学习档案馆建设经验和好做法。把考察情况汇总，形成《关于档案馆设计修改方案的报告》，报市城乡建设指挥部。

各县区稳步推进新馆建设，萧县档案馆被列入中央预算内投资建设项目，中央投入资金拨付该县财政专户，新馆选址已确定，划拨土地1公顷，设计建筑面积5680平方米。埇桥区、泗县积极争取档案馆建设立项。

【档案征集】 积极开展档案征集工作，全年征集各种图书资料68册、徐氏家谱4册、程氏家谱1册、张铁建书画作品6幅、《诰授奉政大夫，例晋朝议大夫，绂亭张君墓志铭》拓片1幅、宿县符离区委保荐责任田向党中央上书手写稿扫描件1卷。从解放军档案馆复印淮海战役档案160页。根据省档案局安排，宿州市档案局和市党史办联系，通过资源共享，征得75个新四军的口述档案。完成《上海知青在安徽》目录数据库建立工作。

·党史工作·

【完成《宿州大事记》编辑校核】 市党史办编辑《宿州市大事记》，详细记录设立省辖宿州市十八年来全市人民在党的领导下，推进改革开放过程中的一系列富有地方特点的重要决策、重要举措、重要事件、重要成果、重要经验，留存改革开放的辉煌历史，为党委政府决策部署提供参考。

【编纂宿州党史】 2016年市党史办组织编辑《加速崛起——宿州改革开放印记》大型画册，纪念建党95周年。全面展示宿州市改革开放以后，特别是近10年全市政治、经济、社会、文化、科教、卫生等各条战线取得的丰硕成果，生动形象地展示中国共产党宿州市委发展的辉煌历程。画册经市委有关领导审阅，几易其稿，完成画册编辑工作。编写《党旗下的辉煌——宿州革命史》（上、下卷）连环画册，全面展现宿州地区党组织发展壮大的辉煌历程，教育人们知史爱史、以史为鉴，牢固树立共产主义坚定信念，不忘初心、继续前进。画册记录1926年以来全市在中国共产党领导下产生的重大事件、重要人物，图文并茂，地方特色鲜明，有助于全市广大党员、干部和群众，尤其是青少年更多了解宿州的昨天、知晓宿州的今天、展望宿州的明天。2016年，完成上卷编辑，送上级有关部门及出版社审核。

启动《中国共产党宿州历史〈1978—2012〉》(第三卷)编写工作。

【党史成果转化】 市党史办充分挖掘宿州党史富矿，凝练宿州党史精神，传播宿州党史故事，传承宿州党史基因，大力推进系列党史成果转化工作。2016年，组织编写《党史知识简明读本》《红十五军在宿州》《向前、向前、剑指大海边——张爱萍在皖东北》《皖东北抗日名将孙象涵》等党史书，完成初稿编辑，送相关部门审定。6月份，编辑出版《邓子恢在淮北》。开展埇桥区栏杆镇石相村为皖东北抗日根据地的调查取证，通过多次走访、座谈、查阅档案及人物传记、回忆录，首次认定埇桥区栏杆镇石相村为“六抗”三支队所在地、中共宿东县委所在地、灵宿行政公署所在地、皖东北抗日民主根据地诞生地。考察调研埇桥区符离镇四山子淮海战役后勤部旧址，刘瑞龙之女刘延淮亲临宿州市指示修缮遗址遗迹。

【党史系列活动】 周密谋划，纪念中国共产党成立95周年和中国工农红军长征胜利80周年纪念活动。一是组织开展“九十五年历程、八十年辉煌”参观学习活动，与宿州市委组织部联合下发《关于开展“全市领导干部党史教育日”活动的通知》，倡导全市党员到党史教育基地重温入党誓词、坚定理想信念。二是开展党史知识图片展活动，以“光辉的历程”和“红军不怕远征难”为主题，搜集制作百余幅历史珍贵图片，在全市巡展。三是与市委组织部、党校等部门联合在全市开展中国共产党成立95周年论文征集研讨活动。四是与宿州市委宣传部、宿州市关心下一代工作委员会、共青团宿州市委联合主办全市党史知识电视大赛，全市9支代表队参加比赛，取得社会各界好评，市委领导给予充分肯定。

党史知识电视大赛

【扶贫工作】 2016年，市委党史研究室明确扶贫包保责任，科级以上干部先后几十次深入包保村泗县大韩村，通过走访调研、召开贫困户座谈会等形式，精准掌握贫困群众各类信息，结合贫困户家庭实际情况，合理制定年度帮扶计划，明确减贫目标，“定人定责、不脱贫、不脱钩”。组织5名包保干部与贫困户“一对三”联系，对包保的8户贫困户建档立卡，建立帮扶工作台账。大韩村缺少下水道设施，市党史办全体人员开源节流，压缩办公支出，挤出2万元资金，帮助大韩村修建下水道。

·老干部工作·

【概况】 2016年，全市老干部工作以贯彻落实中共中央办公厅、国务院办公厅《关于进一步加强和改进离退休干部工作的意见》(中办发〔2016〕3号)和省委办公厅、省政府办公厅《关于进一步加强和改进离退休干部工作的实施意见》(皖办发〔2016〕51号)为主线，把握为党和人民的事业增添正能量的价值取向，加强老干部“两项建设”，落实老干部“两个待遇”，协调推进老干部“三个机制”，组织引导老干部为建设创新型“四个宿州”作出积极贡献。市委老干部局被评为全省老干部工作先进集体，市老年大学被评为全国示范老年大学。

截至2016年底，全市有离休干部1267人，其中党政机关479人，事业单位464人，企业324人，中共党员808人。退休干部35535人，其中党政机关12850人，事业单位20687人，企业1998人，中共党员23467人。离退休干部党支部391个。

【老干部思想组织建设】 市老干部局组织全市离退休干部学习中共十八届五中、六中全会和习近平总书记系列重要讲话精神。向离退休干部党支部印发学习资料1万余份，组织离退休干部集中学习3000余次，近8万人次参加。抓好中办发〔2016〕3号和皖办发〔2016〕51号文件及全国离退休干部“双先”表彰大会精神的学习贯彻。向全市老干部系统下发3万余份两个《学习提纲》，各级老干部工作部门组织离退休干部参加各类形式的两个《学习提纲》集中学习，参加学习、研讨10万多人次，全市老干部工作者和离退休干部撰写学习体会文章万余篇。

组织开展离退休干部党组织建设推进年活动。年初，市委老干部局成立调研组，由局领导班子成员带队，分三组利用近一个月时间，对县区和部分市直单位离退休干部党组织建设情况进行专题调研，走访25个乡镇，28个市、县区直单位。5月25日，市委组织部、市委老干部局向全市组织和老干部系统下发《关于在“两学一做”学习教育期间进一步加强和改进全市离退休干部党组织建设的通知》（组明电〔2016〕50号）。各级组织、老干部工作部门成立6个指导组、抽调60人深入离退休干部党组织进行实地督导。全市新建离退休干部党支部23个、撤并119个，262个离退休干部党支部完成换届改选，期满换届率100%。换届后，全市离退休干部党组织领导班子平均年龄下降5岁，文化水平大幅提升，退休领导干部担任党组织书记的数量增多。

萧县老年大学等离退休干部集中学习、活动场所，建立临时党组织，市老年书画院等老年团体建立临时党支部。市委老干部局从各基层离退休干部党组织中选树一批先进典型，编印《夕阳更红党旗生辉——宿州市离退休干部党组织建设经验材料汇编》和《宿州市离退休干部为党和人民的事业增添正能量活动图片集》，作为离退休干部党组织加强组织建设和发挥正能量作用的教材。全市离退休干部党组织建设工作在全省作经验介绍。萧县老年大学建立临时党总支的做法被中组部推广。12月，中央国家机关工委老龄办到宿州调研，对宿州市基层离退休干部党组织建设工作给予肯定。

【老干部政治生活待遇】 张曙光、史翔、杨军、刘晓云、张孝成等市四大班子领导带队走访市级老干部60多人次，市委老干部局领导班子成员带队走访慰问老干部、困难老干部和遗属、生病住院的离休干部65人次，向228名市直离休干部发放15.13万元慰问金和慰问品，制发《致全市离退休干部的慰问信》，走访慰问5名易地安置离休干部。协调提高慰问经费标准，市直离休干部慰问经费由500元、400元，分别提高到2000元和1000元，特困离休干部和遗属慰问金由500元提高到1000元。

12月26日，市政府召开老干部座谈会，听取老同志对《政府工作报告》的意见建议。为市直离退休干部订阅《开心老年》1000份，《益寿文摘》370份，为市级老干部赠阅《拂晓报》61份。全市公务用车制度改革实施后，市委、市政府两办下发《关于规范保障市级老干部参加公务活动用车的通知》，保障市级老干部参加公务活动用车。

离退休干部离退休费按时足额发放，离休干部医药费按规定实报实销。市委老干部局协调有关部门研究解决离休干部医疗管理中出现的新问题8起，与市保健办联合下发2个保障离休干部医疗待遇的文件，核实审批市直离休干部调整护理费8人，为207名市直离休干部进行年度健康体检。提高全市退休干部公用经费标准，县区由200—300元统一提高到600元，市直由500元提高到1000元。继续推进兑现离休干部住房货币化补贴工作，对市直单位292名离休干部住房信息进行最后核实，计算补贴数额，公开公示。兑现全市离退休干部住房提租补贴工作。

慰问老干部

【老干部增添正能量】 市委老干部局联合市委组

织部在全市离退休干部中开展“我为建设创新型‘四个宿州’献计策”征文活动,收到经各地初评的征文作品149篇,评选出一等奖10篇、二等奖20篇、三等奖30篇和优秀奖75篇。按照“四有五落实”要求持继续开展“离退休干部结对帮带大学生村官”活动。组织离退休干部书画惠民服务队开展送书画“五进”和文化扶贫活动。组建离退休干部网宣员队伍,全市聘请18名老同志为网络宣传员,为宿州市经济社会发展点赞发声、传播正能量。承办“纪念红军长征胜利80周年全省老年大学系统(北片)文艺会演”,全省北片9市10家单位到宿州交流演出。

【关心下一代】 市关工委举办纪念建党95周年党史知识电视大赛、青少年(幼儿)庆祝建党95周年书画大赛,“学雷锋、讲文明、树新风”,“爱学习、爱劳动、爱祖国”等主题活动,全市有46万多名中小学生参加活动。在全市中小学生中普遍开展党史、国史教育,受教育的共青团员9万人次,少先队员12万人次。开展“扶贫攻坚,关工助力”活动。落实市委书记史翔关于关工助力扶贫攻坚的批示精神,组织全市关工组织和“五老”人员,筹措社会资金,加大对贫困家庭学生的资助力度,以结对帮扶形式关爱留守儿童和孤儿、无人扶养、重病重残等困难儿童。全市关工系统及“五老”人员结对帮扶留守儿童1万名以上,为近500名残障儿童免费提供康复服务、训练、肢体矫正,全年筹集资金1600多万元,资助困难学生7.5万人次。开展青少年法制教育,组建法治宣教团60多个,参团“五老”人员达1300多人,法治报告会1000多场,受教育青少年61万人次。

2016年,全市318个关工委、314个村(社区)关工组织被确认为“五好关工委”和“关工先进村(社区)”。全市评选出关工委先进集体38个,先进个人75名。

【老干部学习活动阵地建设】 市老干部活动中心投资110万元改造门球场,工程完工并投入使用。9月6日至9日,全市老年教育暨老年大学工作会议在萧县召开。会议总结全市“十二五”期间老年教育工作,明确下一阶段老年教育工作的发展思路和举措。市委常委、组织部长、统战部长、市老教委主任操隆山出席会议并讲话。市老年大学开设41个专业,参学7592人次,学员人数再创新高。市老年大学、市老干部活动中心全年举办门球、麻将、台球、象棋、乒乓球、掼蛋、书画展等各类老年文体系列活动20多次,参加人数3万余人次。市老年大学、市老干部活动中心全年迎接外地考察学习6批次,参加国家、省举办的赛事活动8次,获奖项15个。

(刘　琦)

宿州市人民代表大会

【概况】 2016年,宿州市召开一次人民代表大会、举行8次人大常务委员会会议、16次人大主任会议。审议“一府两院”报告22项,开展执法检查1次、专题询问1次、满意度测评5次,向市政府发出审议意见14份。作出决议决定17项。制定出台地方法规2部。任免国家机关工作人员93人次。向省人大常委会报送备案规范性文件19件,审查并备案市政府规章1件,备案市政府规范性文件57件。

【依法决定重大事项】 市人大围绕关系宿州发展的重大事项,依法及时作出决定。人民代表大会审议批准2016年市本级预算,常委会先后审议批准市本级2015年财政决算、2016年预算调整的议案。先后十三次审议批准关于城市道路建设、棚户区改造、改善农村人居环境、农村饮水安全巩固提升、设立产业基金等重大事项的议案,涉及投融资规模211亿元,分年度列入财政预算资金290亿元。

【执法检查】 听取市政府关于2015年度法治政府建设情况的报告和“六五”法治宣传教育工作情况的报告,作出《关于开展第七个五年法治宣传教育的决议》。完成全国人大部署的《中华人民共和国环境保护法》执法检查,配合省人大完成《中华人民共和国环境保护法》和《安徽省环境保护条例》检查工作。开展《中华人民共和国消防法》贯彻情况执法检查。继续开展“江淮普法行”“江淮环保世纪行”“食品安全江淮行”活动。注重抓好《宿州市城镇绿化条例》的实施,中央电视台、安徽日报等10余家新闻媒体进行报道,省内外10余个城市前来考察学习。

【自身建设】 深入开展“两学一做”学习教育,不断强化自身建设。始终坚持党的领导。牢牢把握正确政治方向,始终使人大工作与市委决策部署保持高度一致,自觉在市委领导下谋划和推进工作。认真贯彻《中国共产党党组工作条例(试行)》,主动向市委汇报工作,凡是重大事项坚持事前请示、事中汇报、事后报告。市人大常委会党组先后就加强人大建设、市容环境治理、薄壳山核桃产业发展、立法工作中的重大问题等,16次向市委专题报告,市委、市政府主要负责人高度重视并分别作出重要批示。扎实开展“两学一做”学习教育和“讲看齐、见行动”学习研讨,做到学到深处、做在实处、走在前列。坚定不移向以习近平总书记为核心的党中央看齐。坚持廉洁从政,严格遵守《中国共产党廉洁自律准则》和《中国共产党纪律处分条例》,坚持不懈反对“四风”。市人大网站和《宿州人大》第一时间刊发上级精神和市委、市政府重大决策。加强学习培训,组织全市各级人大工作者、人大代表参加全国人大、省人大开展的各类业务培训。积极参加宿州大讲堂的学习,坚持机关学习制度,全面提升人大工作者能力和水平。

【人事任免】 2016年办理人事任免事项93人次,其中决定代理1人,补选省人大代表1人,决定任命和任命国家机关工作人员44人,接受辞职14人,决定免职和免职33人。

【代表议案建议督办】 市四届人大五次会议期间代表提出议案1件,建议127件。一是积极扩大议案、建议督办主体,凝聚主任会议成员、相关委室、人大代表等多方面合力,加大督促议案、建议督办力度。二是围绕热点突出督办重点,8—11 月,市人大常委会主任会议成员先后率市人大常委会委员、市人大代表60余人对议案和4件重点建议进行督办,代表们对议案、建议办理答复结果和督办形式非常满意。三是不断探索创新督办方式,提升办理效果。7—10 月,市人大常委会研究室、人选工委与宿州市广播电视台合作,创办"我建议我督办"节目。遴选11件社会关注度较高的代表建议,邀请提出建议的人大代表,亲赴新汴河水源保护区、房地产项目工地、医院等现场督办建议,将督办过程制作成电视节目。自7月10日起,该节目相继在宿州广播电视台"宿州新闻联播"栏目播出,20多名参与督办和节目录制的代表对这一新颖的督办方式非常认可。四是加大协调,强化联动督办,共同做好督办工作。从代表反馈的意见来看,代表对办理答复结果是满意和基本满意的,其中满意126件,基本满意1件。

【立法工作】 制定《宿州市市容治理条例》。2016年2月,宿州市人大常委会成立由市人大常委会城建环资工作委员会牵头的法规起草小组。5月26日,宿州市第四届人民代表大会常务委员会第二十八次会议审议《宿州市城市市容治理条例(草案)》。7月26日,宿州市第四届人民代表大会常务委员会第二十九次会议审议通过《宿州市市容治理条例》。9月30日,安徽省第十二届人民代表大会常务委员会第三十三次会议审查批准《宿州市市容治理条例》。

制定《宿州市农村垃圾治理条例》。2016年4月,宿州市人大常委会召开《宿州市农村垃圾治理条例》立法工作会议,安排宿州市住房和城乡建设委员会成立法规起草小组。7月24日,宿州市第四届人民代表大会常务委员会第二十九次会议审议《宿州市农村垃圾治理条例(草案)》。9月28日,宿州市第四届人民代表大会常务委员会第三十次会议审议通过《宿州市农村垃圾治理条例》。11月10日,安徽省第十二届人民代表大会常务委员会第三十四次会议审查批准《宿州市农村垃圾治理条例》。

起草《宿州市人民代表大会及其常务委员会立法程序规定》。2016年10月,宿州市人大常委会安排市人大常委会法制工作委员会成立立法程序规定起草小组。12月30日,宿州市第四届人民代表大会常务委员会第三十三次会议审议《宿州市人民代表大会及其常务委员会立法程序规定(草案)》,同意将《宿州市人民代表大会及其常务委员会立法程序规定(草案)》提交宿州市第四届人民代表大会第六次会议审议。

2016年,宿州市人大常委会法制工作委员会向省人大常委会法制工作委员会报送备案规范性文件19件,接收并审查宿州市人民政府报送备案的政府规章1件、规范性文件57件。

1月20日,宿州市四届人大五次会议在政务中心礼堂隆重开幕

【市四届人大五次会议】 1月19日下午,市第四届人民代表大会第五次会议举行预备会议。市委书记、市人大常委会主任张曙光主持预备会议,会议选举张曙光等41人组成大会主席团,张旭任秘书长。会议通过大会议程;通过计划和预算审查委员会主任委员、副主任委员、委员名单,张旭为主任委员,王超英、杨维祥为副主任委员,朱少锋、汝刘、李红玲(女)、周淑景(女)、胡茂臣、郭平书为委员。同日,主席团第一次会议推选张曙光、史翔、张孝成、张旭、王克金、张忆秋(女)、石文庆、侯家春、王保华为主席团常务主席,通过大会执行分组主席名单,决定王明奎、王保华、邓儒、江利亚、李欣、郑超、解福来、魏建华为副秘书长,通过会议日程。1月20—22日,市四届人民代表大会第五次会议在宿州举行,实有代表444名,到会代表423名。1月20日上午,市四届人民代表大会第五次会议举行第一次全体会议(开幕式)。主席团常务主席张曙光主持会议。市人民政府市长史翔作政府工作报告;市人民政府常务副市长周勇作关于宿州市国民经济和社会发展第十三个五年规划纲要(草案)编制情况

的说明；市发改委主任李励作关于宿州市2015年国民经济和社会发展计划执行情况与2016年计划草案的报告；市财政局局长韩维礼作关于宿州市2015年预算执行情况和2016年预算草案的报告；市人民政府关于市四届人大四次会议代表议案和建议办理情况的报告书面印发会议。1月21日上午，市四届人民代表大会第五次会议举行第二次全体会议。主席团常务主席王克金主持会议。市人大常委会副主任张旭作宿州市人民代表大会常务委员会工作报告；表决选举办法草案；表决总监票人及监票人名单草案；市中级人民法院院长戚怀民作宿州市中级人民法院工作报告；市人民检察院代理检察长包来友作宿州市人民检察院工作报告。1月22日下午，市四届人民代表大会第五次会议举行第三次全体会议（闭幕式）。主席团常务主席张旭主持会议。大会选举宋晓光、陈莉、谢林为委员，选举包来友为市人民检察院检察长。会议通过宿州市第四届人民代表大会第五次会议关于宿州市人民政府工作报告的决议；关于宿州市2015年国民经济和社会发展计划执行情况与2016年国民经济和社会发展计划的决议；关于宿州市2015年预算执行情况和2016年预算的决议；关于宿州市人大常委会工作报告的决议；关于宿州市中级人民法院工作报告的决议；关于宿州市人民检察院工作报告的决议；关于宿州市国民经济和社会发展第十三个五年规划纲要的决议。

【市四届人大常委会召开第三十七次主任会议】 1月10日，市四届人大常委会召开第三十七次主任会议。市人大常委会副主任张旭、王克金、张忆秋、石文庆，秘书长王保华出席会议。会议听取并审议市人大常委会代表资格审查委员会关于代表变动情况及补选代表的代表资格审查报告；审议《宿州市人民代表大会常务委员会工作报告（草案）》；审议市人大常委会2016年工作要点（草案）；审议有关人事任免事项；审议确定市四届人大五次会议有关事项；审议确定市四届人大常委会第二十七次会议有关事项；书面审议政府工作报告草案、十三五规划纲要草案、计划工作报告草案、预算工作报告草案、法院工作报告草案、检察院工作报告草案。

【市四届人大常委会召开第三十八次主任会议】 3月11日，市四届人大常委会召开第三十八次主任会议。市人大常委会副主任张旭、王克金、张忆秋、石文庆，秘书长王保华出席会议。会议听取并审议市人大常委会执法检查组关于《中华人民共和国消防法》贯彻实施情况的执法检查报告；审议《宿州市实施宪法宣誓制度办法（草案）》；审议《宿州市人民代表大会常务委员会关于任命审判和检察工作人员的有关规定》修正草案；审议有关人事任免事项；审议确定市四届人大常委会第二十七次会议有关事项。

【市四届人大常委会召开第三十九次主任会议】 5月16日，市四届人大常委会召开第三十九次主任会议。市人大常委会副主任张旭、王克金、张忆秋、石文庆，秘书长王保华出席会议。会议听取并审议市政府关于培植工业首位产业、降低企业成本情况的报告；审议市人大常委会调研组关于培植工业首位产业、降低企业成本情况的调研报告；听取并审议市政府关于全市职业教育发展情况的报告；审议市人大常委会调研组关于全市职业教育发展情况的调研报告；听取并审议市政府关于全市脱贫攻坚工作情况的报告；听取并审议市政府关于宿州市房地产发展情况的报告；审议市人大常委会调研组关于促进房地产健康持续发展的调研报告；听取并审议市政府关于2015年度法治政府建设工作的报告；听取市政府关于《宿州市城市市容治理条例（草案）》的起草说明；听取市人大城建环资工委关于《宿州市城市市容治理条例（草案）》的审查意见；听取市人大常委会关于《中华人民共和国消防法》贯彻实施情况的执法检查报告的审议意见书；审议有关人事任免事项；审议市人民政府组成部门主要负责人和市中级人民法院副院长、部分法官，市人民检察院副检察长、部分检察官2015年度述职报告；审议确定市四届人大常委会第二十八次会议有关事项。

【市四届人大常委会召开第四十次主任会议】 5月28日，市四届人大常委会召开第四十次主任会议。市人大常委会副主任张旭、王克金、张忆秋、石文庆，秘书长王保华出席会议。会议听取常委会第二十八次会议分组审议情况汇报。

【市四届人大常委会召开第四十一次主任会议】 7月15日，市四届人大常委会召开第四十一次主任会议。市人大常委会副主任张旭、王克金、张忆秋、石文庆,秘书长王保华出席会议。会议听取并审议市政府关于全市上半年经济运行和下半年工作安排情况的报告;听取并审议市政府关于2015年财政决算情况的报告;听取并审议市政府关于2015年度宿州市本级预算执行和其他财政收支情况的审计工作报告;听取并审议宿州市2015年本级财政决算(草案)审查结果的报告;听取并审议市政府关于宿州市棚户区改造磬云南路安置区项目政府购买服务协议资金列入年度财政预算的议案;听取并审议市政府关于宿州市外环道路(北环、东环)建设工程项目拨付资金列入年度财政预算的议案;听取并审议市政府关于宿州市纺织路、银河三路等8条道路管网建设、维护项目签订的《政府购买服务协议》项下资金纳入年度财政预算的议案;听取并审议市政府关于提请审议宿州市改善农村人居环境建设(一期)项目贷款实施方案的议案;听取并审议市政府关于提请审议宿州市农村饮水安全巩固提升工程"十三五"项目贷款实施方案的议案;听取并审议市政府关于全市"六五"法治宣传教育工作情况的报告;听取并审议市政府关于宿州市土地利用与管理情况的报告;审议市人大常委会调研组关于宿州市土地利用与管理情况的调研报告;听取并审议市政府关于全市"调转促"行动计划实施情况的报告;审议市人大常委会调研组关于全市"调转促"行动计划实施情况的调研报告;听取并审议《宿州市市容治理条例(草案修改稿)》;审议《宿州市农村垃圾治理条例(草案)》;审议有关人事任免事项;审议确定市四届人大常委会第二十九次会议有关事项。

【市四届人大常委会召开第四十二次主任会议】 7月22日,市四届人大常委会召开第四十二次主任会议。市人大常委会副主任张旭、王克金、张忆秋、石文庆,秘书长王保华出席会议。会议听取并审议《宿州市市容治理条例(草案修改稿)》,审议有关人事任免事项。

【市四届人大常委会召开第四十三次主任会议】 7月26日,市四届人大常委会召开第四十三次主任会议。市人大常委会副主任张旭、王克金、张忆秋、石文庆,秘书长王保华出席会议。会议听取《宿州市市容治理条例(草案修改稿)》审议结果的报告,以及常委会第二十九次会议分组审议情况汇报。

【市四届人大常委会召开第四十四次主任会议】 9月13日,市四届人大常委会召开第四十四次主任会议。市人大常委会副主任张旭、王克金、张忆秋、石文庆,秘书长王保华出席会议。会议听取并审议市政府关于宿州市2016年预算执行情况及年内工作意见的报告;关于调整宿州市本级2016年预算的议案;听取市人大常委会预算工委关于宿州市今年以来预算执行情况及年内工作意见报告有关情况的汇报、关于宿州市本级2016年预算调整方案的审查报告;听取并审议市政府关于提请审议宿州经开区供排水管网等项目《政府购买服务协议》项下资金纳入年度财政预算的议案;听取并审议市政府关于提请审议宿州市徽银云计算(手游)战新产业基金回购资金分年度列入市级财政预算的议案;听取并审议市政府关于提请审议S404符离大道和G206北段PPP项目市级回购资金分年度列入财政预算的议案;听取并审议市政府关于金融服务地方经济发展情况的报告;听取并审议市银监分局关于实施银行业监督管理法情况的报告;审议市人大常委会财经工委关于市政府实施银行业监督管理法、金融服务地方经济发展情况的调研报告;听取并审议市政府关于全市民族宗教工作情况的报告;审议市人大常委会民宗侨外工委关于全市民族宗教工作情况的调研报告;听取并审议市政府关于全市法治宣传教育工作开展情况的报告;审议市人大常委会内司工委关于全市法治宣传教育工作情况的调研报告;听取并审议市政府关于全市农产品质量安全工作情况的报告;审议市人大常委会农工委关于全市农产品质量安全工作情况的调研报告;审议《宿州市农村垃圾治理条例(草案修改稿)》;审议有关人事任免事项;审议确定市四届人大常委会第三十次会议有关事项。

【市四届人大常委会召开第四十五次主任会议】 9月28日,市四届人大常委会召开第四十五次主任会议。市人大常委会副主任张旭、王克金、张忆秋、石文庆,秘书长王保华出席会议。会议听取《宿州市农村垃圾治理条例(草案修改稿)》审议结果的报告;听取各项工作报告、决议(草案)审议情况的汇报。

【市四届人大常委会召开第四十六次主任会议】 11月18日,市四届人大常委会召开第四十六次主任会议。市人大常委会副主任张旭、王克金、张忆秋、石文庆，秘书长王保华出席会议。会议听取并审议市政府关于市四届人大五次会议代表议案和建议办理情况的报告；听取并审议市人大常委会人选工委关于市四届人大五次会议代表议案和建议交办、督办情况的报告；听取并审议市政府关于2015年度市本级预算执行和其他财政收支审计整改情况的报告；听取并审议市政府关于提请审议宿马园区棚改安置区建设项目《政府购买服务协议》项目资金分年度纳入财政预算的议案；听取并审议市政府关于财政有关工作报告；审议市人大常委会预算工委关于市政府财政有关工作情况的调研报告；听取并审议市政府关于商务有关工作报告；审议市人大常委会财经工委关于市政府商务有关工作情况的调研报告；听取并审议市政府关于卫生计生有关工作（两孩政策实施情况）报告；审议市人大常委会教科文卫工委关于市政府卫生计生有关工作（两孩政策实施情况）的调研报告；听取并审议市中级人民法院关于全市法院刑事审判工作情况的报告；审议市人大常委会内司工委关于全市法院刑事审判工作情况的调研报告；听取并审议市人民检察院关于全市检察机关公诉工作情况的报告；审议市人大常委会内司工委关于全市检察机关公诉工作情况的调研报告；听取对个别市人大代表采取强制措施的报告；审议有关人事任免事项；讨论市四届人大六次会议有关事项；审议确定市四届人大常委会第三十一次会议有关事项。

【市四届人大常委会召开第四十七次主任会议】 11月29日，市四届人大常委会召开第四十七次主任会议。市人大常委会副主任张旭、王克金、张忆秋、石文庆，秘书长王保华出席会议。会议听取并审议市政府关于提请设立“宿州经开区—徽银城镇化一号基金”回购资金分年度列入市级财政预算的议案。

【市四届人大常委会召开第四十八次主任会议】 12月2日下午，市四届人大常委会召开第四十八次主任会议。市人大常委会副主任张旭、王克金、张忆秋、石文庆、侯家春及秘书长王保华出席会议。会议审议确定市四届人大常委会第三十二次会议有关事项。

【市四届人大常委会召开第四十九次主任会议】 12月7日上午，市四届人大常委会举行第四十九次主任会议。市人大常委会副主任张旭、张忆秋、石文庆、侯家春，秘书长王保华出席会议。会议审议有关人事任免事项；审议确定市四届人大常委会第三十二次会议有关事项。

【市四届人大常委会召开第五十次主任会议】 12月7日，市四届人大常委会举行第五十次主任会议。市人大常委会副主任张旭、张忆秋、石文庆、侯家春，秘书长王保华出席会议。会议听取关于市四届人大常委会第三十二次会议分组审议人事任免情况的汇报。

【市四届人大常委会召开第二十六次会议】 1月14日，宿州市第四届人民代表大会常务委员会第二十六次会议在市政务中心举行。市人大常委会副主任张旭、王克金、张忆秋、石文庆，秘书长王保华、常委会委员27人出席会议。市人民政府常务副市长周勇，市中级人民法院副院长朱晓东，市人民检察院代理检察长包来友列席会议。市人大常委会副主任张旭、王克金分别主持全体会议。

会议听取并审议市人大常委会代表资格审查委员会关于代表变动情况及增补选代表的代表资格审查报告；审议宪法宣誓方案（草案）。会议表决通过《宿州市人民代表大会常务委员会工作报告（草案）》和市四届人大五次会议有关事项；审议决定有关人事任免事项。部分省、市人大代表，各县区人大常委会负责人，市人大常委会副秘书长和各委、室负责人列席会议。

【市四届人大常委会召开第二十七次会议】 3月23日，宿州市第四届人民代表大会常务委员会第二十七次会议在市政务中心举行。市人大常委会副主任张旭、王克金、张忆秋、石文庆，秘书长王保华及委员37人出席会议。市人民政府常务副市长周勇，市中级人民法院院长戚怀民，市人民检察院检察长包来友列席会议。市人大常委会副主任张旭主持全体会议。会议听取并审议市人大常委会执法检查组关于《中华人民共和国消防法》贯彻实施情况的执法检查报告；听取关于《宿州市实施宪法宣誓制度办法（草案）》的起草说明；听取关于《宿州市人民代表大会常务委员会关于任命审判和检察工作人员的有关规定》修正草案的说明。会议还审议决定有关人事任免事项。举手表决通过《宿州市实施宪法宣誓制度办法(草案)》;举手表决通过《宿州市人民代表大会常务委员会关于任命审判和检察工作人员的有关规定》修正草案。各县区人大常委会负责同志,市人大常委会副秘书长和各委、室负责同志,以及市政府相关部门负责人列席会议。

【市四届人大常委会召开第二十八次会议】 5月26日,宿州市第四届人民代表大会常务委员会第二十八次会议在市政务中心举行。市人大常委会副主任张旭、王克金、张忆秋、石文庆、侯家春,秘书长王保华及委员32人出席会议。市委常委、副市长赵琳,副市长邵郁、马杰,市中级人民法院院长戚怀民,市人民检察院检察长包来友列席会议。市人大常委会副主任张旭和张忆秋分别主持全体会议。

会议听取并审议市政府关于2015年度法治政府建设工作的报告;听取并审议市政府关于培植工业首位产业、降低企业成本情况的报告;听取并审议市政府关于全市职业教育发展情况的报告;听取并审议市政府关于全市脱贫攻坚工作情况的报告;听取并审议市供电公司关于贫困村电网改造工作情况的报告;听取并审议市政府关于我市房地产发展情况的报告;听取市政府关于《宿州市城市市容治理条例(草案)》的起草说明,审议《宿州市城市市容治理条例(草案)》;审议市政府组成部门主要负责人和市中级人民法院副院长、部分法官,市人民检察院副检察长、部分检察官2015年度述职报告。审议决定有关人事任免事项,举行宪法宣誓。会议听取《行政诉讼法》法制讲座,并视察农村电网改造工作情况。部分全国、省、市人大代表,各县区人大常委会负责同志,市人大常委会各委、室负责同志,以及市政府相关部门负责同志等列席会议。

【市四届人大常委会召开第二十九次会议】 7月24日,市四届人大常委会第二十九次会议在市政务中心举行。市委书记、市人大常委会主任张曙光出席会议并作重要讲话。市人大常委会副主任张旭、王克金、张忆秋、石文庆、侯家春,秘书长王保华及委员31人出席会议。市委常委、副市长赵琳,副市长吕剑,市中级人民法院院长戚怀民,市人民检察院检察长包来友列席会议。市人大常委会副主任张旭、石文庆分别主持全体会议。会议听取市政府关于全市上半年经济运行情况和下半年工作安排的报告;听取并审议市政府关于2015年财政决算情况的报告;听取并审议市政府关于2015年度宿州市本级预算执行和其他财政收支情况的审计工作报告;听取并审议宿州市2015年本级财政决算(草案)审查结果的报告;听取并审议市政府关于提请审议宿州市棚户区改造磬云南路安置区项目政府购买服务协议资金列入年度财政预算的议案;听取并审议市政府关于提请审议宿州市外环道路(北环、东环)建设工程项目拨付资金列入年度财政预算的议案;听取并审议市政府关于提请审议宿州市纺织路、银河三路等8条道路管网建设、维护项目签订的《政府购买服务协议》项下资金纳入年度财政预算的议案;听取并审议市政府关于提请审议宿州市改善农村人居环境建设(一期)项目贷款实施方案的议案;听取并审议市政府关于提请审议宿州市农村饮水安全巩固提升工程“十三五”项目贷款实施方案的议案;听取并审议市政府关于全市“六五”法治宣传教育工作情况的报告;听取并审议市政府关于我市土地利用与管理情况的报告,并进行满意度测评;听取并审议市政府关于全市“调转促”行动计划实施情况的报告;听取市人大法制委关于《宿州市市容治理条例(草案)》修改情况的说明,并审议《宿州市市容治理条例(草案修改稿)》;听取市政府关于《宿州市农村垃圾治理条例(草案)》的起草说明,并审议《宿州市农村垃圾治理条例(草案)》;审议并表决通过《宿州市市容治理条例(表决稿)》;审议并表决通过关于批准宿州市2015年本级财政决算的决议;审议并表决通过关于批准《宿州市人民政府关于宿州市棚户区改造磬云南路安置区项目政府购买服务协议资金列入年度财政预算的议案》的决议;审议并表决通过关于批准《宿州市人民政府关于宿州市外环道路(北环、东环)建设工程项目拨付资金列入年度财政预算的议案》的决议;审议并表决通过关于批准《宿州市人民政府关于宿州市纺织路、银河三路等8条道路管网建设、维护项目〈政府购买服务协议〉项下资金纳入年度财政预算的议案》的决议;审议并表决通过关于批准《宿州市改善农村人居环境建设(一期)项目贷款实施方案的议案》的决议;审议并表决通过关于批准《宿州市农村饮水安全巩固提升工程“十三五”项目贷款实施方案的议案》的决议;审议并表决通过关于开展第七个五年法治宣传教育的决议。会议还审议决定有关人事任免事项，并举行宪法宣誓。会议听取《中国共产党廉洁自律准则》《中国共产党纪律处分条例》法制讲座，并视察全市土地利用与管理情况。部分省、市人大代表，各县区人大常委会负责同志，市人大常委会副秘书长和各委、室负责同志，市政府相关部门负责同志等列席会议。

【市四届人大常委会召开第三十次会议】 9月26日，市四届人大常委会第三十次会议在政务中心举行。市人大常委会副主任张旭、王克金、张忆秋、石文庆、侯家春，秘书长王保华及委员32人出席会议。市委常委、常务副市长余向东，市委常委、副市长赵林，副市长吕剑，市中级人民法院院长戚怀民，市人民检察院检察长包来友列席会议。市人大常委会副主任张旭、王克金分别主持全体会议。

会议听取并审议市政府关于宿州市2016年以来预算执行情况及年内工作意见的报告；听取并审议市政府关于调整宿州市本级2016年预算的议案；听取并审议市政府关于提请审议宿州经开区供排水管网等项目《政府购买服务协议》项下资金纳入年度财政预算的议案；听取并审议市政府关于提请审议宿州市徽银云计算（手游）战新产业基金回购资金分年度列入市级财政预算的议案；听取并审议市政府关于提请审议S404符离大道和G206北段PPP项目市级回购资金分年度列入财政预算的议案；听取并审议市政府关于金融服务地方经济发展情况的报告；听取并审议市银监分局关于实施银行业监督管理法情况的报告；听取并审议市政府关于全市民族宗教工作情况的报告；听取并审议市政府关于全市法治宣传教育工作开展情况的报告，并进行满意度测评；听取并审议市政府关于全市农产品质量安全工作情况的报告，并进行专题询问。会议听取《农产品质量安全法》法制讲座，并视察全市法治宣传教育工作开展情况。

会议审议并表决通过《宿州市农村垃圾治理条例（表决稿）》；审议并表决通过《关于批准宿州市本级2016年预算调整方案的决议（草案）》；审议并表决通过《关于批准〈宿州市人民政府关于提请审议宿州经开区供排水管网等项目《政府购买服务协议》项下资金分年度纳入财政预算的议案〉的决议（草案）》；审议表决通过《关于批准〈宿州市人民政府关于提请审议宿州市徽银云计算（手游）战新产业基金回购资金分年度列入市级财政预算的议案〉的决议（草案）》进行表决；审议表决通过《关于批准〈宿州市人民政府关于提请审议S404（符离大道）和G206北段PPP项目市级回购资金分年度列入财政预算的议案〉的决议（草案）》。会议还审议决定有关人事任免事项，并举行宪法宣誓。部分省、市人大代表，各县区人大常委会负责同志，市人大常委会副秘书长和各委、室负责同志，市政府相关部门负责同志等列席会议。

【市四届人大常委会召开第三十一次会议】 11月30日，市四届人大常委会第三十一次会议在政务中心举行。市人大常委会副主任张旭、王克金、张忆秋、石文庆、侯家春，秘书长王保华及委员30人出席会议。市委常委、常务副市长余向东，市中级人民法院院长戚怀民，市人民检察院检察长包来友列席会议。市人大常委会副主任张旭、张忆秋分别主持全体会议。会议听取并审议市政府关于市四届人大五次会议代表议案和建议办理情况的报告；听取并审议市人大常委会人选工委关于市四届人大五次会议代表议案和建议交办、督办情况的报告；听取并审议市政府关于2015年度市本级预算执行和其他财政收支审计整改情况的报告；听取并审议市政府关于提请审议宿马园区棚改安置区建设项目《政府购买服务协议》项下资金分年度纳入财政预算的议案；听取并审议市政府关于提请审议“宿州经开区—徽银城镇化一号基金”的议案；听取并审议市政府关于财政有关工作报告，并进行满意度测评；听取并审议市政府关于商务有关工作报告，并进行满意度测评；听取并审议市政府关于卫生计生有关工作报告，并进行满意度测评；听取并审议市中级人民法院关于全市法院刑事审判工作情况的报告；听取并审议市人民检察院关于全市检察机关公诉工作情况的报告；听取并审议市人大常委会主任会议关于提请许可对个别市人大代表采取强制措施的议案；会议还审议决定有关人事任免事项。

会议听取《中华人民共和国刑法》法制讲座，并视察全市财政、商务、卫生计生工作。部分省、市人大代表，各县区人大常委会负责同志，市人大常委会副秘书长和各委、室负责同志，以及市政府相关部门负责同志列席会议。

【市四届人大常委会召开第三十二次会议】 12月7日，市四届人大常委会举行第三十二次会议。市委书记、市人大常委会党组书记史翔出席会议并作重要讲话。市人大常委会副主任张旭、张忆秋、石文庆、侯家春,秘书长王保华及委员30人出席会议。市委常委、常务副市长余向东列席会议。市人大常委会副主任张旭主持全体会议。

会议听取市政府关于提请任命杨军工作职务的议案;听取并审议市人大常委会主任会议《关于接受史翔辞去宿州市人民政府市长职务请求的议案》。会议还审议决定有关人事任免事项,并举行宪法宣誓。市中级人民法院副院长、市人民检察院检察长,以及市人大常委会副秘书长和各委、室负责人列席会议。

《宿州市城镇绿化条例》颁布实施宣传活动启动仪式

宿州市人民政府

【综述】 2016年,在省委、省政府和市委的坚强领导下,全面贯彻中共十八大和十八届三中、四中、五中、六中全会精神,深入贯彻习近平总书记系列重要讲话特别是视察安徽重要讲话精神,攻坚克难,开拓进取,较好完成了市四届人大五次会议确定的目标任务。初步核算,全市生产总值1320亿元,增长9%;财政收入139.8亿元,增长11.3%;固定资产投资1270亿元,增长12.1%;社会消费品零售总额471亿元,增长12.4%;城镇、农村常住居民人均可支配收入25400元和9980元,分别增长8.3%、9.5%;三次产业结构持续优化,一产比重首次降至20%以下;节能减排达到省控目标;主要动态指标继续保持全省前列。特别是县域经济发展加快,主要经济指标增速高于全市平均水平,经济总量占全市比重达到85%,整体实力显著提升。

【市政府重点工作】 产业转型步伐加快。工业主导地位突出,规模以上工业增加值400亿元,增长9.2%;规模以上工业企业1281户,产值超亿元企业530户。持续实施"3111"工程,"三个10"项目顺利推进,实现首位产业产值720亿元。"调转促"步伐加快,实施传统产业改造升级,完成技术改造投资430亿元,增长15%;依托"全创改",统筹推进"三重一创",云计算产业基地入选省级战略性新兴产业集聚发展基地,市经开区生物医药、砀山果蔬食品生物科技、萧县功能性新材料3个市级战新基地启动建设,全市战略性新兴产业产值、高新技术产业工业增加值分别增长30%、21%。3D打印、石墨烯研究院等创新平台相继建立,国盾量子通信落户宿州,新增省级以上研发机构2家。产业发展后劲增强,钱营孜低热值煤发电、和泰陶瓷等190个项目开工建设,新亚电子等192个项目进度加快,立诚包装等85个项目建成投产,"大新专"项目投资640亿元,完成年度计划的146%,获批专项建设基金29.8亿元。积极对接徽商大会等招商活动,实际到位内资1040亿元,增长15.6%;利用外资7.3亿美元,增长8%。新型业态加速成长,电子商务异军突起,全市网上农产品销售55亿元、增长20%,泗县获评国家级电子商务进农村综合示范县。砀山、灵璧分别入选国家全域旅游示范区、全国休闲农业与乡村旅游示范县,萧县获评中国最佳乡村旅游目的地,全市旅游总收入120亿元,增长20.7%。

城乡建设面貌一新。城市总体规划修编顺利启动,《大宿城空间战略发展规划》编制积极推进。全市实施重点工程205项,完成投资231.9亿元。郑徐高铁宿州段、宿灵泗快速通道正式通车,宿萧砀快速通道基本建成。宿州东站扩建、市政务服务中心加快建设,拂晓大道综合改造顺利完成,万达广场、南翔云集开业运营,植物园建成开放,主城区实现双"80"目标。"555"工程扎实推进,县区开工建设重点项目99个,渔沟镇入选首批省级特色小镇。棚户区改造加快推进,建设房产超市,充实房源项目库,货币化安置比例达70%;完成征迁拆违733万平方米,新开工各类保障房2.2万套,开工率、基本建成率均居全省前列。城市管理文明有序,争创全国文明城市活动扎实开展,荣获国家园林城市称号,"城管服务超市"入围全国创新社会治理典型案例。城市功能持续完善,"智慧城市"13个平台类、民生类项目一体推进,成功获批国家首批电信普遍服务试点城市、"宽带中国"示范城市、省首批优先发展公交示范城市。城乡生态不断改善,全市新增绿地面积487万平方米,建成绿道70公里,新造林0.98万公顷,森林增长工程通过验收,新汴河景观带获批国家级水利风景区,石龙湖国家湿地公园正式命名,埇桥区获评全国绿化模范县区;美丽乡村建设加快,完成41个乡镇政府驻地建成区整治、43个中心村建设任务,"三线三边"环境治理成效显著;环境执法检查力度加大,非煤矿山整治有力推进,秸秆综禁成效明显,大气和水污染防治取得阶段性成果。宿州变得更美了,为宿州点赞的更多了。

现代农业全面提升。粮食总产403.2万吨,实现"十三连丰"。建设创新型农业现代化先行区,着力打造现代农业"两区"升级版。农业经营主体向多元转变,现代农业产业化联合体、家庭农场、农民专业合作社分别达到229个、3970个、9893个,分别增长30.9%、9%、11.5%。农业产业化综合水平全省领先,规模以上农产品加工企业完成加工产值994亿元、增长9.3%,市级以上龙头企业516家。砀山酥梨进入"全国果品业最具投资价值品牌30强"。农村重点改革扎实推进,土地承包经营权确权登记颁证顺利实施,农业规模经营面积占耕地比重达25%,"劝耕贷"试点在全国推广。病险水库水闸除险加固、中小河流治理等重点水利工程加快推进,新增高效节水灌溉面积0.07万公顷,埇桥区荣获省"江淮杯"四连冠。解决20万人饮水安全问题。主要农作物耕种收综合机械化水平达87%以上。

脱贫攻坚稳步推进。11.91万贫困人口、140个贫困村有望脱贫出列。建立健全"1+28"政策体系,形成脱贫攻坚政策"组合拳"。强化定点包保责任,359个贫困村实现"脱贫攻坚第一书记"全覆盖。落实精准识别和动态管理机制,扶贫对象基础信息进一步完善。启动脱贫攻坚"十大工程",5000个产业扶贫项目精准到户,建成12100个户用、189个村级光伏电站。在全省率先开展贫困人口综合医保"一站式"即时结算,市内医疗机构就诊费用通过综合补偿后,其余合规费用再补助90%,在全国健康脱贫工作会上作经验介绍。实施易地扶贫搬迁3700人,完成贫困户危房改造8150户,建档立卡贫困家庭高中生学杂费全部免除。

改革开放持续深入。供给侧结构性改革扎实推进,"去降补"任务落地见效,商品房去化周期由16.5个月降至12个月,政府平台融资成本不超过银行贷款基准利率的1.3倍,"营改增"降低企业税负3亿元,减负率25%。"放管服"改革深入实施,行政审批"三集中、三到位"全面落实,行政审批类、公共服务类项目"网上可办";大众创业、万众创新深入推进,"五证合一、一照一码"全面实施,新登记注册企业10870户,增长29%。金融服务能力不断增强,全年新增贷款166亿元、增长38%,直接融资102亿元、增长308%,均创历史新高。主板辅导备案企业2家,新三板挂牌企业4家。大力发展股权债权投资基金,各类基金总规模93亿元。萧县民间投资工作在国务院大督查中获得肯定。城市智能管网、206国道北段改建工程等6个PPP项目有序推进,吸引社会资本44亿元。户籍制度改革稳步推进,新增城镇落户8667人,农村转移人口市民化步伐加快。基本实现不动产统一登记全域发证。文化体制、医药卫生、国资国企、统计调查等重点领域改革有序推进。宿州海关正式开关,全市进出口总额5亿美元。园区发展活力增强,市经开区成功扩区,宿马园区荣膺"中国产业园区营商环境百强",市高新区蝉联"中国产业园区创新力百佳",鞋城成功举办第五届中国制鞋产业发展高层论坛。

民生福祉不断改善。全市民生支出265亿元,占财政总支出的85.1%。33项民生工程全面完成,再获全省民生工程绩效奖补先进市。10件惠民实事顺利实施,新增电动公交车60辆,新建改建乡镇公厕100座,市、县城区老旧电线改造稳步推进。新增城镇就业5.4万人,城镇登记失业率控制在4.5%以内。"五险"参保180万人次,建立机关事业单位工作人员养老保险制度,企业退休人员基本养老金人均月增150.2元,城乡低保人均月保障标准分别增长11.6%、36.4%,农村五保供养标准增长33%。新建改扩建公办幼儿园55所,完成义务教育学校标准化建设155所,4所职教中心转为普通中专。埇桥区获评全国社区教育示范区。二级以上医疗机构增加到24所,创建国家级群众满意乡镇卫生院16个、省级群众满意村卫生室11个。实施全面两孩政策,人口计生工作保持全省前列,泗县获评全国计划生育优质服务县。入选"中国好人"5名、"安徽好人"25名。《平安是福》晋京赴省演出圆满成功。成功举办2016宿州国际网球公开赛和第二届宿州国际半程马拉松赛。食品药品监管规范有序,基层监管所标准化建设走在全省前列。安全生产监管执法推进年活动深入开展,依法关闭非法企业418家,取缔非法加油站614个,安全生产形势总体稳定。"平安宿州"建设扎实推进，应急管理体系不断完善。"七五"普法和第三次全国农业普查顺利启动。全民国防教育、国防动员、人民防空工作进一步加强，全国双拥模范城实现"七连冠"。全国无偿献血先进城市实现"八连冠"，侨务、科普、防震减灾等工作荣获全国先进荣誉称号，物价、外事、对台、档案、气象、民族宗教、妇女儿童、地方志、残疾人等事业得到进一步加强。

自身建设不断提升。扎实开展"两学一做"学习教育，积极开展"讲看齐、见行动"学习讨论，严格落实中央"八项规定"精神和省市"30条"，持续深化效能建设，有效整治"中梗阻"和"基层板结"。深入推进依法行政，落实重大决策法定程序，推进合法性审查机制全覆盖，加强和改进政府立法，提请市人大常委会审议地方性法规2件。自觉接受人大法律监督、政协民主监督和社会舆论监督，办理人大代表议案和建议121件，政协建议案和委员提案252件。深化政务公开，切实做好市长热线和网络问政工作，一批群众关注的热点问题得到有效解决。认真履行政府系统全面从严治党责任，落实中央巡视组"回头看"反馈问题整改，加强行政监察和审计监督，严肃查处违法违纪案件，党风廉政建设和反腐败斗争取得新成效。

·办公室工作·

【政务信息】 2016年，全市政务信息工作贴近需求，主动服务，政务信息质量进一步提高。全年市政府办公室共编发《政务信息》28期、《政务要情》90期，向省政府办公厅上报《信息摘报》2130篇次，其中被国务院办公厅采用9条次，省政府采用190条次，被国办、省政府领导批示6条。各地各部门信息工作机构增强主动服务意识，围绕中央、省委省政府、市委市政府重点工作，做好信息选题的分析和研判，及时反映贯彻落实国家、省、市重大决策和重要工作部署情况；各地经济发展情况；全面深化改革中的典型经验和做法；人民群众关心的热点和难点问题，为领导了解情况指导工作提供重要依据，政务信息主渠道作用进一步增强。

【电子政务】 认真落实省、市关于精简会议文件的要求，市政府及办公室发文数量均控制在规定的控制指标内。全面贯彻执行《党政机关公文处理工作条例》，累计收到并处理公文4416件，印发各类文件865件。寄发机要文件18765份，发送各县区电报、传真500余份。大力推行电子政务，实现非密级公文一律网上办理；严格文件的收、发、传、送、批、借、存、销等环节，做到了程序化、制度化、规范化。完善公文流转制度，把首问负责制、限时办结制、责任追究制融于其中，文件的流转更为便捷高效。加强纸质文件的档案管理工作：在去年一次性整理移交20余年的文件档案基础上，对公文进行一年一清，及时向市档案馆整理移交2015年的全部文书档案；并对市政府签订的各类协议、合同、责任书等文本以及各类无编号文件、办结件等资料进行登记编号和存档，所有文件基本实现电子化目录，大大便捷了搜索查询工作。加强纸质文件保密等工作：密件按程序签收和退还，全年无泄密事件发生。

【目标管理】 目标管理绩效考核工作进一步强化。改革过去的考核办法，将市直单位的目标管理考核、市政府工作任务考核和市直党群部门、市人大政协机关、市法院检察机关工作任务考核等3项考核进行整合，在加强调研的基础上，研究制定《宿州市目标管理绩效考核暂行办法》，经市委常委会、市政府常务会研究同意并印发执行。对市直87个列入考核的单位进行年度目标管理考核工作。评出优秀单位42个，良好单位40个，合格单位5个。研究制定《宿州市目标管理绩效考核细则》，先后3次在网上进行征求意见建议。分别组织实施全市政府办公室系统以及市政府驻北京、上海和广东3个办事处年度目标管理考核。

【政务督查】 加大督查督办力度，开展专项督查督办活动30余次，制发督查专报145期，筹备全市工作任务调度会8次，整理发放调度会点评材料6000余份，材料汇编8本。根据《政府工作报告》提出目标任务，进行责任分解，明确107项重点工作牵头和协同配合责任单位，列入全市目标管理绩效考核逐月调度。制定全市89家单位1000多项工作任务分解责任书，将省政府67项考核指标细化分解，纳入市政府考核，明确各指标的责任单位，逐月对全市各考核相关单位进行督查。督促落实10件惠民实事，促进市政府惠民承诺落地生根，切实提高民生福祉。牵头承办国务院第三次大督查、国务院和省政府督查工作要点政策措施落实情况督查等有关工作,有力促进了国务院和省政府各项决策部署在宿州落地生效。办理人民网网友给省长留言204件,办结上报204件,办结率100%,办理质量和效率全省领先。

【应急管理】 市长热线和应急管理的能力进一步提升。办理省长热线交办件17件,办结率100%;市长热线电话受理4700余件,办结率达95%以上;受理市长信箱、中安在线网民留言185件,办结率达100%。高度重视应急准备、应急预案演练和宣教培训工作,积极参与"畅通江淮—2016"防震减灾通信保障联合应急演练,组织协调开展宿州市地震应急处置桌面推演。妥善做好突发应急事件处置工作,较大以上突发事件无任何迟报、漏报、瞒报等违规现象,为及时高效、科学有序开展救援工作和妥善处置善后事宜,做出应有的努力。上报省政府应急办《值班快报》68期,报送应急管理动态22期,发布突发事件预警信息和综合信息100余条,应急管理工作继续走在全省前列。

【建议和提案办理】 自觉接受人大法律监督、政协民主监督和社会舆论监督,办理人大代表议案和建议121件,政协建议案和委员提案252件,办公室获评办理市四届人大代表议案、建议先进集体。

【政务公开】 自2015年6月开始,牵头开展政务公开工作,本着抓基层、打基础、建制度、强内功、树形象的原则,建立健全政务信息公开和新闻发布会等制度,对各地各部门分4个阶段进行4次系列培训,召开新闻发布会12场,市直重点部门和县区、乡镇的政府信息公开工作实行一月一调度,政务公开工作更加规范,水平大幅提升。认真做好市政府及办公室领导每日工作动态发布工作,通过政府信息公开网主动发布政府信息近两万条,"双公示信息"1000余条;通过"两微一端"主动公开信息5000余条,回应群众关切310件次。高度重视保密工作,完成省、市保密部门对市政府办的保密检查工作,上报各类保密检查工作总结7份。加强政府网站建设,政府网站形象有了大幅提升,在省政府绩效考核中电子政务工作排名进入全省前六。

【外事侨务】 外事与侨务工作职能作用发挥进一步加强。加强因公出国(境)管理,严格把关、规范程序,执行经费预算,加强量化管理,严格控制双跨出访。制定完善外事(侨务)工作权责清单、监管细则、公共服务事项服务指南。全年6个市厅级团组和6个县处级自组团完成出访。为4家企业申办12张APEC商务旅行卡。支持宿州学院利用友城平台,与印尼巴东市高校开展教育方面的交流合作。协调加拿大凤凰教育集团与市教育局对全市部分中小学英语教师进行培训。接待日本驻沪领事后白一树一行,争取一个日本援助项目,合计60万元。先后接待俄罗斯巴什科尔托斯坦共和国副总理沙伊努罗夫、乌里扬诺夫斯克州经济部长瓦辛谢尔盖、楚瓦什共和国经济部发展集团总经理尤里来宿洽谈投资及贸易合作。春节慰问困难归侨侨眷并发放慰问资金2.2万元。争取省侨办困难归侨侨眷扶贫专项资金6万元。组织5名困难归侨侨眷参加国侨办的"归侨侨眷职业技能培训班"。解决侨界群众房屋拆迁、医疗保险、身份认定、升学加分、项目投资、政策咨询等来电来访147人次,办结率100%。全年为12位归侨侨眷申请办理归侨侨眷证。哥斯达黎加华侨捐助灵璧县贫困学生40名。选派1名优秀教师赴菲律宾开展华文教育。灵璧县灵城镇南姚社区荣获"市级侨法宣传角"荣誉称号。泗县泗城镇花园井社区荣获国务院侨办"全国社区侨务工作示范单位"荣誉称号和2万元经费支持。

·地方志工作·

【概况】 2016年市、县(区)二轮志书编修工作全面完成,出版发行4部。《宿州市志(1988—2007)》《砀山县志(1986—2012)》《灵璧县志(1986—2011)》获全省地方志成果一等奖;《宿州年鉴》连续出版第18部,县(区)年鉴编写全面启动实现全覆盖;《宿州方志历史文化丛书》(8册)书稿编辑、修改完成;完成《安徽省志·市县概览》宿州篇供稿。

【《宿州市志(1988—2007)》首发式】 2016年1月15日,市委、市政府在南苑宾馆举行《宿州市志(1988—2007)》首发式。中国地方志指导小组办公室副主任邱新立,省地方志办公室主任朱文根、副主任刘成典、吴静,各处室负责人、15个地级市地方志办公室主任及部分方志协会会员单位代表,市政府副市长马杰、副秘书长李华民、市直接受赠书单位代表等参加首发式。首发式由市政府副秘书长李华主持，副市长马杰代表市政府讲话，省志办主任朱文根发表致辞，给予《宿州市志》高度评价。

【第二轮修志成果】 截至2016年8月，全市全面完成第二轮修志任务，市县两级6部志书出版发行4部；出版发行乡镇志7部，各类行业志、部门志20余部。

【综合年鉴编纂】 市方志办1999年出版第一部综合年鉴，至2016年连续出版18部年鉴，实现一年一鉴，公开出版。县区综合年鉴编写工作从1995年开始陆续启动，各县区结合本地实际，坚持不间断资料收集，2—3年编写一部综合年鉴，至2013年各县区全面启动年鉴编写工作，埇桥区志办自2013年实现一年一鉴，公开出版。

【方志馆建设】 宿州市档案局方志办紧紧抓住中央财政大加支持中西部地区县级综合档案馆建设力度这一有利时机，积极争取将档案馆（方志馆）建设列入地方经济社会发展规划。市档案馆（方志馆）建设于2014年完成立项、选址，设计地上五层、地下一层，设计总面积1.4万平方米，其中方志馆设计面积2500平方米。2016年2月项目开工建设，计划2017年6月完成土建。

萧县方志馆（档案馆）被列入中央预算内投资建设项目，中央投入资金拨付县财政专户，确定新馆选址，划拨土地1公顷，设计建筑面积5680平方米。埇桥区、砀山县、灵璧县、泗县档案（方志）馆建设完成立项、选址、设计等前期准备工作。

【地情资料研发】 市方志办牵头，联合市政协、宿州学院、市新四军研究会、宿州城市文化研究会，编著宿州地方史志丛书，丛书计划收录反映宿州历史文化、人文景观、地方特色物产等方面书稿10册。《宿州大事记》《宿州自然灾害史》《宿州景观》《宿州抗日名人》《宿州方言》《符离诗社——吕本中》《灵璧石史话》《赛珍珠布克与宿州》8部书稿完成编辑修改和印刷招标，书稿交付出版社。

【《安徽省志·市县概览》宿州篇供稿】 10月18日省方志办部署编写安徽省志市县概览工作任务，要求30天完成。市志办立即召开相关人员会议，研究布置全市概览编写内容和编写方法。市志办组成由分管主任牵头的编写小组，分建置区划、自然环境、人口、城乡建设、经济发展、社会事业、人民生活、名特产品、名胜古迹、历史名人和宿州特色11个板块组织编写，要求各县区围绕这11个方面进行综合编述，按省志办要求保质保量地完成市县概览的编写任务。11月15日县区完成供稿，经市志综合修改，11月20日市县概览宿州篇文稿完成，及时上报省方志办。

·政务服务·

【三集中、三到位】 2016年，市行政服务中心结合“简政放权”要求，优化各进驻单位各项行政事务办理流程，取消不合理的审批环节，压缩办理时限。179项办事流程简化，服务优化。全年受理行政审批和公共服务事项226万件，办结率99.8%，办件总量创历史新高，是2015年的3.46倍。

市行政服务中心引入并开展第三方评估机制，得到省委改革办充分肯定，年末市级政务服务绩效考评受到省中心的好评。2016年市统计局民调中心组织开展“宿州市政府政务服务中心窗口单位群众满意度调”，47家被调查的窗口单位有3家群众满意度分值达到满分100分，满意度分值最低分为94.68分。群众满意度较上年有较大幅度提升。

【政务服务体系标准化】 市政务服务中心按照“标准化深化年”的要求，市、县、乡、村级四级政务服务体系建设实行标准化，做到“五统一”，即统一标识、统一办公设施、统一人员配备、统一规范窗口设置和统一办理服务事项内容。各县区按照政务服务的要求统一标准，整合乡村两级政务服务资源，加快推进乡镇（街道）为民服务中心和村社区政务服务全程代理工作站建设。2016年末，乡村两级政务服务网络打通，完成市、县、乡、村四级政务服务体系框架建设。

【“互联网+政务服务”体系完善】 市行政服务中心根据“互联网+”工作要求，积极打造高效便捷的智能交互系统，架设千兆光纤，便民Wi-Fi全楼覆盖，高清摄像头与电子监察系统确保权力运行公开、透明、规范，多媒体触摸查询屏、二维码识别查询、身份证电子取号、智能排除系统、自动终端、多维评价体系营造出“互联网+”时代智慧化办事环境。2016年末中心实现县、乡、村三级实体窗口、网上办事大厅、自动服务终端、热线电话、微信公众号、手机APP(试运行)等多渠道融合。

·扶 贫·

【概况】 宿州市地处皖北集中连片特困地区,是安徽省五个扶贫任务较重市之一。2012年,砀山县、萧县、灵璧县、泗县被国务院确定为国家级贫困县,埇桥区被确定为省扶贫开发重点县区,贫困人口分散,量大面广。2014年,建档立卡贫困人口61.27万人,贫困发生率9.8%,贫困村359个。近年来,宿州市把脱贫攻坚作为经济社会发展的首要任务和第一民生工程,围绕精准扶贫、精准脱贫基本方略,强化脱贫举措,狠抓工作落实,脱贫工作取得明显成效。2016年,稳定完成140个贫困村出列、11.91万人脱贫年度目标任务,农村贫困人口减少到28万人,贫困发生率下降到4.3%。

【扶贫政策体系建设】 在安徽省省脱贫攻坚"1+20"政策体系基础上,结合宿州实际,制定《关于贯彻落实习近平总书记视察安徽重要讲话深入推进精准扶贫精准脱贫及重要政策措施分工的意见》《宿州市人民政府办公室关于实施精准到户产业扶贫项目的指导意见》等28个配套文件。编制宿州市"十三五"脱贫攻坚规划,明确"十三五"期间脱贫攻坚总体要求、主要任务、工作重点和保障措施,放大扶贫政策效应。

【精准识别扶贫对象】 开展扶贫对象建档立卡精准核查,做到"家底"清楚、靶向精准。完善精准扶贫台账,不漏一户、不落一人、能进能出、动态管理。规范识别程序,做好精准记录,记好两本帮扶"流水账",即以贫困户为单位,由包户干部记好入户帮扶"流水账";以村为单位,记好全村贫困户帮扶"流水账"。开展"回头看""精准核查月""动态调整数据清理"专项工作。

【脱贫攻坚十大工程】 1.产业脱贫方面,推进5000户精准到户产业扶贫项目建设。2.易地扶贫搬迁方面,萧县、泗县、灵璧县完成3700人易地扶贫搬迁任务。3.基础设施建设脱贫方面,继续推进"五个一工程",三年建设农村道路畅通工程2832公里,建设村级光伏电站70个,户用光伏电站1.21万户,建设31处精准扶贫安全饮水工程,完成140个出列贫困村配套电网改造项目。扎实推进贫困户危房改造,实现2016年拟脱贫户危房改造全覆盖。4.健康脱贫方面,开展对贫困人口病种底数精确核查,落实健康脱贫"351"和"180"政策。5.政府兜底保障方面,最低生活保障线提高至3000元,做好扶贫开发与农村低保有效衔接。6.教育脱贫方面,补助建档立卡义务教育阶段贫困家庭寄宿学生64510人次、4092万元,对贫困家庭普通高中学生补助助学金23469人次、4295.8万元,免除建档立卡家庭经济困难学生普通高中学杂费3267人次、208.95万元。发放中职国家助学金3645人、370.5万元,免中职学校学生学费23692人、4104.73万元。7.金融脱贫方面,发放扶贫小额贷款5094万元,帮助1269户建档立卡贫困户解决发展生产资金需求。

【脱贫攻坚双包工作】 落实"单位包村、干部包户"帮扶机制,359个贫困村全部建立驻村扶贫工作队,工作队队长兼任村党组织第一书记,实现全覆盖。从市、县(区)选派359名副处级以上领导干部到贫困村任"脱贫攻坚第一书记",领导、引导、指导、督导脱贫攻坚工作,发挥五帮、五促(帮加强组织,促软弱涣散党组织晋位升级;帮群众致富,促实现精准脱贫目标;帮理清思路,促发展壮大集体经济;帮协调落实,促加强基础设施建设;帮化解矛盾,促农村和谐稳定)作用。利用移动纪实系统,加强驻村工作管理,实行召回制度,召回调整48人。对包保单位、包保单位主要负责人、包保干部和选派第一书记(驻村扶贫工作队长)实行捆绑考核,对未完成年度扶贫开发目标任务的实行"一票否决"。

·公务员管理·

【公务员招录】 2016年,全市面向社会公开招录579个职位,经过报名、资格审查、笔试、体能测试、面试、体检、考察、公示、审批录用等各环节的工作,最终招录529个职位(含省垂管单位)。

【公务员考核】 市人社局认真执行国家和省关于公务员考核政策,印发《关于做好2016年度公务员考核工作的通知》,指导组织实施全市行政机关公务员(工作人员)的年度考核工作,结合单位年度获奖情况，严格控制优秀指标，落实日常管理与年度考核相结合，充分发挥年度考核导向作用。继续开展公务员平时考核试点工作，印发《关于开展全市公务员平时考核试点工作的通知》，召开试点工作动员会议，全市公务员平时考核试点工作现全面展开。采取定期检查和不定期抽查，通过走访、暗访服务对象，召集服务对象座谈会等多种方式，了解市直、县区试点地区和单位的工作开展情况，对工作推动不力、走过场的单位和部门，及时予以通报批评，限期改正；对平时考核过程中出现的问题进行总结，寻找对策，推广和宣传好做法。

【公务员遴选】 2016 年，市直机关遴选公务员 26 人，遴选工作抽调专人做好网上报名资格审查、政策解答等工作。经过报名、笔试、资格复审、面试等环节，全部到岗。

【公务员交流】 2016 年，承办以市政府名义任免文件 43 批 176 人次，并向市人大常委会提交 9 名市政府组成部门主要领导职务任免议案。做好新进公务员日常登记工作。累计办理新录用公务员、军转干部、选调生、公安职业院校毕业生、政法干警毕业生、调任人员等进入机关人员 234 人次的公务员登记工作。做好 2015 年度公务员统计工作。召开县区统计会审会议，进行安排部署和培训。对全市数据进行接收、审核、汇总，及时完成公务员统计任务，撰写统计分析报告并上报省公务员局。

【公务员培训】 2016 年，市人社局保质保量完成上级业务部门 13 期 123 人次的调学任务，成功举办 2 期公务员初任培训班，参训 250 人。承办安徽省第三、第四期“脱贫攻坚”能力提升专题培训班，120 人参加培训。

【工资改革和表彰奖励】 工资改革：认真落实人民警察工资待遇调整政策，2016 年对全市 3480 名符合条件的警察工资进行调整，人均月增资 751 元。落实机关事业单位调整基本工资标准和增加离休费，2016 年底前全市机关事业单位调整基本工资标准和增加离休人员离休费工作全部审批完成。实施县以下机关公务员职务与职级并行制度，截至 2016 年 3 月 31 日，全市县以下机关公务员职务与职级并行实施工作全部完成。表彰奖励：按照省公务员局安排，结合“两学一做”学习教育工作，6 月 24 日上午，在市艺术中心大剧院，全省第六届“人民满意公务员”和“人民满意公务员集体”巡回报告会在宿州市艺术中心大剧院举行，报告团成员的先进事迹和精彩演讲，在广大干部群众中引起了强烈反响，起到了以先进人物、先进事迹为标杆，扬清风，树正气，争当人民满意的公务员的示范引领作用。

【军转干部安置】 市人社局积极开拓创新，大胆开展工作，军转安置工作取得显著的成绩。2016 年上级下达全市的军转安置干部 36 人，随迁随调家属 4 人。选择计划分配 20 人，自主择业 16 人。选择计划分配的 20 名军转干部中，副团职 8 人，营职及以下 12 人。全市 36 名军转干部和 4 名随迁随调家属于 12 月 2 日全部安置完毕，并发出报到通知。在全省率先完成全年军转干部安置任务。

·市直机关事务管理·

【公务接待】 宿州市市直机关事务管理局（市委、市政府接待处）是市政府直属的参公事业单位，主要承担市委、市政府机关事务管理和后勤保障任务。2016 年，深入贯彻落实中央“八项规定”和省“三十条规定”，围绕依规合规、服务热情、保障有力的总基调总要求，转变接待理念，创新接待方法，加强制度建设，强化政治意识、节俭意识、规矩意识、服务意识，严格执行标准，主动搞好服务，公务接待工作形成按章办事、规范管理的新常态。全市完成各项重大接待任务 1320 批、17886 人次，热情周到、细致安全的接待服务受到市领导和来宾的充分肯定。同时切实加强接待经费管理，严控经费支出，公务接待成本及经费总支出有较大下降。

【办公用房管理】 市行管局参照《党政机关办公用房建设标准》（发改投资〔2014〕2674 号）及省相关文件精神，由市法制办牵头，与市财政局等相关单位制定出台《宿州市市直单位办公用房管理办法》《宿州市市直机关办公用房维修改造管理办法》《宿州市市级行政单位通用办公设备家具配置标准》，于 2016 年 5 月执行。明确各单位办公用房调整、维修等备案事宜，建立健全全市办公用房规范管理长效机制。落实市直机关事业单位办公用房维修改造审核制度，完成对卫计委等单位维修审批方案，对市直部分单位腾空的办公用房本着公平公正、急用先安排,特殊情况先解决的原则,制定调剂分配方案,基本解决市编办、法制办等部门办公用房面积不足的问题,办公房资源得到有效配置和集约使用,有效保障机关运转。

【公共机构节能】 市行管局针对政务中心能耗较大问题制定节能措施,加强政务中心用水用电管理,公共区域及开水器净水机设备运行专人巡查。严格控制空调用电,合理设置空调温度。鼓励机关工作人员四楼层往返时不乘电梯。杜绝长流水及水管跑冒滴漏的现象发生,切实减少水电资源损耗。全面加强公共机构节能管理基础工作,广泛开展节能宣传周系列活动,认真抓好公共机构名录库建设,将全市万家公共机构纳入能耗统计,开发建成公共机构节能工作信息化平台,广大干部职工节能意识明显增强,节能管理不断规范。着力抓好节约型公共机构示范单位创建工作,全市创建3家国家级示范单位、24家省级示范单位,充分发挥示范带动作用。大力推广应用新能源、新技术、新产品、合同能源管理新模式,组织开展能源审计,指导实施节能改造,节能成效显著。

【公务用车管理】 推动公务用车制度改革。全市首批涉改73家行政事业单位,334辆公务用车。其中172辆公务用车装载北斗定位系统,进入定向化保障用车管理服务平台。制定车辆管理制度和相关管理规定,明确责任主体,严格界定使用范围,保障公务出行,严守公务用车纪律,切实做到“六不得”(一不得以任何特殊用途等理由变相超编制、超标准配备公务用车;二不得以任何方式换用、借用、占用下属单位或其他单位和个人的车辆;三不得接受企事业单位和个人赠送的车辆;四不得以任何理由违反用途使用或固定给个人使用执法执勤、机要通信等公务用车;五不得以公务交通补贴名义变相发放福利;六不得既领取公务交通补贴、又违规乘坐公务用车)。坚持市场化改革方向,完善公务出行保障体系,利用信息化手段为涉改单位申请用车、派车和结算提供一站式高效便捷服务,确保公务活动顺利开展。车辆处置工作坚持阳光透明、规范有序,切实防止甩卖、贱卖现象,避免国有资产流失。成功拍卖封存车辆,溢价率达88%。司勤人员安置按照“以人为本、依法合规、各司其职”原则,通过“统一上岗、内部转岗、提前离岗、自谋职业”等多种途径,进行个性化操作、最大化安置,保证公车改革任务顺利完成。

【后勤服务保障】 做好对政务中心的水、电、暖、电梯等设备的定期检查和维护。对供水、供电、供暖、照明系统故障,房屋基础设施等进行多次维修,共维修办公区域日光灯200余套,更换节能灯1890只,维修安装异形灯具80余套,维修更换开关、电路95余处;定期对政务中心路灯灯具和线路检修,维修更换灯头、灯罩、电线85余处;维修改造和疏通卫生间下水道,更换维修角阀、水咀、软管及冲水阀等洁具139余次;及时处理卫生间顶棚、暖气片和空调凝结水管漏水98余次;及时处理突发故障30余次;更换维修破损地砖、墙砖和墙面30余处;更换锁具50余套,维修锁具、玻璃门、闭门器、门夹、门把手100余次;更换窗纱近200平方米。做到小修不过时,大修不过夜,及时消除安全隐患,确保政务中心办公有保障。

加强行政中心社会管理综合治理工作,确保安全有序。完善制度建设,建立健全社会治安综合治理和平安建设领导小组、综治、维稳和反恐怖袭击领导小组。制定行政中心综治工作要点,细化工作目标管理责任书。加强行政中心大楼、会议中心、综合楼和信访接待中心安全检查,保安每天巡视6—8次,全年进行3次全方位安全大检查。做好信访维稳工作。疏导、劝导、引导到行政中心上访群众,制定三套预案,与信访、公安等部门建立联合防范机制。未发生群体性上访人员闯进大楼的情况,较好地维护了行政中心的办公秩序。

【会务保障】 2016年,接待会议566场次,其中:大型会议165余场次,视频会议99场次。会议室使用周转率在98%以上。认真做好大型会议的服务保障工作,精心安排好会务中的每件事。如全市经济调度会既要现场直播又要转接县区分会场,在时间紧、任务重、要求严、规格高的情况下,坚持做到细中求细、严中求严,确保每场会议顺利召开。日常会议服务工作坚持做到:每次接到会议通知后,都及时与会议承办方进行联系、沟通,按要求进行精心准备;会场布置做到规范、大方、美观,包括主会标、副会标、主席台布置、花草摆放、席卡制作、摆放顺序等都严格按要求布置;提前做好灯光、音响调试，保证线路畅通、万无一失；会场做到整洁、干净，会议进行中茶水供应及时，服务热情周到。加强日常管理工作，音响设备定期保养，会议室用电设备每天检查，确保状态良好，席卡及常用公物分类存放、重复使用，对因经常挪动损坏的桌椅及时维修，节约经费。

【财务管理】 市行管局按照《中华人民共和国会计法》《中华人民共和国行政单位会计制度》等要求，严格遵守各项财经纪律和财务报销制度，加强财务管理，做好日常财务报销工作。自元月1日起，为执行市财政局国库集中支付电子化改革，原各统管单位自行操作财政一体化平台，凭证审核、资金支付、工资维护、社保及住房公积金缴纳等工作，由单位自己负责，对于财务未完全独立的单位，待其资金支付后，由财务科代为记账，编制各类财务报表。一是完成2015年部门决算编制工作。切实加强决算工作领导，精心组织，分工负责，建立协调有序、运转高效的决算工作程序，按照真实、准确、完整、及时的要求，全面反映部门预算的执行情况。二是积极稳妥做好财务信息公开工作。按照市财政局要求，及时在宿州市政府信息公开网上公开我局的预算及三公经费预算，细化到功能科目和经济科目，并对部门预算及三公经费预算的增加变化原因作出详细说明。根据市政府统一要求，每月将政务中心运转维护资金收支情况和三公经费，及时在政府信息公开网上公开。三是完成2016年资产清查工作。根据工作要求制订资产清查方案。对资产平台数据和可查的固定资产账务数据进行核对，补充使用部门、管理部门、使用人、车辆信息等相关资料。四是配合做好四个专项整治工作。按照专项整治方案要求，确保专项整治工作顺利实施，财务科加班加点为各单位提供服务。配合各单位调阅凭证，先各单位自查，再市直单位之间互查，配合省、市纪委抽调的检查组进行详细审计检查。五是治理小金库专项工作。按照专项治理“小金库”工作要求，局党组高度重视，立即进行自查，发现问题及时整改。根据财经纪律的规定，严格支出范围，收取的房租收入按“收支两条线”管理要求，上缴财政，待财政调控返还后，再用于基建相关开支。

【物业管理】 创新思路，落实提高经济规划发展有新突破。收取农行自动取款机场地租金，为物业公司创收15万元经济收入。加强调研创新，提高管理水平。组织管理人员参观物业管理优秀单位，学习保洁、维修等先进经验。通过加强日常卫生工作质量及安全巡查，确保办公大院和生活小区安全无事故。按照市领导意见，物业公司将原借用宿州宾馆人员重新考核聘用，续签劳动合同，实现同工同酬，为服务公司职工提高工资待遇，进一步提高工作人员积极性和工作热情。加强机关食堂管理，提升工作餐质量和就餐人员的满意度。机关食堂有近110家单位、3200多人就餐，平均日接待就餐人员600余人次。认真做好餐卡充值和餐费结转，全年充值餐卡7513人次，餐卡充值372万元，与食堂结转餐费320万元。

【市直机关医院职工分流】 2016年12月，经市政府第83次常务会议研究，宿州市直机关医院退休职工和在岗职工平均分流到市立医院、市二院、市中医院。市直机关事务管理局积极做好与相关部门对接工作，会同人社局、审计局等相关部门制定翔实的职工安置实施方案并按照合法、合规的流程进行组织，做到上级满意、职工认可。

中国人民政治协商会议宿州市委员会

【综述】 2016年,政协宿州市委员会全面贯彻中共十八大和十八届三中、四中、五中、六中全会精神,深入学习贯彻习近平总书记系列重要讲话特别是视察安徽重要讲话精神,在中共宿州市委的坚强领导下,在市人民政府的大力支持下,牢牢把握团结和民主两大主题,紧扣中心大局,聚焦改革发展,围绕"协商民主推进年"工作主线,深入推进协商民主探索实践,着力发挥协商民主重要渠道和专门协商机构作用,倾力履职、科学履职、创新履职,各项工作取得新进展,顺利完成市政协四届四次会议提出的目标任务,为促进创新型"四个宿州"建设、全面建成小康社会作出新贡献。

【夏涛看望住宿州市省政协委员】 1月5日,省政协副主席夏涛一行在宿州市,走访看望住宿州市省政协委员及宗教界代表人士,并就省政协2016年工作要点征求意见建议。省政协副秘书长曹国强,市政协主席刘晓云,市人大常委会副主任王克金,副市长马杰,市政协副主席武敏等出席座谈会。

【参加省政协十一届四次会议】 2月16—21日,政协第十一届安徽省委员会第四次会议在合肥举行。刘晓云、操隆山、王克金、马杰、武敏、张生等12名住宿州市省政协委员出席会议。会议期间,住宿州市省政协委员认真履行职责,积极议政建言,较好完成了大会各项任务。

【李修松在宿州市调研】 5月9—11日,省政协副主席李修松率调研组到宿州市,以实地考察、座谈交流等方式围绕"加快我省淮河流域旅游产业发展"开展专题调研。市政协主席刘晓云、副市长马杰、市政协副主席苏兴佳等陪同调研。在宿州期间,调研组一行先后深入新汴河景观带、灵璧县虞姬文化园、泗县大运河遗址和萧县皇藏峪森林公园等地,实地调研景区建设、管理情况。

【在京举行"理论与实践创新培训班"】 5月16—20日,宿州市政协"理论与实践创新培训班"在中央社会主义学院举行。全国政协文史和学习委员会副主任卞晋平、宿州市政协主席刘晓云、中国政协杂志社总编辑翟有林、宿州市政协副主席魏建华出席开班仪式,中国政协杂志社副社长王君光主持开班仪式。宿州市政协常委及市、县(区)政协机关干部共计60人参加集中培训。

【徐立全在宿州市调研】 6月28日,省委常委、政法委书记、省政协党组副书记、副主席徐立全率领省政协民进界别的政协常委、委员在宿州市调研脱贫攻坚工作。当日上午,市委书记张曙光主持召开座谈会,市领导刘晓云、张孝成、王胜华出席座谈会,副市长李朝晖代表市政府汇报工作。下午,省政协调研组一行前往萧县龙城镇、杨楼镇、王寨镇实地调研。

【邵国荷在宿州市调研】 7月20日,省政协副主席邵国荷率队到宿州市调研专用品牌粮食发展情况。省政协调研组深入粮食加工企业、产业联合体,了解宿州市企业粮食加工产业和品牌粮食发展等情况。市委常委、埇桥区委书记王启荣,副市长李朝晖,市政协副主席、市政府秘书长马红钟等分别陪同调研。

【牛立文在宿州市调研】 7月26—28日，省政协副主席牛立文率省政协调研组到宿州市，开展“坚决打赢脱贫攻坚战”专题调研。调研中牛立文强调，要进一步提高认识，坚持因地制宜，持续推进精准扶贫、精准脱贫，确保脱贫攻坚各项工作任务落到实处。省政协副秘书长李奎，省扶贫办副主任周勇，市政协副主席武敏等陪同调研。

【龙城画派书画精品展在京举行】 9月17—18日，“画乡墨韵——中国书画艺术之乡萧县龙城画派书画精品展”在全国政协礼堂隆重举行。省政协副主席李卫华，省政府参事室文史馆副主任蒋兆晴，市委常委、宣传部部长何志中，市政协副主席魏建华、秘书长李励、办公室主任阮君等出席开幕式。

【朱云在宿州市调研】 10月10日，省政协委员、省政协办公厅副主任朱云率调研组到宿州市，就“农村土地改革与金融服务”工作开展专题调研。市政协经济委员会主任张爱民及埇桥区相关负责人陪同调研。调研组一行深入埇桥区部分农民专业合作社、家庭农场，详细了解埇桥区土地确权、农地抵押贷款、金融产品等情况，并认真听取意见建议。

【住宿州市省政协委员视察供给侧结构性改革】 11月14日，市政协主席刘晓云率住宿州市省政协委员视察宿州市供给侧结构性改革工作推进情况。市人大常委会副主任王克金、副市长马杰、市政协副主席张生等住宿省政协委员参加视察。市政协秘书长李励及市经济技术开发区、市高新区、市经信委等市直有关部门负责人陪同。

【宿州徐州两地举办书画联展】 11月17日，宿州市政协和徐州市政协联合举办的“楚汉风度·宿州徐州政协书画联展”在宿州市博物馆隆重开幕。宿州市政协主席刘晓云出席仪式并宣布开幕。宿州市政协原主席姜元出席活动。徐州市政协副主席张爱军、宿州市政协副主席魏建华出席活动并致辞，徐州市政协秘书长杨道君出席活动，宿州市政协秘书长李励主持开幕式。宿州市政协书画院院长陈光林作书画联展筹备情况介绍。

【政协第四届宿州市委员会第四次会议】 1月19日至22日，政协第四届宿州市委员会召开第四次会议。中共宿州市委、市人大常委会、市政府领导，宿州军分区、市中级人民法院、市人民检察院负责同志以及其他市级领导，出席大会开幕式和闭幕式。市委书记张曙光、市长史翔和市委、市政府其他领导分别听取大会发言，参加专题会议和小组讨论。会议讨论和审议市政府工作报告、市政协常委会工作报告和其他有关报告。大会补选马红钟、魏建华、张生3人为政协第四届宿州市委员会副主席，补选李励为政协第四届宿州市委员会秘书长，王娟、王甄、连琦、范文彬为政协第四届宿州市委员会常务委员。会议回顾2015年工作，确立2016年工作重点，从进一步夯实共同奋斗的思想政治基础；进一步拓展协商民主的广度和深度；进一步促进民生改善；进一步增进团结联谊；进一步强化履职能力五个方面明确工作任务。

【政协第四届宿州市委员会主席会议】 1月11日，召开四届四十一次主席会议。审议通过市政协2016年工作要点（草案）；审议通过2016年度政协重点民主协商活动计划（草案）；审议通过市政协反映社情民意信息先进单位、先进个人和优秀信息获奖名单；审议通过市政协四届四次会议大会发言安排；审议通过市政协四届四次会议期间市领导活动安排、联组讨论召集人安排；审议有关人事事项。

1月20日，召开四届四十二次主席会议。听取各小组对于《政府工作报告》《宿州市国民经济和社会发展第十三个五年规划纲要（草案）》及其他报告讨论情况的汇报；审议通过市政协四届二十一次常委会议议程（草案）；协商四届市政协增补副主席、秘书长、常务委员候选人名单（草案）；审议通过市政协四届四次会议选举办法（草案）；审议通过市政协四届四次会议决议（草案）。

1月21日，召开四届四十三次主席会议。听取各组审议和讨论法检“两院”工作报告、会议决议及选举事宜等情况汇报；审议通过市政协四届二十二次常委会议议程（草案）；审议通过市政协四届二十三次常委会议议程（草案）；审议通过市政协四届四次会议决议（草案）；听取市政协四届四次会议提案征集情况的通报；协商通过四届市政协增补副主席、秘书长、常务委员候选人名单（草案）；审议通过市政协四届四次会议选举办法（草案）；审议通过总监票人、监票人名单（草案）。

2月4日，召开四届四十四次主席会议。审议通过《“助推全市脱贫攻坚”专题协商活动筹备工作实施方案》；协商通过《宿州市政协2016年主要工作任务分解》；协商通过《政协第四届宿州市委员会秘书长、副秘书长工作分工》。

3月22日，召开四届四十五次主席会议。传达贯彻全国“两会”精神；审议通过“大力调整产业结构，推进产业优化升级”“深化农业社会化服务体系建设”界别协商活动筹备方案；协商确定2016年市政协主席、副主席领衔督办重点提案名单；审议有关人事事项。

4月15日，召开四届四十六次主席会议。审议通过“推进黄河故道综合开发”界别协商会筹备工作方案；审议通过市政协四届二十四次常委会议暨“助推全市脱贫攻坚”专题协商会议程（草案）和日程；审议通过《政协宿州市委员会关于助推全市脱贫攻坚的建议案（审议稿）》及专题协商大会发言安排；审议有关人事事项。

5月25日，召开四届四十七次主席会议。审议通过《“加强城市少数民族流动人口服务管理”对口协商活动筹备工作方案》；审议通过《市政协主席副主席督办重点提案工作方案》；听取黄河故道综合开发调研情况汇报。

6月20日，召开四届四十八次主席会议。听取“大力调整产业结构，推进产业优化升级”“深化农业社会化服务体系建设”两个界别协商会筹备情况的汇报，审议相关建议报告；审议通过《“加强食品药品安全监管”对口协商活动筹备工作方案》和《“加强全市文物古迹保护与利用”界别协商活动筹备工作方案》；听取社法委对市检察院规范司法行为的视察报告。

8月8日，召开四届四十九次主席会议。听取“加强城市少数民族流动人口服务管理”对口协商会筹备情况的汇报；听取教科文卫体委关于宿州市文化旅游产业发展情况的视察报告；审议通过“关于宿州市地下水资源管理办法”立法协商会筹备工作方案；审议通过市政协2016年民主评议工作方案；审议通过市政协四届二十五次常委会议议程（草案）和日程；审议有关人事事项。

9月9日，召开四届五十次主席会议。审议通过《围绕“民生改善”重点提案开展提案办理协商工作方案》；听取“加强食品药品安全监管”对口协商会筹备情况汇报；听取“关于宿州市地下水资源管理办法”立法协商会筹备情况汇报；听取民宗委关于少数民族聚居区基础设施建设和民生情况的调研报告。

10月19日，召开四届五十一次主席会议。听取我市2016年“十件惠民实事”推进情况的通报；传达贯彻全省政协工作经验交流会精神；听取“加强全市文物古迹保护与利用”界别协商会筹备情况汇报，并审议相关建议报告；听取港澳台侨和外事委关于宿州市城区河水污染治理情况的视察报告；审议通过市政协四届二十六次常委会议议程（草案）和日程；审议通过《政协宿州市委员会大会发言工作规则》《反映社情民意信息工作规则》；审议有关人事事项。

11月18日，召开四届五十二次主席会议。审议通过《市政协2016年度走访委员活动方案》；听取经济委、教科文卫体委调研情况报告；听取各专委会2016年度工作情况汇报和2017年工作安排。

12月20日，召开四届五十三次主席会议。建议2017年1月10日召开市政协四届五次会议。听取市中级人民法院、市人民检察院2016年工作情况通报；审议通过市政协四届二十七次常委会议议程（草案）和日程（草案）；审议通过关于召开市政协四届五次会议的决定（草案）；审议通过市政协四届五次会议议程（草案）和日程（草案）；审议政协第四届宿州市委员会常务委员会工作报告（审议稿）及报告人建议名单；审议政协第四届宿州市委员会常务委员会关于四届四次会议以来提案工作情况的报告（审议稿）及报告人建议名单；协商通过市政协四届五次会议秘书长、副秘书长建议名单；协商通过市政协四届五次会议各次大会执行主席、常委和主持人建议名单；协商通过市政协四届五次会议列席人员建议名单；审议通过市政协四届五次会议部分小组召集人调整建议名单；审议优秀提案及提案办理先进单位、先进个人表彰建议名单；审议通过关于授权主席会议审议四届二十七次常委会议未尽事宜的决定（草案）；审议有关人事事项。

【政协第四届宿州市委员会常务委员会会议】 1月21日，召开四届二十一次常委会议。协商通过四届市政协增补副主席、秘书长、常务委员候选人名单（草案），审议通过市政协四届四次会议选举办法（草案），审议通过市政协四届四次会议决议（草案）。

1月21日，召开市政协四届二十二次常委会议。审议通过市政协四届四次会议决议(草案);听取市政协四届四次会议提案征集情况通报;审议通过四届市政协增补副主席、秘书长、常务委员候选人名单;审议通过市政协四届四次会议选举办法;审议通过总监票人、监票人名单。

1 月 22 日,召开四届二十三次常委会议。审议通过 2016 年市政协工作要点;审议通过人事事项。

4 月 19 日,召开四届二十四次常委会暨"助推全市脱贫攻坚"专题协商会。审议通过《政协宿州市委员会关于助推全市脱贫攻坚的建议案》;审议通过了有关人事事项。市委书记张曙光,市长史翔出席会议并分别讲话,市政协主席刘晓云主持会议。市委副书记张孝成,副市长李朝晖,市政协副主席王胜华、苏兴佳、武敏、马红钟、魏建华、张生出席会议。

8 月 8 日,召开四届二十五次常委会议。学习贯彻习近平总书记在庆祝中国共产党成立 95 周年大会上的重要讲话精神;传达学习党委换届纪律有关规定;审议通过有关人事事项。

10 月 21 日,召开四届二十六次常委会议。听取市纪委(监察局)关于全市党风廉政建设情况的通报;民主评议市质监局、市农机局、市粮食局;审议通过有关人事事项。

12 月 23 日,召开四届二十七次常委会议。审议并通过关于召开政协第四届宿州市委员会第五次会议的决定;审议通过政协第四届宿州市委员会第五次会议议程(草案);审议通过政协第四届宿州市委员会第五次会议日程;审议通过政协宿州市委员会常务委员会工作报告及报告人名单;审议通过政协宿州市委员会常务委员会关于四届四次会议以来提案工作情况的报告及报告人名单;审议通过政协第四届宿州市委员会第五次会议秘书长、副秘书长名单;审议通过政协第四届宿州市委员会第五次会议各次大会执行主席、常委和主持人名单;审议通过关于授权主席会议审议市政协四届二十七次常委会议未尽事宜的决定;听取各专门委员会 2016 年度工作报告(书面);审议通过人事事项。会议决定增补左飞、杨厚文为政协第四届宿州市委员会委员。

【民主协商】 3 月 29 日,市政协召开"深化农业社会化服务体系建设"界别协商会筹备工作会议,召集相关涉农部门进一步细化工作方案,为科学撰写调研材料,开好界别协商会做好准备。市政协副主席武敏出席会议并讲话。

4 月 18 日,市政协召开"推进黄河故道综合开发"界别协商会工作动员会。市政协副主席魏建华出席会议并讲话。

4 月 21 日,市政协召开"加强城市少数民族流动人口服务管理"对口协商会筹备工作会议。市政协副主席张生出席会议并讲话。

6 月 1 日,市政协召开界别协商会,围绕"推进黄河故道综合开发"进行协商探讨。副市长李朝晖、马杰出席协商会。市政协副主席魏建华主持协商会。

6 月 7 日,市政协召开"加强食品药品安全监管"对口协商会筹备工作会议。市政协副主席苏兴佳出席会议,课题组成员单位分管负责人参加会议。

6 月 27 日,市政协召开"大力调整产业结构,推进产业优化升级"界别协商会。市委常委、常务副市长周勇出席会议并讲话。市政协党组副书记、副主席王胜华主持会议。

6 月 30 日,市政协召开"深化农业社会化服务体系建设"界别协商会。市政府副市长李朝晖出席会议并讲话,市政协副主席武敏主持会议。

8 月 10 日,市政协副主席、市政府秘书长马红钟带领提案委有关同志赴合肥参加"省政协发展专用品牌粮食"对口协商会并做交流发言。

8 月 16 日,市政协召开"加强城市少数民族流动人口服务管理"对口协商会。副市长马杰出席会议并讲话,市政协副主席张生主持会议。

8 月 30—31 日,市政协副主席魏建华赴徐州参加黄河明清故道沿线城市政协联系协作会议,围绕黄河故道开发的基本情况、存在问题等作交流发言,并针对全流域的综合开发提出建议。

10 月 10 日,市政协"加强食品药品安全监管"对口协商会举行。副市长吕剑出席会议并讲话,市政协副主席苏兴佳主持会议。各课题组成员分别围绕食品药品安全监管相关专题作口头发言,市食品药品监督管理局负责同志就有关问题给予积极回应。

10 月 23 日,市政协召开立法协商会,围绕保护我市地下水资源开展立法协商。副市长李朝晖出席协商会,市政协副主席魏建华主持协商会。市水利、城管、环保等课题组相关单位负责人参加会议。

11 月 8 日,市政协举行"加强全市文物保护与利用”界别协商会。副市长马杰出席会议并讲话。市政协副主席苏兴佳主持会议，市政协相关委室负责人及课题组成员和民主党派代表参加会议。

【提案工作】 市政协四届四次会议以来，市政协委员和政协各参加单位，以服务和支持宿州经济社会发展的强烈责任感与使命感，积极通过提案建言献策、参政议政，全年共提交提案352件，其中会议提案345件，平时提案7件。经提案委员会审查立案268件，立案率76.1%。在立案的提案中，经济建设方面105件，占39.18%；政治建设方面17件，占6.34%；文化建设方面27件，占10.07%；社会建设方面90件，占33.58%；生态建设方面29件，占10.82%。268件提案全部办结，不予立案的84件提案转为社情民意或委员来信。2016年，相关承办单位认真采纳提案的意见和建议出台文件13件，发挥了政协提案在促进党政科学决策，助推经济社会发展方面的积极作用。

3月25日，宿州市举行2016年市人大议案建议政协提案交办会。市委常委、常务副市长周勇，市政协副主席、市政府秘书长马红钟，市人大常委会秘书长王保华出席交办会并分别讲话。2016年，共承办政协委员提案268件，涉及61家承办单位。

6月8日，市政协主席刘晓云督办重点提案《关于在宿州市公共场所设立母婴室的建议》。市委常委、副市长赵琳，市政府副秘书长邵迪，市政协副秘书长、办公室主任李勇抗及市住建委等相关部门负责同志参加督办。

6月17日，市政协副主席武敏赴砀山县督办重点提案《建设黄河故道湿地与森林公园的建议》。

6月21日，市政协党组副书记、副主席王胜华督办重点提案《完善全市农村交通体系》。

6月22日，市政协副主席、市政府秘书长马红钟督办重点提案《关于加快推进我市产业集群发展的建议》。

6月23日，市政协副主席张生督办重点提案《美丽乡村建设要走生态文明之路》。

6月27日，市政协副主席苏兴佳督办重点提案《完善区域医疗服务共同体机制　切实提高基层医疗服务能力》。

7月6日，市政协副主席魏建华督办重点提案《推动大众创业万众创新　打造经济发展新引擎》。

9月14日，宿州市政协提案工作座谈会在泗县召开。市政协副主席、市政府秘书长马红钟出席会议并讲话。座谈中，各县区政协负责人交流各地提案工作的经验和做法。会议强调，要积极探索新形势下做好提案工作的方法和途径，努力使提案工作在宿州市经济社会发展中发挥更大作用。

10月10日，市政协举行重点提案办理协商座谈会，主要围绕重点提案所涉及的农村环境卫生问题进行办理协商。市政协副主席、市政府秘书长马红钟出席会议并讲话。

11月17—18日，市政协副主席、市政府秘书长马红钟带领提案委相关同志赴省政协参加全省政协提案工作座谈会，并作题为《加大协商力度促进提案办理》的交流发言。

【调研视察工作】 2月24日，市政协副主席魏建华带领社会和法制委员会委员旁听市法院一起关于劳动争议的庭审案件。

3月4日，市政协副主席魏建华带领港澳台侨和外事委员会相关负责人走访看望宿州市台资企业：锦乔生物科技和大润发超市。

4月17—18日，内蒙古包头市政协党组副书记、副主席张晔一行在宿州市考察旅游文化资源开发利用情况。市政协副主席苏兴佳、市政协及灵璧县政协相关负责人陪同考察。

4月23—26日，市政协副主席魏建华率考察组到福州、厦门、泉州等地考察侨务工作。

5月4—15日，市政协主席刘晓云，副主席王胜华、苏兴佳、武敏、马红钟、魏建华、张生等分别深入联系包保重点项目，进行调研和对接，详细了解项目进展情况，帮助企业解决实际问题，为企业发展排忧解难。

5月4—6日，江西鹰潭市政协副主席吴泉水一行，在宿州市考察文物古迹保护利用和城市规划发展情况。市政协副主席苏兴佳等陪同。

5月5—6日，滁州市政协主席何希勇率考察组一行在宿州市灵璧县、萧县，就文化建设情况进行实地考察。市政协主席刘晓云陪同考察。

5月5—7日，市政协副主席魏建华带领调研组到开封、商丘、徐州及萧县等地调研黄河故道综合开发工作。

5月6日，市政协副主席张生视察植物园建设情况。

5月9—11日，市政协党组副书记、副主席王胜华率领调研组到经开区、高新区、宿马园区及萧县、埇桥区开展“大力调整产业结构、推进产业优化升级”调研。

5月10日，市政协副主席魏建华率社会和法制委员会视察组，对检察院规范司法行为工作进行视察。

5月12—13日，市政协党组副书记、副主席王胜华率队到滁州市、淮南市和马鞍山市学习调整产业结构、推进产业优化升级工作先进经验。

5月31日，市政协副主席苏兴佳带领视察组到汴河景观带、植物园、涉故台等地视察文化旅游产业发展情况。

5月31—6月3日，市政协副主席武敏带领考察组一行到浙江省丽水市、温州市学习深化农业社会化服务体系建设工作先进经验。

6月16日，市政协副主席张生率队调研埇桥区城市少数民族流动人口服务管理工作。

6月28日，市政协副主席苏兴佳率调研组，深入泗县调研食品药品安全监管工作。

7月7—9日，市政协副主席魏建华带队到淮南、合肥，学习考察政协立法协商工作。

7月5—26日，市政协副主席苏兴佳率调研组到砀山县、埇桥区，调研食品药品安全监管工作。

8月11日、16日，市政协副主席魏建华带领社法委部分委员就宿州市出台《地下水资源管理办法》赴阜阳市学习考察，并在宿州市城区开展专题视察。

8月23日，市政协副主席武敏带领市容环境督查组，深入城区部分集贸市场督查环境卫生、交通秩序等治理情况，并提出整改要求。

8月30日，市政协副主席张生率领市工商联界别政协委员视察“农产品食品安全工程”，并召开座谈会，听取农产品食品安全工程开展情况汇报和政协委员所提建议。

8月31日，省政协副秘书长李奎率队在宿州市调研政协履职和信息化建设进展情况，并召开座谈会听取市县政协意见建议。市政协副主席苏兴佳、市政协秘书长李励出席座谈会。

9月9日，市政协副主席武敏带领人口资源环境委员会部分无党派社科界别委员，视察宿州市气象服务经济发展情况。

9月13日，市政协副主席魏建华带领民进、农工、九三学社等界别部分政协委员，视察宿州市城区河道水污染治理情况。

10月13—14日，阜阳市政协副主席葛阳率考察组在宿州市视察生态环境保护工作。市政协副主席武敏及相关委室负责人陪同。

11月1日，市政协副主席苏兴佳率教科文卫体委员会调研组以实地查看、座谈交流等方式，调研宿州市主城区中小学（幼儿园）教育发展现状。

11月10日，市政协副主席苏兴佳带领文史委联系的市政协界别委员，到砀山县视察“生态立县”建设情况。

11月18日，市政协副主席魏建华率工会、妇联、特邀、民进、农工、九三、台侨属界市政协委员视察组，到市司法局开展“促进司法工作建设”委员界别视察活动。

【信息宣传工作】 4月28—29日，“政协工作宿州行·走进灵璧”集中采访活动举行。市政协副主席苏兴佳出席媒体见面会并致辞，省政协宣传处处长赵广、市政协研究室主任陈树银、灵璧县政协主席王怀启、灵璧县委副书记曾超、灵璧县政协副主席徐凯出席媒体见面会。由中央驻皖及省、市媒体记者组成的采访团一行走进“奇石之乡”——灵璧县，开展为期两天的集中采访活动，共同唱响政协好声音。

9月29日，省辖市政协秘书长会议在合肥召开，会议传达学习全国地方政协秘书长座谈会精神和省政协党组有关要求，并对宿州市政协等全省政协宣传工作先进单位进行表彰。

11月25日，全市政协宣传工作座谈会召开。市政协研究室主任陈树银主持会议，各县区政协和市级媒体相关负责人参加会议。会议安排部署市政协四届五次会议会前宣传工作，并对宿州市第七届“政协好新闻”获奖单位和个人进行表彰。

【扶贫工作】 元旦、春节来临之际，市政协主席刘晓云，副主席李令臣、王胜华、苏兴佳、武敏、马红钟、魏建华、张生及秘书长李励分别进村入户，访贫问苦，向困难群众送去慰问品和节日的祝福，把党和政府的温暖送到群众心坎上。

1月27日，市政协“助推全市脱贫攻坚”专题协商工作推进会召开。市政协副主席王胜华出席会议并讲话。

2月23—26日，市政协党组副书记、副主席王胜华率综合调研组一行到埇桥区、砀山县、萧县、泗县和灵璧县开展“助推全市脱贫攻坚”调研。

3月2—4日,市政协副秘书长徐淑敏,市政协教科文卫体委员会主任姚玉金、教科文卫体委员会专职副主任赵扬、市卫计委党组书记张合颖及部分政协委员在各县区专题调研完善农村基本医疗卫生服务体系实施助医扶贫工程。

3月4日,市政协副主席魏建华带领调研组到泗县,开展“完善农村最低生活保障制度、加大兜底扶贫力度”和“加大培训投入、引导劳务输出脱贫”两项专题调研。

3月10—11日,市政协党组副书记、副主席王胜华带领市政协“助推全市脱贫攻坚”综合调研组赴安庆市岳西县考察脱贫攻坚工作。

3月15日,市政协副主席魏建华率市政协调研组深入埇桥区夹沟镇,就“完善农村低保制度,加大兜底扶贫力度”和“加大培训投入,引导劳务输出脱贫”两个专题开展调研。

3月16日,市政协副主席魏建华到他担任“脱贫攻坚第一书记”的砀山县李庄镇贾楼村,指导脱贫工作。

3月29—30日,枣庄市政协副主席黄涛、汤海涵率队在宿州市考察精准扶贫工作。市政协党组副书记、副主席王胜华等陪同。

4月21日,市政协党组副书记、副主席王胜华带领市交通局、萧县电力公司相关负责同志到萧县黄口镇唐元村,走访慰问贫困户,召开现场办公会,协调处理唐元村在脱贫工作中遇到的具体问题。

4月21日,市政协副主席魏建华到砀山县调研扶贫攻坚工作。

4月27日,市政协主席刘晓云深入脱贫攻坚帮扶点埇桥区朱仙庄镇三铺村走访调研。刘晓云走进三铺村田间地头、贫困户家中和村部仔细查看村里道路、蔬菜大棚和光伏发电项目建设情况,了解贫困户生产生活条件,检查贫困户建档立卡汇总资料,并主持召开脱贫攻坚座谈会。

“六一”儿童节来临之际,市政协副主席魏建华到其脱贫攻坚联系点——砀山县李庄镇贾楼村看望慰问留守老人和儿童,并为儿童送去学习用品。

7月12日,市政协主席刘晓云到脱贫攻坚帮扶点埇桥区朱仙庄镇三铺村,开展以“进百家门、摸百家情、解百家难”主要内容的走访调研活动。她先后深入贫困户家中了解脱贫情况,询问精准施策、精准帮扶实施情况,并认真听取三铺村脱贫攻坚工作开展情况汇报。市政协秘书长李励及市区政协负责同志等陪同。

7月14日,市政协党组副书记、副主席王胜华到萧县黄口镇唐元村,开展“进百家门、摸百家情、解百家难”走访调研活动。

7月20日,市政协副主席魏建华到砀山县李庄镇贾楼村开展“进百家门、摸百家情、解百家难”走访调研活动,走访看望困难党员、孤寡老人及留守儿童。

8月9日,市政协副主席张生到埇桥区沱河街道韩池孜社区,开展走访困难群众活动。

【党建工作】 2月22日,市政协召开全体机关干部会议,传达学习省十二届人大六次会议、省政协十一届四次会议精神和全市领导干部大会精神。市政协党组书记、主席刘晓云在会前对市政协深入学习贯彻省“两会”精神专门提出要求,要按照市委部署、用“两会”精神科学谋划好全年各项工作,以更加扎实有效的工作为“十三五”开好局献计出力。市政协秘书长李励主持会议并传达省“两会”精神。

3月2日,市政协机关召开全体干部职工会议,深入学习贯彻中共十八届五中全会精神,进一步安排部署机关学习贯彻工作。

3月16日,市政协机关党员干部到市党风廉政建设教育中心开展警示教育活动。

4月22日,市政协“两学一做”学习教育工作会议召开。市政协党组书记、主席刘晓云出席会议并讲话。市政协党组副书记、副主席王胜华主持会议。市政协副主席魏建华及秘书长李励出席会议。市政协机关全体党员干部参会。会议传达学习习近平总书记关于“两学一做”学习教育重要指示精神以及省市“两学一做”学习教育工作会议精神;安排部署市政协开展“两学一做”重点工作。

5月4日,市政协召开党组(扩大)会议,学习贯彻习近平总书记视察安徽时的重要讲话和省、市委常委扩大会议精神,部署安排市政协贯彻落实工作。市政协党组书记、主席刘晓云主持会议并讲话。刘晓云强调,要深刻领会习近平总书记重要讲话精神,扎实推进“两学一做”学习教育,以学习贯彻讲话精神推动当前各项工作。市政协党组副书记、副主席王胜华,党组成员、副主席马红钟、魏建华出席会议,副主席苏兴佳、武敏列席会议。

6月15日，市政协党组书记、主席刘晓云主持召开市政协领导干部会议，部署市政协整改落实工作。刘晓云强调，要紧密联系政协工作实际，坚持原则，严格要求，真查真改，不折不扣抓好巡视反馈意见的整改落实。市政协党组副书记、副主席王胜华传达全市领导干部大会精神，市政协副主席苏兴佳、武敏、张生出席会议。

6月15日，市政协党组副书记、副主席王胜华带领市政协机关全体党员，到宿州市烈士陵园接受革命传统教育。

6月20日，市政协召开机关全体人员会议，传达贯彻省、市委关于中央巡视组“回头看”反馈意见整改暨专项整治推进会精神，安排部署“4+4”专项整治落实工作。市政协主席刘晓云主持会议并讲话。副主席王胜华、苏兴佳、武敏、马红钟、魏建华、张生出席会议。

6月30日，市政协机关党委第一党支部召开组织生活会。市政协党组书记、主席刘晓云以普通党员身份参加组织生活会并讲党课。市政协党组副书记、副主席王胜华，党组成员、副主席魏建华参加会议。

6月30日，市政协副主席魏建华到其帮扶的砀山县李庄镇贾楼村开展庆祝建党95周年活动，并围绕“入党为什么、入党干什么、入党怎么干”为当地党员干部上党课。

7月6日，市政协机关组织全体党员干部开展党管意识形态工作责任制学习讨论活动。

7月11日，市政协党组书记、主席刘晓云到埇桥区东关街道北苑社区履行“在职党员社区报到”手续，并看望慰问老党员。市政协秘书长李励以及市、区政协负责同志等陪同。

7月12日，市政协党组书记、主席刘晓云主持召开党组(扩大)会议，深入学习贯彻习近平总书记在庆祝中国共产党成立95周年大会上的重要讲话精神。市政协党组副书记、副主席王胜华，党组成员、副主席马红钟、魏建华及秘书长李励等出席会议。

7月12日，市政协党组副书记、副主席王胜华到联系重点企业安徽淮宿建材有限公司作题为《发挥党员在调结构转方式促升级中的先锋模范作用》的党课报告。

7月13日，市政协机关全体党员干部在第一会议室集体学习习近平总书记在庆祝中国共产党95周年大会上的重要讲话。

7月13日，市政协党组副书记、副主席王胜华前往埇桥区东关街道铁路社区履行“在职党员社区报到”手续，并看望慰问困难群众。

7月21日，市政协副主席魏建华前往埇桥区南关街道万里桥社区履行“在职党员社区报到”手续，并看望慰问老党员。

8月3日，市政协组织机关党员干部前往萧县蔡洼淮海战役总前委会议暨华东野战军指挥部旧址，寻访红色足迹，接受党性教育。

8月17日，市政协机关召开“拒腐防变、警钟长鸣”廉政教育会议，市政协秘书长李励及机关各委、室的党员干部参加会议。

9月9日，市政协党组书记、主席刘晓云主持召开市政协党组(扩大)会议，传达学习《中国共产党问责条例》及《宿州市党风廉政建设主体责任和监督责任追究暂行办法》，研究部署市政协贯彻落实工作。市政协党组成员、副主席马红钟、魏建华及秘书长李励出席会议，市政协副主席苏兴佳、武敏、张生列席会议。

9月28日，市政协召开机关全体人员会议，传达学习市第五次党代会精神。会议要求：要增强看齐意识，切实用党代会精神指导政协工作，为建设创新型“四个宿州”贡献力量。

10月19日，市政协召开党组(扩大)会议，围绕“坚守纪律底线、培养高尚情操”这一专题开展讨论，市政协党组书记、主席刘晓云主持会议并讲话。刘晓云强调，要进一步增强纪律意识，坚决把纪律和规矩挺在前面；进一步提升道德境界，培养高尚情操，以学习教育的实际成效奋力推进政协事业发展。市政协党组成员、副主席马红钟、魏建华及秘书长李励出席会议，市政协副主席苏兴佳、武敏、张生列席会议。

10月25日，市政协机关三个党支部分别围绕“坚守纪律底线，培养高尚情操”主题，进行集中学习、研讨。

11月4日，市政协召开党组(扩大)会议，传达学习中共十八届六中全会精神，研究部署贯彻落实意见。市政协党组书记、主席刘晓云主持会议并作出要求。市政协党组成员马红钟、魏建华、李励出席会议。

11月9日，市政协召开党组(扩大)会议，传达学习省第十次党代会、省政协十一届十九次常委会议和全市领导干部会议精神,研究部署贯彻落实意见,市政协党组书记、主席刘晓云主持会议并讲话。刘晓云强调,要以省党代会精神为指导,充分发挥优势,明确履职重点,不断开创政协履职新局面。市政协党组成员魏建华、李励出席会议,副主席苏兴佳、张生列席会议。

11 月 30 日,市政协召开党员干部会议,对开展“讲看齐、见行动”学习讨论进行部署。市政协副主席、市政府秘书长马红钟主持会议并讲话,市政协秘书长李励传达《关于在全市党员干部中开展“讲看齐、见行动”学习讨论实施方案》。

12 月 5 日,市政协机关联合市中医院,组织部分在职党员干部和医生志愿者到港利社区开展了以“志愿同行、文明同行、健康同行”为主题的志愿者服务活动。市政协秘书长、机关党委书记李励,办公室主任阮君参加活动。

12 月 16 日,市政协党组围绕“讲看齐、见行动”第一专题开展学习研讨,市政协党组书记、主席刘晓云主持研讨会并讲话。

12 月 16 日,市政协机关召开专题会议,传达学习市委五届二次全会精神,研究部署贯彻落实举措。机关各委、室党员干部参加会议。

【机关工作】 2 月 19—26 日,市政协提案委、社法委等专委会分别召开全体委员工作会议,部署 2016 年工作要点,确保全年工作有序推进。

2 月 26 日,市政协副主席魏建华率市政协社会和法制委员会、市政协港澳台侨联络委员会,走访看望省政协相关专委会负责同志,就专委会工作开展情况进行汇报、座谈交流。省政协副主席童怀伟、省政协副秘书长曹国强等领导参加会议并讲话。

3 月 10—11 日,市政协副主席魏建华参加全省政协社法委主任工作座谈会,并作“政协委员听庭审,促进司法公正”情况交流。省政协副主席童怀伟对宿州市“政协委员听庭审”做法予以高度评价,并要求在全省政协系统推广。

3 月 16 日,马鞍山市政协副主席宋金虎率考察组在宿州市,考察交流政协书画院建设情况。市政协副主席苏兴佳等陪同考察。

4 月 8 日,市政协召开全市政协社会和法制委员会工作座谈会。市政协副主席魏建华出席会议并讲话。会议期间,与会人员参观了市中级人民法院、高新区,并参加法律知识培训。

6 月 3 日,由江苏大学、宿州学院、镇江市赛珍珠研究会主办的“赛珍珠主题诗书画巡展”在宿州学院开幕。市政协党组副书记、副主席王胜华出席开幕式并致辞。市政协书画院院长陈光林参加活动。

6 月 21 日,市政协党组副书记、副主席王胜华带领市政协书画院部分委员书画家到宿马园区振峰药业有限公司,开展为委员企业送文化活动,以此助力企业文化建设,促进企业全面发展。

8 月 18 日,县区政协秘书长暨办公室研究室主任座谈会在市政协会议室举行。市政协秘书长李励主持会议并讲话。市政协副秘书长张宏亮、研究室主任陈树银、办公室主任阮君出席会议。各县区政协机关负责人作工作交流发言。

9 月 21 日,全市秸秆综禁工作动员会议结束后,市政协秸秆禁烧工作组立即赶赴市经济开发区包保地块,认真履行包保职责,确保完成秋季禁烧工作任务。

9 月 22 日,纪念孙中山先生诞辰 150 周年书画展在市文化艺术中心举行。市政协副主席、民革宿州市委会主委、市科协主席武敏出席开幕式并致辞,市政协秘书长李励主持开幕式。市委统战部常务副部长陈礼平以及民盟、民进、农工、九三学社等民主党派负责人参加书画展开幕式。

9 月 28—29 日,全省政协工作经验交流会在合肥召开。市政协副主席魏建华、秘书长李励及宿州市各县区政协主要负责人参加会议。

11 月 18—29 日,市政协主席刘晓云,副主席苏兴佳、武敏、马红钟、魏建华、张生和秘书长李励分率五组,集中走访看望住县区及市直各界别委员。走访期间,市政协领导通过座谈交流等方式,通报 2016 年以来市政协工作开展情况,听取委员对全市工作和市政协 2017 年工作的意见建议。

(李　静　吴　琼)

中共宿州市纪律检查委员会（监察局）

【综述】 2016年，宿州市纪委监察局坚持把党风廉政建设和反腐败工作放在更加突出的位置，忠诚履职尽责，依规从严治党，深入推进党风廉政建设和反腐败斗争。市委深入学习贯彻习近平总书记系列重要讲话特别是视察安徽重要讲话精神，按照统筹推进“五位一体”总体布局和协调推进“四个全面”战略布局要求，牢固树立和贯彻落实新发展理念，始终把全面从严治党摆在突出位置，不断加大管党治党力度。市委、市政府多次召开专题会议研究部署党风廉政建设和巡察工作。市委、市政府主要负责同志定期听取工作汇报，对全市党风廉政建设和反腐败斗争作出重要批示、提出严格要求。全市各级纪检监察机关认真贯彻中央、省委和市委关于全面从严治党重大决策部署，自觉执行《关于新形势下党内政治生活的若干准则》和《中国共产党党内监督条例》，强化监督执纪问责，推动全面从严治党不断取得新进展、新成效。

【党风廉政建设责任制落实】 认真落实主体责任和监督责任。严格执行《宿州市关于落实党风廉政建设党委主体责任和纪委监督责任的实施意见》及“四个配套办法”，通过约谈提醒、述责述廉、责任考核推动责任落实。实行党风廉政建设“两个责任”清单制度，建立纪实手册，防止责任虚化空转。制定全市党风廉政建设责任制分工分解意见，把6大项68小项任务，逐一分解到市直38个主要单位和61个协同单位，明确责任主体、责任内容和责任目标。认真贯彻《中国共产党问责条例》和省实施办法，细化问责情形，规范问责程序，建立全程纪实制度，对主体责任履行不到位、违反责任制规定的领导班子和领导干部严格追究责任。全市追究落实主体责任不力的20人次、监督责任不力的14人次，对4起典型案例公开通报曝光。

【作风建设】 开展党政干部违规经商办企业专项整治，查处问题76起，处理76人，其中给予纪律处分75人。开展“酒桌办公”专项整治，查处问题63起，处理108人，其中给予纪律处分91人。开展非法加油站清理、非煤矿山生产整顿和农村饮水安全工程专项整治督查，发现问题及时纠正处理。开展严肃财经纪律和“小金库”专项治理，收缴违纪款2185万元，给予纪律处分5人，移送司法机关3人。2016年度，全市查处违反中央“八项规定”精神问题186起，处理党员干部220人，给予纪律处分207人，通报曝光典型案例58批次，涉及272人，形成强大震慑。

【四种形态】 各级纪检监察机关进一步改进监督执纪方式，按5类标准处置反映问题线索，处置问题线索2911件，谈话函询71件次，诫勉谈话108人，给予纪律轻处分1882人，占处分总人数的78%，切实把纪律和规矩挺在前面，使红脸出汗逐渐成为常态，党纪轻处分、组织调整成为大多数。

【纪律审查】 2016年，全市纪检监察机关立案2416件，增长15%；处分2507人，增长22%，其中县处级干部43人，乡科级干部210人，移送司法机关75人。

【重要案件】 市纪委直接查处市水利局原副县级干部关化联、灵璧县人大常委会原副主任刘銮斌、张吉标、市立医院原院长陈新民、埇桥区卫计委原主任刘波等一批严重违纪违法案件。

【严查基层腐败】 市、县两级纪委建立工作台账，开展专项巡察，重点整治“三资”管理、惠民工程、土地征收等领域“雁过拔毛”、吃拿卡要、强占掠夺等问题，查处侵害群众利益的不正之风和腐败问题346起，给予纪律处分368人，移送司法机关23人。严肃查处贪污挪用救济物资，截留私分扶贫款、优亲厚友，虚报冒领扶贫资金等突出问题，查处扶贫领域问题86起，给予纪律处分119人，移送司法机关1人。

【巡视巡察】 按照巡察全覆盖要求，设立市委巡察工作领导小组办公室和4个巡察组。加大巡察工作力度，市本级分3轮，对22个市直单位、1个园区、7个乡镇开展常规巡察，对5个县区扶贫工作开展专项巡察，经省委授权对宿州职业技术学院和皖北卫生职业学院开展巡视，巡视巡察发现问题线索209个，其中重要问题线索71个。根据巡察移交的问题线索，立案审查并给予纪律处分156人，组织处理16人，移送司法机关34人，巡察利剑作用进一步彰显。各县区巡察工作扎实有序推进。抓好巡视巡察问题整改，制定省委巡视反馈问题以及中央巡视组巡视“回头看”反馈问题整改方案，深入开展“4＋4”专项整治，扎实推进高职高专开展“管党治党宽松软”问题专项治理，完善相关制度，推动标本兼治。

【预防腐败】 加快推进社会领域预防腐败工作，全市非公企业党组织中建立纪检组织1848个，组建率达到93%，建立省级非公企业防治腐败工作联系点8个，引导社会力量参与预防腐败工作。

【信访举报】 畅通信访举报渠道，严格落实信访举报办理包保制度。开展纪检监察重复信访举报问题“百日攻坚”专项活动，重点对正在办理仍未结案、超期未结案和已结案但未息诉罢访的重复信访举报、省市领导批办的信访举报进行集中办理，切实减少信访存量，遏制信访增量。2016年，受理信访举报3904件，同比下降32%。

【宣传教育】 做好“以案释纪”工作，巡讲197场，编印《把纪律挺在前面》口袋书2万册，有3.3万名党员干部参加全面从严治党“两个责任”培训班等系列警示教育活动，有671家单位近2万名党员干部到市党风廉政建设教育中心接受廉政教育。扎实推进廉政文化建设，新增灵璧县检察院、埇桥区迎宾社区两家省级廉政文化建设示范点单位。廉政教育剧《平安是福》在全省巡演，并晋京演出。及时向社会发布党风廉政建设重要动态、重大举措和案件查办情况，定期向市人大、市政协通报反腐倡廉工作。加强党风廉政宣传和网络舆论引导，设立“清廉宿州”微信公众号。加大舆情信息监测和处置工作力度，开通“一键通”微信举报渠道。把握重要假日节点，发送廉政提醒短信20万余条。

【调查研究】 深入调研事关全市党风廉政建设和反腐败工作的重大问题和重大课题，形成一批调研成果，其中《抓早抓小抓实，探索长效机制》刊发在《安徽日报》上；《构建“五项机制”，着力抓早抓小》《巡察利剑高悬，高压震慑常在》《聚焦全面从严治党，强化忠诚履责担当》等创新经验文章在《江淮风纪》刊载；《发生在群众身边的不正之风和腐败问题的调研报告》等文章被《宿州工作》采用；《贯彻落实六中全会精神深入推进全面从严治党》等文章被《拂晓报》等媒体采用。市、县及市直单位纪委（纪检组）形成调研报告、理论研讨文章、创新经验材料160余篇，调研成果利用率达87%。

【自身建设】 市纪检监察机关把开展“两学一做”学习教育与学习贯彻中共十八届六中全会精神结合起来，与开展“讲看齐、见行动”学习讨论结合起来，与开展“做合格党员，争当两个表率”活动结合起来，牢固树立政治意识、大局意识、核心意识、看齐意识，坚决维护党中央权威，自觉同以习近平总书记为核心的党中央保持高度一致。坚持正确用人导向，选优配强纪检干部，把发现干部、用好干部作为关键环节，改进推荐考察方式，顺利完成市县乡三级纪委换届工作。加强业务理论学习和实践锻炼，组织纪检监察干部参加中央纪委、省纪委调训160人，市纪委机关培训纪检监察干部180人，抽调基层纪委和派驻机构干部到市纪委机关“以岗代训”42人，不断提升善于监督、敢于执纪和严于问责的能力。坚决查处纪检监察干部违反政治纪律、组织纪律、审查纪律、保密纪律、廉洁纪律等问题，确保自身硬，严防“灯下黑”。制定实施《宿州市纪检监察机关"一案双查"暂行办法》，开展典型信访问题倒查问责工作，全年有4起11名纪检监察干部被追责。开展纪检监察干部问题线索清理移送工作和廉洁办案专项治理。全市受理纪检监察干部违纪问题线索51件，立案查处29件，给予纪律处分24人，组织处理5人。

【重要会议】 2016年9月26日，中共宿州市第五届纪律检查委员会第一次全体会议召开。会议回顾总结过去五年党风廉政建设和反腐败工作，研究部署今后五年工作任务。会上通过了《坚持全面从严治党 忠诚履行党章职责，奋力开创全市党风廉政建设和反腐败斗争新局面》的工作报告。宿州市纪律检查委员会35名委员出席了这次会议。全会选举产生了宿州市纪律检查委员会书记、副书记和常务委员会委员，报经中共宿州市第五届委员会第一次全体会议批准。龙道金当选宿州市纪委书记，郑超、高峰、王琦当选为市纪委副书记。

4月6日，市政府召开第四次廉政工作电视电话会议。市长史翔出席会议并讲话，市委常委、常务副市长周勇主持会议。

民 主 党 派

·中国国民党革命委员会宿州市委员会·

【**思想建设**】 市委会不断以最新理论成果武装头脑,深化共识,在坚定“三个自信”中与党委形成利益共同体、事业共同体、命运共同体。坚持每月一天的中心组学习,集中学习贯彻中共中央总书记习近平系列讲话精神,加强对中共十八届五中全会、六中全会精神的理解,践行“创新、协调、绿色、开放、共享”的发展理念。按照中共宿州党委工作部署,组织市委委员参加中共宿州市委、市政府、市政协及市委统战部组织的“两学一做”学习教育活动座谈会、专题研讨会,紧密联系思想和工作实际,交流认识和体会。

市委会为市委委员、支部主委、70 岁以上党员订阅了团结报,加强党员学习、了解民革工作、提高思想认识。部署党员关注团结报微信公众号,及时了解到民革中央的动态消息,同时向民革中央反馈信息,提交社情民意。2016 年,市委会在宣传工作上向主流媒体投稿 10 余篇,在民革省委主办的网站、杂志、简讯上面刊登简讯 90 余条次。

【**组织建设**】 市委会以质量与数量统一、质量优先的原则,着重吸收政治素质好、代表性强、专业水平高、突出涉农、涉法、涉台的特色,2016 年度,通过支部会议、市委会研究,考察发展民革党员 5 人,为宿州民革注入活力,增添发展的动力。

2016 年,按照民革中央、民革省委会的要求,完成党员采集核对党员基础信息,真实准确党员现状,不断提高组织工作信息化水平,加强参政党自身建设。

【**参政议政**】 市委会武敏主委撰写的《发展生产性服务业推进经济调转促》、刘明军撰写的《加强我市园林工程质量管理的建议》两篇集体提案、董靖华提交的《在公共场所设置母婴休息室的建议》三篇提案被评选为四届四次政协会议优秀提案。

第二季度的提案办理季中,董靖华所作《在宿州市公共场所设立母婴室的建议》受到市政协主席刘晓云、市委常委、副市长赵琳领衔督办。在由市政协、市政府住建委、城管局、交通局、工会等多家单位的主要负责人参加的座谈会上,刘晓云说,民革提出的提案数量多、质量高。政协组织、政协各参加单位和广大政协委员要积极发挥联系面广、包容性强等优势,向民革学习,围绕市委、市政府的决策部署和相关职能部门的工作举措,多做凝聚共识、汇聚合力的工作,推进提案办理协商更有成效地开展。

三支部苏静撰写的《关于浍水路公共停车位设施恢复及加强管理的建议》、四支部刘明军撰写的《加强我市公共园林工程质量管理的建议》、五支部刘玉长撰写的《推广屋顶绿化,巩固创园成果》因为针对性强、质量高,市公安局、市园林局现场督办,取得良好的社会效果,进一步扩大了民革的影响力和知名度。

【**专题调研**】 市委积极参加“党委出题　党派调研　政府采纳　部门落实”专项调研,围绕推进传统产业转型升级,以加快转变经济发展方式,以“促进传统产业转型升级”为主题,由汤武昌主笔,主委武敏反复斟酌、修改后,向市委市政府提交调研报告,市委书记张曙光阅示"作为供给侧结构性改革的一项重要内容,传统产业的转型升级是一道难迈又必须迈过去的坎,做好这项工作也是对政府和企业的一次大考,我们要有切实的行动。"

10 月,民革安徽省委到埇桥区调研脱贫攻坚工作,并召开专题常委会。夏涛主委一行在主委武敏、区委书记王启荣的陪同下到符离镇李桥村听取埇桥区脱贫攻坚工作汇报,并实地查看李桥村村级光伏电站,详细了解光伏电站的运行、发电量和电价等情况。

【民主协商】 市政协 3 月召开"助推全市脱贫攻坚"专题协商会。市委会主委武敏撰稿提交"发挥土地指标作用,用活用好扶贫开发用地政策",由董靖华在大会上第一个发言。后收到省政协的约稿邀请,主委武敏进一步修改完善,在省政协专题常委会上进行了书面发言。

为承办好市政协"深化农业社会化服务体系建设"界别协商会,学习借鉴外地先进工作经验,主委武敏带领市政协、市农委、农机局、供销社、水利局等课题组成员单位负责同志赴浙江省丽水市和温州市考察学习。考察组一行实地查看丽水市遂昌县嘉言民生"益农信息社"和温州市一鸣集团奶牛养殖及奶产品加工业发展情况,并召开座谈会,进行深入交流探讨,详细解两市在深化农业社会化服务体系建设方面的好经验好做法。最终形成《关于深化我市农业社会化服务体系建设的建言报告》。报告从五个方面提出建议——"明确工作思路,构建'政企社共建'模式;以农业供给侧结构性改革为引领,培育壮大社会化服务供给主体;以信息化为载体,创新农业社会化服务平台建设;健全完善农业社会化服务体系,着力提升服务质量;加大投入力度,强化组织保障。"

市政协召开"大力调整产业结构,推进产业优化升级"界别协商会,市委会提交的《强化环境营造　保障产业转型升级》多项内容被吸纳进建议案,报送市委市政府。埇桥总支在城东循环经济示范园区的调研后,形成调研报告提交区委统战部,并转送区委区政府采纳。

【社情民意】 市委会围绕人民群众关心的热点难点问题,党员积极撰写社情民意信息,其中通过市委会的渠道,向市政协、省政协反映信息 13 条。武敏撰写的《建议进一步完善光伏发电扶贫工程机制》的社情民意信息获得副省长方春明批示,是武敏主委个人继 2014 年《加快构建农村信用体系的建议》获詹夏来批示、《关于进一步推进"三线三边"整治工作的建议》获李锦斌批示、2015 年《县域经济发展亟须构建完善信用体系》获詹夏来批示、《大力发展生产性服务业　促进工业化水平提升》获李锦斌批示后的第五篇被省委省政府主要领导批示的社情民意信息。

【社会服务】 市委会通过开展各种形式的社会服务,密切联系群众,把开展社会服务作为了解社情民意,参政议政,民主监督的重要抓手,不断扩大民革组织凝聚力、影响力。

2016 年春节期间,走访慰问市委会老领导、黄埔老人,为他们带去慰问品以及新春的祝福。通过了解他们的日常生活和身体状况,切实帮助他们解决生活中遇到的困难。

埇桥区总支参与并大力支持芦岭镇陈塘村的扶贫项目,一支部、二支部、三支部依托医卫专家优势,联合宿州市立医院,组织多位外科、消化内科、心脑血管等方面的专家医师 2016 年组织的义诊、送健康进社区活动在二中广场、西关社区、丁集镇、永镇等地举办 5 次。活动次数和诊治患者数量均创历年新高,社会影响广泛。

五支部应邀于 10 月在宿州二中汴水大讲堂举行"弘扬中华传统文化,传承地方戏曲精粹"的专题讲座。旨在加强培育在校学生文化素养,让学生了解、体验宿州优秀传统文化(泗州戏)的魅力,主动传承、传播地方优秀传统文化。民革委员宿州学院客座教授张友鹤、泗州戏文化传承人苏婉琴以生动的演讲和栩栩如生的现场表演获得广泛好评。

【纪念孙中山诞辰 150 周年书画展】 2016 年是中国民主革命伟大先行者、伟大的民族英雄孙中山先生诞辰 150 周年。9 月 22 日上午,由民革宿州市委会联合市政协文史委共同举办的纪念孙中山诞辰 150 周年书画作品展在市文化艺术中心举行,弘扬中山精神,纪念先生诞辰。武敏主委出席开幕式并致辞,市政协秘书长李励主持开幕式。市委统战部常务副部长陈礼平、市政协文史委专职副主任梁钢以及兄弟党派负责人参加开幕式。书画展汇集了宿州地区数十位知名书画家的百余幅书画精品,很多画作来自于兄弟党派的支持。作品充分表现了孙中山先生伟大而崇高的革命情怀,对传承“爱国、革命、不断进步”中山精神,凝聚“中国共产党领导的多党合作和政治协商制度”的社会正能量具有积极作用。

·中国民主同盟宿州市总支部委员会·

【思想建设】 民盟宿州总支委坚持组织盟员学习贯彻中共十八大、十八届六中全会精神,学习《中华人民共和国宪法》和《中国民主同盟章程》,学习民盟中央和民盟安徽省委各种会议精神,不断强化盟员的“四个自信”,自觉为实现中华民族伟大复兴的“中国梦”而努力奋斗。以暑期集体培训的方式扩宽盟员的政治视野,坚持每年举办一期全员培训活动,2016 年的主题是“民盟和我们面临的新时代”。坚持为全体盟员订阅民盟中央机关刊《群言》,让盟员及时了解民盟工作动态和与民盟相关的科学文化资讯。

【组织建设】 2016 年,发展 5 名盟员,其中机关事业单位工作人员 2 名,医药卫生界 2 名,高教界 1 名,年龄均未超过 35 岁。年中总支会议决议调整支部划分,增加第四支部,各支部班子健全,分工明确,工作正常。2016 年 12 月 10 日,民盟宿州总支委召开全市第四次盟员大会,选举产生新一届的总支部委员会,增加 2 名委员。选举产生安徽省盟员代表大会代表人选。

【制度建设】 民盟宿州总支委进一步完善盟员活动制度、参政议政课题研究制度、会议制度、财务制度,各项工作均做到有章可依,有章必依,有人管事、有人干事。按照全市统一的财务管理制度,每项支出都严格按照程序审核、签批、报销,每笔账目都有案可查,经得起审计。保证了盟务工作有条不紊地开展。

【参政议政】 宿州市总支是民盟安徽省委的直属基层组织,长期以来中共宿州市委暨统战部、宿州市政协均以民主党派市委会级别要求民盟宿州总支委承担参政议政工作任务。2016 年积极参与“中共宿州市委出题,民主党派调研”,围绕宿州市经济社会发展的重大问题和统筹推进“五位一体”的总体布局,认真践行创新、协调、绿色、开放、发展五大理念,开展广泛多样的参政议政活动。一是认真做好政协年会的大会发言工作,2016 年政协会上的大会发言是《走生态文明之路 圆美丽乡村之梦》,发言材料得到中共市委和市政府主要负责人的阅批。二是认真做好政协提案的选题、调研和撰写工作,保证作为政协参加单位的集体提案的数量与质量。《美丽乡村建设要走生态文明之路》《争取国家水利专项资金建设“宿州市黄河故道湿地与森林公园”》,被市政协明确为政协主席和副主席领衔督办的提案。2015 年《科学绿化城市园林 加速园林城市升级》《我市民生工程财政专项资金应向采煤塌陷区适度倾斜》等提案,在 2016 年的市政协年会上受到表彰。三是做好社情民意反映工作,发挥好人民群众与党政之间的桥梁与纽带作用。民盟宿州市总支被授予 2016 年全市政协系统信息工作先进单位称号。四是做好市政协组织的专题协商工作,发挥民主党派的建言立论作用。2016 年上报的《大力加强乡风文明建设 激发贫困群众脱贫热情》《强化项目带动 助推产业升级》等调研文章,均受到中共市委和市政府负责人的高度重视。参与市政协与市政府关于文物保护与利用的专题协商,提交《加大文物保护力度 增强持续发展后劲》《科学规划预留空间 保证城市永续发展》专题调研报告。2016 年,民盟安徽省委授予民盟宿州总支委“参政议政工作先进单位”称号。

2016 年为盟省委撰写在省政协年会上的提案《争取国家水利专项资金 建设皖北黄河故道湿地与森林公园》《加大对皖北地区工业园区土地闲置的监管力度》,被盟省委作为社情民意上报民盟中央。还向盟省委提交《破除贫困文化陋习 推进乡风文明建设》《开发历史文化资源 助推旅游产业发展》等专题调研报告,供盟省委在全国与全省资政工作中使用。积极参加盟省委举办的各种论坛活动,《中学生行为教育的困境与前瞻——以宿州市城区初高中抽样调查为例》获基础教育论坛 2016 年“兴盟杯”二等奖。

【社会服务】 民盟宿州总支委与市司法局联合开展针对服刑人员、社区矫正人员等群体的“黄丝带帮教行动”。12 月 2 日,赴泗县司法局,举办心理辅导讲座,尝试建立长效机制。配合宿州市红十字会，在宿州二中开展资助贫困学生活动，并建立定点长效机制。让社会各界了解民盟，认识民盟。

·中国民主建国会宿州市委员会·

【思想建设】 民建宿州市委及时传达十二届全国人大四次会议、全国政协十二届四次会议精神，深入学习中共中央总书记习近平“七一”重要讲话精神、中共十八届六中全会精神和习近平系列重要讲话精神。推荐18人分别参加民建安徽省委举办的新闻与宣传骨干会员培训班、民建安徽皖北区社情民意培训班、民建安徽省委举办的骨干支部支委培训班、中共宿州市委党校干部培训班、市政协在中央社院举办的政协理论与实践培训班学习。

【组织建设】 2016年，经民建宿州市委批准和民建省委备案，发展新会员8名，平均入会年龄32岁，其中副科级2人、企业家3人、书法家1人。完善会员组织管理系统信息，整理会员档案，联络调出宿州的会员，协调接转组织关系，方便会员参加组织活动。

按照民建安徽省委和中共宿州市委换届文件要求，积极筹备换届事宜，做好换届人事安排与各项准备工作。2016年12月22日，民建宿州第四次会员大会召开，会议选举产生民建宿州第四届市委会，孟广实当选新一届民建宿州市主委、闫旭、谢安委当选副主委。新一届委员会成员在年龄层次、知识结构、综合素质等方面得到优化，提升了组织执行能力和创新活力，为长远发展提供可靠组织保障，也为民建宿州市委会更好履行参政党职能奠定坚实人才基础。本次会员大会还通过投票选举出席民建安徽省委第九次代表大会代表。民建宿州市委会强化自身建设，着力抓会员发展和干部队伍建设，稳步推进以第五、第七支部为标杆的支部标准化建设，促进组织工作的规范化和制度化。

【参政议政】 一是提案议案。2016年，宿州民建各级人大代表、政协委员，利用“两会”平台，围绕全市工作重点和人民普遍关注的热点、难点问题，撰写议案、提案、建议、社情民意60余篇，政协集体提案6件。《壮大农村集体经济打赢脱贫攻坚战》被列为政协大会发言。《有效化解我市房地产库存问题的建议》《关于加强整顿农村环境卫生问题的建议》被评为优秀集体提案奖，《实行精准扶贫工程做好系统管理工作》等6件个人提案获得市政协优秀提案奖。《加强水资源保护利用推进小型城市建设》等4件人大议案建设受到市政府高度重视。

二是课题调研。坚持“党委出题、党派调研、政府采纳、部门落实”工作机制，开展课题调研工作。围绕宿州市鞋服产业发展情况进行深入调研，到成鞋龙头企业东艺、鸿星尔克、康奈等企业实地调查研究，形成《关于我市鞋服产业深化发展的对策与思考》调研报告。并在宿州市《建言献策》上全文刊发。得到时任中共宿州市委书记张曙光的批示。组织会员参与调研市园林植物废弃物处置中心，考察宿州市养殖产业，调研宿州市旅游产业发展情况等。

三是民主协商。2016年3月，民建宿州市委围绕战略新兴产业发展深入调研，在宿州市政协“战略性新兴产业”专题常委会上提交《关于加强对我市出土文物保护和利用的建议》发言材料，并在市政协协商大会上发言。8月，完成市政协关于宿州市农田小型水利的协商课题，撰写《关于加强小型农田水利工程建设管护的建议》。

四是反映社情民意。2016年8月，省人大常委会副主任花建慧到宿州市重点督办《关于在我省开展环保宣传教育的建议》。民建宿州市委《关于引入商业保险公司参与公立医院改革的建议》《构建现代公共文化服务体系提升文化惠民水平》《关于我市汴河中路建设公交车专用道路的建议》《关于宿州市铁路运河环境治理提案》《机动车不应该与人争抢通行》《新建住宅小区应设公厕》等多篇社情民意信息被省政协、省委统战部、民建安徽省委采用，其中《新建住宅小区应设公厕》得到市长史翔的批示。民建宿州市委会向安徽省委统战部报送《进一步加强党外代表人士队伍建设》和《新形势下与党外人士交友问题研究》的统战理论课题2篇。

【社会服务】 民建宿州市委按照民建安徽省委的部署，发挥自身人才、智力、资本、技术等优势，立足自身特色，积极探索民主党派服务社会、服务会员的新做法。

民建书画院经常开展文化“三下乡”活动。民建宿州企业家联谊会组织会员深入东大木业、百大农贸市场、夏刘寨化东物流园，走访调研中小企业发展状况，并提出建议；与砀山回民许庄村养老院、萧县大屯镇大屯村结对扶贫,积极捐款捐物。各总支、支部发挥自身特点,分别开展助学助贫活动,捐款捐物达10余万元。

·中国民主促进会宿州市委员会·

【思想建设】 按照民进安徽省委工作安排,民进宿州市委围绕民进中央参政议政主题年、民进省委作风建设年工作主题,通过举行报告会、座谈会等,推动全会政治理论学习。制定《民进宿州市委2016年工作要点》,稳步推进学习实践活动。1月底,召开年度工作总结大会。学习传达民进中央、民进安徽省委有关会议精神,表彰年度优秀组织及优秀个人、通报新发展会员情况。持续开展系列主题教育活动,开展理论学习、优良传统教育、宣传工作。市委会班子春节前走访慰问民进离退休老会员,听取老同志意见建议。

把会章会史的学习和提高履职能力作为学习实践活动的重要内容。市委会每两个月对新会员进行培训,解读中共中央十八届各次全会精神和习近平系列重要讲话精神,讲解多党合作历史与统战政策,学习宣传多党合作光荣历史和民进优良传统,分别以《如何提高参政议政能力》《如何提高民主党派成员的修养》为题举办讲座。支持会员参加中央、省、市社会主义学院培训班及民进安徽省委举办的支部主委培训班等,增进"三个认同",凝聚政治共识,夯实多党合作思想基础。

【组织建设】 8月,民进宿州市委员会开始准备换届工作。12月14日,中国民主促进会宿州市第四次代表大会召开,大会听取和审议孟方同志代表民进宿州市第三届委员会所作题为《不忘初心 同心同行 为建设创新型"四个宿州"贡献力量》的工作报告,选举产生孟方、佟涛、赵辉、葛萌萌、武浩、刘小阳、丁华、梅国庆、黄雁、唐向阳、李鸿为民进宿州市第四届委员会委员;佟涛、王芳、王晔、葛萌萌、刘晓丽、梁好为出席民进安徽省第八次代表大会代表。民进宿州市四届一次全委会选举孟方为主任委员,佟涛、赵辉、葛萌萌为副主任委员。

【作风建设】 按照民进安徽省委作风建设主题年活动要求,开展坚持和发展中国特色社会主义学习实践活动,与省市"三严三实""忠诚干净担当"专题教育活动紧密结合,加强和改进工作作风。多次召开学习例会,学习中国特色社会主义理论体系和统一战线理论政策,提高会员政治素质和思想道德水平。发挥领导班子核心带头作用,班子成员自觉参加所在支部组织生活,认真贯彻民主集中制原则,团结干事。

【参政议政】 多次召开班子成员、各支部主委和八个参政议政专委会成员参加的参政议政专题会议。在宿州市政协四届四次会议上,市委会提交集体提案4件,提交《发展企业文化,壮大民营经济》《打造宿州市古老而优秀的文化名片》《加大征缴力度,确保养老金按时足额发放》3篇大会发言,得到中共宿州市委主要领导批示,《发展企业文化,壮大民营经济》发言材料得到市委书记张曙光、市长史翔详细批示,由市总工会牵头实施。4月中旬,举办为期2天的企业文化培训班,对宿州市四县一区重点民营企业,开展为期一周的督查调研,形成调研报告,报送中共宿州市委。会员梁好被市政协评为"优秀信息员"。3月,围绕市政协专题民主协商会"助推全市脱贫攻坚"课题,组织会员到亳州市调研,提交《有效发挥新型农业经营主体和致富带头人在脱贫致富中的带动引领作用》大会发言。4月,参与"党委出题,党派调研"活动,围绕宿州市美丽乡村建设进行调研,到滁州、安吉等地调研考察,形成《美丽乡村建设需要产业支撑》调研报告,在宿州《建言献策》上全文刊发。市委书记张曙光详细批示,要求相关单位负责人认真研究、采纳。5—6月,围绕市政协专题民主协商会"产业转型升级"课题,组织会员到外地调研,完成《提升技能,优化产业是企业发展的根本之路》大会发言。6月下旬至8月中旬,参与市政协重点民主协商活动"加强食品药品安全监管"课题赴外地调研,完成《关于加强大排档及食品流动摊贩监管》调研报告。10月,围绕职业教育发展课题赴温州调研,形成社情民意信息《加大宣传报道在外地的宿州人的建议》。

【社会服务】 结合自身特点开展"微公益"活动。年初,民进宿州市部分书画界会员到环宇银河绿苑社区,义务为居民写春联。5月,会同埇桥区政协社会法制委员会在朱仙庄镇开展"法治进乡村"普法宣传活动。"八一"建军节前夕,主委孟方带领部分书画家埇桥区人武部,用拥军笔会形式庆"八一"。

书画界会员赵琦、张家骑等随市关工委到农村、学校指导少儿书画创作，参加“辉煌的征程”——宿州市纪念长征胜利80周年暨建国67周年全国名家作品展。10月，赵琦应邀参加珠海国际航展。

参与省市对砀山回民许庄村、萧县马井镇道口村定点帮扶工作。9月，在道口村开展“定点帮扶走访月”活动，同镇村干部共同商讨脱贫工作措施，走访贫困户对接帮扶脱贫。开展教育扶贫，定期组织会内书画家、省级示范课优秀教师到埇桥区苗安中学，泗县二中、灵璧二中及萧县道口村小学，送优质课下乡。加强宿州民进开明书画院工作平台建设；按照民进中央“服务就在身边，人人可以参与”的微公益理念，引导各级组织和会员参与社会公益活动。

·中国农工民主党宿州市委员会·

【组织建设】 3月，农工省委副主委方才带队到宿州调研机关建设，就党派换届问题与市委统战部召开会议。4月，召开市委领导班子扩大会议，商讨基层组织换届工作具体事宜。5月13日，市医卫总支部委员会召开换届大会，梅咏春当选主委，丁勇、郭伟当选副主委。6月8日，埇桥总支部委员会召开换届大会。孙建田当选主委，蒋翠玲、张科、李欣当选副主委。6月14日，市直总支部委员会召开换届大会。曹少飞当选主委，程乃标、靳红当选副主委。上半年，市委会下辖11个基层组织全部完成换届工作。一批政治素质好，业务水平高、热爱党务工作的优秀党员担任了基层组织负责人，增强了组织活力。

9月4日，市委会领导班子述职、测评及民主推荐。农工党省委副主委方才，农工党省委组织部副部长崔前田，农工党省委纪律监督委员会委员黄虹，农工党省委副调研员刘国旗，市委统战部副部长陈礼平，市委统战部干部科科长闵咏梅，农工党市委委员及各总支委、支委主委参加评选活动。

【农工民主党宿州市第四次代表大会】 12月17—18日，中国农工民主党宿州市第四次代表大会在宿州召开。安徽省政协副主席、农工党安徽省委主委牛立文，安徽省政协副秘书长、农工党安徽省委副主委方才到会指导。中共宿州市委书记史翔、宿州市政协主席刘晓云、中共宿州市委副书记张孝成出席开幕式。中共宿州市委常委、组织部长、统战部长操隆山，宿州市人大常委会党组副书记、副主任张旭，以及宿州市其他民主党派和市工商联负责人，市委统战部相关负责同志等出席会议。会议听取并审议通过农工党宿州市第三届委员会工作报告，选举产生农工党宿州市第四届委员会和出席农工党安徽省第十一次代表大会代表；审议通过《农工党宿州市第四次代表大会决议》。张生、祝美、刘秀云、丁勇、孙建田、郭伟、郭勇、程乃标、张磊当选为农工党第四届市委委员，张生当选为农工党第四届委员会主任委员，祝美、刘秀云、丁勇当选为副主任委员。

【参政议政提案】 市政协四届四次会议，报送大会发言4篇:《发展社区社会组织 建设和谐社区》《发展特色文化产业 打造宿州文化品牌》《关于加快推广玉米全程机械化生产的建议》《强化生态文明建设 加快采煤沉陷区综合治理》。提交集体提案5篇:《加强孕产妇围产期规范化管理》《关于加快开展医疗服务共同体工作的建议》《关于提高我省皖北地区农村中小学教育质量的建议》《保护和发展我市千年古村落》《关于职工基本养老保险工作的调研报告》。《关于强化措施落实，保障学生人身安全的建议》《关于建立医养结合型养老机制的建议完善区域医疗服务共同体机制，切实提高基层医疗服务能力水平》《关于建立医养结合型养老机制的建议》3篇提案被评为市政协四届三次优秀提案。《关于职工基本养老保险工作的调研报告》被省政协采用。

【调研报告】 3月，根据市委、市政府、市政协办公室下发的《“助推全市脱贫攻坚”专题协商活动筹备工作实施方案》要求，市政协副主席张生就“做好农副产品加工产业，壮大县域经济发展，助推精准扶贫”课题赴砀山县开展调研。形成的调研报告《发展农副产品加工，壮大县域经济，助推精准扶贫》，在4月市政协四届二十四次常委会暨“助推全市脱贫攻坚”专题协商会上发言。

4月，农工党宿州市委专职副主委祝美率领宿州市埇桥区民政局副局长、农工党埇桥总支副主委李欣，宿州市农科院玉米研究所所长、农工党员张建等人组成的调研组，冒雨到宿州市芦岭、大店镇等地调研农民专业合作社建设情况。调研的信息被全国政协报采用。

5 月,市委统战部党委出题,党派调研。张生、李琦、祝美、蒋娟娟等人撰写《关于加快推进宿州市黑臭水体治理的建议》,市委书记张曙光书记批示:“请赵琳、大庆同志阅处。城市黑臭水体治理项目已讲了很长时间了,进展如何?”同时张曙光书记在批示中写道:“向民主党派认真调研,提出建议表示感谢!”张生、祝美赴山西省阳泉市考察“城市少数民族流动人口服务管理”经验和方法。形成调研报告《关于加强城市少数民族流动人口服务管理工作的建议》

6 月,市政协“大力调整产业结构,推进产业优化升级”界别协商会,作为市政府、市政协共同确定9 个重点协商课题之一,在 20 篇发言材料中,选出 9 篇大会发言。祝美、侯朝玲、张建、蒋娟娟等撰写的《高度重视宿州国家农业科技园区建设》调研报告,由尤慧娟代表市委会在农工党宿州市委大会上做发言。市政协副主席苏兴佳带队,重点督办对农工党宿州市委在市政协四届四次会议期间提交的《完善区域医疗服务共同体机制,切实提高基层医疗服务能力》重点提案。

7 月,深入推进坚持和发展中国特色社会主义学习实践活动,推进全市黑臭水体治理进程,调研考察张家口市在黑臭水体治理方面的先进经验。进一步形成深度调研报告,作为 2017 年市政协大会发言之一。

11 月,祝美率调研组就宿州市村级“精准扶贫”开展情况进行专题调研,形成调研报告《注意政策微调,促进精准扶贫》,作为 2017 年市政协大会集体提案。

【信息报送】 全年报送社情民意信息 116 篇,农工党省委采用 13 篇。宣传报道被人民政协网采用 3 篇,被农工党中央采用 6 篇,农工党省委采用 24 篇。新闻《合作社里调研忙》被市政协评为“政协好新闻”优秀奖。张生,祝美,张梅,庄稼被农工省委评选为 2015 年度优秀信息员。

【社会服务】 3 月安徽省人大代表、农工党宿州市埇桥总支主委孙建田带领埇桥总支的医疗专家来到桃源镇光明敬老院开展义诊活动,弘扬敬老助老传统美德。6 月 3 日,农工党宿州市委参加市政府、市环保局等单位在宿州市雪峰公园广场举办的第九届世界“环境与健康宣传周”活动,改善环境质量助推绿色发展。活动现场,市委会组织心内科、神经内科、眼科、骨科、儿科、妇产科等 10 名农工党医疗专家为辖区近 300 名群众进行健康咨询和义诊。并赠送环保袋、散发科普读物和各类宣传材料 1000 多份。11 月 6 日,组织医疗专家队到灵璧县西集社区,开展以“科技强国,和平发展”为主题的第二十八届中国“国际科学与和平周”医疗扶贫活动,为当地居民免费送医、送药和健康知识解答。12 月 31 日,农工党宿州市委专职副主委、宿州市政协常委祝美带领埇桥区总支委的医疗专家到宿州市残疾人康复中心义诊。

·九三学社宿州市委员会·

【思想建设】 九三学社宿州市委员会及时组织社员传达十二届全国人大四次会议、全国政协十二届四次会议全国“两会”精神,深入学习中共中央总书记习近平“七一”重要讲话精神、中共十八届六中全会精神和习近平总书记系列重要讲话精神。推荐 21 人分别参加九三学社中央举办的新闻与宣传骨干社员培训班、第二期专职干部培训班、九三学社安徽省委举办的新社员培训班、骨干社员培训班、中共宿州市委党校县处级干部进修班、青年干部培训班、宿州市政协在中央社院举办的政协理论与实践培训班学习。组织青工委成员赴重庆中国民主党派历史陈列馆参观学习,组织九三学社宿州市委班子成员及支社主委赴中科大参观“九三学社先贤”肖像画展。报送坚持和发展中国特色社会主义

1 月 31 日,九三学社宿州市委召开年度总结表彰会议 (摄影:陈莉莉)

等专题征文6篇，其中《给梦想构筑一个家园》获九三学社第二届全国青年论坛优秀奖，《从自我认同"错位"与社会认同"缺失"谈民主党派参政能力建设》获社中央理论研究与社史研究征文二等奖。

【组织建设】 2016年，经九三学社宿州市委批准和社省委备案，发展新社员8名，平均入社年龄37岁，其中硕士学位2人，正科级1人，副科级1人。完善社员组织管理系统信息，整理社员档案，对因工作变动调出宿州的社员开展联络，协调转出组织关系，方便社员在外地参加组织活动。成立青工委，搭建青年交流平台，激励青年社员传承九三学社优良传统，树立政党意识，积极投身参政党建设。成立医疗咨询小组，发挥医疗卫生界社员人才优势，对内开展医疗咨询，对外开展社会服务。成立宿州九三学社互助金，宗旨是互相帮助、帮困解难、服务社员。举办九三学社宿州书画院成立揭牌暨书画展，拓展社员艺术与科学的交流平台。按照九三学社安徽省委和中共宿州市委有关换届文件要求，积极筹备换届相关事宜，做好换届人事安排与换届准备工作，2016年12月22日召开九三学社宿州市第四次社员大会，选举产生九三学社宿州市第四届委员会，尤计富当选主委，张安文、范晓惠、李峰当选副主委。2016年，九三学社宿州市委荣获社省委先进市级组织、先进基层组织（三支社）、参政议政工作先进集体、信息工作先进集体、专家讲科普活动先进集体（四支社）五个集体奖项，10名社员（12人次）分别荣获社中央、社省委表彰，8名社员在本职岗位获得省、市表彰。

【能力建设】 按照机关能力建设项目要求，编报送机关建设工作案例。编印《献计宿州，助力崛起——2015年度参政议政材料汇编》，整理收录参政议政主要成果。组织编写《宿州九三纪事》，内容涵盖九三掠影、历史沿革、大事记、政治安排、三届社市委参政议政摘录以及表彰奖项六大块，其中九三掠影中包含组织建设、领导关怀、履职尽职、社会服务、社员风采。开展"三八"妇女节视察宿州市植物园、重阳节视察新汴河景观建设及水资源管理等活动，增强组织凝聚力。做好九三学社安徽省委课题调研组以及九三学社亳州市委、九三学社金华市委在宿州市调研服务工作。

【参政议政】 一是调研课题。2016年，九三学社宿州市委承担并完成各类调研课题11项。承担并完成中共宿州市委调研课题《关于进一步做好秸秆还田和综禁工作的建议》《大力发展农村电子商务》得到时任宿州市委书记张曙光、市委副书记张孝成、副市长李朝晖的肯定和批示，提出的建设性意见建议被采纳。完成市政协协商课题4项，提交《因地制宜，创新机制，加快推进产业扶贫》《关于大力发展软件及信息服务外包产业的建议》《关于深化农业社会化服务体系建设的建议》《科学规划，多措并举，打开我市文物古迹保护新局面》被市政协采用，作为大会口头发言。完成九三学社安徽省委中标课题和指定课题2项，提交《关于农业供给侧改革的四点建议》《突出五大工作抓手，引导推动农村一二三产业快速高效融合》调研报告。根据九三学社安徽省委安排，组织社员围绕省政协协商课题建言献策，提交《创新机制　大力实施科学扶贫》《打造"淮风古韵"优质文化旅游品牌》《注重实效精准扶贫打赢扶贫攻坚战》3篇材料被省政协采用，作为书面发言。

二是议案提案。在2016年1月召开的宿州市"两会"上，九三学社宿州市委提交4篇市政协大会发言，均得到中共宿州市委、市人民政府主要负责人批示，其中《攻坚克难，进一步提升我市医疗水平》《加强我市历史文化遗存的保护与开发，打造"三点一线"旅游产业链》被市政协遴选为大会口头发言。提交并被市政协立案的社市委集体提案9件，其中《推动大众创业万众创新，打造经济发展新引擎》被列为重点提案，市政府负责人批示后由市政协副主席督办。市人大常委、九三学社社员提交《关于加快推进农村垃圾治理的建议》被列为市人大1号议案。根据九三学社安徽省委安排，九三学社宿州市委组织社员建言献策，7件材料被社省委采用，分别获得一等奖1项，二等奖1项，三等奖5项。在2017年1月召开的宿州市"两会"上，九三学社宿州市委提交集体提案11件、大会发言2件（其中口头发言1件），14名政协委员提交个人提案20件，2名人大代表提交个人建议4件。在这次"两会"上，九三学社宿州市委2件集体提案被市政协评为2016年度优秀提案；社市委副主委、市人大常委范晓惠被评为宿州市第四届人民代表大会优秀代表。

三是反映社情民意。2016来，通过九三学社安徽省委报送社情民意信息30多篇,其中8篇信息被采用。《精准扶贫工作中应将低保线、贫困线“两线合一”》《关于小麦粉脱氧镰刀菌烯醇超标原因分析与对策建议》被全国政协采用,《关于实施脱贫攻坚的几点建议》被中央统战部《零讯》采用,《建议尽快出台塑胶操场和跑道新国标》《当前银行业流动性风险及建议》被九三学社中央采用,《关于推进我省医疗改革的六点建议》《杨柳絮成灾园林、林业结构亟待调整》被省委统战部、省政协采用。王玉梅荣获省委统战部信息宣传工作先进个人。组织社员围绕宿州市经济社会发展难点热点,撰写并报送市政协信息20篇,其中9篇被采用,《关于加强三角洲公园管理,维护区域生态环境的建议》得到市长史翔批示。九三学社宿州市委荣获全市政协系统信息工作先进单位,王晓敏荣获信息工作先进个人。

4月24日,到埇桥区开展送医送药义诊活动 (摄影:王嵩)

【社会服务】 九三学社宿州市委邀请加拿大友人史蒂夫(Stephen hermack)、安农大教授分别在宿州一中、宿州职业技术学院讲科普,分别作题为《北美职业教育与创新》《观赏园林植物的培育》科普报告。组织社内专家赴渔沟中学、灰南中学、宿州九中开展讲科普活动。开展两场宿州九三讲堂活动,普及法律与财政知识。社市委青工委组织医疗专家到埇桥区桃沟乡大秦村开展“传递九三关爱,我们在行动”社会服务活动。组织农业界别社员到埇桥区桃园镇等地多次开展专项科技扶贫活动,开展培训和技术指导。

社　会　团　体

·工　会·

【概况】 宿州市总工会是宿州市各级工会的领导机关，受中共宿州市委和安徽省总工会的领导。宿州市总工会第四届委员会由43名委员组成，设主席1人、副主席3人、经费审查委员会主任1人，常务委员13人。宿州市总工会机关内设部室8个。市总工会所属区、县总工会5个。全市基层工会7101个，会员66.5万人，其中农民工会员43.2万人。2016年，全市工会工作迈上了新台阶，尤其是职工信息化建设工作走在全省前列，在全省率先启动工会改革工作，市委全面深化改革领导小组第七次会议审议通过《宿州市总工会改革实施方案》。先后获得“全国互助保障工作先进单位”、安徽省“五一劳动奖状”、全省工会系统先进集体、安徽省“安康杯”竞赛组织工作优秀单位、全省市级工会经审工作“特等奖”等荣誉称号；荣获全市双拥工作先进单位、市直双拥工作优秀单位、全市创建国家园林城市先进集体、市级部门预算编制工作先进单位等；获得第十届省级“文明单位”和第九届市级“文明单位”。

【职工素质提升工程】 市总工会制定下发《2016年全市职工劳动技能大赛方案》，举行“投身调转促·建功十三五”为主题的全市职工劳动技能大赛，20家单位承办十二大行业竞赛活动，竞赛涉及金融、互联网+创新创业、新闻采编、广电传输、邮政数报等30项竞赛项目，全市近10万名职工参赛。通过岗位练兵、技术比武等平台，促进一大批职工提升职业技能水平。推进学习场所建设，全市建成全国“职工书屋”示范点12个，省级“职工书屋”示范点22个，市级“职工书屋”示范点60个，职工书吧90个。组织开展“书香宿州阅读季”和“我与十三五”征文比赛等活动。举办全市首届“庆七一”职工羽毛球比赛，吸引28支代表队，296名运动员报名参加比赛。举办“墨香颂祖国”宿州市第四届职工书画作品展，征集职工书画作品215幅。

【工会组织建设】 4月，在砀山县召开全市工会农民工入会和服务工作推进会，开展“基层工会组织建设提升年”活动，广泛开展“双找双建”活动，拓展农民工入会新领域。全市新建基层工会组织329家，新发展工会会员57336人，其中农民工会员53032人，完成省总农民工会员发展年度目标任务的177%，主要组建指标位居全省前列。

【构建和谐劳动关系】 召开全市工会工资集体协商工作会议，推进工资集体协商工作。2016年发出工资集体协商“要约书”3829份，签订集体合同3790份，覆盖企业4929家、职工423856人，覆盖率超过85%。落实职代会、集体协商、厂务公开和职工董事、监事等制度。建立职代会制度或职工大会制度的基层工会6440家，覆盖率达94%，实行厂务公开的单位6578家，占总数96%。

【职工帮扶救助】 市总工会制定印发《市直单位困难职工帮扶救助办法（试行）》，扩大救助人员范围并提高救助标准。2016年元旦、春节期间，市总工会筹集“冬送温暖”活动帮扶资金164万元，为734户困难职工，每户给予800元补助金；在“金秋助学”活动中，全市筹集资金220万元资助650名困难职工家庭学生继续大学学业。全市职工互助保障保费收入达 216.1 万元,同比增幅 36.8%,位居全省前列,会员达到 55292 人,全年赔付 145 起,理赔金额 44.02 万元。落实省总《关于进一步做好困难职工解困脱困工作的实施办法》,组织入户走访调查城市困难职工基本情况,制定解困脱困计划,建立目标责任制度。

【劳模管理与服务】 2016 年,市总工会推荐许启金作为全国劳模代表参加由习近平总书记主持召开的"4·26"座谈会,并向习总书记汇报工作。举办全市"庆五一"表彰大会暨全市职工文艺会演活动,授予 19 家单位"宿州市劳动竞赛先进集体",颁发 5 家单位"宿州市五一劳动奖状",授予 18 家单位"宿州市劳动竞赛优秀组织单位",命名 20 家单位"宿州市工人先锋号";授予 84 人"宿州市劳动竞赛先进个人",为 19 人颁发"宿州市五一劳动奖章"。为各级困难劳模发放生活困难补助金、特殊困难帮扶金以及慰问金计 168 万元。组织各级劳模参加疗休养 80 余人次,为全市 77 名困难省部级劳模和全国劳模进行健康体检。

宿州劳模学习贯彻习近平总书记系列讲话精神宣讲报告会

【职工依法维权】 开展"三进四送"活动(进企业、进工地、进矿区,送政策、送法律、送服务、送关爱),印制发放《职工维权手册》《中华人民共和国反家庭暴力法》《中华人民共和国劳动合同法》《安徽省女职工保护特别规定》等宣传资料 1 万余份。发挥"12351"职工维权热线作用,着力化解产能过剩、职工转岗再就业、新型城镇化等劳动关系中的热点问题,协助党委、政府协调处理劳动关系矛盾事件。组织全市 1859 个单位、2971 个班组、46289 名职工参加全国及省"安康杯"竞赛活动。履行《中华人民共和国安全生产法》监督职责,参与调查处理有关安全生产事故 20 余起。

【工会信息化工作】 市总工会把困难职工医疗救助、生活救助、"金秋助学"、困难劳模救助、困难职工法律援助、工会法人登记、工会法人变更、工会组建、互助保障赔付、工会换届 10 项职工服务项目在皖北率先实现网上办理,2016 年网上受理并审批 178 份金秋助学、圆梦计划、金牌蓝领、医疗救助 4 类网上申报材料,办结 169 份。在皖北率先发行 3 万工会会员服务卡。持卡会员享受各项免费金融服务,可在 100 余家特约商户、公共服务部门享受消费优惠。宿州市职工服务信息化建设项目签约启动。宿州工会信息化建设工作走在全省前列,全省工会信息化建设现场推进会在宿州召开。

宿州市职工劳动技能大赛启动仪式

【窗口行业文明创建】 市总工会作为市窗口行业文明创建办公室,先后组织召开 4 次窗口行业文明创建工作部署会、协调会和推进会。加强文明创建测评工作宣传教育,常态化开展窗口单位督查工作,严格执行创建问题通报制度,以文行办名义及时下发"交办问题清单",限时整改落实。组织机关干部职工参与文明创建督导,完成省级文明城市窗口单位、文明行业创建督查任务。

【党风廉政建设】 市总工会严格落实党风廉政建设责任制,落实党组主体责任,定期召开党组会议专题听取本单位的党风廉政建设情况汇报。实行一岗双责,层层签订党风廉政目标责任制。查找廉政风险点，严密防控风险。制定《宿州市总工会2016年度党风廉政教育活动实施方案》，组织机关全体党员学习《关于新形势下党内政治生活的若干准则》《中国共产党党内监督条例》，营造风清气正的良好环境。落实党中央八项规定精神，以"4+4"专项整治为契机，坚决纠正"四风"。完成市总所属2个支部换届选举工作；补缴2008年至2012年党员党费25556元。清退2015年违规发放的通讯费22140元；规范市总社团管理，完成劳模协会改选换届。

【其他重点工作】 一是深入实施精准扶贫精准脱贫。落实脱贫攻坚工作包保制度，组织机关干部深入包扶贫困村萧县黄口镇马常庄村调研慰问15次，走访困难群众90余人次，协调项目3个，投入物资达20万元，全年脱贫91户206人。二是双拥工作实现创新发展。2016年市总工会荣获"全市双拥工作先进单位"和"市直双拥工作优秀单位"2个荣誉称号。三是招商引资任务超额完成。2016年市总工会招商到位资金6000万，超额完成招商引资3000万任务。四是信息工作成效突出。全年发布各类工会信息120余篇，《宿州信息》发布量保持在全市群团单位第一位次，微博发行量位于全市前列。五是机关精神文明建设再创佳绩。2016年市总工会继续蝉联第九届市级"文明单位"、第一届省级"文明单位"。六是统筹推进人口和计划生育、社会治安综合治理、环境保护和节能减排、机构编制管理、机关效能建设、保密工作、禁烧工作等工作稳步推进。

·共青团宿州市委员会·

【共青团改革】 先后制定出台《关于加强新形势下发展团员和团员管理工作的实施办法》《关于开展全市共青团"进万家门、访万家情、结万家亲"大调研活动的通知》《关于建立团干部"常态化下沉基层"和直接联系青年工作制度的通知》等改革方案。启动实施共青团年初和年中工作大调研，广泛听取县(区)、乡(镇)两级党政领导对共青团改革的意见建议，召开各类青年代表座谈会20余次，专题听取改革意见建议，征集有效意见建议60余条。形成《宿州市共青团改革实施方案》初稿并多次征求市委群团改革领导小组办公室、市委组织部、市编办、市财政局等部门意见建议，及时吸纳完善，全市群团改革领导小组会议初审通过。

【青少年思想引领】 2016年全市各级团组织以"传承红色血脉　弘扬红色传统"为主题，纪念建党95周年。广泛开展学习系列讲话、重温入党誓词、"党章青年说"等主题征文演讲比赛、大型文艺会演、"两学一做"宣讲、"党旗飘扬故事会""万堂党课进基层"、走访慰问困难老党员等系列主题活动，先后被新华网、人民网、中国文明网等媒体宣传报道。以"学党史、感党恩、跟党走"为主题，开展第五届宿州市"十佳美德少年"评选表彰、"红领巾相约中国梦"庆"六一"系列活动，聘请全国道德模范彭伟平等27名"中国好人""安徽好人"担任少先队校外志愿辅导员，强化青少年实践教育。通过召开青年代表座谈会、举办专题培训班、撰写心得体会等方式，认真学习贯彻习近平总书记视察安徽和"七一"重要讲话精神。通过线下主题团队日活动、线上新媒体传递的方式，开展实践教育、缅怀先烈、参观走访、网上纪念、主题宣讲，举办第二届"激扬宿州情"青少年书画大赛等系列主题教育实践活动。

【"青春志　宿州梦"五四主题活动】 5月3日上午，以"青春志　宿州梦"为主题，在宿城一中举办"我们的节日"——团员入团宣誓仪式，"我们的担当"——青春助力脱贫攻坚，"我们的故事"——萌娃与您共话文明，"我们的风采"——青年创业发展论坛等系列活动，纪念"五四"运动97周年。举办第二届"唱响宿州梦"青年歌手大赛。整个"五四"活动期间，全市开展各类纪念主题教育活动360余场次，覆盖青少年25万。

【选树青年典型】 开展第二届宿州青年五四奖章、全市"两红两优"、优秀青年志愿者、青年致富带头人、青春助力脱贫攻坚标兵、青年岗位能手、最美青工、向上向善好青年等一系列评选表彰活动，选树青少年可学、可敬的典型1300多人。推报参评上级表彰，获得国家级表彰集体及个人8个，省级53个。

【服务青年创新创业】 团市委依托宿州市高新技术产业开发区，成立"宿州青年创新创业中心"，团中央宣传部部长景临，市委副书记张孝成共同为该中心揭牌。中心坚持以服务青年创新创业需求为导向,采取"1+3+8"的建设模式推进,建设1个面向广大青年提供综合的创新创业引导和服务的中心,搭建青年创新创业"政策综合提供平台""金融与技术支撑平台""综合孵化平台"3个平台,在各县区和园区打造8家以上的市级"青年创业园"。继续推动安徽(宿州)青年创业园建设,加大青年创业培训力度,举办以青年创业发展论坛、青年电商创业交流等为主题的宿州市青年创业沙龙活动3场,培训600余名创业青年。举办第二届"创富宿州行"青年创新创业大赛,对80余个参赛项目进行系统培训,引入外部投资约2200万元,推荐参加省赛获得全省团体第二的好成绩(仅次于合肥)。加强与银行业金融机构合作,为农村青年发放创业贷款4200万元,积极争取皖北地区青年创业贷款财政贴息资金121万元。

【参与文明城市创建】 团市委建成第一家青年志愿者工作指导中心。举行市长与青年面对面暨"青春志愿·善行宿州"青少年学雷锋活动。举办"大爱宿州　青春力量"青年志愿服务论坛。联合市青年志愿者协会和宿州蓝天救援队统筹推进"爱心墙"工作,全市建立"爱心墙"35面,救助困难人群16000多人次。围绕"十六城同创",精心设计萌娃代言人"小宿"和"小州",推出"向十大陋习宣战"等主题系列漫画、动漫。组织万名青年志愿者参与午、秋两季秸秆综禁工作。以"共建青年林　同筑宿州梦"为主题开展植树造林活动。完成万人毅行、马拉松比赛等大型赛会的志愿服务工作。

团市委1205志愿者活动现场

【青春助力脱贫攻坚】 团市委坚持"电商培育、项目带动、榜样引领、融资引智、公益帮扶"模式,2016年全市各级团组织对接扶贫项目资金3000余万元,提供就业岗位1600个。联合市扶贫办等多家单位,紧扣"五四"青年节、"10·17"世界扶贫日、"12·5"国际志愿者日等重要时间节点,通过举办青春助力脱贫攻坚对接仪式、表彰"青春助力脱贫攻坚标兵"、成立扶贫青年志愿服务队等形式,动员广大青年投身全市脱贫攻坚大局。主动整合宿州籍北大、清华等985重点高校优秀学子200余人,建立宿州市青少年智库,引导他们利用寒暑假与家庭经济困难的农村留守儿童结成帮扶对子,在教育扶贫上力所能及作贡献。主动争取安徽省农村青年电商培训班在宿举办,为全市数百名从事农村电商企业的贫困青年提供专业培训。

【"青年之声"平台】 团市委联合市委宣传部、市广播电视台成立宿州市青年新媒体工作中心,该中心旨在做好团属"一网三微"的运营管理和信息发布工作,做大做强"青年之声"。组织专题培训,实现市辖所有县区和5所中职学校"青年之声"平台全覆盖。建立"青年之声—宿州"互动社交平台管理运行值班制度,建立并完善"问答办"的服务体系,规范对平台信息收集梳理、筛选分类、转接督办的工作流程。"青年之声—宿州"累计访问量达700余万人次,累计提问总数10144条,累计回复总数22800余条,邀请心理咨询、法律服务专家、社工和志愿者等2000余名各领域成员"入驻"平台。

【关爱帮扶重点青少年群体】 大力实施"1515"工程,全力推进幸福驿站、光明驿站建设,被《中青报》《安青报》等多家新闻媒体宣传报道。项目获全国志愿服务"四个100"先进典型最佳志愿服务项目。2016年中秋节前夕,在全市25家"幸福驿站""光明驿站"集中开展"驿站E+微心愿"暖心活动。常态化开展"红领巾感受宿州新变化"活动,先后组织2300余名留守儿童、贫困学生参观市城市规划馆、图书馆和地震科普馆。开展"携手奔小康　家庭总动员"活动,组织城市家庭与留守儿童一一结对并填写结对卡,全国第三个扶贫日当天,20个城市家庭与20名留守儿童在活动现场举行结对仪式。开展希望工程2016"爱心圆梦大学"助学行动,筹资127.96万元,帮助607名寒门学子顺利入学。

【青少年权益维护】 召开2016年宿州市预防青少

年违法犯罪暨未成年人保护工作会议，市委常委、政法委书记许广斌、市政府副市长吕剑出席会议。举办全市青少年权益维护工作暨青少年事务社会工作专业人才队伍建设培训班。联合市心理卫生学会，在市看守所开展未成年在押人员感化教育活动，对20余名未成年在押人员进行集体心理辅导。表彰16个全市优秀"青少年维权岗"创建单位，依托"青少年维权专家服务团队"，开展禁毒、防艾以及青少年法制宣传教育活动。加强"12355"青少年服务台建设，建立完善青少年利益诉求表达和个案维权常态机制。集中开展"轻松备考·12355与你同行"系列活动62场次，组织101名各级团干部参加全国社会工作师考试。开展2016年"共青团与人大代表、政协委员面对面"活动。

团市委举行"青春扶贫　爱心暖冬"活动

【从严治团】 团市委扎实开展"两学一做"学习教育，组建"两学一做"优秀青年党员宣讲团，深入学校、机关、企业、农村、社区进行广泛宣讲。深化"团干部如何健康成长"教育实践，建立团干部"常态化下沉基层"和团干部直接联系青年"1＋100"工作制度。认真开展团市委机关"4＋4"专项整治活动，制定出台《团市委党组会议制度》《团市委书记办公会议制度》《团市委学习制度》《团市委公务接待费管理办法》《"酒桌办公"专项整治工作实施方案》等制度，切实用制度管人、管钱、管事。未发现滥发津补贴、设立"小金库""酒桌办公"党员领导干部违规经商办企业等问题。

【自身建设】 大力加强青少年综合服务平台"青年之家"建设，分批次、分层级开展示范性平台创建工作。全市建立101个青少年综合服务平台，创建国家级示范平台1个(全省仅5个)，省级示范平台2个，市级示范平台27个。联合市工商局大力推进全市非公经济团组织"百日攻坚"行动，全市"小个专"企业建团达100余个。国家工商总局和团中央领导在宿州调研督导时指出"小支部也有大作为"，充分肯定宿州非公团建工作，并为宿州华为云计算数据中心团支部揭牌。团市委严格按照团中央、团省委要求，制定全市团员发展办法，制定年度团员发展计划。继续开展"进万家门、访万家情、结万家亲"大走访大调研活动，启动共青团年中工作调研，全年撰写专题调研报告8篇。

【宿州市学生联合会成立】 宿州团市委于2016年12月29日召开宿州市青年联合会第三届委员会全体会议、学生联合会第一次代表大会，市委书记史翔，市政协主席刘晓云，团省委副书记、省青联主席李国阳，市委副书记张孝成，以及市领导王启荣、操隆山、吴宝军、黄伟、张旭、吕剑、魏建华等出席开幕式。大会听取并审议《市青联第二届委员会工作报告》，通过《关于工作报告的决议》，选举产生新一届市青联和市学联领导机构。

·宿州市妇女联合会·

【概况】 2016年，全市各级妇联组织，全面贯彻落实省妇联、市委、市政府各项决策部署，努力从党委政府要求、妇女群众需要、妇联组织所能上找准工作切入点和着力点，有效推动全市妇女儿童事业的新发展。2016年度获全省妇女维权工作先进集体、妇女之家建设工作创新奖、宿州市第九届文明单位。

【寻找"最美"活动】 市妇联开展"共建文明家庭　争创五好家庭　寻找最美家庭"活动，常设"最美家庭"光荣榜，常办家庭故事会、演讲会、家风家训分享会。全市多个家庭积极参与，通过建光荣榜、晒最美家庭照片，举办家庭故事会、评议会等多种形式，2户家庭当选全国"最美家庭"，15户家庭当选安徽省"最美家庭"。15个家庭成员评为全省最美家庭成员，开展最美女掌柜、最美女车主网上评选活动，引导广大女性寻找美、发现美、创造美、展示美。

【传承优良家风】 市妇联组织开展"弘扬传统文

化,传承文明家风”专题培训,组织3场全省“最美家庭　最美家风”走进宿州巡讲活动,广泛征集推广家风家训,掀起好家风好家训传播热潮,感召更多家庭自觉养成和传承好家风好家训。

【家庭教育指导服务】　市妇联制定并下发《宿州市妇联关于加强和改进未成年人思想道德建设工作实施方案》和《关于进一步加强社区家长学校建设的实施意见》,制定实施家庭教育“十三五”规划,开展“书香家庭　亲子悦读”“百日阅读”“恋书21天计划”等主题实践活动,充分发挥网上家长学校、家庭教育讲堂、农村父母课堂等阵地作用。

【服务妇女群众】　市妇联把2016年确定为基层组织建设年,强力推动基层“妇女之家”建设。健全妇联组织网络。把更多致富带头人、文明新风带头人、公益事业热心人、女大学生村官、“两新组织”女性负责人、优秀外来务工妇女代表等凝聚到各级妇联组织中来,最大程度扩大妇联组织覆盖面。2016年,全市1153个村妇代会及82个社区妇联建立“妇女之家”,“妇女之家”覆盖率达100%,新建成市直机关单位妇委会42个,在“两新”组织中新建立妇女组织78个。开展“妇女之家”示范点创建工作。从原有“妇女之家”中选优创建25个“妇女之家”示范点,通过开展“六进家”活动,让广大妇女不出小区就能享受到贴心温暖的服务。引导基层妇联组织结合实际,大胆创新,形成“一村一品”“一家一品”的特色。

【妇女志愿服务】　宿州市把“妇女之家”作为本土化的巾帼志愿服务平台,就地招募热心公益事业的妇女作为基本队伍,同时招募了一批科技、卫生、法律、教育等领域的专业技术人员,把辖区内的女企业家、“三八”红旗手、行业标兵、五好文明家庭、专业服务团体等充实到巾帼志愿服务骨干队伍中,成立6大类巾帼志愿服务队伍。全市形成层层有服务队伍,“家家”有特色活动的巾帼志愿服务网络。妇女志愿服务组织紧密围绕城乡妇女创业就业、倡文明树新风、妇女儿童利益诉求、妇女儿童关爱妇女民生、美丽家园建设、密切邻里关系,全方位、多层次开展巾帼志愿服务。2016年,开展9次较大志愿者服务活动:2月,在重点路段开展文明交通劝导活动;3月,开展法律咨询和健康义诊活动;4月,近两百名志愿者参加“万人毅行健身走”活动和“千人骑行比赛”;5月,近百名巾帼志愿者在二中科技广场参加第26次全国助残日活动;6月,在俏夕阳养老院,开展“粽叶飘香　浓情端午”养老院送温暖活动;7月,联合天津科技大学描绘蓝天支教队开展暑期夏令营支教活动;4—7月,巾帼传统文化宣讲队,深入埇桥和泗县15个乡镇社区开展近20场传统文化宣讲活动;8月,开展了“为环卫工人送水·清凉一夏”活动;12月,参加“冬日暖心　宿城有爱”宿州市纪念第31个国际志愿者日活动。

【创业就业服务】　积极开展以“搭建供需平台,促进妇女转移就业”为主题的春风行动,做好摸底、宣传等服务工作,大力促进妇女创业就业。全市各级妇联举办专场招聘会18场,介绍女性就业1171人,发放小额担保贷款270万元。各级妇联组织积极开发手工制作、农家乐、农产品加工等多种创业就业项目,推进灵活创业就业。举办巾帼手工艺创业产品展示、项目推介,引导扶持妇女足不出户创业就业。顺应“互联网+”新趋势,积极推进妇女电商创业工作,助推妇女电商创业。整合多方资源和优惠政策,出台《关于宿州市巾帼电子商务创业园建设的通知》(宿妇〔2016〕76号),依托高新区电子商务创业园、砀山良梨互联网小镇创建宿州市巾帼电子商务创业园并挂牌。举办电子商务培训,引领妇女在“互联网+”新业态中创业发展。联合人社有关部门组织育婴员技能大赛,推动家庭服务行业标准化、职业化建设,展示家政服务员职业风采,推进家庭服务职业化进程。

【维权关爱服务】　强化维权服务,让妇女更有尊严。积极维护农村妇女土地权益,确保农村妇女土地承包权益不挂“空挡”。以《中华人民共和国反家庭暴力法》颁布施行为重点,开展“建设法治中国　巾帼在行动”妇女维权月活动,各“妇女之家”积极行动,广泛开展法律宣传和咨询服务。加强妇联维权干部业务培训,推进基层妇女维权站点、“12338”维权热线规范化建设。推行妇女信访代理制,把涉及妇女权益问题的矛盾纠纷化解在基层和初发阶段,促进社会和谐稳定。关爱妇女儿童,开展精准扶贫—壹基金,温暖包发放仪式和“迎新年　聚爱心　送温暖”活动,向500名贫困儿童发放温暖包;举办“关爱留守流动妇女”百万援助项目,为万名女性提供520万元爱心卡体检套餐，为120名女性提供1000元资金援助、为15名特困女性提供全程医疗援助；协调广东东莞市安徽商会举办“扶志助飞 助学圆梦”爱心公益活动，捐助100名品学兼优的贫困学生。加大农村妇女“两癌”免费检查和救助力度，为贫困母亲进行“两癌”免费检查，并提供两癌救助专项资金。围绕妇女儿童发展中的重点难点问题，积极开展调查研究和理论研究。顺应全面“两孩”政策后的妇女就业面临的新形势，与有关电商企业合作，开发“妈妈帮”妇女电商平台，帮助妈妈们实现带孩子赚钱两不误，为妈妈们提供全方位的服务。

【表彰先进】 2016年，评选表彰“三八”红旗手“巾帼建功标兵”等各种妇女先模202名，在全市范围内开展巾帼建新功——百名“风采女性”及十大女杰争创活动，强化典型带动。活动在全社会引起极大的反响，仅200进150的网上投票阶段，实际投票数就达29.6万次，总访问量552.3万。评选出100名“风采女性”及十大女杰。

【巾帼文明创建活动】 市妇联组织市区数十家幼儿园的小朋友和家长开展“我运动 我健康 我快乐”趣味幼儿亲子运动会；组织孕妈妈和0—6岁儿童开展庆祝“六一”国学音乐舞蹈会演；组织年龄18岁以下的青少年儿童开展首届“美丽宿州我的家”少儿书画大赛；组织500余名小朋友参加“我是大明星”儿童才艺大赛。组织市直妇委会妇女干部积极参加“倡导文明、万人毅行”“千人骑行倡文明”及拓展训练等活动。

市妇联推出“宿州女性”微信、微博、手机报，加强宿州妇女网等网络平台整合建设，形成合力，建网占网用网工作实现新突破。微信公众号开通一年多来，粉丝达10万余人，点击量在全国地级市妇联排名第十一位，阅读量近百万，成为宣传、教育、服务妇女群众的重要阵地。整合各方力量，加强网宣、网评队伍建设，加强网上正面宣传和舆论引导，在网络舆论引导中发挥了积极作用。

【巾帼扶贫】 市妇联制发《宿州市妇联“巾帼脱贫行动”的意见》，帮助对口帮扶的灵璧县杨疃镇杨集村建立中药材种植专业合作社，指导、帮助贫困妇女种植中药材。发挥妇女在精准扶贫中的作用，引导农村贫困妇女通过发展手工编织、种养殖途径实现脱贫致富。联合市扶贫办举办扶贫专题培训班，增加手工编织项目推介及现场观摩互动环节，选取可操作、易推广的手工编织项目广泛推介。各级妇联组织立足贫困妇女现实需求，举办各类培训班。2016年全市各级妇联自办、联办培训班62期，培训妇女6778人。组织专家、技术人员下乡为广大妇女提供实用技术服务。突出产业扶贫，发展适合妇女参与的地方特色产业，促进贫困妇女在参与农业种养殖、手工制作、家政服务等产业发展中获得更多收益。推动政府电商扶贫、乡村旅游扶贫向妇女倾斜，着力扶持贫困妇女和家庭电商创业，发展乡村旅游项目。

·宿州市科学技术协会

【概况】 2016年，市科协以中共十八大和十八届三中、四中、五中、六中全会精神为指导，认真学习贯彻习近平总书记系列重要讲话精神，扎实开展“两学一做”学习教育，团结和带领全市广大科技工作者，积极履职尽责，在提高公民科学素质、服务经济社会发展、强化自身建设等方面取得新成绩。宿州市科协被评为全国科普日优秀组织单位、全国科普日特色活动组织单位、省气象科技论文竞赛优秀组织奖、宿州市第九届文明单位。

【创新驱动助力工程】 按照省科协要求，市科协进一步加大创新驱动助力工程的实施力度，主动与省级学会对接，省机械工程学会等7家学会先后在宿州市建立学会服务站，为企业发展提供智力支持。宿州市科利华公司等5家获奖补资金50余万元。

【基层科普行动计划项目】 2016年，灵璧县纸房村蔬菜协会等2个协会被评为示范农技协，埇桥区群富甜叶菊专业合作社科普示范基地被评为农村科普示范基地，埇桥区道东街道东方社区被评为科普示范社区；李雷被评为农村科普带头人，获奖补资金85万元。

【全国科普日】 9月13日上午，宿州市全国科普日主场活动启动仪式在市政府广场举行，市领导张孝成、王克金、邵郁等出席，纲要实施成员单位负责人、市级学会负责人和青少年学生等计800余人参加启动仪式。全国科普日活动期间,举办各类科普知识展览23场,展出科普展板800余块,发放科普资料30余万份,受益群众50多万人次。

【青少年科技创新大赛】 2016年,宿州市青少年科技创新大赛收到参赛项目500多件,推荐62件作品参加省青少年科技创新大赛,其中36个项目分获省一、二、三等奖。开展调查体验活动,"十一创客与'验秤笔'"等3个项目被评为全国青少年科学调查体验活动优秀作品,萧县中学等11所学校被评为全国青少年科学调查体验活动推广示范学校。

【普及秸秆综禁科学知识】 市科协结合秸秆综禁工作,拍摄了《科普告诉你——秸秆禁烧与综合利用》专题片,制作秸秆综禁科普展板20块。5月10日,市科协联合埇桥区政府举办"百镇千村秸秆综禁科普行"启动仪式,深入到全市乡镇村开展科普宣传巡展近百场,受益群众近10万人。

【气象科普知识竞赛】 市科协联合市气象局开展气象科普知识竞赛活动,盛子纯等5名同学分获省级比赛一、二等奖,宿州市科协获优秀组织奖。

【举荐表彰活动】 市科协与市妇联联合开展"十佳"女科技工作者评选表彰活动,陈静芬等10名同志被评为"十佳女科技工作者"。推荐10余名科技工作者参加省级以上评选表彰活动,程晓迟被中国科协等9家单位授予"《全民科学素质行动计划纲要》'十二五'实施工作先进个人"称号,杨家坤、胡开明被评为安徽优秀科技工作者。

【"三馆"建设】 协助做好项目招标、资金申请、拨付等工作,"三馆"(科技馆、档案馆、妇女儿童活动中心)建设累计投入资金6000余万元,主体工程已封顶。科技馆内部布展工作开始筹备。

(张钦贤)

·宿州市工商业联合会·

【概况】 2016年,市工商联围绕建设创新型"四个宿州"的目标,以促进"两个健康"为主题,主动作为、真抓实干、攻坚克难,扎实推进各项工作。先后被省工商联评为2016年度宣传信息工作先进单位、调研报告先进单位;被市政协评为提案工作先进单位;被市文明委评为"宿州市第九届文明单位";被市招商局评为2015年度招商引资先进单位。

调研民营企业去库存促升级

【思想建设】 开展以"守法诚信、坚定信心"为重点的理想信念教育实践活动,做好新形势下非公有制经济人士思想政治工作,引导全市广大非公有制经济人士正确认识把握新常态,积极践行创新、协调、绿色、开放、共享五大发展理念,不断增强对中国特色社会主义的信念、对党和政府的信任、对企业发展的信心和对社会的信誉。联合市委统战部、市经信委、市人社局等单位,开展第三届优秀中国特色社会主义事业建设者评选表彰活动。开展"百企帮百村"精准扶贫行动。制订实施方案,引导企业家副主席、副会长、常执委在精准扶贫中发挥带头引领作用。通过产业扶贫、就业扶贫、爱心捐助等多种形式,引导贫困家庭尽快脱贫。印发"民企帮扶在行动"专题简报,每月2期,对活动进展、先进人物事迹加强宣传报道,树立先进典型。截至2016年底,全市工商联系统对接的贫困村超过200个,彰显民营企业家的社会责任感,增强扶贫攻坚的凝聚力和战斗力。

【组织建设】 一是加强工商联领导班子建设。坚持民主集中制,落实机关各项管理制度,健全市工商联党组,发挥好领导核心作用。严格执行中央"八项规定"和省市"三十条"要求。二是加强对基层工商联的指导。推动县区工商联建设,树立工商联系统工作形象。开展"五好"县级工商联创建活动。继埇桥区工商联成功获得全国"五好"县级工商联称号之后,砀山县、萧县、泗县工商联相继获得全省"五好"县级工商联称号。三是加强新生代非公经济人士队伍建设。开展新生代非公经济人士培养，择优推荐10名优秀新生代非公经济人士，加入省级新生代非公经济人士组织，促进“创二代”健康成长。四是加强会员组织建设。截至2016年底，全市共有117家商会组织，包括行业商会30家、乡镇商会64家、街道商会12家、园区商会4家、异地商会6家、市场商会1家。全市会员6653个，其中企业会员2468个、团体会员133个、个人会员4052个。

【参政议政】 一是做好政协提案的选题、撰写。年初，提交《关于进一步推动我市新兴产业快速发展的建议》《关于进一步改善城区交通拥堵状况的建议》《关于扶持民间环保社会组织健康发展的建议》等多件提案。二是精心准备政协大会发言。在市政协四届四次会议上作题为《融入“互联网+”时代聚焦电商促发展》的大会发言，促进电商产业健康发展。三是积极参与专题协商和界别协商。把脱贫攻坚作为参政议政重点，参与“助推全市脱贫攻坚”专题协商活动，提交《充分调动民营企业积极性，推进精准扶贫》的课题；围绕“调转促”4105行动计划和工业强市战略，在深入调研的基础上，提交《营造良好发展环境　加快民营经济转型升级》的课题，积极推动产业优化升级。四是做好社情民意工作。提出整合农村闲置土地资源、加强儿童游乐设备安全管理、加强城区环境卫生整治、优化公交线路、规范商贸物流业发展等意见建议，其中2篇社情民意得到市委主要领导批示，为市委、市政府科学民主决策和推动决策落实提供重要依据。五是开展第三方评估。开展涉企收费清单制度贯彻落实情况第三方评估，进一步促进各项政策的落细落实落准，让好政策收到实实在在的效果。六是积极参与政府各项政策措施的意见征集。先后参与促进民间投资健康发展、构建新型政商关系、行业商协会与行政机关脱钩等座谈会，积极发表意见建议，为提高有关措施的科学化和针对性贡献力量。

【服务经济】 深入学习贯彻习近平总书记在民建、工商联联组会上的重要讲话精神。推动市委、市政府于5月5日召开全市贯彻落实大会，掀起学习贯彻习近平总书记重要讲话精神新高潮，市委书记、市长作重要讲话并提出要求，取得良好效果。一是进一步优化民营经济发展环境。按照“亲、清”原则，正确处理好新型政商关系，保护民营企业的合法权益。特别是在企业遇到困难和问题情况下，政府有关部门积极作为、靠前服务，帮助解决实际困难，真心实意支持企业发展，抓好企业降成本行动，进一步减轻企业负担、激发企业活力。二是推动出台《关于促进经济持续健康较快发展的实施意见》等一批含金量较高的政策措施，有力地促进非公经济健康发展。三是积极开展商贸流通业调转促去库存调研等，了解企业生产经营情况，帮助解决实际困难。通过组织开展南翔云集杯宿州市首届伏羊文化美食节活动，有力地促进南翔云集项目房屋的销售。四是提升人才服务。组织建筑专业技术职称评审，72人获得工程师、助理工程师任职资格。组织“民营企业招聘周”活动，为企业搭建用工平台。五是创新法律服务。联合市法院制定《关于进一步完善非公有制企业矛盾纠纷诉调对接工作的意见》，营造良好法治环境，服务和保障宿州市民营经济健康发展。

【招商引资】 围绕市委、市政府中心工作，强化招商引资工作。一是加大外出招商力度。多次到合肥、南京、温州、厦门、福州等地开展招商活动。考察厦门壹零客科技公司、康奈集团、浙江医药新昌制药厂等，与企业负责人充分沟通。二是举办“创新创业、开放共享”发展论坛。2016年春节期间，组织200多名宿州籍企业家回乡座谈，向他们介绍宿州发展情况，共商发展大计，欢迎回乡创业。三是积极参与长江经济带战略发展洽谈会工作。邀请华为投资控股、厦门壹零客等7家全国知名500强民营企业参与活动，涉及高端制造、电子商务、信息科技等行业。四是做好落地项目的跟踪服务。积极推动南翔云集文化商业街、国购广场等落地项目的建设步伐，及时掌握项目进度，了解存在问题，协调解决各类问题。全年招商引资7.5亿元，超额完成任务。

【对外联络】 结合工商联工作实际，不断改进工作方法，联系交流平台更加畅通。一是加强与外地工商联交流。积极参加淮河生态经济带工商联盟成立仪式，相互交流经验，共促区域经济协调发展。二是组织企业家赴俄经贸交流。为配合国家“一带一路”战略和中俄“两江流域”合作机制，进一步拓展宿州市企业及产品覆盖俄罗斯市场，10月8—15日，组织东大木业有限公司、安特食品有限公司、刘老二烧鸡有限公司等企业参加“安徽走进俄罗斯”系列经贸对接活动,推动宿州市民营企业“走出去”,提高企业的知名度和美誉度。三是组织企业家考察学习。11 月 24—30 日,组织市工商联常执委、市优秀中国特色社会主义事业建设者和优秀民营企业家 50 多人,参加在福建省委党校举办的非公经济代表人士培训班,集中学习供给侧结构性改革、非公企业党建、战新产业发展、电子商务等知识;到厦门考察科技软件园。通过考察学习活动,进一步增强民营企业家的理想信念,提升综合管理能力。

(马新启)

·宿州市社会科学界联合会·

【学习宣传习近平总书记系列重要讲话精神】 把学习宣传贯彻习近平总书记系列重要讲话精神作为首要政治任务,重点围绕习近平总书记视察安徽重要讲话、在党的新闻舆论工作座谈会讲话精神,结合学习宣传中共十八届三中、四中、五中、六中全会精神,通过集中学习、专家辅导、理论研讨、党课报告、宣传阐释、培训轮训等形式,推动党员干部真学真懂真信真用。突出抓好党中央治国理政新理念新思想新战略重大主题宣传,做好《习近平总书记系列重要讲话精神读本(2016 年版)》学习使用,深入开展“两学一做”学习教育,会同有关部门举办“纪念建党 95 周年党史知识电视大赛”“庆祝建党 95 周年理论研讨会”,扎实推进全市“讲看齐、见行动”学习讨论。

【中心组理论学习服务】 制定《中共宿州市委中心组 2016 年度理论学习计划》,编发《市委中心组学习参阅》10 期,开展集中学习 24 次;加强下级党委(党组)中心组学习督促指导。印发《关于进一步规范党委(党组、党工委)中心组学习情况报送和通报等有关工作的通知》,举办《加强党委(党组)中心组学习》辅导报告会,开展“全市党委(党组)中心组学习贯彻习近平总书记系列重要讲话精神优秀心得体会文章集中评选”活动,坚持督查通报制度,不断提升中心组学习质量和水平;深化学习型党组织建设,印发《关于进一步加强市直机关单位学习的通知》《关于明确市直机关单位集中学习专题安排的通知》,编发《学习参考》11 期;持续推进示范点创建,华电宿州发电有限公司等 3 个党组织被评为全省第三批学习型党组织示范点,砀山县官庄镇党委等 10 个基层党组织被评为全市第三批学习型党组织示范点。理论信息工作位居全省先进。

【理论政策宣传】 突出抓好重大主题宣讲,围绕“两学一做”学习教育、建党 95 周年、长征胜利 80 周年、中共十八届六中全会、省第十次党代会、市第五次党代会等重大主题开展集中宣讲,在全省率先开展“推进学习贯彻习近平总书记视察安徽重要讲话专题宣讲”,会同市总工会开展“全市劳模学习贯彻习近平总书记视察安徽重要讲话巡回宣讲报告会”活动。协调各地各有关部门组建理论政策宣讲团、劳模宣讲团、青年宣讲团、清风宣讲团、乡贤宣讲团等特色团队,推动理论宣讲接地气有生气。创新宣讲方式,开展社科名家“菜单式主题宣讲”,“两学一做”学习教育微宣讲,开展全市理论宣讲先进集体、先进个人、优秀讲评选活动,获评全省宣讲工作先进集体。

【宿州大讲堂】 2016 年,“宿州大讲堂”以学习贯彻习近平总书记系列重要讲话精神为主线,重点围绕十八届五中、六中全会精神、经济新常态、意识形态、文化外交等主题,邀请前外交部部长李肇星、著名历史学者蒙曼及中央党校、中国社会科学院等权威专家学者作客“宿州大讲堂”,为市委中心组及市直各单位科级以上干部开展专题辅导报告 15 次。

·宿州市文学艺术界联合会·

【概况】 2016 年文艺活动丰富多彩,充分展示宿州文化实力。成功主办首届“大美宿州”全国摄影大展、“相约宿州”全国工笔画名家作品邀请展、“美丽宿州　共享文化”——宿州市第三届文化惠民消费季书画展销;宿州市首届书法大展,宿州市首届书法大赛,“汴水情—铜管乐”宿州铜陵两地书法联展;宿州市第三届收藏精品展,“北风南韵”——宿州马鞍山国画名家作品联展;宿州市首届小说、散文大赛,“中国梦　劳动美”宿州职工书法、美术、摄影大赛,宿州市首届机关干部书画、摄影作品展。通过活动提升了文联的影响力,为基层文艺工作者提供了宣传平台。

【文学创作】 出版发表中篇小说《喇叭声咽》《丑女天使》《孟婆汤》等30部；长篇小说《月照残桥》《喇叭》《一线辅警》《月牙堤月牙河》《哀兵吟》《洪承畴》等25部；纪实文学作品《禁毒专班》等6部；电视剧本《青石坡》，电影文学剧本《花鼓灯魂》。长篇小说《喇叭》在首届安徽省长篇小说精品工程评选中被评为最佳小说；中篇小说《喇叭声咽》在安徽省第二届小说对抗大奖赛中获得铜奖；刘楚仁创作的报告文学《禁毒专班》获安徽省2016文艺奖文学类银奖、灵璧县文联主编的散文集《谁不说俺家乡好》获铜奖；杨飞创作的中篇小说《孟婆汤》入选安徽省中短篇小说对抗赛前10名；长篇小说《月牙堤月牙河》先后获《小说选刊》举办的读者最喜爱的小说长篇类一等奖，安徽省首届网络文化大奖赛（省委宣传部主办）文学作品一等奖。《一个七年级男生日记》，由安徽省少儿出版社出版发行，并被安徽省委宣传部、教育厅、出版署三家推荐为安徽省中小学生暑假阅读书目。

【戏曲创作】 戏剧、曲艺家协会，先后创作出小戏泗州戏《文明乡村》《羊村欢歌》《劝赌》，坠子戏《女婿岳母唱双黄》《认娘》，梆子戏《城里媳妇乡下汉》，大戏《平安是福》《警魂永铸》《石乡党魂柯增华》《霸王别姬》《离离原上草》。小戏《文明乡村》获安徽省2016年文艺奖金奖。

歌曲《歌唱美好乡村》获省“五个一工程奖”、安徽省群星奖一等奖，《打工的哥哥回来了》获省文联、省总工会“中国梦　劳动美”征歌大赛一等奖，《美好乡村舞起来》《要听还是拉魂腔》《淮河岸边是家乡》《倍儿爽》4个节目直接参加“美好安徽舞起来”暨首届广场舞大赛。其中，《美好乡村舞起来》获安徽省群星奖优秀演出奖。

【书画创作】 安徽省第五届美术大展，宿州市入选中国画作品27件，油画入选5件。美协6人作品分别入选国际双年展、全国美术大展、全国第二届现代工笔画大展，书协2人作品获第五届中国书法兰亭奖佳作奖入展，全省仅12人获此殊荣。5人作品获第十一届全国书法展入展，全省仅32人入展。

【文艺下乡】 市文联认真贯彻落实习总书记在全国文艺工作座谈会上的重要讲话精神，按照省文联“千名文艺家下基层”的要求，在全市范围集中开展“我们的沃土我们的梦——宿州市百名文艺家下基层采风创作活动”，采取多种文艺形式，通过多种文艺渠道，组织广大文艺家深入基层，贴近实际、贴近生活、贴近群众，与群众手拉手、面对面、心连心，践行社会主义核心价值观，收到了良好的社会效果，也取得了丰硕的创作成果。在安徽省文艺界“我们的沃土我们的梦”采风创作活动成果评选活动中，宿州市连续两届取得全省奖牌总数第一、总分第一的好成绩，并获最佳组织奖。

【书画人才队伍建设】 市文联制定并实施了“宿州市中青年书画人才培养工程”，进一步加强全市书画人才队伍建设，促进书画事业可持续发展，加快书画人才脱颖而出，造就一批在全省乃至全国有影响的书画领军人物。围绕文化强市战略需要，遵循艺术规律，统筹全市书画人才队伍建设，致力营造出精品、出精英氛围。市政府从2016年开始，每年出资50万元，资助10名符合条件的书画优秀人才选择国内知名艺术院校和造诣深、水平高的艺术导师，学习深造，通过连续若干年地选拔培养，造就一批具有较高艺术水准的宿州中青年书画人才。

（刘　夏）

·宿州市残疾人联合会·

【概况】 2016年，宿州市残联以全面落实《宿州市促进残疾人家庭增收实施办法》为主线，坚持“全省争先、皖北一流”的发展思路，以精准扶贫、精准脱贫为目标，以改革创新高位推动残疾人小康进程，全市残疾人事业发展态势良好，残疾人生活水平逐步提高。宿州市获全省惠残民生工程第三方绩效考评第三名、皖北六市第一名。埇桥区政府残工委获全国“十二五”残疾人工作先进单位，宿州市残联被省委组织部、省残联评为全省“十二五”残疾人工作先进单位。

【惠残政策】 残疾人事业的迅猛发展是时代要求，是全面建成小康社会的政治要求，惠残政策的固化将成为残疾人事业发展的强有力保障。宿州市出台《宿州市促进残疾人家庭增收实施办法》《关于加强救助兜底保障实施意见》，将低保救助范围从就业年龄段无业重度残疾人扩面到重度无业残疾人；联合相关市县印发《关于对贫困残疾人家庭降低基本生活支出的通知》;萧县、泗县出台《一户多残残疾人生活困难救助暂行办法》,救助一户多残家庭156户,残疾人数372人次,发放救助资金31.25万元。萧县印发《贫困残疾儿童康复训练和贫困精神病药费补助兜底服务实施方案》,灵璧县印发《向社会力量购买智力、孤独症残疾儿童康复服务方案》和《向社会力量购买为截瘫残疾人提供假肢矫形器

中国残联、省残联领导调研基层残疾人组织建设

适配及康复训练服务实施方案》,以贫困优先、适龄优先的原则进行救助,拓展康复项目,残疾人获得感增加。

【涉残民生工程】 按照“全面建成小康”的要求,随着2014年将重度困难残疾人单独立户,实施分户施保,2015年将重度无业残疾人按照单人户,实施比照施保,2016年将享受低保年龄段从就业年龄段扩面成年。残疾人小康进程的加快,享受低保家庭逐年退出,影响全省救助民生工程工作进度。面对压力,市残联正确领会省残联精神,认真分析形势,与民政部门加强沟通,安排各县区对照年度救助工作目标任务,在调查摸底阶段,相应将年度申请救助对象享受低保截止时间适时调整,进一步加大救助力度,兜底保障更多贫困残疾人,顺利完成省残联安排的工作任务。

【残疾人托养服务】 围绕“社会化、多元化、智能化”的“三化”要求,通过政府购买社会服务方式,鼓励和引导民间资本和社会力量在残疾人托养服务领域积极发挥作用,形成投资主体多元化、服务层次多样化、城乡发展一体化的残疾人托养服务格局。采用“互联网+残疾人服务”等方式,利用智能化管理服务系统,试点推行“3+1”残疾人托养服务模式,其中“3”指以居家托养为主体、社区日间照料为依托、机构托养为补充,“1”指康复训练、托养服务、实现再就业“三位一体”。在全省率先推行智能化残疾人托养服务项目,使残疾人足不出户就能享受到24小时守候式服务。得到中国残联、安徽省残联肯定,2016年省残联在全省推广。

·宿州市贸易促进委员会·

【概况】 2016年,宿州市贸促会按照市委、市政府部署,在市商务局党组支持帮助下,克难奋进,扎实工作,创新工作思路,优化发展环境,在理论学习、效能建设、业务拓展等方面取得长足进步,较好地完成了工作任务。

【理论学习】 市贸促会积极参加市委、市政府组织的各项专题活动,以及市商务局党组组织举办的各项学习、研讨活动,深刻领会中共十八大及十八届六中全会精神,学习党章党规,推进“两学一做”(学党章党规,学系列讲话,做合格党员),以“四讲四有”为标尺,争做“讲政治、有信念,讲规矩、有纪律,讲道德、有品行,讲奉献、有作为”公务人员。坚持“讲看齐、见行动”指导方针,积极开展自查自纠,通过“学习教育、听取意见”“查摆问题、开展批评”“建章立制、整改落实”等活动,做到以“三严三实”的工作态度、脚踏实地的工作作风,为政府、为企业做好高效服务。

【法律服务】 贸促会具有对外贸企业进行法律服务职能。2016年,市贸促会为企业签发一般原产地证450份、单据证明15份,开展代办使馆认证等业务。为安徽佳航碳纤维有限公司协调办理了出口韩国的优惠制产地证及相关单据,优惠产地证实现零突破。2016年,市贸促会细心、周到服务,保障宿州市进出口企业通关便利、履行合同。日常工作中,积极向企业宣传相关法律、法规,提供最新国际、国内经贸动态,提供解决国际贸易合同纠纷、不履约等行为的法律服务通道,如商事调节、贸易仲裁等解决手段,帮助宿州市外向型企业拓展市场,合理、有效规避贸易风险。

【重点工作】 2016年,市贸促会深入企业调研,举

办外贸专业知识和技能专题培训，联合有进出口实绩且成长性良好的企业，搭建“宿州国际商会”交流平台，及时、准确地将最新外贸信息、相关政策、风险防范及应对措施与企业共享、共商，为宿州市外向型经济健康发展增加动能。

为更好地了解国际经济形势，推动宿州市资源及特色产品流通，市贸促会随市政府出国考察团赴阿联酋、埃及等国家调研，考察阿联酋中东沙迦(安徽)大市场，促进宿州市企业与国外合作发展，见证安徽新远大木业有限公司与埃尔巴那进出口公司在板式家具、橱柜衣柜进出口贸易签订合作协议。市贸促会积极响应省贸促会号召，按照市政府要求参加全国各类论坛、展会，增长见识，提高组展、办展工作能力。分别参加“安徽走出去论坛·非洲投资环境及我国对非合作政策报告会”“俄罗斯部分联邦主体经贸推介会”“‘21世纪海上丝绸之路’合作机遇推介会(东南亚专场)”“安徽省外贸法律风险及防范专题讲座”“安徽—中东欧合作机遇和展望对接会”“中国与日韩双向投资培训会”“阿里巴巴副总经理主讲的‘电子商务战略研讨会’”等专项、专场论坛、会议，加强沟通、开阔视野，提高为企业服务本领。

【效能建设】 为树立“创新、务实、高效、廉洁”机关形象，市贸促会通过制度化、规范化建设提高机关效能，落实科室考核制度，规范“八条禁令”处罚实施办法，强化监督、制约，促进廉政建设。

【脱贫攻坚】 市贸促会积极参与脱贫攻坚，对口帮扶萧县白土镇张村，常务副会长张友群任村脱贫攻坚第一书记。2016年，全村脱贫62户、182人。贸促会机关干部结对包保14户，2016年有4户实现脱贫。

·宿州市红十字会·

【概况】 2016年，宿州市各级红十字会在市委、市政府的坚强领导下，在安徽省红十字会的关心指导下，全面落实中共十八届四中、五中全会及习近平总书记系列讲话精神，深入贯彻中央和省委加强和改进党的群团工作会议精神及省、市政府《关于进一步促进红十字事业发展的实施意见》，围绕全市经济社会发展大局，开展各项工作。

【救灾救援】 完善《宿州市红十字会应对自然灾害和突发事件应急预案》，应急救援工作纳入《宿州市地震应急预案》《宿州市公共卫生突发事件应急预案》及《宿州市自然灾害应急预案》等政府灾害应急响应体系。7月，宿州红十字蓝天救援队赶赴安庆市桐城市双港镇，参与水灾救援工作，转移200余名受灾群众，完成异地救援任务。

【救护培训】 按照应急救护培训“五进”要求，重点加强群众参与“进社区、进学校”公益性、普及性培训工作，保护人民生命与健康，完成红十字生命健康安全教育应急救护培训项目。开展群众性救护培训28期，培训救护员1254人；应急演练3场，参与群众1230人；开展学校安全教育与体验活动8次，参加活动师生780人；举办亲子讲座20期，参与师生和家长1730人；举办主题宣传活动9场，参与群众1760人。继续在全市驾校、高危行业开展初级救护员培训，培训初级救护员2.3万人次。5月初，成立安徽省红十字会系统首家民办非企业救护培训中心—宿州市红十字应急救护培训中心。积极争创全国红十字应急救护培训示范基地，成为全国首批23家“示范基地”建设单位之一。

【“三献”工作】 开展无偿献血宣传动员和表彰奖励工作，推动无偿献血工作的普及和深入。中国造血干细胞捐献者资料库安徽分库宿州工作站深入宣传宿州市成功捐献造血干细胞志愿者先进事迹，推动造血干细胞捐献工作开展，2016年采集造血干细胞血样244人份，超额完成省红会下达的年度工作任务。泗县19岁女大学生李明艳捐献眼角膜事迹被人民网、新华网、安徽新闻网等各大媒体报道宣传，引起社会各界广泛关注。全年，2人成功捐献遗体，1人成功捐献角膜，1人成功捐献器官，实现宿州市器官捐献零突破。截至2016年底，宿州市有1894人加入中华骨髓库，6人成功捐献，147人完备遗体器官捐献登记手续，15人实现捐献。

【红十字青少年】 在宿城第一初级中学举行“红十字应急救护培训进校园”启动仪式，相继开展知识培训、校园踩伤应急演练，首次将救护知识纳入九年义务教学，进行红十字运动基本知识传播、志愿服务和“博爱救助”、无偿献血和造血干细胞捐献等知识宣传。组织3300名红十字青少年参加总会红十字运动基本知识及防灾避险问卷答题竞赛活动。

【筹资募捐】 构建“政府保障与社会救助互联、政府资源与社会资源互补、政府力量与社会力量互动”的扶弱济困格局,成立全省红十字会系统首个经市政府批准成立的公益基金“拂晓基金”,打造专项筹资新亮点。截至2016年底,接受捐款123万元。连续10年开展“博爱在江淮”公益募捐活动,在全省保持领先,全年接受捐款48.6万元。

【社会救助】 元旦、春节期间开展2016年“红十字博爱送万家”两节送温暖活动,全市自筹资金96.14万元,订制2900箱(市本级1100箱、各县区配套1800箱)红十字家庭箱,并发放慰问金9.14万元,受益家庭3000户;“寻找最需要帮助的人——2016扶贫援助行”为全市110户贫困户发放生活救助26.4万元;“博爱健康成长”活动发放助学金11万元,帮助110名贫困学生摆脱困境;执行“中华红丝带”防艾项目,为68名受艾滋病影响的儿童及孤寡老人提供心理关怀,并发放生活救助30万元;“疾病应急救助基金”为38名特困患者申请政府疾病应急救助金51.1万元;为26名贫困白血病患儿和9名贫困先心病患儿申报中国红十字基金会“小天使”和“天使阳光”基金,共发放救助款97.5万元;市红十字会拨付宿州红十字蓝天救援队4.6万元,联合开展“黄手环”——助老人平安回家活动,受到社会各界好评。

【志愿服务】 围绕宿州市争创全国文明城市、“十六城同创”,全年常态开展平安创建、文明交通、环境保护、助老助困、人道精神传播等富有特色的志愿服务活动70余次,为大型社会活动顺利进行提供保障。经市红十字会、市文明办积极推荐和申报,灵璧县80后农民红十字志愿者李玉斗“捐髓救人”荣获3月份“中国好人”荣誉称号。

【宣传工作】 内部宣传平台——《博爱宿州》杂志出版14期;完善信息宣传工作制度,加强信息宣传工作制度化、规范化管理。密切同总会报刊社联系,受邀成为中国红十字会博爱理事会常务理事单位。发挥官方微博、微信和手机报等新媒体作用,拓宽宣传渠道和范围。在市广播电视台《直播宿州》栏目和皖北晨刊开辟专栏,搭建日常宣传、筹资、救助平台,发挥主流媒体舆论导向作用,形成“捐赠救助弱势受益、宣传报道企业参与、红会搭台媒体唱戏”的良性循环。

·宿州市慈善协会·

【第一届“中华慈善日”】 2016年9月1日,《中华人民共和国慈善法》正式施行。根据慈善法第七条规定,每年9月5日为“中华慈善日”。9月5日上

庆祝首个“中华慈善日”活动

午,市政府与埇桥区人民政府在市科技广场举行庆祝《中华人民共和国慈善法》颁布实施暨中华慈善日活动。市、区人大、政府、政协有关领导,市、区直有关单位、经济开发区、宿马园区、高新技术开发区分管领导、业务科股室长、宿州企业界代表、社会慈善组织团体参加宣传活动。“中华慈善日”宣传日以“以法兴善,助力脱贫;善行宿州,共奔小康”为主题,进一步增强全社会慈善意识,拓展慈善资源,加大对弱势群体的救助力度。倡导各类企业将慈善精神融入企业文化建设,把参与慈善作为履行社会责任的重要抓手,开展形式多样的慈善活动,在更广泛的领域为社会作出贡献。

市长代表市委、市政府表示对全市慈善事业发展极为关注和重视,给予了深切厚望,并提出了具体要求。市民政局局长黄健发表朴实真切的讲话,阐述慈善法出台的重大意义,表明民政部门作为牵头部门的积极负责态度,介绍近来宿州慈善事业发展成就与贡献,指出慈善事业中存在的问题。《中华人民共和国慈善法》出台为全市发展慈善事业提供了法律保障,市民政局作为主管和牵头部门要认真做好慈善相关工作。仪式结束后,市领导走访慰问困难群众并发放了救助金。

法　　治

·政法委及综治办·

【概况】 2016 年，市委政法委认真贯彻落实中央和省、市委政法工作会议精神，把防控风险、服务发展和破解难题、补齐短板摆在突出位置，以创建全国社会治安综合治理优秀城市为抓手，以深化司法体制改革为动力，以开展正风肃纪专项治理活动为契机，深入推进平安宿州、法治宿州和过硬队伍建设，较好地完成既定的各项目标任务。

【源头预防稳定风险】 推动社会稳定风险评估提质扩面，全年实施社会稳定风险评估项目 108 个，及时发现并化解涉稳问题 11 件。完善重大不稳定问题清单制度，推动落实 17 件重大不稳定问题防范化解和包保稳控责任，埇桥区棚户区改造项目等 6 件不稳定问题得到有效化解。在全省率先建立涉稳问题“小清单”制度，排查梳理涉稳问题 159 项，逐一明确责任主体和责任人，并进行趋势预测和动态管理，第一时间把握涉稳问题苗头信息，使各类风险得到有效管控。

【全国社会治安综合治理优秀城市创建】 对照创建标准，细化分解纳入全国考核的 9 个项目、32 项指标，逐一明确责任单位、完成时限和工作措施，特别是对于必须达到全省前列的 4 个项目和一票否决的“六个不发生”紧盯不放、重点突破。针对平安县区创建覆盖率不够的问题，指导推进萧县、埇桥区开展省级平安县区创建活动。针对部分地区安全感和满意度偏低的问题，组织查摆影响群众安全感和满意度的突出问题，推动公安机关完善打防管控工作机制，提升打击犯罪效能和整体防控水平，全市群众安全感指数 95.59%、政法队伍满意度 89.28%，同比分别上升 1.08 个和 3.48 个百分点。针对平安建设责任落实不到位、进京非访突出的问题，积极落实社会治安综合治理领导责任制，加强责任督导和追究，对砀山县良梨镇、埇桥区时村镇给予延长重点管理，对砀山县玄庙镇、埇桥区南关、东关、埇桥三个街道给予工作警示处理，并约谈相关负责同志，帮助分析原因，督促限期整改。

【四级矛盾纠纷联合调处体系】 按照省级中心（站）建设标准，进一步推进乡、村综治维稳信访工作中心（站）规范化建设，完善运行机制，许多矛盾纠纷得到及时就地化解。在总结矛盾纠纷联合调处中心建设的基础上，推动建立县区综治维稳信访工作中心，全面完成建设任务。总结推广泗县“乡贤”参与乡村治理模式，积极发动老党员、老干部、老教师、老族长等乡贤开展矛盾纠纷预防化解工作，制定推广实施意见。积极谋划市级综治中心建设，完成建设前期准备工作。

【综治信息化系统规范化】 着力构建“一个中心”（公共数据中心）、“五个系统”（网格化管理系统、便民服务系统、综治“9 + X”系统、阳光信访系统、视联网系统），通过大数据资源的整合和应用，提升社会治理能力。2016 年，公共数据中心基本建成，以公安人口数据为基础，整合全市各业务部门信息，开展数据对接，通过数据共享交换平台，实现人口信息交换、核查、分析等综合应用功能。整合各类平台资源，将社会服务管理信息化平台与权力清单运行平台建设相结合，建成统一的政务服务信息化平台,并把其纳入智慧城市建设统筹规划。整合13个部门135项办事项,受理办件数3145件。全面优化网格管理,在埇桥区整合网格资源的基础上,推动各县整合现有网格资源,全市83个社区重新划分网格830个,实现市、县城区网格化管理全覆盖。加快推进视联网建设,实现市县两级互联互通。

【社会治安防控体系】 提请市委、市政府出台《关于进一步完善社会治安防控体系、深入推进平安宿州建设的实施意见》,为深入推进平安宿州建设提供科学依据。推进社会治安防控体系建设,进一步加强治安、交通卡点建设,完善网格化、动态化巡防处警工作模式和农村"一村一警"工作模式。强力推进"天网工程"建设,2016年第一阶段新增1000个监控点,配套设备设施建设完成85%。

【社会治理体制改革】 市社会治理体制改革专项小组承担改革任务17项,不断加大统筹协调力度,围绕改革目标,实化改革措施,一项一项地抓好落实,全面推进各项改革。司法体制改革方面,市法院、检察院基本完成首批员额内法官、检察官遴选工作,309名法官被确定为司法改革过渡期首批员额制法官,市检察院37名入额人员经过考试考核。公益诉讼改革方面,市检察院全面梳理近年来查办的职务犯罪、行政处罚和行政诉讼申诉案件,向市直相关部门发出诉前程序检察建议48件,报请省院拟提起公益诉讼案件3件。公安、司法行政及其他社会治理体制改革均取得积极进展。

【法治建设】 成立市委全面推进依法治市领导小组,下设办公室,成立推进党内法规制度建设、推进科学立法、推进依法行政、推进公正司法、推进全民守法5个专项小组,为法治宿州建设提供坚强的组织保障。制定市委全面推进依法治市领导小组、办公室及专项小组3个工作规则,明确2016年市委全面推进依法治市工作要点,实现日常工作制度化和规范化。

【执法监督】 落实"两个规定"和政法系统重大事项报告制度,建立健全联络员网络,确保工作常态化开展。组织开展刑事诉讼涉案财物处置工作专项检查,对全市政法机关2015以来办理的945件含涉案财物的刑事案件进行全面摸排,查找薄弱环节和突出问题,推动涉案财物处置规范化,依法保护公民、法人和其他组织的合法权益。

【涉法涉诉信访】 全面启动律师参与化解和代理涉法涉诉信访案件工作,106名接访律师进驻政法部门值班。积极开展案件评查工作,直接组织第三方评查重点案件10件,安排市直政法部门和县区政法委组织评查320件,纠正瑕疵、问题案件101件。建立涉法涉诉信访案件统计分析制度,对涉法涉诉信访案件存量和增减变化情况进行定期统计,建立动态数据库,开展定量定性分析,有针对性地指导和改进涉法涉诉信访案件化解工作。开展司法救助,妥善化解20余起重复进京访案件。推进集中依法化解涉法涉诉重点信访案件专项活动,省交办的75件和自排发现的4件重点案件全部办结。

【政法队伍建设】 市政法委以"两学一做"学习教育和"讲看齐、见行动"学习讨论为抓手,组织政法系统6000人次参加中央政法委学习习近平总书记系列讲话等四次视频学习培训讲座,举办基层政法综治维稳干部培训班,邀请上级领导和有关专家集中授课,150名业务骨干参加培训。做好自身先进典型的挖掘、整理和宣传工作,组织开展学习宣传"安徽好人"灵璧县检察院副检察长赵晓峰同志先进事迹活动。举办政法系统"践行社会主义核心价值观、身边警身边事"演讲比赛及"十大女政法工作者"评选推荐工作,协助完成省委政法委"政法综治江淮行""综治维稳周边行"集中宣传和近10家中央及省级媒体到泗县、砀山的实地采访报道工作。把2016年作为政法系统"正风肃纪深化年",持续深入推进。围绕政法系统执法不公、吃拿卡要、作风不实、纪律松弛的问题,组织开展明察暗访,查处通报一批违规违纪典型案件。活动开展以来,下发典型案例通报3期,发现和查处违法违纪人员116人。

·法治政府建设·

【概况】 市法制办是市政府工作部门。有6个内设科室:秘书行政科、依法行政指导科(法治研究室)、立法科、合法性审查科(法律事务科)、行政复议应诉科、法制监督科;2个下属单位:市政府行政复议案件审理中心、宿州仲裁委秘书处。

【《法治政府建设实施方案》】 2016年，市法制办在全省各市率先出台《法治政府建设实施方案》，明确今后5年法治政府建设的目标任务、方法措施和责任单位。组建法治政府建设宣讲团，完成对县区、园区和市直65家县级单位的宣讲，为加快法治政府建设奠定良好的基础。召开市推进依法行政工作领导小组第八次会议，协调推进工作的开展。落实学法制度，市政府常务会议专题研究依法行政工作3次，集体学法4次，举办2期领导干部法治专题培训班、2期领导干部依法行政专题讲座。邀请国务院法制办领导、华东政法大学、中国政法大学知名教授授课，县处级以上领导干部800多人次参训。强化考核奖惩，把法治政府建设纳入全市综合考核体系，落实领导干部任前法律知识测试制度，评定第三批依法行政先进单位，评选十大有影响的法治事件，设立法治政府建设奖，发挥典型引领示范作用。

【规范政府职权】 动态调整权力清单和责任清单，持续构建边界清晰、分工合理、权责一致、运转高效、依法保障的政府职能体系，推动简政放权和转变政府职能。出台《关于加强对政府权力运行监督管理的实施意见》，打造政府权力运行全过程、标准化、可操作的监管体系。持续简政放权，取消行政审批事项67项，清理行政审批中介服务事项49项。对市级权责清单进行动态调整，保留1338项，将其中的1333项细化为5446项，实现“颗粒化”运行。建立“涉企收费清单”，收费项目由原来的119项减少到79项，行政审批前置服务收费由42项减少到28项；对9项收费标准分别下调15%至30%。建立公共服务清单和中介服务清单，梳理市级公共服务事项1507项，确定点菜型事项41项。全面推行行政审批服务“三集中、三到位”，44家市直单位的审批科室、1057项办事项，全部进驻行政服务中心，进驻率100%，平台运行100%，授权窗口办结率100%，平均办理时限压缩50%，提高服务效率，规范权力运行。

【依法科学民主决策】 贯彻省政府《关于进一步规范政府系统重大行政事项决策行为的意见》，出台《宿州市政府系统重大事项决策程序及责任追究办法》《宿州市人民政府重大事项合法性审查程序规定》等系列文件，不断完善公众参与、专家论证、风险评估、合法性审查和集体讨论决定的决策程序，规范决策行为。严格落实合法性审查制度，市政府142项重大决策、107件规范性文件、171件重要合同协议，事前全部进行合法性审查。在全省合法性审查制度推进会上，宿州市作专题经验介绍。市政府各部门、各县区政府积极开展合法性审查工作，取得初步成效。加强对行政机关合同的管理，对本届政府2013年以来签订的7027件合同调研、梳理，以合同管理抓项目监管，推动经济发展。建立智库，借助“外脑”，提升决策成效，市政府聘请108名行政决策专家人才、19名法律顾问、53名立法咨询员、37名特邀行政执法监督员，全市各级行政机关基本实现法律顾问制度全覆盖，所有重大决策事项，均有法律顾问、专家人才参与，保障行政决策的合法性和科学性，提高行政决策的公信力和执行力。

【制度规范建设】 加强立法能力建设，发挥立法的引领和推动作用。严格规范性文件监督管理，提高规范性文件质量，为全市经济社会发展提供良好的制度保障。地方立法工作取得良好开局，建立政协立法协商、委托第三方起草规章草案工作机制。出台《宿州市住宅小区管理办法》《宿州市地下水资源管理办法》《宿州市城乡规划管理办法》3部政府规章。调研、起草、提请市人大审议制定《宿州市市容治理条例》《宿州市农村生活垃圾治理条例》2部地方性法规。加强重点领域制度建设，建立政府投资性项目监管体系，相继出台《宿州市行政机关合同管理办法》《宿州市政府投资项目管理办法》《宿州市政府性投资建设项目招标工程控制价审计办法》《关于市本级政府性投资建设项目审计全覆盖的实施意见》，形成对政府投资性项目事前、事中、事后的监管制度体系。严格规范性文件监督管理，出台《宿州市规范性文件“三统一”管理办法》，在全省率先实现市、县、乡规范性文件“三统一”，市、县（区）政府部门、乡镇政府制定的规范性文件，全部由政府法制部门统一审查、统一编号、统一公布，杜绝落实上级决策部署的随意性，便于群众查询、监督、使用。市政府年内制定的66件规范性文件，全部按规定向省政府、市人大报备。登记、审查县区、市直部门报备规范性文件163件。市政府部门2014年1月以来后制定的规范性文件，全部按“三统一”标准，清理、审查、公布。对1999年以后发布市政府规范性文件进行清理，保留363件、废止37件、失效12件。

【法制监督】 深化行政执法体制改革,强化行政执法监督,全面规范行政执法行为。全面推进行政执法体制改革,积极稳妥实施城管执法体制改革。探索开展重大行政执法决定法制审核、执法辅助人员管理等8项试点,取得初步成效。新汴河景区"8+X"综合执法试点,在全国水利建设管理工作会议上作先进经验介绍。严格行政执法责任制,出台《关于全面落实行政执法责任制的实施意见》,建立权责明确、行为规范、监督有效、保障有力的行政执法责任体制;市政府41家行政执法部门全部建立行政处罚自由裁量基准制度,规范行使自由裁量权。落实行政执法人员资格管理和持证上岗制度,全面清理行政执法人员,公示清理结果;推行"年审"抽考制度,随机抽取939名执法人员闭卷考试,未通过人员不予年审,取消年度执法资格。建立市委党校、市人社局、市司法局、市法制办主导,行政执法部门参与的"4+X"培训机制,组织15个系统的2106人次参加培训。开展经常性监督检查,评查市林业等系统620件执法案卷,下发评查通报,跟踪督促整改。创新开展"月月监督评执法"活动,每月一系统、市县乡同步,监督评议行政执法行为,优化营商环境。

【行政复议应诉】 创新行政复议体制,发挥行政复议化解"民告官"矛盾争议主渠道作用。做好行政应诉工作,维护群众合法权益。健全行政复议体制机制,全市具有行政复议权的11家单位,包括市政府、5个县区政府和市公安局等5个保留复议权的市政府部门,全部成立行政复议委员会,实行委员集体审案机制,在全省唯一实现市、县两级行政复议委员会体制和案审机制全覆盖,复议案件的审理由行政首长单一决定,转变为专家审案、集体议决。全年受理行政复议申请417件,纠错率21.6%,增强复议监督的成效和权威。出台《宿州市行政应诉工作规则》,依法出庭应诉,直接面对、回应民意诉求,实行行政应诉工作备案、通报制度。全年市政府为被告的行政诉讼案件87件,人民法院开庭审理67件,行政机关负责人出庭应诉51件,出庭应诉率76.1%。县区政府为被告的行政诉讼案件340件,人民法院开庭审理237件,行政机关负责人出庭153件,出庭应诉率64.5%,行政机关负责人出庭应诉实现常态化,依法有效化解行政争议。

【宿州仲裁委员会】 宿州仲裁委员会是政府主导下解决民商事纠纷的准司法机构,宿州仲裁委2014年换届以后充分利用仲裁高效快捷、意思自治、一裁终局的制度优势,持续加大宣传、推广力度,严格仲裁员的聘用、管理,着力提升办案质量,仲裁委受理的案件数量和涉案标的逐年提升,2016全年受理案件209件,涉案标的5.8亿元,挽回经济损失1.6亿元,调解、和解结案46%,保障和畅通了化解民商事纠纷的又一救济渠道。

【法治能力建设】 开展法制宣传教育培训,加强法制机构建设,着力夯实法治政府建设工作基础。举办各种形式的培训班,对公务员和执法人员集中培训,举办各类法制讲座200余场次,近9000人参加学习培训。各级党校和行政学院开设依法行政专题讲座,把依法行政列入公务员培(轮)训的必修课。改版宿州法制网站,开办宿州法制手机报、微信、微博,创办宿州《法治政府导读》杂志,形成三位一体的法制宣传平台。全年采编、整理法制信息3165条,省级以上媒体采用232条;省《政府法制建设》杂志出版宿州专辑,全方位、多角度展示宿州法治政府建设成绩,介绍宿州经验。进一步加强法制机构建设,市法制办各类人员编制达35名,其中行政编制15名、事业编制13名、法制专用编制7名。开展县区政府和市政府部门法制机构调研,推行市直单位、县区法律人才在市法制办挂职轮训制度,集聚人才,夯实法治政府建设的工作基础。

·公　安·

【概况】 2016年以来,市公安局深入推进"四项建设",全面深化公安改革,着力完善打防管控工作机制,不断提高全市公安机关新常态下有效防控各类风险、依法履行职责的能力水平,全力确保全市社会大局、治安局势、公共安全管理形势、公安队伍"四个稳定",进一步提升群众安全感、满意度和执法公信力,为全市经济社会发展创造和谐稳定的社会环境。

【打击犯罪】 全市公安机关牢牢抓住打击犯罪这一主业不放松,以开展守护平安加力提效活动为抓手,深入推进命案攻坚、打黑除恶、打击盗窃、反电诈、缉枪治爆、打击金融诈骗、打击非法集资等专项斗争。坚持紧盯大要案件侦破不放松。对严重刑事犯罪、重大恶性案件和社会广泛关注的案件，坚持落实"3 + N"领导责任机制、重大案件应急响应机制、领导包案督导制度、多警种同步上案机制等打击犯罪机制，集中精干警力，集中优势资源，全力快侦快破。侦破各类刑事案件 5914 起，同比上升 54%。全市立现发命案 27 起，破案 27 起，先后破获萧县"2016. 1. 9"杀人抛尸案，埇桥区"2016. 10. 30"杀人抛尸案等一批性质恶劣，群众反映强烈的大案、要案。打掉恶势力团伙 19 个，抓获成员 102 人。抓获各类网上逃犯 1557 名。全市经侦部门立案 591 起，破案 456 起，为国家、集体和个人挽回及避免经济损失 2. 13 亿余元；侦破现行侵财案件 4304 起，摧毁犯罪团伙 168 个；追赃返赃 2800 余万元。成功侦破埇桥大润发超市系列盗窃电动车案、"7 · 6"系列抢劫加油站案、灵璧系列盗窃沿街商铺案件等一批重大有影响的案件。

5 月 17 日，省公安厅领导到宿州市公安局调研指导工作

【社会治安】 瞄准社会治安问题、全力防范安全隐患，精心组织开展社会治安集中整治行动，扎实推进社会治安防控体系建设。持续推进 110 接处警提速提效，进一步完善网格化、动态化巡防处警工作模式，最大限度地把警力摆上街面，保证在第一时间响应、第一时间处置，第一时间帮助群众排忧解难。全面加强治安、交通卡点建设，逐步形成以公安检查站、治安卡点、交通治安卡口、交警执法站、应急堵控点为依托的治安卡口防控体系。

【安全保卫】 坚持强化面上巡控和重点管控，在市区设置 30 余个执勤点，市区 11 个派出所将警务执勤车全部放置在人员密集的街面。对全市 4 个重点场所，严格落实公安特警、武警联合武装巡逻警戒措施，强化重点区域、重点部位武装巡逻、动中备勤，确保一旦发生暴恐类警情能够快速果断处置。

9 月 1 日，市公安局开展城区社会治安集中整治行动　　（摄影：李闻周）

【流动人口管理】 结合户口登记项目清理整顿专项行动，以居住登记和居住证为载体，以管好暂住人口登记办证、租住房屋为重点，全面清理登记暂住人口、出租房屋底数，建立、完善流动人口居住登记管理系统，逐步实现"以证管人""以屋管人""以业管人""以图管人"相结合的新型服务管理模式，提高流动人口公共服务管理水平。

【出入境及往来港澳管理】 全市出入境管理部门进一步深化公安改革，强化执政为民的思想，在管理好正常出入境秩序的同时，维护申请人的合法权益，2016 年共审核公民因私出国（境）申请 15 万人次；发放往来港澳通行证 2. 6 万余本、普通护照 4. 4 万余本，确保全年受理审核工作高质量的完成，无一起有效投诉。

【户籍管理】 严格户籍登记，严格户籍审批，及时发现重户口、死亡及入伍等应销未销人员户口、户口登记项目差错以及违规办理户口登记等问题。扎实开展户口清理整顿工作，彻底纠正户口管理工作中"重、错、假、漏"问题。2016 年全市清理重户人员 6080 个。开展无户口人员登记户口工作。市公安局结合实际代拟《宿州市人民政府办公室关于解决无户口人员登记户口问题的实施意见》，经市法制办审核、市政府同意，11 月 5 日，市政府印发《宿州市人民政府办公室关于解决无户口人员登记户口问题的实施意见》（宿政办发〔2016〕26 号）。

【道路交通安全管理】 牢固树立“人命关天、责任如山，事故可防、事在人为，有责必尽、执法必严”的理念，以扎实开展“严执法、排隐患、强管理”铸安行动为载体，坚决把事故可防、事在人为的理念落实到查隐患、防事故、保安全的具体行动上。健全重大运输企业、重点车辆、重点道路常态监管机制，狠抓“三超一疲劳”、酒驾、毒驾、野蛮驾驶等突出违法行为整治，有效减少重特大道路交通事故。2016 年，全市发生道路交通事故 626 起，死亡 178 人，经济损失 2094181 元，与上年同期比事故起数下降 22%，死亡人数下降 15%，经济损失下降 21%。

【消防安全监督管理】 全市消防部门以火灾防控为抓手，严格落实火灾隐患“常态化”排查整治，确保全市消防安全管理形势的持续稳定，全市连续 17 年未发生重特大火灾事故。治安部门严格落实危爆物品安全管理措施，强化储存、运输、使用等环节全程监管，确保危爆物品“零流失、零被盗、零炸响”。

【网络安全监督管理】 全面加强互联网安全监管，规范与本地互联网接入服务商的协作工作机制，定期开展互联网基础数据采集和备案工作。全面加强网上信息巡查监控。落实打击网络政治谣言常态长效机制，围绕各类违法有害信息，及时发现，密切跟踪，综合研判，有效引导，坚决防止网上负面炒作引发现实危害。

【禁毒工作】 全市公安禁毒部门以禁毒严打整治行动为契机，深入开展吸毒人员“大排查、大管控、大收戒”专项行动，全面深化缉毒破案工作，全面加强对吸毒人员的排查管控，深入开展社区戒毒社区康复工作。持续开展禁毒宣传“春风行动”，深入推进禁毒宣传进学校、进单位、进家庭、进场所、进社区、进农村“六进”活动。2016 年，侦破涉毒刑事案件 192 起，抓获涉毒犯罪嫌疑人 264 名，缴获各类毒品 75144.58 克，社区戒毒社区康复执行率达 80.7%。

【警务建设】 在全市 101 个城市社区、1214 个行政村全面实现社区警务和农村警务室全覆盖的基础上，不断完善城区“1 +2”警务室警力配置和农村警务室“一村一警”工作模式。进一步完善派出所警民联调室的工作机制，注意发挥“警民联调”的作用，确保最大限度地把不稳定因素化解在萌芽状态、解决在初始阶段。

6 月 26 日，市禁毒办联合埇桥区禁毒办开展“无毒青春、健康生活”大型禁毒宣传活动

【执法规范化建设】 坚持稳步推进执法办案方式改革。全面推行网上办案“单轨制”和刑事案件“统一审核、统一出口”工作机制，完善“执法信息网上录入、执法流程网上管理、执法质量网上考评、执法活动网上监督”的网上执法办案新机制。全面加强执法安全管理。在进一步加强执法办案场所建设和执法信息使用管理的同时，全面推动执法记录仪的使用，整合接处警与办案区录音录像，全面实行“执法五必录”，实现执法全过程记录，全程可视可回溯管理。建立执法巡查机制。由法制部门牵头，会同纪委、督察等职能部门围绕“接处警受立案是否规范、办案是否合法公正、执法安全措施是否落实到位”等为重点开展执法质量巡查。对有“执法不作为、执法乱作为、执法不公正、执法不安全”等执法隐患及时进行纠正，把执法问题消除在萌芽阶段。

【便民服务】 户籍业务办理实行弹性工作制、预约工作制、延时错时工作制、上门服务工作制，对因特殊情况的，要开辟绿色通道，实行特事特办，急事急办，尽最大可能帮助群众解决实际困难。从 2016 年 7 月开始，在全市范围内开展了微信办理户政业务，群众在微信上可以完成户籍业务的咨询、预约、受理。11月7日起，全市范围内全面实行网络迁移户口，实现县、区内网上户口迁移一站式办理。

在出入境办证大厅投建自助拍照设备。投入70余万元采购10台自助拍照设备。计划增设3个公民因私出国（境）业务分受理点，即宿州市公安局出入境三里湾分受理点、宿州市公安局出入境宿马园区分受理点、宿州市公安局出入境高新分局受理点。

【打击电信诈骗】　建立打击防范电信网络诈骗工作机制，扎实推动市级反电诈中心建设，形成公安机关负责查办案件、银行负责堵截赃款、电信企业负责阻断诈骗电话的良性互动工作格局。2016年，反欺诈拦截疑似被诈骗信息1599条，成功拦截1516条，拦截成功率达94.8%。为受害人挽回经济损失2000余万元。进一步加强与检法、工商、金融、税务等部门的联系沟通，严厉打击网络投资诈骗犯罪，坚决遏制网络投资诈骗犯罪在宿州市发展蔓延势头。

【宿州消防支队】　宿州市消防支队，正团级，内设司令部、政治处、后勤处、防火监督处四个副团级部门和作战指挥中心、警勤中队、战勤保障大队、卫生队、培训基地5个直属单位，组织领导全市消防部队履行《中华人民共和国消防法》赋予的消防监督、火灾扑救和应急救援职责。

宿州消防部队是一支全天候、全时制为宿州经济建设和人民群众提供消防安全服务的现役部队，是政府履行公共安全职能的主要载体之一，担负着全市的防火、灭火和抢险救援三大重要职能。主要任务是：深入贯彻《中华人民共和国消防法》等法律法规，全面落实“预防为主，防消结合”方针，依法履行消防监督管理职责，开展消防安全检查，督促社会单位履行消防安全职责，落实消防安全措施，消除火险隐患；教育训练部队，提高灭火救援能力，有效扑灭各种火灾，全力参加社会抢险救灾，最大限度减少灾害损失，保卫国家经济建设，保护公共财产和人民生命财产的安全，为构建和谐社会、建设“平安安徽”、实现“奋力崛起”创造良好的消防安全环境。

宿州市消防力量主要由公安消防部队和政府专职消防队、企业专职消防队组成，辖公安现役大队6个。其中，埇桥桥区、萧县大队为副团级，经济技术开发区、灵璧县、砀山县、泗县大队为正营级。特勤中队为副营级，埇桥桥区、汴河、灵璧县、泗县、砀山县、萧县中队为正连级。全市现役消防官兵178人，合同制专职消防员98人，各类执勤消防车和行政车辆40多台。主要工作：2016年，全市消防工作紧紧围绕服务全市经济发展和社会稳定大局，以预防火灾和减少火灾危害，加强消防安全基础建设，保护人身、财产安全，维护公共安全为宗旨，坚持问题导向，强化责任担当，全市消防安全形势总体保持平稳，部队灭火救援能力显著增强，圆满完成以防火、灭火以及应急救援为中心的各项急难险重任务。

1月12日，宿州市委副书记、市长史翔一行莅临消防支队，代表市委市政府亲切看望慰问全体消防官兵。市长史翔代表市委、市政府向支队全体官兵致以节日的问候和美好的祝愿，对消防部队为驻地经济建设保驾护航做出的突出贡献给予充分肯定和高度赞誉，勉励支队全体官兵在新的一年百尺竿头更进一步，继续发扬敢打硬仗的优良作风，牢记使命，奋发有为，努力为促进地方经济发展、维护社会和谐稳定、保障人民生命财产安全做出新贡献。

1月20日，宿州市第四届人民代表大会第五次会议隆重开幕，市长史翔向大会作《政府工作报告》。会议首次将加强消防工作和公共消防设施建设写入《政府工作报告》。《政府工作报告》在2016年的主要工作中提出“创新社会治理，加强道路交通、消防安全管理，加大科技治超力度”，健全安全生产责任体系，深入开展重点行业领域安全监管，严防重特大事故发生。《政府工作报告》明确提出将“改造消防给水管网，新增和维修市政消火栓”纳入2016年十大民生工程和惠民实事中，切实加强公共安全管理，保障和改善民生安全，让群众更多分享改革发展成果。

2月23日，宿州市委书记张曙光在泗县调研期间，专程到泗县消防大队，看望慰问消防官兵，并殷殷寄语广大官兵，要继续发扬英勇顽强、敢打必胜的光荣传统和优良作风，为全市经济社会发展保驾护航，再立新功。要求全市消防部队要聚焦时代发展重任，充分发挥职能作用，创新消防安全理念，努力营造优质的消防安全环境；要紧盯战斗力需要，苦练基本功，强化战备执勤，不断提高火灾防控和部队打赢能力，争做经济社会发展的“护航铁军”及和谐社会建设的“安全卫士”。市委常委、组织部部长操隆山,泗县县委书记张志强、县长王法立,支队政治委员姚尚安等陪同。

2月26日至3月3日,宿州市人大常委会副主任石文庆率执法检查组,对全市贯彻执行《中华人民共和国消防法》情况进行调研。在全市《中华人民共和国消防法》执法检查汇报座谈会上,副市长李朝晖代表市政府从各级各部门和社会单位消防安全责任制落实、火灾预防、经费保障、部队营房和装备建设、城市消防规划和公共消防设施建设、全民消防宣传教育和多种形式消防队伍建设等方面,向调研组介绍了宿州市消防工作的有关情况,分析消防安全现状,指出存在的问题和薄弱环节,对进一步加强和改进消防工作提出意见和建议。并代表市政府表示,将进一步加大消防经费投入,加快城镇公共消防设施和政府专职队建设进度,力争“十三五”期间,再造一个强大、惠民、能打赢立体恶性火灾及自然灾害的宿州消防,把宿州消防事业不断推向前进。市直相关部门负责人分别结合行业、系统内落实《中华人民共和国消防法》等情况进行汇报。与会人员还针对解决全市公共消防基础设施不完善、消防站数量不足、布局不合理、消防车辆装备不达标、消防业务经费差距大等实质性问题进行研究探讨。

3月21日下午,省厅党委委员、政治部主任丁芙蓉专程到宿州消防支队调研指导部队建设。在简要听取支队长刘庆、政委姚尚安关于部队建设情况的汇报后,实地查看支队队史馆和消防指挥中心建设,了解全市消防部队建设、执勤实力分布、人员概括以及灭火救援情况等。她对宿州市建设全省第一支事业编制“单编”专职消防队予以充分肯定,宿州消防支队为全省开创了政府专职消防队的职业建设标准,能留得住人、稳得住队伍,理念创新、思路超前。要求支队进一步探索专职队“职业化、专业化”发展模式,积极发挥专职队作用,继续引领全省专职队伍健康发展。省厅巡视员江利亚、省厅人事处处长王勇等领导陪同调研。

4月7日下午,民政部副部长窦玉沛率国务院地震应急督查组督查宿州市地震应急救援准备工作,专程到宿州消防支队检查轻型地震搜救队。

督查组听取消防支队副支队郑卫国长关于宿州市轻型地震搜救队伍建设、车辆装备和训练演练等工作情况汇报;实地查看轻型地震搜救队装备配备和人员组成状况,现场观摩救援队破拆、搜救、保障、通信等器材设备的操作展示,听取救援队员关于装备器材性能、用途、技术参数等方面的讲解,详细了解官兵自我保障携行包的物资配备情况,充分肯定宿州市消防支队地震应急救援体系、人员组建、装备配备、实战演练等工作取得的成绩。

5月12—13日,国务院消防工作第五考核组一行5人,检查考核宿州市2015年度消防工作。考核组对宿州市政府2015年度消防工作予以充分肯定。认为市委市政府高度重视。把消防工作纳入经济社会发展总体规划、年度政府综合目标管理、领导干部政绩考核;部门配合齐抓共管。各行业各部门消防安全职责明确,各系统消防安全管理规定完善,日常消防工作管理规范;隐患查改措施到位。扎实开展各项消防专项治理和集中整治行动,对各重大火灾隐患单位政府全程挂牌督改,严密部署火灾防控体系,保持了火灾形势相对稳定;专职队建设正规有序。建立的单编政府专职队,条件优越、正规有序、作用凸显,切实缓解现役警力不足的现实问题。

5月17日下午,省政府副省长、省公安厅厅长李建中莅临宿州市经济技术开发区专职消防队,调研指导专职队建设工作。李建中参观了具有专职队特色的营房、装备建设成果,听取支队主官关于专职队机构属性、高位化保障、差异化管理、规范化用工、党团支部设置等一系列符合政府专职消防队伍职业化建设情况介绍,实地查看了车库、器材库、队员宿舍、文化娱乐中心、队员之家、家属接待室等拴心留人的库室环境,详细了解专职队员的日常管理、执勤战备、运作模式、福利保障、职业规划等情况。对宿州支队积极探索、加快政府“单编”专职队职业化发展模式给予充分肯定。他指出,当前经济社会快速发展,消防编制难于增加的情况下,宿州市在加强专职队建设方面大胆尝试、敢于创新、成效显著,机制很健全,成果很宝贵。希望市政府继续总结专职队建设经验,大力支持专职队伍建设,在做好火灾防范工作的基础上,积极发展专职消防力量,全力维护消防安全稳定。

6月2日,宿州市市长史翔到市经济技术开发区、中国现代制鞋产业城,实地调研重点项目和企业建设,开展夏季消防安全检查。检查组深入经开区国药集团、雪龙化纤、锦乔生物、百丽鞋业、东艺鞋业等单位,实地检查各单位消防安全管理情况,重点查看生产车间消防设施管理运行、个别施工现场火灾防控措施制定等，询问职工消防安全知识掌握情况，了解各单位消防安全责任制落实等情况。市委常委、常务副市长周勇，消防支队支队长刘庆，经开区、鞋城管委会及市直相关部门负责人陪同检查。

7月13日，宿州市副市长李朝晖带队开展夏季火灾防控检查工作。检查组先后深入华夏世贸广场、中山街、东仙桥小商品市场、中石化宿州油库等场所，重点查看消防设施运行是否正常、应急照明和疏散指示标志是否完好有效、安全通道是否畅通、消防责任人和管理人是否明确、消防主体责任是否落实等情况，并随机抽测单位员工的消防安全“四个能力”掌握情况。市公安局调研员朱新建、消防支队支队长刘庆、防火处长杨雪亮以及安监、城管、商务、埇桥区政府分管负责人陪同检查。

6月30日下午，宿州市政府组织举行“2016年度宿州市危险化学品（LNG）事故应急救援演练”，宿州市政府副市长邵郁出席活动指挥演练开展，市消防支队政治委员姚尚安以及市安全生产委员会成员单位负责同志、全市10余家危化品企业安全负责人到场观摩演练。

7月15日，宿州市政府召开智慧城市总体规划和顶层设计项目初验评审会，宿州消防支队委托清华同方有限公司提交的《宿州市“智慧消防”总体规划和顶层设计项目》通过评审。

宿州消防支队紧紧抓住“智慧城市”创建的有利契机，多次组织人员赴深圳、苏州、宜昌等地开展学习调研，委托清华同方有限公司制定了《宿州市智慧消防建设方案》，并提请政府常务会研究，同意将“智慧消防”建设项目纳入“智慧城市”建设体系。项目一期投资2400万元，二期投资5000万元。由政府先期投入950万元，用于开辟物联网远程监控平台和消防管理服务平台。项目采取“政府购买、企业运营、服务消防”的建设模式，明确政府主导地位，确保资金来源和运营维护，实现社会单位免费接入、资源信息全面共享、消防监督研判先导，破解推广过程中成本和资源共享等方面瓶颈问题。

11月7日，宿州市政府在市科技文化广场举办宿州市2016年“119消防宣传周”启动仪式暨“十大消防忠诚卫士”“十佳消防平安使者”表彰活动。活动由消防支队支队长刘庆主持。宿州市政府副秘书长张金海，市委宣传部副部长、文明办主任杨美荣，市公安局党委委员朱新建，市公安消防支队支队长刘庆等领导出席仪式；各机关团体、企事业单位代表。社区、医院、学校、企业、消防志愿者、社会群众代表以及各级新闻媒体记者1000余人参加活动。

活动对“十大消防忠诚卫士”“十佳消防平安使者”进行了表彰，消防志愿者代表向在场的所有人员发出倡议，消防安全公益性宣传教育志愿者进行签名仪式。市消防支队通过设立消防咨询台，举行灭火演练、器材展示、消防产品鉴别等活动，开展消防法律法规和消防知识宣传。

10月14—10月31日，全省消防部队2016年度实战化训练系列比武考核活动在安徽省消防总队培训基地举行，此次系列考核比武竞赛由现役官兵实战化训练考核比武、第四届政府专职消防队伍比武和企业专职消防队伍比武三项赛事组成。宿州消防支队参赛队员在三项比赛中表现出色，分别取得团体总分第六名、第三名和第二名的成绩。在全省比武竞技赛场上展示支队军事训练工作成效，展示全体官兵不敢落后、勇争一流的竞技精神，展示全市消防官兵团结拼搏的战斗队风采。

11月6—7日，总队党委书记、政治委员崔勇莅临宿州支队，调研消防工作和部队建设情况，检查冬季火灾防控，指导“智慧消防”项目建设，看望基层官兵，深情寄予厚望。崔勇先后到埇桥桥大队汴河中队、战勤保障大队、经济技术开发区专职队、汽配城大市场、支队机关、特勤中队等地，实地查看营区营房、警营文化、车辆装备建设，认真检查“家庭式商铺”消防安全，详细了解官兵队伍管理、政府单编专职消防队建设、“智慧消防”平台建设及运用等情况，听取有关单位工作汇报。

在宿期间，崔勇会见宿州市长史翔，市委常委、常务副市长余向东，市委常委、副市长赵琳，副市长邵郁，市政府党组成员、市公安局长张晓东，市经济技术开发区管委会副主任王海兵等领导，就消防工作和部队建设交换意见，对当地党委政府重视关心消防工作、政策积极倾斜消防事业发展等表示感谢。

12月7—8日，公安部消防局今冬明春火灾防控工作督导组莅临宿州，督导检查今冬明春火灾防控及社会福利机构消防安全专项治理工作。

督导检查期间，督导组一行先后深入宿州市消防物联网服务中心、埇桥桥区城东社区、宿州市安杰养老院、宿州市经济开发区专职消防队、宿州康奈鞋业有限公司微型消防站、灵璧县消防中队和灵璧县杨疃镇邱庙敬老院。详细听取宿州市冬春火灾防控工作汇报,仔细观摩智慧消防建设成果展示,实地检查福利机构消防安全治理及企业微型消防站建设等情况,充分肯定宿州消防支队在各项工作中取得的成果,同时对专职消防队建设和基层部队管理提出宝贵的意见,指出现实存在的问题,提出具体可操作的建议。

12月22—24日,省厅纪委现役纪检监察室主任钱桂荣率考核组,对宿州支队党委班子和领导干部暨党风廉政建设进行全面考核。省消防总队党委常委、政治部主任王建东,省厅纪委、现役办和总队机关各部门有关人员陪同考核。考核组先后深入到支队各部门、泗县中队、萧县大队开展分类检查,采取现场调阅、检查台账、理论抽考、实地验收、抽查社会单位等方式,就部队管理、执勤战备、车辆装备、政治教育、党风廉政、防火监督等方面进行检查指导。检查期间,考核组坚持实地考核、当场打分,及时召开反馈会,实事求是地讲评成绩,客观公正地指出不足,有针对性地提出合理化建议。

姚尚安政委代表支队党委作了表态,将严格贯彻落实钱主任及考核组领导提出的希望和要求,以此次考核为契机,以问题为导向,抓好整改;将继续团结带领全体官兵,保持昂扬的斗志、开拓的激情、奋发的状态,坚决完成各项工作任务,努力开启宿州消防工作新篇章。

·检　察·

【服务经济发展】 把握五大发展理念的新要求,自觉把防控风险、服务发展摆在突出位置,致力为经济发展新常态营造良好法治环境。

注重保护非公经济发展。制定保障和促进非公经济健康发展12条意见,引导司法办案坚持“三个平等”、落实“四个并重”、区分“五个界限”、恪守“六个严禁”,妥善处理涉及非公经济的案件,助力宿州市民营经济提升工程。严肃查办非公经济领域搞利益输送、权钱交易的行贿受贿犯罪35件38人,推动构建“亲”“清”新型政商关系。

注重防范市场风险。依法起诉破坏市场经济秩序犯罪252件,同比增长81.3%,有力维护公平有序市场环境。起诉非法集资、骗取贷款等破坏金融秩序犯罪75件,依法办理“e租宝”等社会关注的涉众型经济犯罪案件,坚决防范金融风险。

注重保障创新驱动发展。开展打击制售假冒伪劣产品专项行动,起诉假冒注册商标、侵犯知识产权等犯罪22人。围绕保障政府投资安全,严肃查处公共资金使用、公共项目实施中的贪污贿赂、失职渎职犯罪41人。

注重保护生态环境。持续开展破坏环境资源犯罪专项立案监督,突出打击严重污染水源、大气、土壤等犯罪,监督行政机关移送17件,公安机关立案10人。起诉破坏环境资源犯罪42人,同比上升56.5%。加强对生态环境保护的民事行政检察监督,向环保、国土等部门发出督促履行职责检察建议13份。

【维护社会稳定】 坚持把维护社会稳定作为第一责任,依法惩治各类刑事犯罪,推进社会治理。全年批准逮捕各类刑事犯罪嫌疑人2192人,提起公诉3181人。

突出打击严重刑事犯罪。深入开展打黑除恶专项斗争,依法办理王军黑社会性质组织犯罪等重大案件。坚决惩治暴力犯罪,起诉故意杀人、抢劫、涉枪涉爆等犯罪634人,保障人民生命财产安全。持续打击毒品犯罪,起诉221人,遏制宿州市毒情蔓延势头。严肃惩治侵害妇女儿童合法权益犯罪,起诉194人。积极参与治理电信网络新型违法犯罪,批捕此类犯罪嫌疑人17人。维护农民工合法权益,起诉拒不支付劳动报酬等犯罪26人。

妥善化解社会矛盾。坚持宽严相济刑事政策,对涉嫌犯罪但情节轻微的犯罪嫌疑人,决定不批捕248人、不起诉63人。对符合法定条件、双方自愿达成和解协议的轻微刑事案件,决定不批捕90人、不起诉19人。对不需要继续羁押的132名犯罪嫌疑人建议变更强制措施。实行律师参与接访和代理信访制度,开展信访积案化解专项行动,依法维护信访秩序,70件刑事申诉案件实现案结事了。

加强未成年人司法保护。坚持教育为主、惩罚为辅原则,建立专门机构和专业队伍,落实未成年人犯罪记录封存制度,强化社会调查、法律援助和心理矫正,最大限度教育感化挽救涉罪未成年人。泗县等3个检察院建立未成年人矫正观护基地。双向保护未成年人权益,依法打击拐卖、家暴、性侵、校园欺凌等侵害未成年人的各类犯罪94件121人,最大限度保护救助未成年被害人。开展“让花儿美丽绽放、让树苗茁壮成长”关爱青少年系列行动,检察官送法进校园，用法治的力量呵护青少年成长。市检察院公诉二处等 4 个部门被团省委授予“青少年维权岗”。

【反腐倡廉建设】 坚决贯彻中央和市委反腐败决策部署，坚持惩治预防两手抓，促进形成良好政治生态。

突出查办大案要案。查办贪污贿赂、挪用公款等职务犯罪 115 件 132 人，20 万元以上大案 70 件，100 万元以上 26 件。查办县处级以上干部要案 13 人，同比上升 225%，要案数为历年之最。查办的孟庄矿原矿长许某某涉嫌贪污、受贿、私分国有资产案，涉案金额 1.2 亿余元，追缴赃款和查封资产近亿元，该案系安徽省检察机关迄今查办涉案金额最大、挽回经济损失最多的职务犯罪案件。针对群众反映强烈的严重不作为、乱作为问题，查办国家机关工作人员渎职侵权犯罪 23 件 40 人。

着力维护民生民利。开展集中整治扶贫开发领域职务犯罪专项工作，查处挤占挪用、虚报冒领、挥霍浪费扶贫资金等职务犯罪 27 人。查办征地拆迁、水利、教育、医疗等民生领域职务犯罪 56 人，维护人民群众切身利益。

加强职务犯罪预防。认真贯彻省预防职务犯罪条例，协调成立全市预防职务犯罪领导小组，构建党委领导的大预防格局。围绕全市脱贫攻坚重大任务，实施“精准预防”工程，会同财政、扶贫办对扶贫资金、项目等开展专项督查，在全市 359 个贫困村推行“一村一检”，对 5 个重点扶贫项目实行挂牌全程预防。组织检察长宣讲团、青年检察官宣讲团预防“六进”活动，在全市教育、广电系统开展专项预防。共开展警示教育 446 场，提出检察建议 48 份，提供行贿犯罪档案查询 1.2 万余次，创建“无职务犯罪示范镇、村”51 个。

【诉讼监督】 抓住人民群众反映强烈的执法不严、司法不公问题，敢于监督、善于监督、依法监督、规范监督，维护社会公平正义。

严防冤假错案。切实落实罪刑法定、无罪推定、疑罪从无的司法原则，严把案件事实关、证据关、程序关和法律适用关。对侦查机关应当立案而不立案的，监督立案 53 件，对不应当立案而立案的，监督撤案 58 件；依法退回补充侦查 1619 件次，依法排除非法证据和补正瑕疵证据 199 件次；纠正漏捕 38 人，纠正漏诉 45 人。对认为确有错误的刑事判决裁定依法提出抗诉 15 件。

强化刑事执行监督。对判处实刑罪犯未执行刑罚情况开展专项检察，监督执行 6 人。加强社区矫正监督，纠正脱管漏管 38 人，收监执行 19 人。强化对罪犯减刑假释暂予监外执行监督，审查案件 677 件，纠正 140 件。

改进民事行政检察监督。开展基层民事行政检察工作推进年活动，重点加强对虚假诉讼、违法调解、审判人员违法行为和违法执行的监督。办理民事行政申请监督案件 339 件，对认为确有错误的裁判依法提出抗诉、发出再审检察建议 67 件，对审判程序和执行活动违法情形发出监督检察建议 101 件，对行政机关不依法履行职责发出督促检察建议 61 件，监督虚假诉讼案件 3 件。

【检察改革】 认真落实深化司法改革各项部署，稳步推进检察改革，努力打造检察改革的“宿州品牌”。

推进分类管理改革。检察人员分类管理改革是本轮司法改革的“硬骨头”。精心动员部署，着力凝聚共识，引导干警坚决拥护理解支持改革。完成首批员额内检察官遴选工作。经全省统一遴选考试、考察推荐、省遴选委员会审查等 11 个程序，遴选 222 名检察人员成为全市首批员额内检察官，占编制总数 37.4%。完成检察官助理首次选任工作，组建以落实司法责任制为核心的办案团队。

推进公益诉讼改革试点。根据全国人大常委会授权，安徽省作为改革试点，探索建立由检察机关提起公益诉讼制度。根据改革部署要求，扎实推动公益诉讼试点，依诉前程序向环保、国土、食药、卫生、财政等行政部门发出督促履职检察建议 35 件，相关行政部门纠正或者回复 22 件，追缴土地出让金 4000 余万元，追回违法发放的燃油补贴 54 万元。经安徽省检察院批准，宿州市检察院对宁波人健制药有限公司等 3 家企业环境污染案提起全省第二例民事公益诉讼；4 个县区检察院分别对逾期不履行职责的相关行政部门提起行政公益诉讼。

深化检务公开。推进和完善检察服务大厅建设，宿州市作为全省三家建设试点单位，灵璧、砀山县检察院建成集控申接待、检察服务、公共办案“三区一体”的检务工作区，为群众、律师等提供“一站式”服务。实行“检察开放日”常态化，全市举办开放日19次,各界人士和群众500余人次走进检察机关,零距离了解评议检察工作。开通案件查询热线,及时发布重要案件信息,全面加强新媒体建设,埇桥区检察院"小红帽"微博作品入选全国未成年人检察30年新媒体作品。

【从严治检】 坚持抓党建带队建、以队建促业务,注重加强自身建设,全面提升检察队伍整体战斗力。

聚精会神抓党建。两级院检察长自觉把抓好党建作为必须履行好的第一责任和最大政绩,不断压实党建主体责任。扎实开展"两学一做"学习教育和"讲看齐、见行动"学习讨论,教育引导检察干警做"四讲四有"合格党员,切实增强"四个意识",严守政治纪律和政治规矩。砀山县检察院机关党委被省委授予"全省先进基层党组织",灵璧县检察院副检察长赵晓锋被省委宣传部、市委树立为"两学一做"学习教育典型。

从严从实抓队伍。加强教育培训和岗位练兵,举办全市公诉人辩论赛,开展精品案件评选,着力提升检察人员业务素能。扎实开展"正风肃纪从严治检"专项治理推进年活动,切实抓好中央巡视"回头看"反馈意见整改落实工作,开展经常性检务督察,着力加强队伍作风纪律建设。认真履行主体责任和监督责任,以"零容忍"态度对违法违纪行为坚决查处。

坚持不懈规范司法。以"规范司法行为深化年"为载体,实施六项机制规范职务犯罪侦查,对全市所有案件一律逐案评查,对制度执行情况开展专项督查。针对发现的问题,以"不贰过"为标尺,督促整改并记入执法档案,实行办案质量终身负责制。组织宿州、芜湖部分省人大代表开展"走基层、看规范"异地交叉视察,向市人大常委会报告公诉工作情况,向市政协通报规范司法情况,邀请代表、委员参与案件评查、观摩公诉出庭等65次,办理代表、委员意见建议23件。主动接受人民监督员、执法执纪监督员和社会各界监督,保障律师依法执业权利,公开起诉书等法律文书4261份,注重依托外部监督倒逼规范司法。宿州市规范司法工作成效得到高检院和省检察院的充分肯定。

夯基固本强化基础。以基层检察院"八化"建设为标准,首次完成对各基层检察院建设抽样评估。电子检务六大平台建设全面启动,侦查指挥、控申接访视频系统全部开通,宿州市检察院建成标准化司法鉴定实验室。加强检察文化建设,承办第17届全国检察文学笔会。开展"抓特色、创品牌、育典型"活动,以点带面,培育萧县诉辩文化等4个全省特色品牌,泗县被评为全国检察委员会规范化建设示范单位,灵璧再获"全国先进基层检察院"殊荣。全年共有19个集体、33名个人受到市级以上表彰,全市检察工作继续位居全省第一方阵。

(王沛涛)

·法　院·

【概况】 2016年,全市两级法院受理各类案件59815件,审执结51516件,结案率86.13%,同比分别上升24%和21.23%。中院受理各类案件6224件,审执结5830件,结案率93.67%,同比分别上升23.3%和23.33%。

【刑事案件】 依法惩治刑事犯罪,切实维护社会稳定。全市两级法院受理各类刑事案件5185件(含减刑、假释案件),审结4633件,结案率89.35%。中院受理1658件,审结1583件,结案率95.48%。中院审理付依轮、岑英武等贩卖、传播淫秽物品牟利案(全国扫黄打非十大案件)。严厉打击故意杀人、强奸、抢劫等严重暴力犯罪,审结此类案件966件,提升社会公众安全感。依法严惩盗窃、抢夺、诈骗等多发性侵财犯罪,审结此类案件860件,有效保障人民群众财产安全。坚持既打"老虎"、又拍"苍蝇",审结贪污贿赂、渎职等职务犯罪案件260件,进一步推动反腐败斗争深入开展。健全减刑、假释公示和庭审制度,对符合条件的854名罪犯予以减刑、假释。贯彻"教育、感化、挽救"方针,审结未成年人犯罪案件122件,对102名未成年被告人实施犯罪记录封存,帮助失足青少年改过自新、回归社会。

【民商事案件】 妥善审理民商事案件,努力促进社会和谐。全市两级法院受理各类民商事案件36712件,审结32927件,结案率89.69%。中院受理3393件,审结3209件,结案率94.58%。适应经济发展新常态,依法审结合同、股权、金融等商事案件15719件,为宿州改革发展营造良好法治环境。推进家事审判方式改革,成立妇女儿童维权合议庭,审结婚姻家庭、财产继承纠纷案件9149件,中院被授予“全省维护妇女儿童权益先进集体”荣誉称号，萧县法院被确定为“全省家事审判方式改革试点法院”。加大民生保护力度，审结劳动争议、教育医疗、人身损害赔偿等案件4906件，保障人民群众合法权益。不断加大知识产权保护力度，审结商标、著作权等知识产权案件123件，审理六神花露水、九阳豆浆机、小米手机等商标侵权案，努力促进大众创业、万众创新。

【行政案件】 化解行政争议，推进依法治市。全市两级法院受理各类行政案件2146件，审结2042件，结案率95.15%。中院受理599件，审结569件，结案率94.99%。中院、埇桥区法院审理的2件行政案件入选全省行政诉讼十大典型案例。支持行政机关严格执法，依法审查违法用地、违法建房等非诉行政执行案件849件，助推宿州城乡统筹发展。建立健全行政案件类型化管理模式，对126件同类型案件进行集中审理，统一裁判标准，提升审判质效。不断加强行政案件协调力度，协调撤诉行政案件278件，有效推动行政争议的实质性化解。推进行政与司法良性互动，邀请行政执法人员736人次旁听行政案件庭审34件，提出司法建议26条，促进行政执法水平不断提升。

【执行案件】 强力破解执行难题，倾力打造诚信宿州。全市两级法院受理执行案件11700件，执结8439件，实现债权18.89亿元。中院受理453件，执结251件。落实最高人民法院“用两到三年时间基本解决执行难问题”决策部署，层层签订责任状，向执行难全面宣战。推行“执行法官+司法警察”联合执行工作模式，在全省法院率先推行向执行局派驻法警制度，2016年法警参与执行案件5178件次，切实增强执行威慑力。探索建立“执行法官+代表委员”共同执行工作机制，邀请人大代表、政协委员150名参与执行案件396件，争取人民群众对执行工作的理解和支持。搭建“人民法院+公安机关”临控平台，借助公安机关110指挥中心系统及时查找并控制被执行人，2016年公安机关协助临控被执行人162人，有效缓解被执行人难寻问题。不断加大执行惩戒力度，曝光失信被执行人15433例，司法拘留864人次，罚款137人次，应纳入失信被执行人名单纳入率100%，位居全省法院第一。2016年，中院、砀山县法院、泗县法院被评为全省执行工作先进法院。

【回应群众司法新需求】 全市法院坚持以司法为民为宗旨，着力解决群众关注的热点、难点问题，让人民群众切实感受到公平正义就在身边。

全力完善便民利民举措。认真落实立案登记制改革要求，有案必立、有诉必理，全年登记立案45086件，当场立案率达99.28%。积极打造诉讼服务中心“升级版”，构建线上线下同步诉讼服务平台，为当事人提供“一站式”诉讼服务。2016年，中院、埇桥区法院、灵璧县法院被评为全省法院优秀诉讼服务中心。探索建立财产保全责任保险担保机制，出台《关于开展诉讼保全担保业务管理办法》，有效解决诉讼过程中“财产保全难”问题。2016年，为43名当事人提供诉讼保全担保。率先开通机动车交通事故案件咨询微信公众号，由法官就相关案件的诉讼问题在线答疑解惑，化解矛盾纠纷。开通半年来，接受咨询1100余人次。不断加大司法救助力度，为669名经济确有困难的当事人缓减免诉讼费345.66万元。

深入推进矛盾纠纷化解。始终将调解工作贯穿案件审理全过程，全年调解、撤诉各类案件17062件，案件调撤率达51.81%。积极探索矛盾纠纷化解新模式，在全省率先推行在街道社区、偏远乡村设立法官工作室，通过“家门口的法官”将矛盾纠纷化解在萌芽状态。2016年，全市法院2个法官工作室正式运行，10个法官工作室正在建设。建立健全矛盾纠纷多元化解机制，埇桥区法院推行“人民陪审员调解制度”；萧县法院建立人民法庭与辖区学校、工厂、村组联系点制度；砀山县法院联合县妇联设立“婚姻家庭调解室”；灵璧县法院在交警队设立“道交联动调解室”；泗县法院在屏山法庭组建全省首个人民法庭“乡贤”工作室，并在泗县法院全面推广。“乡贤”工作室成立以来，参与调解案件187件，调解157件；参与执行90件，执结69件。

大力畅通权利救济渠道。深入推进信访工作机制改革，出台《信访工作制度》《信访工作考核办法》等规章制度，将涉诉信访纳入法治化轨道。严格落实“诉访分离”改革精神，切实保障当事人申诉和申请再审权利。2016年，登记各类申诉、申请再审案件97件，申诉、申请再审率0.19%。开展进京访案件专项清理活动，逐案明确化解主体，定期通报化解情况，化解进京访案件26件，彻底息访率达

34.2%。探索“律师参与化解和代理涉法涉诉信访案件”新模式，在诉讼服务中心设置律师接访室，固定律师工作日，引导信访群众运用法律程序解决问题。2016年，邀请律师参与化解信访案件236件。加强信访窗口规范化建设，推行院领导约访制度，全市两级法院接待来访群众4000余人次。

【促进审判质效新提升】 全市法院坚持以改革创新为动力，以信息化建设为抓手，努力建立公正、高效、权威的司法体制和工作机制。

优化资源配置，破解案多人少矛盾。严格落实中央、省委的统一部署，紧紧依靠市委领导，扎实开展法官员额制改革试点工作，经过严格选拔，全市法院309名法官首批进入员额，优质审判资源全部集中到办案一线。建立健全案件繁简分流机制，积极推行“简案快审、繁案精审”，2016年适用简易程序、小额诉讼程序审理各类案件24649件，适用率76.85%，有效提升审判效率。大力开展诉前调解工作，中院与市司法局、市律师协会、市妇联等九家单位正式建立诉调对接关系，全市两级法院均成立诉调对接中心，2016年通过诉前调解程序成功调解各类案件408件，初步形成合力化解矛盾纠纷的长效机制。

加强审判管理，促进公正高效司法。严格执行审判管理调度会制度，定期通报审判执行工作主要指标，查摆问题、剖析原因、对症下药，全市两级法院审判质效稳步提升。深入开展“庭审亲历”活动，组织审判委员会委员旁听疑难复杂案件庭审84件，切实解决“审者不判、判者不审”难题。深化案件质量管理，创新案件评查方式，采取“随机查、交叉查、上下查”等形式，对抗诉、发回改判、长期申诉信访、审理周期过长等案件进行重点评查，对裁判文书上网、庭审“三同步”情况进行专项评查，全年评查各类案件1920件，倒逼案件质量提升。扎实开展精品案件、精品裁判文书、精品庭审、办案之星评选活动，表扬先进、督促后进，努力营造创先争优浓厚氛围。

坚持科技强院，提升审判工作效能。强力推进信息技术与审判执行深度融合，建成集审判管理、队伍管理、司法政务管理于一体的司法信息管理中心，实现案件信息同步汇集、审理节点全程留痕、审判质效精准分析、政务工作全网运行。严格按照统一参数、统一采购、统一管理“三统一”管理模式，建成覆盖到基层法庭的三级网呈系统，实现全市法院的现场指挥、实时调度、远程督查。不断加快执行信息化建设步伐，与银行、房产、工商、国土等单位联动合作，建立以“总对总”为主、“点对点”为辅的网络查控体系，实现被执行人信息一体化查控。2016年，发起查询12545次，涉及被执行人22738名，累计查控银行存款2.01亿元，查控车辆2057辆。

【创新阳光司法新举措】 全市法院始终坚持以公开透明为原则，不断深化司法公开力度，努力树立人民法院良好形象。

6月21日，安徽省高级人民法院领导到宿州中院调研指导工作　　（摄影：周　里）

全面打造阳光法院。大力推进司法公开三大平台建设，以新技术、新平台、新媒体为支撑，初步形成“互联网+”司法公开新格局。2016年，全市法院主动公开案件信息30926条，上网公布裁判文书38685份，文书上网工作位居全省前列。不断加大庭审公开力度，对社会广泛关注的灵璧特大保险诈骗案、砀山虐童案等1351件案件庭审进行网络同步直播，切实提升司法透明度。认真落实新闻发布会制度，先后就未成年人刑事审判、打击非法集资犯罪等重点工作召开新闻发布会42场次，公布典型案例85件，有效满足人民群众的知情权和监督权。进一步深化司法民主，共邀请人民陪审员参与审理案件8184件，陪审率达93.25%。

广泛开展法治宣传。深入参与社会治安综合治理，大力开展“法律六进”活动，让司法更加贴近人民群众。2016年，开展法治宣讲活动28场次，受众10000余人次。探索司法宣传新途径，与市电视台、拂晓报社联合制作《法官故事》栏目，集中对优秀法官进行宣传报道，传递司法正能量。2016年，播出《法官故事》24期。不断拓展司法宣传的广度和深度，通过法院网站、官方微博、微信、今日头条客户端，发布法院工作动态、法治热点2.5万余条，展示了宿州法院良好形象。深入开展"公众开放日"活动，邀请人大代表、政协委员、在校学生等各界人士走进法院，零距离感受司法公开公正。2016年，举行"公众开放日"活动20次。中院连续两年被评为"全国法院在司法宣传工作中作出突出成绩的人民法院"。

主动接受各界监督。坚持全面工作定期报告，主要工作专题报告制度，向市人大常委会专题汇报刑事审判工作情况，向市政协通报全年工作情况，并按照审议意见认真落实整改。着力强化主动接受监督意识，扎实开展"代表、委员旁听评议庭审"活动，邀请人大代表、政协委员1338人次旁听案件庭审165件，政协委员旁听评议庭审活动的成功经验在全省推广。开展"代表、委员基层法庭行"活动，组织人大代表、政协委员122人视察基层法庭25个。不断丰富代表、委员联络方式，充分运用手机报、微信等手段，定期向代表、委员发送法院信息，2016年发送手机报21期，推送微信信息352条，赠阅《宿州审判》杂志4000余份。

【树立宿州法院新形象】 全市法院始终坚持以队伍建设为根本，从严教育、从严管理，着力打造信念坚定、执法为民、敢于担当、清正廉洁的法院队伍。

强化思想政治建设。认真学习贯彻中共十八届四中、五中、六中全会和习近平总书记系列重要讲话特别是视察安徽重要讲话精神，始终在思想上政治上行动上与以习近平同志为核心的党中央保持高度一致。扎实开展"两学一做"学习教育和"讲看齐、见行动"学习讨论，教育引导广大干警牢固树立政治意识、大局意识、核心意识和看齐意识。不断加强党的基层组织建设，将党支部和党小组建在庭上，充分发挥党支部战斗堡垒和党员先锋模范作用。严格对照中央巡视组巡视"回头看"反馈意见，全面梳理出七大整改事项，逐项制定任务书、时间表，认真落实整改，努力营造风清气正、干事创业的政治生态。

狠抓党风廉政建设。认真落实党风廉政建设"两个责任"，严格执行"准则"和"条例"要求，对五个基层法院开展以领导班子和党风廉政建设为重点的政治巡查和廉政谈话，确保党的路线方针政策不折不扣执行。大力开展审务督察，通过明察暗访、专项检查、突击抽查等方式，着力解决司法作风、工作纪律等方面的突出问题。2016年，开展审务督察12次。进一步加强和巩固省级"廉政文化示范点"建设，组织开展廉政书画艺术作品展，拍摄廉政微电影，开展以案说法廉政警示教育，营造崇廉尚洁的浓厚氛围。

加强业务能力建设。不断加大教育培训力度，以提升干警综合素质为核心，举办审判实务、信息化应用、司法礼仪等各类培训15期，培训干警3600余人次。推进法院文化建设，打造宿州中院文化信息主题馆，举办道德讲堂、演讲征文、文体比赛等活动，着力培育法官职业道德和司法良知。2016年，共举办道德讲堂10期。发挥榜样模范作用，开展优秀法官先进事迹宣讲活动，全市法院800余名干警聆听了宣讲。2016年，全市法院共有30个集体，25名个人获得省级以上表彰奖励，涌现出了全国法院办案标兵耿青，全国法院先进个人李青等一批先进典型。

1月14日，宿州中级法院到泗县慰问特困家庭

·司法行政·

【概况】 2016年以来，全市司法行政系统深入学习贯彻中共十八大和十八届三中、四中、五中、六中全会精神，以习近平总书记系列重要讲话精神和对司法行政工作的重要指示为指导，紧紧围绕市委、市政府和省司法厅决策部署，深入推进平安法治宿州建设，全市司法行政工作水平全面提升。基层服务平台规范化建设率先实现全覆盖的基础上，2016年

全部达到规范化建设标准。积极融入市政府智慧城市建设,成功将司法行政业务系统及数据库迁入市政府政务云

计算中心。公共法律服务信息化平台已实现业务数据与市政府社管平台数据的静态对接,数据交换中心的软件开发纳入市社管平台二期工程建设当中。宿州市四届人大常委会第三十次会议上,常委会委员对宿州市法治宣传教育工作进行视察和满意度测评,满意率为100%。2016年,市法宣办被评为全国"六五"普法先进集体,市司法局被评为全省"六五"普法先进集体。市司法局连续5届获得"市级文明单位"称号,连续3年被市委、市政府评为双拥工作优秀单位。

9月27日,省司法厅领导调研宿州市司法行政工作

【司法鉴定】 继续开展司法鉴定机构认证认可工作,安徽永泰司法鉴定所已通过国家级认证认可,另外2家机构与国家认证认可技术研究所签订指导协议。2016年,全市鉴定机构办理业务6082件,同比增长86%;业务收费579.7万元,同比增长59%,案件采信率99%。

【法律援助】 扩大法律援助宣传面,开展"法律援助民生工程集中宣传月""条例修订惠民生、法律援助送温暖"等宣传活动,自制法律援助宣传微电影《我为岗位代言》通过主流媒体播放超过3万次,社会知晓率进一步提升。不断强化工作保障,2016年市政府将法律援助纳入民生工程,市委、市政府出台《关于进一步完善法律援助制度的实施意见》,市司法局与市财政局联合出台《宿州市城乡困难群体法律援助民生工程实施办法》《宿州市法律援助经费管理办法》,法律援助同级财政投入同比增长413.8%。2016年,全市办理法律援助案件7206件,超额完成20%,实际经费使用率达107.79%。市法律援助中心被省老龄委授予第二届"安徽省敬老文明号"荣誉称号,被国家老龄委、最高法、最高检、公安部、司法部、民政部联合授予"全国老年法律维权工作先进集体"荣誉称号,被司法部授予"第五届全国法律援助工作先进集体"荣誉称号。

【人民调解】 开展人民调解研判预警工作,指导各级人民调解组织广泛开展经常性排查,完善信息收集、报送、分析制度和反馈机制。开展矛盾纠纷排查调处活动,切实化解大量群众反映强烈、社会影响大的矛盾纠纷。2016年全市调解人民矛盾纠纷56151件,调解成功56086件,成功率99.88%。防止群体性上访70件,557人次,防止民转刑案件125件,271人次,防止群体性械斗34件,183人次。泗县长沟镇警民联调做法得到省厅领导的充分肯定,泗县屏山镇"乡贤志愿工作站"做法被《人民日报》头条刊登,同时获评2016年全国学雷锋志愿服务"四个100"活动"最佳志愿服务项目"。

【公证工作】 深入开展"公证便民惠民服务年"主题活动,推动公证服务精准扶贫。2016年全市办理公证12375件,收费605万元;办理公证法律援助279件,减免困难群众公证费近40万元;与市中院、市政府金融办、市人行联合下发《关于为我市金融改革创新防范金融风险提供公证法律服务的指导意见》,为全省首家。

【律师工作】 承办"安徽省青年律师人才、县域律师领军人才培训班"。在全市律师和司法鉴定行业中举办"诚信 奉献"践行社会主义核心价值观演讲比赛;组织律师参与信访工作,制定《律师参与涉法涉诉信访案件工作意见》。2016年,全市律师参与涉法信访接待1112人次,其中陪同各级领导356次,参与接访事项389起,解答信访法律咨询656人次,参与群体性事件矛盾化解36起;全市律所与37个美丽乡村建设中心村签订法律顾问协议,市法治宣传教育工作领导小组成员单位全部聘请律师担任法律顾问;全市律师担任法律顾问355家,办理各类案件7792件,同比增长29.13%,业务收入4380.4万元,同比增长10.7%。

2 月 23 日，市委法律顾问聘任仪式

（摄影：徐鹏）

【社区矫正】 贯彻执行《社区矫正实施办法》，依法、及时、严格、规范开展社区影响评估工作，严格落实社区服刑人员外出请销假制度。主动与公安、检察、法院等部门沟通联系，召开联席会议研究议定重大工作事项，确保社区矫正工作无缝衔接。实行分级管理，全面推行社区服务清单管理制度。开展社区矫正安全隐患排查整治专项活动和集中清理判处实刑罪犯未执行刑罚专项活动。2016 年，全市在册社区服刑人员 3308 人，新接收 2142 人，累计解矫 2444 人，手机定位率达 36%，定位成功率 88%以上，每月报到刷证率 99.9%以上。

【司法考试】 2016 年 6 月 8 日在宿州市司法局官方网站宿州市行政信息网发布《宿州市 2016 年国家司法考试公告》，网上点击率 26642 人次，报名期间，对考生上传报名信息及时进行审核。6 月 16 日至 7 月 5 日报名期间共审核考生信息 965 人次，切实做到网上审核操作及时、规范，网报信息准确。2016 年首次实行考务安全系统，投入 2 万余元购买相关设备，安排专人参加培训和演练，与电信部门协作考前多次在考点进行模拟演练，实现考试期间考务安全系统安全、通畅的工作目标。在规定的时间和节点，按照司法部和省司法厅工作通知分步骤进行考生的成绩发布与分数核查，对各类申请人员的申请材料做到申请材料项目完善，内容齐全，初审无误。初审结束，按照省司法厅要求分类整理档案材料，装订有序，对法律职业资格证书发放、备案、遗失补办各环节均按规范进行。

【普法依法治理】 开展“心理咨询师助阵青少年普法”“法治文化‘五小’微阵地扮靓村居建设”“青年律师村居法治副主任助力基层法治建设”等系列特色普法活动。对《以案说法》电视栏目、《与法同行》广播栏目进行改版升级。“七五”普法如期启动，市人大通过《关于开展第七个五年法治宣传教育的决议》，市委、市政府出台“七五”普法规划，全市第八次法治宣传教育工作会议暨“七五”普法启动大会顺利召开。廉政法治教育梆子戏《平安是福》，在安徽大剧院公演，时任省委书记王学军指示：“要巡演至全省 16 个地市、62 个县。”后晋京汇报演出并取得圆满成功。

军　　事

·宿州军分区·

【概况】　2016年，军分区党委深入学习贯彻中央军委主席习近平系列重要讲话精神和治国理政新理念新思想新战略，以及改革强军战略部署，认真落实省军区党委和市委的指示要求，坚定不移举旗铸魂，聚焦主业创新发展，从严从紧正风肃纪，同心协力推动建设，各项工作取得新的进步，全面建设呈现出稳中有进、持续攀升的良好局面。政治建设摆上高位，思想根基得到新加强。始终把学习贯彻习主席系列重要讲话精神作为首要的政治任务，站在政治和全局的高度，站在改革强军的高度，在深化学习运用中强化“四个意识”，尤其是核心意识和看齐意识。将“两学一做”学习教育作为党委中心工作，开展岗位践诺活动，把合格党员的标尺立起来，促进党员先锋模范作用的发挥。作战准备持续深化，能力水平有了新提升。从严从紧加强战备值班，紧盯“节日”、调整改革期和重要敏感时段，按照“高于平时、严于平时”的原则，始终保持较好的战备状态。军民融合不断深入，动员建设实现新发展。坚持把国防动员作为主业主抓，始终以求真务实的精神，抓建设、谋发展。认真落实党委议军、述职讲评、任前谈话、联合考评等基本制度，进一步强化地方党政领导干部爱武装、管武装、建武装的意识和责任。武装工作创新推进，建设发展取得新进步。深入推进“三个一线”规范化建设，军地联合出台《专武干部选拔任用若干规定》《加强新形势下民兵营（连）长队伍建设规定》等有突破、管长远的法规制度。拓展武装工作阵地，新增宿马现代产业园区、经济技术开发区、高新技术开发区及宿州职业技术学院、皖北卫生职业技术学院5个基层武装部，扩大基层武装工作的覆盖面。投向投量更加精准，保障能力有了新提升。坚持将经费保障投向中心工作，不断加大战备训练、信息化和基础设施建设保障力度，公务事业费同比下降21.88%。正风肃纪持续深入，风气建设呈现新气象。认真学习贯彻党的十八届六中全会精神、习主席关于从严治党从严治军从严治官的重要论述，驰而不息地抓作风、正风气，着力为调整改革和建设发展营造良好环境。坚持用民主集中制统班子、带队伍，两级党委班子严格按原则、按政策、按规矩、按程序办事，依法决策、民主决策、科学决策的能力水平不断提高；对照“两个负面清单”和“准则”“条例”，认真抓好党风廉政建设，党员干部进一步强化自我约束、严于律己的行为规范。安全工作扎实有效，稳中求进有了新保证。突出抓好安全教育，认真学习军委国防动员部6个规范性文件，根据工作计划、季节特点、担负的任务，及时开展安全法规、安全常识和安全警示教育，进一步增强官兵职工的安全责任意识。

【党委十一届二次全体（扩大）会议】　3月16日，宿州军分区召开党委十一届二次全体（扩大）会议。会议传达贯彻军委国防动员部、东部战区和省军区党委扩大会议精神，分析总结2015年军分区部队建设形势，研究部署新年度工作任务，进一步统一思想，理清思路，明确要求，动员全区部队为开创国防动员和后备力量建设事业新局面而努力奋斗。会上，市委书记、军分区党委第一书记张曙光作书面讲话。军分区司令员黄伟、政委张兆都作报告讲话，军分区领导汝刘、范文彬、万国荣出席会议。

【党委十一届三次全体(扩大)会议】 8月23日,军分区党委召开十一届三次全体(扩大)会议。会议深入学习贯彻习主席"七一"重要讲话精神,传达贯彻军委国防动员部半年工作总结会议精神以及东部战区和省军区党委扩大会议精神,梳理分析上半年军分区建设形势,研究部署下半年工作任务,达到了进一步统一思想、凝聚共识、理清思路、促进建设的目的。军分区党委常委、委员出席会议,各县(区)人武部副部长兼军事科长、政工科长、后勤科长,军分区干休所主官,军分区机关全体干部列席会议。会议首先传达了军委国防动员部半年工作总结会议和东部战区党委扩大会精神,之后原文传达了省军区党委扩大会于司令员和戴政委的讲话,书面传达了卢参谋长分析今年以来省军区部队国防动员准备和战备训练情况,让大家全面学习、全面领会、全面贯彻,切实把上级的指示要求落到实处。会上,汝刘分析讲评了2016年以来军分区国防动员准备和战备训练情况,总结了五个方面的特点。最后,黄伟围绕"聚焦改革发力,不忘初心前进,切实肩负起军分区新形势下的使命担当"作了讲话。

【"新体制、新职能、新使命"大讨论】 为推动改革强军主题教育活动深入开展,增强教育的群众性自主性和吸引力感染力,2016年,军分区广泛开展了"新体制、新职能、新使命"和"政治工作发挥生命线作用"两个大讨论。这次大讨论,坚持以习近平主席关于国防和军队改革重要论述为指导,着眼培养新一代国动人,紧紧抓住"体制改革为什么、职能使命是什么、履职尽责干什么"的现实问题,按照"固本培元强根基、发动群众找差距、破旧立新抓整改、紧贴岗位促深化"的思路展开,有力激发官兵职工按照"三新"要求树好军人样子的政治热情,增强投身强军兴军实践的内在动力。

【"坚决服从改革大局、忠实履行职能使命"专题教育】 1月下旬,按照省军区的统一部署和要求,军分区集中用3天时间,进行"坚决服从改革大局、忠实履行职能使命"专题教育。通过听取省军区政委动员辅导、国防大学战略教育部主任解读、大家自学、集中讨论、大会交流等,军分区上下加强了思想认识,提高了行动积极主动性,富有成效,对指导下步工作具有重要意义。1月29日,军分区召开教育总结大会,6名代表结合个人思想和工作实际进行学习体会交流。

【"讲政治、严作风、强素质、抓落实"思想教育整顿】 6月下旬,军分区组织开展"讲政治、严作风、强素质、抓落实"思想教育整顿。教育坚持坚持把强有力的组织领导贯穿全程。坚持把思想发动工作做深入。坚持把理论武装作为重点。坚持把查找解决问题突出出来。收获主要有以下三点:一是加深对习主席重要战略思想的理解把握,进一步增强加强和改进思想作风建设的自觉性紧迫感。二是经受一次深刻的党性锻炼,进一步强化党员意识和组织意识。三是健全完善加强党性锻炼、弘扬优良作风的制度机制,进一步提高制度的贯彻力执行力。通过这次教育整顿活动,大家经受了一次印象深刻、触动明显、影响深远的党风党纪教育,普遍对思想作风建设的本质内涵有了全面理解,对自身存在的问题有了清醒认识,对进一步加强思想作风建设有了坚定信心,有力激发了振奋精神搞建设、求真务实谋发展的热情。6月29日,军分区召开教育整顿总结会,人武部的5名主官紧扣教育主题作了体会交流,发言言简意赅、思想认识深刻、问题剖析客观、措施制定实在,一定程度上反映了这次教育整顿的成效。政治部主任范文彬代表军分区党委在会上做总结。

【民兵组织整顿】 2016年是省军区系统转隶之后的起步之年。军分区认真贯彻中发〔2012〕9号和皖司〔2016〕15号文件精神,坚持编为用、建为战的思想,按照"重抓三类、拓展新型、打牢基础"的思路,努力构建规模适度、结构科学、布局合理、可靠管用的新型民兵力量体系。宿州市成立以市长史翔为组长,军分区司令员黄伟、市政府李朝晖副市长为常务副组长,政委张兆都、政治部范主任为副组长,市组织、宣传、人社、公安等11个办事机构领导参加的民兵组织整顿工作领导小组,全面负责整组工作。市政府、军分区领导,亲自审定整组工作方案,始终保持对整组工作的强势领导。2月中旬,在宿马现代产业园区对"三区两院"(宿州市经济技术开发区、宿马工业产业园区、宿州高新技术开发区和宿州职业技术学院、皖北卫生职业技术学院)成立人民武装部进行了揭牌,并按照规范的标准设置了办公室、器材室,配齐了各类物资器材。3月中旬,军分区领导带队逐个团级单位督查一遍，重点了解任务部署、潜力调查、组织调整和军地联合发文情况，并到10个乡镇进行实地调研，督导各单位扎实开展整组工作。4月中旬，分区在省军区检查验收的基础上成立联合检查组，采取统一标准、交叉互查的方式，突出软件资料、现役部队预编人员、重点分队、基层规范化建设等方面进行检查验收。

【兵役征集】 2016年宿州市夏秋季征兵工作，坚持以《中华人民共和国兵役法》和《中华人民共和国征兵工作条例》为依据，紧紧围绕确保新兵质量这个核心，以廉洁征兵为保证，以“五率”（报名率、上站率、合格率、择优率、退兵率）量化考评为杠杆，科学周密部署，广泛宣传发动，精心组织实施，圆满完成了上级赋予的征集任务。按照“一季征兵、全年准备”的要求，制定对策措施，及早部署展开征兵工作。5—7月，军分区先后3次召开征兵工作推进会，听取各县（区）征兵工作进展情况汇报，研究推进网上兵役登记、预征对象确定、初审初检等工作。6月下旬，市书记委张曙光主持召开征兵工作推进会，各县区委书记、乡镇街道党工委书记参加，把征兵工作提升到政治高度来对待，进一步压实责任。开检后，军分区常委分头带队到蹲点帮带单位现场指导体检、联审、廉洁征兵等工作，确保征兵工作扎实稳定推进。7月25日，组织召开全市征兵工作会议，部署今夏征兵工作，市政府李朝晖副市长，军分区黄伟司令员就做好今夏征兵工作提出了具体要求。自7月1日，征兵工作“五率”推进情况每天呈报市委、市政府主要领导和市领导领导小组审阅，对前期推进缓慢的单位，市委张曙光书记亲自批示，督导落实。6月中旬，政治部与市委宣传部联合召开全市征兵宣传工作专题部署会，研究推进征兵宣传工作。市、县（区）两级征兵办广泛开展以“进机关、进学校、进社区、进乡镇”为主题的“征兵宣传月”活动，先后出动“征兵宣传车”200余台次，走上街头、深入乡镇，全方位搞好宣传；发放征兵宣传单10万余份，在闹市区、学校、医院等悬挂宣传横幅1800余条，张贴宣传标语3000余张，大力宣传《中华人民共和国兵役法》《中华人民共和国国防法》和夏季征兵政策规定。6月起，军分区领导先后5次深入宿州学院、职业技术学院、皖北卫生职业学院，调研大学生征集工作，并要求各县区兵役机关要对宿州籍在外就读的大学生指派专人逐家逐户逐人做宣传。7月中下旬，与市县教体局联合，对达到三本、高职高专分数线的考生，帮助他们和家长算好“四笔账”（政治效益账、经济效益账、社会效益账和个人前途账），最大限度地争取大学生报名参军。7月上中旬，军分区政治部范主任对各单位征兵宣传工作进行巡回检查，当场点评，限时整改。2月下旬，军分区结合全市专武干部、民兵营（连）长集训，专题组织征兵工作业务培训和研讨交流，提高开展兵役登记、初审初检、走访调查等能力素质。7月下旬，军分区组织各县（区）人武部部长、兵员参谋共13人，进行业务培训，研究网上征兵的新形势、新问题，学习新的政策规定，提高网上征兵工作能力。区分市、县（区）两个层次，先后组织6批体检政考业务培训，重点学习《全国征兵体检信息化管理系统》《征兵政治考核工作规定》释义等，进行业务技能考核，合格率100%，为征兵体检政考培养了一批明白人。在兵役登记的基础上，严密组织身体初检、病史调查，保证预征对象的质量。5个体检站均实行封闭式管理（埇桥区在北方中学、砀山县和萧县在人武部、灵璧在灵璧中学、泗县在县残联新楼），均使用体检信息化系统（埇桥、砀山使用网络版，萧县、灵璧、泗县使用单机版）。8月6—8日，市征兵办组织体检医务专家组对各县（区）征兵体检工作进行巡回抽查，确保体检质量。政审中重点考察应征青年的现实表现，严密组织走访调查，做到“6个见面”（应征青年本人、家长、老师、同学、邻居及村干部），把应征青年入伍意愿、现实表现和个人经历搞清楚。

【信息动员民兵分队拓展训练】 3月28日，为期11天的宿州市国动委信息动员民兵分队暨宿州联通国防教育拓展训练在宿州军分区教导队拉开帷幕。此次活动由宿州市国动委信息动员办公室主办，武警宿州市支队、宿州军分区教导队协办。分四期对队员开展队列、国防教育、意志力、团队协作、基础体能等课目训练。此次活动的目的就是增强军地感情，融洽军地关系，推动军民共建，加强军民融合发展；不断提升宿州市国动委应急应战水平和信息动员民兵分队应急应战能力，增强民族凝聚力，提高全民素质。

【专武和民兵干部教育培训】 根据省军区通知要求和军分区《企事业单位武装工作全面清理整顿方

案》安排，7 月 23—28 日，军分区集中组织全市 24 名企事业单位专武和民兵干部教育培训。通过训练队列体能、学习政策法规、集中研讨释疑、现地观摩交流等方法，进一步强化企事业单位专武和民兵干部的政治意识、看齐意识、法规意识和责任意识，提高了落实党管武装能力素质，促进了企事业单位基层武装部“一线主阵地”作用的发挥。

【潜力调查】 1 月 4 日，宿州国防动员委员会在军分区五楼会议室组织召开电视电话会议，市、县（区）国动委“八办”（综合办、发改委、交通局、科技局、人防办、电信分公司、政动办、人武办）负责潜力调查的联络员；市直相关单位参会。会上，国动委综合办公室副主任武建传达全省国防动员潜力统计调查推进会精神，对宿州市潜力调查存在的问题进行逐项说明，就如何搞好潜力调查数据补充完善提出要求。

【停止有偿服务项目】 2016 年，全面停止有偿服务。分区成立由司令员为组长，三个部门领导参加的领导小组，召开专题会议，认真学习上级关于全面停止有偿服务政策法规，进一步统一思想、提高认识，集体研究推进方案计划，明确责任分工和要求。与各团级单位签订责任书，立下军令状，党委常委分工挂钩帮带各团级单位，面对面指导，手把手帮带，全程督导关停工作。军分区所属人武部有偿服务项目 52 个，有偿服务项目均为空余房地产租赁，停止 41 个，停止比例 78.85%。其中，埇桥区人武部 14 个，停止 9 个，砀山县人武部 7 个，停止 6 个，萧县人武部 1 个，暂维持运行。灵璧谓县人武部 13 个，全部停止。泗县人武部未开展对外有偿服务活动。

【史翔任宿州军分区党委第一书记】 12 月 21 日，宿州军分区党委第一书记任职大会召开。省军区政委戴勇出席会议并代表省军区党委宣布决定：史翔同志任宿州军分区党委委员、常委、第一书记。市委书记史翔，市委常委、宿州军分区司令员黄伟，市人大常委会副主任、市委秘书长侯家春，宿州军分区政治部主任范文彬、后勤部部长万国荣等出席会议。黄伟主持会议。

【荣获全国双拥模范城“七连冠”】 8 月 23 日，庆祝宿州市荣获全国双拥模范城“七连冠”暨全市双拥工作会议召开，贯彻落实全国双拥模范城（县）命名暨双拥模范单位和个人表彰大会精神，庆祝宿州市荣获全国双拥模范城“七连冠”，表彰创建工作中涌现出的先进单位和先进个人，分析形势，部署任务，动员全市军民进一步团结一致、开拓奋进，努力推动全市双拥工作再上新台阶。市委书记张曙光出席会议并揭牌，市长史翔主持会议，市委副书记张孝成发表讲话，市委常委、政法委书记许广斌，宿州军分区司令员黄伟，市人大常委会副主任张旭，副市长李朝晖，市政协副主席苏兴佳，宿州军分区政治部主任范文彬等出席会议。会上，张曙光、黄伟共同为宿州市荣获全国双拥模范城“七连冠”揭牌。许广斌宣读宿州市双拥先进单位和个人表彰决定。李朝晖传达全国双拥模范城（县）命名暨双拥模范单位和个人表彰大会精神。

【后勤战备建设】 2016 年，军分区扎实做好后勤战备建设。一是及时修订后勤战备方案。按照后勤战备需求，围绕提高保障效能，抓落实、上标准、保质量。3 月，与司令部对接，认真修订战时后勤保障方案，贯彻落实后勤战备要求，提高方案计划的操作性、针对性。组织全区后勤科长，集中会审修订后勤保障方案。二是抓实后勤保障训练。依托行业系统编实后勤综合保障队，配齐后勤物资器材。6 月 4 日至 10 日，集中组织后勤综合保障大队训练，通过训练，极大提高了后勤综合保障大队遂行任务能力。三是加强后勤针对性学训。大兴学习研究之风，强化争先创优意识，深化后勤保障重难点问题研究，突出信息化知识和后勤保障系统操作训练。采取岗位练兵等方式，抓好自身学习训练。

【后勤服务保障】 2016 年，后勤保障有力。一是经费向中心工作聚焦。牢固树立“一盘棋”的思想，将经费保障向军事斗争准备中心工作聚焦，先后投入资金 18.44 万元，用于分区信息化建设；投入资金 12.23 万元，用于全区机关干部和专武干部集训；投入资金 40.43 万元，用于“三个一线”规范化建设；投入资金 174.35 万元用于分区武器仓库围墙整修、内外墙防水、安装库房墙体报警系统、周界视频防范系统和路灯。二是认真做好经费供应保障。按照标准制度和年度预算，周密组织供应保障，同时认真做好对各人武部、干休所的资金保障，资金保障率保持在100%以上,确保各项事业任务的完成。2016年,公务事业费同比2015年下降21.88%,其中行政运转费同比下降18.9%,公务接待费同比下降26.34%,核减不合理开支0.78万元。三是主动为官兵职工送温暖。区分分区领导、全区团以上干部、机关干部及家属子女、职工和战士到体系医院和地方医院进行健康体检,为所有干部职工建立健全健康档案。先后投入资金51.83万元,用于营区机关食堂周边场地硬化、喷泉安装、出库改建、围墙整修和营院美化绿化等,改善营区面貌环境和官兵工作生活条件。

(王光林)

·武警宿州市支队·

【概述】 2016年,支队各级深入学习贯彻习近平主席系列重要讲话精神,深刻领会把握总队党委和市委市政府决策意图,以党在新形势下的强军目标为引领,贯彻新形势下军事战略方针,抓首位、保中心,强素质、谋发展,深入推进政治建军、改革强军、依法治军,坚持稳中求进,突出整风整改,着力加强思想政治建设,深入推进依法从严治军,持续打牢基层建设基础,积极参与创建文明城市建设,确保了执勤处突、反恐维稳各项任务圆满完成,部队建设呈现稳步推进、整体提高、协调发展的良好趋势。充分调动广大官兵主人翁意识,官兵积极投身驻地现代化建设,为维护宿州市社会稳定、建设"五大发展的美好宿州"发挥"压舱石"作用。

【班子建设】 围绕行业风气清理整顿,深度肃清郭徐流毒影响,部队政治生态进一步净化。波次推开"两学一做"学习教育,配合开展"党徽戴起来、党章学起来、党员形象树起来"活动。以"三个提倡、三个反对""以队为家、敬业奉献"教育为抓手,进一步端正风气导向。关心关爱官兵,创新开展了干部、士官"家庭大走访"活动,经验被总队转发。关心官兵疾苦,积极帮助官兵解决实际困难和后顾之忧,慰问家庭受灾官兵和特困干部,协调解决官兵子女上学问题,赢得官兵的一致认可。

【思想政治建设】 以党委中心组带机关理论学习、领导干部上党课、落实组织生活制度为基本抓手,深入学习习近平主席系列重要讲话,官兵维护核心、看齐追随的信仰信念更加坚定。严密组织"两项重大教育",扎实开展手抄党章、过主题党日等活动,通过领导带头授课、机关推门听课、战士登台讲课,推动教育落到实处,官兵"三个绝对"基础更加牢固。规范营区政治环境建设,建成网上史馆和荣誉室,创新推广室外电子显示屏、开设军营网吧,探索"知心姐姐"、家长微信群等教育管理新模式,深受官兵欢迎。支队被总队表彰为"新闻工作先进单位""网络舆论工作先进单位"。

【军事建设】 加强执勤规范化建设,以萧县中队为试点优化执勤方式,稳步推进备勤室前置,加大动态勤务管控力度,全部实现"动中通",执勤安全系数进一步提升。萧县中队被总队评为"执勤标兵中队",二中队、泗县中队被总队评为"正规化执勤优秀单位"。圆满完成各类临时勤务,为维护社会稳定发挥"压舱石"作用。担负安庆望江方向抗洪抢险任务,发挥抢险救援先锋队作用。大抓"魔鬼周"极限训练,好的做法被中央省市级等20余家新闻媒体报道。

3月17日,武警特战队员快速通过染毒地带

【后勤建设】 探索"后勤变前勤"方法路子,预置预储装备物资,开展实战化训练,增强应急保障能力。推进驻地医疗保障、公寓楼和新建教导队和一中队建设。开展"伙食管理精细年"活动,提升官兵"幸福指数"。落实经费资产管理制度,科学编制和调整经费预算,抓好财务大清查问题整改。

【基层建设】 按照总队《一线指挥部蹲点调研帮建工作规范》要求,组织党委委员到基层蹲点调研,解剖麻雀,逐个把脉问诊,精确、精准制定一队一案帮建措施，对基层实施精准帮扶和指导，成效明显，萧县中队、二中队、一中队被总队评为“基层建设先进中队”。萧县中队党支部被总队表彰为“先进基层党组织”。

3 月 17 日，武警特战队员斗志昂扬

【从严治警】 扎实开展“百日安全竞赛”活动，及时排险除患、稳控部队；有效运用“突击式检查”工作载体，常态检查督导基层建设，部队秩序进一步正规。借力“学法规、用法规、守法规”认真落实每月警示教育日制度，严格执行各项纪律，支队整体上保持安全稳定的良好态势。

【拥政爱民工作】 积极响应习主席“横下一条心、打赢攻坚战”号召，按照市委市政府统一部署，与砀山县曹庄镇酒店张庄村结成扶贫对子，拿出专项扶贫经费，用于精准扶贫，支队开展精准扶贫工作的经验做法被武警网络电视台报道。支队和所属萧县中队被双拥办评为“双拥工作先进单位”，5 名官兵被评为“双拥模范先进个人”。

（吴发田　林　超　宗啸宇）

·人民防空·

【概况】 2016 年，全市人防工作学习贯彻中共十八届三中、四中、五中、六中全会精神，以加强人防核心能力建设为主题，科学统筹，主动作为，军事斗争能力进一步增强，防空应急准备有序推进，干部队伍素质得到提高，“两学一做”活动深入开展，年度重点人防工作任务圆满完成。全年，人防办认真贯彻落实习近平总书记在第七次全国人防工作会议讲话精神，牢固树立人防战线“四个意识”，按照年初全市人防工作部署，攻坚克难、主动作为、锐意进取，圆满完成各项工作任务，取得可喜成绩。

坚定正确的人民防空发展方向。习总书记强调：人民防空是国之大事，是国家战略、长期战略，必须始终坚持党的领导。2016 年，市人防办不断强化政治意识、大局意识、国防意识、责任意识，强化军事斗争龙头地位，坚持人民防空为人民宗旨，通过加强训练演练、夯实人防基础、开展人防教育、推进法制人防建设等，努力履行战时防空、平时服务、应急支援职能使命，人防队伍核心战斗力明显提升。

发挥党组织核心领导作用。以“两学一做”为抓手，深入推进全面从严治党。一方面，着力加强理论武装，围绕党的基本理论、中央大政方针、十八届历次全会精神和习总书记系列讲话，举办中心组集中学习，参加宿州大讲堂以及各级人防系统组织的培训 29 次，干部政治意识和理论水平得到提高。另一方面，加强组织建设，通过进一步健全和严肃党的组织生活，认真坚持民主集中制原则，领导班子战斗力、凝聚力进一步增强，党组核心领导作用、支部战斗堡垒作用和党员先锋模范作用较好发挥，将党的政治优势和组织优势，切实转化成为人民防空建设的强大力量。

打造素质过硬的人防队伍。按照“准军事化”要求，通过学习、教育、培训、训练和考核比武等途径，不断提升干部的政治判断、业务技能、依法行政、创新发展的能力和水平。尤其是，突出军事斗争准备这个核心，着力在培养一批政治上靠得住、业务上过得硬，熟悉组织指挥、通信信息、工程建设和专业技术人才方面做了大量工作，全市人防队伍整体素质得到提升。

【人防核心能力建设】 加强警报报知系统建设。根据国家防空警报建设要求，于 2016 年 8 月前，完成老旧防空警报设备更换和新型警报器安装，并全部使用国家规定的新的频率，年警报器安装增长率超过 5%，进一步提升了宿州市防空警报覆盖范围和覆盖密度。同时，根据省人防办的统一安排，9 月 18 日组织开展了防空警报试鸣活动。

提升训练演练实战水平。遵照省人防办统一部署，参加全省人防机动指挥通信系统跨区综合训练演练，以及“皖盾亳州—2016B”皖北片区人防地震应急综合演练；根据市国动委部署，参加了“宿动·2016”国防动员指挥演练；按照年初全市人防工作安排,组织全市人防干部在宣城人防疏散基地开展为期6天的野外综合训练。四项训练演练均取得优异成绩,受到省人防办和市国动委表彰。

试点重要经济目标防护。制定《重要经济目标防护方案》,确定中央储备粮宿州直属库、中石化宿州油库、宿州中燃天然气储备库等3家单位为宿州重要经济目标防护试点单位,安装监控设施,实施实时监控。3家单位均成立了人防领导小组,组建防护救援队伍,明确工作职责。为加强防护救援能力建设,2016年8月,成功组织开展了消防演练,试点单位经济目标防护意识进一步增强。

健全完善应急救援机制。在制度建设上,市人防办制订《人防部门应急突发公共事件应急预案》《人防应急行动通信保障预案》《宿州市人防办破坏性地震应急预案》等文件,并指导县区人防办制订相关预案。在队伍建设上,市人防办以民防志愿者组织为基础,联合相关职能部门组建水、电、气、医、消防等应急救援专业分队。在物资保障上,专门建立200多平方米的应急物资库,购置相应应急物资装备。在能力建设上,结合人防系统干部训练演练,同时组织应急救援专业分队参与综合训演,提升应急救援实战能力。

【夯实人防发展根基】 全力推进基本指挥建设。宿州市0610工程(人防基本指挥所)作为宿州重要国防工程,主体工程基本完成,信息系统完成深化设计,并通过省人防办组织的专家评审,完成组织信息系统招投标前期准备。

规范实施人防工程建设。2016年,市人防办在人防工程审批监管上,贯彻落实市政府行政审批“三集中、三到位”要求,严格遵守审批流程和时效规定。

推进疏散基地建设。为落实省人防办工作部署,全市组织开展人防疏散基地示范工程创建活动,市级建成三角洲公园疏散基地,以及夹沟镇、芦岭镇、朱仙庄镇、符离镇四个人防疏散地域,并制定疏散接收方案,完成省人防办下达的工作任务。砀山人防疏散基地建设即将完成,且基础设施配套水平较高;泗县人防疏散基地完成选址,履行相关报批程序;其他县区着手疏散基地建设前期准备工作。

探索实施军民融合发展。为促进国防战备工程与城市基础设施建设有机融合,引领城市地下空间有效开发利用,市人防办通过招商引资方式,经市政府批准,同意利用PPP模式投资建设宿城淮海路地下步行街(人防)项目。上年底工程招标结束,市政府与投资开发商签订合作意向合同,工程总投资约3亿元,主体全长约1300米,总建筑面积约37087平方米。该项目在改善宿城交通状况、繁荣商业流通的同时,将进一步增强战备城市防护能力,提升城市形象。

【法治人防建设】 全市人防系统,立足人民防空是国之大事,是国家战略、是长期战略的发展定位,扎实开展人防知识教育和普法宣传,严格依法行政,努力推进法治人防建设。

强化阵地,人防教育取得新成绩。市人防办利用人防教育展馆暨爱国主义教育基地,常态化开展防空防灾、公共安全和爱国主义教育,全天候面向公众开放。尤其是从孩子抓起,组织中小学生开展防空防灾知识普及得到社会广泛认可,2016年底进入馆受到教育达8.3万余人次。

开展“五进”,人防宣传实现新拓展。为进一步壮大和巩固人防工作的社会基础,市人防办精心组织实施人防进机关、进校园、进企业、进社区、进网络活动。在全市组织开展人防宣传示范社区创建和社区人防之窗建设,增设部分防空防灾图书、应急包和书柜。市人防办分别在环宇等5个社区开展2次人防知识讲座和自救互救技能训练。灵璧人防办组织开展人防知识进党校进中学,泗县、萧县人防办采取在电视台播放宣传片和宣传标语,法制人防的社会基础得到加强。

强化执法,依法行政水平新提升。市人防办制定年度学法用法计划,开展全员学法用法知识培训120人次,有13人获得省人防办颁发的行政执法资格证书。进一步规范执法检查,全年共进行日常执法检查160余次,制定“双随机”工作方案、计划、随机抽查事项清单,并组织实施,认真执行行政处罚裁量权基准制度。邀请市人大领导对市人防办执法工作进行调研、监督和指导,努力提升宿州市人防队伍执法能力。

【军事机关建设】 全市人防系统,本着政治坚定、作风过硬、业务精通、廉洁高效、决战必胜的素质要求,加强人民防空“准军事化”建设。

强化学习,政治业务素质明显提升。把“两学一做”与业务学习、训练有机结合,把“日读一小时,月读一本书”学习体会，与参加先进模范人物事迹报告会和警示教育感受相印证。以学习促进训练，以训练检验学习，教育职工树立正确的人生观、世界观、价值观，做到政治上忠诚可靠，业务上精通能胜。去年，市人防办被列为市直机关“两学一做”活动示范点，在省市组织的各次人防演练、集训中，宿州市都取得优异，受到表彰。

严明纪律，机关作风建设得到加强。结合市级文明单位创建，把日常机关管理与执纪问责相统一，全面加强思想政治、战备训练、业务技能、作风纪律、办公秩序等管理基础工作，通过建章立制，印发《宿州市人防办机关工作人员效能问责的规定》《市人防办全体人员行为规范》等文件，强化干部责任意识、纪律意识。市人防办营造出依法、廉洁、高效的办事氛围，全年没有发现违纪违规问题。

强化保障，准军事化成果初步显现。学习借鉴人民解放军革命化、现代化和正规化建设的经验，制发《关于进一步加强机关“准军事化”建设的规定》，全面开展准军事化机关建设，严格实行战备日常值守制度，加强公务人员言行规范，开展岗位练兵和业务技能比武，一支政治强、业务精、管理严、作风硬、能打仗、打胜仗的人防干部队伍正在形成。

经济监督管理

·发展与改革·

【项目申报】 一是争取项目资金更有成效。抢抓政策机遇,积极争取专项建设基金项目支持。前七批获批专项建设基金项目69个,获批基金37.5亿元,其中2016年以来获批49个项目,获批基金29.8亿元。进一步充实三年滚动投资计划,争取中央预算内投资和省统筹资金8.52亿元。二是推进项目建设更加有力。出台“四督四保”实施意见和考核办法,推动项目建设提质提效,支撑固定资产投资稳步增长。“大新专”“5161”和市重点调度项目均超额完成年度计划。全市完成固定资产投资1270亿元,增长12.1%,居全省第六。三是项目谋划储备更加扎实。研究建立重点项目谋划联席会议制度,成立8类10个研究谋划小组,实行“一个产业、一套人马”,向社会各界公开征集谋划项目,建立全市谋划储备库,努力形成接续不断、滚动实施的储备机制和良性循环。

【调结构转方式促升级】 一是战略性新兴产业集聚发展加快。云计算产业基地入选省级战略性新兴产业集聚发展基地,3家市级基地启动建设。国盾量子通信等项目成功签约,宿州城域量子通信网络列入中原城市群发展规划,成为全国第五家量子通信节点城市。全市战略性新兴产业产值增长29.6%,居全省第二,占规模以上工业比重由6.3%提高到7.3%。二是服务业支撑力进一步增强。出台加快发展生产性、生活性服务业实施意见,新增埇桥汴北物流园、砀山电子商务产业园2家省级服务业集聚区。成功创建8家A级物流企业。三是“三去一降一补”扎实推进。有效化解煤炭行业落后产能,列入国家和省淘汰落后产能项目已全部按期关闭。13家企业用户落实直供电交易,涉企收费清单减少11项,公共服务等重点领域短板加快补齐。

【基础设施建设】 一是大力推进交通基础设施建设。郑徐客运专线宿州段正式开通运营,京沪高铁宿州东站改扩建、符夹线扩能改造、淮北至萧县北客车联络线工程、宿淮铁路蒿沟站等项目建设加快。淮北—宿州—阜阳城际铁路、城市轨道交通、砀山通用机场等项目前期工作有序推进。宿州机场被列入国务院批复的《促进中部地区崛起“十三五”规划》和《中原城市群发展规划》。二是着力推进能源基础设施建设。钱营孜低热值煤发电、中石油昆仑燃气宿州天然气综合利用工程、市城区垃圾电厂、灵璧垃圾和秸秆电厂、萧县垃圾和秸秆电厂以及一批光伏电站项目建设加快,埇桥夹沟等风电场开工建设,泗县和埇桥秸秆电厂、符离光伏电站等项目前期工作扎实推进。三是协力推进农田水利基础设施建设。新增千亿斤粮食田间工程等农田水利项目有序推进。编制埇桥区采煤沉陷区综合治理规划。推动怀洪新河洼地水系治理等项目前期工作。

【重点领域改革】 一是“放管服”力度持续加大。出台投资项目审批管理和咨询评估管理办法,开展“投资项目审批四个最”创建活动,涉企投资项目审批全流程零收费,企业、政府投资项目审批(全流程)时限较法定时限分别缩短90%、80%以上。二是投融资体制改革不断深化。出台创新重点领域投融资机制鼓励社会投资的实施意见，起草推动基础设施和公用事业特许经营的实施办法，撬动更多民间资本参与重大项目建设。依托在线审批监管平台，实现“制度+技术”的有效监管。三是政府和社会资本合作深化。重点做好能源、交通运输、水利、环境保护、农业、林业和重大市政工程等七大领域、十五类传统基础设施项目储备推介工作，申报纳入国家和省PPP项目库。梳理汇总72个尚未签约的、拟采用PPP模式的项目，总投资538.1亿元。四是社会信用体系建设扎实推进。出台进一步加强社会信用体系建设的实施意见等政策文件，双公示目录制定完成，公共信用信息平台上线运行。县级信用体系启动建设。完成全市第一批公务用车制度改革工作。

【城乡区域发展】 一是促进县域经济振兴发展。出台县域经济振兴工程2016年工作要点，落实136条具体措施，县域主要经济指标增速高于全市平均水平。二是园区转型升级发展加快。市经开区扩区获省政府批复，规划面积从6.8平方公里扩大到27.2平方公里。萧县经开区获省政府批复调整区位。牵头抓好8家省级开发区审核公告目录修订工作。全市8家省级开发区经营销售收入突破700亿元，增长18%；规上工业增加值首次突破百亿元关口；固定资产投资完成370亿元，增长10%。三是区域开放合作深化。组织召开淮海经济区核心区市长联席办公室主任会议。参与淮河生态经济带建设，争取绿色农产品基地、生态园林城市等建设重点列入淮河生态经济带规划。四是新型城镇化试点建设扎实推进。实施新型城镇化试点三年行动计划，有序推进农业转移人口市民化，新增城镇落户人员8667人。

【生态文明】 编制推进生态文明建设闯出绿色发展宿州新路实施方案，明清黄河故道沿线综合治理列入国家“十三五”规划。实施能源消费总量和能耗强度双控考核，完成节能减排目标任务。单位生产总值能耗下降约4%。

【社会事业】 加强健康养老、文化创意、旅游、教育、就业和社会保障等领域政策和重点工程谋划，8个专项43个项目建设获得中央预算内资金支持，有效提升基本公共服务能力。

【脱贫攻坚】 实施村级光伏电站189个、户用光伏电站12100户。出台易地扶贫搬迁实施意见，实施易地扶贫搬迁3700人。

【物价管理】 持续开展惠民“菜篮子”活动，物价水平保持稳定。进一步做好价格认定工作，认证中心被省物价局重新确认为“安徽省规范化价格认证中心”。价格监测方式不断创新，监测范围不断扩大，除完成省物价局规定的46大类监测项目、50多个监测点监测任务外，还将房地产价格和物业收费纳入监测范围。价格改革不断深化，全面完成自来水和天然气阶梯价格改革，工商业用电价格不断降低，年减少企业成本支出3052.1万元。动态调整完善市级涉企收费清单，减轻企业负担500多万元。开展价格执法专项检查，全市各级价格主管部门共查处价格违法案件6件，实施经济制裁总金额48.3万元。

·审计监督·

【概况】 宿州市审计局是宿州市依法独立行使审计监督权的综合经济监督部门，2016年，宿州市本级审计机关累计完成审计及专项审计调查项目386个：署定项目2个，市审计局年度计划项目53个，政府投资审计项目345个，市政府临时交办项目4个。审计查出主要问题资金总额53.59亿元，其中：违规金额4.90亿元，管理不规范金额48.69亿元，审计促进整改落实有关问题资金28.32亿元，审计移送纪检、检察以及主管部门处理事项24件，移送处理人员63人。

4月22日，省委综合考核组到宿州市审计局检查指导工作

【宏观政策跟踪审计】 一是组织全市审计机关开展4次稳增长等政策措施落实情况跟踪审计,审计26个市直政府部门、5个县区、36个单位、18个项目,涉及财政资金2.9亿元。发现问题8个,促进7个重大项目加快施工进度,节约财政资金635.17万元。二是对蚌埠市三县、四区2015年保障性安居工程(含各类棚户区改造、农村危房改造和廉租住房、公共租赁住房等保障性住房)及配套基础设施的计划、投资、建设、分配、运营等情况进行审计,并延伸调查134个村的254户农村危房改造家庭,对26个安居工程项目的建设管理情况进行重点检查。审计共查出各类问题88个,查出问题金额67.31亿元,涉及家庭1.0323万户,涉及保障房1.6992万套,涉及土地面积70.45万平方米;审计期间追回被骗取、挪用资金136.7万元,取消保障对象资格或调整保障待遇户数316户,追回违规领取补贴补助221.67万元,清退违规分配使用的保障性住房46套,以提高租金、补收差价等方式整改的保障性住房106套。

【财政预算资金审计】 一是对财政局、教体局、发改委、林业局、住房公积金管理中心等9个市直部门预算执行情况进行专项审计及延伸审计调查,审计查出各类问题资金2.5亿元。二是统一组织埇桥区、萧县、砀山、灵璧、泗县审计机关对2015年整顿关闭地方煤矿补助专项资金、民生类农业政策性保险资金开展专项延伸审计调查,实现市、县(区)资源共享。三是按照市政府安排,统一抽调人员结合县区市管干部经济责任审计,采取“上审下”“交叉审计”方式对5个县区2015年至2016年6月的财政扶贫专项资金进行审计,查处一批违纪违规及管理不规范问题。

【国有企业审计】 一是组织开展对宿州中燃公司、宿州市房地产交易中心2015年度市级国有资本经营预算执行情况的延伸审计调查。二是结合经济责任审计对市城投集团公司、交通投资公司、教育投资公司、宿马投资公司、高新投资公司、工业投资公司6家融资平台公司财务收支情况进行延伸审计。

【税收征管审计】 一是组织开展耕地占用税、土地使用税和土地增值税征管情况专项审计调查。对2014年至2015年度“三税”征管、收入增减,税收优惠政策与产业发展政策等方面存在的问题进行监督检查。二是结合预算执行审计,组织开展地方税收征管情况审计,揭示了地税征管方面存在的问题,并与地税局、财政局、国土局联合制定下发了《关于加强土地税收管理工作的通知》,建立三部门土地税收管理协作机制,实现涉税信息共享。

【经济责任审计】 2016年度市本级完成经济责任计划项目53个,涉及领导干部52人,审计查出主要问题金额计1.73亿元,其中违规金额0.19亿元、管理不规范金额1.54亿元;上缴财政金额0.015亿元;移送处理案件线索2件。

自然资源资产离任审计方面,2016年市审计局结合萧县原县长离任审计继续进行试点工作。通过试点,开阔了视野,增长了知识,拓展了经济责任审计的新领域。

7月12日,宿州市审计局干部职工到法庭旁听职务犯罪庭审

【政府投资审计】 2016年,市本级审结345个项目,送审总价款72.12亿元,审定价款67.31万元,审减价款4.83亿元,审减率6.70%,其中控制价审计项目共计137个,送审价款31.73亿元,审定价款29.37亿元,审减额2.36亿元,审减率7.43%;结算审计项目共计208个,送审价款40.42亿元,审定价款37.94亿元,审减额2.48亿元,审减率6.13%。

·统计工作·

【统计改革】 一是着力补缺补短补软。赴兄弟地市考察学习“三新”统计方法，努力解决“三新”统计中存在的“进不来、抓不住、分不开”问题，及时将限上电子商务企业纳入统计，商贸电子商务企业统计实现零的突破，达到16家，城市商业综合体由1家提升至8家。加强农林牧渔服务业调研，取得计算农林牧渔服务业增加值的第一手资料，及时将农林牧渔服务业增加值纳入GDP年报核算中。

二是扎实推进统计改革。严格执行省统计局新修订的核算方法制度，注重对核算基础资料的分析评估，精准核算全市及分县区GDP，加强数据衔接，逐步缩小市与县区GDP总量和增速的差距。加强民间投资调研，撰写民间投资分析报告，建议市政府出台《关于进一步促进民间投资的意见》。认真开展民营经济监测和文化产业增加值核算工作，完成全市绿色指标发展体系测算，协同工商等部门，积极推进“五证合一、一照一码”登记制度改革和基本单位名录库动态维护更新。

三是创新统计服务方式。建立主要经济指标预测预判联席会议制度，定期研判经济形势，及时解决经济中的苗头性、倾向性和趋势性问题。加强统计分析研究，打造统计分析精品，全年撰写216篇统计信息分析，其中12篇得到市委、市政府主要领导的批示，部分统计分析在全市工作任务调度会全文印发。编印《新常态　新突破　新篇章　实干兴宿的铿锵足音》《数字宿州》，主动服务市党代会和市“两会”；编发《月度经济运行监测》《2016年宿州统计年鉴》，及时更新“数据宿州”、微博、微信和宿州市统计局内外网，为社会各界提供更多优质统计服务。充分利用社情民意调查平台，创新开展“宿州市政府工作群众满意度调查”，完成社会心态、两个责任、贯彻中央省市重大决策等专项调查任务。

【推进第三次全国农业普查】　一是认真抓好“三落实”。通过专题调研、督查督导、定期通报等措施，积极促进全市各级农业普查机构、经费、人员的“三落实”，为农业普查顺利开展提供有力基础保障。在埇桥区朱仙庄镇镇西村先行开展试点，组织普查摸底、入户登记等实战演练，完善细化普查方案，积累普查工作经验。采用实例教学，对全市1.4万余名普查业务骨干进行培训。

二是全力加强普查宣传。市政府主要领导亲自写给县区长一封信，并在市政府工作报告和全市经济工作会议上多次强调“三农普”工作；市委宣传部组织召开全市“三农普”宣传工作会议；市农普办发送手机短信300余万条，开设农业普查网站、建立QQ、微信群；各级农普机构悬挂宣传标语3000多条，发放《致农户的一封信》150多万份，并利用秸秆禁烧、农村逢集、脱贫攻坚等各种时机进行宣传。

三是强化督查指导。建立分片包干负责制度，制定周密的督查方案，局班子成员分片包干，多次带队深入县、乡、村督查指导，查看相关数据底册。市政府分管领导深入现场调研农普登记工作，提出抓好入户率、减少误差率、确保完成率、经费到位率和宣传知晓率的“五率”要求，为普查登记扫除障碍。

【提升统计数据质量】　一是认真贯彻落实习近平总书记关于加强统计工作防范和惩治统计造假弄虚作假的重要批示精神。组织召开各县区（园区）统计局长会议，传达学习习近平总书记等中央领导同志重要批示精神，提出具体要求，坚决遏制统计造假、弄虚作假。加大统计执法检查力度，严肃查处统计违法违纪案件。2016年，全市统计部门检查统计对象1800多家，对虚报和提供不真实资料的24家单位给予经济处罚38.2万元，公开曝光5家严重失信企业。

二是大力开展“两核查一提升”、整治统计弄虚作假专项行动。印发《宿州市统计局关于开展“两核查一提升”、整治弄虚作假专项行动方案》，对“四上企业”和投资项目申报，坚持随报随审，发现问题及时处理；下发《关于进一步加强建设领域资料档案盒管理工作的通知》，要求所有项目必须配备项目档案盒，盒内资料完整准确；联合市发改委和经信委对数据质量进行抽查，严格把控上报数据异常情况；按照省统计局印发的《统计数据质量审核评估办法》，认真评估确认各县区投资、工业等相关统计指标数据，上报数据质量逐步提高，查询企业同比大大减少。

三是扎实开展统计工作规范建设巩固年活动。提请市政府出台《宿州市统计工作规范建设巩固年活动实施方案》，要求各县区（园区）在统计工作规范建设年取得成果的基础上，坚持深挖细照，进行深刻查找，切实规范统计工作建设。在萧县召开现场观摩会，总结全市统计工作规范化建设成果，在全市范围内起到了很好的典型示范作用。

【廉洁统计建设】 一是进一步落实从严治党的主体责任意识。坚持不忘初心、继续前进,深刻学习中共十八届六中全会所取得的政治、思想和制度成果,牢固树立"四个意识",推动党风政风持续好转。严格履行"一岗双责",抓好从严治党主体责任,层层签订《党风廉政建设责任书》和《统计系统行风建设责任书》,以从严治数、推动从严治党,努力做到对党忠诚"贞"、上报数据审查鉴别"甄"、统计工作美好完备"臻"。

二是深入开展"两学一做"学习教育和"讲看齐、见行动"学习讨论。本着"规定动作不走样、自选动作有特色"的原则,参观红色教育基地,到廉政风险点接受教育,举办"两学一做"学习教育演讲比赛,观看警示教育视频,开展领导干部上党课,扎实组织"讲看齐、见行动"两次专题研讨。严肃党内政治生活,认真召开民主生活会和组织生活会,集中查摆思想、组织、作风、纪律等方面的突出问题,深刻剖析问题根源,落实整改清单和整改措施。

三是扎实推进精准扶贫脱贫。按照"六看六确保""四个严"的要求,执行"单位包村、干部包户"的一对一帮扶制度,定期前往扶贫村和扶贫联系点开展扶贫慰问。全年累计慰问困难党员群众100多户,送去40台电风扇、10多万元扶贫资金和100多套棉衣棉被,并为贫困村小学建立了电脑教室。落实"脱贫攻坚第一书记"责任,开展光伏产业脱贫,完成省脱贫攻坚第三方评估工作,所联系的贫困村顺利出列。

·工商行政管理·

【企业登记管理】 全市新增企业11000户,增幅29%,高于全省平均数;全面贯彻"五证合一、一照一码"登记制度改革。颁发"五证合一"营业执照5000余份,办理"两证合一"营业执照6000余个;市政府办公室印发《宿州市企业简易注销登记管理试行办法》,宿州市为全省开展企业简易注销改革首批试点市之一。

【商标监管】 宿州市新增注册商标1376件;新申报驰名商标2件,培育驰名商标2件,全市累计驰名商标8件;新增省著名商标27件,累计省著名商标126件;新认定市知名商标21件,累计市知名商标54件;培育并建设省级宿州市埇桥区板材专业商标品牌基地1个。

【广告监管】 制定宿州市《重点联系广告企业工作制度》,确定9家广告公司为市工商局重点联系企业。制定《宿州市"三线三边"广告标牌治理工作考核评分细则》,每半年对广告标牌治理工作进行交互式检查。全市共办理违法广告案件63件(其中虚假案件20件)。结合省《关于落实广告业享受文化产业优惠政策的指导意见》文件精神,撰写《关于宿州市广告产业园建设的调查报告》,推动宿州广告产业园区建设。

宿州市政府领导调研指导工商窗口政务服务工作

【公平交易执法】 宿州市查结各类经济违法案件1480件。市本级查处10万元以上案件4件(其中50万元以上案件1件)。其中,元旦春节打假专项行动共立案查处案件1313件,结案861件,案值487.88万元,罚没金额291.2万元;公用企业限制竞争和垄断行为突出问题专项整治专项行动立案7起,结案5起,罚没款46.9万元。

【消费维权】 市"12315"投诉举报指挥中心受理咨询投诉举报9454件,投诉举报处理率达95.1%,投诉转办率100%。电话受理量在全省居第五位。建立"一会两站"和"12315五进"站点1179个,实现全市"12315五进"站点全覆盖。在2家保险行业和10家汽车行业设立宿州市"12315"消费维权服务站,在市住宅装饰业协会建立消费联络站。

【合同管理】 发挥"守合同重信用"的品牌价值和

信用资源，建议市政府下发宿政办发〔2015〕37 号文件《关于进一步扶持守合同重信用企业发展的实施意见》；会同市金融办、市人民银行、市银监局联合印发《宿州市支持守合同重信用企业融资发展暂行办法》。召开全省合同监管工作会议暨企业信用增信融资现场会。建立基层合同服务站 130 个。培育、推荐国家级“守合同重信用”企业 9 家，拟申报省级 55 家，市级 99 家。开展房地产开发企业合同监管，纠正涉嫌违法、违规格式条款 14 条；开展公用事业类、旅游类合同格式条款规范监管，纠正涉嫌违规违法格式条款 22 条，立案查处 16 件。

【事中事后监管】 率先制定《宿州市工商局推广随机抽查规范事中事后监管实施方案》，建立抽查清单、执法人员库和市场主体库“一单两库”，完成四次“双随机抽查”任务。宿州市内资年报率为 96.20%、个体 99.86%、农合 97.72%，外资 100%，均居全省第一。公示行政处罚信息 1221 条；被列入经营异常名录或标记为经营异常状态 4480 户，移出经营异常名录或恢复正常经营状态 461 户。利用动产抵押、股权质押、商标质押权贷款、合同增信融资等为中小企业融资 70 多亿元人民币。

宿州市 2016 年“3·15”国际消费者权益日纪念大会

【打击传销】 制订下发《宿州市无传销县（区）认定办法》，全年全市创建无传销社区（村）1117 个，无传销区 2 个，创建无传销社区（村）覆盖率为 90%。7 月，召开全市创建无传销市推进会。11 月，市工商局承办第八届苏鲁豫皖四省打传规直执法协作会，首次发布《白皮书》和《联合行动宣言》。

【非公党建】 率先在小微企业、个体工商户、专业市场党组织中开展“三亮”活动。10 月份在宿召开全省“小个专”党建工作推进会和豫鲁赣鄂皖五省非公团建工作座谈会。全市非公经济组织组建党组织 2867 个；在“小、个、专”中开展“三亮”2000 户，发展党员 336 名，培育“三亮”示范点 179 个。

·质量技术监督·

【概况】 2016 年的宿州市质监工作以质量强市提升年活动为抓手，以质量品牌提升工程为核心，取得了初步成效，省政府副省长刘莉视察宿州市工作时对宿州市的质量强市工作给予充分肯定，2016 年 7 月 7 日，副省长刘莉在《安徽信息》（情况专报 106 期）上批示：宿州市高度重视“质量品牌升级工程”，措施实，推动力度大。请省质监局（推进办）注意宣传推广宿州市经验。市委书记张曙光、市长史翔就质量工作均作了批示肯定。在全省上半年和全年质监工作会议上就如何抓好质量品牌升级工作宿州市质监局作典型发言。

【“质量强市提升年”活动】 全省“调转促”工作启动实施后，市政府将“质量工作”纳入“十三五”规划，并将“质量强市提升年”列入 2016 年重点工作，推动“质量品牌提升工程”，强力推进品牌战略，全力打造“宿州质量”。

完善体制机制，提供组织保障。市委市政府高度重视，多次召开会议进行安排部署，调整质量强市领导班子成员，由市长任组长，成员单位增加到 24 家，制定出台《质量品牌提升工程实施方案》《质量强市提升年活动实施方案》。印发《质量强市提升年活动工作任务分解表》，把 45 项工作任务细化落实到 24 家成员单位；各县区、园区、成员单位和百家扶持培育企业均制定实施方案，层层抓落实。

多措并举，促进质量品牌工程提升。1. 开展全市工业企业产品质量基础信息摸底调查工作。通过调查摸底，摸清了全市 235 家规模以上工业企业产品质量状况，为做好宿州市质量品牌提升工程各项工作奠定基础。

2. 加大品牌培育力度，做好省名牌申报和市名牌评选工作。一是做好“十三五”期间的品牌培育计划，制定品牌培育的中长期规划。二是举办“宿州市质量品牌提升工程专题培训班”。4 月 29 日，宿州市人民政府举办“宿州市质量品牌提升工程专题培训班”,全市近300家重点企业负责人、各县区人民政府分管负责人和市场监管局负责人、市质量强市工作领导小组成员单位分管负责人等350多人参加培训。举办“企业质量诚信管理实施规范培训班”来自全市90多家企业参加此次培训。三是完成安徽省名牌的申报工作。31家企业的32个产品通过网上新申报,21家企业的21个产品通过网上复审,19家企业的19个产品被评为“安徽名牌产品”。四是评选宿州市第三届政府质量奖企业。安徽科苑门窗工程有限公司、安徽荷金来农业发展股份有限公司、电光防爆电气(宿州)有限公司为第三届市政府质量奖获奖企业。五是组织评选2015年宿州名牌产品。20家企业的20个产品被评为“宿州名牌产品”。

3.开展100家企业典型示范活动。4月1日,市质量强市工作领导小组印发《关于开展创建“质量强市模范企业”的通知》,市质监局确定33家企业作为扶持、培育对象。企业制定2016年度质量提升实施方案,已逐步落实。

4.抓好部署和督查工作。一是召开质量强市提升年活动部署会。3月10日上午,市政府召开会议部署质量强市提升年活动工作任务,市直各相关部门的分管负责人参加会议。二是开展质量强市工作督查。督查组采取听取各县区政府汇报、查阅相关资料、对企业进行现场调研等方式全面了解各县区质量品牌提升和质量强县(区)工作的完成情况。三是召开全市2016年质量强市提升年活动推进大会。6月2日下午,宿州市召开质量强市提升年活动推进大会,宿州市政府市长史翔、省质监局副局长梅德林出席会议并讲话。会上,市质监局、市住建委、市农委分别就抓好产品质量、工程质量、农产品质量发言,安徽安特食品股份有限公司做典型发言。四是举办安徽省质量品牌升级江淮行走进宿州活动。6月2日下午,安徽省质量品牌升级江淮行走进宿州启动。安徽省质监局党组书记、局长朱琳,省工商局副局长程胤,省质监局副局长梅德林,宿州市政府市长史翔、市人大常委会党组副书记、副主任张旭、市政协副主席王胜华,市政协副主席、市政府秘书长马红钟等出席活动。启动仪式上,观看了《安徽省质量品牌升级工程——宿州在行动》宣传片,对获得“中国驰名商标”“安徽名牌产品”“第三届宿州市政府质量奖”的企业颁奖,企业代表宣读《宿州市企业质量品牌提升倡议书》《宿州市企业质量安全承诺书》,省质监局与宿州市政府签订《关于实施质量品牌升级工程,促进宿州“311”工程做大做强合作备忘录》。五是召开质量强市提升年活动暨质量品牌提升工程调度会,安排布置质量强市重点工作。

5.积极申报创建全国质量强市示范城市,申报材料通过省质监局审核上报国家质检总局,并在10月28日由市政府副市长马杰带队参加总局全国质量强市示范城市现场答辩,宿州市是2016年全省唯一申报城市。国家质检总局发函同意宿州市创建全国质量强市示范城市。

6.修订《宿州名牌产品评价管理及质量奖励办法》,大幅度提高质量奖励标准,对获得“宿州名牌产品”的企业由原来1万元的奖励标准调整为5万元的奖励;对于获得“省政府质量奖”的企业,给予50万元的奖励;企业获得安徽名牌产品、安徽省卓越绩效奖、市政府质量奖,给予20万元的奖励;对于新取得质量管理体系认证的企业,由同级政府给予不低于1万元的扶持;对于取得国家地理标志产品的单位,由同级政府给予10万元的扶持。

7.做好经费保障。市政府印发《质量品牌提升工程实施方案》明确要求市、县区政府和园区管委会要加大对质量强市活动的资金支持力度,每年投入的经费总额不得低于上年度财政收入的1‰。自2016年起,市财政每年列出不低于200万元的工业品监督抽查经费,以保障市级工业产品监督抽查工作的正常实施。市政府每年列出不低于50万元的专项培训经费,以培养宿州市质量管理专业技术人才。

8.强化宣传培训,营造良好环境。大力培养质量人才,举办了全市质量品牌提升专题研修班、产品质量提升培训班、服务业标准化管理示范活动培训班、6S管理和卓越绩效管理培训班,全市重点企业负责人、市县相关部门负责人共计1300多人参加培训。在《拂晓报》开办“质量强市工作在行动”专栏、质量强市政策解读、曝光台、模范企业巡礼等固定栏目,大力宣传质量强市活动;在市广播电视台开办“质量强市提升年活动”专栏,集中宣传质量管理优秀企业、名牌产品及生产企业、知名商标企业;印发15期质量强市信息简报,宣传全市“质量强市提升年”活动情况,国家质检总局网站、中国质量报、安徽日报先后对宿州市的做法进行了报道。

【履行"两大安全"职责】 （一）全面履行监管职责，确保特种设备安全提升。

根据省质监局和市政府工作部署，制定全市特种设备铸安行动计划实施方案。方案中明确了全年主要工作任务，安排每季度重点专项整治，依次开展气瓶充装安全专项整治、锅炉专项整治、电梯专项整治、压力容器专项整治和压力管道专项整治、起重机械和厂内机动车辆专项整治、大型游乐设施专项整治等专项整治。

1. 开展特种设备安全隐患整治"突击月"活动。1月份，市质监局组织开展全市特种设备安全大检查，市质监局党组成员亲自带队，分4个检查组，检查38家单位，针对检查中发现的问题建立了整改问题清单，及时以正式文件形式发给各县、区市场监管局、市质监局各分局，要求各单位对照整改问题清单完成整改。各县区提交书面整改完成报告。吸取"1·20"广德县科蓝特铝业锅炉爆炸事故教训，在全市开展锅炉安全大检查活动。全市检查锅炉216台，下达安全监察指令书26份，对大检查结果进行通报，全部完成整改工作。

2. 认真抓好特种设备监督检查工作。制定《2016年宿州市特种设备监督检查计划》，360家单位列入抽查计划，并上报市政府同意。要求各级特种设备监督抽查工作要彻查问题，明确责任，严格整改，及时消除安全隐患，确保检查效果。

3. 坚持特种设备安全监管季度例会制度。为加强特种设备安全管理，确保全市特种设备安全运行，推行特种设备安全监管季度例会制度。会议采取听取各县区、园区特种设备安全监察工作开展情况汇报，市质监局通报督查发现的事故隐患，点评各单位工作并提出解决问题的意见建议，组织参会人员对工作中存在问题如何解决进行讨论并提出解决办法，总结并安排布置下一阶段工作等形式进行。

4. 实施清单管理制度，规范特种设备安全监管工作。编制《宿州市特种设备安全监管清单管理制度》，实现整改问题明晰、整改措施明晰、整改责任明晰、整改结果明晰，形成全面推动、上下联动、层层抓落实的特种设备安全监管制度链条。

5. 开展宿州市特种设备安全执法推进年活动。根据市安委会《宿州市"安全执法推进年"活动方案》文件要求，市质监局制定了《宿州市特种设备安全执法推进年活动方案》，结合特种设备安全监督抽查和"铸安"行动，要求各级特种设备安全监察机构严格依照《宿州市特种设备安全监管清单管理制度》规定，开展特种设备安全执法各项工作，确保全市特种设备安全运行。

6. 开展电梯维保单位监督抽查工作。抽查全市11家电梯维保单位23台在用电梯，采取随机查阅资料与实地检查维保情况相结合的办法，对维保公司的维保质量进行监督检查。针对检查时发现的问题，发出监督检查问题清单，要求逐项制定整改措施、落实整改责任人，限期进行整改。

7. 组织开展特种设备安全行和江淮行活动。开展以"强化安全发展观念，提升全民安全素质"为主题的6月特种设备安全生产月活动。开展特种设备安全知识进社区、进企业活动，特种设备安全生产宣传咨询日活动，电梯安全宣传、特种设备应急救援演练等活动。开展特种设备安全生产执法推进活动，深入特种设备生产、经营和使用领域暗查暗访，特别是对存在特种设备安全隐患又不积极整改的单位，邀请媒体记者随队采访报道，使隐患不改，无处藏身。动员企业职工、社会公众查找身边的不安全行为，提高全社会的安全生产防范意识和能力，促进特种设备安全水平的提升。

8. 在开发区开展特种设备安全监管分类管理试点，将企业特种设备管理情况按照标准进行分类，根据不同类别采用不同的监管方式，提高特种设备安全监管的有效性。联合埇桥区市场监管局在华电宿州发电有限公司开展液氨泄露应急演练活动，通过演练提高企业应急处理能力。加大特种设备违法处罚力度，对13家液化气充装单位违规充装不合格气体进行处罚。

9. 完善宿州市特种设备安全监管互联网平台数据库，充分发挥全市特种设备检验检测和安全监察平台作用，掌握特种设备运行状态，强化特种设备安全监管责任落实，确保特种设备安全运行。

10. 加大特种设备安全监管人员队伍建设。联合市人社局面向社会招聘5名特种设备检验人员，解决设备多检验人员少的问题，申请招录2名公务员、3名执法人员充实特种设备监管人员。

（二）开展监督抽查和证后监管，推进产品质量提升。

认真贯彻落实省局、市政府各项工作要求，扎实履行法定职责，严格落实源头监管责任，坚持以"质量强市提升年"活动为契机，突出抓好重点消费品和食品相关产品安全,切实维护公众健康和消费安全。

1. 按照"属地管理"和"源头监管"的原则,落实产品质量安全责任制,加强对重点行业、重点企业的质量安全监管工作,切实做到质量监管无死角,防患于未然。协助省局开展食品相关产品监督抽查,抽查企业7家、样品12组,12家停产企业现场确认生产状况。顺利完成食品机械省级专项监督抽查工作,确保辖区未发生产品质量安全事故,没有出现不良舆情。

2. 制定2016年产品质量监督抽查和安全风险监测年度计划,抽查范围涵盖全市工业产品生产许可证获证产品(包括CCC获证产品)、规模以上工业产品以及宿州市十大重点消费品生产企业等。2016年,监督抽查生产企业260余家,抽样330个批次,合格311个批次,批次合格率为94.2%。对于不合格的生产企业,认真帮助企业分析原因,制定整改措施,帮助企业整改提高。

3. 扎实开展工业产品生产许可证大检查行动,加强生产许可证获证企业后续监管,重点检查是否保持必要生产检验设备、是否存在违规生产、是否停产,真实掌握僵尸企业、停产企业情况,以及总体产品质量状况,切实加大违规企业退出力度。督促企业落实产品质量安全主体责任,所有在产获证的生产企业100%签订《产品质量安全责任书》。根据省局安排和部署,先后组织开展食品相关产品安全集中整治和危化品专项整治活动。

4. 按照质检总局《关于开展消费品质量安全"进社区、进校园、进乡镇"消费者教育活动的通知》要求,11月8日上午,市质监局在符离镇举行以"关注消费品质量,关爱你我他安全"为主题的消费品质量安全"进乡镇"消费者教育活动。

【助推质量品牌工程提升】 1. 开展服务业标准化管理示范活动。全市选择宿州国际大酒店、宿州市公共交通有限公司等10家服务企业,开展服务标准化管理示范活动,提高宿州市服务业管理水平和形象。4月21日,举办2016年度全市服务业标准化管理示范活动培训班,邀请省质量和标准研究院专家丁昌东对开展服务业标准化管理示范活动的10家企业及主管部门、监管部门负责人等进行服务标准化示范活动有关业务知识培训,推进宿州市服务业标准化示范工作。为提高服务业质量,市政府在被评为"安徽省服务行业十大优秀企业"的宿州公交公司召开全市服务业标准化管理示范活动暨市公交公司服务标准化现场观摩会,全市重点服务业企业和市直各服务行业主管部门负责人参加会议,有效推动宿州市服务业标准化工作和质量提升。开展2016年省级服务标准化试点申报工作,申报宿州市法律援助中心、泗县百姓医院、砀山联众机动车检测服务有限公司3家单位为省级服务标准化试点项目。

2. 积极推进标准化战略。宿州市人民政府办公室印发《宿州市标准化体系建设发展规划(2016—2020年)》。该规划分五部分,主要提出了标准化体系建设的总体要求、主要任务、重点领域、重大行动、保障措施。重点部署深化标准化工作改革、推动标准实施、充分发挥企业在标准实施中的主体作用、强化标准监督、提升标准化服务能力、开展国际标准化工作、夯实标准化工作基础七大主要任务。继续加强农业标准化工作,国家第八批农业标准化示范区项目,宿州市埇桥区国家小麦玉米种植综合标准化示范区以90分的成绩通过省质监局组织的专家组严格考核。宿州市推荐的熙可食品(安徽)有限公司承担的砀山黄桃标准化示范项目,通过省级初审,成为安徽省推荐的第九批国家农业标准化示范项目。做好标准化良好行为工作,安徽新林服装有限公司、安徽新林纺织品有限公司取得AA级标准化良好行为证书;安徽省萧县黄河故道园艺场、安徽新园矿山设备制造有限责任公司、国网安徽省电力公司泗县供电公司、安徽邓氏机械制造有限公司、安徽省万兴实业有限公司等5家企业通过省质监局组织专家组的标准化良好行为现场确认。根据省质监局统一部署,在全市范围内组织开展2016地方标准制修订项目征集工作,征集上报14个地方标准制修订项目,经省局批准立项3个。举办重点企业产品采用国际标准、实施测量管理体系国家标准知识培训班。省局标准化处江家如处长等为全市培育的10家模范生产企业和全局职工进行专题授课。

3. 制定《全市2016年计量工作计划和实施方案》《推进企业能源计量工作和提高企业计量管理水平活动方案》并开展相关活动。开展诚信计量示范工程,宿州市夏氏眼镜店、吴良材眼镜店通过AA级诚信计量示范单位评价。组织开展定量包装商品、电子计价秤、加油机、民用四表、出租车计价器等计量专项检查。开展新闻、出版、电视领域使用法定计量单位情况监督检查，检查宿州市农村孩子报、宿州电视报、拂晓报和宿州广播电视台等4家单位。开展公共机构能源计量示范单位评审工作，宿州学院完成申请材料上报。大力推进企业节能降耗。对全市27家年耗标准煤3000吨以上工业企业能源计量检查达到100%，重点检查能源计量器具的配备和管理情况，能源计量数据在线采集和能源计量管理人员持证在岗等。组织开展计量测量管理体系培训，聘请专家为10家龙头企业培训能源计量工作人员，确保每家企业能源计量工作人员达2人以上，有力推动企业节能降耗工作开展。

4. 认真做好第17个“5·20”世界计量日宣传活动。市质监局围绕“助推安徽质量品牌提升，诚信计量示范工程在行动”这一主题开展系列宣传活动。一是举办宣传咨询活动，5月20日上午，市质监局协同合作单位在市区繁华地带举办大型宣传活动，宣传计量科普知识，免费检定血压计、人体秤，受理投诉。活动当天，发放宣传资料1000余份，接待群众咨询300余次。二是组织计量专项监督检查，“5·20”世界计量日期间，组织对集贸市场、超市使用的电子秤进行监督检查，检查超市10余家，检查电子秤50余台，提高商家对计量工作的认识。三是组织计量进社区活动，组织宿州供电公司、宿州中燃公司、宿州供水公司走进社区，向群众宣传用水、用电、用气知识，接受群众咨询，让计量宣传传向一线。

5. 加快省级质检中心建设进度。邀请省质监局丁祖权副局长一行调研宿州市“安徽省鞋类产品质检中心”和“安徽省人造板材质检中心”建设情况。质检中心可行性研究报告及相关资料上报省质监局。“安徽省鞋类产品质检中心”正式批准筹建，市政府投资6500万元，地上10层、地下一层，建筑面积16587平方米的宿州市产品质量检验中心建设项目主体完工，进行内部装饰，后续实验室基础建设和检验设备安装调试、人员培训和实验室认证等工作稳步推进。

6. 推进地理标志产品保护，推动“砀山酥梨”“符篱集烧鸡”“灵璧石”3个地理标志产品广泛规范使用地理标志产品标识。开展全市地理标志产品资源普查，对宿州国口窖、萧县葡萄、萧县白山羊、砀山黄桃罐头、宿州王枣子、夹沟香稻米、泗县大路口山芋、萧县羊肉汤、泗县中草药布鞋、泗县墩集草莓等10个产品，制定宿州市地理保护产品中、长期跟踪指导、培育申报计划。萧县葡萄、宿州王枣子、泗县大路口山芋3个产品申报国家地理标志产品保护。

7. 组织开展2016年度检验检测机构资质认定专项监督检查工作。重点检查食品、农产品和食品包装材料、儿童用品、建材及建筑装修材料、肥料，日用消费品、环保等产品领域检验检测的获证实验室。开展了机动车安检机构监督检查，检查全市获得资格许可的机动车安检机构7家。

8. 开展质量体系认证推进活动，推进各县区（园区）规模以上企业产品质量体系认证、工程质量体系认证、服务质量体系认证率达到80%以上。开展了质量管理体系专项监督检查，对辖区自愿性质量管理体系获证企业开展3%比例的巡查。全市检查巡查自愿性体系获证企业271家。开展强制性产品认证、无证违法行为查处，全市查处违法案件13起。

（冯思敏）

·食品药品监督管理·

【概况】 2016年，市食品药品监管局紧紧围绕市委、市政府和省局的工作部署，在严峻的安全形势和繁重的监管任务面前，始终牢牢把握保障食品药品安全核心职能，深入落实食品药品安全“四个最严”和“四有两责”，扎实开展重点整顿，探索监管长效机制，规范监管执法，严把从农田到餐桌、从实验室到医院的每一道关口，各项工作稳步推进，全市食品药品安全形势稳定向好，继续保持重大食品药品安全事故零纪录。

【食品安全民生工程建设】 出台《宿州市食品安全民生工程实施方案》，明确目标任务、标准内容及方法步骤。成立由市局主要负责人任组长，各县（区）局主要负责人任副组长的领导小组。建立具体办事机构，抽调具体办公人员，完善联络员、信息员制度，健全工程管养机制。坚持民生工程和专项资金公示制度，及时公示建设过程、进度等事项，主动接受群众监督。全市建成农贸市场食品安全快检室9家、基层食品药品监管所食品安全检验室26个，累计快检农产品24649批次，年度食品安全民生工程建设任务整体完成。

【食品安全监管】 突出小麦粉等重点品种监管,责令6家食品生产企业停产停业、整改。完成小作坊登记建档412家。检查学校食堂398家次,检查覆盖率100%。完成"明厨亮灶"工程建设250家。投入经费310余万元,创建小餐饮示范街5条、示范店520余家。完成重大活动餐饮安全保障50起。加大食品安全领域专项整治,出动执法人员1.6万余人次,检查食品生产经营主体近3万家次,立案查处违法案件951件,查获不合格食品3929公斤,取缔小餐饮单位32家。

【药品和医疗器械监管】 创新监管方式,强化事中事后监管,通过日常检查、跟踪检查、飞行检查等形式,加大药品医疗器械安全检查的深度和广度。强化GSP认证管理,责令未通过认证的162家单位停止经营。加大GSP、GMP检查,检查生产经营单位1246家次、医疗机构994家次,立案调查34家次,限期整改1057家次,责令停业整顿、收回GSP证书6家。检查特殊药品经营单位17家次。加强医疗器械监管,检查生产经营及使用单位306家次,责令整改69家次。推进药品生产经营企业信用分类管理,经过综合评定,评选出安徽华康医药集团有限公司等22家药品批发企业及507家零售药店为药品安全守信企业。与药品、医疗器械生产经营单位集中签订安全责任书,要求在经营场所进行公示,接受群众监督。约谈8家药品经营企业,督促企业树立守法意识、规范意识、诚信意识、危机意识,加强企业内部各环节质量安全管理。

【监管体系建设】 在全省率先实施基层食品药品监管机构分乡设所,开展基层食品药品监管所标准化建设,在泗县召开全市基层监管所标准化建设现场会,成功承办全省基层监管所标准化建设现场推进会。全市一次性增设基层监管所39个,新增执法车辆46台,实现"一乡一所""一所一车"。强化硬件建设,解决新建所办公用房问题,配备必要的办公设备、执法装备。下沉执法重心,基层编制占到县、乡两级总编制的75%。加大业务培训,实现监管人员培训的全覆盖。实施"制度建设年"活动,健全完善监管制度和工作制度体系。出台市、县、乡三级事权划分意见,各级监管责任更加清晰。实施"一户一档"和网格化监管,完善监管档案26594家,实现定人、定点、定责、定区域和片清、户清、底数清、职责清"四定四清"。国家食品药品监管总局《食品药品监管简报》《中国医药》等先后进行刊载报道,省委常委、副省长刘莉作出批示,给予肯定。全省基层监管所标准化建设现场推进会期间,受到省食品药品监管局及兄弟市(县)局与会人员的一致肯定。会后,蚌埠、芜湖、淮北、淮南等地,累计组织10余批次考察团到宿州市参观学习。

【规范食品药品安全与市场管理】 开展全方位宣传活动,利用手机报、公园广场、城市主干道、大型视频播放点、公交车车载电视、公交站台、科普大讲堂等大力宣传安全知识,群众食品药品安全意识继续提升。畅通投诉举报渠道,扩大"12331"投诉举报电话群众知晓率、使用率。落实有奖举报制度,全市兑现奖励29例,奖金15528余元,调动全民参与的积极性。强化食安办牵头抓总作用,推动属地责任落实,与各县区、园区签订《目标管理责任书》。健全部门协调联动机制,建立市场准入衔接机制,推行食用农产品准入准出制度,形成监管执法合力。

·安全生产监管·

【概况】 2016年,紧紧围绕"强化安全发展观念、提升全民安全素质"这一主题,贯彻落实国务院及省、市政府关于安全生产工作安排部署,以深入开展"铸安"行动为重点,突出落实责任,严格安全问责;突出预防为主,狠抓事故防范;突出依法监管,严厉打非治违;突出协调合作,推进综合治理。宿州市荣获2016年全国"安全生产月"和"安全生产万里行"活动先进单位。

【"安全生产执法推进年"活动】 将强化安全生产监管执法作为贯穿全年安全工作主线,严厉打击27类非法违法与违章行为,形成隐患排查整治常态化机制,保持"打非治违"高压态势;提高隐患防控和事故防范能力;确保重点时段、重要节日与会议期间的社会稳定。在6月集中开展非法加油站点清剿专项行动,利用3个月时间将全市614个非法加油站点全部清剿取缔到位,彻底清除这一重大安全隐患与社会顽疾。全市全年组织各类安全生产检查活动47656人次,检查企业与生产经营单位59619家,排查各类隐患24437处(条),完成整改24119处(条),整改率98.7%。打击非法违法生产经营行为

31297 项(起),依法关闭取缔非法企业 452 家。

【责任体系建设】 通过层层签订安全生产责任书、科学实施安全生产考核、严格事故查处问责等措施,建立起一级抓一级,职责分明的责任体系。全市 5 个县区、106 个乡镇街道、1210 个行政村全面实现安全生产责任“五级五覆盖”,1129 家规模以上企业全面实现“五落实五到位”。

【宣教活动】 全年组织各类培训班 45 期,培训 6000 余人次;基层监管人员的持证上岗率达到 98% 以上。组织开展“安全生产大讲堂”“安全生产月”等安全文化活动,帮扶基层单位开展“安全文化示范企业”“安全社区”“规范化管理示范乡镇”创建活动。

在 2016 年全国“安全生产月”及“安全生产江淮行”活动中,宿州市组织多项丰富多彩的活动;动员多种媒体和社会各界广泛开展安全生产宣传教育活动。根据国务院安委会表彰通报,宿州市荣获 2016 年全国“安全生产月”和“安全生产万里行”活动先进单位。

【创新实践】 一是夯实安全监管的“三大关口”,形成行政审批严把源头、监管科室严格监管、执法支队依法查处的“闭环”监管格局。

二是充实完善市安全生产专家库,逐步形成专家查隐患、抓整改的新常态。安全生产责任保险试点在全市高危行业全面铺开,提高企业事故风险防控能力。

三是在高危行业推进“机械化换人、自动化减人”科技强安专项行动,重点监管的 8 家危险化学品企业和涉及重大危险源的 11 家企业全部完成自动化控制系统改造。开展安全标准化达标活动,推行企业安全生产“黑名单”管理办法,实行重大隐患挂牌督办和整改治理销号、安全风险分类分级管理等制度。

·知识产权保护·

【专利申请与授予】 全市全年申请专利 3324 件,其中发明专利 1694 件,比上年同期增长 66.9%。全市授权申请专利 1180 件,其中发明专利 209 件,比去年同期增长 52.6%。

【知识产权的保护与运用】 开展 2016 年全国知识产权宣传周活动。2016 年 4 月 20—26 日在全市开展以“加强知识产权保护运用加快知识产权强国建设”为主题的知识产权宣传周活动。4 月 21 日,市科技局参加了宿州市在宿城科技文化广场举行侵权盗版及非法出版物集中销毁活动。

开展涉嫌假冒专利商品专项执法检查行动。市科技局和市商务局联合下发《关于开展涉嫌假冒专利商品专项执法检查的通知》,全市联合组织开展涉嫌假冒专利商品专项行政执法检查行动 3 次,共检查商品 180 多件,专利商品 70 多件,涉嫌假冒专利商品 21 件。

加强专利行政执法工作培训。2016 年组织全市专利工作管理人员 17 人参加省知识产权局举办的专利行政执法能力提升培训班。

【知识产权管理与服务】 制定《宿州市专利权质押贷款管理(暂行)办法》。初步制定《宿州市专利权质押贷款管理(暂行)办法》并通过了市法制办的审核。加强企业专利联络员培训与管理工作。2016 年全市组织 60 多名企业专利联络员参加电子申请和专利实务培训。

【知识产权保护系统与平台建设】 宿州市使用省知识产权局建设的知识产权保护系统和平台,包括:专利维权信息快速通道,执法信息上传平台(可在安徽省知识产权局网站上查询)。

·公共资源交易管理·

【概况】 2016 年完成市本级工程建设项目 745 个,成交金额 71.28 亿元;政府采购项目为 669 个,成交金额 7.76 亿元;国有产权交易项目 6 个,成交金额为 9.25 亿元;建设用地使用权出让 171 宗,成交金额为 44.6 亿元;矿业权出让转让交易 2 宗,成交金额为 0.69 亿元。

【平台建设】 为推进公共资源交易平台整合工作,市公管局牵头,依据相关法律规定和文件精神,结合宿州市实际情况,市政府印发《宿州市整合建立统一的公共资源交易平台实施方案》(以下简称《实施方案》)、《宿州市公共资源交易目录(2016 年版)》,要求凡列入目录的各类公共资源项目,必须进入市公共资源交易中心交易平台交易。做到交易项目进平台,平台之外无交易。

2016年6月,面积2300多平方米的、基本符合公共资源交易服务标准的平台新场地建设完成。新场地的投入使用,解决了以前受场地限制,交易项目排队、开标现场秩序混乱、平台硬件老化等问题,大大提高了工作效率和服务质量。

为推进新的电子化交易服务系统建设。市公管局争取市政府支持,通过公开招标,投资1200余万元的市县一体化电子化服务系统已经建成,并于2016年12月1日开始正式上线运行。建设工程招投标全流程电子化完成测试。同时,市公管局会同市财政局,依托电子化交易平台与合肥市公共资源交易中心共建的宿州市政府采购"徽采商城"即将投入运行。

【制度建设】 按照省政府统一部署,牵头清理全市公共资源交易管理制度,制作目录,上报省公管办备案。经清理后,市县两级现行公共资源交易制度不存在与法律法规不相符,以及减损公民、法人和其他组织权利或者增加其义务等情形。

制定出台《市公管局权力清单》《责任清单》《公共服务事项清单及服务指南》《省综合评标专家库评标专家抽取工作流程》等一系列内部制度,公开服务流程,提高服务质量,加强廉政风险防控。

【市场监管】 1. 牵头出台《宿州市人民政府办公室关于加强政府性投资建设工程及政府采购项目招投标管理工作的意见》,印发《宿州市本级政府投资建设工程招标代理机构登记管理暂行办法》《宿州市公共资源交易评标专家管理办法》《评标专家工作纪律》《宿州市投标人(供应商)登记管理办法》等制度,强化对市场各方主体的监督管理。

2. 加强对宿州市工程建设造价协会的业务指导,支持协会发展,会同相关部门认真听取意见、建议,同时督促其充分发挥行业自律的监督职能。

3. 在坚持做好公共资源交易信息全面公开的同时,建立公共资源交易社会监督员制度,邀请在社会中具有一定影响力、责任心强、有一定的专业技术水平的人大代表和政协委员对在市公共资源交易中心开展的公共资源交易活动进行监督。

4. 协调配合各行业行政监督部门,对各类公共资源交易活动进行监管,协助宿州市财政局出台了《宿州市市本级政府采购监督管理办法》,正在协助住建、水利、交通等部门起草各行业监督管理办法,努力形成齐抓共管的良好局面。

·宿州海关·

【机构沿革】 2014年4月15日,中编办正式同意设立宿州海关,核定行政编制20名。2014年5月3日,海关总署批准成立宿州海关,并要求合肥海关负责宿州海关的筹建工作。2015年3月24日成立宿州海关筹备工作办公室全面负责筹建工作。2016年9月12日,合肥海关组成预验收组对宿州海关进行预验收,认为宿州海关的筹建工作基本完成,具备开关的各项条件,并于9月29日上报总署请示验收开关。10月19日,海关总署批复同意宿州海关于10月28日开关。2016年10月28日,宿州海关正式成立,正处级,管辖区域为宿州市,内设办公室、业务科,市级海关领导干部职数为正处1人、副处1人。

2016年10月28日,宿州海关开关

【口岸设施建设】 宿州市皖神面制品有限公司2014年8月1日提出申请,2014年9月9日合肥海关准予该公司设立自用型保税仓库,2015年5月4日验收合格准予设立。

宿州皖北保税仓储物流公用型保税仓库于2016年6月29日向合肥海关申请行政许可,8月5日申请通过。

宿州皖北海关监管场所于2016年8月建设完成并提请合肥海关验收,9月5日验收,基本满足使用条件。

【业务建设】 2016年,宿州海关审核报关单1158票,监管货运量30万吨,货值8157万美元,征收税款4764万元,加工贸易手册设立140份、金额1312万美元,办理减免税申请24笔,合计减免税款1348万元,企业注册76家。

一是加大对本地报关纳税企业服务力度。加强走访调研,深入重点企业了解生产经营情况和通关服务需求,有针对性地提出解决措施,引导企业本地纳税。深入砀山、萧县、埇桥区,进行政策宣讲活动,现场解答企业疑问,增强本地报关信心。对重点企业实施包保服务,严格落实服务承诺,主动提供预约加班服务,全年加班57余次,加班审核报关单210余票。

二是落实海关业务改革政策。深入推进通关无纸化改革,积极落实简化报关单随附单证、删改单审批无纸化、税单无纸化等配套措施。稳步推进区域通关一体化改革,提高企业本地报关的便利性和积极性。

三是着力推进企业信用管理。支持宿州市企业申请高级认证,与国际AEO制度接轨,为企业“走出去”打下良好基础,2016年宿州市有高级认证企业1家。

四是积极推进宿州市公用型保税仓库建设。多次走访、实地查看宿马园区保税仓库施工现场,对建设规划提出专业建议,积极联系合肥海关职能部门现场查看保税仓库建设情况,给予专业指导,以避免企业浪费不必要的精力和成本。该保税仓库预计2017年上半年可具备验收条件。

(王子琪)

·国有资产管理·

【概况】 认真履行监管责任,深化国资国企改革。市委、市政府下发《关于深化国资国企改革的实施意见》,推进国企改革再提速。有效整合国资财政职能,从强化制度建设,规范改革流程入手,切实加强国资监管。研究出台了《宿州市市属国有企业改革领导小组工作职责》《市属国有企业改制申请报批流程》等制度性文件,进一步规范国企改制流程。实行国有企业重大事项报备,切实防止国有资产流失。夯实国资国企改革基础,及时调整国有企业资产评估专家确认审查委员会组成人员,选聘具有一定资质人员调整和充实专家库。优化国有资产布局,放大优质国有企业资产功能,将美惠多超市有限公司的商业地产、宿州中燃20%市属国有股权、市保安公司划转给市城投公司管理,将华源电力公司划转市工投公司管理。做优做强国有企业,引进合肥市保安服务公司对市保安公司进行股份制改造,引入北京先农种业基金对市种子公司进行股份制改造。强化国资国企管理,将市属国有企业全部纳入国有资本经营预算,全年共实现国有资本经营收入10972.4万元。

财政　　税务

·财　政·

【财政预期管理】　加强收入征管,先后印发《关于进一步加强收入征管分析工作的意见》《关于进一步加强非税收入预期管理的通知》《宿州市市级预算管理办法》等文件,将收入预期管理等重点工作任务分包到人,按月进行调度,及时进行查缺补差。建立完善财政帮联县区工作制度,每位班子成员帮联一个县区,不断增强工作合力,保障调度效果。完善市财税库收入征管分析联席会议制度,及时分析收入情况,研判收入预期,由注重事后分析转向事前预测、事后分析并重,确保财政收入平稳均衡入库。2016 年,全市一般公共预算总收入 139.8 亿元,同比增长 11.3%,增幅位居全省第四位。财政支出完成 313.3 亿元,同比增长 5.6%。

【财税体制改革】　加大政府预算统筹安排,将部分政府性基金转列一般公共预算,加大国有资本经营预算调入一般公共预算力度,加大财政存量资金盘活力度,全市增加一般公共预算财力 22.6 亿元,集中用于脱贫攻坚、支持实体经济发展和民生改善。全面落实营改增试点,涉及纳税人 2.2 万户,降低企业税负 3 亿元,减负率 25%。资源税改革顺利平稳落地。规范政府债务管理,当年新增转贷地方债券收入 26.5 亿元、置换债券 68.9 亿元,全部按要求规范使用,保障重点项目建设,缓解当期偿债压力,降低利息负担,节约融资成本 7.8 亿元。加大预决算公开力度,出台《宿州市预算公开管理暂行办法》,先后召开 11 次预算公开工作调度会、培训会,主动与预算单位开展会商,强力推进预决算信息公开工作。市本级 2016 年预算、2015 年决算全部按要求分别于 2 月 26 日、8 月 19 日予以公开,各县区也均在规定时间内完成了预决算公开。

【创新财政支出方式】　强化财政资金的导向作用,积极创新财政投入方式,有效放大财政资金杠杆作用。推广政府与社会资本合作(PPP)模式,吸引社会资本进入公共服务领域和基础设施领域,公开向社会发布 PPP 项目 36 个,总投资 193.9 亿元,启动实施汴北污水处理厂等 PPP 项目 6 个,带动社会资本投入 53.7 亿元。积极拓展政府购买服务范围,在棚户区改造、城乡基础设施建设等领域进行市场化融资,获得低息长期项目贷款 196.9 亿元,当年到位资金 66.3 亿元。政府出资 14.3 亿元,新设政府性基金 59.7 亿元,直接撬动社会资本投入 45.4 亿元。

【实施供给侧结构性改革】　推进实施"调转促"行动计划,着力抓好"三重一创"建设,市级安排 2.4 亿元专项引导资金,重点支持高新区云计算产业、市经开区生物医药、砀山果蔬食品生物科技等新兴产业集聚发展基地建设,推动战略性新兴产业加速发展。安排 2.2 亿元,用于支持宿马园区、高新区基础设施和公共服务项目建设,增强园区持续发展动力。全市落实续贷过桥资金 2.53 亿元,累计为小微企业提供短期过桥资金支持 30.6 亿元。深入推进"4321"新型政银担合作机制,加大担保增信服务,全市累计向 521 户企业放款 24.25 亿元,助力民营企业在抵御经济下行压力中提档升级。鼓励支持企业上市,市财政及时拨付企业奖补资金 1101 万元。落实社会保险降费和降低公积金缴存比例政策,取消 16 项行政性收费,有效降低企业负担。

【脱贫攻坚】　坚持把脱贫攻坚作为第一民生工程，千方百计筹集资金，努力增加扶贫投入。全市调整预算安排扶贫专项2.06亿元，占2016年地方财政收入增量的35%以上，其中，市本级安排扶贫专项资金1.1亿元。全市盘活财政存量资金5537万元用于脱贫攻坚，占2016年可统筹使用财政存量资金的50%以上。统筹整合各类涉农资金35.6亿元，重点投向产业扶贫、光伏扶贫、乡村道路畅通工程、安全饮水和小型水利改造提升等脱贫工程，开工建设村级光伏电站199个，完成农村道路畅通工程2626公里，发放扶贫小额信贷8596万元，实施精准扶贫安全饮水工程31个。健全财政扶贫资金监管机制，强化监督检查和绩效评价，保障扶贫资金安全、规范、高效使用。持续实施33项民生工程，强化工作调度，每月进行一次考核排名，每两个月召开一次现场会，完成年度目标任务。

【依法科学理财】　树立法治思维，完善合法性审查、集体讨论决定等决策程序，认真组织2015年度市本级预算执行及其他财政收支情况审计问题整改和秸秆综禁专项资金问题整改，推动预算单位全面强化预算意识和财经纪律意识。完善联系人大代表、政协委员制度，按月向人大代表发送财政信息。加强基层财政所规范化建设，夯实财政管理基础。加强财政资金管理制度建设，出台《宿州市财政资金管理实施办法》，制定完善了政法、教育、社保、农业、经建、企业等领域资金分配管理办法，实现资金分配管理分领域、分层级、分项目全覆盖。硬化预算约束，严控"三公"经费，1—11月，全市"三公"经费支出下降23.5%。会同纪检、审计部门组织开展全市"小金库"和违规发放津补贴专项整治，对违规资金全部上缴财政专户统一管理，净化理财环境。

【国资国企改革】　市委市政府下发《关于深化国资国企改革的实施意见》《宿州市市属国有企业负责人履职待遇业务支出管理暂行办法》，推进国企改革再提速。整合国资财政职能，强化制度建设，研究出台《宿州市市属国有企业改革领导小组工作职责》《市属国有企业改制申请报批流程》等制度性文件，进一步规范国企改制流程。实行国有企业重大事项报备，切实防止国有资产流失。优化国有资产布局，做优做强国有企业，引进合肥市保安服务公司对市保安公司进行股份制改造，引入北京先农种业基金对市种子公司进行股份制改造。强化国资国企管理，将市属国有企业全部纳入国有资本经营预算，实现国有资本经营收入10972.4万元，提前完成年度预算任务。

·国　税·

【概况】　2016年，全市国税系统深入学习贯彻中共十八大和十八届三中、四中、五中、六中全会精神，全面贯彻落实习近平总书记系列重要讲话精神、全国税务工作会议、全省国税工作会议精神，紧紧围绕"抓基层打基础，立规矩树正气"的工作主题，以服务经济发展大局为己任，认真落实供给侧结构性改革相关政策，深入推进年初制定的税源建设等九项建设目标任务，完成各项工作任务。2016年，宿州市局蝉联第四批"全国文明单位"、第十一届"安徽省文明单位"、第九届"宿州市文明单位"荣誉称号，获得了安徽省"卫生先进单位"荣誉称号。全系统有18个单位获得第九届"宿州市文明单位"称号。萧县局首获宿州市"五一劳动奖状"。

【税收收入】　面对经济下行、支柱税源萎缩等前所未有的压力，坚持"应收尽收、落实税收优惠和不收过头税"的组织收入原则，大力组织收入，完成组织收入任务。全年累计完成各项税收收入51.7亿元(含海关代征增值税、消费税，未扣减出口退税)，增加6.67亿元，同比增长14.8%。办理出口退税1.9亿元，增加0.16亿元，增长9.2%；增值税32.6亿元，增加7.63亿元，增长30.6%；消费税3.69亿元，增加0.59亿元，增长19.1%；企业所得税9.98亿元，减收2.27元，下降18.5%；车辆购置税5.43亿元，增加0.72亿元，增长15.3%。

【营业税改征增值税】　加强组织领导。成立由市局局长任组长的营改增试点工作领导小组，设立营改增局长办公室。抽调8名业务骨干组成市局营改增推行工作办公室，开展集中办公。动员部署。3月24日，在砀山县局召开全市国税系统全面推开营改增试点动员大会。市国税局主要领导与各县区国税局负责人签订全面推行营改增工作责任书。争取地方党委政府支持，市政府拨付首批营改增专项资金100万元。加强国地税合作。市国税局派出

70余名办税人员进驻全市地税系统城乡35个办税厅,市地税派出30余人进驻国税系统18个办税场所,全市营改增纳税人可就近在国税、地税任一办税厅就地咨询和办理营改增有关事项。4月14日上午8点20分,全省首份营改增专用发票在宿州成功发出。5月1日零时,宿州市首份生活服务业增值税专用发票在宿州市南方国际大酒店成功开出,为营改增“第一票”。全市在《中国税务报》、人民网、安徽网、安广网、宿州政府网、省局与市委市政府信息、安徽省电视台、市电视台、《拂晓报》等媒体采用的稿件达30余篇。

全面推开营改增试点以来,市县区局秉承“营改增再细都不为过”的工作方针,成立组织,倒排工期,全员动员,签订责任书,软硬件建设齐头并进,内外培训同步进行,集中人力、财力、物力,推动营改增改革在宿州的平稳落地,实现新旧税制的顺利转换,5—12月,营改增收入9.07亿元,相比2015年同期营业税11.6亿元,减收2.5亿元,同比下降21.8%,与国家营改增减税政策及幅度基本同步。

【税收法治】 在重大案件审理、合法性审查、公职律师推行、案卷评查等方面探索工作新方法。注重日常管理,规范抽象行政行为,完成对2012年以来制定的规范性文件的清理工作,公布全文失效文件45份。制定《宿州市国家税务局重大事项合法性审查程序规定》,受理22件合法性审查事项,其中,政府涉税文件1项,内部规章制度5项,合同16项,提出修改建议52条。做好重大案件审理工作,2016年市、县二级国税机关累计审结重大税务案件126件,为历年之最,其中不予受理1件,维持拟处理意见115件,改变拟处理意见2件,退回重新调查1件,终止审理7件。开展执法案卷评查。评查稽查和重大案件审理案卷71卷,梳理问题50余条。2016年作出不予受理行政复议2件,受理复议1件,行政应诉案件2件,一审均已胜诉。

【税收政策落实】 不折不扣落实税收优惠政策,全年累计办理各项减免退税8.4亿元,比上年同期增长26.3%。做好以税资政,加强对全市支柱行业和重点税源的税收分析,从税收角度客观反映经济运行态势,积极向各级领导建言献策。全年撰写税收分析等《送阅材料》25期报送市委、市政府,累计有多篇得到省局和市党政主要领导的批示。

【纳税服务】 深化网上办税平台建设,扩大“网上申请、物流配送”发票服务推广范围,全市推行3852户、4020户次。深入推进“银税互动”等服务项目,全年累计为145户纳税人发放“税融通”贷款4.31亿元,超额完成省局年初下达的100户和1亿元目标任务。逐步推进和扩大涉税业务网上办理。全市纳税人网上申报占全部申报户次的93.93%。纳税人办税时间总体缩短40%,办税手续减少三分之一,到企业检查减少1053次。推行实名办税,采集纳税人信息12032户,占总采集量的67.53%。践行“两学一做”学习教育,深入开展领导干部企业大走访活动,市局领导班子全年走访纳税人36户次,现场解决问题32个。市局办税服务厅被评为“全省国税系统纳税服务示范单位”,蔡源源等6人被评为安徽省国税系统“纳税服务之星”。在2016年度全国纳税人满意度调查中砀山县国税局综合满意度得分在全省被调查的14个区县中排名第一。

【税收征管】 成立深化国税、地税征管体制改革方案督促落实领导小组,对征管体制改革内容进行梳理,建立工作台账,2016年,市级推行的54项改革内容已全部落实到位。开展国地税合作。以砀山局为试点,在全国率先推行国地税合署办公。国地税双方互设办税服务窗口20个,互派人员38人,共同进驻7个行政服务中心,进驻人员112人,一机双系统30个服务窗口,人员50人。加强涉农企业税收风险管理。制定《农产品加工企业增值税管理指引》,运用金税三期强大的数据信息,加强涉农企业税收风险分析,成立数据分析专家组,增加县级涉农企业涉税分析,形成多层级、全方位、立体的涉农企业风险监控。大力开展风险应对及清理欠税等工作,合计查补清理各类税款5.6亿元,同比增长42%,增收1.65亿元。对省局推送的税收风险核查任务,辅导督促企业自查并更正申报,补入税款0.35亿元,完成率100%。开展涉农企业、新办商贸企业虚开增值税专用发票专项整治,对218户企业开展纳税评估,入库税款2.57亿元。发布欠税公告3期,其中市级发布200万以上的欠税公告3期,公告户数4户,税额1279万元,实施联合惩戒3户。推进综合治税建设。推进国税、地税、财政等48家政府部门参与的综合治税平台建设,形成治税合力,2016年,已通过市政府综合治税平台交换信息7万余条。

【税务稽查】　贯彻落实总局、省局、市局工作部署，重拳打击涉税违法领域违法犯罪活动，全面巩固创新稽查管理基础，着力提升稽查干部队伍整体素质，重点抓好党风廉政建设。全年立案检查各类纳税人 261 户，审结 213 户，其中有问题户 204 户，选案准确率 95%，稽查查补入库收入 11331 万元，查处重大案件 101 起，检查重点税源企业 9 户，组织专项检查 69 户，打击骗取出口退税案件 3 起，打击发票违法犯罪活动 488 户次、重大税收违法案件曝光 2 起。涉税移送公安机关案件 95 起。

【信息化建设】　推进“互联网 + 税务”工作，根据宿州实际，确定辅助办公平台（移动办公）和税企通两个重点应用项目。稳步开展微信申报缴纳车购税工作，2016 年成功办理微信申报缴纳车购税业务 280 笔。将农村分局、办税大厅等基层单位的线路带宽由 10 兆升级提速到 50 兆，联系通联公司为全市办税服务厅安装了外网 POS 机，联系银联公司安装内网 POS 机。为地税系统发行代征代开税控设备 97 套。

【绩效管理】　健全指标体系。结合工作实际和全市国税工作重点，制定 4. 0 班绩效指标体系。多次对指标及加减分项目进行优化调整，发挥绩效管理作为重要工作节点的抓手作用。实行按月考评、按季通报的方式，每月由负责考评科室进行考评打分，交由绩效办汇总，绩效办按季下发绩效考评通报。按季由主要负责人主持召开绩效分析讲评会，通报季度绩效考评情况，分析被扣分原因，提出工作建议，市局主要负责人点评并提出工作要求。严格按照结果运用办法，在公务员考核、各类评先评优、干部选拔等方面强化结果运用，树立争先进位的氛围导向。

【教育培训】　市局组织开展意见征集和培训需求调查，总结分析经验和不足，制定《市局 2016 年度教育培训项目计划》。严格按照市局计划组织落实，举办脱产培训班 19 期，实际举办 31 期，参训人员 846 人次，培训合计 11028 人天；全市系统举办各类培训 47 期，参训人数 877 人，培训合计 5906. 5 人天。基层税干的税收业务素质得到有效提高。1 名省局高端人才李友锋由市局纳税服务科科长交流到灵璧县国税局任局长。

【基层建设】　围绕基层组织体系、业务基础、领导班子、干部素质、保障能力五个方面，以基础大检查、制度大建设为契机，以重点项目为重点，全面推进基层建设各项工作任务。明确基层建立健全基层日常管理业务岗位职责、基层税务分局规范化建设、选好配强县区局分局领导班子、年轻干部培养平台、基层分局办公用房维修改造等重点项目和特色项目。

【纪检监察】　狠抓党风廉政建设和反腐败斗争，层层压实党风廉政建设主体责任。制定和印发《2016 年度党风廉政建设和反腐败工作任务分解表》，明确 2016 年度党风廉政建设和反腐败 31 项工作任务。稳步推进约束机制。制定和印发《落实党风廉政建设监督责任清单》《宿州市国家税务局县区局纪检组长及专职纪检监察员考核评价办法（试行）》，有效防控廉政风险和执法风险。2016 年全市开展明察暗访 27 次，下发通报 20 次，处理人数 73 人。其中，通报批评 12 人次，批评教育 48 人次，经济惩戒 14 人次，书面检查 3 人次。强化廉政教育。严格落实各类培训班中设立廉政课制度。2016 年市局举办的各类培训班 31 期安排廉政课 92 课时。培训纪检监察干部 31 人，培训面达 90% 以上。加大案件查处力度。制定和下发《宿州市国税系统税收违法案件一案双查工作实施办法（试行）》，受理各类信访 11 件，梳理“一案双查”线索 25 件，立案检查 8 件，组织处理 27 人次，处分 12 人次，其中给予党内严重警告 4 人次，行政记大过 3 人次，记过、行政降级各 1 人次，警告 3 人次。对落实“两个责任”不力的 1 个党组、1 个纪检组进行责任追究。党组成员带队，到联系点单位开展全市国税系统党风廉政建设责任制检查考核工作，实施谈话 35 人，发现问题 27 个，下发整改通知书 6 份。

【“两学一做”学习教育】　强化组织领导。成立“两学一做”学习教育领导小组，召开全市国税系统“两学一做”学习教育工作推进会，认真学习习近平总书记关于学习教育的重要指示精神，尤其是视察安徽期间的重要讲话精神，在全系统掀起开展学习教育的热潮。深化学习研讨。围绕三个专题，立足四个查找，结合宿州实际，组织开展“讲看齐、见行动”学习讨论专题研讨会，进一步树牢全体党员“四个意识”，尤其是核心意识、看齐意识。组织所属 8 个党支部召开专题组织生活会，对191名党员进行民主评议。按期完成所辖8个支部的换届选举工作，配齐、配强支部书记，保证基层党组织工作正常有序开展，组织各支部开展"五抓五树"活动，机关党组织工作逐步步入常态化、制度化、规范化。

【税务文化】 不断加强文明创建工作，把文明创建活动与学习型组织有机结合，结合"三关爱"活动，开展党员进社区、走进残障儿童培训中心、"红红火火过大年"送温暖、送春联、税法宣传、导税服务、中华书法文化进校园、公园保洁、走上街头开展文明行为劝导、慰问敬老院孤寡老人等。学雷锋志愿者服务队伍全员参与，参与率达100%。建立网络文明志愿者队伍，在外网搭建文明创建大展台、内网开辟创建园地，同时开通博客、QQ群，当好文明传播使者。利用内网、电子显示屏、展板等载体进行创建宣传，开设道德讲堂，全员参加志愿者服务活动，组织国税职工积极参与评选道德模范和"中国好人""安徽好人""宿州好人"等活动。同时培树国税系统自己的典型，组织开展"一先两优"评选表彰、"十佳文明窗口、十佳文明标兵"评选活动、"身边人讲身边事"国税系统先进典型事迹报告会等，提升文明创建鼓舞带动效应。2016年，通过开展"送温暖、献爱心""与贫困户结对子""红红火火过大年""博爱在江淮"爱心募捐和向农村贫困学生助学捐款，先后捐款人民币1.3万元，捐献过冬棉衣被33包，帮助贫困村村部翻建办公楼、修建村主干道路，向村部捐赠价值7万余元的电脑、空调等。

（朱江华）

·地　税·

【打好组织收入"中心仗"】 2016年，全市地税系统入库各项收入80.71亿元，同比增收0.36亿元，增长0.45%。其中，地方税入库52.87亿元，同比下降3.53亿元，降幅6.26%，超额完成省地税局和地方政府下达的目标计划；基金费收入27.84亿元，同比增收3.90亿元、增长16.29%。

1. 深化税收分析研判。推动部门联动分析运行机制；以每月收入简报为载体，重点分析收入增减变化情况及其原因，提出具体措施；每月召开国地财行收入研判会，为收入进度调度提供依据。

2. 加强税源监控调查。按照总局级重点税源监控标准，继续扩大监控范围；推动各地开展重点税源分析报告编写工作，拓宽总局重点税源分析来源；及时开展收入质量检查，不断规范税源管理水平。

3. 服务发展"五大任务"。落实税收优惠政策，助力"三去一降一补"任务落实，服务供给侧改革。2016年，全市减免地方各税及附加7988余万元。税务部门累计为144家企业发放"税融通"信用贷款4.3亿元。

4. 强化税种精细管理。企业所得税汇算清缴应纳所得税额26656万元；年所得12万元以上个税自行申报应纳税款9219万元。个税明细申报入库18351万元；4家税务师事务所中介机构对全市15个房地产开发项目审增应补缴土地增值税4714.55万元；全市组织入库33个批次增减挂钩耕地占用税15869万元、违规占用耕地项目耕地占用税567万元。

5. 完善社保工作机制。主动加强与社保经办机构、财政等相关部门交流合作，全市社保费降率减少企业社保费支出8803万元；完善残疾人就业保障金征收使用管理实施办法，市局荣获"十二五时期全省扶残助残先进集体"称号；全面落实机保征缴工作；开展劳动竞赛，推进工会经费征收。

6. 创新稽查方式手段。全市对138户企业立案检查，查补入库总额9992.69万元；扎实开展打击发票违法犯罪活动，查补入库税金计487.96万元，受到省局领导肯定批示；司法机关对2起偷税案件进行刑事判决，追缴税金592.49万元。

【出好税收改革"组合拳"】 1.《深改方案》全面实施。抓改革调研。开展深化税制改革调研，调研成果30余篇，全力服务改革；抓综合治税。进一步完善由48个市直部门参与的综合治税平台，应用第三方信息入库税款56991万元；抓"互联网+"。全面对接省地税局8个"互联网+安徽地税"项目，实施"互联网+外部数据交换"创新项目，先后提出47个优化建议，并在宿州开展全省上线培训；抓税种改革。组织开展资源税基础数据普查，合理测算资源税适用税率。开展资源税改革后跟踪管理，防止税收流失；开展宿州市土地使用税征税范围调整调研，提出征税范围重新划定征管建议。

2."营改增"改革全面落地。抓数据移交。营改增各项工作全面落地。全市完成20277户营改增试点纳税人基础信息移交；抓发票代开。5月1日顺利开出营改增试点纳税人增值税发票；抓清理欠税。大力开展营业税清欠，全市累计清理入库营业税2.09亿元；抓发票清缴。清缴发票户数4787户、224万份，“营改增”发票清缴工作全面完成。

3. 国地合作全面推进。布置“一盘棋”。出台《联合开展税务登记合作管理办法(试行)》等12项联合办税制度；服务“一家亲”。全市地税29个、国税9个办税服务厅或窗口在全省率先实现相互派驻、联合征收全覆盖；检查“一把尺”。联合对全市52户重点稽查对象开展联合稽查；宣传“一个调”。利用《拂晓报》等媒体，实施50次联合税收宣传，开展1625人次政策业务培训；协同“一条心”。开展联合税收分析26次，联合信用评定企业24163户，对62户企业进行联合检查，查补税款207.2万元。

【织密依法治税“权力笼”】 1. 强化法制思维，建立长效机制。制定《宿州市地方税务局权力运行监管细则》，建立权力清单的动态调整和长效管理机制；加强规范性文件管理，确保行政规范性文件“三统一”和“三同步”，全面完成2013—2016年83件税收规范性文件的清理；制定2016年“江淮普法行”活动实施方案，邀请法学专家举办法制建设讲座。

2. 严格执法监督，规范行政行为。加大执法过错责任追究力度，利用新版执法管理信息系统过错追究35人(次)；落实税收执法案卷评查制度，评查2015年度全市税务行政处罚类和税务行政审批类案卷32卷；组织开展好税收综合督查工作，成立5个检查组，对省地税局确定的16项内容进行重点督查，对存在的问题下发督办函，限期整改，在全系统通报。

3. 推进依法行政，防范执法风险。制定聘用法律顾问管理办法，继续聘用专业人士作为常年法律顾问，并成立公职律师办公室；对税收违法行为标准、幅度等方面进行细化、量化，压缩自由裁量的空间，规范税务行政裁量权行使，有效防止和减少自由裁量的随意性；专项开展房产交易税收检查，深入开展税收政策措施落实情况督查，不断规范税收政策落实。

【夯实征管质量“数据库”】 1. 聚焦业务规范。扎实开展“业务管理规范年”活动。对四大序列40个指标逐一自查，按日通报。市地税局获得全省先进组织单位称号，三个基层分局获得先进基层单位称号；组织房产税与土地使用税源普查，全市“金三”系统登记正常经营17874户，其中，土地登记3275户，房产登记2785户；加大清欠力度，规范欠税管理。2016年清理欠税20922万元。

2. 聚焦风险管理。启用包括15个核心指标在内的22个管理风险监控指标，下发14083条疑点任务并全部反馈完成；推送中、低风险对象共36户，评估入库税款3900万元；对近50家企业开展企业所得税汇算清缴和土地增值税清算鉴定；组织开展“三税”专项审计复核整改，核实并追缴入库税款717.66万元；加强非常户认定管理，规范注销税务登记的流程。

3. 聚焦电子档案。印发实施方案、任务分解表等一系列文件，开展税收征管电子档案系统应用，开展征管档案清理。全市地税系统电子档案系统共扫描82927户次，归档各项征管资料80412份，税收征管资料档案全面实现电子化。前台处理的税务登记、发票代开、优惠备案、税收法制等各类业务均纳入电子档案系统管理。

【开辟纳税服务“快车道”】 1. 把“放管服”落实好。进一步清理简并税务行政审批事项，将审批事项缩减为4项；坚持放管结合，在推进“三证合一”的基础上，实现“五证合一、一照一码”；按照“三集中、三到位”要求，全面实行审批事项一窗受理、内部流转、限时办结、窗口出件。市地税局在全市工作任务调度会上进行经验性介绍。

2. 把“省内通办”实施好。编制《全市通办业务操作手册》等3个操作手册，整合业务流程，升级服务模式，统一服务规范，实现“管理有辖区、服务无边界”，依托税收征管电子档案系统，在全省率先实现办税事项“全市通办”，得到省地税局及市政府领导批示肯定。

3. 把“春风行动”开展好。制定2016年“便民办税春风行动”实施方案，推出17类44项便民措施；积极开展“问需求、优服务、促改革”专项活动，收集纳税人对税务工作意见建议558条，及时妥善解决纳税人反映的实际困难和矛盾问题3075件。

4. 把“服务提速”融合好。推行“免填单”“无纸化”服务方式，进一步减轻纳税人负担。建立“12366”工作室，配齐人员力量。推行办税双向预约和错峰预约服务，在市本级增量房税收征收中，对15家房地产开发企业开展电话预约服务，办理业务5600余笔。实施“二手房”业务提速增效，办理时间由平均30分钟缩减到7分钟。

【激发干部队伍“活力源”】 1. 抓思想，确保思路“聚起来”。开展“营改增后地方税收工作”大讨论。市局层面开展2次讨论成果交流汇报会，编发专辑2期。基层上报认识体会文章60余篇，意见建设200多条。

2. 抓“班长”，确保基层“带起来”。开展“怎样当好分局长”征文活动，召开基层工作座谈会，举办基层分局长培训班，在基层分局长管理中推行工作日志制度，按季开展检查通报，充分发挥分局长基层“带头人”的重要作用。

3. 抓“能手”，确保素质“强起来”。在开展“练兵比武”活动中，突出“大”字，实现基层一线干部岗位培训全覆盖；突出“跨”字，鼓励不同岗位跨界培训、学习，注重培养复合型人才；突出“融”字，将“练兵比武”融入日常工作。如将“能手”培养与稽查查账有效结合；突出“长”字，建立奖惩机制和保障机制，确保练兵“不降温”。

4. 抓学习，确保氛围“浓起来”。在内网开设《每周一文》《重要文件学习》栏目；开办“读书沙龙”活动，定期编发学习成果；倡导领导干部上讲堂。市地税局领导讲课14次，在全系统形成浓厚的尚学之风。

5. 抓出口，确保人员“动起来”。制定《地税系统到地方交流挂职干部管理办法》，开展地税人员到地方交流任职工作，受到市委主要领导批示支持。有2人调任地方任职，6人交流到地方挂职。

6. 抓创新，确保工作“亮起来”。鼓励基层创新和个人创新，确定29项年度创新项目，召开创新项目推进会、交流会，开展实地督查，确保创新项目落地生根。一批创新项目已初见成果，有效催生工作亮点，激发队伍活力。

7. 抓绩效，确保效能“提起来”。坚持指标落实“不变通”，与重点工作督查督办有效结合，下发通报14期；坚持工作改进“不含糊”。优化调整基层考评指标12项，各级召开系统绩效讲评会18次；坚持结果应用“不动摇”。对拟提拔的干部，评先评优，准予发放的工资外收入等，与绩效成绩直接挂钩。

【加固廉政建设“防火墙”】 1. 强化从严治党“紧好弦”。印发落实党风廉政建设主体责任工作任务清单、进一步加强基层地税机关党风廉政建设实施方案等一系列文件；召开5次专题会议，研究部署反腐倡廉工作，细化分解党风廉政建设目标36项责任；按季向党组及领导班子成员推送主体责任落实工作清单；邀请市纪委领导作“廉政准则”“处分条例”专题辅导。

2. 强化监督检查“整好风”。制定系统《违反工作纪律责任追究办法》，不断加强纪律建设；围绕干部轮岗交流和二手房交易税收管理情况开展执法监察，下发监察建议书10份；对基层效能建设进行全方位督查，下发问题整改清单16条；委托宿州市效能办对53个基层分局以及办税服务大厅进行全覆盖明察暗访，制作视频在全系统内进行播放曝光；5人受到诫勉谈话处理，2人受到记过、行政警告等处分。

3. 强化整改整治“束好手”。根据省局党组《关于对省委巡视组反馈意见的整改方案》要求，对指出的问题全面整改、立行立改。制定135条整改措施，落实到位，并在省局巡视整改工作推进会上作经验发言；专门下发《关于认真学习贯彻公务活动饮酒“九个严禁”的通知》，系统内每位党员干部在文件上签名承诺；重点选取90名干部职工信息，到市工商局调取经商登记信息相关资料，对发现的2名离退休干部职工经商登记情况，责成立即退出。

4. 强化“两学一做”“见好效”。开展争创“示范党支部”活动，确定17个基层党支部为重点创建支部。扎实开展“讲看齐、见行动”学习讨论、“管党治党宽松软问题”专项治理；在内网设置“回音壁”栏目，听取基层干部职工意见建议17条，积极回应群众呼声；各支部组织学习讨论33次，撰写各类心得体会175篇，编发信息30多篇。市局“两学一做”学习教育工作得到市委学教办和市直机关工委的充分肯定。

5. 强化系统党建“尽好责”。下发2016年全市地税系统党建工作要点。坚持把抓好党建作为第一责任，开展市地税局党组成员到联系点上党课14次；对5个县区局、54个支部的党组织建设和966名党员队伍情况开展调查研究，梳理问题6项，补缴党费83.5万元；开展争先创优和文明创建，2个支部被市直机关表彰为市直机关先进基层党组织，市地税局被市委、市政府表彰为“全市双拥工作先进单位”。

【谋好内部管理“保障篇”】　开展资产清查,规范政府采购。提前2个月完成全年采购任务;深化内部审计,促进依法行政。实施后续审计,强化经济责任审计。2016年,全系统开展项目审计45个,发现问题47个,提出审计建议73条;规范预算执行,严格财务纪律。开展财务“管理服务延伸年”活动,组织系统财务大检查,逐步推进财务公开;当好参谋助手,发挥以文辅政。上报省地税局和市委市政府各类信息176期,编印《送阅材料》29期,得到市领导批示27期,省局主要领导批示3期;加强系统运维,提升保障能力。加强基础设施和核心设备维护,通过运维平台报送各类问题1474条,市局解决762条,解决率位居全省前列;完成高清视频会议系统的改造,全年42次视频会议,无一例事故发生。

金　　融

·综　述·

2016年,市政府金融办紧紧围绕经济"调转促"和"供给侧改革",狠抓"扩大信贷投放、拓宽直接融资、创新金融服务、放大担保作用、发挥保险功效、防范金融风险"等金融工作,不断拓宽重大项目和中小企业融资渠道,支持经济社会持续健康发展。

一是金融体系日益完善。全市银行业金融机构17家(其中政策性银行1家,国有商业银行5家,邮储银行1家,城商行1家,农商行7家,村镇银行2家),证券营业部5家(国元、华安、长江、海通、国盛),保险分支机构40家,小额贷款公司9家,融资性担保机构10家,基本形成多层次、广覆盖、结构合理的多元化金融体系。

二是服务实体经济能力不断增强。相继出台金融服务实体经济、普惠金融、去杠杆防风险、发展保险服务业等金融政策,形成完备的金融政策体系。全市本外币各项存款余额1751.46亿元,同比增长17.52%,本年新增存款261.15亿元,同比多增87.45亿元。全市本外币各项贷款余额近千亿,达到980亿元,同比增长21.12%;其中工业贷款余额198.97亿元,增长12.3%;涉农贷款余额528.33亿元,增长26.46%。全年新增贷款首次超过150亿,达到170.92亿元,同比多增49.39亿元。新增存贷比首次超过60%,达到66%。

三是多层次资本市场显著发展。出台《充分利用多层次资本市场着力调结构转方式促升级的实施意见》《宿州市企业上市挂牌奖励实施细则(暂行)》,落实各项优惠政策,一定程度上调动企业上市挂牌积极性。全市4家企业主板备案,7家企业新三板挂牌,53家企业省股交中心挂牌,累计实现直接融资103亿元。

四是金融产品创新能力不断提升。推动村镇银行设立分支机构,完成农商行改制,设立93亿元各项政银合作基金,推出"税融通"、"4321"新型政银担等金融产品,设立续贷过桥资金,创新涉农信贷,缓解融资难题。

【主要金融指标】 省金融办考核7个大项19个小项指标,宿州市15项工作任务(信贷、税融通、主板备案、直接融资、保险深度、担保放大倍数、"4321"业务、涉农贷款增速、惠农服务室覆盖率、防范和处置非法集资工作5项指标、担保审批政务公开)超额完成或排在全省前列。

一是信贷投放创历史新高。全年新增贷款170.92亿元,同比多增49.39亿元,完成全年135亿元预期目标的126.6%。全市"税融通"业务发放贷款5.97亿元,完成3.5亿元预期目标的170.5%,连续7个月全省排名第一。

二是直接融资工作排名全省靠前。全年新增主板备案企业2家,完成全年预期目标的100%。全市实现直接融资103亿元,完成全年预期目标的101%。全年股票融资39.3亿元,完成全年预期目标的357%,全省排名第二。新增新三板挂牌企业4家(紫金科技、金鼎安全、荷金股份和宇宁果胶)。

三是融资性担保工作排名全省前列。全市担保余额79.62亿元,放大倍数为4.93,比预期目标高0.39,全省排名第三。新型政银担本年新增额51.35亿元,完成全年任务171.2%,全省排名第五。

四是保险业务快速增长。全市累计实现保费收入69.96亿元,同比增长25.41%,保险深度全省第3,保险密度1076.27元/人。

五是普惠金融有效实施。惠农金融服务室村级覆盖率达100%;全市小微企业贷款增速18.33%;涉农贷款增速24.65%。

六是处非工作稳妥开展。全市处非工作机制建立完善,宣传活动深入开展,监测预警及时有效,考核5项指标基本完成。

七是政务公开及时全面。融资性担保机构行政审批9件,及时公开9件。

【分解落实目标责任】 年初下发金融工作考核办法和《2016年全市融资规模预期目标》,在省考核指标的基础上适当加压,把重要金融工作指标分解各县区、园区和金融机构,以考核指标为工作指挥棒,以超额完成序时进度为推动力,加快工作落实。

【调度通报】 建立金融工作月调度机制,由分管市长于每月月底召开一次全市金融工作视频调度会,全年召开9次调度会和1次上市挂牌专题调度会(市委书记史翔现场把脉企业问题,要求各单位拿出解决办法、时限),会议设定调度模板,印发材料汇编,对重点工作每月选择完成好、差单位分别进行发言,全市各项金融指标均排在全省前列。

【信贷投放】 一是引导激励,推动各类银行加大信贷投放。修改完善金融机构考核办法,任务分解到各银行机构,每月印发全市融资通报,每月调度督查全市金融支持工业、农业、服务实体经济的政策措施贯彻落实情况,对工作完成较差的单位进行约谈;严格进行2015年度金融工作考核,对工作任务完成突出的单位进行表彰奖励。二是战略合作,充分发挥信贷资金集聚效应。赴省金融机构争取信贷政策和资源向宿州市倾斜,与农发行签订3个园区整体城镇化贷款52.3亿元,支持各县区棚改、道路等贷款35亿元。加强与光大银行合作,对宿州市平台公司和重点项目授信26.9亿元,推荐项目33亿元。与交行达成战略合作,将为宿州市带来200亿元融资支持。三是搭建平台,助推企业获得融资支持。3月、6月,组织举办2场政银企对接会,特别是2016宿州政银担企对接会,参会金融机构和企业总人数超过400人,介绍税融通、政银担、过桥续贷等业务,开展一次资本市场讲座,金融机构与企业现场签约达300亿元。

【企业上市(挂牌)和直接融资】 一是制定并落实优惠政策。出台《宿州市人民政府关于充分利用多层次资本市场着力调结构转方式促升级的实施意见》和《宿州市企业上市挂牌奖励实施细则(暂行)》,制定针对性强、力度很大的奖补政策,将意见印制1500份发放到全市每个规模企业,并要求各地宣传解释到位。对已上市挂牌的企业,及时兑现9家企业共602万元上市挂牌奖励资金,增强企业信心,提高企业上市挂牌积极性。二是加强调度,项目化推进。以项目为抓手,梳理全年重点推进企业60家,确定目标企业23家,逐个企业进行调研走访,会同券商梳理存在问题,列出上市挂牌时间表和问题解决时限,"挂图作战",利用每月金融工作调度会和上市挂牌专题调度会,协调督促县区、园区和市直部门节点前解决相关问题,确保企业上市挂牌工作序时推进。2016年,安特食品、紫金科技在省证监局主板辅导备案,新三板挂牌企业4家,在审企业2家,拟主板上市新宇药业、林平纸业向证监会和港交所申报材料。三是抓住债券市场化改革机遇,推动县区平台公司发行企业债券融资。萧县建投成功发行9亿元公司债,是皖北首家县级政府平台申报且发行成功的公司债,开发区、宿马园区及其他平台公司72亿元债券发行分别于2017年获批或上报。

【创新金融产品和服务】 一是推动设立各类基金。全市设立产业发展基金2支总规模12亿元,城镇化基金8支总规模66.67亿元,投放72.02亿元;市政府另设立产业发展基金3支(九一影视文化基金、调转促手游基金、石墨烯产业基金)总规模13亿元。二是与省担保合作设立宿州市天使基金,总规模1亿元,到位资金2000万。三是设立续贷过桥资金,累计为全市548家企业提供28.72亿元过桥资金。四是大力推广税融通业务,引导金融机构利用企业纳税信用发放贷款。全市"税融通"业务发放贷款5.97亿元,惠及企业151户。五是支农信贷产品不断创新。积极推进土地承包经营权抵押贷款,建立流转市场服务体系,实现抵押贷款47笔1857万元;对新型农业经营规模主体,无抵押、担保发放"劝耕贷"9521万元,惠及189户;由政府购买担保服务,支持农民在城镇购房,发放惠农安居贷款2435笔,金额6.51亿元,面积27.31万平方米;探索开展家庭农场信用贷款模式、农业产业化小微企业合作社贷款模式创新试点,为宿州市“三农”发展提供支持。

【政策性担保】 一是壮大担保实力。近两年市财政出资7500万元,增加市中小企业融资担保公司资本金。设立1亿元扶持民营经济发展专项资金,将市级担保风险纳入补偿范围。二是做大担保规模。通过考核引导,督促提高担保意识,扩大财政资金杠杆作用,县域各政策性担保公司放大倍数从2015年初0.4—3倍提高到4.34—6倍。三是积极推进政银担业务。将“4321”模式中需政府承担的10%风险纳入财政预算,主动加强与省担保集团工作交流,把“4321”业务纳入银行考核,实现驻宿银行机构业务准入全覆盖。

【保险惠民】 一是不断完善保险服务体系。积极引进保险机构,全市保险主体40家(在筹寿险公司2家),其中寿险公司23家,财险公司17家。二是发挥保险功能。全年政策性农业保险实现保费收入2.08亿元,提供风险保障40.5亿元。创新社会治理模式,推进食品安全救助、医疗、安全生产等重点领域责任险。三是积极推广农业小额贷款保证保险。国元农保和国寿财险2家公司承保业务355笔,发放贷款金额8170万元。

【风险防范】 一是持续开展防范和处置非法集资工作,出台《宿州市防范和处置非法集资工作方案》,进一步明确责任分工、完善工作机制;5月、10月,在全市开展两次防范打击非法集资宣传活动工作,市处非领导小组开展2次督查并形成通报发各单位,全市出动宣传车600余台次,印制并散发《防范和打击非法集资宣传手册》8万余本、传单45万余份,悬挂横幅2600余条,现场咨询20余次,通过手机短信、微信等平台发送宣传信息50万条。二是制发互联网金融整治方案,开展相关业务培训,联合相关单位进行风险排查,摸排相关企业495家,P2P企业2家,分支机构3家,对其中28家机构进行重点核查,发现3家机构存在网络借贷并及时上报。三是开展担保、小贷公司年度检查工作,对发现的问题进行通报,督促整改到位,确保两类公司依法合规运营。

·中国人民银行宿州支行·

【金融支持供给侧结构性改革】 2016年,金融支持供给侧结构性改革取得初步成效。支持去产能,宿州市采矿业贷款实现同比少增11亿元;支持去库存,宿州市商品房去化周期由16.5个月降至12个月。支持去杠杆,宿州市规上工业企业财务杠杆率实现稳中趋降。支持降成本,2016年四季度,宿州市金融机构贷款加权平均利率同比下降0.12个百分点。支持补短板,2016年发放扶贫再贷款2.55亿元,推动建设砀山县电商扶贫模式。

【金融改革创新试点】 扎实开展农地抵押贷款试点,推动成立市、区两级政府试点工作小组。2016年以土地流转经营权证为依托,累计发放贷款2062万元。稳步推进利率市场化改革,积极推进合格审慎评估,5家农商行和2家村镇银行通过合格审慎评估,辖内3家农商行成为全国自律机制基础成员,推动成立全市利率同业自律机制,强化利率市场自律监管。依法有序开展存款保险工作,完成保费缴纳,对7家地方法人金融机构进行存款保险评级。

【金融稳定工作】 认真实施宏观审慎评估,督促地方法人机构调整资产结构、强化资本约束。建立覆盖银证保、非银行融资性机构风险监测体系。深入开展重点领域金融风险排查,构建市、县人行和地方法人金融机构三级联动的应急演练体系。会同宿州市金融办推进互联网金融专项整治。扎实做好外汇“控流出、扩流入”管理,建立大额购付汇监测和异常购付汇约谈机制,推行外汇管理综合柜员制,便利涉汇主体。

【金融服务】 征信体系建设继续深化,新注册启用用户、融资成交量均居安徽省前列。金融信息化建设有序推进,宿州市闪付交易笔数同比增长64倍,建成安徽省规模最大、符合PBOC3.0标准的“校园一卡通”项目。惠农金融服务室实现行政村全覆盖,县域手机支付做法被《中国金融》和人总行关注。深入推进现金服务满意工程建设,城区银行网点对外付出50元以上面额现金实现全额清分。现代化国库建设加快推进,社保基金、零散税收实现POS刷卡缴税,市级财政支出无纸化系统顺利上线,辖内县乡国债销售增幅及占比均居安徽省前列。

【金融管理】 依法开展金融综合管理，探索跨地市综合执法检查，持续开展重大事项报告现场核查。加强支付结算管理，电子商业汇票业务量实现跨越式增长，严格打击电信网络新型违法犯罪行为。强化反洗钱风险管理，开展“反洗钱可疑交易线索质量提升年”活动，协助破获一起涉嫌虚开4.6亿元增值税发票案，实施非现场监督评价及反洗钱风险自评估。完善金融消费权益保护机制，实现“12363”投诉热线农村全覆盖，开展金融知识宣传教育，加强金融消保行为监管。

·中国工商银行宿州分行·

【概况】 2016年，中国工商银行宿州分行认真贯彻落实总省行决策部署，围绕质量和效益，内抓管理、外拓市场，统筹推进各项工作，强化创新、提升效能，全行实现安全运营，保持良好发展态势。年末，各项贷款比年初增加10.23亿元，全部存款较年初增加11.34亿元，不良贷款余额较年初下降52万元，不良贷款率较年初下降0.09%，实现双降目标，在省行二级分行行长绩效考评中居第6位。

全辖物理网点26个，自助设备管理中心1个，离行式自助银行32个，离行式取款机26台，离行式存取款一体机38台，附行式取款机19台，附行式存取款一体机64台，多媒体自助终端88台，自动叫号机27台。市行获第十一届安徽省文明单位称号、第九届宿州市文明单位称号及总行2016年融联推广工作先进单位称号；灵璧支行获全国“工人先锋号”荣誉称号；汴河支行获总行“五一劳动奖状”荣誉称号，汴河支行营业部获总行“五星级服务网点”荣誉称号。

【加快信贷投放】 根据国家产业政策，贯彻经济结构转型升级和供给侧结构改革的政策要求，积极支持战略新兴产业、高技术产业，积极支持实体经济发展。一是助推基础产业的发展。重点支持城市建设等重点项目，增加投向某煤炭建设有限责任公司0.5亿元、某住房公积金中心1.65亿元。二是着力传统煤电企业供给侧改革。通过票据贴现为某煤电集团有限责任公司和某煤电股份有限公司提供低成本资金5.71亿元，支持企业降成本增收益，对企业的扭亏为盈起到积极作用。三是推进调结构、促发展。为支持地方经济发展战略转型，从传统的行业向新兴产业、高技术产业转型发展，如向某风力发电有限公司、某光伏发电有限公司投放贷款2.2亿元。四是实施“项目四库”，支持新兴产业。经过对优质客户的精心筛选，将某云计算产业园列入储备库项目，增加高技术产业新兴产业的支持力度。五是积极支持房地产市场发展。个人住房款余额达52.3亿元，2016年净增加11.03亿元，对当地房地产市场平稳发展和房地产去库存起到积极作用，并对优质房地产企业如某广场投资有限公司增加项目贷款1亿元，在去库存的同时增加优质房源的投放。六是加大对县域经济的信贷投入。截至2016年末，县域贷款余额28.61亿元，比年初增加6.27亿元。为满足县域经济发展需求，近年来市行分管行长带领信贷部门多次到县支行督导工作，帮助支行查找各自的薄弱环节，借鉴先进行的经验，及时解决工作开展中的瓶颈与短板，达到各支行齐步发展的良好局面，加大县支行的贷款投放，带动县域经济发展。七是创新金融产品，助力小微企业发展。提升金融服务能力，通过网贷通、政银担、税融通等创新产品，持续推动金融资源向小微企业、现代农业和新型农业经营主体倾斜。2016年末，小企业贷款余额2.45亿元，累计投放2.49亿元。同时，积极支持制造业、批发零售、社会服务业、农业等近十个行业的小微企业发展。如向某面业有限责任公司投放500万元购买粮食。

【推动金融创新】 深化机制创新改革，加强服务能力建设，为经营发展注入新活力、新动力，加快经营转型发展。一是推动金融服务创新。对城市基础设施建设、重点招商引资和房地产开发等重点项目，及时提供账户开立、汇兑、结算、信贷融资等多种金融服务，通过提供多元化和综合化的金融服务，支持新市场、新客户，有效扩大支持客户规模，提高支持地方经济的发展能力。以强烈的社会责任感，以支持地方经济发展为己任，紧贴宿州市发展需要，充分发挥工行整体优势，积极推进“绿色信贷”建设，丰富融资产品，在支持城市基础设施、重点工程和项目建设，促进区域经济协调发展的同时，为企业办理承兑汇票、票据贴现等业务，抓住产业链融资特点，针对处于不同环节的客户需求，分别制定个性化创新融资方案，缓解中型企业融资难问题。二是发挥产品创新作用。立足自身体制、机制和资源优势,为使更多的小微企业享受到工行的金融支持,紧跟市场,量身打造,发挥拳头产品“网贷通”的优势,为小微企业提供自主化融资管理模式,不断为小微企业输送新鲜的资金血液。帮助小企业提高融资效率,节约融资成本,并结合小型微型企业抵押担保普遍不足特点,为客户推介工行的“银政担”、“税融通”业务,解决小型微型企业融资难问题。截至2016年末,累计发放“政银担”贷款31笔、1.02亿元,“税融通”业务18笔、0.72亿元,切实解决小微企业融资担保问题。三是创新金融服务模式。将帮扶小微企业作为本行小企业金融服务部门一项重要工作内容,专门建立“渠道管理办公室”,由行领导亲自挂帅,加大支持“三农”服务力度,送金融产品下乡,服务上门,让广大的农民朋友充分享受到工行的金融服务。公司金融业务部(小企业经营中心),受理小微企业、涉农贷款,对小微企业、农业产业化龙头企业及养殖大户等新型农业主体给予融资支持。在金融支持新型农业经营主体方面,特别是对农业产业化龙头企业,结合政府的扶持政策,给予大力支持,累计向涉农企业发放0.53亿元小微企业贷款。

【提高管理水平】 全面落实“从严治行、从严管理”各项工作措施,持续提升精细管理水平。一是推进党建和队伍建设。履行党建主体责任和第一责任,成立党建工作领导小组,制定党建领导小组工作规则,加强对“两学一做”学习教育的推动。加强客户经理队伍的条线管理,组建互联网、收单等各类柔性团队,积极开展财富团队建设,推进大学生员工多岗位交流锻炼,继续开展岗位练兵,加强岗位资格认证管理,员工队伍素质逐步增强。二是深入推进党风廉政建设。严格遵守政治纪律和政治规矩,落实好挺纪在前、抓早抓小,防止小错酿成大错,继续抓好中央巡视、民主生活会和组织生活会发现问题的整改工作,深入贯彻中央“八项规定”精神,严防“四风”反弹;抓好党员干部这个“关键少数”的管理,积极推进廉洁谈话制度,稳步推进廉洁文化建设。三是有效实行民主管理。开展内外部排查风险防范和各类检查,落实信访维稳工作要求,加强风险警示教育,防范各类风险;维护员工的知情权、参与权和监督权,广泛征求各项管理办法、员工福利、交流干部住房管理等员工关心的热点问题意见建议,公开解难题、民主促发展;有效强化银政、银企关系维护,组织“银企对接会”“金融知识六进”“金融服务下乡”活动,进一步加强“普惠金融工程”建设,履行社会责任。四是不断推进作风建设和执行力建设。开展管理效率提升活动,继续推进网点竞争力提升工作,建立督办事项考核问责制度,建立对外服务窗口,主动简化办事程序和环节,缩减办事时限,转变工作作风、提升工作效能,为客户提供规范、高效的优质服务,提高客户满意度。五是着力做好应急管理。动态调整应急领导小组,制定突发事件应急预案,对预案实行动态管理;重大节日、“两会”等特殊敏感时期,加强监测关注安全保卫、服务等工作,加大对关键岗位、关键人员等的风险排查,各单位负责人保证通讯方式24小时畅通,确保全辖不发生重大风险事件;做好信访工作,畅通政策传导和信息沟通渠道,妥善处理各种矛盾,保持和谐稳定发展局面。六是加强“从严治行”。认真落实“从严治行”要求,对内控合规“基础强化年”、内控评价、综合执法评价、安全保卫等工作,以及各类专项检查和治理,推进各项制度落地,实现各类风险管理目标。特别加强密码、保密工作组织领导,突出关键人员、重点环节,严格保密制度落实,加强密码设备安全管理,完善保密工作机制。

【创建特色文化】 深化企业文化建设,统筹推进党的建设、队伍建设和特色企业文化建设,进一步凝聚全员合力、调动一切积极因素、激发经营发展活力。一是抓好管理发展创新。弘扬服务文化,一点一策推进网点布局优化工作,加快政务区等智能银行的推广投产,促进营业网点服务质效和核心竞争力提升;积极组织开展星级网点和银行业千家网点创建工作,全辖有16个网点全省业态排名较前提升;贯彻落实网点晨会直通车制度,深入推进客户体验,柜面服务水平和客户满意度逐步提高。二是加快企业文化建设。注重以人为本,坚持民主管理,召开二届五次职代会;认真组织研究总省行政策,细化职工福利费管理,全力做好新形势下的员工福利工作;开展“送温暖”活动,救助困难员工,组织召开“五四”青年员工座谈会,积极开展创优争先评比活动,有效激励广大干部员工的工作积极性、主动性。完善“职工之家”,建立完善职工阅览室以及活动室等,组建各类协会,开展写春联、包粽子、摄影采风、迎新春系列活动,加强特色企业文化建设，进一步激发员工热爱生活、努力工作的热情。三是强化精神文明建设。培育践行社会主义核心价值观，推进群众性精神文明创建活动，积极营造核心价值观、中国梦、公民道德、学雷锋志愿服务、廉洁自律主题宣传、实践活动氛围，多种形式结对共建、结对帮扶、建设道德讲堂，创建“学习型银行”“节约型机关”，开展“讲文明、树新风”活动，实现经营管理水平和各项工作指标稳步提升，持续提升本市金融行业文明服务窗口形象。四是深入推进经营转型。紧跟国家宏观调控政策，不断增强工作的前瞻性、预见性和计划性，努力提高支持地方经济发展能力；及时了解宿州市发展部署和战略转移，根据目标市场和业务发展态势，充分利用本行产品、渠道和服务优势，抢抓市场机遇，推进经营转型；通过提供多元化和综合化的金融服务，积极适应稳健的货币政策，有效做好信贷结构调整，加大对国家重点鼓励的新兴产业和节能环保等领域的信贷投放，有效支持地方经济在宏观调控的背景下快速发展。

（毛施亮　尤安龙）

·中国农业银行宿州分行·

【概况】　2016年，宿州分行坚定“三农”市场定位，继续加强“三农”和实体经济服务，努力扩大资金应用，强化各项基础管理，各项工作稳步持续推进，全面超额完成年初设定的工作目标，主体业务继续保持同业领先，2016年综合业务经营考评位居全省农行系统第一名，实现“十三五”良好开局，从2008年起连续九年业务经营保持在全省农行系统前三位。辖属埇桥支行获中国农业银行总行“五一”劳动奖状。2016年度，宿州分行分别获中国农业银行信用管理先进集体、第三届全省农行文明单位、全省农行“三农”业务第一名、宿州市第九届文明单位、宿州市金融服务实体先进集体和市民委单位帮扶工作先进集体等称号。

【主体业务指标】　存款增势强劲。2016年末，人民币各项存款较年初增加32.46亿元，存款存量市场占比38.51%，增量市场占比37.75%，均居同业第一；贷款稳健增长。本外币各项贷款余额141.61亿元，较年初增加25.51亿元，同比多增7.35亿元，增幅21.98%，高于全省农行贷款平均增幅4.72个百分点。各项贷款存量市场占比32.14%，增量市场占比40.12%，均居同业第一，贷款不良率较年初下降0.19个百分点；创收能力继续提升，资产回报率较去年同期上升0.27个百分点；服务“三农”持续推进。农户贷款增量及存量稳居全省首位、贫困县贷款超额完成计划、涉农贷款增长率、金融扶贫带动贫困户领先全省，组织参加省分行“劝耕贷”业务竞赛净增额全省居首。涉农贷款增速77.49%，同比增加32.69个百分点，并超过各项贷款增速41个百分点，实现涉农贷款“两个不低于”的监管目标；党建、企业文化建设和风险管理持续加强。深入开展“两学一做”学习教育活动。积极开展各项劳动竞赛，先后获得省分行“安全随行，守卫平安”知识竞赛一等奖，省分行青年员工营销创意风采大赛第二名，省分行第六届柜台业务技术比赛团体三等奖，市金融IC卡和移动金融业务知识竞赛团体二等奖，市消费者权益保护技能展示小品大赛二等奖等。

【党的建设】　2016年党建考核进入全省农行系统前三名。一是铸好领导核心。坚守党的领导这个重大政治原则，增强看齐意识，以从严治党统领经营管理各项工作，切实将党建工作转化为推进改革发展的强大动力。进一步落实“三会一课”、民主评议党员、党性定期分析、创先争优、党组织按期换届、领导干部双重组织生活等党内基本制度；严格执行纪实制度；严格落实“三重一大”和党委会议事规则，坚持民主集中制，发挥集体领导的作用。班子成员讲政治、讲民主、讲团结、有担当、有作为。制定《支行领导班子党建工作考评方案》，并以清单式管理加强党建工作。二是抓好思想建设。认真落实党委意识形态责任制，“一心听党话、铁心跟党走”。各级党组织加强思想引导，占据舆论的制高点，旗帜鲜明地反对各种不当言论。各级领导干部都能听得进不同意见，不打板子、扣帽子。保证新一届党委班子成立后，全行上下思想不波动，目标不动摇，力度不减弱，心往一处想、劲往一处使，各项工作紧张有序。三是带好队伍。注重支部党务干部、后备干部、专业人才和新入行大学生的培养。对现有的班子，配强配齐。四是抓好廉政建设。把纪律挺在前面、纪严于法。坚持“一岗双责”，班子成员带头执行党章党规，认真履行“两个责任”，严格执行中央八项规定和廉政要求，层层落实党风廉政建设责任制和责任清单，抓经常、抓平常、抓节点,定时廉政提示、廉政谈话,加强执纪问责,形成不敢腐、不愿腐、不能腐的局面。五是抓好作风建设。深入基层,直接到一线,了解全行工作在基层的落实情况,问计于群众。加强对上级行安排事项、二级分行党委安排的重点工作、基层行请示事项的跟踪督导,做到事事有着落,事事有回音。积极开展“岗位建功、争做标兵”活动,对扎根基层30年以上优秀党员、市场营销活动中的优秀党员进行表彰奖励,营造积极向上、奋发有为、争先进位的工作氛围。

【业务经营转型】 一是以市场为导向,扩空间。定期召开短板业务分析会,以问题为导向,精准发力。在负债业务上,继续开展对公账户、客户“扩户提质”活动,深入挖掘个人客户潜力,完善客户分层分类管理。在资产业务上,围绕“大小新特”作文章,实施精准营销。积极扶持小微企业,加大对新型农业经营主体支持力度,大力推进“劝耕贷”、土地流转使用权抵押贷款等,推出光伏扶贫、互联网+扶贫、基础金融扶贫、政府增信扶贫等产品。二是以创新为导向,调结构。强化公私联动和产品交叉销售。积极做好信用卡联动营销,做大信用卡业务规模。三是以价值为导向,提质量。全力抓好“向成本宣战”,以省分行综合绩效考核为指挥棒,以提质增效为最终目的,以规模与效益并重来统筹全行各项业务的有序发展,突出对总分行核心客户、县域重点客户定价倾斜支持。四是以激励为导向,促活力。加大对专项业务的小段推进和专项激励。结合全省农行网点标准化管理及产能提升活动,深化“直通网点提升效能”活动,实行动态化管理,根据省分行的新要求、推出的新产品等,及时调整修订,同时各条线加强对网点的精准帮扶,帮助网点解决难点问题,不断增强经营网点的经营活力。

【普惠金融】 坚定面向“三农”定位,落实县域行动计划。一是支持县域首位产业和新型农业经营主体发展。围绕市政府提出的“3111”工程和振兴县域经济的要求,积极对接市级以上农业产业化龙头企业、优势产业、骨干支柱产业,为粮食、果蔬、畜牧、林木四大首位产业的种植、销售、储运和服务等一体化的产业链提供有效信贷服务,采用农业产业链借款方式,帮助其稳定、扩大生产,解决企业生产经营资金需求不足的问题。二是推进“惠农通工程”,着力解决村级金融服务“最后一公里”、农民金融服务“最后一步路”。截止年末,在县域以下布放电子机具2292台,设立惠农服务点980个,其中助农取款服务点383个,惠农卡发卡量30.1万张,建设一个A类“惠农金融服务室”,提升服务层次和服务能力。抓住农业部信息进村入户试点时机,实现惠农金融服务室和益农信息社的合作共建,推动农户贷款业务持续稳健发展,至年末,农行农户贷款余额5.63亿元,较年初净增1.54亿元,存量和增量均居全省首位。三是推行“一行一品”,支持新型农业经营主体的融资需求。推进与埇桥区政府、安徽省农业信贷担保有限责任公司合作,推出一款适合农业新型主体的信贷创新产品——“劝耕贷”,在埇桥支行试点成功,其做法被市委《决策参考》刊发,得到市委市政府的充分肯定,2016年发放“劝耕贷”249笔,金额12851万元;继续与国元保险公司合作,推出家庭农场保证保险贷款业务,累放家庭农场保证保险贷款182笔,金额3419万元;继续与宿州人寿财险公司合作,推出农户贷款商业保证保险业务,并在全行推广,当年累放农户商业保证保险贷款1325万元;加强与埇桥桥区农委合作,实施发放土地流转使用权抵押贷款,金额685万元。此外适应互联网+发展需求,在砀山支行试点开办电商农贷业务,发放贷款800万元。四是找准新时期扶贫开发工作的着力点,金融助推脱贫攻坚。结合特色资源,体现“一行一特色,行行有亮点”,推出适合当地的金融扶贫产品,以此带动建档立卡贫困户脱贫增收。如泗县支行光伏扶贫、砀山支行互联网+扶贫、灵璧支行基础金融扶贫、萧县支行政府增信扶贫、埇桥支行“劝耕贷”扶贫以及通过项目带动建档立卡贫困户脱贫增收。埇桥支行获批的农村饮水安全项目贷款,可以解决31个贫困村近8万贫困人口的安全饮水问题。据统计,2016年,宿州分行通过金融扶贫,带动1.1万人脱贫增收。重点帮扶的泗县徐贺村,市行43名副科级以上干部接对帮扶45户贫困户,并采取为贫困村捐赠办公用品,为贫困户捐款,为有需求的贫困户发放农户小额贷款等多种方式帮助贫困户脱贫增收(结对19户脱贫户已通过省级评估验收)。

【“互联网+”行动】 融合“三农金融服务”实施“互联网+”。2016年新增安装并开通12台存取款一体机,新开通惠农金融服务室16个,安装自助服务终端15台、现金类自助设备2台。存量在行式自助银行已达62个、离行式自助银行23个、离行式ATM网点2个，投放并在线生产的现金类自助设备288台、自助服务终端126台、自助发卡机9台。在县域以下布放电子机具2292台，电子机具乡镇覆盖率为100%，设立惠农服务点980个，惠农卡发卡量30.1万张，建设一个A类“惠农金融服务室”，提升服务层次和服务能力。结合农业部信息进村入户试点，搭建合作平台，将电子商务平台的发展作为“互联网+”的重点内容，实现助农服务点的转型升级。加大核心商务的拓展力度，落实总行关于互联网金融服务三农战略部署，加强与对公业务部分的联动，推进我行电子商务平台“e农管家”全面对接“三农”服务，提升网点的综合服务能力。

【风险管理】 严守信用风险。严格落实不良贷款管控责任，实施名单制管理，加大贷款的风险化解力度，争创信贷“三化三无”，提高信贷管理水平；严守操作风险。扎实开展“三化三铁”，加强现场和非现场检查力度，开展内控管理和员工的业务技能培训和练兵，加强印章管理；严守案件风险。做好“两加强、两遏制”回头看、巡视整改工作。着力加强重点领域案件风险治理，把违规发放贷款、非法集资、柜面违规代理、员工违规担保和参与民间借贷等作为案件风险治理的重点，排查员工行为，把风险发现在前、化解在前；严守安全风险。把员工生命财产安全放在第一位，严格“三化三达标”考评管理，继续保持安全检查高压态势，不定期突出检查，重点检查网点安保、自助银行、电源线路、防火防汛设备、员工逃生通道等。持续开展防抢、防盗、防诈骗的培训和教育，防控外部违法犯罪。进一步加强科技中心机房的管理，确保安全生产系统运行稳定；严守声誉风险。加强信访维稳和舆情监测，及时发现、稳妥化解各类投诉和信访。加强重要节点的领导带班和值班制度，落实重大事项报告制度，及时处理各类突发事件，确保不发生声誉风险事件。

【精神文明建设】 一是开展各项劳动竞赛活动。举办全市农行第九届柜台业务技术比赛，在省分行举办的全省农行第六届柜台业务技术比赛上，宿州农行获得团体三等奖，制定《宿州分行金融惠民工程业务竞赛活动实施方案》，积极推动惠农金融服务室建设、支付清算业务拓展、城市一卡通、金融IC卡和移动金融业务推广等业务发展。组织参加人民银行以及省分行组织的各类竞赛活动，宿州分行分别获得市人民银行组织的金融IC卡和移动金融业务知识竞赛团体二等奖、省分行“安全随行，守卫平安”知识竞赛一等奖及团体三等奖、省分行青年员工营销创意风采大赛第二名、市银行业协会举办的消费者权益保护技能展示小品大赛二等奖。二是做好宿州分行2014—2015年度先进单位和先进个人评选，开展农总行“五一”劳动奖状和全省农行“寻找身边最美农行人”推荐和申报活动，做好宿州市先进集体和先进个人的推荐申报和宿州市文明单位和文明行业的推荐申报等，宿州分行被市政府和文行委授予市第九届文明单位和第九届文明行业荣誉称号。宿州分行被宿州市总工会授予宿州市劳动竞赛先进单位，被市政府和文明委推荐为“安徽省第十一届文明单位”候选单位。三是加强职工之家建设，着力营造美好和谐幸福家园，推动“六件实事”的落地实施，统一制定《基层网点小食堂管理制度》《基层网点员工周转房管理制度》等一系列制度和管理办法，明确责任人和管理人员，上下联动、齐抓共管，使职工之家建设逐步走上制度化、规范化、常态化的管理轨道。5个基层网点被市总工会授予“模范职工小家”。四是建立农银爱心基金，组织员工参加公益捐款活动，市政府和红十字协会开展的“博爱在江淮动公益捐款活动”，共募集捐款7650多元。组织结对子帮扶救助捐款活动，宿州分行被市总工会和宿州市红十字协会授予宿州市帮扶救助工作先进单位和宿州市红十字事业最佳支持奖。五是丰富职工文化生活，开展多种形式的文体活动。先后成立书画摄影俱乐部，乒乓球、羽毛球、篮球俱乐部，扑克牌、象棋、围棋俱乐部，读书、音乐、舞蹈俱乐部和游泳、骑行、健身俱乐部等“五大”俱乐部，下设13个兴趣小组，丰富职工文化生活，不断增强员工的向心力和凝聚力，焕发工作的积极性和创造性。

【宿州分行获业务竞赛奖项】 4月19日下午，宿州市政府、总工会、人行宿州中心支行举行宿州市金融惠民工程业务竞赛表彰大会，宿州分行获“支付清算业务拓展竞赛”一等奖、“金融IC卡及移动金融推广”二等奖、“惠农金融服务室建设”二等奖。城中支行刘园园在宿州城市一卡通卡片设计征集大赛中获得卡面设计优秀奖，所设计的卡面被选中作为宿州市发行城市一卡通的卡面;宿州分行运营管理部朱华实在“支付清算业务拓展竞赛”中获得个人一等奖,宿州分行信用中心付晓获“城市一卡通工程”先进个人称号、宿州分行信用卡中心高彩琴获“金融IC卡及移动金融推广”先进个人称号。

【皖北六市惠农安居贷款推进会】 2016年7月14日下午,省担保集团、省农行、省住建厅组织的皖北六市惠农安居贷款工作推进会在宿州召开,贯彻落实农业银行总行与安徽省政府签署惠农安居贷款战略合作协议,完善政府增信机制,推动惠农安居贷款业务发展,实现省政府确立的3年去库存目标。省农行副行长汪晓健出席会议并作重要讲话。市及有关部门领导李朝晖、张亮,市住建委、财政局、房管局、住房公积金管理中心、金融办负责人,市中小企业担保公司主要负责人;各县区政府分管负责人和各县区担保公司主要负责人;皖北六市农行、宿州分行、淮北分行、亳州分行、阜阳分行、蚌埠分行、淮南分行以及农行宿州分行各县(区)支行主要负责人参加会议。

【柜台业务技术比赛】 8月20日上午,宿州分行第九届柜台业务技术比赛在九楼会议室举行。来自全市农行6个多点行和4个单点行的10支代表队58名选手参加柜台业务知识、BOEING业务操作、单指单张点钞、机器点钞等4个单项和团体项目的比赛。

【职工体育活动】 10月2日上午,由安徽省体育局、宿州市政府主办,市教体局承办的2016年宿州国际半程马拉松比赛在宿州市政务新区银河广场隆重举行。宿州分行组织40余名男女选手参加5公里迷你跑比赛。

【机关党委会】 2016年12月16日上午,二级分行机关党委在六楼会议室召开机关本部及市区单点行党支部书记会议。安排部署系统内推选出席党的十九大、农总行党代会以及省分行党代会代表工作。

(曹　彦)

·中国银行宿州分行·

【概况】 中国银行宿州分行成立于1984年12月,成立之初为中国银行宿州办事处,1986年升级为中国银行宿州支行,1996年12月经总行批准更名为中国银行宿州分行,坐落于宿州市银河一路168号。伴随着宿州市的改革开放,中国银行宿州分行各项业务获得长足的发展,从专业经营外汇外贸业务发展成为本外币业务混营、功能齐全、经营稳健、具有一定实力的分行。

中国银行宿州分行贯彻上级行党委“担当社会责任、做最好的银行”战略发展要求,立足于当地,支持和服务于当地,不断加快经营转型,创新金融服务,加强银政、银企合作,先后支持电力、煤炭、商贸、建筑等行业和企业的发展,不断加大对中小微型企业信贷支持力度,加快个人消费贷款的投放,为市委、市政府提出的“四个宿州”目标做出贡献。

【支持地方经济发展】 中国银行宿州分行围绕“3111”工程,根据宿州市政府的首位行业扶持政策,将砀山县食品产业、萧县建材产业、灵璧县食品产业、泗县机电产业以及埇桥桥区纺织服装产业等作为重点扶持行业,密切与政府部门的联系,加强与当地企业的对接力度,支持首位产业项目、招商引资项目以及地方民营企业的发展。逐步压缩产能过剩行业贷款余额占比,腾挪资源支持节能环保、新能源、新材料等战略性新兴产业的发展,向上级行上报煤炭、医药、商贸等行业的资金需求,争取信贷规模,有效缓解客户的资金压力。发挥综合经营优势,集中资源保障全市重点行业和重点工程项目的资金需求,优先支持中型客户、小微企业、涉农企业等资金需求,并通过投行业务、日积月累、汇利达、远期结售汇及保函等业务,缓解地方企业的融资需求。

中小企业在成长过程中,经常遭遇资金“贫血”,如何发挥金融输血功能?中国银行宿州分行寻找与中小企业的最佳契合点,加强与政府招商部门、行业协会、担保机构等开展联动合作,举办多种形式的银企对接会、产品推介会和恳谈会,搭建与中小企业客户合作交流的平台。持续加强政策传导和产品创新,结合宿州市中小企业发展状况和特点,组建专门服务中小企业的钻石团队,探索有效的营销路径与方法，不断创新和推广中小企业授信新产品，采用联贷联保、应收账款等多种担保方式，破解中小企业担保难或押品不足等“瓶颈”难题。特别是2016年以来，分行响应当地政府关于银税互动号召，持续推动“税融通”业务落地，对于纳税信用较好的中小企业客户积极给予信贷支持，全年投放4800余万元，支持地方中小企业的发展。

【架通地方企业“走出去”的桥梁】 作为以国际化业务见长的银行，中国银行一直在全球化进程中处于领先优势，以其国际化经营丰富的经验，承担起战略重任，争当服务“全面扩大对外开放”国家战略的“排头兵”。作为中国银行在宿州市的二级分行，中行宿州分行依托集团国际化优势，为企业跨境出海铺路搭桥，提供专业及时的金融支持，做服务宿州企业“走出去”的桥头堡。近年来，中行宿州分行扬自身之长，重点扶持煤炭、制药、机械制造等支柱产业，并积极拓展新能源、文化和高新技术产业的国际结算业务。通过福费廷、保理、融信达、信用证等十余种贸易金融产品，为宿州市近90%的外贸企业“漂洋过海”提供金融支持。2016年，实现国际结算业务量1.85亿美元，累计办理跨境人民币业务1.34亿元，处于全市领先地位。

此外，中行宿州分行紧紧围绕宿州市承接产业转移的良好机遇，配合地方政府及相关部门，寻找金融服务经济的切入点，通过举办银企对接会、金融产品推介会等多种形式，搭建银企沟通平台。2015年末，中国银行与安徽省政府共同举办安徽省中小企业跨境投资与贸易合作对接活动，活动借助中国银行中小企业跨境撮合服务机制，组织欧美澳及日韩等国家和地区约100家企业开展专项对接撮合活动。为帮助宿州市中小企业能在本次对接活动中寻找到海外合作伙伴和投资贸易机会，中行宿州分行共招募106家本地企业与海外企业进行对接撮合，其中，有41家宿州本地企业参加在合肥举办的“跨境合作、助力中小、共谋发展”大型跨境企业对接会活动，会议期间，宿州市企业参加现场对接55场，视频对接4场，达成合作意向38场，为宿州市当地中小企业客户开展跨境合作搭建了良好的发展平台。

【强化信贷投放力度】 中国银行宿州分行响应市委、市政府振兴县域经济发展的总体要求，围绕“两区”建设的深入推进，将县域和“三农”业务的发展提升至战略地位，积极支持县域和“三农”经济发展。针对县域经济发展特色及涉农企业经营特点，组织金融顾问深入了解新型农村经营主体生产经营情况，探索创新金融支持现代农业发展模式，研发推出手续简便、审批快捷、利率优惠的涉农企业融资产品，运用“宿州农贷通”“宿州市中小企业助保金贷款”“网络通宝”等中行特色产品，服务本地涉农企业。同时，为推动新型农业经营主体发展，对宿州市省级和市级农业产业化龙头企业进行重点走访，帮助企业更好地了解当前金融政策和授信需求，先后推广创新信贷产品13项，创新产品服务企业超百户，缓解涉农企业发展中的难题，助力新型农业经营主体不断做大做强。

【助力小微企业】 针对宿州市中小企业产业集群日益增多的情况和小微企业经营难、贷款难的实际，分行通过对中小企业“地毯式”走访、“零距离”接触，为中小企业排忧解难。通过加快“中银信贷工厂”发展步伐，坚持走集约化、专业化之路，走规模效益之路，实现与市场的有效对接。将产业集群开发、创新产品推广作为中小企业新模式主要业务支撑点，加大对宿州市内中小微企业集约化支持力度。通过深入调查小微企业客户的融资需求，在政策许可范围内积极探索，对生产正常但暂遇资金困难的中小企业，提高审批效率，加大信贷支持力度。

针对中小企业的个性化需求，利用全功能型金融业务和机构网点平台优势，发挥综合金融比较优势，不断拓宽企业融资途径，着力解决中小企业实有资产抵押不足、贷款难、发展难的问题。研发应收账款、存货抵押、担保机构担保等多种担保方式，满足不同客户的融资需求，向中小企业提供包括账户、授信、结算、贸易融资、国际结算、财务顾问、理财管理、资金管理等在内的全生命周期服务，建立起全面、高效、专业的金融服务体系。

【智能银行建设】 中国银行宿州分行加快网点转型和智能化银行建设步伐，调整网点布局，让网点延伸和规划更符合客户需求，提升网点服务面，并根据区域特点，加大自助设备投放，延伸功能触角，提高网点金融服务质效。按照服务销售流程整合相关要求，开展网点标准化建设。通过微改造工程，统一更换服务标识，补充老花镜、雨伞等各类便民物品,使营业网点窗明几净、焕然一新。除此之外,为更好提升客户体验,一方面积极布局、优化电子银行服务,另一方面将物理网点的智能化转型升级看作提升客户满意度的重头戏,努力创新网点服务,更好提升客户体验。

中行智能化网点建设的核心理念是"智能化、网络化、互动化和综合化",在智能化网点里,客户无须填写纸质单据,刷银行卡或身份证即可完成信息采集;办理银行卡更加方便,在自助发卡机上操作几步就能轻松完成;扫描一下二维码,关注"中国银行微银行",各类银行业务、产品资讯以及市场活动信息都会显示在客户的手机上。走进中行宿州分行智能化网点,客户感受到科技的人性化,网点办理业务效率更高,咨询问题响应更快,自助交易操作更便捷。据统计,智能化网点平均新增客户数比非智能化网点高出近一倍,改善原有银行复杂业务的办理效率,提升客户满意度。

在客户服务方面,中行宿州分行营业部继2015年被中国银行业协会授予"五星级网点"称号后,2016年顺利通过"全国文明规范服务千佳示范网点"的验收,成为宿州市唯一一家、中行皖北地区唯一一家全国"千佳示范网点"。

【扶贫助农】 中行宿州分行始终秉承"担当社会责任、做最好的银行"的使命,坚持"服务社会、感恩社会、回馈社会"的核心价值观。分行与埇桥桥区朱仙庄镇三铺村结成扶贫对接后,曾多次深入三铺村,向村干部了解该村的经济发展以及村民的生产、生活情况。开展进村入户访贫问苦、帮扶指导,与当地村干部共同商讨帮助贫困家庭脱贫致富方案。在重大节日开展对困难群众的慰问活动,鼓励他们坚定信心搞好生产,并给予现金和物质的帮助,为改善他们的生活水平尽了绵薄之力。

贫困落后地区不仅要在物质上给予帮助,更要在精神层面上给予关怀。分行为进一步改善县域"三农"的金融防范意识,大力普及金融知识,推动农村金融改革发展。在当地人民银行和银监分局的大力支持下,组织以"送金融知识下乡"为主题的助农活动,多措并举,确保县域居民在金融知识方面的可获得性。截至2016年末,开展金融知识宣传服务进社区、进企业、进农村专题活动20余次,树立良好的金融服务品牌形象。

(张培硕)

·中国建设银行宿州分行·

【概况】 2016年,宿州分行主动适应经济发展新常态,继续发扬"奋勇争先,不断超越"的拼搏精神,深入坚持"围绕一个目标、巩固两个优势、实现三个提升"的工作方针,深化转型发展,强化内控管理,优化资产质量,固化优质服务,各项工作取得跨越式发展,系统内综合考核实现争先进位,多项指标位居同业前列,优质服务水平位居全省领先地位,党建和内控管理工作水平显著提升,连续九年被当地政府评为"宿州市文明单位"。

(一)存款。截至12月底,全行全口径存款214.5亿元,系统内排名第六位,同业排名第二位,当年新增26.95亿元,系统内排名第五位,比2015年同期上升4位次,同业排名第二位。一般性存款余额214.34亿元,当年新增27.14亿元,余额及新增均系统内排名第六位、同业排名第二位。其中,企业存款余额91.52亿元,系统内排名第八位,比2015年同期上升1个位次,同业排名第一位,当年新增17.81亿元,系统内排名第七位,比2015年同期上升1个位次,同业排名第一位,比2015年同期上升1个位次;储蓄存款余额122.82亿元,系统内排名第六位,同业排名第二位,当年新增9.34亿元,系统内排名第五位,同业排名第二位。

日均口径:一般性存款余额214.9亿元,系统内排名第六位,同业排名第二位。当年新增35.72亿元,系统内和同业排名均第二位。其中企业存款日均余额92.17亿元,系统内排名第六位、同业排名第一位,当年新增23.84亿元,系统内排名第三位,同业排名第一位;个人存款日均余额122.73亿元,系统内排名第六位,同业排名第二位,当年新增11.89亿元,系统内排名第四位,同业排名第二位。

(二)贷款。全行贷款总额114.31亿元,系统内排名第八位,比2015年同期上升1个位次,同业排名第二位,当年新增13.93亿元,系统内排名第四位,比2015年同期上升1个位次,同业排名第二位。其中公司类贷款余额59.34亿元,系统内排名当十位,同业排名第二位,当年新增3.37亿元,系统内排名第二位,比2015年同期上升1个位次,同业排名第三位,比2015年同期下降1个位次;个人类贷款余额54.97亿元,系统内排名第八位,比2015年同期上升1个位次,同业排名第三位。当年新增

10.55亿元，系统内排名第六位，比2015年同期上升1个位次，同业排名第二位，比2015年同期上升1个位次。

截至12月底，全行不良贷款总额6412.95万元，全面完成省分行下达的资产质量控制计划。其中：小企业不良额3552.3万元，个人类不良额2860.65万元；良好类逾期贷款共计2562.01万元，其中小企业贷款840万元，个人类贷款1722.01万元。

（三）中收利润。实现账面中间业务收入12850万元，同比新增1719万元，全省排名第五位，增幅15.4%，全省排名第四位，其中对公中间业务收入6359万元，同比新增846万元，同比全省排名第五位，增幅15.3%，增幅排名全省第四位；个人类中间业务收入6490万元，同比新增873万元，增幅15.5%。

税前利润42352万元，计划完成率125.66%，同比新增10659万元。净利润31764万元，计划完成率125.665%，同比增加7994万元，增幅33.63%。经济增加值22395万元，计划完成率131.39%，同比增加5693万元，增幅34.09%

（四）客户。1.对公客户。2016年实现全行对公账户净新增2265户，新增占比达到46.19%，新增同业排名第一，账户总量相继超越中行、工行，提前实现“甩四进二”目标。

对公加权有效客户新增1346户，提前、超额完成省、市行全年计划的182%、224.33%，系统内排名第三。全量资金体内循环率和承接率为45.01%和43.08%，均位列系统内第四位。

2.个人客户。个人全量客户数量1050137户，当年新增73082户，其中有资产客户数量595556户，当年新增45975户；全行折算前有效客户数量210933户，当年新增29911户，折算后有效客户数量936020户，当年新增164268户，完成省分行计划的117.33%，超额完成时间进度。

全行个人中高端客户累计21639户，当年新增2625户，存量、增量系统内排名均第三位。存量、增量较2015年同期分别上升3个位次和1个位次；中高端保有率82.51%，位于全省第一位，高于全省平均保有率3.66个百分点；商户通存量客户3479户，当年累计新增86户，清理长期不动户1569户；私人银行客户300万元以上327户，当年新增33户；500万—1000万元成长级客户114户，当年新增14户，1000万元以上客户33户，当年新增11户，居全省第七位，增速50%，居全省第五位。

（五）产品。1.代发工资。全行代发工资单位410户，代发工资总额36.28亿元，月均代发3.02亿元，有效客户新增92户，新增代发人数9885人，代发金额3466万元。

2.保险。累计销售寿险产品51325万元，代理对私保险业务收入取得历史性突破。实现中间业务收入1273.25万元，位于全省第三位，较2015年同期上升353.98万元，增长38.5%。

3.理财。累计销售各类理财产品648082万元，较2015年同期上升35558万元，增幅5.80%。

4.贵金属。累计销售贵金属10496万元，其中实物金933万元，账户金6332万元，账户银2959万元，帐户铂235万元，积存金37万元，实现中间业务收入71.15万元。

5.基金。累计销售39891万元，较2015年同期下降51731万元，下降56.46%；实现中间业务收入134.54万元。较2015年同期下降181.93万元，下降57.49%。

6.国债。累计销售5005万元，较2015年同期下降772万元。实现中间业务收入19.26万元。

7.电子银行。截至12月底，移动金融柜面替代率67.7%，全省排名第三位；手机银行存量活跃客户86782户，全省排名第四位。个人网银存量活跃客户64280户，全省排名第三位；企业网银存量活跃客户2981户，全省排名第六位；悦生活完成交易673563笔，全省排名第三位。

8.信用卡。截至2016年底，全年净增发卡24318张，计划完成率101.32%，新增系统内排名第5位；信用卡分期交易额实现63422.36万元，系统排名第五位，完成额是2015年的4.87倍；全年净增客户数17599户，系统排名靠前，新增发卡活动率超58%，发卡以及新增发卡激活率均创新高。新增活动商户295户，新增达标商户223户。

9.ETC。新增7304户，计划完成率85.92%。

【荣誉】 1.系统内考核连续8个季度位居全省第一方阵。

2.对公结算账户当年新增2265户，连续两年保持同业第一；实现国际业务中收529万元，计划完成率全省第一，四行占比第一。

3.优质服务继续领跑全行，连续4年全省考核第一。

4. 新增电子对账签约 718 户,位居全省地市行第一位。

5. 信息宣传工作位居全省前列,《建设银行报》发稿量全省第一,宿州市银行业信息宣传工作连续四年同业第一。

6. 智慧柜员机迁移率全省第一。

7. 信用卡分期交易额 6.34 亿元,四行占比 43.59%,稳居四行第一。

8. 老干部工作成效显著,荣获总行老干部工作先进集体荣誉。

【促抓各项业务】 1. 抢夺先机抓旺季。分行及时召开全行旺季营销动员大会,对全行旺季营销工作进行动员部署;加大后勤保障力度,全力支持旺季营销;组建分期、信用卡、代发工资等多个营销团队,深入市场助力旺季;班子成员对网点实行包干制,加大对基层的走访,帮助网点解决营销中存在的问题,全力支持旺季营销工作;召开六次旺季营销个人存款工作调度会,全面督导网点旺季营销工作。旺季期间,全行个人存款新增 14.18 亿元,系统内排名第五位、同业第二位;点均新增 5454 万元,居同业第一位。

2. 强化联动抓产品。发挥优势,紧盯目标,精准营销,持续领跑存贷款业务。有序推进综合团队建设。组建"客户和账户拓展、项目推进、资金承接、有效客户、投行、国际、造价、年金"八个综合型业务团队,推动大资产大负债业务,加强与支行与各部门联动,多次走访市、区、县三级政府部门,获得源头信息,做好财政存款的有序衔接,狠抓源头信息来源和资金承接。全年承接农合、社保财政存款共计近 13 亿元。2016 年,大中型客户累计发放贷款 30.35 亿元;持之以恒紧盯重点客户。梳理重点大客户名单,联动支行、省行组建三级联动营销服务团队,发挥合力作用优势,先后成功承接宿州市城市建投公司 18.55 亿元发债资金和 3 亿元农民工工资款;精准营销力拓个贷市场。严格落实省分行举全行之力加大个贷投放工作,拓展渠道加快公积金委托贷款优质客户有效增长,做大做强一手房业务,积极发展个人助业贷款,大力发展成熟小区中二手房业务。截至 12 月底,保持合作的按揭楼盘项目共 108 个;公积金委托类贷款较年初新增 5.72 亿元;强化培训和联动,营销电子银行产品。开展送培训到基层活动,加强对存量客户的营销与激活;加强条线联动、产品联动,加大宣传营销力度,通过"砸金蛋,赢好礼""龙支付"及"微信银行缴罚款精美礼品等您拿"等营销活动的宣传,多渠道、多方位对电子银行产品进行宣传。当年,新增善融商务交易额 24909.55 万元,全省排名第四位。集中资源,全力做好阶段性重点工作。举全行之力积极做好个体工商户、ETC、存折换卡、信用卡分期等阶段性业务营销工作。2016 年,分行分期交易额同业第一,存折换卡工作成效显著,宿东支行存折换卡工作经验被总行《建设银行报》刊登。

3. 夯实基础抓客户。持续推动"工商一站通"服务品牌,强化源头营销客户。全面开通四县一区行政服务中心开通驻点服务,从源头服务客户,成效显著。一年来,通过全辖行政服务中心营销开户的客户开户 1450 户,占比全年账户新增总额的 64.01%;加快"客户赢"大走访活动。分行组建培训师团队,分期分批上门为重点客户宣传介绍建行产品,现场办理产品签约活动,培训师徒先后深入市县城区,为客户举办 30 多场培训活动;加大政府部门和重点客户的营销走访,依托链条网充分挖掘重点客户上下游营销信息,做好客户拓展工作;深耕细作,细化落实,持续做好有效客户提升工作。在抓好辖内重点客户拓展的同时,全力推进有效客户的提升工作;集中资源对中高端客户进行挖潜改造和维护。市分行先后举办私人银行客户茶艺品鉴活动、贵金属投资观摩会、"财富杯"高端客户联谊活动以及"金秋送爽,梨园采摘"、特色体检等高端客户联谊活动 20 多次,维护客户关系,夯实业务发展基础。

4. 突出重点抓项目。进一步构建明确的责任体系,强力聚焦项目储备,按照储备一批、发展一批、落实一批的动态管理模式,加快重点项目营销。2016 年先后向钱营孜电厂等重点项目投放贷款 8.8 亿元;积极关注 PPP 贷款、政府购买服务贷款等新型项目,对纳入安徽省战略性新兴产业重点项目及本地上市公司等重点领域,梳理目标客户名单,挖掘营销商机,拓宽信贷业务发展空间。当年储备"砀山县棚改"等项目 13.4 亿元。

5. 提升效益抓中收。强化效益观念,确保中收颗粒入仓。夯实传统业务优势,不断强化效益观念,对中收影响较大的重点客户实行一户一策;提供综合化产品服务,广拓中收渠道。为客户量身定做一篮子服务方案，既为客户解决投融资问题，也提升客户的综合贡献度。成功营销企业短期融资券60亿元；全力以赴加快信用卡、ETC、快贷等高收益产品营销拓展。信用卡业务全年实现中收2300万元，创历史之最。

【风险排查】 一是开展“一加强两遏制”回头看自查工作。为进一步加强内控管理，有效防范金融风险，促进各项业务健康稳健发展，根据监管部门及安徽省分行关于加强内部管控遏制违规经营和违法犯罪专项检查“回头看”自查工作等文件要求，宿州市分行认真组织落实自查工作，发现15个问题，完成整改14个，整改完成率93.33%。并严格按照规定进行责任追究，其中：记大过1人次，通报批评5人次，负向积分12人次，经济处罚6人次。

二是开展票据类业务检查活动。针对农行北京分行39.15亿元票据大案，宿州市分行组织对全行银行承兑汇票贴现票据业务进行全面排查。检查票据贴现业务521笔，金额19135万元。经过核查，没有发现票据尾箱中存在违规违纪问题。

三是组织流动性风险排查活动。为有效防范和处置流动性风险突发事件，最大限度地预防和减少流动性风险突发性事件造成的危害和损失，分行进一步强化制度体系建设，建立流动性管理和资产负债管理岗位职责，责任落实到人。并于11月29日组织一次由当地人行和本行各部门参加的全行流动性风险应急演练活动，有效检验和提升应急处置和防范能力。

四是存量对公客户重点排查。对辖内对公存量客户，通过大数据平台，进行多方面风险排查，深入了解辖内企业客户风险状况，通过此次重点排查，发现需重点关注客户8户，安排专人实时监控，及时了解企业生产经营状况及资金流向，严防出现新的风险隐患。

【不规范服务收费清理】 严格执行“七不准、四公开”的规定，对造价咨询业务、财务顾问业务、资金结算业务等进行梳理和检查，未发现强制收费、以贷转存、存贷挂钩等违反监管政策的问题。

【“屡查屡犯”专项治理】 分行按照业务种类、业务单元、业务环节等要素，从问题复发频率、复发数量等维度进行统计分析归类，梳理出宿州市分行2015年内控评价风险问题209条下发全行，督促条线对照落实整改。召开“屡查屡犯”专项治理活动领导小组会议，要求各部门要切实履行职责，善于发现问题、勇于揭示问题、及时整改问题，按照从严治行、有规必依、违规必究的原则，强化责任认定与追究，杜绝屡查屡犯、此查彼犯现象。同时按月汇总分行“屡查屡犯”专项治理进展情况进行通报，受到省分行肯定和转发全省学习借鉴。

【案件风险防控】 分行明确部门职责，制定和完善案件防控考核细则和部门联席会议制度，加大检查和排查力度。经排查，宿州分行2016年全年无案件情况发生。

【反洗钱监控】 市分行严格按照人民银行及上级行的要求，组织辖内员工积极做好反洗钱工作，向当地人行及时反馈反洗钱工作的情况、内控制度的建立完善情况，并组织人员对网点反洗钱内控制度执行情况进行监督检查，发现问题，及时整改，保证反洗钱制度规定得到落实。2016年度，分行协助人行调查对公、对私账户、POS商户等11笔，涉及账户125户。向人行报告重点可疑交易报告6份1474笔，总金额57150万元。

【内控合规管理】 一是深入学习，加强案防学习教育。组织创办《银行业风险事件参考》等学习教材，有针对性地将内外部发生的案件和外部银行损失事件以及银行业信用风险案例选摘予以编发，供各支行和业务部门学习借鉴。提高全员遵规守纪的意识，规范客户经理职业操守，有效提升全行内控合规管理水平。全年编制并下发各类案防教育资料100多份。

二是强化力度，深入开展违规操作专项整治活动。分行认真贯彻落实省分行部署，以员工行为管控为重点，坚持目标导向、责任导向、问题导向，严肃、有效、全面开展专项整治工作。重点整治充当资金掮客、违规参与民间借贷行为、参与“飞单”业务、私售理财产品行为及造价咨询人员利用执业资质与身份收受好处、贿赂行为，从源头上遏制违规行为发生。及时制定并下发《宿州市分行深化“合规建行人人践行”创建活动实施细则》《宿州市分行违规操作谋求私利专项治理活动方案》；《宿州市分行开展屡查屡犯问题专项治理活动实施方案》。

三是广拓渠道,深入开展员工行为排查工作。深入开展内部员工行为按季排查工作;在全行开展问卷调查及领导人员民主测评工作;主动到外部机构开展案件风险摸排工作。分行积极与公检法、工商等外部机构联系,加强员工行为排查;主动走访小企业信贷客户,发放客户调查问卷,扎实开展外部走访调查,多渠道收集问题线索,提升主动发现问题能力。组织员工参与民主测评 363 人次,被测评负责人 73 人次,走访信贷客户 15 户次,核查个人事项报告 10 份,走访公检法、工商等外部机关 7 次,通过深入开展问卷调查以及主动开展外部走访调查,收集问题线索 17 条。其中,初核、立案 4 条,诫勉谈话 2 条,提醒谈话 11 条;给予党政纪处分 2 人(党纪处分 1 人),给予通报批评 1 人,解除劳动合同 1 人,诫勉谈话 2 人,提醒谈话 9 人。

【信贷资产质量管控】 加大风险监控力度,强化风险提示工作。2016 年,向经营机构发出 16 份风险提示书、43 份授信业务风险预警事项核查通知、36 份押品重估提示,组织上报 4 户重大信用风险客户;及时组织风险分类,真实反映资产质量。2016 年,组织召开风险分类会议 4 次,及时准确揭示全行资产的风险程度与实际价值,促进信贷资产精细管理,按时完成信贷资产十二级分类、非信贷资产五级分类等工作,并及时录入系统。

【企业文化】 1. 多措并行将关爱员工工作落到实处。关注员工身心健康,积极督导员工落实年休假制度。深入推动关爱员工十件事的贯彻落实,不断细化和完善关爱措施。组织女员工积极参加省分行"女性魅力与建行发展"征文活动。对网点实施周末轮休制度,为基层员工减压;持续开展节日送温暖活动。春节期间,看望困难职工 10 人、离退休老干部代表 12 人,看望慰问基层网点员工,送去防雾霾口罩、金嗓子喉宝,家庭常用药等慰问品;组织员工参加各类文体活动,组织青年员工参加"读经典　提正气　青春志　中国梦"朗诵比赛活动;持续加强员工培训工作。2016 年,组织 460 多位员工参加上级行和市分行组织的各类业务培训活动。

2. 广拓平台促人才队伍成长。大力加强员工队伍建设,努力营造"关爱员工"的工作氛围。为基层员工打开晋升通道。2016 年,分行选拔 3 位青年员工任职县支行副行长,2 名青年员工任职网店经理和营运主管;根据职务与职等并行办法晋升职等九、十职等员工共计 28 人,拓宽了员工晋升通道。

3. 强化落实积极推动"文化聚共识转型促发展"主题实践活动稳步进行。积极开展"身边先进典型"学习活动,营造"赶学比帮超"的良好氛围。在网站设立"典型引领""最美建行人颁奖有感"等专栏,并组织青年员工撰写"我身边的先进典型"等征文 11 篇;撰写中国银行业文明服务示范单位宿州科技广场支行文明服务事迹在《拂晓报》刊登;加强全行网点优质服务水平提升工作,组织对监控考核中获得满分的员工进行学习;搭建平台,创新渠道,多措落实文化促发展价值提升。持续开展青年员工拜师活动,打造青年员工健康成长环境和机制。开展系列活动助推文化创建氛围。组织青年员工开展"读经典、提正气、青春志、中国梦"读书和演讲竞赛活动,组织全行党员干部参观党风廉政建设教育基地。组织全行员工开展"建言献策""微创新"活动,先后报送 14 例微创新事例、3 例"出彩建行人";组织青年员工开展"百事咖啡"金点子大赛活动,提升青年员工参与管理和发展的积极性。强化落实深化合规文化建设。举办"合规建行与你同行"知识竞赛活动,开展"合规建行人人践行"活动征文,撰写征文 26 篇。

4. 勇于担当助力社会公益活动。组织全行员工积极捐助爱心基金 18.5 万元,资助贫困村脱贫项目建设;关注下一代健康成长,向贫困村小学捐赠 1000 多元的书籍;组织党员志愿者深入社区,参加文明创建活动,为社区残疾人捐资捐款,奉献爱心。

5. 协调发展推动文明共建工作。根据文明创建工作规划和要求,市分行积极组织专人,加班加点,搜集、整理和完善文明单位申报材料,向当地文明办申报第九届市级文明单位。经过紧张有序的准备工作,如期完成材料的报送工作,申报材料和申报工作得到了宿州市文明办检查验收小组的高度赞扬,并荣获宿州市第九届文明单位称号。

6. 精准帮扶助推金融扶贫。分行通过强化"四到位"将扶贫工作落到实处。一是机制到位。分行成立扶贫工作领导小组,制定《宿州市分行定点扶贫工作规划》,加大对驻村帮扶人员的考核督导,督导扶贫工作稳步开展。二是督导到位。定期督导相关业务部门加快涉农扶贫贷款投放。三是走访到位。从年初开始,分行领导和党员干部多次深入农村,上门走访慰问,并捐赠 1500 多公斤米、面、油,帮助当地村民度过春节；四是支持到位。分行选派专人常年驻村，帮助村民解决实际困难；引导部分村民办厂创业；积极向上级行申请专项扶贫资金帮助贫困村修建村中水泥路；向贫困村捐助爱心基金18.5万元、专项扶贫资金19.4万元，用于贫困村脱贫项目建设。

截至年末，分行支持企业类涉农贷款60笔，金额17086万元；个人精准扶贫贷款户数259户，扶贫贷款余额4896.97万元。定点帮扶村实现脱贫109人，扶贫工作成效显著。

【党建】 强本固基，创新驱动，多措夯实党建工作基础。成立党建工作小组，健全支部班子，确保党建工作组织保障到位。积极推动支部“三亮、六有、八上墙”以及“三会一课”制度得到规范化、标准化建设和落实；举办党建工作培训班，定期对基层党组织党建工作进行检查指导。2016年，先后对基层党组织进行4次党建检查工作，对排名后五位的基层支部书记进行约谈。对全行各党支部书记抓基层党建工作进行考核评议。有6名基层党支部书记因考核排名靠后，被市分行党委约谈。建立党建领导小组联席会议制度，加强交流沟通；充分发挥纪检特派员作用，加大对基层党建工作检查督导；创新党建工作渠道和方式，加强与属地基层党组织结对共建活动。政务新区支行等6个支行党支部等先后与行外机构党支部结对共建，联合开展“两学一做”学习教育专题活动，组织青年志愿者定期进行义务劳动，节日前夕上门慰问社区贫困户和困难党员等等。宣传跟进，积极营造全员参与、全力以赴抓党建工作氛围。在市分行网站设立党建专栏，举办党建活动征文和建党95周年庆典活动，撰写“两学一做”学习心得体会，在全行积极营造抓党建促发展的浓厚氛围。2016年，分行在行内外各类媒体共发表关于党建工作的稿件240余篇，为全行抓党建促发展起到引导作用。突出重点，稳步推动“两学一做”工作有序进行。制定学习方案，分阶段、有步骤地对全行“两学一做”学习教育工作进行部署、督导、推进，编发30多期工作简报，推动“两学一做”深入开展。严格标准，进一步规范党员发展工作。严格按照规定，择优发展，注重发展年轻党员和业务骨干。2016年，新发展党员8名。

【党风廉政建设】 结合“两学一做”学习教育活动，强化全行党纪党规学习教育；持续开展“学规定、知禁令、守底线”主题教育活动，严格规范员工行为，坚决守住纪律底线；认真开展党纪行规知识学习测试，连续组织开展8场党纪行规知识学习测试；组织全行党员干部110多人参观党风廉政教育中心展厅，开展警示教育活动；举办党风廉政建设专题教育讲座和学习测试工作，检验全行各党支部“两学一做”专题教育活动以及党纪党规、行纪行规学习效果；定期组织所辖特派员充分利用早晨会、晚例会、党务会等场合持续开展微讲堂活动，扎实推进廉洁文化建设；紧盯年节假期，加强公车管理，常态化加强作风建设；严格党员干部操办婚丧喜庆的报告和备案，强化党员干部廉洁自律意识；创新监督形式，在中秋、国庆两节来临之际，发布致全行党员干部的一封廉政公开信，防微杜渐，筑牢节日廉政防线。

【网点分类建设】 将全行26个网点按照“三类四级”标准分类打造为1个旗舰网点（科技广场支行）、1个轻型网点（任楼支行）、8个多功能综合网点、16个全功能综合网点。二是优化网点布局和功能，提升客户体验。对5个网点进行柜口改造，实现高柜“2+1”或“3+1”，封闭4个高柜，拆撤3个低柜，将3个网点高柜改造为公众教育区。三是配合渠道转型，做好网点装修改造工作。2016年，完成煤炭支行装修工作，光彩支行、砀山支行进入施工阶段，灵璧解放中路和萧县黄口支行装修得到省行批复；四是持续推进自助渠道建设，积极开展“提质增效”活动。2016年，市分行继续加强离行自助银行建设，推进自助银行由结算型向销售型转变。一方面加强大堂引导，另一方面对全辖自助设备运行情况按日通报，按月考核，按季兑现。同时进一步优化离行式自助银行布局，对低产离行式自助银行及自助设备进行迁址和调整，年内新建离行式自助银行2家，迁址离行式自助银行2家，调整低产自助设备3台；五是高效完成智慧柜员机的升级改造及推广运用工作，效果突出。至12月底，个人非现金业务分流率达75.38%，位居全省第一位，高出全省平均水平10.15个百分点。其中，灵璧解放中路支行、萧县马云桥支行、芦岭支行迁移率排名居全省前三位。

【网点规划】 全省县支行三年发展规划结束后，宿州分行结为进一步提升县支行综合贡献度,结合本行实际情况,制订县支行三年发展规划,持续夯实县支行发展基础。同时,根据省分行部署,制订宿州分行城区支行个人业务三年发展规划,规划落实以来,分行通过组织学习、定期通报、调研督导、总结分析等措施多措推动三年发展规划有效落地。规划执行以来,县支行业务发展提质增效,市场位次明显前移,城区支行转型步伐明显加大,效果凸显。

【品牌建设】 市分行分层次举行多场次的服务培训工作。不定期的深入支行网点就消费者权益保护暨网点服务工作进行进一步转培训,继续进行录像点评不放松,对全辖网点进行录像抽查,从四季度开始开展网点服务录像点评工作,投票评比服务明星;同时要求各网点利用晨会、夕会认真学习各种业务知识。多管齐下,多策并举,助推网点服务质量持续稳步提升。年度考核位居全省第一,四个季度分行网点服务综合考核分别位居全省第一、第一、第三和第一位,荣获全省A类行称号,多个网点获最佳、优秀服务网点称号。

【金融知识宣传】 开展各项金融知识宣传活动,积极打造绿色金融生态文化。根据上级行、监管部门和人行工作部署,组织人员成立多个金融知识宣传小组,开展“三进”活动,宣传金融产品、支付结算知识、金融消费者权益保护、反洗钱、反假币、防诈骗、防盗窃、防非法集资、安全上网等知识,以及征信、国债等知识,提高广大消费者金融知识水平,保护自身权益,减少金融案件发生,推动当地金融生态环境建行发展。在宣传中收集当地群众对建行业务和服务的建议和意见。进一步改进服务措施,加快提升金融服务水平。年初以来,分行发放各类宣传手册及折页18600余份、宣传知识滚动播放12000余次,接待咨询500多人次,维护消费者权益,减少当地金融案件发生,受到广大消费者的欢迎。

·宿州农商银行·

【主营业务】 截至2016年末,全行各项存款余额118.01亿元,比年初上升10.45亿元,增幅9.72%;各项贷款余额67.15亿元,较年初增加3.04亿元,增幅4.75%;各项贷款累放89.11亿元,累收86.06亿元。其中涉农贷款余额58.35亿元,比年初上升2.68亿元,增速4.81%;小微企业贷款余额55.14亿元,比年初上升2.54亿元,增速4.82%,同比多增1.26亿元,小微企业贷款户数达895户,较2015年同期增加22户;申贷获得率达96.77%,较2015年同期增加0.21个百分点;累计发行金融IC卡17.3万张,新增发行IC卡6.3万张;共计89台自助设备投入运行,其中新增自助设备10台;新增办理短信签约业务5.1万户,累计20.6万户;新增签约手机银行3.6万户,累计7.8万户。

【普惠金融】 深入贯彻落实国家普惠金融发展战略,积极开展“拎包银行”服务,2016年度开展“拎包银行”服务26次,投入5台移动设备,覆盖辖内乡镇25个,实现乡镇覆盖面100%。同时,根据省政府“全省农村金融综合改革试点现场会”精神,坚持“便民、惠民”原则,建设完成符离沈圩、永安夏桥、顺河岳桥、桃园吕寺4家A类惠农金融服务室和24家C类惠农金融服务室。“拎包银行”和惠农金融服务将金融服务送到乡镇偏远地区、学校、企业、农户的身边,缩短和客户之间的距离,实现城、乡、社区三位一体化。

【精准扶贫】 根据市委市政府区委区政府关于精准扶贫、精准脱贫的有关文件精神指示,2016年期间,宿州农商银行驻符离镇李桥村的精准扶贫工作队帮助李桥村铺设水泥路22条(共计6123米);安装路灯98盏;灌溉机井10眼;新建桥涵10座;旧塘改造1座;新建水冲公厕3处;配备垃圾车3辆、垃圾桶200个;修建文化广场1000平方米,健身器材8样件,建立村级图书阅览服务室,配备电脑4台,图书2000册,书柜、椅子各6把;新建村级广播站1个,安装广播22个;改造村级卫生室1处;村民墙面粉刷7万平方米。李桥村的基础设施和村民的精神文明生活都得到改善,村容村貌焕然一新。

本着精准扶贫的原则,凡是建档立卡、有脱贫意愿、有发展项目的贫困户,降低贷款受理门槛,积极配合村、乡镇和区扶贫办做好贫困户的评级授信工作。截至2016年末,发放各类扶贫贷款1.14亿元,其中产业扶贫贷款3户8笔4200万元,扶贫再贷款1笔4000万元,小额扶贫贴息贷款221万元,助学贷款2222万元。建档立卡贫困人口100余户,间接带动15725人次脱贫致富。

【党风廉政】 2016年，宿州农商银行纪委共梳理13项制度，包括《宿州农商行党风廉政建设责任制实施办法》《宿州农商行党员领导干部党风廉政谈话实施办法》《宿州农商行党风廉政建设责任制追究办法》等方面的内容，健全制度体系。积极开展党风廉政建设和反腐败警示教育。依托本行网站开辟的党建工作、“两学一做”教育等专栏进行廉政教育，同时，在全辖网点通过LED屏反复播放警示教育内容，下发廉政警示读本，组织党员干部开展学习习近平总书记在十八届中央纪委三次全会上的讲话专题课件、学习先进典型事迹活动。2016年7月26日，宿州农商银行组织党员赴兰考开展学习优良传统教育活动。2016年10月13日起，宿州农商银行组织4批共230多名中层干部、委派会计、客户经理以及近两年新招员工等党员，到宿州监狱参观学习，进行反腐倡廉建设主题教育活动，提高党员党性修养，树立和弘扬优良作风，推进党风廉政建设和反腐败工作，并在全辖设立廉政文化宣传栏和廉政警句展板上墙等活动。通过组织多种形式的学习，增强领导干部和全行员工的大局意识、廉政意识、责任意识和规矩意识，确保了反腐倡廉各项工作落实到位。

【爱心活动】 与埇桥区团委合作建立“农青基金”，2015—2016年共计资助307人次，金额66.1万元，帮助贫困大学生圆了“大学梦”。2016年3月，宿州农商银行工会向全体员工发出倡议书，全行员工伸出援助之手，累计捐款27000多元，为身患白血病的路建强小朋友献出了一份爱心。2016年5月31日，宿州农商银行共青团走进宿州市儿童福利院，看望生活在福利院的儿童，并送去了玩具、书籍、文具、衣物等生活用品。

·宿州淮海村镇银行·

【概况】 2016年宿州淮海村镇银行一方面围绕“立足区域、面向三农”的服务宗旨，面向农村和中小企业，提供灵活、方便、快捷的金融服务；另一方面以“完善制度、夯实业务基础、提高风险管控水平、稳健发展各项业务”的总体工作思路，强化管理、加快发展，各项工作得到快速成长，各项业务实现健康发展。

内部组织机构框架逐步健全，以总行为全行的战略中心，下设支行作为二级管理组织。总行设有9个职能部门，具体包括：合规风险部、监察审计部、计划财务部、信贷管理部、电子银行部、安全保卫部、综合管理部、公司部和营业部，已经成功开业12家支行。内部机构和岗位的设置以职能分工和业务流程为基础，以岗位职责为载体，结合业务发展特点和内部控制要求进行设置。明确各岗位的职责任务、工作目标和标准、任职资格、工作能力要求等，使员工了解和掌握组织架构设计及权责情况，正确履行职责，形成各司其职、各负其责、相互制约、相互协调的工作机制。

12月底，共有员工186名。其中：硕士以上学位4人，占2.15%；本科学位148人，占79.56%；专科学位34人，占18.27%。35岁以下员工169人，占90.86%；35—50岁占15人，占8.06%；50岁以上2人占1%。专业结构主要以财会、金融、经济管理为主。

完成朱仙庄支行、萧县杨楼支行开业，符离支行装修完毕，向监管部门申报开业，筹建未开业支行2家，分别是萧县黄口支行、灵璧冯庙支行。全年网点规划完成情况良好。

2016年，银行党委加强党组织建设，增强党组织的凝聚力和战斗力，本着“和谐、安全、高效”的精神，按照“科学发展求稳健、强化执行抓落实、细节管理出效益、自主创新求长效”的工作思路，抓住发展机遇，打造“支农助微”品牌，行党委深入学习习近平总书记视察安徽重要讲话精神，切实把各项工作做细、做实、做到位，推进全行“两学一做”学习教育有力有序开展。

【业务指标完成情况】 2016年，全行紧紧围绕业务经营发展这一主线，以网点建设带动业务发展为中心，以规范化管理为基础，以风险管理为核心，以绩效管理为重点，以增收节支促效益提高为目标，拓展经营渠道，完成各项经营工作。

1. 存款指标：2016年12月末各项存款余额287720.46万元，较年初增加89148.03万元，增幅44.89%。

2. 贷款指标：2016年12月末各项贷款余额150325.7万元，较年初增加13295.24万元，增幅9.7%。

【存款营销】 2016年,随着业务经营步入正轨、县域网点的不断开业、银行的社会认知度不断提升,存款营销取得较大的成果。制定并不断完善薪酬考核方案,奖勤罚懒。2016年,总行成立绩效考核领导小组,制定《安徽宿州淮海村镇银2016年支行费用考核管理细则(征求意见稿)》《安徽宿州淮海村镇银行2016年度经营管理综合评价办法(征求意见稿)》《安徽宿州淮海村镇银行客户经理考核管理细则(征求意见稿)》,完善相关考核办法,调动员工的积极性,形成较完善的考核机制。

重点营销,有的放矢。采取各种营销模式,如一对一营销、地方化营销、关系营销、产品营销、品牌营销、文化营销等等。以一对一营销为主,主动出击,推行首问负责制,服务重点客户。通过领导亲自挂帅,对资金量大、效益好的单位有的放矢,不仅得到客户对银行服务的认可,也获得较好的营销成果,实现村镇银行和客户的双赢。

以优质服务争取客户。优雅的环境,标准靓丽的职业形象,温馨的微笑,用心的服务,是对全体员工提出的第一要求。在方便客户的同时,加强与客户的沟通和联系,并结合客户实际,向客户推介适合他们的存款类型,以此扩大知名度和增加开户面。

【内部制度建设】 坚持“合规创造价值”理念。巩固提高2016年“内控强化年”成效,制定科学内控制度,规范员工从业行为,加强员工培训,加强业务操作的规范和监督程序,完善合规管理风险体系,使各种风险得到控制,提升全行合规风险管理水平。

整章建制。全年修改制度汇编,共计150余条。汇编涉及法人治理类、综合办公类、安全保卫类、人力资源类、信贷管理类、财务会计类、监审类、合规风险类、零售业务类、科技信息类10个方面。制度基本涵盖所有机构、所有岗位、所有业务条线,规范相关业务领域的操作流程,防范操作风险。

规范员工行为,防控操作风险。根据年初新制定的《安徽宿州淮海村镇银行各支行(部门)内控新增考核标准》,加强管理,严格检查,全面监督,同时将检查结果与个人和支行绩效挂钩,做到奖惩分明,实现激励和约束双重机制,切实增强全行的风险防范和控制能力。

【安全保卫】 银行安全无小事,全行严格按照发起行的要求,遵循“预防为主、综合治理、谁主管、谁负责”的指导原则,坚持从人防、物防、技防、整章建制、加强队伍建设等方面入手,筑牢安全保卫工作的基础,通过制度约束和检查督促,强化员工的安全防范意识,使安全管理落到实处,为全行各项工作的顺利开展营造一个安全、稳定的经营环境。2016年,总行领导与各支行负责人签订安全保卫责任书,明确支行负责人是支行安全防范工作的第一责任人;成立安全生产大检查领导小组,对全行安全生产开展一次全面大检查,包括网点营业场所安全、自助银行安全、消防安全检查、安全制度落实情况;组织全体员工参与安保消防大演练,并邀请专业人员做全程指导,为员工详细讲解灭火器的使用方法和注意事项。此外,坚持每季度召开一次安保例会,并加强台账管理。

【人才队伍建设】 加强人才队伍建设。通过从外部引进人才,加强支行行长、行长助理等中层管理人才队伍;通过引进资源型人才,增强银行的营销网络关系;不断加强内部员工的业务素质的培养,志在打造出一支“业务精湛、素质优良、作风过硬、公正廉洁”的人才队伍。

要求各支行员工每周不低于两次的业务培训,并按季度组织员工进行业务竞赛,对表现优秀的员工和支行给予奖励,以作鼓励。新开业的各支行人员按要求上岗,并按规定参加人行反假币、反洗钱、征信、账户管理等培训,要求一次性通过相关考试。此外,组织业务骨干参加银监会、银行业协会、省联社主办的培训,如:6月15日参加银监会农村中小金融机构存款定价培训,6月16日参加银监局非现场监管报表培训,6月20日—21日参加安徽省联社信贷系统培训。

【企业文化建设】 全行把企业文化建设作为促进银行业务发展的一项重要措施来抓。提出“一手抓业务经营与制度建设,一手抓企业文化建设不放松”的经营方针,将企业文化建设转化为推动银行发展的动力。全行从服务礼仪,文化宣传与学习环境等方面,塑造银行形象,丰富企业文化内涵。

在服务礼仪上,严格要求员工做到“三声”服务和微笑服务,落实晨会制度,统一着装,挂牌上岗,展示员工精神风貌和文明形象,培养员工严谨的生活作风和工作态度。

【加强沟通】 银行是安徽省唯一的地市级村镇银行,作为新型农村金融机构,市政府、人行宿州中心支行、宿州银监分局给予宿州淮海村镇银行极大的关爱和指导,为此,宿州淮海村镇力求处理好三个关系。

一是处理好与地方政府的关系。在发展初期,积极与政府沟通,寻求政策性支持。2013 年获得宿州市政府授予的“2012 年度金融支持地方经济发展三等奖”。2014 年,获得宿州市政府授予的“2013 年度金融支持地方经济发展二等奖”。泗县支行荣获泗县 2013 年度“青年文明号”称号。埇桥支行 2015 年获得宿州市文明委授予的“宿州市文明窗口单位”称号。

二是处理好与人民银行和银监部门的关系。及时准确地填报人行及银监局的报表,参与人行及银监局召开的会议与培训,支行开业前同人行及银监局沟通协商。人行宿州中心支行各级领导也多次到银行考察调研,如:调统科考察指导关于涉农贷款统计和中小微企业划分工作,调查指导反洗钱工作等,2014 年,获得宿州市金融机构反洗钱知识竞赛三等奖。2015 年,获得宿州市银行业金融消保知识竞赛团体三等奖。2015 年,获得中国银监会颁发的“全国银行业金融机构小微企业金融服务优秀团队”称号。2016 年,获得宿州市金融 IC 卡及移动金融知识竞赛一等奖。

三是处理好与发起行的关系。积极与铜陵农商行沟通,自开业以来,发起行在业务指导、人员培训、科技和稽核等方面给予银行大力支持。在取其精华、结合实际、走具有特色的发展之路方针指导下,学习和借鉴主发起行有益经验,以适应持续发展的需要。

【信用风险管理】 信用风险管理的核心是要做好贷款的管理。贷款业务是银行的主要业务,也是银行最大收益的来源,信贷资产质量的好坏直接关系到银行的生存和发展。自银行成立以来,为防范信用风险,从经营理念上建立以全面资产风险控制为目标的管理机制,强化风险意识、责任意识。一是制定规范的信贷管理制度;二是严格控制关联授信;三是严格执行贷款管理责任制。借款人申请资料真实,贷款手续齐全,贷款程序符合本行规定,担保均有效,贷款用途真实,符合集中度风险管理政策与控制。贴现业务的贸易背景合法合规,背书连续,不存在垫款和损失的票据业务。贷款风险五级分类认定的不良贷款为零。

【操作风险管理】 为规范操作风险,全行多管齐下:一是完善公司治理结构,建立“三会一层”为主体的公司治理组织架构,各机构分工明确,分权制衡;二是重视防范操作风险的规章制度建设;三是保证职责分离;四是区别授权,在规范授权管理的同时,根据不同的工作岗位性质,不同的业务经营水平和风险管理能力授予不同的权限额度;五是加强员工培训,通过日常的教育和行为规范的建立,使得各级员工能够了解操作风险控制的重要性,并能够自觉地防范和控制操作风险;六是切实加强稽核建设,强化岗位监督制约,构建防查体系防线。从开业以来,未发现经济案件及责任事故。

【流动性风险管理】 全行对流动性比例、流动性缺口率、资本充足率、核心资本充足率、存贷款比率等指标持续进行监测。主要通过以下两种措施来防范流动性风险:一是建立流动性风险管理体系,明确流动性风险管理政策和程序,加强流动性风险的识别、计量、监测和控制,提高董事会及经营管理层对流动性风险的有效监控能力;二是制定流动性风险应急预案,完善流动性风险应急措施,明确规定出现流动性危机时的资金来源及采取的相关处置措施。

【市场风险管理】 2013 年 7 月 20 日正式执行贷款利率市场化后,村镇银行相对于大银行受困于网点数量少、品牌知名度低、收入渠道窄、议价能力弱以及人才匮乏等方面原因,在应对利率市场化方面受到的较大冲击。面对如此现状,全行从以下六个方面着手,积极应对利率市场化:调整存款结构,缓释资金来源压力;调整贷款结构,增加利率敏感性资产;提高存贷比,减轻利率市场化对银行业的负面冲击;加快发展中间业务,改善收益结构;利用金融创新工具来规避利率风险;优化客户结构,提高风险定价能力。

【声誉风险管理】 为切实加强声誉风险管理工作,2016 年制定《安徽宿州淮海村镇银行声誉风险管理实施细则》,将声誉风险管理纳入公司治理及全面风险管理体系,建立各种应急预案和重大事项报告制度。银行自成立起,虽未接到任何一笔客户投诉,但在制度上一直在不断完善《员工诚信举报制度》《客户投诉处理管理办法》及《信访制度》等相关制度流程,同时也不断完善客户投诉处理机制。

·宿州市保险行业协会·

【概况】 宿州市保险行业协会成立于2007年10月18日,是经安徽保监局、宿州市社会组织管理局批准成立的保险业自律性社团组织。工作宗旨是:自律、维权、服务、交流和宣传。

截至2016年底,宿州保险市场已成立公司39家(22家寿险、17家产险),筹建1家(寿险)。全年保费收入70亿元,同比增长12.49%。各项赔款与给付支出22.02亿元,同比增长36.43%。上缴各类税收2.16亿元,同比增长67.44%。保险从业人员近20000人。

根据市委、市政府“中部崛起闯新路、皖北振兴走前列”的目标要求,2016年11月,市政府出台《宿州市人民政府关于加快发展现代保险服务业的实施意见》,将保险工作纳入政府重要工作之一。并召开全市保险工作座谈会,对促进全市经济转型升级、创新社会治理方式、提高人民群众生活质量起到积极推动作用。为提升履职能力,加强自身建设,市协会召开第三届会员代表大会,圆满完成换届工作。2016年,协会开展产险、寿险市场的自律检查,强化对保险主体和市场的自律行为,同时受理保险咨询和投诉,维护主体和消费者的合法权益,做好保险销售从业人员信息公示和保险宣传工作。

【保险行业协会第三届会员代表大会】 2016年7月12日,宿州市保险行业协会第三届会员代表大会,审议通过二届理事工作报告、财务执行情况报告、新公司入会报告;修订协会章程、协会选举办法及会费缴纳使用管理办法;选举产生第三届理事会、常务理事会。

【全市保险工作座谈会】 为贯彻落实《宿州市人民政府关于加快发展现代保险服务业实施意见》,2016年12月7日,全市保险工作座谈会在市政府第一会议室召开。市政府副秘书长、市金融办主任张亮主持会议并作重要讲话。38家宿州保险机构及相关牵头配合单位在会上献策进言。

【产险公司总经理会议】 为规范宿州市车险市场,促进自律行为。2016年6月18日,市产险公司总经理会议在市协会会议室召开。

·中国人寿宿州分公司·

【经营业绩】 2016年是“业务成长主题年”,全市股份总保费胜利突破10亿元大关,同比增长11.10%,总保费规模排名全省第五位;其中:新单保费4.83亿元,同比增长1.4%,计划达成率111.31%;新单标准保费1.14亿元,同比增长30%,计划达成率129.29%,排名全省第一位;新单期交保费2.35亿元,同比增长52.80%,计划达成率121.32%;10年期交保费1.41亿元,同比增长49.42%,计划达成率114.5%;短期险保费5455万元,同比增长16.22%,计划达成率107.57%;续期保费5.27亿元,同比增长21.79%。新单、标保、期交和短险四项主要指标预算达成率均排名全省前三位,首年期交、10年期保费增速保持在50%以上,业务结构不断优化,期交保费占长险首年保费55.28%;10年期保费占期交保费60%;意外险占短期险保费52.39%;续期保费占总保费52.68%。在省公司年度经营绩效综合考评中,宿州市总得分为134.36分,排名全省第四位,实现连续三年三创AAA的目标,继续保持全省先进行列。

【队伍建设】 个险渠道坚持队伍驱动业务发展战略,创新增员项目,通过“利剑计划”“星火计划”“大众创业万众创新”以及“职场标键”“331改革”和“战略性投入”方案的实施,营销人力不断扩充,制度经营和队伍质态不断改善。2016年个险新增人力5117人,月均增员率8.86%,季均有效人力2048人,实现人力和业务的高速增长。个险新单保费首次突破2亿大关,标保突破1个亿,在与主要竞争对手市场对标中,继续保持“双领先”,为公司再创AAA做出重要贡献。银保渠道坚持渠道与队伍、线上与线下双轮驱动,队伍建设与业务发展始终走在全省前列。2016年,理财规划师达到600人,人力指标达成率122%,全年实现新单保费2.37亿元,期交、标保等主要指标计划达成率均排名全省第一位,渠道建设的成绩和经验在全省会议上作典型发言。团险渠道不断强化“大短险”发展理念,实施“人力倍增计划”,在巩固传统业务的同时,努力把握政策机遇,全力拓展老小业务、扶贫保险、E门店、驾乘险等新增板块,全年实现短期险保费3566.74万元,增长11.66%,取得规模和效益双丰收。团拓部连续两年短险保费过千万,灵璧、泗县、砀山短险业务也有一定增长。

在三大销售渠道均衡发展的基础上,宿州市在省公司开展的“四千工程”创建活动中成效显著,亮点突出。其中,萧县以第一名的优异成绩荣获一类县域公司“价值增速”奖,灵璧、萧县、城区收展部荣获“价值贡献”奖;灵璧被评为“千人营销团队”奖;银支和萧县分别被评为“双百双千”“百人千万”理财团队奖;灵璧、萧县被评为全省系统先进单位,分公司个险部被评为全省系统先进集体,邢春廷、郭强被评为全省系统先进个人,刘桂荣被评为全省系统优秀管理干部。

【风险管控】 一是加强内部管控,防范各类经营风险。开展非法集资专项治理活动,加强对案件风险、失效保单和保单借款真实性回访核查,强化对重要单证监控和关键岗位人员轮岗,及时下发风险提示。二是开展“两两”回头看自查工作,确保“五虚”问题、重点领域合规性整改落实。三是开展反洗钱创“A”工程,防范运营风险。应对满付高峰,化解满付风险,全年支付满期金4.14亿元,处理各类保险赔案13294件,支付赔款3950万元。四是防范投诉风险。按照事前预警、属地管理、市县联动等方式,处理各类诉讼风险,特别是为破获灵璧团伙保险诈骗案提供支持,受到安徽保监局表彰。五是坚持“一岗双责”。党委认真履行党风廉政建设主体责任,与基层单位签订党风廉政建设责任状,纳入年度绩效考核。同时,认真开展党委巡视、效能监察,在“三重一大”“选人用人”和“四风问题”整改、执行“八项规定”等方面,发挥纪检监察部门的监督职能。

【服务能力】 在财务政策上,持续优化“省市县一体化”管理方式,规范渠道预算执行,提升财务精细化管理水平和经营成本意识,保证当年费用合理使用,重点费用科目得到有效管控,推进资源向销售一线倾斜。在人力资源上,不断充实调整基层公司领导班子和分公司中层管理干部,规范选人用人机制和班子成员专业化分工;进一步完善绩效考核结果运用,使员工分享公司发展成果;顺利完成校园招聘、个险职场辅导员转编、省、市公司年轻干部下基层挂职锻炼和员工档案清理工作。在教育培训上,围绕渠道办培训,围绕队伍抓育成,运用经验萃取、微课制作、行动学习等新工具,成立创业导师团,将销售主管兼职讲师授课纳入个险主管品质考核,对全辖260位绩优主管进行兼职讲师培训与经验萃取,提升主管自主经营能力;持续加强“两营”运作,促进新人和初级主管育成,全年共举办各类新人岗前培训48期,培训学员4070人;举办银保金鹰起飞训练营3期,培训学员389人;举办初级主管训练营3期,培训组养计划人员523人;对全市中层以上管理干部进行半军事化封闭培训,使管理干部的发展理念和行为能力得到进一步提升。在后台运营上,客服部门全力保障核保、出单、回访等各个环节、各个节点的高效运行,通过推行综合柜员和柜面标准化建设,规范服务礼仪,实行首问负责,提升柜员素质和窗口形象;通过电子化服务推广及应用,拓宽服务渠道,提高服务技能和工作效率;通过开展柜面直销和“送培训进职场”活动,拉近运营与销售的距离;通过加强案件调查、异地理赔和开辟绿色通道,提升理赔时效和客户满意度;通过开展“牵手国寿,健康同行”——“全国保险公众宣传日”和“金融知识普及月”活动,提高了群众保险意识;通过开展“国寿大讲堂、健康好帮手”—特约商家活动、VIP客户体检和“国寿小画家”等1+N客户回馈活动,树立国寿品牌形象。安徽国寿连续四年在“安徽省十大服务行业居民满意度调查活动”中荣膺“保险业第一名”,并蝉联“居民最满意寿险公司”和“最佳服务诚信企业”荣誉称号。在后勤服务上,全力做好单证、印章、档案和固定资产管理以及车辆调度使用等方面的保障服务;在业务冲刺、对外宣传和公关协调方面,服务销售、服务大局。随着市政府“关于加快发展宿州市现代保险服务业”文件的宣传贯彻,使公司在行业、在社会有了更多话语权,中国人寿社会地位不断提升,发展环境不断改善。

【党建】 一是认真开展“两学一做”活动。党委认真制定活动方案,对学习内容和活动日程进行细化量化,通过领导带头集中学、专家授课辅导学、教育基地参观学、警示教育鞭策学、先进典型引导学等形式,增强学做效果,确保教育活动按方案、按要求、按规定有序进行。二是落实党建工作主体责任。不断增强党委书记和基层支部书记抓党建的政治意识,党委结合纪念建党95周年,认真开展“两优一先”表彰和“党委书记讲党课”主题活动,充分发挥国有公司的政治优势。三是切实加强基层党组织建设。为解决基层独立党支部偏少和基层班子成员党员占比过低问题,分公司党委对城区党支部进行重新划分,增设城区个险渠道、银保团险渠道和分公司本部3个独立党支部,按规定对基层党支部进行换届改选;依据党员发展计划,分公司党委优先发展基层公司班子,特别是一把手等业务骨干。按照省公司文件要求,对全市党员组织关系进行集中排查和党费补缴工作,全市党员主动补缴党费138090元,在规定时间内顺利完成补缴任务。截至2016年底,宿州分公司党组织架构是1个党委、2个党总支和5个党支部,组织关系在公司的党员104人,全市中层以上干部党员占比66.7%,其中基层公司一把手全部为党员,保证基层党建工作正常开展。四是积极做好群团工会工作。分公司工会不断增强桥梁纽带作用,积极弘扬“公司健康发展、员工幸福成长”的企业文化,通过召开职代会、党委班子民主生活会等形式,听取基层公司和广大员工的意见建议,增强员工的主人翁责任感,维护职工合法权益,执行员工带薪休假制度,定期为员工进行健康体检,创造条件建设温暖职工之家;组织开展丰富多彩的文体活动和困难职工送温暖活动,向9位困难职工和离退休老干部发放慰问金7.25万元。分公司和基层单位认真履行社会责任,从人力、财力等方面落实扶贫攻坚、秸秆禁烧等专项任务,据不完全统计,全市用于扶贫和秸秆禁烧专项资金近30万元,受到地方党政及贫困群众的肯定和赞扬。

·国元保险宿州中支·

【概况】 2016年是国元保险的“马上就办年”,也是实施“十三五”发展规划的开局之年,秉承“马上就办年”的工作宗旨,宿州中支按照监管部门及市行业协会要求,围绕“二次创业”工作目标,打造国元保险升级版,适应经济发展新常态,凝心聚力,锐意进取,着力提升服务地方经济发展能力,充分体现农业保险社会“稳定器”和经济“助推器”的作用,有力支持宿州市地方经济发展。

【加强政策性保险服务能力】 2016年宿州市政策性种植业保险75.96万公顷,保费收入1.82亿元,参保农户达145万户,提供风险保障35亿元;能繁母猪投保22.03万头,奶牛696头,保费收入1346万元,提供生产风险保障2.24亿元,4494户次从中受益。

【地方特色保险保费收入增长】 承保果树保险、小麦天气指数保险、种植业补充保险、育肥猪保险、生猪价格保险、玉米目标价格保险等特色保险保费收入,总收入1420.95万元,同比增长55%。累计为1.6万户提供3.0亿元风险保障。

【体现农业保险偿付作用】 2016年,在宿州市遭受然灾害面前,农业保险的防灾减灾功能得到有效体现,政策性小麦保险赔付5336.81万元,简单赔付率56.8%,玉米保险赔付3666.03万元,简单赔付率49.3%,大豆保险赔付824.65万元,简单赔付率61.76%,能繁母猪保险赔付477.5万元,简单赔付率43.48%,奶牛保险赔付21.6万元,赔付率125.58%,受益农民47.17万户次,帮助受灾农户开展灾后自救和恢复再生产。

【创新保险品种】 为满足多样化的保险需求进行转型升级。一是开展大宗农产品补充保险。推广大宗农作物政策性附加补充保险和中央政策性保险相结合模式,防范和化解种粮大户种粮风险,提高种粮大户种地积极性,增强抗风险能力。二是探索开展价格保险试点,实现农业保险体系由自然风险保障向市场价格风险保障拓展。泗县开出安徽省玉米目标价格保险首单,和省保监局、证监局、大商所以及国元期货召开现场理赔会,赔付65.94万元,玉米价格保险是宿州中支创新农业保险发展的又一项有力举措,既稳定农民收入,又解决新型农业经营主体多层次的风险管理需求,对创新完善农业保险制度具有重要的意义。三是开展生猪价格保险,针对猪肉市场价格的周期波动性,公司创新推出生猪价格保险,一定程度上有效缓解猪肉价格波动,保障养殖户(场)利益,维护生猪产业健康发展。

【提标扩面、拓展功能】 为不断推进农业保险升级发展，切实发挥农业保险服务“三农”、保障民生的作用，国元保险紧紧围绕“提标扩面、拓展功能”，积极探索、大胆创新。

一方面努力争取国家政策支持，推动政策性农业保险品种提标。2016年小麦、玉米、大豆补充保险的保额进一步提高，加上中央政策性保险，保额分别到达800元/亩、800元/亩、500元/亩，基本能够满足种粮大户生产物化成本投入，进一步满足规模经营主体的保险需求，服务种植大户经营主体，提高种植大户抵御自然风险能力，促进农业现代化建设。

另一方面，开展农业特色保险“贷款保证保险”，简称“助农宝”，主要为家庭农场、种养大户、农业合作社、涉农企业等新型农业经营主体提供贷款支持，满足其发展需要。2016年，国元保险宿州中支联合农行宿州分行、萧县农商行、泗县农商行，为161户种植大户及家庭农场发放贷款4249万元，保险金额4470.75万元，拓展农业保险功能，解决新型农业经营主体“融资难、融资贵”问题，为广大农业生产经营者提供惠农助农的优质金融服务，支持农业适度规模经营。

【助推产业扶贫、精准扶贫】 3月中旬，宿州中支勇担社会责任，参加“爱心苹果义卖公益活动”慷慨认购砀山果农滞销苹果2.1万公斤，爱心慰问敬老院、留守儿童学校，这一善举，一定程度上拉动当地苹果的销售，帮助农民增收、农业增效。年初宿州市委组织部委安排公司负责人包点扶贫萧县酒店乡申河村。公司有关领导先后数次前往申河村村支部及贫困户家中了解情况，给困难户带去慰问品、慰问金，并有针对性地给出扶贫意见，帮助解决扶贫开发过程中存在的突出困难和问题。同时，开展肉鸭等地方特色保险，加快贫困地区脱贫步伐。

【加大商业车险力度】 2016年4月，在宿州海马4S店设立团营试点的出单点，成功填补自开业以来4S店业务的空白，通过增加渠道、开展激励竞赛、发展农机保险等举措，实现车险业务的持续高速增长，商业车险保费收入1447万元，同比增长98.2%。

【提升非车险业务占比】 一是发展助农保业务。宿州中支积极响应公司战略部署，大力拓展助农保业务。二是拓展乡村干部、农家福、团体意外险等优质业务。全年实现非车险保费收入399.4万元，其中农家福164.43万元。

【农村营销员队伍建设】 为进一步深入拓展农业保险服务基层网络体系建设，加大对农村市场的保险服务能力，宿州中支加大工作力度，完成协保员转营销员转换率33.4%，拥有村级保险营销员522名，初步建立一支农村保险营销队伍。

【健康险】 宿州中支积极响应总公司“三轮驱动”发展战略，一方面努力经办好大病保险，2016年新农合大病保险参保人数为83.61万人，宿州中支经办砀山新农合大病保险、宿州城镇职工医疗救助保费收入合计4427万元。通过提升人员业务技能、机构管理能力，努力提高新农合和大病保险服务水平。另一方面加强风险管控水平，加强与政府合作、沟通，建立完善风险调解机制，把握理赔经营风险，全面加强合规发展能力，增强公司在经办大病保险、补充保险的品牌效应。

【完善服务网络建设】 国元农业保险宿州中心支公司在全市四县一区设立5个支公司和3个营销服务部，在全市建立100个“三农服务站”，设立1169个村级服务点，签约乡村协保员1860人，聘请专职协保员6人。各乡镇“三农保险服务站”均有固定办公场所，并配备电脑等办公设备，农业保险承保流程、理赔流程、协保员职责等制度上墙。建立以协保员为纽带，以乡镇“三农保险服务站”为中心，链接每个行政村的乡村服务网络，较好地解决了农村保险服务“最后一公里”问题。2016年，新增1家四级机构宿州中心支公司营业部，于11月28日顺利开业；新增乡镇营销服务1家，服务“三农”能力得到提升。

【提升合规经营水平】 开展“两两”回头看和2016年农业保险承保理赔专项治理整顿工作，进一步提升公司合规经营水平。以农业保险专项治理整顿工作为契机，对照《中国保监会关于开展保险机构“两个加强、两个遏制”回头看工作的通知》及总公司相关文件要求，开展农险自查自纠和“两个加强、两个遏制”回头看工作，夯实公司经营基础，提高全体员工对农业保险合规经营重要性认识,促进中支农业保险业务持续健康稳定发展。

【内部治理】 加强内部治理,提升服务公司发展能力。一是强化制度,建章立制,先后出台《进一步加强车辆管理》《固定资产报废处理流程管理办法》《关于进一步规范劳动用工的通知》等综合管理文件,不断加强公司内部治理,同时严肃劳动纪律,明确员工岗位职责,提升工作效能。二是完善财务管理流程,出台一系列加强财务执行能力的文件,进一步理顺财务工作关系。三是组织分工明确,加强对县支公司管理。中支班子分工明确,思想统一,职责清晰。一对一分片包点县支公司,通过督促、帮扶等针对性的管理措施,强力推动各项业务发展。

【人才队伍建设】 人才是企业发展的核心动力,国元农业保险宿州中心支公司以文化为引领,狠抓"三支队伍"建设:"知农时、懂农事、察民情、体民心"、政治素质好、工作责任心强、既懂保险又懂农业的复合型管理人才队伍;"爱岗敬业、专业过硬、技术精湛、勇于创新"的专业技术人才队伍;"熟悉农村、热爱农业、心系农民、业务熟练、吃苦耐劳"的专业技能人才。一方面从业内引进副总一位以及财险部副经理和客服部经理,促进商业险发展。另一方面招聘驻点员和县级机构员工25人,每名新进员工上岗前并进行为期两天的培训和测试。另外,公司开展农险、商业险、综合管理、财务、反洗钱等培训100余场次,累计培训1000余人次,提升员工的业务技能和综合素质。

抓好群团工作,认真落实党风廉政建设主体责任,深入推进党风廉政建设和反腐败工作。

【工会、团建工作】 为丰富员工的业余生活,提高宿州国元员工奋发向上的团队合作精神,中支工会、团支部先后组织开展"第一届趣味运动会""浪漫三八节·甜蜜下午茶"座谈会、"绿色环保骑行""环三角洲健步挑战赛"、迎国庆"唱响激情"歌曲演唱等活动,参加2016砀山(秋季)梨园马拉松赛,同时在总公司以及集团举办的诗歌散文朗诵大赛取得骄人成绩,增强公司内部的向心力和凝聚力,营造良好的工作氛围,宣传了积极向上的企业形象。

【党建】 以整治"慵懒散"专项行动和开展"两学一做"学习教育活动为契机,宿州中支党支部始终狠抓党风廉政建设和反腐败工作。强化各项举措,通过组织专题学习、召开民主生活会、到淮北双墩集开展革命传统教育活动等方式,要求全体干部职工廉洁自律,严格执行和自觉遵守党风廉政建设相关规定。

·中国平安财产保险股份有限公司宿州中心支公司·

【概况】 中国平安财产保险股份有限公司宿州中心支公司成立于1996年,有埇桥区、灵璧、泗县、砀山、萧县、尤集等6家网点。2016年是车险费率改革和税改双重改革的一年,在新的挑战中,业务规模和市场影响力均实现新的突破,2016年保费收入30229万元,同比增长27.07%,市场占有率第二位。

为充分发挥保险对社会"稳定器"和经济"助推器"的积极作用,贯彻执行保监局和行业协会的工作会议精神,创新工作思路,以业务发展为主线,实行"经理室成员分工负责制、部门领导督导责任制",开拓创新、扎实工作,做到早计划、早安排,把目标任务分解落实到各部门,使得人人目标清楚,任务明确。公司坚持在发展中调整结构,在调整结构中加快发展;坚持队伍建设、业务发展和客户服务三驾马车并驾齐驱,相互促进,相互推动。

公司经理室高度重视客户服务满意度,树立"领导为员工服务、内勤为外勤服务、全员为客户服务"的服务宗旨,按照保险条款责任,坚持实事求是,"准确、及时、合理、快捷"的原则,做好销售、承保、理赔等一系列服务工作。

参与宿州四县一区所有的政府统保车辆招标项目,均主动递交标书等相关资料,中标市直统保车辆项目,即将参与灵璧县车辆招投标项目。

【团队建设】 团队的发展依赖于人才的培养,人才培养是公司长期发展的重中之重。新入司人员由专人带领,并安排至分公司参加新人培训,学习保险基础知识,参与团队学习、轮岗。对于现有的员工,公司组织每周一次的学习大讨论和产品大培训,针对公司现有的问题和客户承保、理赔等方面的问题进行讨论和学习,对保险相关产品、保监局相关文件和规定进行学习。另外,公司拥有线上学习平台,所有员工可以在手机上主动积极学习新课程，并参加考试，每月均有学习指标和奖励，督促员工积极主动学习，做一个优秀的保险人。定期开展保险法律法规和员工警示教育的学习，以合规作为业务发展的底线。在学历方面，提升学历要求，主招本科及以上学历人员，鼓励公司员工积极考取更高学历。

公司特色服务，平安好车主，可用于查询违章，年审代办，车险理赔等等，将车生活完全融入一个APP里面，提高客户的消费体验。

·平安人寿宿州中支·

【概况】 中国平安人寿保险股份有限公司宿州中心支公司是中国平安人寿保险股份有限公司所属的三级机构，自2003年由安徽保监局批准设立中心支公司以来，一直致力于在广大客户中扮演保险的专家、理财的顾问和生活的助手角色。发展至今，宿州中支除宿州本部机构外，还下辖砀山、萧县、泗县、灵璧、周寨5个网点，内外勤人力将近4000人。

2016年，平安人寿宿州中支紧跟总部平安3.0时代节奏，以员工收入为切入点，在组织快速成长的前提下，千方百计提升各层级产能，结合“互联网+”形势下的新科技、新渠道，借力金管家升级销售模式、利用口袋E升级管理模式，以人力发展为基础，持续推动活动率、持续提升员工业务素质、引导团队建立共同的目标和愿景。提高队伍E化水平，引入科技力量，搭建口袋E行销、平安金管家APP两大“应用平台”，升级、优化经营管理平台，使我中支的队伍向移动化、线上化的O2O客户经营模式转变。

2016年度，宿州平安累计实现总保费收入79433.42万元，其中实现个险新单保费收入累计24625.69万元、个险续期保费收入累计54110.35万元、银邮代理保费收入累计693.76万元。

【个险】 2016年底，公司个险人力3420人，相较2015年同期人力增幅达22.8%，推动个人代理业务快速发展，个人代理业务占比继续保持行业领先水平，确保公司内涵价值的快速增长。从规模保费占比看，内含价值较高的个险业务占99%，银保业务保费仅占1%。

【重点工作】 通过E化，扩大网点管理地域，提升下辖网点管理效率，实现二元区域的弯道超车。利用公司提供的E化平台，推动队伍销售模式的转型，以跟上当今社会的变化和行业形势的发展，提升客户体验，本着先服务后销售的原则，将服务嵌入到客户生活应用场景中去，加强互动，提高客户黏性，从而提升队伍的活动、产能和收入，挑战高保费，从而降低脱落率，向脱落要人力，抢回人力优势。在保证现有机构不断做大做强的基础上，鼓励组织裂变，争取开发更多网点资源。以员工自我价值的实现带动员工培养发展、以员工培养发展带动干部持续成长、以干部持续成长带动公司持续成长。夯实基础，关注人力成长及业务达成，搭建绩优团队建设，逐步完善功能组建设；坚持做好活动量管控，推动高出勤率稳固主顾开拓渠道，深化新人生产线规范运作，提升主管自主经营及辅导技能。

·华安证券股份有限公司宿州分公司·

【概况】 华安证券股份有限公司宿州分公司位于宿州市汴河路（育才巷口），经过20多年的积累发展，拥有自建营业楼一栋，面积5000平方米，下辖分公司本部和宿州淮海路、灵璧县、砀山县、萧县等4家营业部，分公司本部内设企业融资部、财富管理部和营运管理部3个职能部门。5月，宿州分公司被安徽省总工会命名为“工人先锋号”。11月，宿州分公司“职工之家”，通过中国金融系统工会安徽省工作委员会现场检查验收，被安徽省金融系统工会授予“共建职工之家”荣誉，宿州分公司成为省内证券行业首家荣获金融系统工会“共建职工之家”单位。

【分公司升级】 2016年6月，完成分公司架构调整和机制转换等升级工作，制定“稳定通道业务，补齐业务短板，拓展投行业务，加强队伍建设”的升级转型工作方案。

【宿州区域市场及网点建设】 2016年2月，落实萧县设点工作方案，10月完成萧县网点装修工作并顺利试营业，12月20日正式开业运营。

【全面战略合作】 2016年12月20日，华安证券股份有限公司与萧县人民政府签订全面战略合作框架协议，为萧县企业借力资本市场融资发展和居民投资理财提供专业支持及便捷的服务。

【党建】 2016 年，宿州分公司党支部被华安公司党委评为“先进党支部”；2016 年 6 月，宿州分公司党支部书记、总经理陈全获得安徽省国资委系统“省属企业优秀基层党组织书记”称号。

【文化建设】 2016 年 3 月，宿州分公司通过省纪委、省监厅“廉政文化建设示范点”复查验收；5 月，省国资委纪委对宿州分公司党风廉政建设工作开展现场检查，分公司成为省国资委推进“党风廉政建设向基层延伸”活动中首家接受现场检查并通过检查的单位。

·国元证券宿州汴河路营业部·

【概况】 2016 年，A 股市场跌宕起伏。尤其是 1 月，刚刚推出的熔断机制失效，导致大盘连续暴跌，上证指数 1 月暴跌 22.65%。上证指数全年最高点和最低点均出现在 1 月份，分别是 3538.69 点和 2638.3 点。据统计，上证综指和深证成指 2016 年以来累计下跌 17.91% 和 15.4%，涨幅表现在全球 73 个市场指数中位居倒数第四和第三，仅优于意大利指数和委内瑞拉 IBC。中国股民人均亏损超 1.3 万元。国元证券宿州汴河路营业部围绕创新转型，推进各项新业务开展，着力提升服务理念，强化服务意识，减缓业务收入下滑趋势。

2016 年，新开立资金账户 485 户，比 2015 年同期的 2035 户减少 1550 户，降幅为 76.16%；实现交易量 263.10 亿元，较 2015 年同期 655.90 亿元减少 382.80 亿元，降幅为 59.89%，其中：网上交易量为 253.42 亿元，占全部交易量的 96.32%；客户保证金余额为 1.53 亿元，较 2015 年同期 2.47 亿元减少 0.94 亿元，降幅为 38.05%，证券托管市值为 14.93 亿元，较 2015 年同期 17.62 亿元减少 2.69 亿元，降幅为 15.26%；营业收入 2572 万元，实现利润 2025 万元，分别较 2015 年同期下降 65.84% 和 69.01%。

【创新业务】 营业部高度重视创新业务开展，通过多次培训使每个员工全面了解创新业务内容及重要意义。2016 年，营业部致力于为当地实体经济进行服务，积极加强与企业对接联系，努力推进新三板及四板项目，完成四板成长板挂牌 2 家。

【客户服务】 坚持以客户服务为中心，以提供优质高效服务为目标，立志于向财富管理转型，实现客户服务系统化、电子化和规范化。客户按标准分包至理财顾问名下并通过 CRM 系统开始服务工作，根据 KPM 标准化策略，提高服务效率，利用系统提供的各项筛选指标，有目的的筛选出各种风格类型的客户群体，对不同群体客户打造个性化、精细化、差异化服务。客户净流失率低于公司平均水平，未发生客户投诉、员工投诉情况。

【投资者教育】 成立投资者教育工作小组，并明确专人负责。采取制订计划、开辟园地、开展活动等一系列有效措施构筑全方位、多层次的投资者风险教育体系。通过各种方式提示投资者切实提高自我保护意识，提醒投资者不参与非法证券交易，提高对非法咨询和理财、非法股权买卖的警惕性。加强对员工及营销人员的教育，规范其执业行为，严格禁止从事非法证券活动。每周五下午闭市后，营业部组织的股民学校活动，已有十余年的历史，深受股民欢迎，已成为营业部的一大特色。另外结合新业务、新产品的特点，在投资者中开展专场金融知识的讲解活动，着重于产品收益与风险的正向关系。特别是针对港股通、个股期权、分级基金、股指期货、融资融券做好风险教育工作，力求投资者能够充分认识、了解股指期货及融资融券的概念和风险。

【员工培训】 员工培训主要抓两个方面：一是针对证券市场不断创新并推出新产品、新业务的特点，重点对沪港通、个股期权、股指期货、融资融券、交易型开放式指数基金(ETF)、债券质押式报价回购、约定购回式证券交易业务、中小企业私募债、分级基金、新三板、四板、保险产品、理财产品、信托产品等业务进行培训。二是根据公司相关要求积极加强对员工的日常业务培训，使员工提高服务效率，规范服务流程，增强服务技巧和服务理念。

【经纪人工作】 一是制定证券经纪人晨会制度和培训制度，每天坚持召开晨会，并将晨会内容录入 CRM 系统留痕，另外组织经纪人参加公司相关业务培训，并对参加培训的经纪人建立培训人员档案，作为经纪人综合考评的依据之一。(2)对每位经纪人除了做到一人一档,还在营业部营业大厅公示有资格有合同经纪人相关信息,包括照片、取得的考试合格证书号、执业情况等。

·长江证券股份有限公司宿州淮海北路证券营业部·

【基础工作】 2016 年,在公司的综合考核中获得 100. 56 分,完成利润及创新业务的收入考核,完成中高端客户、市场份额占有率、产品销售、创新业务及投顾签约等各项指标。

宿州营业部接受多家管理机构的现场检查,包括工商局、国税局、地税局及人民银行多地区联合检查组进行的反洗钱现场检查,营业部各项检查指标基本符合标准要求,没有出现违规现象顺利通过检查。

2016 年宿州营业部数据表

表 1

考核项目	目标	完成值	完成率	得分
利润(万元)	456. 38	490. 18	107. 41%	30
创新业务收入(万元)	94	127. 97	136. 14%	20
净增标准资产(亿元)	2. 91	2. 3	78. 92%	15. 78
新增中高端客户(户)	351	521	148. 43%	5
市场份额(%)	10. 66	990. 10	990. 10	5
产品销售(万元)	8640	11392. 615	131. 86%	20
超额产品销售			31. 88%	4. 78
合计分数				100. 56

【团队建设】 2016 年,营业部营销团队稳步增长和完善,由两名营销主管,15 名客户经理,一名理财经理,一名投资顾问,以及 20 名经纪人组成的营销团队在客户服务和业务发展的道路上稳健前进。

【机构业务】 完成三板挂牌企业安徽亿海矿山设备制造股份有限公司的一单 2100 万定增,其他储备的三板项目均没有实质性进展。

2016 年,市场行情持续萎靡,资产引进状况不好,净增资产只完成全年总进度的 78. 92% 。

·国盛证券有限责任公司宿州银河一路证券营业部·

【概况】 国盛证券有限责任公司是 2002 年 12 月经江西省人民政府和中国证监会批准设立的证券公司。公司注册地为江西省南昌市,注册资本 38. 03 亿元,2016 年证券评级为 BBB 级。

公司是中国证监会注册的保荐机构,曾首批获准参与股权分置改革试点。是全国银行间和交易所间同业拆借及债券市场成员单位,中国证券业协会监事单位。拥有证券经纪、证券自营、证券主承销与保荐、证券投资咨询、财务顾问、融资融券、转融通、代办系统主办券商、中小企业私募债、约定购回式证券交易、证券投资基金销售、新三板做市商、港股通、股票期权、消费支付等多牌照业务资格。

公司下设两家全资子公司:国盛证券资产管理有限公司和上海全钰股权投资有限公司,绝对控股江信国盛期货有限责任公司,发起设立江信基金管理有限公司,参股中证机构间报价系统股份有限公司。公司在北京和新疆设有两家分公司;有 244 家营业部,分布于北京、上海、深圳、天津、杭州等国内中心城市及江西省各地市县。

公司始终致力于建设昂扬向上的企业文化,以“共同利益观”为核心价值观,即国家、股东、客户、员工利益一体,互利共赢。以“忠诚拼搏、艰苦创业”为企业精神,始终以优质高效的服务,不断满足投资者多方位需求,实现公司的可持续发展。

国盛证券有限责任公司宿州银河一路证券营业部于 2016 年 3 月开始筹建,2016 年 8 月正式开业运营,并于 2016 年 8 月 10 日举行开业典礼。2016 年 10 月,经中国人民银行宿州中心支行同意,国盛证券宿州银河一路证券营业部加入宿州金融服务与管理体系。截至 2016 年底,国盛证券有限责任公司宿州银河一路证券营业部共开户 140 余户,托管客户资产 3300 余万元。

【反洗钱工作】 营业部根据宿州人行及总部要求,积极开展反洗钱及投保防非工作。根据《中华人民共和国反洗钱法》和相关反洗钱制度要求,通过采取一系列举措,开展反洗钱工作。根据皖证协发《关于开展远离非法证券“宣传月”活动的通知》(皖证协字〔2016〕15 号)文件精神要求,进一步做好防非宣传工作,引导投资者树立正确的投资理念,远离非法证券活动,国盛证券宿州银河一路营业部开展防范打击非法证券宣传月活动。

·海通证券宿州汴河路营业部·

【概况】 海通证券宿州汴河路营业部自2014年初成立以来,始终遵循“务实、开拓、稳健、卓越”的经营理念和“规范管理、积极开拓、稳健经营、提高效益”的经营方针,坚持“稳健乃至保守”的风控品牌,追求“管理一流、人才一流、服务一流、效益一流”的经营管理目标,取得显著的经济效益和社会效益。2016年,海通证券宿州汴河路营业部克服年初股市和年末债市大幅波动给经营工作带来的挑战,稳步推进改革创新,保持良好的发展势头,营业收入和净利润等主要财务指标均处于历史较好水平。

从行业格局来看,行业发展资本驱动、综合化、产品化、互联网化的特征日益明显,券商之间的竞争主要表现在:一是拼资本实力。充足资本是消化抵御风险、扩大业务规模、保持竞争优势的重要前提。二是拼产品和服务。产品的设计和定价能力,开放式全品种的产品平台以及满足个性化定制需求的能力,是券商核心竞争力的重要体现;券商的服务模式将转型为以销售交易为基础,为客户提供全方位的综合金融服务。三是拼金融科技。金融科技已经成为行业主流券商的战略重点,把互联网作为重要的低成本获客渠道,通过互联网平台研究客户需求,整合集团资源,实现跨境、跨市场布局,为客户提供一站式服务,通过“互联网生态+综合金融布局”提升交叉销售能力。四是拼风险管控能力。监管趋严提高行业运营成本,行业竞争格局会慢慢发生改变,资金、客户、新业务牌照资源继续向风险管控能力强、规模效应大的券商集中。五是拼管理机制和企业文化。证券公司最主要的资产是人,通过优化中长期激励机制,配合企业文化建设,注重公司大平台、团队和个人共赢,吸引人才、管理人才、留住人才,才能在激烈的竞争中不落下风。

【党建】 在经营工作取得佳绩的同时,营业部党建工作也取得丰硕的成果。营业部认真贯彻落实中共十八大和十八大三中、四中、五中、六中全会精神,主动适应经济发展新常态和党建工作新要求,紧密结合公司改革发展的实际,紧扣党要管党、从严治党的主线,认真抓好基层党建工作责任制和党风廉政建设责任制,党建工作保障体制进一步健全,为营业部各项工作的持续健康发展提供有力的思想和组织保证。

【改革突破】 2016年,分支机构改革转型将“稳”中求“进”,营业部按照公司确定的改革转型模式努力实现两个突破:一是要在思维理念上有突破,经营班子要突破传统营业部分类的思维束缚,因地制宜做好营业部功能重新定位,集中优势资源解决突出问题,实现特色化经营、差异化发展;二是要在团队建设上有突破,营业部要明确将私募业务、产品代销、财富管理、融资类、投行等业务作为重点工作,按照客户服务的要求,加强管控、培训和考核,打造一支综合业务能力强、专业水平高的前台营销队伍。

【合规风控工作】 营业部充分认识合规风控形势的紧迫性,对业务发展和风险防控齐抓共管,与风险赛跑,通过全面识别、计量、转移、分解、控制等手段对风险进行主动管理,赢得业务发展的先机。营业部配合人民银行按时完成反洗钱工作,落实监管部门关于投资者适当性管理要求,从制度、流程、系统、问责等方面强化公司管控能力,确保对公司所有业务、产品和服务的全覆盖。

【财务管理】 推进分公司财务集中,营业部财务管理从分散向集中转变;深化全面预算管理和费用精细化管理,财务工作从粗放型向集约型转变;推进财务信息化建设,完成财务系统整体升级、增值税管理系统、网络报销系统、商旅平台等系统的开发建设,初步实现财务审批和核算从手工作业向自动化、网络化转变,财务管理工作效率和财务风险管控能力显著提高;顺利完成营改增的实施落地,公司为行业积极争取税收政策,努力降低税负,受到证券业协会通报表扬;通过加强税收筹划和税务管理,增加可观的经济效益。

农业农村经济

·综　述·

宿州是传统农业大市，农业人口527万人，耕地面积49万公顷。是安徽乃至全国重要的农产品生产基地，埇桥、灵璧、萧县、泗县是全省粮食大县；砀山县是全国著名水果大县；埇桥区是全省蔬菜十强县；四县一区均是全国生猪调出大县。是全国新增500亿公斤粮食生产能力规划核心区；是国家规划早春菜生产优势产业带之一。

种植业。2016年全年粮食总产403.2万吨，实现“十三连丰”，粮经饲结构比例为40.3%∶22%∶37.7%。全年瓜菜播种面积12.33万公顷，总产量460万吨，中大型弓棚和钢架温室大棚达到2.33万公顷，越冬日光温室达到0.1万公顷。水果总面积8万公顷，占耕地面积的16.3%，果品总产量26亿公斤，居全省第一，果品总产值75亿元左右。全市规模以上农产品加工企业加工产值实现1027.83亿元，居全省第三，增幅9.2%。农村常住居民人均可支配收入9980元，增长9.5%。

粮食安全。全市小麦绿色攻关示范片8个，总面积0.48万公顷，平均单产584.3公斤；绿色攻关示范村8个，总面积0.40万公顷，平均单产583.8公斤；绿色攻关家庭农场8个，总面积0.05万公顷，平均单产591.6公斤，均超过全市平均单产28%以上。玉米绿色攻关示范片6个，总面积0.48万公顷，平均单产596.86公斤；绿色攻关示范村6个，总面积0.30万公顷，平均单产607.86公斤；绿色攻关家庭农场6个，总面积0.41万公顷，平均单产612.34公斤均比周边增产25%以上。全年综合考评全省前六。

畜牧业。2016年，在畜产品消费不旺、畜牧业用地和环保约束趋紧的情况下，畜牧业生产进行适应性调整，产品结构进一步优化，总体保持平稳发展态势，主要畜禽养殖均实现盈利。全市肉类总产量56.8万吨，居全省第二位；禽蛋总产量287399吨，居全省第一位。全市生猪存栏320万头，出栏4553336头；肉牛存栏18.3万头，牛出栏143005头；山羊存栏260万头，出栏3612754只；家禽存栏4233万只，家禽出栏6019万只。规模养殖比重70%，畜牧业总产值占农业总产值的36.7%。

水产业。截至2016年底，全市水产养殖面积0.91万公顷，水面利用率65%。水面类型有沟河、池塘、水库、湖泊、塌陷区和稻田等，其中池塘养殖面积0.62万公顷，约占养殖总水面的67.7%，平均亩产342.6公斤；围拦网和网箱养殖面积0.13万多公顷，采煤塌陷区水面约0.17万公顷（大水面散养与网箱养殖相结合）。全市水产品总产量4.48万吨，较2015年增长3%，经济总产值12.29亿元，增幅为4.9%。渔业基础设施和生产条件明显改善，渔业综合生产能力明显提高。

【农业现代化】　2016年，全市家庭农场发展到4297家，超额完成省下达的4000家的目标任务。全市市级以上农业产业化龙头企业575家，其中国家级3家，省级62家。2016年，全市规模以上农产品加工企业加工产值实现1027.83亿元，位居全省第三位，增幅9.2%。17家农业产业化龙头企业为省级农业产业化龙头企业“甲级队”，34家联合体为省级示范现代农业产业化联合体。全省农业产业化综合考评与合肥、安庆并列全省第一方阵。减少化肥使用量，实施化肥零增长行动，2016年全市化肥施用纯量33.30万吨,比2015年的33.3607万吨减少607吨。切实完成化肥施用零增长任务。测土配方施肥技术覆盖率达90%以上。

【农业产业化】 重点培育年产值超过10亿元大企业5家。力争实现市级农业产业化龙头企业600家,全市农产品加工产值达到1000亿元。泗县引进的8亿元光伏农业科技大棚项目与青岛昌盛集团签约,项目用地通过市级评审;泗县与河南牧业达成10亿元生猪养殖投资协议。与农业部蛋鸡养殖协会洽谈300万只蛋鸡养殖项目。安徽翔农航空科技有限公司投资5000万元的无人机项目落户宿州,开始运营、生产、销售。2016年12月,市政府与康桥生物科技股份有限公司签订《投资框架协议书》,计划投资20亿元,建设宿州市秸秆综合利用现代农牧业生态循环产业示范园项目。公司已注册,项目完成选址。

【农业结构调整】 全市新增国家级蔬菜标准园2个,省级3个,市级5个。创建部省级标准化示范场2个,市级标准化示范场10个,规模养殖比重达70%。

推进农业结构调整,形成"小麦良繁—鲜食玉米—育肥羊模式、西瓜—玉米模式、马铃薯—玉米模式、洋葱—玉米模式"等一批"亩收千斤粮、亩增千元钱"的"双千田"生产模式。青贮饲用玉米种植扩大到0.67万公顷,亩收入达1000元以上。全市新创建国家级蔬菜标准园2个,省级3个,市级以上蔬菜标准园达到80个,全年全市瓜菜种植面积达到12.33万公顷,总产量460万吨;果品总产量26亿公斤,果品总产值75亿元左右;水产养殖面积0.93万公顷,全年水产品总产量45760吨;全年肉蛋奶总产83.2万吨,同比增长1.56%。生猪存栏320万头,同比增长1.15%。家禽存栏4233万只,同比增长5.07%。新增1家畜禽养殖标准化部级示范场,3家省级畜禽养殖标准化省级示范场。发展规模养殖场(小区)70个,规模化养殖比重达到70%,比2015年同期提高1.5个百分点。

【农业生产标准化】 一是创建市级以上畜禽养殖标准化示范场95个(国家级11个,省级22个),规模养殖比重达到70%,比2015年提高1.5个百分点,2016年肉蛋奶总产86.4万吨,生猪存栏320万头,家禽存栏4233万只。二是创建市级以上蔬菜标准园80个(国家级14个,省级31个),2016年瓜菜播种面积12.33万公顷,瓜菜总产量460万吨。三是创建市级以上标准果园52个(国家级18个,省级16个),建有世界上最大的百万亩连片果园,全年果品总产量26亿公斤,总产值75亿元。四是积极开展"三品一标"创树,加强农产品地理标志注册,全市85家企业180个产品获得无公害农产品认证,35家企业50个产品获得绿色食品认证,5家企业5个产品获得"有机食品"产品认证。砀山酥梨进入"全国果品业最具投资价值品牌30强"。

【农业科技】 埇桥区设置乡镇农技推广机构72个,在编在岗农技人员262人。2016年,有244名农技人员参与农技推广,联系服务284个村,培育科技户2290户,辐射带动4.5万余户。砀山县设立14个基层农技推广农业综合服务站,实有在编在岗166人,高级职称37人、中级职称75人、初级职称54人,实际聘用高级职称21人、中级职称54人,初级职称91人。遴选1540户具有一定文化程度、种植和养殖水平较高、乐于助人的科技示范户,辐射带动农户16000余户。灵璧县设置19个乡镇农村经济技术工作站和19个畜牧兽医水产站,全县乡镇农村经济技术工作站实有技术指导员150人;19个乡镇畜牧兽医水产站实有技术指导员39人。农技人员在编在岗率达100%。遴选2250个科技示范户,开展包村联户服务的农技人员,与每个科技示范户签订服务责任书。萧县有乡(镇)级农技站23个、兽医站23个、农机站23个。县乡两级农技推广机构在编在职人员268人,其中技术人员243人(农技101人、畜牧72人、园艺16人、农机47人、农村能源7人)。全县23个乡镇重新遴选990个粮食示范户、720名生猪示范户、160名果树示范户、470名农机示范户和70名农村能源示范户及71名贫困户,使科技示范户成为农技推广体系的重要成员,成为农情调查员、技术推广员、政策宣传员,成为农民看得见、问得着、留得住的"乡土专家"。泗县乡(镇)级设置农村经济技术管理站16个、兽医站16个和农机管理服务中心站7个,实有人数227人。遴选科技示范户2090户,对接帮扶贫困户418户,2016年全县农技指导员下乡指导培训农民30000多人次,农技人员入户率和群众满意度均达100%。

【现代农业示范区】 围绕宿州市创新型农业现代化先行区建设总体目标，进一步加强现代农业“两区”建设。抓好埇桥国家现代农业示范区、6个省级现代农业示范区和20个市级现代农业示范园区建设。家庭农场发展到3750家，新增市级示范家庭农场50家。继续开展示范农民专业合作社创建活动，新增市级示范合作社80个。现代农业产业化联合体发展到220家，创建市级示范联合体15个。

1. 抓好现代农业两区和6个省级现代农业示范区建设。一是埇桥国家现代农业示范区建设不断深入。2016年，大力开展粮食绿色增产模式攻关，夏刘寨玉米高产创建示范片单产达到892.6公斤，创全省最高纪录。全区粮食总产达到18亿公斤。全区蔬菜种植面积稳定在4万公顷，标准化蔬菜基地达到33个，国家级蔬菜标准园5个。全区农产品质量安全例行检测点由原来的3个增加到22个，监管范围由原来的近郊蔬菜延伸到乡镇果蔬基地，农产品监测检验合格率100%。全区生猪规模化养殖比重达到78%，连续第八次获得“全国生猪调出大县”称号。全区活立木总蓄积量413万立方米，人造板产量超过300万立方米，是“中国杨木产业示范区”，全年出口创汇超过7000万美元，被全国绿化委员会授予“全国绿化模范县区”称号。二是省级示范区建设不断加快。埇桥灰古省级现代农业示范区，主导产业调转步伐加快，省级示范区粮食总产达到0.976亿公斤，较2015年增长5.23%。皖神面制品产值超10亿元，润发面业、金海面粉加工产值均超5亿元。埇桥区政府整合项目资金，全力推进核心区建设，核心区内大批在建项目快速推进，一批新引进的项目正加紧筹备。旱涝保收标准农田面积达到0.53万公顷；主要农作物耕种收综合机械化水平达到95%以上；农业信息服务热线覆盖率达到100%。砀山黄河故道省级现代农业示范区。2016年，示范区水果总产量达79.3万吨，实现产值69亿元，农产品加工业总产值39亿元，农产品质量安全例行监测总体合格率100%，农产品注册商标30个，国家级、省级龙头企业个数13个，取得驰名商标认定1个，省著名商标6个，三品一标认证面积31.4万公顷，其中有机食品认证5家企业，绿色食品认证9家企业。新建17个标准果园。2016年，示范区旱涝保收标准农田面积2.38万公顷，设施水果面积0.47万公顷，农业机械总动力达71万千瓦，灌溉水利用率达75%。萧县杜楼省级现代农业示范区。示范区核心区旱涝保收标准农田面积比例达到91.7%，主要农作物耕种收综合机械化水平达到85.3%，农村居民可支配性收入达11000元。2016年度，示范区核心区内小麦、玉米单产分别为502.3公斤、610.4公斤，创下近年来全县小麦、玉米单产最高纪录。灵璧三河省级现代农业示范区。基本建成1.2万公顷规模的粮食产业示范基地，占示范区面积1.34万公顷的89.8%。核心区0.13万公顷养殖种植示范园年内总产值可达4.57亿元，同比增加1.85亿元，增幅达到68%。示范区实现灌溉保证率100%，耕种收综合机械化水平达到95%，农业技术应用率达90%以上，良种覆盖率达100%，专业化服务水平和病虫草害统防统治率达到100%；规模化畜禽养殖率达到92%以上；农业科技进步贡献率达到57%以上。示范区核心区农民人均收入达15640元，示范区人均收入达到13589元。泗县大路口省级现代农业示范区。示范区规划面积0.7万公顷，其中核心区0.13万公顷，辐射区0.57万公顷。示范区小麦种植面积0.53万公顷，平均单产582公斤，总产4712万公斤，总产增加16万公斤。山芋种植面积0.67万公顷，鲜山芋平均单产2350公斤，总产量23500万公斤。建成33.33公顷脱毒山芋原种繁育基地、333.33公顷脱毒山芋种苗供应基地各1个；建设0.13万公顷春山芋标准化基地1个。山芋加工业增长明显。全年生产淀粉6850万公斤，产值达3.6亿元；加工粉丝1300万公斤，产值1.4亿元。2016年，示范区内农业总产值6.1亿元，农民人均纯收入9987元，均高于周边乡镇20%以上。泗县刘圩省级现代农业示范区。示范区小麦种植面积0.67万公顷。面粉加工业增长明显，全年加工面粉3.9万吨，产值达1.2亿元。生猪存栏3.6万头，出栏3.5万头；羊存栏0.65万只，出栏0.55万只；禽存栏51万只，出栏46万只。肉类总产量达到1.1万吨。在养殖产业全面推进标准化养殖小区建设，建成10个蛋鸡标准化养殖小区、5个山羊养殖标准化小区和8个生猪养殖标准化小区。

2. 认定24个园区为首批“宿州市现代农业示范园区”。根据《宿州市创建市级现代农业示范园区的实施意见》要求，经园区申报、县区推荐、市级复核并报市现代农业建设领导小组同意，认定埇桥富民现代农业示范园区等24个园区为首批“宿州市现代农业示范园区”。

3. 全市家庭农场发展到4297家,新增市级示范家庭农场50家。农民专业合作社发展到9893个,新增80个市级示范合作社;全市农业企业发展到4760家,其中市级以上龙头企业达到575家。全市现代农业产业化联合体发展到229家,新增24家,加入联合体的农业企业237家,合作社700家,家庭农场1286家,年产值达249.7亿元。

【农村集体产权制度改革】 开展农村集体资产股份合作制改革试点,探索赋予农民对集体资产股份占有、收益、有偿退出、抵押、担保和继承权的有效实现形式。加快推进农村产权流转交易市场建设,农村集体产权制度改革率先在条件较好的城中村(社区)、园中村、城郊村开展。全市选择5个村开展农村集体资产股份合作制改革试点,按照时间节点加快推进,推动全市多种形式农业适度规模经营。

【农村金融改革】 组织开展家庭农场"信用贷款"、农村土地承包经营权抵押贷款和"直管直贷"等试点。开展农业信贷"劝耕贷"试点,发放"劝耕贷"9521万元,惠及189户新型农业经营主体。与徽商银行合作在全省率先开展家庭农场信用贷款模式创新试点,完成第一批303家家庭农场的信用等级评定,发放贷款53户、金额1700余万元。创新联合体龙头企业领保模式,联合体内龙头企业帮助家庭农场担保贷款累计3.5亿元。在粮食生产家庭农场开展农业政策性保险提标试点。在政策性保农业险小麦、玉米原保额367元/亩、282元/亩的基础上均提高到800元/亩,大豆在170/亩元的基础上提高到500元/亩。提高标准部分的保费,市、县两级财政分别补贴30%和40%,经营主体自缴30%。全年落实粮食家庭农场保险提标0.87万公顷。

【改革创新示范行动】 加快农村土地承包经营权确权登记颁证和土地流转平台建设。2016年底前基本完成全市农村土地确权登记颁证任务。运用土地确权登记颁证成果,发展多种形式的农业适度规模经营。

1. 建立农村产权流转交易市场。全市县、乡两级分别设立农村土地流转服务中心及分中心,部分村也相应设立机构,主要负责收集、整理、发布土地和林地流转信息,开展咨询服务。埇桥区及其所辖乡镇的农村土地流转服务中心与互联网连通,土地流转信息实现网上发布。泗县农村土地流转服务中心开展农用设施的产权评估、抵押贷款试点工作。

2. 农村土地确权整市推进基本结束。宿州市农村土地承包经营权确权登记颁证整市推进试点工作共承担两个批次的试点任务,埇桥区为第一批试点,四个县为第二批试点,农村土地确权整市推进基本结束。首批试点的埇桥区颁证率达100%。全市完成签字确认农户占99.93%,完成结果公示农户占99.93%,完成结果审核的农户占99.93%,建立登记簿的农户占99.92%,完成信息数据入库的农户数占99.88%,颁发证书1246787户。

3. 运用土地确权颁证成果,加快推进多种形式农业适度规模经营。2016年埇桥区被列入全国农村承包土地的经营权贷款抵押试点,用农村土地流转经营权证实现抵押贷款17户、金额650万元。全市土地流转面积26.25万公顷,全市土地流转率达到50.28%。支持多种类型的新型农业服务主体开展土地托管、代耕代种、联耕联种等专业化规模化服务。全市农机专业合作社发展到612家,全年服务农户45万户,作业面积达76万公顷。全市参与土地托管的社会化服务组织52家,托管土地2.13万余公顷。

【农作物病虫害防治】 2016年,组织召开20余次病虫情会商会,发布病虫情报105期,病虫情报准确率达95%以上,召开防治现场50余场次,发放技术明白纸60余万份。2016年,全市小麦、玉米等农作物病虫害总体中等发生,病虫草鼠总计发生面积358.85万公顷次,防治面积496.72万公顷次,挽回粮食损失62.83万吨、挽回棉花损失518.95吨、挽回油料损失8618.43吨。举办2次植保无人机操作手培训,培训150名无人机操作手。依托智翔航空植保有限公司,在泗县、灵璧、砀山成立县级飞防公司,拥有植保无人机29台。

【植物检疫】 4月,在全市范围内开展植物检疫联合执法检查工作。9月1—2日,省植保总站和市植保站在市光彩城农资大市场召开2016年全国植物检疫宣传月安徽启动仪式。悬挂张贴宣传标语与横幅400余条,发放宣传资料5000余份,出台宣传车50辆次,巡回宣传20次,现场咨询500人次,发送手机短信12条,电台、电视台及新闻媒体宣传报道12次(篇)。

【农产品质量管控】 先后制定印发《2016年宿州市农资打假专项治理行动实施方案》《2016年宿州市农产品质量安全专项整治与执法监管方案》等文件。市农委与公安局联合下发《联合防范打击经济犯罪协作工作制度》，与检察院联合印发《建立健全联合打击涉农违法犯罪行为工作机制的意见》，建立联席会议工作制度。落实省市农产品例行检测计划，开展2次农产品质量安全例行监测、1次监督抽检、1次飞行抽检，抽样245个，总检测参数5390项次，合格率达100%。全年抽检样品合格率100%。组织实施农产品安全民生工程，全市新建75个乡镇站农残快速检测系统、40个畜产品重点乡镇兽残和抗生素残留快速检测系统。

【秸秆综合利用】 宿州市农作物秸秆总量较大，全市年产各种农作物秸秆约625万吨，其中主要有小麦秸秆约315万吨、玉米秸秆200万吨、大豆秸秆25万吨、棉花秸秆22万吨、果树枝13万吨、水稻秸秆10万吨，其他作物（花生、油料、小杂粮、薯类等）秸秆40万吨，秸秆资源十分丰富。加大宣传技术指导，除秸秆还田外，拓宽利用渠道，推进秸秆工业化、饲料化、基料化利用，2016年全市农作物秸秆综合利用率87%左右，主要利用方式有秸秆还田、青储饲料、食用菌培养料、秸秆发电、秸秆制气、秸秆固化等。其中，秸秆还田量约421.96万吨；秸秆发电约6.41万吨；饲料化约68.87万吨；基料化约5.28万吨；造纸板材等25.92万吨；秸秆固化等能源化利用约10.1万吨；高温堆肥47.86万吨；秸秆汽化和秸秆沼气4.27万吨，27.17万吨用于烧火做饭的传统能源，自然堆放。

【畜产品质量安全监管】 为保障畜牧业健康稳定有序发展和畜产品质量安全，宿州市建立比较完善的动物卫生监督体系，2016年度全市设立动物产地检疫电子出证点75个，公路动物卫生监督检查站3个，至12月全面实现动物检疫票证电子出证；全市产地检疫猪、牛、羊、禽分别为331.3046万头、9.5646万头、119.2603万只、8721.8015万只；3个公路动物卫生监督检查站检查消毒车辆8029辆，检疫动物429263头（只）；屠宰检疫猪、牛羊、禽分别为109.883万头、44.178万只、4365.2055万只；养殖和屠宰环节无害化处理病死（害）猪分别为10.4738万头、0.1691万头；办理动物卫生监督案件200起，市、埇桥区动物卫生监督所被省表彰为动物卫生监督和信息工作先进单位。

【动物疫病防控】 2016年，全市使用高致病性禽流感疫苗6100万毫升、牲畜口蹄疫1940万毫升、高致病性猪蓝耳病940万头份、猪瘟1090万头份，小反刍兽疫活疫苗140万头份。存栏畜禽免疫密度保持在90%以上，应免畜禽免疫密度达100%。2016年，对全市5个县区的6897份血清样品进行免疫抗体的检测工作，累计监测样品18924样次。从监测结果来看，全市高致病性禽流感（H5亚型Re－6株）、新城疫、O型口蹄疫、小反刍兽疫、猪瘟和高致病性猪蓝耳病等全年平均抗体合格率均超过农业部规定的要求。2016年，宿州市市级、灵璧县、埇桥区、泗县兽医实验室通过省级考核验收，具备病原学监测能力和水平，可为全市及周边县区养殖户外销畜禽提供检测服务。

【水生生物资源养护】 加强水生生物资源养护工作的宣传教育，广泛动员，积极探索增殖放流多元化的投入机制。2016年，宿州市重点对新汴河、沱河等水域以及跨省水域黄河故道等重要渔业水域渔业资源开展增殖放流行动，增殖放流当地的土著鱼类品种，建立增殖苗种检验检疫和放流过程监理制度，强化日常监管和增殖效果评价工作。开展对放流水域的集中整治，对放流水域捕鱼行为进行排查，严厉打击非法炸鱼、电鱼、毒鱼等违法行为，坚决取缔禁用渔具、渔法，为放流鱼种创造良好的自然资源环境，提高鱼种放流成活率，确保整治效果和放流质量，确保增殖放流渔业资源得到有效保护。

【渔业资源保护】 一是坚持并不断完善禁渔期制度。每年3月至6月故黄河全流域、新汴河部分流域实施禁渔，保护鱼类产卵场，保护水生植被，让鱼类得以休养生息，最大限度地恢复鱼类资源。二是组织开展打击电炸毒专项行动。全市开展检查行动10次、参加检查车辆20次、出动检查船43艘次、出动人员48人次、发送宣传短信200余条，发放宣传资料500份，清理违规渔具81张（套）。三是加快水生生物保护区建设步伐。2016年宿州市积极开展故黄河水生生物资源保护的基础工作，形成考察报告，加强保护区的基础设施建设，并对故黄河各段进行功能定位，划定核心保护区，做好国家级种质资源保护区的建设工作。

【扶贫攻坚行动计划】 围绕精准扶贫、精准脱贫,实施产业脱贫工程,加快形成“一村一策、一村一品”的特色产业发展格局。

1. 整理扶贫资料,梳理贫困户名单。根据要求,对原有的贫困户名单进行“再回头”梳理。把已脱贫和不具备贫困条件的清出去,把真正需要帮助的困难群众拉进来,同时把贫困户名单在村公示。通过梳理,帮助邵庄村筛选127户417人贫困户名单。

2. 开展扶贫慰问活动。结合扶贫日活动,市农委开展干部职工捐款活动,捐款11250元。2017年春节前夕扶贫慰问邵庄村24户贫困户、网周村11户贫困户。因长沟镇、邵庄村经费紧张,市农委从办公经费中给予镇村包保的27户贫困户每户送去300元慰问金,计8100元。

3. 落实精准扶贫。组织党员干部深入帮扶村实地走访调查,了解贫困户家庭情况和致贫原因,倾听脱贫需求,坚持既扶贫,又扶志,引导他们树立勤劳致富、创业致富,自强自立的意识。全年处级和科级干部实际到村走访达150人次,确保结对帮扶工作有序推进,加强结对帮扶活动的有效落实。市农委包保的2016年脱贫的3户贫困户在全省脱贫攻坚考核验收中通过验收,同时在省第三方评估反馈意见中,包保的35户贫困户均对市农委双包工作表示满意。

4. 调整产业结构,实施产业扶贫。一是利用结对帮扶机会,完成70万鸭棚项目建设,建设9座128米长、12米宽鸭舍。将鸭棚整体打捆出租,鸭苗出栏3批,集体经济收入4万元。将村内的“四荒地”出租10年40万元,每年收入4万元,累计全年村集体经济收入8万余元,打破村集体经济收入空白的历史。二是争取2016年发展设施蔬菜产业大棚建设项目。争取现代农业专项资金30万用于补贴村内建棚主体。在原有4座大棚基础上,合作社带领7名群众投资近200万元,流转6.67公顷土地新建10座设施蔬菜大棚,同时提供长期工和季节性临时工岗位40个。三是积极发展光伏扶贫产业,在柳园新建30万千伏光伏板,2016年底并网发电,2017年村集体经济年收入可达30万元。

【市人大、市政协代表议案、建议和委员提案办理】 2016年市农委承办市人大代表议案、建议11件,其中协办议案1件,主办建议10件;市政协委员提案16件,其中主办提案15件,协办提案1件,均办复全部建议、提案。为做好建议、提案的办理工作,市农委把办理工作作为全委工作的重点,不仅注重建议提案本身的答复,更注重建议提案的落实。办理过程中加强与代表、委员的沟通与交流,多次与建议人和提案人沟通,了解代表、委员的真实想法,努力实现建议提案的目标要求,办理工作得到代表和委员的理解和满意。

【农产品电子商务应用】 推进农产品电子商务应用,促进农产品电子商务与农业物联网应用深度融合。鼓励引导农业物联网示范点企业开展农产品电子商务应用。引进知名农产品流通企业投资建设农产品批发市场。由合肥百大集团投资约10亿元、占地33.33公顷的宿州百大农产品物流中心,一、二期市场建成运营,三期市场建设开工,日均成交额1120万元,直接带动就业人员超过1万人。投资5亿元的泗县农产品现代物流中心、投资2.3亿元的萧县龙城西市农产品批发市场相继建成投入运营。出台《宿州市人民政府关于加快电子商务发展的若干政策意见》,市财政每年安排1000万元专项资金用于支持电子商务发展。先后引进阿里巴巴产业带、中国网库等知名平台。阿里巴巴宿州产业带是安徽省首个地市级产业带平台项目,有223家企业入驻运营,总销售额超过2000万元。中国网库在宿正式上线11个单品运营平台,与200多家企业签订服务协议。苏宁中华特色馆砀山馆和京东中国特产·砀山馆相继在砀山县正式上线运营。灵璧县与阿里巴巴合作的“村淘”项目签约实施。埇桥区与阿里巴巴合作共建的村淘项目2015年底启动,区级公共服务中心和60个村淘服务站点运营情况良好。全市全年网上农产品销售55亿元,增长20%。

【组织上海、合肥和全国三大农展】 做好三大农展的组织工作,以及省市级农业龙头企业申报、评选工作。

1. 2016年9月11日,中国安徽农产品暨农业产业化交易会在安徽滨湖国际会展中心落下帷幕。宿州市组织粮油、畜牧、林业、果蔬等四大产业75家企业,约450多个品种参展。在招商项目签约仪式上，全市招商签约项目5个，投资总金额26.2亿元，处于全省第一，围绕宿州市主导产业重点推介项目10个，计15.69亿元。在为期3天的展会上，宿州市展区实现现场销售552.26万元，签订贸易订单及协议20份，合同订单及意向协议金额12.56亿元，比往届均有较大幅度的增长。

2. 第十四届中国国际农产品交易会暨第十二届昆明泛亚国际农业博览会于2016年11月5—8日在云南昆明国际会展中心召开。宿州市组织砀山县三佳利水果种植专业合作社、安徽安特食品股份有限公司等5家农业企业参会展示展销。会上，砀山酥梨荣获2016年全国名优果品区域公用品牌，安特谷朊粉荣获全国农产品金奖。

3. 第十七届中国安徽名优农产品暨农业产业化交易会于2016年12月31日—2017年1月2日在上海市农业展览馆举办。宿州市组织33家农业产业化龙头企业参展。在招商项目签约仪式上，招商签约项目3个，投资总金额达35亿元，处于全省第一。在为期3天的展会上，宿州市展区实现现场销售247.6万元，签订贸易订单及协议8份，合同订单及意向协议金额448万元。

4. 做好省市级农业龙头企业申报、评选工作。17家农业产业化龙头企业为省级农业产业化龙头企业"甲级队"，34家联合体为省级示范现代农业产业化联合体。

·林　业

【概况】 2016年度全市国家森林城市建设全面启动，为林业发展注入新动力。千万亩森林增长工程、森林资源保护、国有林场改革、深化林权制度改革等工作稳步推进，维持林业发展良好势头，带动林业经济的快速发展。

宿州市森林增长位于全省前列。全年完成造林0.98万公顷，超额完成9.1%，其中"三线三边"绿化提升面积0.65万公顷，占年度造林总面积的66.4%；完成森林抚育1.40万公顷，超额完成27.2%；义务植树株数1233.9万株，折合造林面积0.68万公顷。建立不同类型的省级自然保护区5处，保护面积达11970公顷，建设国家级湿地公园1处，保护面积2280公顷。宿州市成为全省自然保护区较多的市之一。

严格保护森林资源是保持森林资源增长的前提，组织开展春季专项行动、保护野生动物专项行动、毁林采种专项行动、打击占用林地专项行动等4次专项行动，查处涉林案件79起，打击处理违法犯罪人员90人。林业有害生物防治和森林防火是维护森林增长的重要手段。全年组织实施飞机防治14.47万公顷次，全市美国白蛾虫株率平均控制在0.1%以下，成灾面积占发生面积的0.95%，林木保叶率保持在90%以上；森林防火受害率控制在5‰以内。飞机防治、地面雾炮车喷洒等大量新技术的应用有力的控制森林灾害的发生。

林业产业发展迅猛。产业合作组织由2007年的9家发展到297家，其中，砀山159家，萧县36家、埇桥30家、灵璧60家、泗县12家。上半年砀山县1家林业专业合作社获得国家级示范社。4家林业合作社获得省级示范社。上报农业部推荐评选国家级示范社1家。埇桥区拥有省级林业产业龙头企业14家，市级龙头企25家，产值过亿的林企34家。这得益于扎实的森林资源基础和林业产业政策的扶持。以板材加工为龙头产业，全市全年林业产业产值达到503.4亿元，同比增长14.6%，位居全省第一。

【造林】 2016年，省下达宿州市森林增长工程造林任务0.9万公顷，任务下达以后，宿州各地结合创建国家森林城市和全国绿化模范城市任务指标要求，开展宜林空间摸底调查，细化分解造林任务至乡镇、到具体路段、到造林小班，层层落实建设责任。在植树造林关键阶段，通过党委政府领导现场督查、定期召开调度会、开辟电视专栏谈造林等多种途径，不断推进植树造林工作，取得建设成效。实际完成造林0.98万公顷，占省下达任务的109.1%。其中：砀山县造林0.07万公顷，萧县造林0.14万公顷，埇桥区造林0.37万公顷，灵璧县造林0.18万公顷，泗县造林0.18万公顷，市直造林0.04万公顷。高质量通过省级检查验收。

【"四森"创建】 结合美丽乡村建设、以创建国家森林城市及全国绿化模范城市为新的契机，实施森林增长工程，重点实施一批省级森林城镇、森林村庄、森林长廊和森林城市(萧县)的创建工作，把城乡造林绿化的硬性指标从规划文本转移到现实工作中，构建起城乡造林绿化的主框架，重点突破，细化填充，形成城乡造林增绿一体化的新格局，让城乡居民共享城乡增绿建设新成果。完成省级森林城市创建1个（萧县），省级森林城镇9个，省级森林村庄34个，建成省级森林长廊示范段130.7公里。

【“三线三边”绿化提升】 结合美丽乡村、农田水利建设等建设，全力推进“三线三边”绿化提升工作，完成“三线三边”绿化提升面积0.65万公顷，占年度造林总任务的66.4%。其中，“三线”0.26万公顷，“三边”0.39万公顷。

【森林抚育】 组织各地扎实开展好森林抚育工作，不断优化森林质量。按照省厅统一安排，宿州市根据省厅下达任务目标，早部署、快推进，及时组织林业技术人员开展摸底调查，确定抚育地块，结合林农意愿，认真组织各县区、市夹沟林场编制实施方案，得到省厅的批复后，严格按照时间节点要求认真作业施工，严把施工质量，动态跟踪全过程，发现问题，及时提出整改建议，并安排专人，跟踪督促落实到位，生态监测成效显著，完成森林抚育任务1.40万公顷，占省任务1.10万公顷的127.2%。

【国有林场改革】 按照国家、省关于国有林场改革的有关精神，成立组织机构，做好国有林场基本情况统计、国有林场改革方案编制等工作，全市7个国有林场整合为5个国有林场（萧县皇藏峪林场、凤虎山林场、永堌林场合并为1个国有林场），全部定性为公益一类事业单位；按照压缩45%左右事业编制的总体目标核定255个事业编制（其中：砀山县林场8个，砀山县官庄林场8个，萧县国有林场130个，埇桥区老海寺林场26个，市属夹沟林场83个），主要用于聘用管理人员、专业技术人员、管护人员和后勤保障人员，实行全额财政拨款。印发各国有林场改革实施方案，“三定”方案获批复。

【林业贴息贷款】 参加全省林业贴息贷款培训会，学习林业贴息贷款政策变化、林业贴息贷款政策及业务操作流程培训；对2016年度申报的林业贴息贷款项目和以往年度计划的续建项目进行检查，各项目按照计划内容要求，有序推进实施，企业效益逐步发挥，对全市林业发展、林农增收以及促进地方经济快速发展，起到推动作用。全市林业贷款合计2194万元，其中，2016年度新增林业贷款2191万元，贴息金额65.7705万元。

【森林资源持续稳定发展】 严格执行林木采伐限额制度，坚持凭证采伐，做好伐前设计、伐中监督、伐后验收和及时更新工作，不定期开展林木采伐管理工作督查。2016年，全市办理林木采伐671份，蓄积量75027.36立方米。上半年，办理征占用林地项目15宗、面积161.401公顷，其中永久使用林地11宗，面积22.0856公顷，临时使用林地4宗，面积139.3154公顷；采伐林木875.8立方米。全市木材运输证签证15517份，材积359077.78立方米。全年发生林政案件272起，查处272起，查处率100%。其中盗伐林木1起，滥发林木4起，毁坏林地3起，非法收购、运输木材259起；非法收购、出售、运输野生动物及其产品1起，其他4起。没收非法所得3.4700万元，罚款70.0672万元，没收木材3146.00立方米，补征林业金费96.8000万元，没收野生动物1925只，行政处罚272人次。

【林业有害生物防治】 2016年度，全市发生各种林业有害生物10.05万公顷，发生率为34.3%，其中：轻度发生9.65万公顷，中度发生0.34万公顷，重度发生0.05万公顷。防治各类林业有害生物9.59万公顷，防治率为93.1%，无公害防治率99.6%，林业有害生物成灾率0.6‰。预测发生面积为8.67万公顷，预测准确率为86.3%，国有场、圃和重点林业大户的产地检疫率达到96%。全市美国白蛾发生面积120.52万亩，其中轻度发生7.96万公顷，中度发生0.08万公顷，重度发生6.67公顷。落实市政府关于重大林业有害生物防控工作部署，组织实施飞机防治14.47万公顷次，全市美国白蛾虫株率平均控制在0.1%以下，成灾面积占发生面积的0.95%，林木保叶率保持在90%以上，实现对美国白蛾疫情的基本控制。各项指标均超过省下达指标，顺利完成目标责任。

【创建国家森林城市工作】 2月14日下午，宿州市创建国家森林城市指挥部第一次全体成员会议召开，贯彻落实市委、市政府关于“十六城”同创的决策部署，明确各成员单位创建国家森林城市和全国绿化模范城市的目标任务，全面启动国家森林城市和全国绿化模范城市创建工作。副市长李朝晖出席会议并讲话。会上宣读《国家林业局宣传办关于对宿州市创建国家森林城市备案的复函》《宿州市创建国家森林城市工作实施意见》，讨论《宿州市创建国家森林城市指标任务分解》,征求完善《宿州市森林城市建设总体规划(2015—2025年)》的意见。

【千余干部职工义务植树】 2月15日下午,市委书记张曙光、市长史翔、市委副书记张孝成与市直、埇桥区直机关事业单位干部职工、志愿者及军分区、武警、消防官兵1000多人一起,在宿城东外环大泽乡镇段参加义务植树,亲手栽下一棵棵树苗,为宿州再添一片绿色。此次义务植树也拉开全市2016年春季义务植树活动和创建国家森林城市、全国绿化模范城市的序幕。全市各地各单位积极响应,同步开展多种形式的义务植树活动。2016年,全市参加义务植树人数378.58万人,完成义务植树株数1233.9万株,折合造林面积0.68万公顷,人均植树3.3株,尽责率达到96.2%。

【森林公安多次开展专项行动】 组织开展春季专项行动、保护野生动物专项行动、毁林采种专项行动、打击占用林地专项行动等4次专项行动,打击处理违法犯罪人员90人次,出动警车347余台次,警力1000余人次,没收镰刀24把,清除捕鸟工具(网)18张、收缴各类野生动物1700余只。2016年,查处涉林案件79起,打击处理90人,其中刑事案件28起,行政案件51起。

【森林资源情况】 据2016年森林资源年报,至2016年底,全市林业用地面积314579.05公顷,占国土总面积32.17%。林业用地中有林地面积291676.64公顷,其中:乔木林226249.46公顷,经济林65309.90公顷,竹林117.28公顷。非林业用地中:四旁和林网占地折合面积33074.71公顷。2016年,全市森林覆盖率达30.06%,林木绿化率34.04%。全市活立木蓄积量达到1783.83万立方米。

【安徽泗县石龙湖国家湿地公园正式定名】 2009年12月,安徽泗县石龙湖国家湿地公园经国家林业局批复,正式试点国家湿地公园;2016年8月,经过市县两级林业部门的不懈努力,经国家林业局专家组现场考察,成为真正的国家级湿地公园。

【林权登记交给国土资源局】 2016年3月,按照自上而下的改革,成立宿州市不动产登记局,宿州市林权登记这一职能,划交给宿州市不动产登记局。

【种苗调剂】 截至2016年11月,全市育苗0.42万公顷,可产苗4315万株,其中良种苗木占95%以上。

【集体林权制度改革】 宿州市发放林权证4.834万份,涉及林地面积10.41万公顷;参加林改的农户数达23.1万户;全市9.80万公顷公益林全部承保,金融支持林业初见成效。全市累计办理林权抵押贷款58宗(农户9宗,大户46宗,企业3宗),抵押林地面积0.09万公顷,办理贷款7445万元,贷款余额1410万元。实施森林资源资产评估14宗,面积0.08万公顷,评估金额8640万元。办理林权流转1508宗,面积0.39万公顷,金额3690万元。

【林下经济】 全市林下经济发展152个,进行林下复合经营的林地面积0.49万多公顷,年创产值5亿多元。其中林下种植面积0.15万公顷,林下养殖面积0.07万公顷,森林旅游0.27万公顷。上报国家贫困地区林下经济及绿色产业示范基地4个。

·水　利·

【概况】 2016年,全市落实重点水利项目投资计划4.04亿元,完成投资3.33亿元,投资计划完成率82.3%,目标任务完成率106.8%。完成10个项目验收任务及32座病险水闸除险加固工程初设审批工作。新汴河治理工程通过完工验收。淮水北调宿州段工程通过投入使用验收。市级配水工程基本完成,满足通水要求。灾后水利薄弱环节建设扎实推进,完成灾后薄弱环节3个规划(《宿州市灾后水利建设总体规划》、龙岱河及利民河系统治理规划)及2个初设(唐河、龙岱河治理工程初设)的编报工作。农田水利基本建设扎实开展,新增、恢复、改善灌溉面积4.53万公顷,新增节水灌溉工程面积0.72万公顷。启动农村饮水安全全覆盖项目,建设农饮工程36处,解决26.43万农村居民饮水安全问题,3.65万贫困人口受益。开展水资源消耗总量和强度双控行动。新汴河景区获批成为国家级水利风景区,实现宿州市国家级水利风景区"零突破"。

【水资源开发利用与保护】 实行最严格水资源管

理制度。严格落实“三条红线”考核指标,2016 年全市用水总量 10.17 亿立方米,万元 GDP 值用水量 75.5 立方米(以 2015 年不变价计算),较 2015 年下降 6.6%,万元工业增加值用水量 56.4 立方米(以 2015 年不变价计算),较 2015 年下降 5.8%。开展水资源消耗总量和强度双控行动,将用水总量和用水效率控制指标分解到县区,水资源红线管控进一步加强。建立国家、省、市三级重点取水企业在线监督管理名录,监管企业 75 家。建设市控取水在线监测点 133 处,基本建成覆盖全市范围的取用水在线监控系统。12 月 27 日,《宿州市地下水资源管理办法》(以下简称“办法”)经市政府第 85 次常务会议审议通过。“办法”共 6 章 36 条,规定地下水资源规划和开发利用、饮用水水源保护、监督检查、法律责任等内容,突出对饮用水水源地的保护。

封闭城区非法自备井。4 月底,编制完成《宿州市城市公共供水管网覆盖范围内非法自备水源井封闭工作方案》。5 月初,市城管局、市水利局、埇桥区政府联合启动水源井调查摸底工作。8 月中旬,调查摸底及合法性审查工作全面结束,调查使用自备井的单位和个人 227 家,自备水源井 266 眼,其中不具有取水许可证、属违法取水的 195 家。12 月底,组织完成 180 家供水方案勘察和预算书编制工作,供水管网覆盖 54 家,封闭 45 家,通过验收 40 家,管网覆盖范围内非法自备井封闭率 83.3%,验收率 88.9%,基本做到“覆盖一家,封闭一家,验收一家”。该项工作将于 2017 年 3 月全面完成。

水源地勘查评价工作。市政府于 2014 年立项开展城西水源地及城市后备水源地勘查评价项目,工期自 2015 年 1 月至 2016 年 12 月,项目由安徽省地质环境监测总站承担。12 月,项目勘查评价成果报告通过专家组评审验收。项目完成卫星遥感解译 806.38 平方公里、水文地质测绘 350 平方公里、水文地质调查 185.34 平方公里、地下水动态监测 70 孔、水质分析取样测试 165 个等实物工作量。此次勘查评价工作查明:城西水源地多年平均可开采量 15 万立方米/天,比 1994 年的勘查结论减少 2000 万立方米/年,现状开采量与可开采量持平。勘查评价工作确认支河、符离、曹村、栏杆 4 个岩溶水水源地可作为城市后备饮用水水源,面积分别为 588.18 平方公里、105 平方公里、94 平方公里、316 平方公里,地下水资源量分别为 1.13 亿立方米/年、2240 万立方米/年、2247 万立方米/年、5900 万立方米/年。支河特大型水源地的发现,对于解决当前宿州市城市供水水源不足问题具有重要意义。

【水利规划】 编制完成《宿州市“十三五”水利发展规划》《宿州市城市防洪规划(修编)》《宿州市水资源综合规划(修编)》《宿州市灾后水利建设总体规划》《萧县龙岱河系统治理规划》《砀山县利民河系统治理规划》等 6 项规划。

【水利工程管理】 完成 2016 年度县级国有公益性水利工程维修养护项目,维修水库 3 座、泵站 2 座、涵闸 17 座、河道堤防 2 处。在全市范围内开展水库、水闸安全运行性能排查,排查水库 83 座、水闸 138 座。通过政府招标采购方式,有序推行向社会力量购买服务工作,完成对小黄沟闸运行管理维护及新汴河团结、灵璧、宿州闸翻水站输电线路和变电站运行管理维护的项目服务采购。认真贯彻水利工程建设质量方针,不断提高全市水利工程建设质量,新汴河灵西闸重建工程及浍河祁县闸除险加固工程获省水利水电优质工程(禹王)奖;加强全市水利安全生产工作,全年未发生一起安全生产责任事故,在省水利厅安全生产目标管理考核中得分 96.8 分,连续 6 年被市政府评为安全生产目标管理先进单位。

【农村水利工程建设】 启动农村饮水安全全覆盖项目。项目静态总投资 12.08 亿元,新解决 201.33 万人的饮水问题,巩固提升人口约 90 万人。主要建设内容为:新建水厂 74 处,新增供水能力 10 万立方米/天;改造水厂 40 处,新增供水能力 5.5 万立方米/天,改造供水规模 5.2 万立方米/天;管网延伸水厂 33 处,新建管网长度 2047.8 公里;设施改造水厂 35 处;以及水源保护区设置、水质化验室建设、自动化监控系统建设、水质状况实时监测点建设、县级农村饮水安全信息系统建设等。至 2020 年,全市农村饮水安全集中供水率提高至 96% 左右,自来水普及率达到 95% 以上,逐步实现供水工程的良性可持续运行。为解决农村饮水安全全覆盖项目资金问题,市政府决定利用融资贷款政策,向国开行融资贷款约 10 亿元。12 月底,完成融资贷款相关手续的办理工作,国开行下达贷款 1 亿元。

8 月 10 日,《宿州市农村饮水安全工程运行管理暂行办法》(以下简称“暂行办法”)出台。“暂行办法”6章30条，规定了供水和用水管理、安全管理、扶持政策、法律责任等内容。“暂行办法”的出台，对于促进全市农村饮水安全工程长效运行具有重要意义。2016年，全市建设农村饮水安全工程36处，涉及贫困村57个，解决26.43万农村居民饮水安全问题，3.65万贫困人口受益。

农田水利基本建设。全市累计投入资金7.52亿元，投入工日16.95万个，出动机械台班11.06万个。新增恢复改善灌溉面积4.53万公顷，新增改善除涝面积3.47万公顷，新增旱涝保收面积0.89万公顷，新增节水灌溉工程面积0.72万公顷。在全省农田水利基本建设第二十一届“江淮杯”竞赛评比中，宿州市埇桥区、砀山县、萧县分别获一、二、三等奖，为历届“江淮杯”所获最好成绩。

2016年度小型水利工程改造提升，涉及贫困村206个，更新改造小泵站1993千瓦，新建加固小水闸86座，升级改造中小灌区0.4万公顷，扩挖塘坝684处，整治河沟387条，新建修复机电井9441眼，升级改造末级渠系1.78万公顷。积极推进小型水利工程管护改革，截至12月底，全市累计建立各类管护组织423个，落实管理人员2806人，其中农民用水协会和专业合作社123个，承包大户及家庭农场115个，专业化管护公司、龙头企业及水利专业管理单位90个，乡镇水利站95个，管理工程74321个，占全市工程总数的99.3%，受益耕地面积35.42万公顷。

【防汛抗旱】 2016年全市降雨较为分散，雨量分布相对均匀，没有发生较明显的水旱灾害。全市年平均降雨量750.8毫米，其中砀山县604.5毫米、萧县703.9毫米、埇桥区802毫米、灵璧县768.9毫米、泗县794.4毫米。5—9月，全市平均降雨量463.34毫米，较历史同期偏少26.3%，其中砀山县383毫米、萧县452毫米、埇桥区501.8毫米、灵璧县461.6毫米、泗县469.2毫米，各县区较历史同期偏少2—3成。

宿州市坚持以防为主、防抗结合，及早安排部署防汛抗旱减灾工作，积极筹措防汛岁修经费，储备编织袋、草袋等16万条、铅丝1.6吨、桩木150立方米、冲锋舟5艘、救生衣100件等；组建防汛抢险队伍12支1159人，开展防汛抢险实战演练18场次；及时修编宿州市水利工程图，加强与气象、水文等部门的对接和会商，密切关注雨情水情，切实做好莫兰蒂、鲇鱼等台风防御准备工作。同时，加大抗旱水源的调配补给，投入1970万元用于萧县、灵璧县、泗县抗旱应急水源工程建设。

【新汴河建设管理】 12月底，新汴河治理工程通过完工验收。工程是经国家发改委批准实施的重点水利工程，批复投资97406万元，2012年初开工建设。工程自七岭子截沱河，经宿州市埇桥区、灵璧县、泗县境内至江苏省泗洪县付圩子入溧河洼。建设内容包括疏浚河道111.23公里；修建堤顶防汛道路总长133公里；移址重建灵西节制闸，拆除重建新北沱河地下涵、唐河地下涵、石梁河地下涵；拆除重建穿堤建筑物11座、加固12座等。工程投入使用后，新汴河防洪、排涝、灌溉、供水等综合效益显著提高，防洪标准将达到20年一遇，城区段将达到100年一遇标准。

8月31日，水利部批复新汴河水利风景区为国家级水利风景区，实现宿州市国家级水利风景区“零突破”。景区始建于2012年，西起京台高速，东至宿州闸，全长15公里，总面积840公顷(其中水面面积340公顷)，是集休闲、观光、健身、娱乐、旅游为一体的综合性风景区。主景区长4公里，面积220公顷，设1个演艺广场、8个水上游乐码头、7个文化广场和2个儿童乐园。主景区按“一点两线”布局，“一点”即表现宿州人民治水精神的大型标识雕塑“远航”；“两线”即新汴河两岸，北岸展示发生在宿州大地的4次著名战争及战争文化，南岸展示宿州历史、人文和民俗文化。文化元素与绿化园林景观充分结合，提升整个景区的品位。优美舒适的游玩环境，吸引许多周边居民和外地游客，成为一个休闲观景的好去处。

【水行政执法】 市级水利行政权力从25项调整为22项，编制22项行政权力运行监管细则，清理公共服务事项18项、中介服务事项8项。进一步深化行政审批制度改革，完成行政审批服务“三集中、三到位”工作任务，5月，单独成立行政审批服务科并进驻市政务服务中心，将本部门行政审批服务职能向行政审批服务科集中。进一步规范水行政审批行为，制定出台本部门行政审批服务审查工作细则及具体审批服务事项审查办法，优化审批流程，审批环节由原来的6个环节精简到4个环节，窗口办理时限压缩至5个工作日(不含现场勘察、专家评审等特殊程序时限),实现审批服务事项网上统一办理。2016 年受理行政审批服务事项 53 件,办结 53 件,办结率 100%。全年水政执法巡查 226 次,出动执法人员 360 人次,依法查处水事违法案件 2 起,调处各类水事纠纷 36 起。

【水生态文明建设】 灵璧县虞姬村、萧县费村第一批水环境优美乡村建设试点及埇桥区光明村、灵璧县卓庄村第二批水环境优美乡村建设试点工作全面完成并通过验收。全市重要河流水功能区水质达标率 56%,高于省下达宿州市的目标值。持续推进河道沿线环境治理,以午季、秋季禁烧工作为契机,不断拓展丰富治理内容,进一步完善河道沿线环境治理考核办法,推动河道沿线水环境治理。

【灾后水利薄弱环节建设性治理项目】 宿州市灾后水利薄弱环节建设性治理项目控制投资 7.0423 亿元,占全省的 2.05%。中小河流治理项目 16 个,控制投资 6.9794 亿元,占全省 5.57%;除砀山县大沙河、萧县大沙河、灵璧县三渠沟、泗县小黄河、泗县龙河 5 个国家规划内的 2013—2015 年中小河流治理项目(控制投资 6384 万元)外,新增中小河流治理项目 11 个,控制投资 6.3410 亿元,占全省 5.32%;新增小型病险水库除险加固 3 座,控制投资 629 万元,占全省 0.20%。

在新增治理项目中,泗县唐河、萧县龙岱河治理为今冬明春实施项目。10 月底,泗县唐河、萧县龙岱河治理工程初步设计编制完成。泗县唐河治理工程,工程控制投资 14780 万元,冬季水利工程投资 5000 万元,主要建设内容为:按照防洪 20 年一遇标准,疏浚唐河干流草沟—樊集段河道 13.55 公里,加固堤防 29.8 公里。萧县龙岱河治理工程,工程控制投资 3080 万元,冬季水利工程投资 3080 万元,主要建设内容为:按照防洪 20 年一遇标准,疏浚后梁庄—萧县淮北界段河道 9.84 公里,重建节制闸 1 座等。

(朱　琳)

·农业机械化·

【优化装备结构】 2016 年,全市农机总动力达到 875 万千瓦,农业机械总量达 67 万台件,大型动力机械及复式农业机械持续增加,农机装备结构得以优化;小麦生产基本实现全程机械化,耕种收综合机械化水平达到 87.1%,位居全省前列。充分发挥农机化生产信息服务平台作用,促进农机有序流动和跨区作业,作业效率和作业质量得到明显提高,农机作业实现由粮食作物向经济作物发展;粮食作物耕种收作业向耕种管收一条龙作业延伸,农业机械化成为推进农业现代化的重要物质基础。

【农机更新换代】 2016 年,宿州市落实国家农机购置补贴资金 21787 万元,拉动经济投入 6 亿元,按照“缩范围、降定额、促敞开”的工作思路,将秸秆粉碎还田机、玉米收获机、捡拾压捆机、深松机等列入敞开补贴范围,拖拉机、谷物收获机、免耕播种机等为重点补贴,并将 2015 年购买未享受补贴的秸秆粉碎还田机、玉米收获机一并列入补贴范围,补贴各类农机具 10024 台,受益户数 8576 户;组织各县区实施叠加补贴资金,补贴大型拖拉机、秸秆粉碎还田机、免耕播种机等各类农机具 12770 台。在农机补贴政策的拉动下,玉米机收、秸秆还田技术得到推广和应用,既破解长期以来制约玉米生产收获环节机械化水平低、收获持续时间长的难题,又有效缓解秸秆禁烧压力。

【培育新型主体】 加大对农机合作社规范发展的指导和扶持力度,促进农机社会化服务组织规范化运行、标准化管理,组织各级示范社和市农机专业合作社联合会会员单位观摩学习和专题培训。进一步完善订单作业、托管作业、承包作业等服务模式,拓宽农机服务领域,通过适度规模化服务来弥补分散经营主体的不足。全市农机专业合作社发展到 612 家,资产总值 21 亿多元,社员 17560 户,其中国家级示范社 7 家,省级示范社 52 家,市级示范社 56 家,全年服务农户 46 万多户,作业面积达 76.67 多万公顷,服务总收入 5.9 亿元,农机专业合作社成为宿州市现代农业生产的主力军。

【强化机艺融合】 结合粮食绿色增产模式攻关计划和农机化产业发展项目的实施,抓住关键时节,加强农机农艺农信融合,提高粮食生产综合技术集成应用水平,推广小麦精少量播种、化肥深施、玉米机械化收获、农作物秸秆综合利用等新技术,推广复式作业机械和玉米联合收割机、秸秆综合利用机械等先进农机具,推动粮食生产重点环节和关键农机化技术的普及应用，广泛开展“送教下乡、服务上门”活动。2016年，全市培训农机手及各类农机技术人员18502人次，实施农机化产发项目11个，落实项目资金190万元，推广土壤深松面积10.7万公顷，精少量机械化播种41.27万公顷，机械深施化肥36.4万公顷，农机深松作业实现信息化监控全覆盖。

【安全监管】 全面落实“一岗双责”，紧紧围绕安全生产工作重心，以开展“平安农机”创建、“安全生产月”“农机安全生产执法推进年”“打非治违”专项行动等为契机，开展变拖专项治理、农机隐患排查等工作，依法加强对农业机械的安全监督管理。落实农机监理规费免收工作。2016年，全市开展农机安全生产检查152次，派出执法人员1418人次，检查农业机械11884台，纠正违规行为1246起，排除并消除事故隐患810起，整改率100%，违法行为依法查处率100%，法律适用和执法程序正确率100%，事故按期结案率100%，典型违法案件公开率100%。全市无重特大农机事故发生，农机事故四项指标控制在省农机局下达的指标范围内，安全生产形势总体平稳。

工　业　经　济

【概况】 2016年,全市规模以上工业完成增加值405.6亿元,同比增长9.3%;完成工业投资700.75亿元,同比增长7.40%,其中技术改造完成投资414.55亿元,同比增长6.32%;各县区、园区首位产业完成产值806.95亿元,同比增长31.76%;实现工业税收19.77亿元,同比增长13.1%,其中,首位产业实现税收13.5亿元,同比增长17.72%;规模以上工业企业达1294户,比2015年底净增125户;民营企业达38713户,新增10086户;个体工商户173157家,新增30584家;成功获批国家首批电信普遍服务试点城市及国家"宽带中国"示范城市,信息化项目建设稳步推进;工业安全生产形势持续稳定,其中煤矿连续7年实现安全生产。

【结构调整与转型升级】 启动实施重点技改"1245行动计划",即围绕十大重点产业,实施200项重点技改项目,全市技改投资完成400亿元以上,技改投资占工业投资比重超过50%。建立传统产业改造提升工程项目库,建立多层次项目调度机制推进重点技改项目实施,市级财政每年安排2000万元专项资金,以设备购置后补助方式支持技术改造项目建设。争取上级政策支持,15个项目获得2016年度省级技术改造专项资金支持,2个项目获得国家产业基金支持。2016年,技改投资完成414.6亿元,增长6.3%。

【工业节能】 落实节能目标责任,与各县区和市直重点耗能企业签订工业节能目标责任书,实行重点企业能源统计调度制度,加强重点耗能企业管理,实施节能技术改造项目建设。开展"五个一百"专项行动,提高节能环保技术、装备产品、服务水平。推进绿色制造体系建设,认真做好绿色工厂、绿色产品、绿色园区、绿色供应链的创建工作。2016年,2家企业被省经信委、省水利厅、省节水办授牌为"安徽省节水型企业";在全市组织实施32个节能技术改造项目,总投资6.52亿元,年节约标煤2.07万吨;加强政策引导,4家企业获得省财政节能专项资金支持200万元;全市单位工业增加值能耗0.8473吨标准煤,同比下降8.59%,完成省下达的目标任务。

【民营经济发展】 2016年,全市有民营企业38713户,新增10086户,同比增长35%,万人拥有企业数69户;有个体工商户173157家,新增30584家,万人拥有个体工商户306户。民营经济实现税收85.85亿元;进出口额4.14亿美元;固定资产投资实现983.95亿元,同比增长5.8%;民营企业拥有著名商标98个、中国驰名商标4个、省级以上名牌产品46个。全市规模以上民营工业企业1257个,实现主营业务收入1664.07亿元,同比增长13.3%;创造利润总额70.53亿元,同比增长4.34%;上缴税金总额26.99亿元,同比增长3.09%;实现销售利润率4.24%。全市民营经济实现地方税收45.32亿元,占全部地税收入的85.72%。2015年宿州市民营经济总量占全市GDP比重为65.8%,位居全省第五,增速位居第四位。在全省民营经济发展考核中,宿州市历史性的首次进入全省前六,受到省委、省政府的通报表彰。民营经济成为宿州市活跃度最高、增长性最强的经济形态,在支撑增长、增加税收、服务发展、改善民生等方面的作用不言而喻,成为拉动经济增长和加速宿州崛起的重要战略支撑。

【市“3111”工程主要成绩】 培育和发展首位产业是市委、市政府根据宿州市经济社会总体水平、区域发展和主导产业发展现状，推进工业经济转型升级提出的新要求，对各县区、各园区发挥比较优势，把握发展机遇，集中扶持方向，增强发展动力具有重要意义。

1. 速度快了。2014—2016 年，各县区、各园区首位产业产值始终保持高速增长，年均增速在 20% 以上。2014 年，各县区、各园区首位产业产值同比增长 24.75%，高于工业总产值增速 6.75 个百分点；2015 年，同比增长 24.16%，高于工业总产值增速 10.16 个百分点；2016 年，同比增长 31.76%，高于工业总产值增速 19.68 个百分点。首位产业产值增长不仅“绝对”较快，而且是“相对”较快。

2. 质量好了。2014—2016 年，各县区、各园区首位产业税收始终保持高速增长，年均增速在 15% 以上。2014 年，各县区、各园区首位产业税收同比增长 23.83%，低于工业税收增速 7.6 个百分点；2015 年，同比增长 17.58%，高于工业税收增速 0.96 个百分点；2016 年，同比增长 17.72%，高于工业税收增速 4.62 个百分点。

3. 规模大了。2014—2016 年，各县区、各园区首位产业产值实现大幅增长，占工业总产值比重大幅提高。2014 年，各县区、各园区首位产业产值 292.91 亿元，占工业总产值比重为 21.2%；2015 年，首位产业产值 515.54 亿元，占工业总产值比重为 31.69%；2016 年，首位产业产值 806.95 亿元，占工业总产值比重为 43.68%，是 2014 年的 2.75 倍。加上没有列入统计范围规模以下的首位产业企业产值，首位产业体量达到 1000 亿元左右。

4. 水平高了。各县区、各园区把创新作为加快首位产业发展的重要抓手，实施创新驱动发展战略，并取得了显著的成效。宿马园区建设农产品研究院、科技孵化器、青年创业大厦、3D 打印研究院、食品检测检验中心等公共服务平台，培育创建一批质量管理优秀企业和名牌产品，引导企业引进 ISO 9000质量管理体系，提升产业技术水平。砀山县首位产业实施管理创新，采用线上线下销售模式，仅 2016 年上半年网上销售黄桃罐头 11.5 亿元，同时，首位产业的发展促进果农收入提高，一些果农改种黄桃，收入由每亩 6000 元提高到 10000 多元，净增收 4000 多元。

5. 实力强了。经过引进和培育，一批龙头企业在同行业形成较强的影响力和引领示范作用。不仅在产值和税收方面贡献突出，而且在带动区域招商引资、提升区域产业地位方面发挥了不可替代的作用，成为宿州市首位工业产业发展的骨干力量。安徽安特食品股份有限公司在业内拥有酒精质量最高和品种最全两项“中国之最”，年销售收入超 10 亿元；安特牌无水酒精在第一届、第二届北京国际博览会上连获金奖，特级超中性酒精获国优最高奖，安特牌伏特加酒被外交部指定为国家领导人出访专用礼品酒。砀山海升果业有限公司是国内外工艺最先进，加工规模最大的浓缩果汁加工出口企业，年可实现出口创汇 5000 万美元，实现利税 5000 万元。萧县林平纸业有限公司是安徽省最大的高档瓦楞纸生产企业，公司年销售收入超 10 亿元、实现利税 1.3 亿元，成为安徽省农业产业化龙头企业。

6. 影响广了。各县区、各园区首位工业产业经过三年的蓬勃发展，形成一定规模的产业集聚，部分首位工业产业在全国有一定影响力。砀山县依托丰富的水果资源，加大招商力度，进一步壮大果蔬加工首位产业规模，熙可食品、宿州科技、海升集团、汇源果汁等全国十大果蔬加工企业半数以上落户砀山，年加工能力达 120 万吨，位居全国前列。市鞋城产业园，通过吸引国内外一流的优秀制鞋企业入驻，实现制鞋产业集群发展，先后吸引全球排名第二、中国第一鞋类企业百丽集团以及东艺、康奈、鸿星尔克等海内外知名鞋企入驻，年加工能力达 1.5 亿双，成为国内重要的制鞋产业基地。萧县的建材、埇桥的板材、泗县的服装、经开区的生化医药等都具有较高的知名度。

7. 培养了一批抓工业的干部。“3111”工程实施前，基层乡镇、部门干部对怎样抓工业，心里不清楚，“3111”工程实施后，基层乡镇、部门干部发生了很大变化，知道怎么招商，项目怎么落地，清楚了办事程序，清楚了什么事情找谁办，清楚了工作推进情况，清楚了存在的问题，也清楚了该怎么解决问题，培养了一批抓工业的行家里手。对一些企业家、党政干部，采取集中学习、外出培训等途径，举办多种形式的工业经济培训班，先后在浙江大学、北京大学和上海交通大学举办工业经济首位产业发展培训班，开阔视野，提高能力和素质，为宿州市工业经济长期发展建设培养了一批抓工业经济发展工作的干部。

8. 提供抓工业经济的可借鉴的经验。“3111”

工程实施2年多,首位产业获得大发展,积累了很多工作方法经验,如具体可操作的实施方案及考核办法、严格的调度制度及包保机制、首位产业发展路线图,挂图作战推进办法、“3个10”的目标任务等等,用抓首位产业的办法抓其他产业、抓工业,为其他产业乃至工业经济发展提供了可借鉴的方法经验。灵璧县农业机械产业、萧县化工产业、宿马园区机械电子产业等都获得快速发展,一跃成为主导产业。

【市“3111”工程主要做法】 1.强有力的组织领导。市政府成立了高规格的工业强市推进工作领导小组,并制定了领导小组及办公室工作规则。领导小组办公室下设“3111”工程推进小组、企业培育及项目推进小组、经济运行及信息化推进小组。通过强有力的组织领导,认真实施“3111”工程重大政策及重要举措,统筹要素供给,研究解决重大问题,推进重大工业项目建设。同时,各地也比照市里的做法,成立相应工作机构,制定工作措施,编制产业发展规划,统筹“3111”工程推进工作。

2.高起点的规划布局。各县区、各园区围绕确定的首位产业,在理清发展思路、分析现有产业现状的基础上,综合考虑本地的经济基础、比较优势和发展潜力,深入分析本地产业的发展现状、特点和趋势,坚持高起点、高标准,因地制宜,研究确定规划的产业定位和发展空间,积极组织编制首位产业规划。根据市政府主要领导要求,各县区、各园区确定了重点发展的首位产业链条,制定首位产业发展路线图,谋划一批实实在在的重大招商引资项目和重点技术改造项目,为招商引资和壮大企业打下坚实基础。

3.全覆盖的要素保障。一是建立全市工业项目用地储备库制度。入选储备库的工业项目以列入“3111”工程的企业和项目,以及市政府每年调度的重点工业项目为主。通过全面调查摸排各县区、园区工业用地需求,确定每年度全市工业项目用地储备库入库项目名录,各地及市直有关部门据此组织实施土地报批等相关工作。二是强化企业融资服务。制定《宿州市金融支持工业经济发展的补充措施》,调整完善《宿州市金融机构支持地方经济发展考核奖励办法》,增加银行、担保等金融机构支持首位产业企业和项目的考核。成立10亿元的宿州市“徽银·创盈”产业发展基金、1亿元的天使投资基金和3个产业发展基金,基金总额达到25亿元,仅“徽银·创盈”基金就向全市97家首位产业企业投放9.8亿元基金。三是实施工业企业人才引进计划。围绕云计算、生物制药、机械电子等首位产业,创新人才激励机制,吸引和集聚掌握前沿技术、有成功创业经历的领军型高端创业人才和团队来宿州创新创业。

4.高效率的招商机制。制定完善首位工业产业招商路线图,强力开展精准招商、产业链招商、以商招商,不断完善首位工业产业招商机制,落实“无会周”招商制度。着力提高招商人员的理论水平,打造专业化的招商队伍,进一步营造亲商、重商、安商、富商的投资环境。市高新区按照“龙头企业—产业链—产业集群”的思路,注重引进、培育龙头企业,推动首位产业向国际化、高端化、创新化、智能化方向发展。砀山县围绕果蔬食品产业发展链条,谋划包装重大招商项目,引进一批对果蔬食品产业发展带动能力强的优势企业。泗县推行专业招商,实行优惠政策“一单清”制度,全县依托现有产业,成立6个产业招商组,每组均由县领导任组长、相关职能部门和企业主要负责人为成员,认真搜集招商信息,制订招商方案,在每月无会周期间集中外出招商。埇桥区成立产业招商中心,分别在北京、徐州、温州、苏州、广州设立5个招商办事处加大项目跟踪力度,力促签约项目早开工。

5.优而浓的发展氛围。市委、市政府通过表彰工业十强纳税企业、评选工业十大杰出人才及工业系统荣誉市民等活动,大力弘扬企业家精神,在全社会大力营造尊重企业家、爱护企业家、服务企业家、成就企业家的浓厚范围。市人大、市政协十分关注全市首位产业发展,2016年4月,市人大组织开展培育工业首位产业和降低企业成本情况调研,召开主任办公会和人大常委会,听取调研情况报告和市政府工作开展情况报告,并提出工作意见。

【信息化规划编制】 在出台《宿州市财政性投资信息化项目管理办法》《宿州市智慧城市信息化项目和资金管理办法》《宿州市建设国家级智慧城市重点项目实施方案》系列文件的基础上,市经信委逐步细化和明确工作程序和流程,不断加强和完善配套制度体系建设。积极推动智慧城市总体规划和顶层设计编制,按计划推进相关工作。经过多轮修改、完善及广泛地征求市直单位意见,顺利通过初验、终验两次验收。2016年9月,《宿州市智慧城市总体规划及顶层设计方案》编制完成并印刷。该规划提出,通过对城市基础数据库、公共信息平台、智慧社区、智慧医疗、智慧管网、智慧教育、智慧城管、智慧交通、智慧消防等领域项目进行整体规划设计,初步实现政务运行、城市管理、教育医疗、平安环保、交通社区、民生服务的智慧化,公共服务和综合管理手段不断创新,居民满意度不断提高,使信息技术惠及全市,人人享受智慧宿州发展带来的财富和成果。

【信息产业发展】 宿州市委、市政府将信息产业作为未来宿州经济社会发展的主要支撑之一,不断加大政策和资金的支持力度,加强对现有电子信息企业的扶持,支持云计算及其产业链上下游技术和业务的推广和应用,建设一批领先水平的智慧城市项目应用示范点,电子信息产业的发展,经历了由无到有,由少变多的过程。加强电子信息制造业统计、软件服务业统计的月报、年报制度,及时联系企业报送各类报表。

宿州市规模以上电子信息制造业企业计25家,其中2016年产值超两亿元以上4家,分别为中矿三杰、灵璧宏发电子、砀山兴华电缆和安徽乔富企业。

软件与信息服务业呈现出集群、集聚快速发展的良好态势,形成华东地区最具特色的云计算产业集群。入驻智慧云计算产业园企业主要有中国电信安徽分公司、智慧互联、世纪互联、斐讯数据、艾默生、神州数码、长城宽带、华为云服务、科大讯飞、金山云、荣耀等。其中,中国电信安徽分公司、智慧互联、世纪互联、斐讯数据等企业负责数据中心的建设和运营;艾默生、神州数码等企业负责机柜和智慧能源系统设施建设;长城宽带负责光纤网络建设;华为云服务、科大讯飞、金山云、荣耀等企业负责平台云建设,宿州被安徽省委、省政府发文明确为:安徽省大数据存储基地。

【信息安全保障】 宿州市初步建立信息安全应急预案和应急机制,制定完善应急工作方案和工作计划,建立并完善《信息安全事故和安全及时报告制度》,安排相关值班人员。

市经信委严格按照省经信委、省委网信办等省级部门相关文件规定和市委、市政府各项指示、要求,始终把网络与信息安全相关工作列入宿州经信委委重大工作事项,积极推进宿州市网络与信息安全建设。在全市范围内认真开展各项网络与信息安全监督、检查工作,认真按照国家、省文件要求,及时组织人员对重要行业、企业、部门开展信息安全检查活动。各相关单位在各自职权范围内做好政府网络与信息安全建设的管理工作,明确网络与信息安全建设工作的责任单位和人员;加强安全系统建设和运行管理,加强网络与信息系统基本运行环境、信息发布系统和通用应用系统的安全建设。

《宿州市智慧城市重点信息化项目实施方案》(宿政秘〔2015〕62号)、《智慧城市总体规划与顶层设计》列明"政务安全"项目为三年内必须建设的13个重点项目,明确基本建设内容、进度、考核指标等,拟依托华为公司建设云灾备体系和监测系统,建设云数据硬件防护体系、云安全评估体系、建设防病毒与入侵平台,完成政务信息安全标准设计和政务信息安全规划等工作。

通过在线介绍、组织培训、发放宣传材料等方式,加大网信工作宣传的广度和深度,提高全社会对网信工作的认识。组织相关单位和人员参加省、市级信息安全教育培训会议,特别是针对重点、敏感岗位人员开展信息安全常识和技能培训。2016年5月,举办培训会,组织各市直单位、各县区(园区)分管负责人及业务科室负责人180余人,学习《习近平总书记在网络安全和信息化工作座谈会上的讲话(全文)》(2016年4月19日)、《关于加强党政机关网站安全管理的通知》(中网办发文〔2014〕1号)等文件,安排"新形势下如何加强信息安全"等相关课程。

【信息资源开发利用与管理】 宿州市数据中心初步建成。以公安人口数据为基础,融合民政、人社、教育、工商等38个部门业务数据信息,其中动态对接14个部门,形成220类数据,数据总量达2.56亿条。在此数据基础上,构建人口库、法人库、证照文库、地理空间库,通过建设完成的数据共享交换平台,实现人口信息交换、核查、分析等综合应用功能。

实现"一站式"内部办公门户,将行政办公和各类应用系统整合在一起,形成统一的内部办公门户。2014年10月,宿州市社会服务管理信息化平台项目实施;2015年4月,宿州市权力清单运行平台项目实施,建设形成电子政务服务大厅。

1.一体化社会治理平台(网格化管理)。按照城区每300户、农村以自然村为单位划分网格，形成全市一张网，全市完成500平方公里二维地图处理，83个社区网格划分，总计划分网格810个。全市录入房屋数163490条，人口数305291条。

2.一体化政务服务平台(一站通系统)。一体化政务服务平台覆盖民政、人社、卫计等13个部门，在8个试点社区下沉总计135个办事项，全市受理3018件，办结2188件，办结率73%。

【推进“宽带宿州”建设】 市经信委在大力推进信息基础设施的建设和保护，推进宽带网络建设和提速降费工作，大大提高用户的使用感知和满意度。全市城市宽带网络20Mbps以上速度接入能力达到99%以上。2016年，宿州电信、联通、移动都出台了各自的提速降费措施，提速降费工作成效明显。

推进农村通宽带及宽带升级，做好农村信息化扶贫相关工作，出台农村信息化扶贫工作方案。2016年，在355个行政村推进电信普遍服务，其中建档立卡贫困村84个，工程建设期至2017年7月底结束。

【积极推进信息化项目建设】 市经信委认真做好项目管理服务，积极推进智慧城市项目实施，尤其是智慧交通、智慧城管等13个重点建设项目进展，积极为项目单位协调解决各类问题。市经信委按照市政府“尽快推进智慧城市相关项目建设”的要求，多次组织召开智慧交通、智慧城管、公共基础数据库、公共信息服务平台等项目的征求意见会，征求省直部门专家和市直单位的意见和建议。

市经信委积极会同相关单位调研、梳理市直单位信息化需求，组织专家评审相关项目方案。2016年，市经信委多次组织省市级专家对47个智慧城市项目进行评审，评审通过29个项目并上报市政府，合计总投资11151.36274万元，其中申请智慧城市专项资金8311.165万元，申请华为云计算专项资金714.54174万元(每年)，自筹等其他方式资金1638万元。

宿州市实施的部分应用项目被评为全国示范项目，如智慧城管项目(中国地理信息产业协会颁发的优秀工程奖银奖，获安徽省信息化十件大事提名)、智慧消防项目(被公安部消防局评定为先进，2017年全国智慧消防现场会在宿州召开)。

【荣誉】 1.申报国家首批电信普遍服务试点城市成功，宿州市获得国家财政资金支持进行电信基础设施建设。“宿州市跻身国家首批电信普遍服务试点城市”被评为年度安徽省信息化“十件大事”之一。

2.成功申报国家“宽带中国”示范城市。

3.市高新区获批省经信委安徽省“信息消费示范县(市、区)”。

商贸　　物流

·综　述·

【电子商务发展】　宿州市高度重视电子商务，市委、市政府主要领导分别做出批示，要求加快宿州市电子商务产业发展。市政府成立以市长为组长的宿州市电子商务发展工作领导小组，为全市电子商务发展提供组织保障。2015 年 3 月，市政府研究出台《宿州市人民政府关于加快电子商务发展的若干政策意见》，市财政每年安排 1000 万元电子商务发展专项资金，用于支持全市电子商务发展。同时，全市四县一区均出台本地配套电子商务政策，拿出真金白银引导当地电子商务发展。

【农村电子商务】　积极申报国家电子商务进农村试点，通过示范引领带动农村电子商务发展。继 2015 年砀山入选国家级电子商务进农村示范县后，2016 年泗县又入选国家级电子商务进农村综合示范县试点，宿州是入选试点较多的地级市，位居全省前列，皖北第一。2016 年，全市四县一区农村淘宝、京东、苏宁、淘实惠、邮乐购等农村电商服务站点 1678 个，全市农村电子商务网络销售额超过 80 亿元。尤其是砀山黄桃罐头和砀山酥梨网销火爆，在全国各大电子商务网站销量位居第一。2016 年，砀山县网上农产品销售 31.6 亿元，成为全国第一大农产品网上销售县。

【电子商务集聚】　宿州市加大电商产业集聚培育力度，力促电商企业抱团发展，全市四县一区及市高新区电子商务产业园全部建设完成，基本实现电子商务产业集聚区全覆盖，形成一批布局合理、带动性强的电子商务产业园区。宿州市有运营和建设的电子商务产业园区 9 个（其中社会投资 3 个，政府投资 6 个），园区及配套建筑总面积 35.1 万平方米，电子商务产业园区内企业总产值超过 80 亿元，吸引入驻电商及快递物流等配套企业 500 余家。

【各类电商主体】　积极与阿里巴巴、苏宁、京东、中国网库等知名电商企业对接，通过各大电商平台借船出海。阿里巴巴宿州产业带、中国网库等平台建成，宿州苏宁、京东及淘宝馆、砀山苏宁和京东特色馆、泗县“邮乐农品　泗县馆”等农产品特色平台相继开通运营。积极做好本地电商企业孵化培育，全市涌现出小马科技、桃如意、喵语小调、宿易生活、背个果果、带澳飞等一批知名本地电商企业和网商品牌；涌现一批电商创业小伙伴和网红，如黄桃罐头网销大户姬冰纯、砀山酥梨网红徐静等。

【电商发展环境】　2016 年，全市四县一区商务主管部门积极组织开展电子商务培训，全市举办各类电子商务培训 200 余场，培训人员 3 万人次。宿州市电子商务协会及 4 个县电商行业协会相继成立，形成发展电子商务的良好氛围。

【国内贸易】　2016 年，全市社会消费品零售总额实现 476.9 亿元，同比增长 12.3%，高全省 0.08 个百分点，总量和增幅分别位居全省第十和第八。全市限额以上社会消费品零售额实现 272.1 亿元，同比增长 13.9%，高全省 2.3 个百分点，总量和增幅分别位居全省第五和第六。

【市高新区电子商务产业园】　为安徽省级电子商

务示范园区,拥有3万平方米的标准化厂房及1.5万平方米的物流仓储,多次开展“千家电商进园区”等活动,接洽500余家电商小微企业,签约入驻小马科技、全城攻略、宿易生活、梦想换货网等46家电商类企业,2016年来电商营收达7.68亿元,带动电子商务平台交易26.62亿元。

【砀山电子商务产业园】 位于砀山县经济开发区,占地2.1万平方米,为砀山县电子商务的运营核心,为大众创业、万众创新提供服务支撑和发展动力,是砀山县2015年国家电子商务进农村综合示范县试点内容之一。园区入驻企业58家,聚集一大批电商小伙伴和微商网红,形成良好的电商创业氛围。在电商园区的带动下,2016年砀山县网上农产品销售31.6亿元,成为全国第一大农产品网上销售县。省委书记李锦斌、副省长张曙光分别实地考察砀山县电子商务产业园,给予高度评价。

【埇桥区青年电子商务创业园】 建筑面积约2.7万平方米,入驻电商企业约30家,建有农村淘宝公共服务中心等综合服务平台,整合农民工返乡创业等功能。

【埇桥区道东青年创业园】 建筑面积约3000平方米,入驻电商企业15家,投资约1000万元,为道东街道办事处创办的小型创业园区。

【宿州市青年电子商务产业园】 是宿州市首家专注于集聚和服务包含电子商务、互联网、广告设计、文化传媒等新兴产业的现代服务业园区,为全市最大,功能最齐全的综合性电子商务服务集聚区。园区总占地面积17.33公顷,投资约6.5亿元,总建筑面积16.03万平方米,分两期建设,其中一期总建筑面积4.03万平方米基本建成,在进行招商,预计2017年5月开园;二期规划建筑面积12万平方米,预计2018年底前建成投入使用。

【萧县龙城西市电商产业园】 总投资约1亿元,建筑面积约5000平方米,吸引淘实惠等23余家优秀电商企业进驻,2016年电商交易额约2亿元。萧县电子商务综合服务中心正在筹备落户产业园区。

【泗县电子商务产业园】 为泗县2016年国家电子商务进农村综合示范县试点项目,产业园区于2017年1月正式开园运营,总建筑面积达1万平方米,总投资约6000万元,为集电商培训、孵化、创业和配套服务为一体的电子商务集群化项目,可容纳30余家企业和100多名创客入驻。

【灵璧电子商务产业园】 投资约2亿元,建筑面积3万平方米,其中主楼约5000平方米。一期电子商务产业园已运营,吸引20余家企业入驻;二期装修基本完成,正在进行产业园运营商招标和电商企业招商,预计2017年3月底可投入使用。

·供销合作·

【概况】 2016年以来,在市委、市政府和省供销社正确领导下,宿州市供销社按照中发〔2015〕11号、皖发〔2015〕25号和宿发〔2015〕8号文件部署和要求,以加快推进综合改革试点为突破口,探索开展土地托管、合作金融、电子商务等业务,着力破解难题、强化责任,健全机制、抓好落实。2016年,全市供销社系统完成销售总额46亿元,较任务增长21%;实现利润2480万元,较任务增长12.7%。资产总额16亿元,所有者权益7亿元。

【培育新型农业经营主体】 积极参与创新型农业现代化先行区和现代农业“两区”建设,充分发挥自身特色,围绕当地骨干产业,培育和发展现代农业产业联合体。宿州市供销社系统发展家禽养殖、中药材种植、大豆生产加工、粮食蔬菜种植等产业联合体19家,其中药材联合体建设的万亩药材种植基地被列为宿州市现代农业“两区”建设十二大基地之一。在联合体内部通过连锁经营方式,为生产基地、种植大户、家庭农场及农村新经营主体提供生产生活资料供应服务。每个联合体所在区域实现连锁经营网点全覆盖。

【发展农村电子商务】 2016年5月,市供销社与灵璧县供销社电子商务公司合作,以控股方式成立宿州市供销社牵牛花电子商务有限公司,以特色农产品销售和农资供应为主要内容,重点打造市级电商平台。砀山县供销社充分利用全国农村电子商务试点县机遇,与安徽皖庄电商公司合作,成立砀山县供销社电子商务有限公司,注册资金800万元,砀山县供销社由此成为县政府发展电子商务领导小组成员单位；萧县供销社与本地民营电商企业合作，注册成立惠农供销电子商务有限公司。全市供销社电子商务公司发展7家，涉足电商经营的企业10余家，依托第三方电商平台开设店铺8家。

【农产品流通设施和市场建设】　通过实施“新网工程”，充分利用中央和省市新农村现代流通网络项目建设资金，各地供销社在农村流通设施，特别是农产品流通设施建设和市场建设速度加快。至2016年底，全市系统新建和改造农产品交易批发市场5处；省市级“新网工程”项目6个，专项资金174万元，其中省级3个、市级3个；农业综合开发供销合作社项目2个，每个项目获中央财政350万元，加上地方配套资金，共争取金额达980万元。在获得专项资金中，90%为县区上报的项目，项目资金为支持县域经济发展发挥了积极作用。

【综合改革试点任务】　在联合社组织机构改革方面，积极筹备召开全市供销社代表大会。市供销社关于成立联合社理事会、监事会组织机构的请示上报省编办待批；各县区供销社综合改革实施方案均已出台，有序推进各项改革工作。在为农服务中心建设方面，打破行政区域限制，按照每个0.33万—0.4万公顷、辐射人口约8万人的区域，建设1个标准化为农服务中心。全市新建改造为农服务中心10个。在村级综合服务社建设方面，整合乡村现有便民服务资源，吸纳各类经济组织参与，建立“政府、服务商、运营商”三位一体推进机制，打造集服务、经营为一体的基层为农服务实体。村级综合服务社达到60家。

【全程社会化服务规模】　依托基层社、专业合作社、为农服务中心，以及各类产业联合体，积极开展土地托管服务，为各类经营主体提供“保姆式”全程社会化服务。全市系统开展土地托管服务的组织14家，托管面积2多万公顷。据统计，2016年实行托管的小麦平均亩产比一家一户耕种的提高约150公斤。一是龙头企业牵动土地托管。以龙头企业为依托，将良种推广、农资供应、技术服务、农产品销售等，通过物资、技术、订单和提供服务等方式，参与到土地托管服务之中。意利达供销合作社有限公司和埇桥区淮河种业为农服务中心，开展土地托管服务成效显著。二是社村共建带动土地托管。埇桥区社率先示范由基层社、村两委、农户共同组建专业合作社，按照责任分明、盈利分红、风险共担的运行机制，构建“四位一体”组织架构。埇桥区供销社完成“社村共建”村2个，托管面积1.47万公顷。三是创建示范田推动土地托管。基层社和专业社通过建设托管服务示范田，在每个阶段长势、用工用时、效益分析等作出对比，赢得农民认可。萧县金穗小麦种植合作社在黄口镇建立小麦、玉米示范田566.67余公顷，通过全程托管，平均亩产高于同等地块10%—20%。四是整合社会资源提升土地托管能力。按照自愿原则，通过组织联合、产权联接，将部分专业合作社、种粮大户、家庭农场吸纳到供销社组织和经营服务体系中，发挥各自优势，明晰产权、共享资源、共享收益分配，实现共同发展。如宿马供销为农服务公司、砀山朱楼为农服务中心、埇桥淮河农机专业合作社等，通过整合社会资源，农业社会化、规模化服务能力明显提升。

【市委组织部领导看望机关工作人员】　1月15日，宿州市委组织部常务副部长魏建华、副部长岳峰到市供销社，看望机关全体同志，并在会上宣布了市委对供销社主要负责人的任免通知，杨劲松任宿州供销合作社联合社党组书记、主任。

【走访慰问离退休老干部】　2月3日上午，市社党组书记、主任杨劲松带领部分班子成员和有关科室同志，对机关离退休老干部进行走访慰问。

【参与文明交通劝导活动】　2月4日至6日，市供销社机关党委组织机关全体人员在划定的责任路段，开展文明交通劝导活动，有效维护节前城区高峰时段交通秩序和道路行驶安全。

【党风廉政建设工作会议】　3月29日，市供销社召开机关党风廉政建设工作会议，机关全体人员、市社直属各单位、各参股企业负责人参加会议。杨劲松代表党组分别与机关各科室和直属单位签订2016年度党风廉政建设责任书，安排部署市供销社2016年党风廉政建设和反腐败工作；李书明传达市委书记张曙光在市纪委四届六次全会上的讲话精神和市纪委书记龙道金的工作报告；潘乐传达中纪委十八届六次全会、省纪委九届六次全会和市纪委四届六次全会精神,并主持会议。

【庆祝“三八”妇女节】 3月8日,市供销社妇委会组织机关及直属单位妇女同志,开展巾帼造林、反家暴知识宣传、女性健康知识讲座等丰富多彩的活动,让能顶“半边天”的女同胞们尽享节日的快乐。

【到河南省唐河县学习考察】 4月1—3日,市供销社副主任李书明带队,市社有关科室和灵璧县供销社负责人等一行5人,到河南省唐河县学习“电子商务一条街”创立经验。

【召开全市综合改革工作推进会议】 4月21日,经市政府同意,全市供销社综合改革工作推进会议在埇桥区召开。会议回顾总结2015年全市供销社工作,对2016年主要工作及综合改革重点任务作出安排部署。副市长李朝晖出席会议,并作重要讲话;市供销社主任杨劲松作题为《创新发展思路、深化综合改革、推动全市供销社为农服务工作跃上新台阶》的工作报告;埇桥区供销社等4家单位作了交流发言;表彰工作实绩突出的个人和单位。

【全国总社调研组到宿州调研】 5月16—17日,全国供销合作总社办公厅戎承法处长等一行3人到宿州市,就土地托管服务开展情况进行调研。省社合作经济指导处副处长李云昊,市供销社主任杨劲松、副主任李书明、柏吉玲,埇桥区供销社主任秦权等有关人员陪同调研。

【举办养鸡培训班精准扶贫】 为将精准扶贫措施落到实处,促进农民增产增收,推动贫困户早日脱贫。5月19日,市供销社与灵璧县供销社在共同保包的灵璧县开发区叶庙社区,联合举办首期养鸡培训班,邀请灵璧县良林养殖专业合作社理事长张良林授课,全社区86人参加培训。

【杨劲松看望一线员工】 6月8日,市供销社主任杨劲松、副主任蒲曙晨等一行,到宿马园区蒿沟乡意利达供销社托管土地收割现场,检查秸秆禁烧工作,看望一线员工。在听取负责人韩素兰介绍后,杨劲松强调,一定要抢抓当前有利时机,迅速组织人力和机械,确保颗粒归仓,同时做好灭茬工作,确保快收快种、以种促禁,充分利用11日之前的晴好天气,合理调配机械,抢收抢种。

【省供销社理事会主任钱斌到宿州调研】 7月13—14日,省供销社理事会主任钱斌、副主任唐庆明及有关处室负责人到宿州市调研,并具体指导市供销社综合改革工作。

【宿州市供销社综合改革实施方案获批】 7月26日,经省委农村工作领导小组审定同意,省供销社就宿州、黄山、淮北、淮南、滁州、马鞍山、芜湖、池州8个市级供销合作社上报的综合改革实施方案分别作出批复,同意8个市级供销合作社有关实施方案,要求认真组织实施。

【召开省级“新网工程”建设项目评审会】 8月2日,宿州市供销社组织召开2016年度省级“新网工程”项目专家评审会。邀请市内从事商业流通工作的四名专家,对申报的3个项目进行现场评审。市供销社有关科室及各项目单位负责人参加评审会,市财政局的有关同志进行全程监督。

【集中学习《中国共产党问责条例》】 8月10日,市供销社组织部分党员干部参加宿州大讲堂,现场聆听中央党校教授、博士生导师刘炳香所作的题为《学习贯彻中国共产党问责条例》的辅导报告会。

【市供销社参股企业获荣誉称号】 8月30日,宿州市人民政府印发关于表彰2015年度宿州市十强战略性新兴产业企业的通报,授予新宇药业股份有限公司等10家战略性新兴产业企业“2015年度宿州市十强战略性新兴产业企业”荣誉称号。宿州市供销社参股企业安徽普健药业有限公司名列其中。

【组织县区供销社负责人考察学习】 9月30—10月1日,市供销社主任杨劲松、副主任李书明、各县区供销社主任及部分基层企业负责人等一行9人,赴黄山市供销社就创新农村金融服务方面的经验进行考察学习。

【全国供销合作总社王韩民一行到宿州调研】 10月16—17日,全国总社监事会副主任王韩民、监事会办公室主任阿地力·吾布力等一行到宿州市考察调研。省供销社监事会主任韩永生、市委副书记张孝成、市政府副秘书长、扶贫办主任张金海、市供销社主任杨劲松等出席接待和陪同调研。

【山西省大同市供销社考察组到宿州考察交流】 11 月 3—4 日，山西省大同市供销社理事会主任刘立新等一行 15 人，到宿州市考察社有企业管理、农业社会化服务和农村合作金融等综合改革开展情况。

【精准扶贫爱心助学】 11 月 17 日，市红十字会、市供销社联合在灵璧县开发区叶庙小学举办“精准扶贫　爱心助学”活动，市供销社主任杨劲松，市红十字会常务副会长刘晓露出席发放仪式。灵璧县供销社、灵璧开发区、叶庙社区两委负责人及叶庙小校 60 余名师生及家长参加。

【召开“讲看齐、见行动”学习讨论会】 12 月 16 日上午，市供销社机关召开“讲看齐、见行动”学习讨论会，宣读《关于在供销社全体党员干部中开展“讲看齐、见行动”学习讨论实施方案》，机关全体党员及直属单位负责同志参加会议。

【荣誉】 市供销社获得“2016 年度全省供销社系统改革创新先进单位”、第九届市直机关“文明单位”、市直机关党建工作“优秀单位”、全市秸秆综合利用和禁烧工作先进单位、全市老干部工作“先进集体”称号；周烨苓获得“宿州好网民”称号，王荣芹、赵凤军、秦超获得全市秸秆综合利用和禁烧工作先进个人称号。

·粮油流通·

【粮食安全责任制考核】 主动承担起贯彻落实粮食安全省长责任制的任务，粮食安全省长责任制考核纳入政府考核体系，粮食工作有了制度化保障。市级出台实施意见和考核办法，提请市政府成立粮食安全领导小组，健全工作机制。市粮食局承担迎接“省考”、对县区政府考核两项重任，粮食工作地位得到前所未有的关注和提升。2015 年度，宿州市粮食安全考核取得全省前八的好成绩。

【粮食收购】 全市全社会收购粮食近 40 亿公斤，其中国有粮食企业收购托市小麦 10 多亿公斤（含在地中央企业），超额完成省定目标任务。全市托市小麦收购量连续四年稳居全省第一。小麦政策性收购带动效应促农增收超 4 亿元。

【粮食产业发展】 全市有粮油加工企业 300 多家，资产 70 多亿元，年加工能力达 500 多万吨。市级以上加工型龙头企业 129 家，新增市级粮油类龙头企业 10 家，省级农业产业化龙头企业 1 家。拥有皖王集团等国家级龙头企业 3 家，皖神公司等省级龙头企业 33 家。2016 年，全市规模以上粮油加工企业实现产值 235 亿余元，落实订单面积 14.07 万公顷，粮食产业化实现跨越发展。2016 年，为 8 家企业发放省级粮食产业化奖扶资金 169 万元。

【“放心粮油”“主食产业化”工程】 大力开展“两项工程”，促进“五位一体”融合发展。全市发展放心粮油企业 97 家，主食厨房企业 42 家。其中：2016 年新发展放心粮油企业 42 家，主食厨房企业 19 家，完成目标任务。

【智慧粮库】 全市粮食行业以园区建设、“粮安工程”“数字粮库”建设为契机，加快“智慧粮食”建设，全市获 272.5 万元信息化示范库建设资金，完成 5 个省储库信息化建设，三期工程争取 2632 万元资金，拟建设 140 个县级平台和库点。

【粮食宏观调控】 全市设立 125 个县级应急供应网点，1 家粮食应急配送中心，2 家堡垒型粮食应急骨干企业，38 个堡垒型粮食应急销售网点，为确保粮食市场应急供应和价格基本稳定打下坚实基础。各级地方粮食储备规模、库存粮油做到数量真实，质量良好，储存安全，管理规范。军粮供应保质保量，满足部队和城乡居民生活需要。

【仓储建设】 积极帮助粮食企业疏通融资渠道，继续发展混合所有制粮食经济，培育国有资本与集体资本、非公有资本交叉持股的新型市场主体。宿州市粮食物流中心与徐州正鑫集团有限公司成立国有控股企业——安徽鑫良粮食储运有限公司，拟投资 2 亿元分三期建设粮食物流园。宿州国安储备有限公司争取到中央财政补助资金 510 万元，5.1 万吨仓库项目基本建成。市直粮食产业园区拥有仓容 1.3 亿公斤，较好发挥了引领带动作用。全市全社会粮食总仓容达到404.8万吨,其中国有企业仓容292.3万吨。

【科学储粮】 继续推广科学储粮示范工程,2016年落实400套,全市累计发放25412套储粮仓,有效帮助农民减少粮食产后损失。

【星级粮库】 根据《安徽省粮食局关于做好“星级粮库”申报和评定工作的通知》(皖粮仓〔2016〕139号)文件要求,全市创建达标一星粮库39家,二星粮库14家,推荐在评三星粮库7家,四星粮库2家,真正达到树立典型,带动企业看齐的效果。创建活动有声有色,反响良好,促使宿州市粮食仓储管理标准化、规范化、信息化迈上新台阶。

【质检体系建设】 宿州市质检中心建设项目顺利完工,启用3600平方米市质检大楼,配齐检化验仪器,按要求开展新产粮、托市粮、储备粮的抽检送检。

【依法治粮】 大力宣传粮食安全省长责任制考核、国家“粮安工程”和《粮食流通管理条例》等粮食流通法规政策。开展世界粮食日和全国爱粮节粮宣传进田间地头、进农户、进社区。做好年度粮油库存检查工作,摸实家底,并顺利通过省级复查。推进依法行政,开展执法案卷评查。审发粮食收购许可证344份。参加苏鲁豫皖毗邻地区粮食监督检查工作联席会议。完成市级行政权责清单,制定市粮食局公共服务清单和中介服务清单13项。2016年,市、县、区粮食执法人员对粮食流通市场开展各项检查2170次,出动人员6135人次,查办各种案件41例,其中综合检查31例、其他各类检查10例。查处违法违规案件41例,其中责令改正25例、警告11例,有效维护粮食流通秩序。

【国有粮企深化改革】 全市始终坚持以产权制度改革为核心,突出推进土地确权和“一县一企、一企多点”改革,通过资产战略重组,推动优势资产和资源向骨干企业集聚,优化资源配置,努力提高国有粮食企业市场竞争力和经济效益。2016年,全市所辖区域国有粮食购销企业统算盈利2637万元,实现连续多年全面盈利的局面。

【扶贫攻坚】 积极贯彻中央和省、市委扶贫开发工作部署,重点做好定点帮扶工作,压实“扶贫攻坚第一书记”和驻村帮扶人员工作责任,推进精准扶贫、精准脱贫。大力鼓励粮油类龙头企业积极参与“万企帮万村”精准扶贫行动,增强企业辐射带动贫困户的增收。落实好省粮食系统“双百工程”定向招生培养工作,认真开展教育扶贫。2016年,市粮食局扶贫包保干部走访慰问贫困户超过200人次。通过努力,灵璧县渔沟镇马集村于2016年出列贫困村,脱贫贫困户57户,156人。

【荣誉】 宿州市粮食局获全省粮食工作先进集体称号,囊括全省粮食工作目标考核优秀单位、粮食收购、粮食产业化、流通监督检查、经济效益先进单位;荣获宿州市第九届文明单位、宿州市“双拥工作”先进单位、市直综合目标考核优秀单位、宿州市农业产业化先进单位、宿州市安全生产工作先进单位等荣誉称号。

(崔　波)

·石油天然气·

【概况】 中石化宿州分公司是中国石化销售有限公司安徽石油分公司下辖的成品油销售企业,主要经营汽油、柴油、润滑油以及非油品便利店等业务。公司以“服务社会,发展企业”为宗旨,主动履行央企政治责任、社会责任,肩负皖北地区成品油市场供应的使命。公司成立于1998年,下设4个县公司和本部4个片区,在营加油站120座,分布在全市国省道及乡镇网点,具有点多面广的优势,最大限度满足客户需求。拥有皖北地区最大最先进的管输油库,成品油年吞吐量145万吨。

【提升经营水平】 2016年,中石化宿州分公司紧紧围绕“保增长、强基础、谋发展”的工作主线,以增量创效为目标,突出发展质量和效益,做大经营总量,提升经营效益,认真研判市场,积极发挥市场主导作用。

【优化网络布局】 中石化在营加油站120座,分布于城区、国省道和各乡镇,形成了覆盖全市的销售网络。网络建设是企业发展的重中之重,中石化宿州分公司高度重视网络发展,优化网络布局,促进新建站尽快投营,推动投资成效转化。

【坚持从严管理】　2016年，宿州公司在地方政府和上级公司坚强领导下，认真贯彻落实各项安全工作要求，依托“隐患治理”“双百活动”“我为安全作诊断”等活动，以风险管控为核心，全面落实主体责任，加强HSE管理体系建设，深入排查治理隐患，实现安全环保无事故的目标。

【油品质量升级】　为践行绿色经营理念，2016年底，中石化宿州分公司所属120座在营加油站顺利完成国Ⅴ汽柴油的升级置换。

【荣誉】　2016年度，获得了宿州市人民政府颁发的“安全生产工作先进单位”、中共宿州市直属企业工委颁发的“基层党建先进党组织”、中共宿州市委和宿州市人民政府联合颁发的“第九届宿州市文明单位”、宿州市“安全发展忠诚卫士”演讲比赛优秀组织奖、宿州市“守护生命”安全知识大赛二等奖等多项荣誉。

·盐　业·

【概况】　2016年，是宿州盐业改革发展形势十分严峻的一年，国家盐业体制改革方案的出台，拉开了盐业体制改革的序幕，盐业公司一家独大的局面被彻底打破，经营管理面临严峻挑战，行业发展困难重重。面对改革带来的诸多不利因素，在省公司的正确领导和大力支持下，宿州市公司迎难而上，积极作为，团结带领广大干部职工，紧紧围绕全年目标任务，持续加强盐业市场监管，全力拓宽食盐购销渠道，强化细化经营管理，科学严格任务考核，各项工作取得了一定成绩。全市累计营业收入13240万元，实现利润359万元，费用总额2490万元，同比减少317万元。2016年，全市销售食盐19834吨，其中小包装食盐销售14112吨。全市累计非盐商品销售9315.73万元，同比增加1223.28万元。全市全年查处各类盐业违法案件122起，没收各类私盐产品8.9吨，罚款5.6万元。

【食盐专营】　2016年4月22日，国务院下发《盐业体制改革方案》（国发〔2016〕25号），规定自2017年1月1日开始，放开所有盐产品价格，取消食盐准运证，允许现有食盐定点生产企业进入流通销售领域，食盐批发企业可开展跨区域经营。坚持批发专营制度，严格规范食盐生产批发企业资质，以现有食盐定点生产企业和食盐批发企业为基数，不再核准新增食盐批发企业。保持现有专业化食盐监管体制不变，由盐业主管机构依法负责食盐管理与监督。盐业体制改革正式实施。

【盐政执法】　宿州市地处安徽北大门，与苏鲁豫三省接壤，地理位置特殊，私盐活动频繁。为规范盐业市场秩序，确保食盐安全，根据《盐业管理条例》和《食盐专营办法》等盐业法律法规，市盐业公司坚定履行政治责任和社会责任，不断加大盐政执法力度，严厉查处和打击私盐、劣质盐及工业盐冲击食盐市场行为，有力保障了全市食盐市场的稳定和安全。一是加强案件查处和打击力度。开展“追源头、端窝点、打网络”行动，加大市场巡查力度和入户抽查频率，对边界市场、私盐易发地区及餐饮、卤菜、食品加工等重点用户进行不间断重点检查，查处一批违反食盐专营政策、危害食盐安全案件，惩治一批涉盐违法分子。二是创新监管方式。坚持专业稽查与配送访销相结合，日常监管与专项集中整治相结合，日常巡查与“重点查”“跟踪查”“错时查”等多种稽查方式相结合，积极推进举报网络建设，主动加强与公安、市场监督、司法等部门的协作配合，适时开展省际边界及市县边界联合执法。三是加强食盐安全的宣传引导。充分利用市场稽查、配送访销、重大案件查办、“5·15”等重要活动时机，广泛宣传食盐专营政策和盐改方案，消除市民认识误区，使其自觉抵制私盐。四是加强执法能力建设。组织开展盐政人员业务技能培训，召开案件分析会、执法研讨会，不断提升盐政队伍执法能力，提高执法效果。五是建立举报网络，实行群防群治。盐业稽查是一项复杂的工作，单凭自身能力无法达到彻底净化市场的目的，为此各公司积极建立举报网络，鼓励广大群众参与，实行群防群治，取得了良好的稽查效果。2016年11月5日，根据群众举报信息，有辆送货车在灵璧西关大棚市场销售食盐，盐政人员得到信息，立即分两组对整个菜市场食盐零售户进行扫码检查，查获私盐50余箱，对经营户进行了处罚和说服教育。通过不懈努力，宿州市食盐安全得到了有效保障，盐业市场总体稳定。

【食盐经营】　在严管市场的同时，不断完善经营和配送服务措施，把经营工作的着眼点和着力点放在食盐销售和盐品结构调整上,提高盐品销售效益。一方面在保障普通食盐供应的同时,为满足消费者不同层次需求,调运一批400克包装的优质深井盐,通过多种形式的宣传促销,高品质、高附加值的深井盐逐步被商家和消费者接受,市场占有率不断提高,取得预期效果。另一方面在服务上狠下功夫,全面提升服务水平,帮助客户解决实际困难,做到以情感人,以情留人,形成良好的客情关系,为应对体制改革打下良好基础。

【工业盐经营】 宿州市工业盐供应主体较多,市场竞争激烈。为继续保住原有市场份额,按照省公司要求,市盐业公司本着“让利不让市场”的原则,灵活经营,多方位参与竞争。一是降低盐价,主动参与市场竞争;二是搞好服务,经常走访老客户和大客户,了解生产经营情况,掌握需求动态,及时供应。对大宗销售采取从厂方直运到户方式,价格再予优惠;三是开辟新的货源渠道,从临近的江苏瑞丰盐矿调运低价工业盐,供应萧县市场,增强竞争优势。2016年,在市场充分竞争的情况下,市盐业公司仍然销售工业盐4158吨,继续保持了工业盐市场主导地位。

【非盐经营】 为提前应对盐业体制改革,适应市场经济要求,按照省公司部署,宿州市各公司积极开展以盐为主、多种经营活动,重点打造“厨房工程”,经营食用油、味精、白糖、白酒等商品。并根据市场情况适时调整经营结构,淘汰滞销商品,不断拓展购销渠道。制定完善非盐商品销售业绩考核奖励办法,将职工收入与销售业绩挂钩,员工通过非盐销售增加了工资收入,提高了销售非盐的积极性和主动性,有效地促进了非盐经营工作的开展,全市全年非盐商品销售总额达到9315.73万元,实现大幅增长的预期目标。

【网络建设】 2016年,全市各公司根据各自实际,分别制定了适合自身的营销策略,满足市场需求。通过采取定人、定路线、定任务,定片区的销售方式,对零售网点和用户开展全方位的配送服务,牢牢掌控市场。提高销售人员的服务意识、市场意识、客户至上意识,打造高素质的营销团队,展示专营行业的社会形象,持续加强对销售人员的培训教育,更新营销理念,要求销售人员主动贴近客户,每周坚持电话回访或上门走访,及时了解市场动态及客户需求,拉近与客户的距离,培养客户的满意度和忠诚度,有效增强市场控制能力,初步建成了遍布全市的批发与零售、直营与配送相结合的日用消费品营销网络体系。

【省级食盐储备工作】 为确保自然灾害和发生突发事件时的食盐供应,省政府建立了政府食盐储备制度,分配给宿州市1330吨的储备任务。为做好省级食盐储备工作,宿州市盐业公司实行专库储存、专人管理,按时周转轮换,确保质量安全。同时,建立健全各项管理制度,制定食盐应急预案,确保宿州市食盐市场稳定。

【内部管理】 严格执行中央“八项规定”和省公司有关规定,从严控制费用开支,堵塞“跑冒滴漏”现象,业务接待尽量减少或从简,业务招待费、办公费、会议费、修理费等可控费用持续保持下降势头。在资金管理上,做到销货款及时回收上交,坚决杜绝赊销赊欠造成资金损失。认真贯彻落实全面预算管理规定,加强成本费用的预算管理,规范各项开支行为,严格执行费用支出事前审批和事后会签制度,增加费用支出的透明度,确保费用支出的合理性,杜绝铺张浪费。

【“徽盐云商”招商推广工作】 为增强食盐营销网络竞争力,按照省公司关于做好“徽盐云商”的有关规定,各公司积极行动,采取多种措施,全力做好“徽盐云商”招商推广工作。一是领导重视,公司多次召开专题会议强调和研究部署“徽盐云商”工作,制定目标计划;二是全员宣传推广,明确责任主体,结合公司实际,合理分解任务;三是公司给予后勤、车辆等方面大力支持,确保任务落实到位。

【食盐改革宣传工作】 2016年末,一些省外食盐生产企业及个别不法商贩,趁盐业体制改革之际,在宿州市市场上散布谣言,以“食盐放开”为幌子,大肆开展预收货款代理经销食盐的非法活动。宿州市盐业公司及时掌握市场动向,一方面严厉打击涉盐违法行为,另一方面,通过发放宣传单、媒体发布等形式加大宣传力度,正确引导广大消费者,消除盐改误区,保障食盐市场供应有序。

【党建工作】　一是着力加强思想政治建设。公司党委坚持以集中性政治教育活动作为加强广大党员理论学习和思想武装的重要抓手，扎实开展“两学一做”学习教育等，组织党员干部学习“准则”和“条例”，开展党员民主评议活动，进一步提高党员干部的先锋模范意识，干部队伍作风明显转变，党组织的凝聚力、战斗力和创造力显著提升。二是着力加强组织建设。按上级党委要求，配备纪检干部和监察工作人员，顺利完成基层党组织换届选举工作。三是着力加强队伍建设。鼓励98名富余人员与企业解除劳动关系自谋职业，减轻企业负担；适时调整充实盐政管理、市场营销等一线岗位人员，工作激情和工作效能明显提升。四是积极参与扶贫帮困活动，帮助结对村支部搞好党建及救济困难群众工作；组织党员志愿者进社区参与文明创建、疏导交通等公益活动。五是做好社会治安综合治理、计划生育、安全、信访等工作，成立组织，健全制度，加强督促检查，及时消除隐患。

·烟草专卖·

【概况】　安徽省宿州市烟草专卖局、安徽省烟草公司宿州市公司成立于1981年，下辖灵璧、泗县、萧县、砀山4个县局及1个直属分局、1个非法人实体化运作单位物流中心，辖灵璧县、泗县、萧县、砀山县、埇桥5个县(区)营销部。

【生产经营】　2016年，销售卷烟137808.41箱，任务完成进度率100.01%。实现卷烟销售收入(不含税)30.65亿元，同比减少1.46亿元，降幅为4.55%。实现利税8.4亿元，同比增加422万元，增长0.5%，其中税金5.82亿元，同比增长15.8%。

【物流建设】　仓库扩建与改造项目顺利竣工，仓库总面积由2000平方米提升至4500平方米，仓储硬件设施水平显著增强。新设备运行稳定高效，常规烟分拣效率从平均9000条/小时提升至13000条/小时，异型烟分拣效率从平均300条/小时提升至900条/小时，整体生产效率得到显著提升。智能送货系统日趋成熟，实现在不延长送货里程、不增加送货时长、不加重送货人员劳动强度的基础上，利用智能优化手段提高单车配送效率的预期目标。储配环节定岗定员完成，缩减储配用工8人，“人、机、岗”三者实现最佳匹配。物流队伍建设再创辉煌，获2016年全省系统物流岗位技能竞赛团体成绩第一，分拣员、送货员、驾驶员、叉车工四个竞赛岗位均有员工进入全省十佳，物流“全市模范带头、全省标杆引领”作用得到展现。

【专卖管理】　突出“全员专卖”，打造大专卖格局。围绕98%的市场净化率目标，探索“大稽查”工作模式，全面盘活内部人力资源，实现工作重心向专卖管理的转移。2016年，全市查获各类违法案件2547起，同比上升13.5%；查获各类违法卷烟53301.94条，同比下降7.3%；查获万元以上大要案83起(其中部督案件1起、省督案件3起、国标案件1起)；刑事拘留27人，批捕9人，判刑9人，有力维护了辖区的卷烟市场秩序。突出非法流通案治理，建立大内管布局。认真落实内管定期检查和日常监管，坚持“一案双查”，加大各县区间非法流通的考核力度，主动与周边兄弟单位座谈，筑牢规范篱笆。突出打假协作，打好边界市场战局。继续巩固深化联席会议机制，加强与交通、公安、邮政联系，以周边市场防御为重点，联合开展“护航2016”和“打击交通物流邮政领域涉烟违法行为专项行动”，查获两起网络性质的售假案件。突出后续监管，巩固行政许可后方。积极履行控烟条例，规范证件办理，定期组织开展许可证管理自查和职工亲属经营卷烟专项自查活动，有序开展延续换证，优化更新卷烟零售资源。

【企业管理】　依托“全面精益管理提升年”活动，大力开展降本增效活动，超额完成全年900万元降本增效指标；突出效益取向，推进精益改善课题研究，荣获全省系统“精益十佳课题”“精益十佳个人”荣誉称号。抓实节点管理，开展质量体系运行情况综合调研，举办内审员培训，稳步推进质量管理体系换版。围绕“两保”任务主线，落实财务监督职能，规范会计核算，加强资产信息化管理，深化全面预算考核，全面推进定额标准体系建设，做实“营改增”政策衔接。发挥审计职能，加强审计关口前移，实现审计服务增值，审计核减6.24万元，审减率9.74%。巩固办事公开民主管理成果，全面落实工程投资、物资采购、宣传促销程序规定，出台“三库”管理办法。重视免检考评，狠抓规范宣教，开展规范文化案例征集评选、“三走进”规范主题宣讲及模范员工讲堂巡讲等活动，提升规范化管理水平。狠抓项目管理，强化关口责任，公开招标项目金额比例达90%以上。深入推进法治烟草建设，努力构建法律风险防控、普法宣传教育和法规服务保障三大体系，实现“无行政败诉案件、无行政复议被改变或撤销案件、无经济合同诉讼败诉案件”的目标。稳步推进智慧物流、微门店等重点信息化项目建设，增强重要数据安全防护，增强自主开发能力，信息化支撑水平进一步提升。积极鼓励创新，开展创新成果奖、创新推进者评选活动，推进QC小组活动，“春雨”QC小组在全省烟草系统第七次优秀QC成果发布会获得三等奖，并获“2015年安徽省优秀质量管理小组”荣誉称号；参加2016年安徽烟草科普作品创作大赛，获“优秀组织奖”和平面类科普作品三等奖及优秀奖。规范新闻宣传，强化业务培训，荣获全省烟草商业系统“新闻宣传工作先进单位”荣誉称号。落实安全生产责任制，强化安标体系运行，狠抓岗位达标，再次通过安全生产标准化达标二级企业认证。

【人事管理】 严格干部选拔任用程序，组织开展4名正科级干部和1名副科级干部试用期考核工作。固化科级干部个人事项报告制度，开展干部人事档案专项审核，对全市系统在职职工尤其是科级干部的“三龄两历一身份”进行专项审核。规范开展职业技能岗位聘任工作，聘任三级技能岗位71人，四级技能岗位222人。在职务晋升、技术技能、积分奖励等晋升通道的基础上，进一步打通员工“绩效晋升”新通道。2016年，奖励员工积分4124分，602名员工受到积分奖励，占在岗员工总数的75%，年度累计积分前60名的员工获得为期一年的1至3档的晋档奖励，有63名员工获得绩效晋升，进一步激发广大员工工作热情。

【思想文化】 加强心理疏导，举办六场基层员工心理疏导与健康培训，加强情绪管理、缓解工作压力、保持良好心态。发挥典型引领，在全市系统举办六场“宿州烟草先进事迹巡回演讲”报告会，传递宿烟正能量。丰富文化活动，举办企业文化节暨职工趣味运动会，常态化开展兴趣小组活动，组建合唱团参加全省系统“成长之歌”合唱比赛，激发员工活力。围绕“每人自问一下，宿州烟草对自己来说到底意味着什么”和“一提到宿州烟草，你的第一感觉是什么”两个思考题，在全市系统开展“文化建设大家谈”，增强员工爱岗敬业的责任感和以企为荣的自豪感。建立“徽映爱心基金”，做好对生活困难及重大疾病职工的困难救助，激发员工对企业的归属感。运用“互联网+”思维，在公司微信公众号上开展“读书与研究”之“读书剪影”活动，丰富员工精神文化生活。

【党的建设】 充分发挥党组领导核心和政治核心作用，着力抓好“两学一做”学习教育，认真学习党章党规，认真学习习近平总书记系列重要讲话，坚持把做合格党员作为学习教育的出发点和落脚点。认真落实全面从严治党责任，扎实开展招待费使用、小金库清理、交通工具乘坐清查和津补贴等巡视专项问题整改工作，制定相应管理制度，确保各项巡视整改任务全面完成。开展党建向客户延伸活动，评选党员客户“带头人”215户、“党员示范户”99户，党员员工与党员客户“1+1”组成“结对共建”小组149个。严格正风肃纪，全面运行纪检监察监督巡查、纪检约谈等工作机制，强化职能部门管理监督责任，加大监督执纪问责力度，杜绝“四风”问题回潮。2016年，诫勉谈话2人、工作约谈61人，行政处分5人、党纪处分1人。

【公益事业】 资助乡村建设，以“脱贫攻坚”为第一要务，切实履行社会责任，全年资助对口帮扶村灵璧县高楼镇崔庄村扶贫款（合作社建设基金）4.9万元，朱集乡苗河村扶贫款（村部建设）4.9万元，尹集镇尹楼村基础设施扶贫款3万元，朱集乡苗河村扶贫款（进村水泥路路基）3.5万元，灵城镇七里村扶贫资金（117人购养老保险）4.68万元，萧县河头村扶贫专项4.9元。

救济贫困，选择灵璧县七里村特困户陆国兰作为长期帮扶对象，为其租赁房屋、配备生活必需品、帮助小孩上学、安排专人每月送去米面油等生活用品，年救济额约5万元；慰问困难职工64人，13.9万元。

公益捐款，宿州市局（公司）向安徽道德建设基金会捐款1万元；泗县烟草局参加“送温暖、献爱心”活动，捐款1万元。

【荣誉】 2016年，宿州市烟草专卖局（公司）工作成绩突出，获得多项荣誉称号。

宿州市烟草专卖局(公司)荣誉统计表

表 2

荣誉称号	获奖单位/个人	颁发部门
第九届宿州市文明单位	宿州市烟草专卖局(公司)	宿州市精神文明建设指导委员会
全省系统“成长之歌”合唱比赛三等奖	宿州市烟草专卖局(公司)	安徽省烟草专卖局(公司)
2015 年度新闻宣传工作先进单位	宿州市烟草专卖局(公司)	安徽省烟草专卖局(公司)
2016 年安徽烟草科普作品创作大赛优秀组织奖	宿州市烟草专卖局(公司)	安徽省烟草学会
2015 年度全省系统物流岗位技能竞赛团体优胜单位	宿州市烟草专卖局(公司)	安徽省烟草专卖局(公司)
2016 年度全省系统“精益十佳课题”	宿州市烟草专卖局(公司)	安徽省烟草专卖局(公司)
宿州市 2015 年度纪检监察系统信息工作先进单位	宿州市烟草专卖局(公司)	宿州市纪委
2016 年度全省系统规范管理知识竞赛优秀奖	宿州市烟草专卖局(公司)	安徽省烟草专卖局(公司)
行业课件大赛优秀组织奖	宿州市烟草专卖局(公司)	安徽省烟草专卖局(公司)
2014 年度全省工会财务工作先进集体	宿州市烟草专卖局(公司)	安徽省总工会
全省系统行政处罚案卷评查活动第二名	泗县烟草专卖局	安徽省烟草专卖局(公司)
全省系统先进基层党组织	泗县烟草专卖局	安徽省烟阜专卖局(公司)
全省系统先进基层党组织	砀山县烟草专卖局	安徽省烟草专卖局(公司)
宿州市第七届文明窗口	宿州市烟草专卖局直属分局	宿州市文明委
2016 年安徽省优秀质量管理小组二等奖	宿州市烟草专卖局直属分局	安徽省质量管理协会

续表 2

荣誉称号	获奖单位/个人	颁发部门
2016 年度全省系统“精益十佳个人”	赵　波	安徽省烟草专卖局(公司)
2016 年度全省系统物流岗位技能竞赛十佳个人	陈肖龙、赵壮壮	安徽省烟草专卖局(公司)
全省系统优秀党务工作者	范　强	安徽省烟草专卖局(公司)
宿州市 2015 年度纪检监察系统信息工作先进个人	马向阳	宿州市纪委
“十二五”信息化工作先进个人	宋朋飞	安徽省烟草专卖局(公司)
2015 年度劳动竞赛“十佳”个人	宋朋飞	安徽省烟草专卖局(公司)
全省系统优秀共产党员	宋朋飞	安徽省烟草专卖局(公司)
“六五”普法先进个人	张茜茜	安徽省烟草专卖局(公司)
全省系统优秀共产党员	张　涛	安徽省烟草专卖局(公司)
全省系统优秀共产党员	田　军	安徽省烟草专卖局(公司)
全省系统书画作品评选优秀奖	杨宏宇	安徽省烟草专卖局(公司)
安徽烟草科普作品创作大赛三等奖	杨宏宇	安徽省烟草专卖局(公司)
全省系统书画作品评选优秀奖	凤　勇	安徽省烟草专卖局(公司)
全省系统优秀共产党员	万振杰	安徽省烟草专卖局(公司)
全省系统十大创新推动者	万振杰	安徽省烟草专卖局(公司)
安徽烟草科普作品创作大赛优秀奖	张高见	安徽省烟草学会
全省系统优秀共产党员	鹿　梅	安徽省烟草专卖局(公司)
2015 年度全省卷烟打假先进个人	黄玉林	安徽省烟草专卖局
安徽省烟草学术论文三等奖	邹连进、周仁君	安徽省烟草学会
安徽省烟草学术论文二等奖	吕成龙	安徽省烟草学会

(武海彦)

交通　邮政

·交通管理·

【交通项目建设】 全年交通基础设施建设完成投资55亿元,占年度计划的110%,超额完成年度计划。一是国省干线公路建设。全市国省干线公路建设累计完成投资38.6亿元,占年度计划的154.4%,居全省第三位。宿灵泗、宿萧砀、国道206快速通道、省道439徐明高速渔沟连接线、省道301延伸线萧县段(萧徐快速通道)等一级公路基本建成,一级公路通车里程达350公里;国道104泗县段全面开工建设,完成符离大道(省道404)、国道206北段、宿淮快速通道、国道310黄口至皖苏界段等一级公路改建项目前期工作。二是农村道路畅通工程。全市累计完工2832公里,完成投资16.5亿元,分别占年度考核任务的111.6%、121.5%,位居全省前列。三是公路安全生命防护工程。国省干线公路和农村公路分别处置隐患140公里和280公里,全面完成年度任务。四是城区交通重点工程。大外环线全线建成通车,宿州汽车客运中心站及公交枢纽站主体工程完工,宿州综合客运枢纽站主体工程基本完工。

【公交优先发展】 成功获批全省首批公交优先发展示范城市。为推进示范城市创建工作,市政府主要领导任组长,细化年度创建目标和任务,明确各项创建任务的牵头部门和配合部门,建立监督考核机制,并将优先发展公交列入民生工程的重要内容,落实补贴补偿政策。完成鞋城、高新区公交首末站二期工程,建成充电桩30个,改建公交港湾式停靠站10个,新增纯电动空调公交车60辆,优化公交线路3条。积极开展公交车文明礼让斑马线活动,弘扬正能量,赢得广大市民的一致赞誉。

【治超和物流工作】 全市开展联合执法行动3112次,查处非法超限货车2703辆,吊销营运证96本、从业资格证57本,道路从业资格证记分18300分,全市货物运输车辆超限超载率和超限车辆出场率降至1%以内。认真落实查处异地超限车辆奖惩制度,不断提高科技治超水平,升级改造35个治超站点,在全省率先实现省、市、县、站点信息网络的互联互通。扎实推进交通商贸物流工作,积极整合物流资源,加大对重点物流园区和中心建设的扶持力度,落实扶持资金637万元,物流龙头企业培育和市县乡村四级物流网络建设取得显著成效。

【运输服务保障】 全年完成客运量4683万人次,旅客周转量27亿人公里;完成货运量2.2亿吨,同比增长6%,货物周转量468亿吨公里,同比增长4.1%。客货运输周转量完成470亿吨公里,同比增长4%,综合运输服务保障能力稳步提升。港航水运平稳有序,完成港口吞吐量410万吨、非税收入665万元,同比分别增长7%和17%。严格落实"党政同责、一岗双责、失职追责",扎实开展"安全生产执法推进年""道路运输平安年"等专项活动,深入进行隐患排查与专项治理,有效防范和遏制重特大事故发生,全市交通运输行业安全形势持续稳定。

【文明创建和党建工作】 一是扎实开展文明城市创建活动。紧密结合交通精神文明建设,狠抓汽车客运站、出租车、公交车文明创建,大力推广志愿服务、道德讲堂,整治城区出入口道路,继续实施"微笑服务、温馨交通”提标扩面工程、“微笑服务+”行动计划，全力打造“微笑服务”升级版。二是加强党风廉政建设。坚持把纪律和规矩挺在前面，制定“两个责任”清单和基层党组织落实“两个责任”的实施意见，促进党员干部强化纪律意识、养成纪律自觉。扎实开展“4+4”专项整治活动，深化“放管服”改革，建立“双随机”抽查机制，推动行政审批提质增效，带动交通运输政风行风不断优化。三是扎实开展“两学一做”“讲看齐、见行动”学习活动。深入践行社会主义核心价值，积极开展“爱岗敬业、明礼诚信”“道德讲堂”等一系列主题实践活动，成功举办系统职工运动会和“我和我的祖国”合唱比赛。严格落实中央“八项规定”，坚决反对“四风”，持之以恒抓好理想信念教育，一以贯之地严明纪律和规矩，锲而不舍地加强交通运输治理体系和治理能力建设。

【“国庆节”道路运输工作】 节假日7天，全市客运站发送旅客50.4万人次，同比减少7.1%。投入运力1.4万辆次，增开加班包车333辆次。

【道路春运】 2016年春运期间，全市投入客运车辆7.2万台次，累计运送旅客289万人次，较2015年同期减少11%。城市公交完成客运量21959万人次，较上年同期减少5.7%。

·邮 政·

【概况】 2016年，宿州邮政管理局全面贯彻落实中共十八大、十八届三中、四中、五中全会精神和中央经济工作会议精神，牢固树立和贯彻落实“五大发展”理念，以“五个邮政”建设为工作指引，适应经济发展新常态，保持全市邮政行业健康快速发展。2016年，全市邮政业完成业务总量7.87亿元，同比增长41.8%；业务收入6.92亿元(不含邮政储蓄银行直接营业收入)，同比增长36.4%，排名全省第五。快递行业迅猛发展，全年快递业务量完成2049万件，同比增长116%；快递业务收入完成1.95亿元，同比增长80.2%，快递业增长速度位居全国前列。邮政行业服务范围不断深化，邮政普遍服务营业场所和495个快递分支机构均实现乡镇100%全覆盖，在此基础上积极推进“快递进村”，进一步深化巩固“快递下乡”成果。

【行业扶持政策】 宿州市政府征求市直相关部门意见，出台《关于促进快递业发展的若干意见》，从全市战略高度对快递业发展作出总体部署，明确了快递业发展的总体要求、重点任务和政策措施，对园区建设、财政补贴、人才培养、车辆通行、基础设施规划等扶持政策作出进一步指示。

【规划编制】 就宿州市邮政业发展“十三五”专项规划，召开专家评审会议并审议通过，于11月联合市发改委向社会发布。专项规划与地方“十三五”国民经济和社会发展规划纲要、综合交通运输发展等重点专项规划编制有序衔接，其中“互联网+快递”等内容被纳入全市“十三五”规划。

【地方支持】 宿州市邮政管理局积极协调地方政府及交通局、发改委、财政局等市直相关部门，促使市交通商贸物流发展专项资金进一步向邮政业倾斜，在2016年既定120万财政补贴的基础上，将以政府购买、无偿赠送的方式，支持园区快递企业400辆符合行业标准的快递专用电动三轮车。积极协调市商务局，落实市人民政府《关于加快电子商务发展若干政策的意见》，促进电商和快递企业融合发展，扶持规模以上快递企业，继续鼓励企业服务电子商务。协调市统计局将新增规模以上快递企业纳入全市统计范畴，并对符合条件的企业给予服务业增长奖励金。

【依法行政】 依法履行局所撤销审批、停限办业务审批。受理邮政企业提出的撤销邮政普遍服务营业场所申请1处，经现场核查予以同意。收到备案3起，做好对审批备案材料的形式审查、存档管理、事后监督等。履行监管职责。确保检查进度和频次，重点检查乡镇邮政营业场所的运营情况。G20峰会期间，重点对收寄场所的“扫黄打非”要求落实情况、收寄验视和实名登记执行情况等开展检查。开展普遍服务执法检查138人次，检查邮政普服场所101处，检查比例78%，下发责改通知书3份。开展生肖邮票、《2016年二十国集团杭州峰会》等纪特邮票发行监督检查，出动检查9人次。加强社会监督实效。全市邮政特邀监督员开展监督活动74人次，监督各类营业场所74个，反馈监督报告74份，走访消费者255人，加强监督员培训，指导新聘监督员依法开展社会监督检查。不断优化社会监督员结构,根据工作实际对辖区内监督员进行调整,新聘监督员1名,续聘3名。

【基础设施和能力建设】 落实“十二五”期间农村地区邮政普遍服务营业场所及机要通信基础设施改造计划,分类制定时间表,对改造项目进展跟进检查,发现问题及时督促抓好项目落实。做好“十三五”期间基础设施改造计划的审核,并将项目资料按要求上传录入普遍服务监管信息系统。信报箱验收初见成效。检查信报箱8866户,受理验收申请并开展实地验收2242户,宿州市新建楼盘信报箱验收常规化取得突破。

【机要通信和“扫黄打非”工作】 强化机要通信安全运行管理。按季度开展机要通信保密安全对标专项检查10人次,评估安全隐患、建立隐患清单,下发责令改正通知书1份,完善机要通信台账建设。整改期满开展回头看,对照清单严查整改项目,重点对机要运输的双人押运、总包开拆封装的双人执行、机要通信保密安全相关预案、制度的制定落实等检查,检查结果显示整改情况良好,邮政企业机要通信保密安全制度逐步完善。并对机要通信相关人员、车辆等基础台账的信息进行了补充和更新。通过定期对机要通信开展专项检查,邮政企业对机要通信的重视程度和安全意识不断增强。“扫黄打非”工作显成效。按照省邮政管理局和市扫黄打非办的工作部署,落实各项行动要求,积极传达“扫黄打非”工作要求,落实检查任务,累计检查邮政、快递企业收寄场所151处,传达查堵口径164人,抽查邮政报刊发行企业1个,接办目录1个,邮政报刊亭11个,落实企业主体责任,企业与一线人员签订责任书306份,检查未发现有非法出版物通过宿州市寄递渠道和报刊销售渠道流通。

【配合测试工作】 配合做好2016年度信件传递时限监测工作。专人负责,严格按照时间节点和测试流程交寄和接收测试信件,顺利完成信件传递时限监测工作。开展2016年度国家规定报刊寄递服务质量监测工作。选取市、县、乡、村四级13个样本点,确保检测数据全面真实可靠,测试结果显示宿州市《人民日报》报刊投递服务质量较好。配合做好2016年度机要通信时限测试工作。学习测试流程及工作要求,按时做好机要测试的上行寄递和下行接收。

【规范快递市场秩序】 开展许可审批和备案工作。积极引导各企业申请快递经营许可,制作《申请快递经营许可操作流程》《许可申请与变更材料清单》,督促企业及时补差补缺,加快许可申请进度。更新《快递企业分支机构申请及备案指引服务指南》,对新增分支机构实行“一条龙”管理,安排专人全程指导,加强与工商部门和企业总部的沟通协调,帮助分支机构解决实际困难,有效提高许可申请与备案进度。严格落实《邮政业安全生产设备配置规范》要求,对增设分支机构、注册地址变更等项目认真做好实地核查工作。紧盯时间节点,规范使用许可系统,审批事项按时完成,全年零超时。2016年,新增快递企业4个,新增分支机构139个,宿州市设立快递分支机构495个,备案分支机构471个,备案完成率95.16%。做好快递业务经营许可延续和换发工作。建立各企业快递业务经营许可证信息台账,对发证日期、有效期、历年许可年度报告情况等信息进行登记,制定换发时间表,提前2个月预警,督促企业按要求准备延续申请材料,要求各企业指定专人负责许可证延续工作,确保许可延续工作按时按质完成。开展快递市场清理整顿专项行动。制定《宿州市快递市场清理整顿专项行动工作方案》,召开专题会议宣贯。开展日常检查,对全市快递企业经营现状进行统计调查,针对注册地址变更、法人变更、设立分支机构变更等行为,督促企业限期整改,尽快办理变更备案手续。联合市工商局、市公安局和市国家安全局开展为期15天的联合专项检查,出检46人次,检查快递企业23家,下发责令改正通知书4份。

【安全监管】 2016年,开展市场监管执法检查276人次,检查单位138家,查处不执行收寄验视制度的违法行为2起,未及时处理用户投诉的违法行为1起,切实加强对企业落实各项安全制度情况的日常监督检查,形成“安全必查,当面反馈”的检查模式。一是开展特殊时期安全专项检查,全年开展春运安全检查、“两会”期间安全检查、汛期安全检查、G20峰会安全检查等各项专项检查,重点对企业的应急处理、三项制度执行、生产安全、服务质量等方面开展检查,确保全年无安全事故发生。二是开展“三项制度”专项检查。以“收寄验视贴”推广应用为工作抓手开展检查，以明察暗访的形式开展寄递测试，把收寄验视责任落实到一线快递员，明确协议客户安全责任和交寄流程；严格落实《邮件、快件实名收寄实施办法》，制作统一格式的宣传标语和实名登记簿并发放至各营业部，将实名制检查纳入日常检查必查内容；积极宣贯《邮政行业安全生产设备配备规范》，要求各企业积极配备安检机，辖区内所有企业完成安检机配备任务，配备 25 台安检机，数量全省领先。三是全面推进远程实时监控建设，由专人负责督促指导各企业建立远程实时监控系统，列出详细问题清单，规定整改时限。宿州市远程实时监控平台接入远程监控企业及分支机构 42 家，84 个远程监控点，实现对市、县两级各主要快递品牌的全覆盖。

【快递服务】 开展快递营业场所规范化建设。在前三批 14 家规范化营业场所的基础上，开展第四批快递营业场所规范化建设工作，重点以市区内主要快递品牌示范店全覆盖为目标进行查漏补缺，以行业自律的方式推动快递业规范化建设，并依据营业场所的水平划分为“标准店”和“示范店”。全市建成快递营业场所“标准店”105 个、“示范店”14 个。快递营业场所规范化建设改变了众多快递营业场所“小、弱、散、差”的现状，切实提高宿州市快递行业服务能力和社会形象。推进快递社区服务站建设。坚持“政府引导、企业运作”的原则，有效整合市区各快递企业的资源，快递社区服务站由市区 9 家快递企业共同出资建设，入驻包括申通、圆通、中通、韵达等在内的 10 个快递品牌，并搭载“菜鸟驿站”功能，提供覆盖区域内的快件收投和自取服务，不仅有效降低企业末端网点布局成本，而且为社区居民提供便捷、安全的快递服务。开展服务质量专项整治工作。开展“3·15”主题宣传活动，为对消费者的投诉进行现场受理，并发放 500 余份《宿州市快递消费指南》，公布服务质量监督电话和辖区内邮政、快递企业的服务电话，对“12305”反馈的辖区内企业的申诉情况进行排名，利用工作交流群、官方网站定期公布结果，对申诉量较高的企业进行约谈告诫。

【行业人才队伍建设】 深化校企合作，不断拓展行业人才培养方式，与宿州技师学院联合开办的快递专业工学一体班，开课 25 次，校方与快递企业共同制定教学计划和大纲，编写课程和教材，同时采取双向教学模式，即快递企业集中到技师学院听讲和技师学院教师赴企业园区集中开课两种形式，有效提升了邮政行业从业人员的整体素质。开展职业技能鉴定工作，制定《快递员职业技能鉴定考试所需材料及注意事项》，详细说明报名流程、考试科目设置、汇款方式等内容；与市场监管工作双向互动，加强宣传行业技能鉴定，大力推行从业人员持证上岗。2016 年，组织 183 人报名，考试合格 101 人，合格率 55.2%。

【基础保障能力】 配合省邮政局完成财务检查工作，严格落实整改要求，财务支撑保障及风险防范能力不断增加。完善行业统计工作制度，对全市 25 家重点企业开展统计检查，加大统计报表考核力度，提升统计数据质量。联合市统计局、市商务局召开工作座谈会，对当前经济形势下的邮政业发展和商务、统计工作进行深入的探讨，建立三方调研合作机制，定期或不定期开展联合实地调研，及时掌握全市经济社会发展动向。加强对新修订《邮政行业统计报表制度》宣贯工作，印发宣传册 50 份，加强统计人员业务培训，提升统计数据的上报率、及时率和准确率。落实《邮政行业统计报表工作考核办法》，做好行业统计数据的催报、审核、抽查等工作，认真开展每月经济运行分析，为市邮政局及省邮政局行业监管提供决策依据。新闻宣传平台进一步拓展，利用市局网站及地方电台、电视台、报纸等媒体壮大舆论宣传阵地，提高行业知名度和影响力。加强网站规范化管理和自查工作，网站普查排在全省邮政管理系统前列。

【“两学一做”学习教育】 积极发挥党组织的战斗堡垒作用，把党建工作融入行业发展和行业监管工作中，结合邮政业的特色创新性开展丰富多彩的党建工作，一是实现集中学习常态化。每周五组织党员集中学习讨论，围绕党建先进理论和时政热点，系统学习党章、习近平总书记系列讲话精神，并以定期评比学习笔记、通报表扬等形式确保学习效果。二是“以考促学”开展“两学一做”党章和党规知识测试，组织全体党员以考试答题的方式检验学习的效果。三是开展实践教育活动，由局领导带队，组织部分企业党员参加慰问老党员的活动；参加省邮政局定点帮扶村马宅村所在的大杨乡组织的以"坚持精准扶贫,合力脱贫攻坚"为主题的"10·17"全国扶贫日捐助活动,党总支携新发展的预备党员和爱心企业捐款3500元,以实际行动践行"两学一做"。四是以党建活动树立社会形象。积极参加市直机关工委组织的"万人毅行""千人骑行倡文明""党员进社区"等活动,展现邮政业党组织和党员的良好形象,为树立邮政业整体社会形象,优化邮政行业发展环境带来积极的影响。五是强化队伍建设。积极引导鼓励快递企业负责人入党,不断加强监管党支部党建工作和基层党组织建设,发挥党建的优势,激发快递企业党建的内生动力,不断增强企业的生产力、竞争力和凝聚力,助推企业发展。2016年,市邮政局党总支发展4名党员,其中3名为快递企业负责人。宿州市市直机关工委在庆祝建党95周年之际,对在党建工作中作出突出贡献的集体和个人进行"两优一先"表彰,杨恒博荣获"优秀共产党员"荣誉称号,李斌荣获"优秀党务工作者"荣誉称号。

【行业精神文明建设】 认真落实国家邮政管理局《关于进一步加强邮政行业精神文明建设的指导意见》,大力弘扬"诚信、服务、规范、共享"的邮政行业核心价值理念,积极在行业中开展先进人物宣传活动。宿州市邮政局扎实开展多种形式的精神文明创建活动,努力打造刚正廉明的邮政管理部门良好形象,荣获"宿州市直机关文明单位"称号,并积极申报2016年度市文明单位,宿州市邮政局以快递物流园区建设为抓手,使文明创建有特色,以快递营业网点规范化建设为抓手,使文明创建有载体,以安全监控平台建设为抓手,使文明创建有保障,创建工作获得市文明办和市精神文明建设领导小组的高度肯定。

城乡建设和环境保护

·国土资源管理·

【概况】 2016年,市国土资源局牢牢把握国土资源工作新职责定位,坚持以最严格的耕地保护和节约用地制度为主线,致力于有效保护资源、实现节约集约、维护群众权益、不断改革创新,全力服务经济社会发展,奋力开拓国土工作新局面,重点工作实现新突破,整体工作不断跃升,为促进全市经济社会发展发挥了积极作用。在市政府2015年度目标管理绩效考核中,综合排名位居市直责任单位第一等次,承担的省政府目标绩效管理考核两项指标均位居全省前三位。省国土资源厅对市国土资源局2015年度领导班子考核为优秀等次。市国土资源局先后获得宿州市"3111"工程推进工作先进单位、2015年度"城乡建设先进单位""招商引资先进单位"和2016年度"提案办理先进单位"等多项荣誉称号。市国土资源监察支队被国土资源部评选为"全国国土资源执法监察工作先进集体"。

【国土资源规划管理】 充分发挥土地利用总体规划和年度利用计划的引领作用,按照总体规划和年度计划统筹好各类用地需求,遵照统筹安排城乡用地原则,做好年度用地计划指标分解下达工作,保障宿州市重点项目建设,省国土资源厅下达宿州市新增建设用地计划指标1092.87公顷,全部完成组卷报批工作。推进2006—2020年土地利用总体规划中期评估调整完善,初步完成中心城区、县区级重大项目用地布局。

【耕地保护】 开展以永久性基本农田划定、土地整治、补充耕地、耕作层土壤剥离再利用为主要内容的"四项工程"建设。完成城市周边及全域永久基本农田划定方案编制工作,划定成果上报省厅并通过专家审核论证。土地整治项目建设验收取得明显成效,4个整体推进农村土地整治示范项目,15个国家和省级投资土地整理项目通过验收,2013—2015年度73个高标准基本农田建设项目通过验收。超额完成补充耕地任务。2016年度,省厅下达宿州市补充耕地任务1066.67公顷,宿州市实际完成3319.50公顷,完成总量连续两年在全省排名第一位,连续十八年实现耕地占补平衡。探索推进耕作层土壤剥离再利用试点工作,各县区组织实施4个耕作层土壤剥离再利用试点项目。土地整治工作被动局面得到扭转,跃入全省前列。

【建设用地报批供应】 加大重点项目服务力度,全力做好重大项目用地报批。2016年,争取各类建设用地计划指标1939.53公顷,完成新增建设用地计划指标执行工作,实现重大基础设施、民生工程"应保尽保、应报尽报"。2016年,宿州市92个城镇批次建设用地、7个单独选址项目获得国务院、省政府批准,批准总面积2013.65公顷,保障S303泗永路苏皖交界至宿城段改建工程、钱营孜低热值煤电厂项目等一大批重大项目用地。扎实开展全国第二批工矿废弃地复垦利用试点工作,宿州市先后获得工矿废弃地复垦利用周转指标0.09万公顷,完成工矿废弃地复垦利用计划指标组卷面积352.27公顷。推进城乡建设用地增减挂钩试点工作,完成增减挂钩指标组卷50.67公顷,完成增减挂钩项目验收24个批次518.27公顷。加快土地供应进度,全市供应土地421宗,面积1891.6公顷。市本级成功挂牌出让宿州宾馆、市科技文化广场等重点地块。土地收储实现新突破,收储土地131宗,面积409.06公顷,完成市汽运集团、中煤七十二处、利民路桥、华润华工、宝龙电器等重点项目用地收储。

【土地利用管理】 扎实开展批而未供土地清理、闲置土地清理、审计整改、督察整改等“两清理两整改”工作。全市土地供应率达到80%,完成国家土地督察南京局督办的闲置土地整改25宗266.67公顷,面积整改率达到97.35%。完成国土资源部土地市场动态监测与监管发现闲置土地整改289.53公顷。宿州市供地率排名全省第五,闲置土地清理情况排名全省第二,国家土地督察南京局节约集约利用专项督察发现问题整改工作排名全省第五。启动“国土资源节约集约模范市(县)”创建活动,砀山县荣获“全国第三届国土资源节约集约模范县”荣誉称号。在市人大常委会调研与满意度测评中,土地利用与管理工作获得市人大代表充分肯定,综合满意率较高,未出现不满意票。

【矿产资源管理】 加强矿产资源日常监管,做好年度采矿权登记工作,完成2宗许可证到期的采矿权、6宗新设立的采矿权登记。完成2015年度矿产资源开发利用检查工作,征收矿产资源补偿费82.55万元。加强矿产资源勘查管理,完成38个探矿权年检工作。落实汛期地质灾害应急值守制度,确保安全度汛。推进矿山生态环境治理,《宿州市非煤矿山地质生态环境修复条例》立法项目进入审查阶段,缴存矿山地质环境恢复治理保证金636.7万元。扎实推进矿山生态环境治理。7个矿山生态环境治理项目基本完成,13个项目启动治理,17个项目处于治理前期项目设计、招投标阶段,6个项目纳入矿产资源整合范围。开展全面整顿和规范非煤矿山生产工作,全市关闭矿山232个,责令停产整顿22个项目,打击盗采点183处。发挥采煤塌陷区综合治理领导小组办公室统筹协调作用,完善领导小组职责和工作制度,启动实施综合治理调研、规划方案编制等工作,《宿州市采煤塌陷区综合治理总体规划》成果已形成,待审批。

【国土资源执法监察】 落实共同责任机制,强化监察动态巡查,有效遏制违法违规用地用矿行为。出台《宿州市耕地破坏鉴定工作实施办法(试行)》,规范耕地破坏鉴定工作,依法打击非法占用耕地的犯罪行为。深入推进土地卫片执法检查整改,出台《土地矿产卫片执法监督检查警示约谈和实施责任追究暂行办法》,两次对国土资源管理秩序混乱、工作开展不力、查处整改不到位的3个县区、2个园区和31个乡镇启动警示约谈,强力推进查处整改工作。2015年度,土地矿产卫片执法检查顺利通过省国土资源厅实地核查,被列为验收免检地市。宿州市违法新增建设用地占用耕地面积为全省总量较少的3个市之一,市县两级均实现“零约谈、零问责”,获得省政府奖励新增建设用地计划指标6.67公顷。打造“阳光信访”,构建接待来访群众、办理信访案件、领导阳光接访平台,建立信访和违法案件查处衔接机制,接到群众来信173件,接待来访群众53批115人次,上级交办51件,均全部办结。“12336”违法举报线索309个,均及时按规定办理,反馈率100%,做到“件件有着落、事事有回音”。市国土资源管理局先后在全省国土资源执法监察工作会议、“12336”国土资源违法线索处理工作座谈会上作典型发言。

【不动产统一登记】 不动产统一登记改革顺利推进,完成职责整合、人员划转、窗口设置、流程再造、颁发新证等一系列工作任务。宿州市主城区于2016年1月5日颁发首批不动产权证,成为皖北第一个、全省第三个颁发不动产权证的地级市。2016年10月底,实现不动产统一登记全覆盖全域发证。2016年办理各类不动产登记54228件。宿州市不动产登记破解难题取得显著成效,主动解决已颁发房产证的房改房、集资建房、安置房、经济适用房及其所占土地等多个不动产登记难题,将解决问题的措施、政策成果以市政府文件或会议纪要等形式予以固化。市国土资源管理局主动解决历史遗留问题,破解不动产登记难题的办法和措施得到市委市政府和省厅的高度肯定,受到国土资源部的高度关注。《国土资源报》《中国不动产》杂志、安徽国土资源及省厅门户网站等媒体相继报道宿州市有关做法。河南洛阳、濮阳,淮北等市不动产登记局到宿州市学习考察。

【颁发不动产权证书】 2016年1月5日,宿州市首批不动产权证书颁发仪式在市不动产登记中心服务大厅举行,现场颁发9本不动产权证书,标志着宿州市城区不动产统一登记正式实施。2016 年 10 月 28 日，灵璧县颁发首批不动产权证书，宿州市实现不动产统一登记全覆盖。

1 月 5 日，市主城区全面提供不动产登记服务，颁发首批不动产权证　　（摄影：谢长学）

【国土资源新媒体示范基地】 2016 年 6 月 17 日，宿州市举行国土资源新媒体示范基地揭牌仪式。中国国土资源报社社长陈国栋、宿州市政府副市长吕剑共同为宿州国土资源新媒体示范基地揭牌。宿州市国土资源新媒体示范基地是安徽省国土资源系统首家新媒体示范基地，也是中国国土资源报社继云南省普洱市、内蒙古鄂尔多斯市之后，建成的全国第三家地市级国土资源新媒体示范基地。

（谢长学）

·城乡建设与管理·

【概况】 2016 年，市住建委系统会同有关部门，扎实推进城乡建设各项工作。全市重点工程开工建设 205 项，完成投入 231.94 亿元，59 个项目建成投入使用。统筹推进村镇建设，改造农村危房 11000 户。着力提升管理水平，建筑业发展成效明显。全市建筑业总产值 230 亿元。系统全年完成招商引资 3.8 亿元，占年度目标任务的 380%。

【重点工程】 全市重点工程开工建设 205 项，完成城建重点工程总投入 231.94 亿元。南外环路改造、大外环路、淮水北调城区配水工程及宿马食品检测中心等 59 个项目完工。为民服务中心、三馆、市客运中心站及公交枢纽站、市生活垃圾焚烧发电项目等 43 个项目在加紧施工。

【建筑业管理】 全市完成建筑业总产值 230 亿元。全年 2 家公司由二级晋升为一级房屋建筑施工总承包企业，4 家三级房屋建筑施工总承包企业晋升为二级企业，18 家建筑施工企业进入全省施工企业 300 强，2 家监理企业进入全省监理企业 30 强，1 家监理企业房建、市政资质升为甲级，审图办由乙类升为甲类资质。宿州市获评国家安全文明标准化诚信工地一项，省级标准化工地 12 项，市级安全文明标准化工地 24 项。举办建筑工程施工现场“八大员”及建造师、安全管理等建筑从业人员等培训工作，全市参培人员达八千余人。

【农民工工资清欠】 2016 年，建设行业处理拖欠农民工工资案件 84 起，涉及农民工 7588 人，累积工资数额 15542 万元。

【工程质量监督】 2016 年，市区新办理质量监督项目 117 项，建筑面积约 585.83 万平方米，工程造价约 90.27 亿元。竣工验收备案 291 项，建筑面积约 282.6 万平方米，工程造价约 34.91 亿元。各县、区（合计）新办理质量监督的项目有 588 项，建筑面积约 562.87 万平方米，工程造价约 79.53 亿元。竣工验收备案 324 项，建筑面积约 450.96 万平方米，工程造价约 55.92 亿元。

2015—2016 年度，有 9 项工程获得省优“黄山杯”奖，2 项工程获得“安徽省建筑装饰奖”，“宿州万达广场”工程获得华东六省一市质量样板工程奖，市优“金鸡杯”24 项。

【建筑工程安全监督】 先后开展“突击月、执法推进年活动”等综合性检查 400 次，排查安全隐患 877 处，整改 877 处。打击违法违规行为 9 起，配合执法支队处罚金额 84.45 万元。宿州市有 26 个项目通过“市级安全生产标准化示范工地”验收；12 个项目获“安徽省安全生产标准化示范工地”，全省排名第二；1 个项目获得全国“AAA 级安全文明标准化工地”。大力推行“智慧安监”，全面提高施工现场的安全监管水平。2016 年，全市建设工程发生安全事故 1 起，死亡 1 人。

【勘察设计行业管理】 宿州市有勘察设计企业 18 家，其中乙级设计资质 5 家，其他均为丙级资质，范围涵盖房建、市政、园林、水利、公路、电力等行业。

新增一家风景园林绿化设计乙级资质企业。

【建筑扬尘治理】 制定《宿州市建设工程扬尘污染专项治理行动方案》将责任、目标进一步细化落实到人,实行全覆盖包点管理。通过专项整治活动,施工现场裸土覆盖、绿化新增30余万平方米,建筑施工扬尘污染明显好转。

【市场信用体系与标准化建设】 在建设部统一部署开展的工程质量治理两年行动中,检查在建施工现场230余项(次),对85家违法违规施工(监理)企业进行信用惩戒和处罚。对严重违反建筑市场行为的3家企业清除出宿州市建筑市场。

【绿色建筑】 全市所有新建项目全部执行国家50%节能目标,新开工建设的保障房和2万平方米以上的公共建筑全部按照绿色建筑标准设计施工。宿州市三馆建设项目和宿州市政务服务中心工程获省住建厅“安徽省绿色建筑示范项目”。

【招商引资】 多渠道全力招商,系统全年完成招商引资3.8亿元,占年度目标任务(1亿元)的380%。

·城乡建设与规划·

【城乡规划编制】 认真做好新一轮《宿州市城市总体规划》修编前期工作。《宿州市城市总体规划(2012—2030)》在2013年初获得省政府审批并付诸实施,随着宿州市经济社会的快速发展,该版规划有些地方已不适应实际的发展需要,迫切需要修改、调整。按照总体规划修编调整的有关要求,完成对现行宿州市城市总体规划实施评估工作,积极与市财政等部门对接,落实规划编制经费,加快推进新一轮《宿州市城市总体规划》修编工作。省政府批复,同意宿州市修订城市总体规划。市城乡建设规划局上报市政府,开展总规修编前期准备工作。

【“多规合一”试点】 按照要求,在规划编制过程中,充分衔接主体功能区规划、土地利用总体规划、环境保护规划等相关规划,充分考虑国土、环保等部门提出的空间管制要求和范围,整合相关规划的空间管制分区和永久基本农田的划定工作,科学划定城市开发边界,并通过划定城市开发边界,探索搭建城乡规划和相关规划衔接的平台,推进“多规合一”。继续推进《大宿城空间战略发展规划》的编制工作。

【加快专项规划编制】 市城乡建设规划局一直十分重视专项规划编制工作,据统计从2003年起编制完成22项专项规划。一是做好市城乡建设规划局承担的各项专项规划编制工作。完成《宿州市城市特色风貌规划(总体城市设计)》《宿州市城市色彩专项规划》等规划项目的编制工作。2016年6月,《宿州市城市特色风貌规划(总体城市设计)》《宿州市城市色彩专项规划》经市政府审议通过;2016年11月,《宿州市城市特色风貌规划(总体城市设计)》经市政府批准实施。加快推进《宿州市城市地下空间综合利用暨人防建设规划》工作进度,完成规划初步成果。《宿州市城市公共服务设施综合规划》编制工作有序开展,进行规划公开招标。二是按照全局工作安排,积极协调指导城管、供电、水利、交通等其他部门做好相关专项规划编制工作。《宿州市城市地下综合管廊专项规划》经市规委会审议通过;城市商业网点规划、加油站布点规划、养老服务设施规划等专项规划编制完成,上报市规委会审查。初步形成以城市总体规划为统领,以详细规划为基础,以各类专业规划为支撑的层次齐全、体系完善、结构合理的城乡规划体系。

【美丽乡村规划编制】 在美丽乡村规划的编制中,积极向市美丽办汇报沟通,进一步加大对各县区美丽乡村建设规划编制工作的指导力度,取得较好的效果,宿州市美丽乡村规划编制质量和水平得到省评估组的充分肯定。全面完成全市2016年43个省级美丽乡村建设示范中心村规划和41个乡镇政府驻地建成区整治规划的编制、评审、审查工作,为全市美丽乡村的建设提供了科学规划依据。

【优化行政审批流程】 在局机关内部,从服务效率和服务流程方面进行提升,对审批流程进行全面梳理和优化,进一步规范服务,提升效能。结合市政务服务中心标准化建设,对各科室业务办理流程进行了再次梳理,认真实施窗口展示标准化、接待服务标准化、办件流程标准化。

【落实“放管服、三集中、三到位”制度】 结合自身实际对照行政审批事项清单，针对“放管服”改革政策措施认真进行自查。2016 年，无取消行政审批事项，全部下放行政审批权力，不干预各园区行政审批，做到授权、管理到位。认真开展清理规划行政审批中介服务事项，取消中介服务收费 1 项。市城乡建设规划局有行政审批 4 项，保留 4 项，审批事项全部进驻中心，审批科人员全部进驻中心，审批科长授权到位；针对每一项权力事项，按照权责相对应、有权必有责的要求，根据不同事项建立监管细则加强事中事后监管。市城乡建设规划局做到行政事项全部进驻窗口并做到行政审批事项网上审批，通过局自建系统进行受理、审查、办结。自建系统与宿州市统一电子政务平台对接，办理时限受市统一平台监管。2016 年，市城乡建设规划局受理事项 621 项，办结项目选址意见书 52 件，建设用地规划许可证 108 件，建设工程规划许可证 461 件。

【园区和项目建设】 2016 年 6 月，经市编办批准成立埇桥分局、宿马园区分局、高新区分局、经开区分局，均为市城乡建设规划局派出机构。市城乡建设规划局各园区的规划许可事项分别授权各分局进行办理。在授权的过程中，市城乡建设规划局主动与三个园区进行对接，并多次召开对接协调会议，对授权事项的办理流程、技术审查要求等具体环节进行对接。在做好授权、指导的基础上，积极主动服务，切实提高办事效率。

【规范行政行为】 一是采取立法外包的方式推进《宿州市城乡规划管理办法》的立法工作，确保《办法》制定依法合规，完成起草工作。二是制定《宿州市城乡规划局重大事项合法性审查制度》，市城乡建设规划局制定的规范性文件、签订的合同协议等重大事项决策做出之前，必须进行合法性审查。三是制定《宿州市城乡规划局法律顾问工作制度》，市城乡建设规划局聘请的法律顾问全面介入法律事务处理，为市城乡建设规划局重大决策、重大行政行为提供法律咨询和论证，为依法行政提供了法律专业保障。四是制定《宿州市城乡规划局重大行政执法决定法制审核办法》，全面推行重大行政执法决定法制审核制度。

【实行执法资格认证制度】 市城乡建设规划局要求凡是从事行政执法的人员，必须参加由省政府法制办和省住建厅共同举办的全省行政执法人员资格认证培训、考试。2016 年，组织全市城乡规划系统 26 名执法人员，分两批参加全省建设系统行政执法人员资格认证培训、考试。坚持行政执法证年审制度，同时要求行政执法人员必须持证上岗、亮证执法。

【坚持城乡规划委员会、专家评审制度】 城市重大建设项目的规划和单体设计方案，一律经专家评审，并报市规划委员会审议、审定；一般建设项目，由业务会集体研究决定。2016 年，召开 12 次市城乡规划委员会，审查事项 62 个。其中，包括宿州市凯迪生物质发电工程项目、宿州监狱迁建、城区中小学不安全校舍改造规划、一期南翔恒泰（宿州）国际商贸城学校、皖北千亩园学校、高新区宿州华润高新区天然气综合站等一批重点项目。

【规划展览馆服务群众】 一是定期排查展厅各种线路和设备隐患，确保机器正常运行。二是按时做好规划馆布展更新工作。重点对道路、广场等市政设施最新建设和有关规划，进行图片更新。三是不断加大学习力度，变换学习方式。组织员工开展“台下学、台上讲”活动，并定期以讲课的方式交流学习心得。规划展览馆接待各省市、党政代表团及其他各类团队 800 余档次，承接会议 260 余次，接待参观人数约 6 万人次。

·住宅与房地产业·

【棚户区改造】 2016 年，在市委、市政府的正确领导下，宿州市的棚户区改造工作全面有序进行，实施棚户区改造 625 万平方米，积极化解房地产库存，实施棚户区改造货币化安置，货币化安置率 70.04%，超额完成 2016 年政府工作报告提出的“实施棚户区改造 210 万平方米，实施棚户区改造货币化安置，货币化安置率不低于 50%”的目标任务，在全省综合考核中位居前列。棚户区改造作为一项重要的民生工程、发展工程，不但改善了群众的居住条件，完善了城市功能，还是促进投资拉动，保持房地产市场健康发展，促进供给侧结构性改革和去房地产库存的重要举措。

【强化调度】 市委、市政府高度重视保障性安居工程建设,建立了“市级负总体责任、区县负主要责任、部门负直接责任”的责任体系。坚持定期调度,及时发现、分析建设中存在问题,提出解决措施,严格督促各责任部门对照建设计划对建设情况进行盘点,拾遗补阙。通过一天一报告,一周一调度,一月一盘点的工作机制,形成工作合力,确保建设项目按时间节点快速推进,从2010年以来,宿州市在全省保障房建设考评中始终位居第一位次。坚持统筹规划,按照市政府提出的“五年规划,三年完成”的目标,制定《宿州市棚户区改造“十三五”规划》和《宿州市棚户区改造计划2016—2018》。每年9月即开始谋划下一年棚户区改造工作,统筹好项目选址、资金、用地等,做到早谋划、早开工。

【市场为主多元融资】 保证棚户区改造的顺利进行,坚持在政府主导的基础上,积极发挥市场机制的作用,进一步拓宽融资渠道,积极争取中央、省级政府财政补贴,同时加大政府资金投入,通过建立融资平台,发行企业债券、吸引有实力、有信誉的社会、企业参与保障房建设等模式筹集建设资金,有效破解保障房建设资金难题,保证了全市保障房项目的快速推进。利用省级平台申请使用国开行棚改专项贷款一期、二期计71.84亿元,国开行棚改专项贷款三期贷款35.2亿元已经国开行总行批准。积极申报农发行2016年棚改专项资金,相关材料已报农发行。邮储银行棚改专项贷款15亿元已上报。

【货币化安置】 出台《宿州市市区棚户区改造货币化安置管理办法(试行)》《宿州市市区棚户区改造货币化安置实施细则(试行)》。为加快货币化安置进度,方便群众选择商品房,6月底建成启用了房源项目库和房源超市。人民路21号地采用货币化安置,项目征迁户数669户,选择货币补偿的占17%,实施货币化房票安置占比55%,截至12月底,安置房超市使用房票累计签约717套,签约面积67642.3平方米,房屋总价3.042亿元。

【安置房品质】 充分考虑保障群体的实际情况,本着方便宜居的原则,保障房项目全部选址在交通便利城市配套设施齐全的优质区位,并且从绿化、停车位到幼儿园、学校、社区用房、物业管理用房等,都坚持不低于同期商品房的规划标准。在工程建设中,认真落实工程质量责任制,实行项目负责人对质量终身负责,特别引进社会监督机制,让被安置者直接参与工程质量监督,全方位确保工程质量。

【分配入住管理】 出台《宿州市人民政府办公室关于加快公共租赁住房建设及分配入住等工作的通知》(宿政办秘〔2016〕56号),扎实推进保障性住房的建设、分配和运营管理,提高保障能力和房源使用效率。通过落实准入条件,扩大保障范围,加快配套基础设施建设等措施,满足城镇中低收入家庭、外来务工人员,特别是在城镇稳定就业且符合条件的农业转移人口的基本住房需求。

【棚户区改建信息公开】 做好棚户区改造建设信息公开工作,是接受社会监督,加快工程进度、提高工作效率、促进工作规范的重要举措,也是民生工程的具体要求。及时将相关法律法规、相关制度和棚户区改造建设动态,以及年度建设计划、开工、竣工等信息及时公开,在建筑物明显位置设立民生工程永久性标牌。

【房地产开发投资】 全市房地产开发投资234.84亿元,为全年任务的146.77%,同比增长6.19%;市区房地产开发投资164.89亿元,为全年任务的164.89%,同比增长2.33%。

【商品房开发建设】 2016年,全市商品房施工面积1330.79万平方米,为全年任务的110.89%;新开工面积508.44万平方米,为全年任务的133.8%,同比下降9.49%;竣工面积542.65万平方米,为全年任务的120.58%,同比增长2.88%。其中:施工面积705.6万平方米,为全年任务的100.8%,同比下降8.27%;新开工面积182.1万平方米,为全年任务的101.16%,同比下降31.7%;竣工面积227.1万平方米,为全年任务的103.22%,同比下降8.87%。

【商品房销售】 2016年,全市商品房销售面积505.18万平方米,同比增长54.67%,其中市区商品房销售面积252.44万平方米,同比增长67.32%。

【商品房去库存】 2016年12月末,全市新建商品房库存面积448.3万平方米,比2015年末减少60.7万平方米,去化周期缩短4.3个月,为12.2个月。

其中，商品住房库存面积 212.8 万平方米，比 2015 年末减少 57.2 万平方米，去化周期缩短 6.2 个月，为 6.3 个月；非住房库存面积 235.5 万平方米，比 2015 年末减少 3.5 万平方米，库存去化周期为 65.9 个月。市区新建商品房库存面积 248.7 万平方米，比 2015 年末减少 34.3 万平方米，去化周期缩短 4 个月，为 11 个月。其中，住房库存面积 80.2 万平方米，比 2015 年末减少 51.8 万平方米，去化周期缩短 5 个月，为 5.5 个月，非住房库存面积 168.5 万平方米，比 2015 年末增加 17.5 万平方米，库存去化周期为 67 个月。

【政策促房地产去库存】 宿州市紧紧围绕中央、省去库存、稳增长的决策部署要求，落实主体责任，切实抓好中央出台的支持住房消费的财税、信贷、土地、公积金等政策落实，适时出台《宿州市关于促进经济持续健康发展的若干意见》《宿州推进供给侧改革的若干意见》《宿州市棚改货币化安置办法》等文件。同时，针对宿州市去库存任务主要集中在非住宅的实际情况，制定《宿州市人民政府关于非住宅商品房去库存的若干意见》，经市政府审议出台实施。

【阶段性刺激政策】 针对房地产市场销售阶段性低迷问题，适时实施阶段性刺激政策，引导商品房消费。2016 年年初，市区实施阶段性购房财政补贴政策，由往年购买住房给予补贴扩大到住房、商业办公用房，政策时限延长，补贴标准提高。政策优惠期间成交各类商品房 57.8 万平方米。同时，灵璧、泗县、砀山、萧县相继出台实施购房补贴优惠政策。砀山县以政府名义出台农民退宅进城购房奖励办法。泗县鼓励农民进城购房，加大去库存力度，受到住建部关注，被列入农民进城购房信贷扶持试点县。这些政策措施对引导市场、刺激消费发挥了积极的作用。

【商品房供应侧调整和优化】 在土地供应方面，根据市场情况把握总量，从源头控制节奏，2016 年以来商品房用地供应大幅减少。在商品房结构优化方面，通过召开座谈会，帮助企业理性分析市场，准确定位市场，引导企业按市场需求开发建设适销对路产品，适当增加稀缺性产品、多层、低层低密度产品。

【棚户区改造货币化安置】 2016 年，宿州市加大棚改货币化安置工作力度，出台《宿州市棚户区改造货币化安置管理办法》《宿州市棚户区改造货币化安置实施细则》，建立棚改货币化安置房源超市，着力推进房票补偿安置，积极引导房屋被征收居民购买商品房，有效促进房地产库存去化。棚改货币化安置项目启动后，房屋被征收居民对房票安置接受度较高，自主选房买房热情很浓，棚改货币化安置工作进展良好。

【市场监管】 一是加强对商品房预销售行为的监管，始终坚持日常巡查与随机抽查，坚决打击扰乱市场行为，对违法违规行为，及时发现、及时制止、及时查处，着力营造公平竞争、规范有序的房地产市场环境。二是加强房地产市场调研，定期跟踪项目开发建设情况，积极协调解决问题，保障房地产项目开发进度以及商品房市场供应。三是密切关注市场运行情况，及时汇总、公开、报送房地产日、周、月运行数据，加强市场走势研判分析，完善政策建议与储备。

【《宿州市住宅小区管理办法》】 根据《宿州市人民政府办公室关于印发宿州市人民政府 2015 年至 2016 年规章制定计划的通知》要求，市房地产管理局承担《宿州市住宅小区管理办法》的起草工作，为有效推进起草工作，提出精准、务实、管用和可操作的制度建设方案，市房地产管理局积极调研收集立法依据和相关资料并编制成册，制定提纲，起草初稿。会同市法制办多次召开县区相关单位、城区街道社区、市直相关部门座谈会征求意见，并邀请专家进行评审论证。《宿州市住宅小区管理办法》经 2016 年 7 月 6 日市人民政府第 74 次常务会审议通过，于 9 月 15 日起施行。《宿州市住宅小区管理办法》的公布施行，对于全面提升全市住宅小区管理水平，改善居民生活环境，提升城市文明程度，具有十分重要的意义。积极开展宣贯活动，以通告、宣传手册、报刊媒介平台问答解读等形式，深入、持续开展宣传活动，营造全民关心、支持、参与住宅小区管理的浓厚氛围。

【小区文明创建】 在宿州市开展的“十六城同创”活动中，市房地产管理局在其中十项创建活动中承担相应的工作任务，及时成立创建工作领导小组和十个专项工作组,落实责任,积极开展创建全国文明城市、省级卫生城市、节水城市等活动。

【小区专项整治】 通过开展《小区春季绿色行动》,督促一是进行护绿行动,各小区物业及时对小区花草树木进行修剪、病虫害消杀,在绿化区域设置护绿温馨提示牌,确定绿化养护责任人。抓好毁绿治理,针对港利、南方国际、绿洲嘉苑等小区毁绿种菜现象,市房地产管理局监察队会同小区物业进行清理,清理后由物业及时进行补绿。5—8 月,利用 100 天的时间组织开展“清洁家园、共创文明”活动,针对小区道路设施管护、卫生保洁、卫生死角、乱张贴乱堆放等进行全面整治,督促物业企业建章立制,形成卫生环境管理的规范化和常态化,经市房地产管理局和市环卫处共同到小区实地调研,在宿州市推广物业小区垃圾分类收集、密闭运输工作,实现小区垃圾无害化、减量化和资源化,确定环宇银河绿苑、名宿华府和胜利路小区 3 个小区作为第一批垃圾分类收集推广试点小区。至 11 月上旬,设置到位 48 个垃圾分类收集容器。

【联合执法】 在小区物业管理工作中,各类督办事项和物业投诉的问题,都是市民关注的“热点”和“难点”问题。对投诉问题,市房地产管理局及时现场核实情况,积极分析问题原因,会同相关部门共同会商解决措施。小区违章搭建现象,近年来物业投诉较多,市房地产管理局相关部门及小区物业服务企业,会同街道办等部门对奥城、首钢、天鹅湾等小区存在的规行为进行联合执法处理,收到较好效果。

【规范物业服务】 一是对照物业小区文明创建标准,针对物业服务事项和收费标准公示、物业工作人员着装统一、建立投诉处理和报修管理制度等物业服务行为进行专项督查,对 29 个物业企业下发限期整改通知书。二是针对市民反映强烈的小区车辆乱停乱放的问题,市房地产管理局制定“完善小区车辆行驶和停放标志、充分利用小区停车泊位资源、加强车辆停放秩序管理服务、积极拓宽小区公共停车区域”等措施,规范小区停车秩序。

【申报省级物业管理示范项目】 根据省住建厅关于物业管理创优达标工作要求,组织宿州市名宿华府等 4 个小区申报省级物业管理示范项目并积极进行迎检准备,通过省住建厅专家组的考评验收。开展评选市级物业管理示范小区活动,经过考评验收,宿州市 15 个小区被评为物业管理示范小区。开展宿州市“最美小区”评选活动,为推进为宿州市争创“国家级文明城市”活动深入开展,加快小区文明创建步伐,营造安全、优美、和谐的小区生活环境,提升广大市民的幸福感,联合相关部门开展“最美小区”评选活动,活动自 2016 年 11 月 1 日开始宣传动员,至 12 月底评选结束。

【前期物业招投标管理】 严格执行《宿州市物业管理办法》有关规定,要求建设单位在销售物业前要通过招标的方式选聘物业企业,投标人少于 3 个或者建筑面积 5 万平方米以下的住宅物业经县、区物业管理部门批准,可以采取协议方式选聘具有相应资质的物业服务企业。

【业务培训】 为贯彻落实《安徽省物业管理条例》新修订条例,不断提高宿州市物业管理整体水平,宿州市房管局组织各县区物业管理负责人参加省级培训班 2 次。宿州市房管局联系省住建厅物业管理方面专家,到宿州市就《安徽省物业管理条例》有关知识进行专项宣贯,物业企业负责人近 300 人参加培训。

【职能工作】 1. 全面深化房屋交易与产权管理工作。根据交易与产权管理工作的要求,进一步优化服务流程,继续坚持便民、利民、为民的服务宗旨,不断提高窗口服务水平。2. 以保证公房住用安全为目标,认真进行直管公房管理,坚持日常巡查,加大公房维修力度,确保国有资产保值增值。逐步完善廉租房动态管理,积极为廉租住户服务,协调有关部门解决住户反映问题。3. 通过多种形式强化房屋安全知识宣传,配合相关部门做好房屋安全排查工作;加强专业技术人员教育培训,白蚁防治水平逐步提升。4. 强化房屋租赁管理,努力提高租赁登记备案覆盖面,进一步规范房屋租赁市场。积极参与户籍制度改革工作,强化同公安、工商等部门协作,加强对《商品房屋租赁管理办法》《宿州市推进户籍制度改革实施办法》的宣传。2016 年,市区房屋租赁登记备案 3462 户。5. 严格专项维修资金的管理使用,严格执行《安徽省物业专项维修资金管理暂行办法》,出台《宿州市物业专项维修资金使用审批程序》,明确资金的缴交程序、缴交范围及相关执行标准;完善监督措施,确保资金管理严格规范,使用合理有效。宿州市物业专项维修资金归集总数为38149万元,支出总数为310万元,结余总数为37839万元。

【人大、政协议案建议及提案办理工作】 2016年宿州市房管局承办市人大议案(建议)、政协提案15件,主要涉及化解房地产库存、稳定房地产市场、加强物业管理等问题。针对议案、建议办理工作要求高、时间紧等特点,宿州市房管局坚持做到思想上高度重视,态度上积极主动,行动上切实有效,程序上合理规范,真正把办理工作作为全局工作的重点,保证议案和建议办理工作的质量。孔雪飞等代表对宿州市房地产去库存工作提出意见建议,宿州市房管局积极开展市场调研分析,结合宿州市实际,9月份宿州市房管局拟制并报经政府正式出台《宿州市非住宅去库存若干意见》,通过采取阶段性刺激引导消费、推进商品房供应侧调整和优化、推行棚改货币化安置等措施推进去库存,取得较好效果。对加强宿州市物业管理的相关议案建议,宿州市房管局积极建议市政府组织有关部门进行多轮调研论证,先后出台《宿州市物业管理办法》《宿州市住宅小区管理办法》,明确市、区、街道职能分工和职责,完成物业管理重心下移,实现体制突破,夯实管理基础,宿州市物业管理逐步走上规范化、法制化轨道,群众满意度也逐步提升。对承办事项按时作出书面答复,代表面商率100%,满意率100%。

【完成目标管理绩效考核指标】 2016年,省政府下达宿州市棚户区改造开工目标任务21725套,基本建成目标任务14650套。

·住房公积金管理·

【概况】 2016年,全市住房公积金在建单位2386家,缴存职工14.88万人,当年新增缴存单位254家,新开户职工2.33万人。年内完成归集20.51亿元,比上年同比增长11.16%,累计归集117.83亿元。当年职工提取16.80亿元,同比增长43%,累计提取59.99亿元。年内为8571户职工家庭发放住房贷款24.28亿元,累计贷款总额71.40亿元。当年个贷逾期率为0.76‰,低于国家规定的1‰标准。当年住房公积金实现增值收益12530.39万元,同比增长66.30%。当年资金使用率为161.91%。住房公积金在拉动住房消费、去库存、惠民生等方面发挥了积极推动作用。

【住房公积金归集与使用】 2016年,市政府首次将住房公积金归集扩面工作纳入目标管理考核指标,出台《宿州市人民政府关于2016年目标管理绩效考核指标及权重分解的通知》(宿政秘〔2016〕153号),市住房公积金管理中心牵头起草,以市政府办公室名义印发《宿州市住房公积金归集扩面考核办法》(宿政办秘〔2016〕120号)的通知。据统计,当年住房公积金实缴单位数、实缴职工人数和缴存额增长率分别为11.91%、3.54%和11.16%。在住房公积金使用方面,提取金额中住房消费占84.61%,离退休等销户提取占15.39%;贷款金额中90(含)平方米以下占12.73%,90—144(含)平方米占82.12%,144平方米以上占5015%,新房占90.46%,二手房占8.21%。住房公积金对住房贡献率为183.08%。

【风险防控】 受国家阶段性降低缴存比例和资金宽松使用政策调整的影响,市本级存贷比从7月份的97%,至11月攀升到110.76%,市本级暂时出现资金缺口,导致局部流动性资金趋于紧张。为缓解流动性资金紧张压力,市住房公积金管理中心及时对县、区住房公积金进行统一调剂使用,并积极申请银行授信质押贷款3.23亿元,至此局部流动性资金紧张问题暂时得到有效缓解,规避出现流动性资金风险问题。同时,依据《住房公积金廉政风险防控指引》,认真落实"一岗双责",时刻关注贷前审查、贷中受理、贷后回收等重点环节,进一步健全流动性资金风险预警机制,确保资金安全,保证满足职工提取和贷款需求。

【便民服务】 市住房公积金管理中心按照市委、市政府行政审批服务"三集中、三到位"工作意见的要求,从独立设置的办事服务大厅,成建制进驻至市政务服务中心。进驻后,办事大厅依据服务规范要求,除设置群众办事等候区、个人信息查询机、叫号机、咨询台外,还新设置手机二维码"扫一扫"功能,通过二维码"扫一扫",群众可全面了解各项住房公积金业务政策、业务流程、办理要件、办结时限等，服务质量和办事效率进一步提升。据统计，年内服务办事大厅办理各类业务57759笔，实现零差错、零投诉，群众满意度和社会认可度进一步提升。住房公积金服务办事大厅被市妇联授予“巾帼文明岗”。

【信息化建设】 按三年贯标要求，着力推进住房公积金综合服务平台建设。年内重点梳理整合已有信息系统，加快系统升级改造，充分利用大数据、云计算、互联网等信息手段，应用网上业务大厅自助服务终端、手机客户端、微博等互联网和移动通信技术，注重发挥综合服务平台对住房公积金各项业务的引领作用，努力构建“互联网+住房公积金”新型管理模式。开展政务公开政务服务“标准化建设年”活动，12月20日，市住房公积金管理中心邀请《拂晓报》、宿州广播电视台、宿州新闻网、宿州发布和宿州发布网等5家新闻媒体及社会各界代表计70余人，举办2016年全市住房公积金资金运行情况新闻发布会，引起各方高度关注，社会反响较好。开通微信服务号，建立语音自助查询、手机短信、手机APP、微博等平台。

【荣誉】 年内先后接待省内芜湖、马鞍山、巢湖，省外河南许昌、湖南益阳等业内人士，到宿州市中心进行业务交流鉴学。2016年，被市委、市政府授予第九届宿州市文明单位。

（陈相林）

·城市管理·

【概况】 2016年，宿州市城市管理局全面贯彻中共十八大和十八届三中、四中、五中、六中全会及中央城镇化工作会议、中央城市工作会议、省第十次党代会、市第五次党代会精神，深入学习贯彻习近平总书记系列讲话尤其是视察安徽重要讲话精神，坚持城市管理向城市治理转变、用法治思维和法治方式解决矛盾、以问题为导向的工作理念，不断创新城市治理方式方法和手段，构建城市治理“宿州模式”。城市管理各项工作得到进一步加强，城市人居环境质量和市容市貌显著提升，完成年度目标任务，国家园林城市创建成功，全省城市管理工作现场会在宿州市顺利召开，江苏、河南等7个省20个市的城管部门到宿州市进行考察交流，宿州市城市管理局“小超市大民生”荣获2016年全国创新社会治理最佳案例奖，并被正式写入市第五次党代会工作报告，一些经验和做法在全省甚至全国推广。

【园林绿化工程】 巩固创园成果。扎实推进绿地养护精细化工作，对主城区绿地实施养护全覆盖。一是对全市新建和养护的公园绿地全面修剪、草坪打草、杂草清理，全年修剪绿篱色块150万平方米。二是加强大乔木养护。对城区主干道、磬云路、汴河路、淮河路、浍水路等大乔木进行整形修剪，修剪各类乔木2万余株，花灌木近6万余株。三是加强园林植物病虫防治。制订防治方案，成立防治队伍，加强病虫害测报，参加市级重大有害生物——美国白蛾防治，全年出车240台次，取得较好的防治效果。四是实现园林植物废弃物循环利用。全年处理园林枝条等近4万立方米，生产园林植物有机质3000立方米，实现了有机质肥料在园林绿地内的循环使用，减少了环境污染。省内外园林部门到宿州参观学习园林废弃物综合利用的单位达20多家。

启动海绵城市建设示范项目。完成外环路(206国道—北外环路)道路中央分车绿带设计，总长约20.3公里，面积约16万平方米。

新增绿道30公里。新建大外环、新北沱河等绿道项目30.5公里，铺设彩色沥青，丰富绿廊植物景观。55公里的绿道进行串联衔接，加设绿道标识标牌及服务设施。

全年增绿350万平方米，提升100万平方米。完成了植物园建设、城区公园及节点游园建设、外环绿化建设共计351.29万平方米的增绿面积任务，迎宾游园、沱河景观带、宿州大道、迎宾大道等道路绿化提升总面积103.2万平方米。

【公共公益工程】 宿州市汴北污水处理厂一期及配套管网项目。项目采取PPP模式(BOT)进行建设，中环保水务投资有限公司与宿州市城市管理局为投资主体。2015年10月29日，市政府第59次常务会议审议通过实施方案；2015年12月10日，通过公开招标确定投资人(中环水务投资有限公司)；2016年3月15日，完成汴北污水处理厂及配套管网PPP项目协议签订工作；2016年6月3日，汴北污水处理厂及配套管网PPP项目注册成立项目公司；2016年6月28日，完成汴北污水处理厂及配套管网PPP项目设计招标工作。

宿州市生活垃圾焚烧发电项目。项目厂区围墙、进场道路、主要设备采购完成。完成主体结构工程量的93%，按照时序完成工程进度。

宿州市中水回用配套管网工程。5公里管道全部铺设完成。

【惠民实事】 建设一批市民农园。一是在沱河、汴河景观带两侧，待建地、空闲地以及城区拆迁工地约23.33公顷，建成5个花草观赏园，吸引市民和游客约5万余人前来观赏，受到各界一致好评。二是在磬云路与银河二路交叉口西北角，建成1个精品农园。三是在万达广场南侧，拆迁空闲地和南外环一路与大陈沟西侧拆迁待建地，建成2个蔬菜配送园。

公厕提升改造工作。一是“公厕第五空间”工程建设顺利启动实施。通过借鉴日本公厕和北京“第五空间”公厕建设理念，将三角洲公厕提升为兼具女生化妆间、婴幼儿床、免费休闲上网、智能化管理系统等多项服务功能的“公厕第五空间”。塑造了城市公厕建设亮点，荣获中环协“最美公厕综合奖”。二是高新区、城东、和谐苑等新建6座公厕顺利完成。三是市区16座公厕提升改造完成。改造提升固定公厕11座：三角洲公园南公厕、三角洲公园北公厕、三角洲公园公厕、文化馆公厕、北门口公厕、二幼公厕、迎宾公园公厕、运粮河公厕、新一小公厕、胜利桥北公厕、北关新城公厕；改造提升移动环保公厕5座：火车站南公厕、火车站北公厕、东仙桥公厕、南环公厕、南门口公厕。

垃圾转运设施建设。一是2016年建成运行高新区、城东、和谐苑、港利四座生活垃圾转运站，服务范围增至高新区、城东地区、经开区鞋城，新增垃圾转运能力约320吨。二是改造九中、北关新城垃圾转运站，九中站通过设施建设、采购新型智能水平移动压缩车，将彻底改变原先垃圾露天处理、影响城市环境的问题，新增垃圾处理量约60吨/日，北关新城垃圾转运站通过更换垂直压缩设备，提高工作效率。三是增加垃圾收运设备补给。采购1000只垃圾桶、400只果皮箱、12辆桶装垃圾收集车，提升垃圾收运机械化水平。四是汴北中型垃圾转运站建设扎实推进。2016年7月5日，经市城乡规划委员会第七次会议审议决定，将选址落定在唐河路以北、206国道西侧、北郊变电站东侧区域。该站通过公开招标由安徽省城建设计研究总院有限公司负责设计，2016年9月19日经市城乡规划委员会第十次会议审议通过设计方案。建设用地已按程序完成土地划拨之前的相关报批程序。

建设一批供热示范区。宿州市集中供热工程根据《宿州市供热规划》（2012—2030年）要求以及现有热源供热能力，热力工程分为近期（2016—2018年）、中期（2019年）、远期（2020年），供热范围为宿州市中心城区，人民路以西区域，城南新区，城东新区以及老城区，沱河、汴河三角洲区域，供热面积约为1290万平方米，总投资6.33亿元，采用PPP（特许经营权转让）模式。项目可研、实施方案编制完成，实施方案通过市政府常务会议通过，确定社会投资人，建设同科城市花园小区和华电小区供热工程。

爱心墙

【不文明行为整治】 深入开展“车窗抛物”等不文明行为整治，通过开办“共话家园”等鼓励企业和市民参与城市管理，实现共治共管、共建共享。通过舆论宣传、先行引导，2016年接收4091起“车窗抛物”案件，核实有效案件3301起，公布“车窗抛物”车辆名单43批次，奖励举报资金14.36万元。整治过程中，市民通过微信、微博、QQ、短信等方式广泛传播和讨论，积极传送不文明图片，在市民中引发“共鸣”，有效化解取证难，“车窗抛物”车辆逐步减少，市民城市环境意识显著提升。在市区设立不文明行为曝光台34处，接收不文明图片1219张，审核曝光不文明行为图片845张，奖励资金8450元，市民素质和城市形象得到显著提升。

“共话家园”工作。对洗车店乱象、夜市排档油烟污染、市民不文明行为等现象进行采访报道，同时邀请市民代表、法律工作者参与案例式、说理式互动访谈,2016 年完成“共话家园”拍摄十一期,在“宿州直播”栏目中播出。

【城市治理方式】 围绕城市治理的热点难点问题,先后创建“政府主导、群众参与、专家判断、法制保障”“群众自律、诚信约束、法律规制”“依托信息化技术、利用视听一体化、快速处置非现场执法”等宿州城市治理模式,在洗车点治理、市容环境“双三包”等工作实践中效果明显。

洗车点治理。坚持政府主导,群众参与,将洗车店(点)治理方案向全社会公布,广泛征求群众意见,组建由媒体记者、“两代表一委员”、市民代表、法律工作者、洗车点代表等参与的社会观察团,全程参与洗车店(点)治理工作,对治理工作的每个环节进行监督,确保公平公开公正。坚持专家论证,对于城区 155 家洗车店(点),由社会观察团评议出两批符合改造条件的店(点)。坚持法律保障,在治理过程中规范执法程序,下达责令整改通知书 200 余份,取缔违规作业洗车店(点)41 家,对 24 家长期违规经营的洗车店进行立案查处,下发行政处罚决定。通过治理,城区洗车违规经营现象得到有效遏制。

市容环境卫生“双三包”。在门前三包的基础上,拓展管理范围和强化管理人责任,推进《宿州市市容环境卫生“双三包”责任制管理办法》出台,加快推进实施。“双三包”是指,责任人在门前划定相应责任区范围内,由其承担包门前秩序、包卫生清洁、包绿化完好及市政设施无损,管理人在相应的责任区范围内对责任人包服务、包宣传、包教育等责任制度。

报刊亭治理。联合市群众议事委员会、社会观察团成员、行政执法支队 4 个市容大队及徽风公司宿州办事处负责人对城区的徽风报亭经营秩序和周边环境开展多次集中检查,清理出亭经营 146 起,移除占用盲道书报亭 21 个,处罚违规经营人员 36 人,并对全市 80 座书报亭的乱搭乱挂、乱贴广告等进行全面清除。通过治理,城区书报亭违规经营现象得到明显遏制。

依托数字化城管平台,全面提升城市精细化管理水平。发挥数字化城管精确管理、流程再造和协同效应,形成网格内集管理、执法、监督为一体的动态管控格局。研发“网格六定”系统,对城区公共空间实行“六定”(定范围、定人员、定内容、定责任、定标准、定巡查)管理。2016 年,数字城管平台运行情况健康、平稳,立案 49415 件,办结件 45906 件,办结率 92.9%。

提升城市品位。做好城管服务超市、车窗抛物治理、共话家园栏目、公厕第五空间等品牌工作,打造一批呈现城市活力、温度、现代气息的作品,如爱心墙、和平鸽、墙体画、直饮机等,继续做好墙体、城市家居、杆、线、亭、窨井盖等美化工作。通过公园绿地建设与提升、绿道建设与提升、林荫路建设等项目工程中,在设计方案的要求和安排上提升城市品位。

【智慧城管建设】 智慧园林:组织人员对城区公共绿地包括道路、公园、节点的苗木进行详细统计,对公园设施情况进行摸排,对各类苗木、设施的具体情况进行详细记录,并建立资料库作为智慧园林前期的基础资料;与智慧园林建设相关公司进行对接,制定智慧园林建设方案,进行论证和修改,完成招标控制价审计。

智慧市政:智慧管网建设已通过可研、能评、环评评审,实施方正在进行方案论证,第三方咨询机构正在挂网招标;完成可行性研究报告批复;完成环境影响评估;完成节能批复;完成第三方咨询机构招标;完成 PPP 项目实施方案;完成财政承受能力评估报告;完成物有所值评估报告;管网普查完成 3504.99 公里,于 2016 年 5 月 7 日通过省级验收;9 月份完成招标工作,合同文件经市法制办合法性审查,展示大厅全部完成,指挥大厅正在调试,累计投入资金 720 万元。

智慧环卫:与相关技术公司积极接洽,梳理项目前期基础资料。制订智慧环卫方案,经评审,智慧化环卫建设方案已通过,完成招标控制价审计。

智慧供水:配合北京正元公司就智慧供水项目建设现场调研,对供水水源井定位,提供供水运行参数,建立供水模型;完成供水中控室招标并签订合同,完成室内防静电地板、电子屏、室内装饰部分、机房服务器等建设项目;管网测压点 30 个全部安装完成,远传水表安装完成 40 个,供水厂 70 个检测点全部建完,二次供水检测点全部建成。

“城管服务超市”智慧化升级:与技术公司对接,开发升级“城管服务超市”运行管理平台及城管服务超市微信公众号,多渠道接收市民诉求;完善城区城管服务超市亭管理制度;依托现有资源,精简再造工作流程，摸索方法，推动“城管服务超市”平台运行，对专岗人员进行培训，对运行中出现的问题进行维护改进；拓宽群众诉求受理渠道，拓展超市服务功能，打造服务品牌。2016年，“城管服务超市”运行良好，15个城管服务亭、4个流动服务车、2个园林服务超市、3个试点社区计24个窗口投入试运行，受理群众诉求33717件，办结33369件，办结率99%。“城管服务超市”荣获2016年全国创新社会治理最佳案例奖。

【“五化”工程】 设施功能完善化。一是日常养护维修：维修路面47660平方米，整修侧石19026米，人行道改造76243平方米，无障碍设施3900平方米，路灯维修31000盏，桥梁维修25座，检测49座（含迎检粉刷），排水管道清淤146689米，维修更换检查井盖座1001座，维修更换雨水箅352块。二是道路白改黑：完成汴河中路28800平方米、浍水中路17600平方米、汇源大道36100平方米，机动车道白改黑共计82500平方米。三是道路配套改造：完成汴河南路桥梁工程、宿州大道配套工程建设投资614万元，新建雨水管道1500米、非机动车道6000平方米、人行道500平方米。四是积水点改造：完成积水点改造五处，实施拖拉管道施工108米，人工顶管施工714米，改造雨水检查井18座，雨水收水井13座，安装雨水支管51米，雨水排水出口1处。并经受住了2016年汛期的考验。

环境卫生标准化。梳理《生活垃圾处理厂工作职责》《督查科工作职责》《收费工作制度》《督查人员工作制度》等工作制度与部门职责25项。制定《公共卫生间精细化管理考核标准》《宿州市道路作业标准考核细则》《道路清扫保洁督查考核标准（试行）》等标准。加强车辆GPS监控及作业规范督查，主动与市房管局、开发区城管分局、埇桥区环卫所对接，建立部门联动机制，解决大气污染防治、垃圾密闭化运输、文明创建等职能交叉问题。

园林绿地生态化。在公园绿地建设、绿道建设规划时加入生态设计理念，增加乔木的比例，满足绿地植物所占比例和林荫郁闭度要求。结合海绵城市建设理念，综合采取“渗、滞、蓄、净、用、排”等措施，充分园林绿地对降雨的积存作用。采用植物群落丰富度、均匀度，形成稳定的复层群落结构。采用适于本地生长习性的植物种植，尽快达到园林绿地的生态性。

综合执法规范化。建立执法权责清单、执法全过程记录、重大案件听证、群众评议、行业管理、摊群点自治，内部监督等一系列制度；依托信息化技术，综合利用视频一体化技术探索快速处置非现场执法新型执法模式。宿州市出台《宿州市城镇绿化条例》《宿州市市容治理条例》，在制度层面规范执法运行。

市民素质现代化。摒弃“管”字当头“硬性”思维，变被动应对为主动引导，让群众参与城市治理、融入城市治理，实现政府与群众的新型互动。利用微信、微博、网站等多媒体，深入广泛开展“走进城管”“小手拉大手”“共话家园”及向“十大陋习”宣战等活动。

【节水型城市创建】 深入开展节水型城市创建。一是积极营造节水创建宣传氛围。借助媒体开展节水宣传引导，市级媒体开展宣传30余篇次，组织开展“3·22”世界水日、中国水周和5月15—21日的“全国城市节约用水宣传周”活动，宿州市节约用水宣传活动被人民网、新安网等知名媒体转载。二是推进节水型载体建设。宿州市第一批省级节水型企业（单位）、小区的创建工作正在深入推进，国电（宿州公司）、华电（宿州公司）完成省级节水型企业创建工作。三是推进节水法规及规范性文件出台。《宿州市城市节约用水管理办法》和《宿州市城市建设项目节水“三同时”管理规定》《宿州市计划用水管理实施细则》正式发布实施。四是宿州市编制的节水专项规划通过专家评审。五是推进用水器具普查改造。完成全市城区范围公共场所、居民小区和城区70座公厕的用水器具普查工作。落实25座公厕器具改造，31家节水成员单位用水器具均达到节水要求。公共场所和居民小区的器具改造方案已经编制。六是推进公共用水的计划用水管理。梳理出150家计划用水单位，建立计划用水户基础档案，开展计划用水管理考核。七是创建节水型城市水平衡测试及用水定额编制项目进入招投标阶段。八是省级节水型城市考核申报资料已着手归集。

【城市供水安全】 一是加强水质检测。对下属三个厂的出厂水及城市布局的管网17个采样点进行了取样化验，检验的结果各项指标均符合生活饮用水卫生标准。二是强化高层建筑物二次供水监管。

2016年巡查、检查二次供水泵房26处,养护、维修二次供水泵房设备116次,配合维修高层供水管道8处。三是强化日常管护。加强对供水管网的巡查、抢修、探漏管理,全年维护维修管网2217处,检测暗漏点112处,维修消防设施93处,维修闸阀、阀井304处,解决城区低压160处,管道排污冲洗10次,应急供水56次。四是加快基础设施建设。加快第四水厂、工业水厂建设,完成供水管网改造、新建47.28公里,“一户一表”改造3824户。2016年,征收污水处理费约300万元。

【深化改革】 为推动宿州市改革试点工作,按照市委、市政府主要领导及分管领导的要求,宿州市城管局代拟《中共宿州市委宿州市人民政府关于深入推进城市执法体制改革改进城市管理工作的实施意见》,作为推进宿州市城管体制改革的方案。一是分课题研究。成立“两改”工作领导小组,局党组成员进行了任务分工,每人1—2个,分6个课题组,赴山东、江苏、湖北、上海等省市进行调研考察。二是充分沟通交流。抓住七省多市城市管理局到宿州市学习考察的契机就改革工作进行沟通交流;先后召开各类座谈会10多次征求意见和建议;利用住建部参与起草中央改革文件的领导到宿调研的机遇对一些问题进行探讨。三是接受上级指导。宿州市城管局始终与省委、省政府城市管理体制改革文件起草组保持联系,积极向市委、市政府主要领导及分管领导汇报,确保起草的方案方向不偏。初稿完成后,征求国家住建部城市管理监督局及省委、省政府深化改革办公室意见,得到充分肯定;省住建厅到宿州市调研改革工作开展情况,对方案中创新性、突破性的内容表示支持。四是广泛征求意见。2016年11月4日,宿州市城管局主要负责人带队向市法制办、市编办通报两改工作进展,当面征求意见与建议。11月8日,市政府组织各县副县长、城管局局长及各区城管分局局长召开座谈会,对意见内容座谈。11月9日、22日,12月15日通过市政务平台三次向市住建委、规划局、工商局等34家单位发送方案初稿,广泛征求意见与建议。五是成果经验融入。围绕城市治理工作“服务为先、管理优化、执法规范、作风优良、群众公认”五个方面,将近年来城市管理与执法成功经验,如城管服务超市、公厕第五空间、“十大行动”等写入宿州市改革方案中。

【依法行政和法治宣传教育】 认真贯彻落实《法治政府建设实施纲要(2015—2020年)》,依法施行部门职能,创新城市治理和城管执法工作,建立依法行政学习培训长效机制,加强制度建设,完善行政决策机制,强化执法队伍建设,全局干部职工依法行政意识进一步增强,依法行政能力进一步提升,“法治城管”建设稳步推进。深入开展依法治理和法制宣传教育,切实提高全系统干部职工的法律素质和依法治理能力,宿州市城管局群众议事工作委员会构建城市治理“新框架”做法被评为宿州市十大有影响的法治事件;落实谁执法谁普法制度,结合城市治理执法工作,积极创新法制宣传形式,开展法制宣传教育活动,扎实开展“法律六进”“12·4”全国宪法宣传日等专项法制宣传活动;持续市容环境“七乱”整治和违规洗车场、停车场、书报亭专项整治活动,治理中加大法制宣传,提升管理对象、市民法制意识,形成文明守法爱护家园的良好风气。

【环境保护(减排)】 城区污水、垃圾处理设施建设情况。2016年,宿州市城管局新建、续建环保项目5项,总投资24.6亿元,累计完成2.8亿元。分别为:宿州市城南污水处理厂污水再生回用工程、城区污水管网建设工程、宿州市生活垃圾焚烧发电项目、宿州市汴北污水处理厂及配套污水管网工程、宿州市主城区黑臭水体综合整治工程。其中宿州市城南污水处理厂污水再生回用工程、城区污水管网建设工程建成投入运行,其余3项正在建设中。

城区污水、垃圾处理设施运行情况。2016年,建成并投入运行的环保项目5项,宿州市城南污水处理厂处理污水达标排放5117.95万吨。宿州市污泥处理站处理污泥15057吨。宿州市生活垃圾卫生填埋场处理生活垃圾19.51万吨,城市生活垃圾无害化处理率99.30%。宿州市渗滤液处理站达标处理排放渗滤液38281立方米。宿州市沼气发电项目发电量1018万千瓦时,处理垃圾填埋气量1690万立方米。

·环境保护·

【概况】 2016年,全市环境保护工作积极适应生态文明建设和绿色发展新常态,围绕建设“四个宿州”决策部署,以加快推进生态建设为主线,以贯彻落实新环保法为主抓手，在服务发展和保障群众环境诉求上加压发力，主动作为，环境保护工作取得明显成效。全市环境质量基本稳定，城区环境空气质量符合国家环境空气质量Ⅱ级标准，全年空气质量优良天数为266天，污染天数99天，其中轻度污染68天，中度污染24天，全年优良率为72.9%，首要污染物为细颗粒物（PM2.5）；境内主要河流水质稳定；城市集中饮用水源地水质良好；声环境质量变化不大，功能区噪声均符合相应功能区标准要求；全市无酸雨发生。

【环境监测】 2016年，宿州市环境监测站完成标准化验收，成为国家中部二级站。全市3个空气自动站和4个水质自动站实现24小时连续监测。大气环境可吸入颗粒物平均浓度（PM10）为86.2微克/立方米，全年优良天数229天，占62.7%；酸雨频率0%，全市连续4年无酸雨。全市地表水16条河流和一个湖泊共布设29个监测断面。其中，有12个断面为联合监测断面。经过监测：地表水以Ⅳ类水质居多，主要15条河流有28个考核断面，Ⅲ类水质占14.3%，Ⅳ类水质占50.0%，劣Ⅴ类水质占14.3%。5个出境水质考核断面中芦岭桥、关咀、团结闸为Ⅲ类，湖沟、大屈为Ⅳ类水质。完成全市监测断面12期，取得有效监测数据9048个；城区2个集中饮用水源地常规监测，获得有效监测数据576个；完成全市污水处理7家，国省控废水、废气24家和市控20家等51家国、省、市控的监督性监测任务及污染源在线比对监测任务4期，获得监测数据3580个；完成农村环境质量监测和淮河流域环境与健康综合监测，获得水质监测数据186个，土壤监测数据210个。完成环境应急监测及委托性监测40余家。2016年，全市声环境质量总体较好。区域环境噪声共设110个监测点位，等效声级均值为52.1dB（A），符合标准要求；道路交通噪声点位68个，等效声级加权值为68.3dB（A）；功能区噪声除个别时段外其余均符合相应功能区标准要求。

【水污染防治】 出台并实施《宿州市水污染防治工作方案》、北沱河、奎濉河等不达标水体达标方案、宿州市水污染防治河长制实施方案、黑臭水体整治方案等。编制完成《宿州市城区饮用水水源保护区划分及调整技术报告》并通过省政府批复。依法查处饮用水源保护区内违法项目，拆除2441平方米违章建筑；31号、32号、41号井异地重建并投入使用。农村面源污染治理进一步推进，划定畜禽养殖限养区以及禁养区，清理取缔主要河道两侧30米范围内的畜禽养殖。加强跨界污染联防联控，先后与蚌埠、徐州、淮北等市签订跨界河流联防联控协议和环境保护合作交流协议等。

【大气污染防治】 2016年，严格按照《安徽省大气污染防治行动计划实施方案》要求，深入开展大气污染防治攻坚行动，分类推进各类污染源防治工作。

实施燃煤小锅炉的整治工作，防治死灰复燃。取缔燃煤小锅炉16台，超额完成计划任务。加快实施集中供热工程。宿州市热力公司加大热用户供热量，全市工业热用户合计36家，供汽量72.4万吨，同比增加14.11万吨，增幅24.19%。供热水量3.96万吨，同比增加435吨，增幅1.11%。建成供热管网55公里，总投资3.2亿元，供热压力1.5—2.5兆帕，平均供热负荷100吨/小时。供热管网覆盖市经开区、循环经济园区、城区等区域内所有热用户。

深化工业堆场扬尘控制，96个各类物料堆场，治理完成82家，完成率85%，并采用封闭仓库或者抑尘网，进行喷淋覆盖；74家建筑工地完成率100%。

严控建筑施工扬尘污染。宿州市按照“大气污染防治攻坚行动专项方案”的要求，对建筑工程施工扬尘污染治理情况进行多次专项检查。重点检查建筑工程项目扬尘控制方案的制定、扬尘控制宣传、进出车辆冲洗、材料堆放遮盖、扬尘控制保障措施等方面。对城区74个在建项目检查660余次。城区226台渣土运输车辆全部完成“四统一”改装；全部安装GPS卫星定位设备，数字化监控指挥中心可24小时准确获取渣土运输车辆的运输状态，及时发现和查处违规运输的渣土车辆。实现监督与执法的“无缝对接”和对运输车辆“两点一线”运输过程的全程监管。规范道路建设，提升路面等级，强化运输道路扬尘治理。全市水泥和沥青路面达到8708公里，实现全市乡镇、建制村通水泥路。依法治理超限超载，严查违规车辆，整治货运车辆扬尘抛洒。开展各类物料堆场扬尘治理，对朱仙庄矿区煤矸石、煤粉堆场结合“三线三边”环境整治。

加大城区道路扬尘污染防控力度。增加道路清扫保洁的密度和强度，机械化作业方式由干式转变为湿式;进一步加大降尘专业设备投入,不断扩大洗扫范围,机械化清扫面积约400万平方米;对城区主要道路实行夜间洗扫作业,日间每天2次洗扫降尘;对施工工地较多的拂晓大道等道路,实行不定期清扫,机扫率为54.2%。

严格混凝土和沥青搅拌站环境管理。全市有34家预拌混凝土搅拌站综合整治达标,通过县(区)、市级两级联合验收,11家待验收。非法混凝土搅拌站43家,取缔拆除29家,停电14家。

强化城市餐饮油烟治理。取缔露天烧烤点37处;查处出店经营餐饮门点151余家;没收销毁高污染炉具96套、排油烟风扇34个;清除水泥、黄沙占道堆放点27处;对87名违章行为人依法实施处罚;对4名抗拒执法经营人员报送公安机关依法予以行政拘留。主干道两侧91家餐饮门店将烧煤炉改造、更换成电、气炉具,76家安装油烟净化设施。

加快黄标车老旧车辆淘汰。淘汰6507辆,完成全年任务的150.69%,老旧车辆10604辆,黄标车和老旧车辆完成占全年任务的128.98%。

多渠道解决结构型污染问题,积极推进秸秆能源化综合利用项目建设。灵璧垃圾电厂、秸秆电厂进入大规模建设;萧县垃圾、秸秆电厂取得项目核准并开工建设;泗县垃圾电厂项目已核准,秸秆电厂开展前期工作;埇桥区秸秆电厂报省能源局核准。埇桥夹沟、龙源香山、大龙山风电场开工建设。埇桥曹村、埇桥灰古、灵璧灵源、灵璧渔沟等光伏电站项目正在建设,埇桥解集等光伏电站项目开展前期工作。

中石油昆仑燃气宿州天然气综合利用工程曹村计量站至宿州综合站管道主体焊接全长的70%,项目建设扎实推进。2016年,计划完成5家,全部完成治理。国电、华电分别完成一个锅炉的烟粉尘的超低排放改造。安徽煤电祁东煤泥电厂三电场除尘器改为电袋除尘投入运行。

打造绿色交通体系。宿州市成为首批创建"优先发展公共交通运输示范城市",新增60辆纯电动空调公交车,建设完成60个公交车充电桩,设置公交专用车道1条,全长11.2公里。

大力拓展城市生态建设,改善环境质量。完成政务次中心循环绿道、环城路绿道、沱河路绿道、运粮河绿道、洪河路绿道、港口路绿道、沱河景观带绿道、项王路绿道、闵子路绿道、拂晓大道绿道项目计53.16公里。经过两年绿道项目打造,宿州市城区初步形成环状连接的绿道网络。

【土壤污染防治】 强化土壤污染防治技术培训;编制《宿州市土壤污染防治工作方案》;完成土壤重点污染源遥感核查工作,其中核查企业260家,完成上报42家;开展大型固体废弃物堆场和非正规垃圾填埋场调查;组织土壤污染状况详查实验室筛选申报;争取土壤污染防治专项资金681万元,用于泗县老垃圾填埋场整治。

【生态创建】 《宿州市创建国家级环保模范城规划》《宿州市创建国家生态文明建设示范市规划》经宿州市公共资源交易中心公开招标,以90万元总价委托上海复旦规划建筑设计研究院有限公司编制;强化生态乡镇、生态村申报工作,组织36个乡镇、126个村申报2016年度省级生态乡镇、省级生态村。泗县农村环境连片整治项目开工建设,砀山农村环境连片整治项目基本完工。争取节能减排专项资金542万元用于农村环境整治,41个农村环境整治项目完成40个。

【辐射安全】 加强辐射安全管理工作。开展辐射安全综合大检查,对173家使用放射源和射线装置的单位进行普查,检查各类放射源162枚和各类射线装置237台,对不符合要求的下达限期整改通知。强化对重金属排放企业的监管,每月向省环保厅上报监管情况。

【危险废物管理】 市环保局印发《关于加强危险废物规范化管理工作的紧急通知》,将危险废物管理纳入日常环境监管,对全市危险废物存量和管理情况开展一次摸底调查,完善危险废物申报登记制度,严厉打击违法活动。各县区基本完成辖区内危险废物产生与经营单位的规范化管理检查及整改工作。对照规范化管理指标体系,对2家危险废物经营单位和6家危险废物产生单位严格达标管理,达标率均为100%。

【建设项目环境管理】 按照《中共宿州市委办公室 宿州市人民政府办公室关于进一步推进行政审批服务"三集中、三到位"工作的意见》要求,制订《宿州市环保局"三集中、三到位"工作方案》。进一步创新审批运行方式,以优化审批流程,实现阳光审批，公开透明、提速增效为目标，归并整合职能，做到集中进驻到位，窗口授权到位，监察监督到位，实施流程再造和优化等措施，将建设项目环境影响评价、竣工环境保护验收、排污许可证、辐射安全许可证、固危废管理5大项、20小项审批业务全部纳入市政务服务中心环保窗口受理、办理，并通过宿州市统一电子政务平台进行办理。2016年，审批建设项目环境影响评价文件712个；完成竣工环境保护验收243家；受理危险废物转移审批近300件；办理黄标车补贴申请1200余辆。以《安徽省建设项目环境影响评价文件审批目录（2015年本）》为指导，积极推进简政放权、"放、管、服"工作。开展环评审批制度改革，简化审批流程，压缩环评文件审批时间，实行限时办结。按照规定取消建设项目试生产审批，将其纳入环保验收环节。开通审批绿色通道。对重点建设项目、重大基础设施项目、民生工程设立环评审批绿色通道，实施"即来即审""优先办理"，缩短审批时间，提高审批效率，有力地推动了宿州市S404宿城至皖苏界改建工程、S302符离至淮北界改建工程、G206曹村至符离北改建工程等一批重大城市基础建设项目。

【环保项目建设】 2016年，宿州市加快推进大气污染防治能力建设、美好乡村建设和创建国家级环保模范城及生态文明示范市建设规划编制等工作。争取省级环保专项资金674万元，争取省级大气污染防治综合补助资金943万元，争取中央财政土壤污染防治专项资金681万元；争取中央水污染防治专项资金5919万元；争取中央农村节能减排专项资金542万元。市本级财政加大企业治理和基础能力建设，滚动补充专项资金项目库，做到成熟一个录入一个。进一步加强项目和资金监督管理，确保资金专款专用，发挥环保资金使用效益。

【污染物减排】 宿州市把主要污染物减排和总量管理作为调和环境容量刚性需求与新一轮经济发展矛盾的主抓手，贯穿于2016年度环保重点工作始终。认真组织编制全市2016年主要污染物减排计划，逐级签订目标责任书，分解落实任务，定期调度会商，强化考核督查，突出重点领域，统筹协调推进。

大力推进城镇污水处理设施建设，努力形成与城镇化水平相匹配的污水处理能力。萧县和泗县污水处理厂二期相继建成投运，新增污水处理能力6万吨每日；宿州市再生水利用项目主体工程建成后加快推进中水管网建设，北线污水管网年底前建成通水调试；经济开发区污水处理厂、萧县循环经济园污水处理厂投入运行。进一步加强污水处理厂污泥安全处置管理工作。

加快燃煤火电企业超低排放改造，投入2亿余元在全省率先完成华电宿州发电有限公司1号机组和国电宿州第二热电有限公司5号机组超低排放改造任务，大气污染物排放总量得到进一步削减。

强化减排监测、统计系统建设运行管理。筛选确定全市重点监控企业名单并向社会公布。加强重点监控企业信息发布，2016年重点监控企业自行监测公布率和监督性监测公布率均为100%。做好重点监控企业数据调查和录入工作，确保环境统计工作质量，提高绿色发展指数；按时进行国控污染源统计数据直报。落实排污许可制度，依据相关规定和技术方法，对全市重点监控企业排污权进行初步核定。

全年完成减排项目51个，其中水污染物减排项目43个、大气污染物减排项目8个。经测算，2016年全市实际化学需氧量排放量较2015年削减2.0%，氨氮排放量较2015年削减3.6%，二氧化硫排放量较2015年削减1.5%，氮氧化物排放量较2015年削减2.0%，完成省环保厅下达宿州市2016年总量减排目标任务，年度减排考核连续四年跻身全省先进行列。

【农业面源治理】 宿州市出台《宿州市农村垃圾治理条例》，是全省第一部规范农村垃圾治理的地方性法规。为"清洁水源、清洁能源、清洁田园、清洁家园"试点创建提供制度保障；埇桥区以市场化运作手段实施垃圾清理整治项目；农业、畜牧和环保部门相互配合，组织制定规模化畜禽养殖减排项目计划以及实施规模化畜禽养殖污染防治工作，全年完成30家规模化畜禽养殖场的污染治理。坚持科学规划，依法划定禁养区，各县区禁养区划定方案制定已完成，经同级人民政府法制办公室审核后报县（区）人民政府审批后向社会进行公布。

【环境监察】 2016年，宿州市环境监察工作以保障群众环境权益为目标，以贯彻落实新环境保护法为抓手，坚持"统筹兼顾、改革创新、突出重点、严管重罚、稳步推进"原则，继续保持环境监管高压态势。

全面开展违法违规建设项目清理。市政府印发《宿州市清理整改违反环保法律法规建设项目工作方案》(宿政办秘〔2016〕41号),深入开展违法违规建设项目清理工作。按照“规范一批、整改一批、关停一批”的工作思路,落实环保违法违规建设项目主体责任,规范项目建设秩序,有序整治《中华人民共和国环境保护法》实施前环保违法违规建设项目历史遗留问题,努力实现经济社会发展与环境保护协调共赢。对项目清理整改工作实行月汇总、月报告、月调度制度,全市清理违法违规建设项目432个,完善备案类123个,整顿规范类27个,关闭淘汰类282个。经过清理整治行动,全市建设项目环境违规行为与环境风险隐患得到有效抑制和排除。

加大适用新环保法及其配套办法的案件查处力度。加大适用新环保法及其配套办法的案件查处力度,严厉打击环境违法行为。全市适用新《中华人民共和国环境保护法》及配套办法查处的案件数为215件。其中,实施查封、扣押案件117件;实施限产、停产案件81件;移送行政拘留案件15起;移送涉嫌环境污染犯罪案件2件。办理各类行政处罚案件155件,罚款529.6186万元。

全面落实“双随机”制度。加强对企事业单位和其他生产经营者遵守环境保护法律法规的精细化监督管理,规范日常环境监管工作,提高监管效能,形成公平、有效、透明、规范的事中事后监管体制,全面提升环境监管水平。合理确定抽查比例和频次,将严格规范公开执法、严惩违法行为作为落实“双随机”制度的核心,依法严肃查处违法行为,并及时向社会公开随机抽查情况和查处结果。

开展环境行政执法后督察和稽查工作。严格执行《环境行政执法后督察办法》,进一步完善后督察工作机制,制定后督察工作制度,确保环境处罚案件落实到位,环境污染问题整改到位,防止企业整改不到位而死灰复燃。深化县区稽查、排污费征收稽查。规范排污费征收行为,提升排污费收缴率,纠正不规范的环境执法行为,对稽查中发现的执法不严、违法不究、以限期整改代替行政处罚、不按自由裁量权处罚、不按规定移交司法部门的等违规行为进行通报。

推动移动执法系统建设和实践应用。根据省环保厅《关于开展环境监察移动执法系统建设工作的通知》(皖环函〔2016〕238号)的要求,制定工作方案,加快建设进度,2016年底前完成移动执法系统市级建设任务并实现与省级系统无缝对接,数据交互通畅。在垂直管理制度改革进程中,加强执法机构标准化建设和队伍规范化管理,强化人员培训和能力建设,严防突击进人和人才流失,确保队伍稳定、能力不降、平稳过渡。

加强队伍建设,提高服务质量。严格执行“环境监察执法证”培训制度,邀请有关专家授课,开展全市环境监察人员法制培训,做到监察人员持证上岗。2016年,全市举办环境监察执法岗位培训班3期,267人参加环境监察执法业务培训。

【环境信访】 进一步加强“12369”环保举报热线管理工作,完善规章制度,强化值守工作,确保举报热线畅通,及时接受群众举报,限期办理投诉事项。重点做好省环保厅批转件、市领导批转件、“12345”市长热线、政民连线等信访投诉调查处理工作,确保群众投诉“有报必接、违法必查、事事有结果、件件有回音”,投诉办结率“100%”。加强重点案件督办,进一步规范举报回访工作,从源头上解决环境污染问题、化解矛盾纠纷;加大信息公开力度,积极公开举报程序和办事流程,通过网站等渠道及时公布群众举报件办理情况。按月公布群众举报投诉重点环境问题处理情况。2016年,全市受理环境信访事项628件,处理率100%。其中,省厅交办案件76件,12369电话举报293件,环保部微信平台148件,政民连线59件,市局网站52件,“环保宿州”政务微博受理39件。根据市环保局、市财政局《关于印发宿州市环境违法行为有奖举报办法的通知》要求,制定《宿州市环境违法行为有奖举报办法实施细则》,对举报者落实奖励资金。

【环境应急】 严格环境应急管理,切实保障环境安全。严格落实《突发环境事件信息报告办法》,规范工作流程,确保24小时信息畅通,及时报告突发环境事件统计汇总情况。加强对化工企业环境风险防控工作的监督检查,实行环境安全隐患“季建季销”动态管理制度,督促企业及时消除隐患。加强饮用水水源地环境风险防控,大力加强环境风险管控工作。督促企业按照要求制定、修编应急预案并报环保部门备案。继续深化与安全监管、交通运输、公安消防等部门的合作,加强相邻地区环保部门之间应急联动机制建设,提高突发环境事件快速响应和科学处置的能力。积极推进环境应急能力建设，定期开展培训，组织指导企业开展应急演练，增强演练的针对性、实战性。着力强化突发环境事件应急预案体系和制度建设，保障公众健康和环境安全。

妥善应对突发环境事件和重污染天气，严格环境风险管控，加强环保举报办理，加强环境应急专家队伍和应急联动机制建设，推进环境应急管理工作系统化、精细化和信息化。印发及修订《宿州市环保局地震应急预案》《宿州市重污染天气应急预案》《宿州市环保局突发环境事件应急预案》《宿州市环保局突发环境应急宣传教育工作实施方案》。成立应急处理工作机构，强化队伍建设，规范各类突发环境事件的应急处置工作。建立宿州市环境应急专家库，强化应急能力技术支撑。加强各部门应急联动。与市交通局、市公安局建立应急联动机制，实现突发应急事件的信息、资源共享，加强预警监控合作，积极推进危险化学品车辆联网联控系统与环境应急管理系统的互联互通。指导宿州丰原生物化工有限公司、安徽雪龙纤维科技股份有限公司、安徽安特生物化学有限公司开展突发环境事件应急演练，有效提高应急管理人员的实战能力。

【秸秆综合利用和禁烧】 2016年，全市上下认真贯彻省委省政府部署，全面落实党政同责，压实县区责任，按照网格化管理要求，加强驻村包保工作，强化农艺技术指导。加大农机补贴和秸秆综合利用资金投入力度，全市累计投入各级奖补和配套资金超过2亿元；积极拓宽秸秆综合利用渠道，提高秸秆综合利用率。2016年，宿州市首次实现零火点，秸秆综合利用率达到87%。

【环境信息】 2016年，对宿州市环境保护门户网站进行全面改版升级，不断丰富版面内容，完善网站功能，保障各类工作平台完好运行。与市政府信息中心、行政中心政务公开平台在全省首家实现信息互联互通，提高了环境政务信息的推送和信息公开的工作效率。做好日常网络建设运行和维护工作，加强在线监控系统建设和运行，做好监控中心平台日常维护管理，对数据备份、系统维护、故障处理等操作制定严格操作规范，保证监控中心平台安全稳定运行，不定期对污染源自动监控系统运行维护情况进行现场抽查，及时解决存在的问题。加大环境质量、污染源监管、环保执法、项目审批等重点领域信息公开力度，畅通门户网站、政府信息公开网、微博等公开渠道，通过腾讯官方微博，围绕群众关心的热点环境问题在线互动交流，受理和查处网友环境投诉，及时向网友反馈；全年在市环境保护局外网发布主动公开环境信息359条，环保工作动态信息415条，在政府信息公开网发布信息604条；在全省环境政务公开工作考核中，获得全省第二名的优异成绩。围绕雾霾治理、秸秆禁烧和综合利用、水污染防治、环保执法、生态文明体制改革等重点工作，抓好政务信息采写和报送工作，累计报送环境政务信息68篇。其中，被省环保厅采用21篇，市委办公厅、市政府办公厅采用46篇。

【环保法制宣传】 2016年，按照全省环境日和安徽省环保宣传周活动及全市法制宣传工作统一安排部署，围绕“改善环境质量，推动绿色发展”环境日主题，结合年度环保工作重点，开展一系列主题鲜明，功能明确，内容生动的宣传活动。6月3日上午，宿州市2016年世界环境日暨安徽省环保宣传周宣传活动启动仪式在雪枫公园广场举行。市人大副主任张忆秋参加启动仪式，市政府市长邵郁为活动致辞。市环保局、市农工民主党、市科协、市铁塔公司、市供电公司、埇桥区环保局等多家单位，共同推出环保公益宣传、电磁辐射科普宣传、秸秆综合利用和禁烧宣传、电磁环境宣传及环境与健康义诊公益活动等一系列科普宣传图片展。

举行新闻发布会。拂晓报、市电视台、宿州发布、政府网以及省级驻宿新闻媒体参加新闻发布会。通过媒体向社会发布2015年环境质量状况报告、通报全市大气污染专项整治行动活动开展情况及秸秆综禁工作成效。市环保局主要负责人接受媒体采访。

开展系列专题宣传进社区活动。宣传周期间，市环保局、市农工民主党、市铁塔公司、市科协等多家单位，联合开展“关注辐射安全，践行绿色生活”辐射安全主题宣传进社区、环境与健康进社区、绿色能源进社区等公益宣传活动。市铁塔公司向社区居民展示和宣传有关电器和电子产品辐射安全有关知识，接受群众咨询，现场解答辐射安全问题；市农工民主党义务开展义诊活动；市环保局向社区居民赠送环保袋、围裙等低碳生活用品；市科协开展秸秆禁烧和综合利用科普图片宣传活动。

深化媒体舆论宣传。在电视台和拂晓报开设

专栏,解读和宣传世界环境日主题活动。在拂晓报二版发表了邵郁副市纪念环境日署名文章;发布《宿州市2015年环境质量状况公报》;开设大气污染防治和秸秆禁烧专栏,跟踪报道大气污染专项整治进度,深入宣传报道秸秆禁烧一线包保人员工作状态和各地综禁工作典型做法和经验;在电视台滚动播发环境保护公益宣传标语。

县区活动和校园环境文化建设异彩纷呈。萧县举办环保成就图片展,组织县领导和市民观看环保警示图片展,组织县直干部职工开展"环城骑行"活动;泗县举行大型"6·5"环境日纪念活动、绿色护考行动。倡议广大市民、企业、单位在中高考期间,少开一天车,尽量不鸣笛;宿州学院举办PPT环保主题演讲大赛、环保手工艺品比赛、环保服装T台秀和绿色骑行踩街等系列活动。

·供　电·

【概况】 2016年,面对复杂严峻的内外部形势和繁重艰巨的发展任务,公司上下全面贯彻落实省公司党组各项决策部署,团结一心,砥砺前行,狠抓基础管理,各项工作扎实推进,公司发展保持良好态势。全年完成大中型电网建设投资6.3亿元;110千伏及以上线路开工421.4公里、投产156.3公里,变电开工92万千伏安、投产91万千伏安;完成农网改造投资7.93亿元,35千伏及以下项目967个;固定资产原值突破70亿元,同比增长21.01%;完成售电量60.58亿千瓦时,同比增长8.88%;综合线损率完成8.40%,同比下降0.43个百分点。

【安全生产】 始终坚持安全第一,深刻吸取内外部事故教训,严格落实"党政同责、一岗双责、齐抓共管、失职追责"的要求,狠抓违章治理、风险预控和安全教育培训。突出重奖重罚理念,修订公司安全生产奖惩办法。认真贯彻落实《国家电网公司关于强化本质安全的决定》,扎实开展"三查三强化"活动,累计发现并整改各类隐患1110起。深化现场安全监督管理系统应用,有效提高现场监督效率,开展电网承发包工程施工队伍清查整顿,全年查处各类违章现场627处,发现并整改各类违章和问题1720余个,通报批评67起典型违章。实行常态化安规培训考试,促进生产、基建领域现场施工作业关键人员对安规知识掌握,组织开展安规普考和抽考62场次,2676人参加。组织完成2398名农电员工安全培训取证工作。深化电力设施保护四级监管网络机制运作,公司荣获省电力设施保护先进单位称号。截至2016年12月31日,公司实现连续安全生产4296天,连续15次获市安全生产目标管理考核先进单位。

【电网运行】 开展地县调运行方式评审,强化电网风险管控,做好高危重要用户风险预警和闭环管理,发布风险预警42项。建成市县一体化电网调度控制系统,实现10千伏配网调控全覆盖。加强停电检修计划管控,按照"月计划、周布置、日管控"原则,严格停电计划刚性执行。建立"选树设备主人标杆、争做优秀设备主人"激励机制,充分发挥设备主人主观能动性。变电站精益化管理成效明显,220千伏沱河变获得省公司红旗变电站称号;评选35千伏标杆变电站1座,红旗变电站8座。强化配网五项整治,开展频繁跳闸线路"一线一档"治理,整改低电压台区205个、重过载台区246个、重过载线路16条,县域配网线路跳闸次数降低24.8%,重合闸不成功次数降低47.7%。持续开展"四好"配电队创建,芦岭、杨庄配电队运行指标进入全省前六名。加强应急值守,实行24小时应急值班,确保迎峰度夏负荷连创历史最高纪录时期电力可靠供应。完成春节期间、高中考等重大活动保电任务。

【电网规划建设】 加强沟通汇报,促成市政府召开全市电网规划建设工作专题会议,明确成立宿州市区电网建设领导小组等9项事宜,积极营造有利于电网发展外部环境。完成《宿州电网"十三五"规划》《市、县供电专项规划》《园区供电设施布局专项规划》等编制工作。完成泗北220千伏、家居园110千伏等10项输变电工程可研报告编制;取得褚庄110千伏等10项工程可研批复。扎实做好城配网、中心村和机井通电等项目前期工作,完成配网项目可研2357个,估算投资14.05亿元。积极服务新能源发展,完成28项光伏、风电、生物质等新能源接入系统前期工作。

【"深化电网建设年"活动】 积极推进晋北—江苏±800千伏特高压工程宿州段各项任务,属地协调工作得到省公司高度肯定,平山电厂500千伏送出工程如期建成送电。公司获国网公司特高压工程建设先进单位。新增投运汴河220千伏、北城110千伏等9项输变电工程，其中汴河220千伏变为公司历史上一次投运容量最大的变电站，官桥220千伏变电站工程荣获省公司项目管理流动红旗称号。220千伏容载比由1.68提高到1.89，110千伏容载比由1.87提高到2.09。实行目标倒排，挂图作战，加强安全、进度与质量管控，完成“6·30”工程建设任务。推进新增农网工程、中心村、机井通电等工程建设，建立施工项目部专业化管理机制，每日通报安全、质量、进度等方面存在的1—3个突出问题，工程管理水平稳步提升。

【优质服务水平】 着力降低客户投诉，在全系统开展“提高供电可靠性、提升客户满意度”大讨论活动，从思想根源上提高全体员工责任意识和服务意识。完善投诉处理责任追究、严肃考核、警示教育“三个闭环”机制，严格投诉处理追责，对每日发生两起及以上投诉、典型投诉、紧急投诉的单位在公司主页弹出窗口曝光，对每起投诉相关人员进行约谈，对违规违纪人员定期组织集中、自费培训，营销类投诉同比下降22.64%。

【供电所基础管理】 扎实开展“放心满意台区”创建，深入推进客户经理“三合一”机制运作，供电所基础管理水平和经营指标明显提升，工作成效得到省公司高度肯定。启动农户“表后线”专项整治行动，配合省公司编制《农户“表后线”整治标准工艺指南》，完成19万户“表后线”治理工作。扎实开展配电队、供电所员工“干私活”整治，通过社会公示、个人承诺等措施，有效防范违规违纪风险。

【服务效率】 优化低压业扩报装“一站式”服务流程，低压居民由6个工作日缩短到2个工作日，低压非居民由12个工作日缩短到4个工作日。深化城区供电服务调度中心运作，不断提升配网抢修效率。大力拓展电子渠道，推广“95598”网站、掌上电力注册用户共计12.1万户。完成各类新装、增容业务14.73万件，净增客户11.5万户。加快智能充电网络建设，完成16座光伏电站接入系统和启动送电。

【经营管理】 大力开展提质增效，积极推进电能替代，组织开展“电网连万家，共享电气化”专题活动，完成替代电量2.65亿千瓦时、节约电量1974万千瓦时，分别完成年度任务的177%和116%。加强综合计划过程管控，促进综合计划与预算的有效衔接、与各专项计划的协同配合。着力提升资产周转效率，年内应收账款余额较上年末压降82%、存货压降68%，压降率和压降金额均位于全省前列。开展账卡物一致性专项治理，全面清查5万余条资产数据，资产基础信息质量得到显著提升。大力开展长期挂账在建工程清理，2015年及以前年度遗留的40项在建工程全部完成转资。强化线损基础管理，积极开展线损管理示范区创建，推进同期线损管理系统建设，市、县35千伏分线线损均实现实时统计分析。开展高损、负损台区整治，全市台区日线损合格率达到78%以上，较年初提升25个百分点，城郊公司台区线损合格率持续保持全省领先位次。严格电费风险管控，始终把电费回收指标作为刚性任务，当年电费回收率位居全省前列。

【企业负责人业绩考核与同业对标管理】 不断夯实管理基础。完善对标组织体系，建立市县一体对标工作网络。强化过程管控，及时预警提醒、督促整改。建立对标约谈机制，逐一约谈排名靠后专业，制定提升目标和管控措施。修订同业对标专项考核办法，实施季度和年度相结合的考核方式，积极营造“抓指标、提业绩”的工作氛围。建设管理指标进入全省领先位次，安全管理、服务优质、物资管理等指标提升明显，砀山公司、城郊公司对标位次进步较快。

【依法从严治企】 扎实做好任期审计和近五年内外部审计检查发现问题整改落实，推动历史遗留问题彻底解决，任期审计发现82个问题全部完成整改。加强各类工程审计，构建市、县、中介机构的“三重”监督体系，完成农网工程审计1516个，审减金额5000余万元。深化协同监督，加强工程建设、集体企业、基层风险等领域风险防控，制定具体整改措施109项，形成整改报告36份。变电站土地权属办理工作取得突破。

【改革改制工作】 积极应对电力体制改革新形势，对公司供电范围内11户直供户和园区、10千伏高压客户开展上门走访，了解用电和服务需求，开辟园区业扩配套电网项目“绿色通道”。积极推进国有企业“三供一业”分离移交工作,主动向政府主管部门汇报,开展移交协议签订工作。

顺利完成县公司“子改分”工作,6家县公司均实现分公司模式运作。落实市县一体化管理要求,推进县公司调控、运检、营销等业务向市公司再集约。修订《公司组织绩效考核办法》,将季度考核调整为月度考核,切实提升考核的严肃性和实效性。完善县公司综合考核体系,增加10项基础指标考核体系和月度重点工作考核,健全供电所指标责任体系,努力促使县公司尽快在管理上与市公司并轨。完成集体企业改革改制工作,实现市县集体企业一体化平台构建,吸收合并2户,改制3户,各类资质办理工作有序推进。

【“三个建设”】 认真落实中央全面从严治党要求,扎实推进“两学一做”学习教育。开展“以启金先进性、促党员模范性”主题实践活动,促进广大党员进一步发挥先锋模范作用。公司领导班子成员分别参加所在党支部活动并带头讲党课,指导开展“两学一做”学习教育。开展“三亮三比”活动,制定实施党员“四讲四有”评价体系,营造创先争优的良好氛围。公司“两学一做”工作获省委学习教育督导组的高度评价。加强基层服务型党组织建设,着力构建“三个清单”管理机制。成功召开公司第八次党员代表大会,圆满完成公司党委、纪委选举换届。

【“两个责任”落实】 分层制定责任清单,促进党风廉政建设与业务工作有机融合。开展“四风”问题专项整治“回头看”,推动全面从严治党向基层延伸。坚持开展廉政警示教育,不断提升干部员工廉洁从业意识。认真实践“四种形态”,坚持“高标准”与“守底线”相结合,始终保持案件查办的高压态势,公司党风廉政建设总体态势良好。

【先模品牌建设】 公司员工许启金在全国知识分子、劳动模范、青年代表座谈会上作为劳模代表专题发言,受到习近平总书记的肯定和表扬。“光明驿站”成功入选全国志愿服务“四个100”先进典型和第二批安徽省文明单位“十佳品牌”。公司及6家县公司均荣获“第九届宿州市文明单位”称号。深化“道德讲堂”建设,企业文化长廊正式建成。启动“启金工作室”管理提升工作,制定提升方案,明确发展思路。深化与属地媒体沟通合作,开展媒体走进国家电网活动。严格落实维稳责任制,强化舆情风险源头管控和应急处置,公司保持和谐稳定局面。推动健康食堂创建,持续提升后勤保障水平。砀山公司运检营销用房开工建设,埇桥公司生产综合楼项目获得立项批复。

【干部队伍建设】 新建和修订《领导干部管理办法》等5项制度,完成市县公司干部队伍建设“十三五”规划编制,干部队伍建设体系进一步完善。人才队伍建设成果丰硕,公司在各类竞赛调考和奖项评比上取得明显成绩,先后获得“安徽省QC小组成果发布会”一等奖、省公司公文竞赛三等奖、客户经理竞赛三等奖、智能变电站设计竞赛三等奖、省公司2016年安全生产管理先进单位称号;萧城运维班、经研所设计室荣获“国网公司先进班组”。许启金荣获全国技术能手、“国网工匠”称号,廖志斌荣获“安徽省江淮工匠标兵”并授予安徽省五一劳动奖章、国网公司劳动模范、省公司“十大杰出青年”称号,李益民荣获国家电网公司劳动模范,张占胜荣获“全国电力行业技术能手”称号,多名员工获得上级表彰奖励。

宿州市供电系统荣誉榜

表3

荣誉称号	颁奖单位(部门)	获奖人
薪酬保障工作先进个人(2015年度)	国网安徽省电力公司	徐　玲
办公室系统先进个人	国网安徽省电力公司	林　钢
国网安徽省电力公司2016年公文职业技能竞赛个人第二名	国网安徽省电力公司	伍　飞
安徽省电力公司经济责任审计先进个人	安徽省电力公司	高　睿
2015年度内审理论研讨论文二等奖	安徽省内部审计师协会	王　威
全国电力行业职业技能竞赛(装表接电工)电力行业技术能手	中国电力企业联合会	张占胜
优秀内审员(2015年)	中国计量测试学会	许海洋
2015年度安徽省营销创新管理先进个人	国网安徽省电力公司	李　鹤
模范计量人	安徽省质量技术监督局	金明栓、赵玲玲、任兴强、王　伟、宋敏、梅厚西、金崇梅

续表 3

荣誉称号	颁奖单位(部门)	获奖人
模范计量之星	安徽省质量技术监督局	赵黎军、耿振东、单亚东、任　虎、张明福
2015 年度安徽电网地县调控一体化管理提升工作先进个人	国网安徽省电力公司	马廷稳
优秀学员	国网技术学院	傅　林
专业技能比武三等奖	国网技术学院	傅　林
2015 年度安全生产突出贡献先进个人	安徽省电力公司办公室	禹士朋、花纯征
十大杰出青年	中共国网安徽省电力公司党组	廖志斌
“青年五四奖章”提名奖	国家电网公司	廖志斌
优秀专家人才	国网安徽省电力公司	李　强
安全生产突出贡献个人	国网安徽省电力公司	吴　翔、叶　辉、李德波、孔　岩
2016 年度运维检修专业技能竞赛中输电运维竞赛个人第三名	国网安徽省电力公司	郑　浩
国网安徽省电力公司技术能手	国网安徽省电力公司	郑　浩
宿州市“工业十大杰出人才”(高级技能类)	宿州市人民政府	许启金
安徽省技能大奖	中共安徽省委组织部 安徽省人力资源和社会保障厅	许启金
创新能手	中共国家电网公司党组	许启金
创新能手	中共国网安徽省电力公司党组	许启金
全国技术能手	人力资源社会保障部	许启金
国网安徽省电力公司优秀班组长	国网安徽省电力公司	
国网安徽省电力公司工会委员会	宋洪珠	
国网安徽经研体系 2015 年度科技优秀成果奖	国网安徽省电力公司发展策划部	
国网安徽省电力公司经济技术研究院	宋洪珠	
2016 年安徽省电力公司“110kV 模块化智能变电站设计竞赛”先进个人	国网安徽省电力公司	宋静、庄茂东、武保亚、刘莹、陈利

续表 3

荣誉称号	颁奖单位(部门)	获奖人
后勤工作先进个人	国网安徽省电力公司	王　峰
安全生产突出贡献个人(2015 年度)	国网安徽省电力公司	马鹤羽、张智慧、李绪明、刘红玲、陈亚、禹兵、马廷稳
优秀班组长	国家电网公司	汪劲松
安全生产突出贡献个人	安徽省电力公司	李从政、刘慧强、朱继军、禹兵、乔冬、阚建、赵静、阚涛、陈亚、张建伟、董舒坦、李文电
管理创新成果表彰	安徽省电力公司	孙　磊
2015 年度电力设施保护先进个人	安徽省公司	衡长银
2016 年全国电力行业 QC 小组活动成果优秀成果二等奖	中国电力企业联合会	张殿楼、冯会良、朱继军、乔冬、王坚、陈浩、郭芳雄、翟卫华、薛莲、曹晓虎、朱连庆、张闯、于方、李维
安徽省安全发展忠诚卫士主题演讲比赛二等奖	安徽省人民政府安全生产委员会办公室	薛　莲
2015 年度安全生产突出贡献个人	国网安徽省电力公司	禹　兵
2015 年度经法工作先进个人	国网安徽省电力公司	彭明娟
2016 年农网运行与维护技能竞赛二等奖	国网技术学院	唐琪琪
宿州市十佳好网民	宿州市人民政府	贾文忠
安徽省青年岗位能手	团省委	张书勤
安徽省最美青工	团省委	王庆辉
优秀学员	国网技术学院	邱黎明
技能竞赛一等奖	国网技术学院	邱黎明
优秀学员	国网技术学院	朱　静
技能竞赛三等奖	国网技术学院	朱　静
厨艺大赛三等奖	国网技术学院	朱　静
安全生产特殊贡献	安徽省电力公司安质部	吕文正
安全生产突出贡献先进个人(2015 年度)	安徽省电力公司	李　亮

续表3

荣誉称号	颁奖单位(部门)	获奖人
安全生产突出贡献个人	安徽省电力公司	李佳、马刚、张贺、杨洲、周紫瑞、李楚、李佳、廖新坤、周旭芬、谢建军、侯志强、吕文正、李明、武铁、王峰、李亮、陈凯、闵令忠、韩小平、李彬、李士众
2015年度农网改造升级工程管理先进个人	国网安徽省电力公司	常青春、刘轶峰
公文职业技能竞赛第五名	安徽省电力公司	金琦敏
2015年度规划计划管理先进个人	国网安徽省电力公司	刘轶峰
办公室系统先进个人	国网安徽省电力公司	皇甫剑
安全生产突出贡献个人	国网安徽省电力公司	周华哲、倪成、郑杰、张东升、蔡国庆、韩强、时东安、房万春、朱其静、徐军、张敏
驾驶员员工技能比武通过连续障碍个人三等奖	省公司明生电力发展投资集团有限公司	程　启
驾驶员员工技能比武连续"侧方位停车"个人三等奖	省公司明生电力发展投资集团有限公司	程　启
地县调控一体化管理提升工作先进个人(2015年度)	安徽省电力公司	朱世波
企业文化建设工作先进个人	国网安徽省电力公司	张启才
安徽省第三季最美青工	共青团安徽省委员会	徐　波

·燃　气·

【概况】 宿州中燃前身为宿州市城市燃气有限责任公司,经宿地行署秘〔1999〕11号文件批准成立,2011年变更为宿州市燃气有限公司,注册地为宿州市经济技术开发区。2004年5月,经市政府批准,宿州市燃气有限公司与中燃投资有限公司合资合作成立宿州中燃城市燃气发展有限公司(简称宿州中燃公司),注册资金4000万元,其中中燃投资有限公司占75%的股份,宿州市政府占20%的股份,宿州市燃气有限公司展占5%的股份,享有2004年宿州市规划区域30年的燃气经营权。

宿州的城市燃气事业从无到有、由弱到强,发生了翻天覆地的变化。公司员工达200余人,总资产突破3亿元。其中:燃气安装户数由合资前的2940户,发展到15万余户;燃气销量从80万立方米,猛增到近5000万立方米,转变了宿州市能源使用结构。公司先后获省劳动保障诚信示范单位、省A级纳税信用单位等荣誉称号。多次获市先进单位、市青年文明号称号。

宿州市天然气利用"西气东输"支线"利辛—宿州—淮北"段的天然气,至储配站经二级调压后再向市区供气,天然气年储售能力近1亿立方米,气源稳定,储备充足。五座汽车加气站全面投入运营,第六、第七座加气站在积极建设中。公司拥有次高压30余公里;中压管线240余公里,低压干线580余公里,燃气管网全面覆盖中心城区、经济开发区、循环经济园区、汴北新区及宿马现代产业园区,并延伸至朱仙庄、桃园、芦岭等周边乡镇,为以上区域内的工商业和居民用户完成供气,拥有天然气在册用户15余万户,工商业用户500余家,压缩天然气(CNG)汽车3500余辆。

完成4.3万余户居民燃气安装工程,点火开通2.1万余户,切实保障全市燃气平稳供应,完成冬季用气高峰期的燃气保供工作。公司被授予2016年度全市安全生产先进单位。

【保障南翔云集商业文化街按时开业】 作为宿州市政府重点工程的南翔云集商业街项目签约较晚,为保障南翔云集商业文化街98户签约用户按时开业,宿州中燃各部门之间协调配合、精诚协作,克服时间紧、任务急,连日阴雨的不利状况,将原本计划3个月完成的工程,缩短至半个月便完成工程建设及验收工作,确保南翔云集商业文化街揭牌开业如期而至。2016年11月17日,南翔文化产业有限公司领导将一面绣着"服务一流,热情高效"的锦旗送到了宿州中燃,衷心感谢宿州中燃"想用户之所想、急用户之所急"的优质服务精神和中国燃气"气聚人和,造福社会"的使命精神。

【农村气代煤战略工程】 2016年,公司积极响应李克强总理在政府报告中提出的"坚决打好蓝天保卫战,加快解决燃煤污染问题",主动出击,率先打响"蓝天保卫战"第一枪,投身进雾霾整治战的大军中去,全面落实农村气代煤战略工程。截至2016年,公司克服乡村地区燃气基础设施匮乏、施工条件艰苦等不利条件,累计完成气化芦岭镇、朱仙庄镇、桃园镇、北杨寨行管区、蒿沟乡、苗安乡6个中心乡镇，为国家的雾霾治理，美丽乡村建设提供强劲助力。

【安全用气】 确保用户的用气安全，向来是公司的头等大事。为更好地贯彻落实国家提出“强化安全发展观念，提升全民安全素质”的安全月要求，健全宿州中燃对生产安全事故的应急处置机制和能力，公司积极承办“宿州市2016年度危险化学品(LNG)事故应急救援演练”，政府各部门领导悉数列席，演练提升了公司在同行业中的知名度，检验了宿州中燃处理LNG泄露等紧急情况的能力和应急救援队伍的实战技能，为宿州市居民的安全用气提供了有力保障。

【荣誉】 2016年，宿州中燃作为市级重点单位与市政府签订安全生产责任状，坚决贯彻燃气安全运营为目标，保障全市用户安全用气为目的，深入落实市委、市政府有关安全精神，通过抓安全、查隐患、重预防、严制度、强落实等具体举措，加强安全教育，获得了市各级安全部门领导的一致好评。宿州中燃被市委、市政府授予2016年度“安全生产先进单位”荣誉称号，成为全市荣获此殊荣的7家企业之一。

·供　水·

【概况】 宿州供水服务有限公司是集制水、售水、客户服务、工程安装于一体的全资国有企业，有20个职能部门，员工450人，有水处理厂3座，供水水源井102眼，直径75毫米以上的供水管网长度约760余公里，日供水能力14万立方米，供水人口约50万人。宿州供水公司以全新的理念、全新的视角，高标准、高着眼，努力使供水达到自动化程度高、水质净化好的现代化水平。2016年，宿州供水服务有限公司紧紧围绕宿州市创新发展目标，秉承“安全供水，优质服务，诚信经营、和谐共赢”的服务宗旨，大力提倡“服务用户、点滴做起”的服务理念，逐步探索出一条独具特色的发展之路，经济效益和社会效益取得长足进步，为宿州市经济发展、社会稳定、人居和谐发挥了重要基础保障作用。2016年，全年供水各项任务提前完成，获得了市委市政府和广大群众的积极评价和充分信赖。

【城市安全供水】 通过合理调度供水压力，严格水质综合消毒，落实安全生产措施，加强设备检修力度，保障城市安全供水。2016年，实现供水生产总量3470万吨。完成新建宿州市第四水厂(5万吨)的立项等前期工作、新建宿州市工业水厂(10万吨)土地预审等前期工作。建成供水中控室，打造智慧供水调度系统。提升供水能力，新建供水管网47公里，对全市范围内的老旧管道20公里进行维修及改造。完成城区供水管网覆盖范围内150户自备井改造工作。完成城区“一户一表”改造3824户。在市区安装消防水鹤26个、公用直饮机14个，提升了城市品位。通过完善供水系统、用水计量、管网探漏、供水稽查、综合利用等方式方法，认真落实节水措施，向社会进行节水宣传。引进新型的水质检测设备、改造化验室作业环境，水质检测由过去的25项提升至42项，为居民安全优质用水构建新的屏障，根据工作计划，2017年后将逐步提升检测项目至106项，达到省级检测标准。认真落实各项安全生产工作，全年无重大安全生产事故发生。

【优质服务】 通过开展城管超市之“用水管家”进社区活动，为用户提供用水维修、接水报装、供水咨询等便民、利民的零距离服务，服务小区40余个，免费入户服务群众150余户。通过“96600”供水客服热线，为用户提供报修、咨询、来访服务，实现了城市供水管网抢修、客户服务维修的联动机制，保障了供水生命线的畅通，全年接受用户报修、咨询、来访等3万余件，完成管网抢修、客户维修1万余件。通过完善服务设施、公开收费标准、公开服务承诺，提升收费大厅服务水平，推出“一站式”服务，树立“亲民、为民”的服务形象，更快、更好、更优的为群众服务。

“用水管家”进社区

【荣誉】 2016年，荣获第四届安徽省十大服务行业满意度调查“供水业第一”。荣获安徽行业十大信用单位称号，总经理邵伟荣获安徽行业十大信用人物称号。荣获2016年宿州市直机关先进基层党组织，2016年宿州市城市城管局先进党总支称号。客户服务中心员工张学勤荣获2015年度安徽好人、2016年第二届宿州市道德模范称号。

（徐 伟）

安徽省十大服务行业居民满意度调查（供水第一）奖牌

·热 电·

【概况】 国电宿州（第二）热电有限公司地处安徽省宿州市北郊，2007年12月28日，公司纳入中国国电集团公司管理，2008年6月更名为国电宿州热电有限公司。2012年，公司“上大压小”2×350兆瓦热电工程5号、6号机组分别一次性通过168试运并转入生产阶段。公司装机容量83.75万千瓦（4号机组13.75万千瓦+5号机组35万千瓦+6号机组35万千瓦）。截至2016年12月，有员工555人。

因历史原因，公司形成了“一厂多制”的管理体制，具体为：国电宿州热电有限公司——4号机组（137.5兆瓦），公司100%股权被国电宿州第二热电有限公司收购。国电宿州第二热电有限公司——在运机组5号、6号机组（2×350兆瓦），股东方为国电安徽电力有限公司（控股74%）、安徽省皖北煤电集团有限责任公司（参股21%）、安徽宿州华源电力发展有限责任公司（参股5%）。国电宿州热力有限公司——股东方为国电安徽电力有限公司（控股55%）、宿州市建设投资有限公司（参股30%）、宿州市新区投资建设有限责任公司（参股15%）。

【经营情况】 2016年，面对国家宏观经济下行、电力市场进入“双降双低”新常态、环保压力持续趋紧、大用户直供电竞争激烈、煤炭供应趋紧、价格持续上扬的严峻形势，以国电集团“155”战略为指引，以“提质增效”工作为抓手，树立绿色发展、节能增效理念，超前谋划，着力开展电热营销，夯实安全生产基础，强化对标管理，主要经济技术指标持续改善。2016年，公司完成发电量34.51亿千瓦时，完成省公司年度内控目标的111.36%，完成发电利用小时数为4930小时，在省内九家“三同”企业对标中排名第一，高于五大“三同”平均利用小时1167小时，完成供热量271.0132万吉焦，完成年度目标计划的112.92%。

【安全环保】 落实安全生产责任制，加强“两票三制”管理，强化职工安全意识，提高职工专业技能，从部门、班组着手，制定防范措施，加强设备隐患排查，汇编完善危险点分析，强化安全监督和考核力度，严格审查外委单位资质，从源头上消除安全隐患，夯实安全生产基础。加强脱硫、脱硝、除尘设备设施检修、维护，密切关注数据指标，发现异常及时处理，实现环保安全可控在控。圆满完成G20峰会保电任务。严格执行国家和地方环保政策，开展环保问题整改。2016年，完成5号机组超低排放改造，并一次性通过环保验收，实现机组达标排放。在安徽省经信委、安徽省水利厅、安徽省节约用水办公室联合开展的工业领域百家企业节水行动中，被评为“安徽省百家节水行动企业”。持续推进现场安全文明标准化建设进程。

【城市供热】 推行煤热价格联动机制，加大阶梯汽价力度，实行大用户优惠政策，提升热力大用户供汽量。加强与远大空调的战略合作，多方位、多举措推进冷暖联供项目在宿州立足发展；加强与北京寰慧公司的业务衔接，做好民用取暖的配套供汽。根据前期调研和初可研设计方案，紧密跟踪朱仙庄造纸厂等支线供热工程审批进度，加快推进，完善相关方案，积极做好项目配套。

【电热营销】 一是积极争取基数电量。2016年共获得基数电量3875小时。二是拓展大用户直供电市场。共成交电量5.24亿千瓦时，截至2016年底，公司共签订2017年新增直供电用户33家，合计电量8.4亿千瓦时。三是积极拓展热用户。利用国家节能减排、关停小锅炉等环保政策,加大煤热联动和阶梯汽价等优惠力度,在稳定主要热用户的基础上,新增热用户6家,新增供热量25吨/时。

【压降成本】 燃料管理坚持"保供、控价、提质"的原则,根据煤炭价格上涨、电煤供应趋紧的不利形势,多渠道组织煤炭货源,大力掺烧经济煤种,压降煤炭成本。通过开展财务对标,建立成本费用的"预算、管控、考核"闭环机制,严格费用预算支出和监督管理,严格带息负债管理,进一步降低融资规模,控制资产负债率。

【对标管理】 强化对标管理,建立对标长效机制,推动主要指标达到或超越行业先进水平。以"提质增效"工作为抓手,持续提高管理和效益水平,完善管理制度,精简管理流程,实现公司高效运转。2016年底初步完成"一厂一公司"改制吸收合并工作。

【党建工作】 以安全文明标准化建设为抓手,开展党支部"两先一优"创建活动,推进基层服务型党支部建设。纪委围绕中心工作,落实党风廉政建设监督责任,签订三级党风廉政建设责任书,实现党风廉政建设全覆盖。工会认真开展"双服务"工作,组织"安康杯"劳动竞赛、"5号机组B修和超低排放改造"劳动竞赛、"迎春联欢会"、第三届职工综合运动会等多项活动,丰富员工的文化生活。团委开展青春悦读、"爱心送考""标准化工作义务宣传"等多项活动。

(曹　永)

信　息　产　业

【信息化规划编制】　出台《宿州市财政性投资信息化项目管理办法》《宿州市智慧城市信息化项目和资金管理办法》《宿州市建设国家级智慧城市重点项目实施方案》系列文件的基础上，市经信委逐步细化和明确工作程序和流程，不断加强和完善配套制度体系建设。同时，积极推动智慧城市总体规划和顶层设计编制，按计划推进相关工作。经过多轮修改、完善及广泛地征求市直单位意见，顺利通过初验、终验两次验收。2016 年 9 月，《宿州市智慧城市总体规划及顶层设计方案》编制完成并印刷。规划提出，通过对城市基础数据库、公共信息平台、智慧社区、智慧医疗、智慧管网、智慧教育、智慧城管、智慧交通、智慧消防等领域项目进行整体规划设计，初步实现政务运行、城市管理、教育医疗、平安环保、交通社区、民生服务的智慧化，公共服务和综合管理手段不断创新，居民满意度不断提高，使信息技术惠及全市，人人享受智慧宿州发展带来的财富和成果。

【信息产业发展】　宿州市委、市政府将信息产业作为未来宿州经济社会发展的主要支撑之一，不断加大政策和资金支持力度，加强对现有电子信息企业扶持，支持云计算及其产业链上下游技术和业务的推广和应用，建设一批领先水平的智慧城市项目应用示范点，电子信息产业的发展，产业经历了由无到有，由少变多的过程。同时，加强电子信息制造业统计、软件服务业统计的月报、年报制度，及时联系企业报送各类报表。

全市规模以上电子信息制造业企业 25 家，其中 2016 年产值超两亿元以上的有 4 家，分别为中矿三杰、灵璧宏发电子、砀山兴华的电缆和安徽乔富企业。

软件与信息服务业呈现出集群、集聚快速发展的良好态势，形成华东地区最具特色的云计算产业集群。入驻智慧云计算产业园企业主要有中国电信安徽分公司、智慧互联、世纪互联、斐讯数据、艾默生、神州数码、长城宽带、华为云服务、科大讯飞、金山云、荣耀等。其中，中国电信安徽分公司、智慧互联、世纪互联、斐讯数据等企业负责数据中心的建设和运营；艾默生、神州数码等企业负责机柜和智慧能源系统设施建设；长城宽带负责光纤网络建设；华为云服务、科大讯飞、金山云、荣耀等企业负责平台云建设。宿州被安徽省委、省政府多次发文明确为安徽省大数据存储基地。

【信息安全保障】　全市初步建立信息安全应急预案和应急机制，制定完善应急工作方案和工作计划，建立并完善《信息安全事故和安全及时报告制度》，安排相关值班人员。

市经信委严格按照省经信委、省委网信办等省级部门相关文件规定和市委、市政府各项指示要求，始终把网络与信息安全相关工作列入重大工作事项，积极推进全市网络与信息安全建设。在全市范围内认真开展各项网络与信息安全监督、检查工作，认真按照国家、省文件要求，及时、尽快组织人员对重要行业、企业、部门开展信息安全检查活动。各相关单位在各自职权范围内做好政府网络与信息安全建设的管理工作，明确网络与信息安全建设工作的责任单位和人员；加强安全系统建设和运行管理，加强网络与信息系统基本运行环境、信息发布系统和通用应用系统的安全建设。

《宿州市智慧城市重点信息化项目实施方案》

（宿政秘〔2015〕62号）、《智慧城市总体规划与顶层设计》列明"政务安全"项目为三年内必须建设的13个重点项目，明确基本建设内容、进度、考核指标等，拟依托华为公司建设云灾备体系和监测系统，建设云数据硬件防护体系、云安全评估体系、建设防病毒入侵平台，完成政务信息安全标准设计和政务信息安全规划等工作。

积极通过在线介绍、组织培训、发放宣传材料等方式，加大网信工作宣传的广度和深度，提高全社会对网信工作的认识。组织相关单位和人员参加省、市级信息安全教育培训会议，特别是针对重点、敏感岗位人员开展信息安全常识和技能培训。例如，2016年5月，举办培训会，组织各市直单位、各县区（园区）分管负责人及业务科室负责人共计180余人，学习《习近平总书记在网络安全和信息化工作座谈会上的讲话（全文）》（2016年4月19日）、《关于加强党政机关网站安全管理的通知》（中网办发文〔2014〕1号）等文件，安排"新形势下如何加强信息安全"等相关课程。

【信息资源开发利用与管理】 宿州市数据中心初步建成。以公安人口数据为基础，融合民政、人社、教育、工商等38个部门业务数据信息，其中动态对接14个部门，形成220类数据，数据总量达2.56亿条。在此数据基础上，构建人口库、法人库、证照文库、地理空间库，通过建设完成的数据共享交换平台，实现人口信息交换、核查、分析等综合应用功能。实现"一站式"内部办公门户，将行政办公和各类应用系统整合在一起，形成统一的内部办公门户。2014年10月，宿州市社会服务管理信息化平台项目实施；2015年4月，宿州市权力清单运行平台项目实施，建设形成电子政务服务大厅。1.一体化社会治理平台（网格化管理）。按照城区每300户、农村以自然村为单位划分网格，形成全市一张网，至年底，全市完成500平方公里二维地图处理，83个社区网格划分，总计划分网格810个。全市共计录入房屋数163490条，人口数305291条。2.一体化政务服务平台（一站通系统）。至2016年底一体化政务服务平台覆盖民政、人社、卫计等13个部门，在8个试点社区下沉总计135个办事项，全市受理3018件，办结2188件，办结率73%。

【信息化建设】 全力推进"宽带宿州"建设。市经信委在大力推进信息基础设施的建设和保护的同时，积极推进宽带网络建设和提速降费工作，大大提高用户的使用感知和满意度。全市城市宽带网络20Mbps以上速度接入能力达到99%以上。2016年，宿州电信、联通、移动都出台各自的提速降费措施，提速降费工作成效明显。同时，努力推进农村通宽带及宽带升级，扎实做好农村信息化扶贫相关工作，出台农村信息化扶贫工作方案。2016年，在355个行政村推进电信普遍服务，其中建档立卡贫困村84个，工程建设期至2017年7月底结束。

积极推进信息化项目建设。市经信委认真做好项目管理服务，积极推进智慧城市项目实施，尤其是智慧交通、智慧城管等13个重点建设项目进展，积极为项目单位协调解决各类问题。市经信委按照市政府"尽快推进智慧城市相关项目建设"的要求，多次组织召开智慧交通、智慧城管、公共基础数据库、公共信息服务平台等项目的征求意见会，征求省直部门专家和市直单位的意见和建议。

市经信委积极会同相关单位调研、梳理市直单位信息化需求，组织专家评审相关项目方案。2016年，市经信委先后多次组织省市级专家对47个智慧城市项目进行评审，评审通过29个项目并上报市政府：合计总投资11151.36274万元，其中申请智慧城市专项资金8311.165万元，申请华为云计算专项资金714.54174万元（每年），自筹等其他方式资金1638万元。

宿州市实施的部分应用项目被评为全国示范项目，如智慧城管项目（中国地理信息产业协会颁发的优秀工程奖银奖，获安徽省信息化十件大事提名）、智慧消防项目（被公安部消防局评定为先进，2017年全国智慧消防现场会在宿州召开）。

·宿州电信·

【概况】 中国电信宿州分公司隶属于中国电信安徽公司，下辖灵璧、泗县、萧县、砀山县四个县级分公司，主要经营固定电话、移动通信、宽带互联网接入及增值业务等综合信息服务，是宿州市内规模最大的全业务通信运营商，具有领先的基础网络设施，具备全市最大的移动网络、数据传输网络和互联网宽带网，具有强大的网络优势和服务优势。公司始终坚持"用户至上、用心服务"的服务理念和"追求企业价值与客户价值共同成长"的经营理念，秉承“做领先的综合智能信息服务运营商”的战略定位,努力推动网络智能化、业务生态化、运营智慧化,以更高品位的服务满足客户多样化、个性化的需求,使信息化成果惠及社会各行业和广大群众,努力为宿州市经济快速发展和社会信息化建设做出积极贡献。

【光网建设】 中国电信宿州分公司充分借助“国家中小城市专项建设基金低息贷款”“宽带乡村国家建设专项补贴”“安徽省电信普遍服务试点补贴”等资源,加快光网建设步伐,承载网城域网出口达960G,县公司 BAS 出口达 160G,FTTH 端口到达73.8 万个,覆盖城市社区及行政村 1274 个,覆盖率100%,覆盖自然村 8229 个,覆盖率 100%,全面建成全光网,宿州市全面建成全光网城市。

【信息化拓展】 中国电信宿州分公司重点聚焦互联网 + 领域,完成宿州市县区级权力清单项目、萧县、砀山、泗县政务云桌面项目;在互联网 + 教育领域,与宿州市政府完成《宿州市智慧教育项目合作协议》签订;进一步加深与宿州市政府云计算合作,完成《宿州市云计算产业推进合作协议》签约;聚焦农业、快消品、物流等行业,重点进行农机宝、天翼对讲、综合办公、物联网等重点信息化业务拓展并取得了积极成效。

【强化服务】 中国电信宿州分公司不断完善服务责任体系,横向到专业部门,纵向到县区及营业部,强化服务主体责任,服务综合投诉率稳步下降,用户满意度稳步提升,装维、渠道、专项工作满意度顺利达标,全业务服务能力和服务水平得到不断提升,各项工作迈上了新台阶。

·宿州移动·

【职工队伍建设】 一是开展重点岗位的竞争性选拔,加快重点领域人力资源配置。二是加强员工优化退出管理,盘活人力资源,提升人力资源使用效率。三是规范用工管理,促进用工科学合理。四是加强关键职位人才梯队建设,强化培训管理,提升人才队伍培养效率。

【4G 运营】 夯实基础,加强 4G 终端销售,开展精确营销,全面推进 4G 业务规模发展。新增拓展和存量保有并重。优化资费体系,更新配套激励政策,智慧竞争;关注弱势区域市场发展,提高市场应对能力;精确甄选,细化营销政策,精确推进目标存量客户保有;强化传统媒介,扩展新媒介运营,支撑市场经营工作。加速宽带业务发展。加强目标小区宽带建设,确保有限资源优先投放;提高宽带速率,优化产品结构;关注装维服务及时率、满意度等,做好扩容规划。重点拓展“农村、校园、家庭、聚类、政企”五大细分市场,强化营销转型,提升竞争能力。强化基础服务管理,提升客户满意度。持续落实“客户为根,服务为本”的服务理念,重点抓好各项基础服务管理,强化服务流程穿越,促进各项流程不断优化;深入推进投诉处理集中化,提高客户投诉处理及时率,完善服务补救等投诉处理闭环流程,促进整体客户满意度提升。

【夯实网络基础】 一是全力推进 4G 网络项目建设,加强施工管理前移,提高过程监管,确保施工质量和安全管控。按时按质完成开通 800 多基站等建设任务,完善市区、县城、乡镇的连续覆盖,全面推进行政村覆盖,加强高铁、高速、风景区等重点区域的有效覆盖。二是以“服务市场、精准投放”为建设目标,坚持低成本高效运营,加快宽带工程建设,持续扩大宽带用户覆盖范围,全年新增宽带覆盖 987个小区(村),新增覆盖超 38 万户。三是强化骨干网络建设,打造高速、高效、智能的骨干传送网,提升流量疏通能力。加强基础资源储备,加快城域传送网 100G PTN 系统和综合业务区的建设,着力提升家庭宽带、4G 基站、政企专线接入及承载能力。

【“五型”工会创建】 一是深入推进民主管理,坚持落实职代会制度,畅通员工诉求渠道,稳步推进企务公开。二是塑造品牌激活能力,积极推进班组建设活动锻造班组核心竞争力,三是开展各项劳动竞赛、创建活动,开展内外部评先创优,服务企业发展。四是加强员工关爱,开展各项员工关爱活动,促进企业和谐稳定。五是以“幸福 1 + 1”活动为契机,开展丰富多彩的文化体育活动。

·宿州联通·

【概况】 中国联通宿州市分公司成立于 1999 年,同年 10 月 28 日正式运营,2000 年 6 月与原国信寻呼宿州公司融合,2008 年 11 月与原网通宿州分公司融合,成立中国联合网络有限公司宿州市分公司。

经营固定网本地电话业务(含本地无线环路业务)、公众电报和用户电报业务、国内通信设施服务业务、固定网国内长途电话业务、固定网国际长途电话业务、IP 电话业务(限 Phone - Phone 的电话业务)、900/1800MHz GSM 第二代数字蜂窝移动通信业务、WCDMA 第三代数字蜂窝移动通信业务、LTE/第四代数字蜂窝移动通信业务(TD - LTE/LTE FDD)、卫星国际专线业务、因特网数据传送业务、国际数据通信业务、26GHz 无线接入业务;经营 3.5GHz 无线接入业务。在安徽范围内经营国内甚小口径终端地球站(VSAT)通信业务、固定网国内数据传送业务、无线数据传送业务、用户驻地网业务、网络托管业务、在线数据处理与交易处理业务、国内因特网虚拟专用网业务、因特网数据中心业务、语音信箱业务、传真存储转发业务、X.400 电子邮件业务、因特网接入服务业务和信息服务业务(含固定网电话信息服务业务、互联网信息服务业务和移动网信息服务业务)。经营与通信及信息业务相关的系统集成、设备生产销售、设计施工业务;技术开发、技术服务、技术咨询、技术培训;寻呼机、手机及其配件的销售、维修;电信卡的制作、销售;客户服务;房屋租赁;编辑、出版、发行电话号码簿。(涉及许可证或国家专项规定的,须凭许可证经营或按专项规定办理相关手续)设计、制作、发布、代理国内外各类广告。经营项目按照外商投资企业批准证书登记以及依法须经批准的项目,经相关部门批准后依批准的内容开展经营活动。

中国联通宿州市分公司隶属于中国联通安徽省分公司,与上级公司同为中国联通总公司的分支机构。宿州市分公司有基站物理站址(包括 2G、3G、4G)2040 个,宽带端口近 20 万个,线路传输长度 1.2 万公里,管道传输长度 476 公里。网络实现全面覆盖。公司现有出账用户近 80 万户,其中手机用户 74.2 万户,固定电话和宽带用户 5.3 万户。

2016 年,公司实现营业收入 3.85 亿元,净利润 5705 万元,共缴纳税金 1451 万元。截至 2016 年末,公司资产总额 5.36 亿元,净资产 3.63 亿元,国有资产总量为 5.36 亿元。

·宿州邮政·

【概况】 宿州分公司下辖 4 个县分公司,主要负责宿州市邮政生产经营工作,服务面积 9787 平方公里,服务人口 651.66 万。在岗职工 1091 人、劳务承揽备案 337 人,本科及以上学历人员占比为 25%。营业网点 130 个,便民服务站 420 处,建成邮乐购站点 1280 个,邮路总里程 3112 公里。

2016 年,全市实现收入 5 亿元,超额完成卓越档计划,规模居全省第四位,较上年增长 22.25%。4 个县公司中有 3 个收入规模进入全省前十位,萧县、泗县、砀山分公司均实现位次前移。各项业务继续保持快速健康的发展势头,结构调整成效进一步凸显,经营效益水平进一步提升,实现企业收入和员工效益的快速提升。

【邮政服务】 认真贯彻执行邮政行业管理的方针政策、法律法规和邮政服务标准,对《中华人民共和国邮政法》规定的普遍服务和特殊服务业务,督促、检查各网点落实情况,确保网点 100% 落实普遍服务工作。加强机要管理,坚持"积极防范,突出重点、保密安全、准确迅速"的工作方针,不折不扣的执行机要通信各项规章制度,确保通信质量万无一失。积极配合政府做好美好乡村建设,补建空白网点 17 个,有效促进邮政普遍服务均等化,为美好乡村建设添砖加瓦。2016 年,在全省"用户满意度"与"第三方"测评活动中两项得分均位居全省第二位。

【助力精准扶贫】 农村电商综合服务体系基本完备,4 个县分公司与 9 家社会快递企业签订合作协议,市分公司与各县分公司均与当地政府部门签订协议,泗县分公司获得政府提供的电商产业园 110 平方米场地支持。全市累计建成邮乐购站点 1280 个,安装"邮掌柜"系统站点 1294 个。建成镇级运营中心 15 处,各县地方邮乐农品馆初步建成,有 21 个商家 342 种商品上线。全市依托邮政独特的网络资源优势,全力推进电商进农村工作,帮助农民实现"农产品进城,工业品下乡"。同时,开辟专项邮路帮助砀山水果罐头通过邮政寄递渠道走向全国,并按照"精准扶贫"要求,将砀山酥梨、油桃等产品引入安徽邮政"定时递"项目,实现全国精准式送达,为扶贫工作贡献邮政的力量。

【基础能力建设】 持续加大基础能力建设投入,争取省公司资金4404万元用于营业网点改造、金融自助机具、智能包裹柜、投递场地、包裹快递处理中心生产场地建设和设备更新配置。加大建设改造力度,完成3个支局网点翻建、6个支局网点标准化改造、6个仓储建设、5个离行式自助服务网点改造,完成两个县分公司三类金库改造及2013—2016年普服建设计划的15个支局翻建项目、三个支局整修项目,为用户提供更为优质的邮政服务和用邮环境。全面推进网点转型,累计打造52个标准版转型网点,新增自助设备110台,安装布放智能包裹柜72台,完成县域网升级改造,新组开宿州至灵璧、泗县、砀山、萧县自办汽车邮路,建立散件直封,利用省内二干邮路带运至蚌埠及合肥中心局,进一步提升服务能力。

【精神文明建设】 宿州市邮政分公司连续八届荣获"安徽省文明单位"、连续七届荣获"宿州市文明单位"称号,灵璧县分公司荣获第九届"宿州市文明单位"称号。市分公司被市直企业工委授予"先进基层党组织"荣誉称号,被中共宿州市委组织部、宿州市关心下一代工作委员会授予"五好"关工委荣誉称号,1人荣获"全国五一劳动奖章",1人被评为"全国邮政优秀营业所主任",1人被评为全省新闻宣传先进个人,砀山程庄支局和萧县圣泉支局荣获全省"模范职工小家"的称号,灵璧县灵西支局和萧县杜楼支局荣获"市级青年文明号"荣誉称号,淮海路支局荣获安徽省首批"幸福驿站"荣誉称号。

(郭晓静)

·无线电管理·

【无线电频率台站管理】 一是开展频谱使用评估专项活动。为加强频谱资源全过程监管,促进频谱资源规范、高效利用,按照上级统一安排,市无线电管理处开展频谱使用评估专项活动,此次活动,针对全市辖内四县一区公众移动通信频段,展开全面监测并统计用频情况。活动出动技术人员60人次,车辆20辆次,累计监测时长127小时、车辆行驶700多公里、其中有效数据近600公里。二是加强频率台站管理精细化。市无线电管理处全年加强频率台站日常规范化管理工作,做好频率使用监管和台站审批办理工作。全年发放业余无线电台执照63个,入库移动运营商基站数据12675个。认真做好台站检测工作,对63部业余台站进行检测,完成2016年度移动运营商基站抽测工作,全年检测基站132个。三是做好全市2016年度频率占用费征收工作。通过设台单位走访、电话联系、台站数据库对比等方式对各类台站逐一落实,详细编制2016年宿州无线电频率占用费征收计划,认真填写宿州无线电台(站)频率占用费计征统计表,完成频占费征收任务。

【无线网络与信息安全】 一是开展打击"黑广播"专项治理活动。按照年初《安徽省打击治理"伪基站""黑广播"违法犯罪活动集中行动方案》的通知要求,认真组织开展该项活动。统一认识、加强组织领导,联合宿州市公安局、宿州市文广新局、宿州移动公司,成立打击"黑广播"联系办公室,对活动的开展进行周密部署,并结合宿州市实际制定具体工作方案,及时协调解决工作中存在的问题。通过相关单位的密切配合及共同努力,确保专项治理活动质量。全年查处黑广播5起并全部取缔。二是及时做好干扰查处工作。全年接到移动运营商此类干扰投诉7起,均全部查明。5月中旬,江苏徐州市无线电管理局函请宿州市无线电管理处协查驻徐某部队战机飞行训练中在泗县境内受到的不明干扰。市无线电管理处技术人员立即赴泗县排查干扰并最终将干扰源确定为泗县屏山广播发射台互调信号,并随即将干扰排查结果告知该部队,协调联系部队和该发射台相关负责人制定解决方案,干扰得到圆满解决。三是保障重点时期、重大活动无线电通信安全。全国"两会""G20杭州峰会"及节假日期间,严格实行24小时监测值班制度,加强重点频段监测,并编制值班安全工作应急预案。"G20峰会"期间,与兄弟地市管理处派出技术人员组成赴浙保障组,圆满完成峰会期间保障任务。积极配合各类考试主管部门,做好全国及地方考试无线电监测工作,严密防范和坚决打击利用无线电设备进行考试作弊行为。全年完成考试保障23次,出动保障人员120人次、移动监测车184次,设备156套次,利用技术手段压制阻断可疑作弊信号16个,查处数传作弊设备1套、语音作弊设备2套,联合公安机关抓获犯罪嫌疑人1名。四是配合市公安局完成个别区域电磁环境监测。为维护社会稳定,市公安局函请市无线电管理处帮助测试6个人口密集地区的电磁环境。按照要求，经过近三周的努力工作，完成6个地点周边电磁环境的监测，并及时向市公安局提供电磁环境监测报告。

【无线电监测】 结合省无线电管理处下发的《无线电频谱监测统计报告工作考核办法》，扎实做好监测月报工作。利用固定站监测5400小时以上，移动监测近900小时，移动监测车累计行程4700多公里，完成日常监测和国家无线电管理监测中心下达的各重要频段占用度测量工作，并对监测月报数据进行留存。

【无线电管理宣传工作】 一是认真组织开展“无线电管理宣传月”活动。9月11日当天发送宣传短信上万条并开展广场宣传，展示近年来所查处的干扰器、黑广播及考试作弊设备14件，发放无线电管理宣传册、宣传折页等109份，利用医生资格考试及司法考试无线电保障期间，在学校门口摆放无线电宣传展板，发放无线电宣传图册、报纸95份。二是在修订后《中华人民共和国无线电管理条例》实施日及《安徽省无线电管理条例》颁布实施四周年之际，组织设台单位召开无线电管理工作座谈会，及时对条例进行详解，并制作条例宣传展板，取得良好效果。

开 放 与 合 作

·对外贸易·

【概况】 2016年,全市外贸进出口实现4.7亿美元,其中,出口实现3.9亿美元,进口实现0.8亿美元。全市进出口实绩企业118家,其中超100万美元企业60家,超1000万美元企业9家。全市新增对外贸易经营者备案登记企业95家,新增进出口实绩企业24家。

【外贸出口市场及产品情况】 从外贸出口市场看,亚洲、北美洲及欧洲为主要贸易市场,其中,对亚洲出口2.1亿美元,占总额的55.5%;对北美洲出口8221万美元,占总额的21.2%;对欧洲出口5669万美元,占总额的14.6%。全市出口产品主要销往的国家和地区共112个,前2位的国家是日本和美国。

从出口产品看,主要产品为板材及加工品、纺织服装类产品和农产品及加工品。其中,板材及加工品出口1.1亿美元,占总额的27.5%;纺织服装类产品出口1亿美元,占总额的25.8%;农产品及加工品出口0.9亿美元,占总额的24.2%。

·招商引资·

【概况】 2016年,按照市委、市政府的要求和部署,全市上下坚持"工业项目、招大引强、税源企业和环境保护"原则,围绕首位产业、新兴产业等,绘制首位产业招商路线图,突出建链补链强链抓招商,较好完成预定目标。一是引资总量保持较高增长,全市实现到位资金1040亿元,增长15.56%。二是利用省外资金总量居全省前列,实际利用省外投资亿元以上项目316个,实际到位资金525.1亿元。三是项目建设稳步推进,新开工项目占总建设项目近60%,新增苏宁集团、黄金集团、温氏股份、协鑫控股、晶科电力、碧桂园集团等18家国内500强和民营500强企业在宿注册投资项目23个。四是招商项目提质增效,全市新开工首位产业项目154个,占新开工项目的26%,较2015年增加21个。

【招商引资目标管理】 修订出台《宿州市招商引资目标管理考核办法》,进一步细化统计考核范围,鼓励各地各部门集中力量聚焦本级园区招商,实施加分考核鼓励引进500强企业投资的项目、报省项目、总部经济项目、新兴产业项目、首位产业项目等。聚力保八争六,利用省外资金总量稳居全省前八之内。鼓励标准化厂房建设和利用,宿马园区25万平方米厂房已使用20万平方米,高新区建成近17.3万平方米厂房全部投入使用,鞋城7万平方米厂房新签约5家企业使用4.2万平方米,经开区引进8家企业,盘活老厂房5万余平方米。

【产业招商】 根据市委、市政府要求,去年年初各县区、园区结合各自产业实际,先后制定首位产业招商路线图,围绕首位产业、新兴产业大力开展精准招商。新技术产业招商成果初显,3D打印研究院、石墨烯研究院、紫金塑业引进石墨烯技术增资6.1亿元技改等项目先后落地。传统产业扩能升级,百丽鞋业新增3个品牌生产线,东艺鞋业新上4条生产线,恒邦鞋服新材料项目开工建设,东风造纸引入上海奔亨建设禾吉麦色循环经济项目。新能源、电子信息及装备制造业项目招商成效明显,新增阳光电源光伏电站、林洋光伏及农光电站、皖能垃圾发电、德仁风电等新能源项目 18 个,新亚手机触摸屏、朗欣手机及数码产品制造,以及无人机农业应用基地、艾默森电梯、凯龙充电桩及钣金制造等先后落地建设。

【招商督查调度】 一是实行月考核月点评,市招商局对各县区、园区新开工项目、新投产项目严格实行月考核制度,切实加强对省外投资项目的筛选、排查、调度,结合全市工作任务调度会,对各县区招商引资情况进行点评,发挥好职能作用。二是实行项目销号管理,建立招商引资签约项目库,对全市重点招商项目进行动态管理和调度。全市统计新签约重点项目 303 个,投资总额 479 亿元,其中 117 个项目已开工建设,投资规模 173.56 亿元,亿元以上开工项目 63 个,投资规模 151.26 亿元。三是坚持推进招商周活动,市委、市政府主要领导及其他市领导带头外出招商,市直各单位外出招商 350 批次,洽谈项目 260 个,各县区、园区也都坚持招商周外出招商不动摇,推进了旅游大道、石墨烯研究院、3D 打印研究院、无人机等项目的落地。

【招商队伍建设】 一是强化市直单位招商引资工作。按照市委、市政府的要求,市直单位成立招商三人小组,各单位由一把手负总责,明确一名副职分管招商引资、2 名工作人员具体负责招商工作,加大驻点招商和小分队招商力度。二是加强各县区、园区招商队伍建设。灵璧县组建由县领导任团长的 15 个招商团,各乡镇、开发区均成立招商三人小组,同时优化整合 6 个驻外招商分局,实行驻点招商;砀山县成立 11 个招商组、14 个专业招商小分队外出招商;埇桥区年初组建 6 个区域招商办事处,10 月底又启动各园区招商人员选聘;泗县分产业成立 6 个招商工作组和 5 个专业招商分局;萧县增设徐州招商分局,启动县领导牵头的招商团等,全市招商队伍进一步壮大。

【招商宣传推介】 持续开展招商引资两月一推介活动,去年相继在东莞、温州、上海、厦门、北京、昆山召开 6 场推介会。各县区、园区也深入开展各类招商活动,市经开区推进“招商引资突击月和招商引资百日会战”活动,埇桥区大力实施“千名干部推千个项目”行动等,招商队伍常年活动在上海、深圳、泉州、杭州、温州等重点区域,采取点对点、面对面,利用推介会、恳谈会、交流会等方式宣传推介,扩大招商影响面。积极参与 2016 中国国际徽商大会邀商和项目工作,全市邀请 104 家知名企业 200 余人参加大会集中活动和现代农业、云计算大数据专场活动。大会共签约项目 24 个,投资规模 221.05 亿元,其中集中签约项目 3 个,投资规模 188 亿元,现代农业专场签约项目 12 个,投资规模 27.25 亿元,云计算大数据专场签约项目 9 个,投资规模 5.8 亿元。全市推介项目 80 个,其中大会集中推介宿州项目 12 个,宿州市推介项目 68 个,总投资规模近 300 亿元。

(程乃标)

·对台交流·

【对台经贸工作】 围绕市委、市政府中心工作,强化对台经贸工作。按照市委主要领导的要求,市台办制订 2016 年度赴台考察交流活动方案,在巩固 2015 年度对台经贸交流和招商工作成果基础上,加大对台招商引资力度。一是规范赴台经贸招商团组的组团和申报工作。适时向组团单位领导汇报组团计划,合理安排园区、招商、经贸等部门的负责人及与台湾有企业项目线索的人员参加赴台,做到团组赴台任务与人员身份基本相符。根据宿州市产业特点,与台湾相关企业做好对接,了解台湾企业的基本情况、扩张需求、产业特点等信息,使团组赴台招商期间有明确的目的和针对性,确保赴台团组招商活动收到实效。二是组织市、县领导带队组团赴台招商交流工作。计划从 4 月起,适时组织以市、县领导为团长的赴台经贸交流团组,赴台开展招商引资工作。市委、市政府主要负责人赴台交流招商,根据其工作安排,随时报批。2016 年,全市组织赴台经贸交流团组 3 个 26 人,其他参加省直部门组织赴台考察人员 18 人,赴台开展经贸活动交流。三是切实完善经贸团组的招商跟踪工作。经贸招商团组返回后,及时与参团人员梳理在台经贸招商活动期间获取的项目意向和线索,并落实有关部门进行跟踪,对重要的项目及时向市政府分管领导和主要领导报告。四是做好在宿台企服务工作。开展“助台企、送服务、促发展”的贴心服务助台企专项动,切实增强强商台企依法经营意识,维护台企台商合法权益,促进台资企业持续健康发展。

2016 年度,全市台资企业项目又上新台阶:一是鑫堃包落成投产。安徽鑫堃包装制品有限公司于2016年6月30日,在砀山县举行开业典礼,公司董事长郭光跃先生拟在砀山县总投资1亿元,固定资产投资4000万元,一期计划投资6000万元,占地4.13公顷,项目建设内容为年产1亿只金属罐,1亿个金属底盖,5000万个易拉罐,5000吨彩色印铁,建设周期3年。二是积极引进新项目。主到联系冠军建材(安徽)有限公司与协鑫新能源(集团)有限公司做好屋顶光伏发电项目对接,加强信息共享,做好双方沟通交流,促进项目向前推进。从双方开始接触到项目基本落成,仅用一个月左右的时间。协鑫集团拟在冠军建材厂房屋顶总投资额度约8000万元,建成一个光伏发电站项目。

【对台宣传工作】 一是借助徽商大会平台做好宣传。省委、省政府10月在合肥举办中国国际徽商大会——皖台投资合作对接会》,来自全国各地的300余名台商参会,市台办根据市领导的要求,组织有关人员积极参加,配合大会做好展板、PPP发言稿等。二是做好《安徽省保护和促进台湾同胞投资条例》宣传工作。通过走访、调研企业等形式,对《安徽省保护和促进台湾同胞投资条例》向广大台商进行宣传,让台商了解投资合法权益的受到法律保护,任何组织和个人不得侵占和损害,增强他们在宿州发展企业的信心。三是邀请台湾媒体采访宿州。根据上级通知要求,经市委、市政府主要负责人同意和省台办审定,市台办制定《台湾媒体"大陆魅力城市"专题采访活动(草案)》,并与台湾媒体充分协商,台湾媒体中国时报、旺报、中视等"大陆魅力城市"专题采访团,于8月21—27日到宿州市对四县一区各具特色的历史、文化、文物、遗迹进行专题采访活动,采访内容分别在台湾电视播放及报刊发表,收到了良好的效果。四是规范涉台宣传用语。及时根据上级要求,组织县区台办及相关部门,对涉及台湾官方机构及官员称谓、两岸法律用语、两岸交流用语、涉及国家领土和反"台独"用语等进行规范。五是充分利用媒体、网络宣传。加强对中国台湾网、华夏经纬网、安徽对台工作等媒体的联系,积极宣传推介宿州。

【对口交流】 一是加强与嘉义对口交流。根据与台湾有关部门协商,宿州市对台交流重点突出台湾嘉义县的交流工作,针对嘉义县的政治、经济、社会等方面的发展情况,结合宿州市实际,突出宿州元素,统筹推进与对方的交流合作,促进宿台发展,实现对嘉义县行政区域全方位、多层次、宽领域的交流局面,共同反对和遏制"台独"分裂势力,为推进祖国统一大业做出贡献。据此,及时调整各赴台团组行程结合嘉义当地特点,制定相应参访路线。如副市长马杰率团在台期间,专门安时间拜会嘉义船仔头艺术休闲文化村、拜会嘉义新港乡等基层单位,与当地人共话两岸发展的成果。二是积极申报安徽省对台交流基地。根据省台办的文件精神,积极与有关县区、有关部门联系,推荐上报安徽省第二批对台交流基础项目,以便更好地推动宿台经贸、文化、教育、旅游、农业等领域民间交流合作,力争年内有新的突破。

·对外交往·

【规范外事管理】 加强因公出国(境)管理,贯彻中央和省有关管理规定,严格把关、规范程序,突出出访工作需要和实际效果,加强团组外事纪律、文明礼仪教育,加强对团组在外活动的管理,控制跨地区跨部门人员因公出访,支持市、县区符合条件人员参加赴境外实质性培训,更加注重出访实效,加强后续跟踪和成果落实工作。严格执行出国(境)经费预算,加强量化管理,严格控制双跨出访,进一步提升出访的实质性、实效性。做好市厅级领导干部年度出访计划申报工作,推进县处级及以下人员年度因公出国计划申报工作,重点推进各县区围绕中心工作、县域经济以及友好交流开展自组团出访。市委外事工作领导小组会议召开,深入贯彻省委外事工作会议精神,回顾总结以往工作,研究部署、统筹安排年度重点任务。继续做好市内境外非政府组织管理工作,2015年度考核再获满分,2016年度此项工作顺利移交公安部门。

【完善工作机制】 召开全市外事侨务工作座谈会,安排部署全年工作。启动海外发展顾问聘任工作。围绕项目、资金、技术、人才、客源的来源地和去向地进行资源梳理,做好一对一服务和统筹实施,努力拓展国际交流合作空间。在全市范围内开展外向型企业走访调研,收集整理对外经济交流合作信息,宣传领事保护政策、推介APEC商务旅行卡。继续充实壮大宿州市翻译人才库。积极动员市内企业家参加省外办组织的“走出去”系列推介活动。加强工作队伍建设，加大对人员的培养，派员参加各类业务培训和党校主体班培训，以及相关的国际会议、活动等，不断提高人员的综合素质。制定完善外事侨务工作权责清单、监管细则、公共服务事项服务指南。加强与县区外事工作领导小组的联系，建立沟通机制，指导县区工作开展；加强与市直单位、园区和县区的联系联动，形成推动全市外事侨务工作开展的工作合力。

【友好城市工作】 访问俄罗斯托夫州经济发展部以及伏尔加顿斯克市，实地考察了解当地产业和经济情况，分别与经济发展部负责人、伏尔加顿斯克市市长、杜马主席见面，互介总体情况、探讨友好交往、共商合作，推动两地在经济、文化、教育等诸多方面的务实交流合作。拜访日本东京都府中市，实地学习调研城市建设、公园及绿地建设、公厕规划建造、水源保护和植被保护、水循环使用等方面的经验和做法，与府中市市长进行座谈，就开展友好交流交换了意见，并达成了一致，为下一步友好城市协议的签订打下良好基础。大力推动县区开展友好交流，宿州市埇桥区、泗县在因公出访任务中分别与柬埔寨、英国地方政府就双方在经贸、文化、教育方面的友好交流进行了探讨，并就建立友好区县、友好县市交换意见，达成良好效果。

【对外交流合作】 参加“第七届东亚地方政府会议”，学习先进经验做法，展示良好形象、扩大对外宣传。与印尼巴东市相关部门和商会就水果及果类产品出口贸易进行探讨，进一步扩大农业产品出口渠道和市场辐射范围。支持宿州学院利用友城平台，与印尼巴东市高校进行教育方面的交流合作。协调加拿大凤凰教育集团与市教育局对宿州市部分中小学英语教师进行培训。推荐市皖神公司对俄罗斯伏尔加顿斯克市及周边地区的原料市场进行商务考察，与当地政府和企业进行接触，帮助其与当地政府就投资建设原料种植和原料加工事宜进行探讨和磋商。帮助市东大木业借助友好交往渠道在柬埔寨进行木材原料采购、林场购置和建立加工厂，同时促进宿州市与当地政府的友好交流。

【服务经济社会发展】 为4家企业申办12张APEC商务旅行卡。积极发布涉外经济信息，为外向型企业的“走出去”牵线搭桥。接待日本驻沪领事后白一树一行，争取日本援助项目一个，合计60万元。俄罗斯巴什科尔托斯坦共和国副总理沙伊努罗夫一行到宿州参观访问，洽谈投资及贸易合作。俄罗斯乌里扬诺夫斯克州经济部长瓦辛谢尔盖一行到宿州访问，探讨投资和贸易合作。俄罗斯楚瓦什共和国经济部发展集团总经理尤里一行到宿州进行考察和洽谈合作。协助做好韩国江原道文化代表团到宿州进行文化交流的有关工作。做好柬埔寨青年联合会代表团到宿州交流访问的有关工作。

【侨务工作】 护侨益、凝侨心，发挥侨力、助推公益事业。春节慰问困难归侨侨眷并发放慰问资金2.2万元。争取省侨办困难归侨侨眷扶贫专项资金6万元。组织5名困难归侨侨眷参加国侨办的“归侨侨眷职业技能培训班”，帮助困难归侨侨眷提高劳动技能，实现就业创业。在全市开展为期一个月的困难归侨侨眷家庭摸排工作，为下一步做好精准扶贫工作奠定基础。解决侨界群众房屋拆迁、医疗保险、身份认定、升学加分、项目投资、政策咨询等来电来访147人次，办结率100%。全年为12位归侨侨眷申请办理了归侨侨眷证。哥斯达黎加华侨捐助灵璧县贫困学生40名，从2016年至2019年，每年捐助资金人民币16万元。

涵养侨务资源，服务经济社会发展。选派1名优秀教师赴菲律宾开展华文教育。组织县区和园区参加武汉华侨华人创业大会。灵璧县灵城镇南姚社区荣获“市级侨法宣传角”荣誉称号。泗县泗城镇花园井社区荣获国务院侨办“全国社区侨务工作示范单位”荣誉称号和2万元经费支持。

教育　体育　科技

·教　育·

【概况】　全市有中等及中等以下各级各类学校1830所,在校生978675人,其中幼儿园761所,在园幼儿217924人;小学790所,在校生445060人;初中200所,在校生163740人;普通高中48所,在校生97396人;中职学校25所,在校生52732人;特教学校6所,在校生1823人。全市教职工61134人,其中专任教师49133人。全市有省级示范普通高中10所。列入国家中职教育改革发展示范校建设计划学校2所,国家级重点中职学校5所,省级示范中职学校6所。国家级社区教育示范区1个,国家级社区教育示范街道3个;省级社区教育示范街道15个,省级示范乡镇成人文化技术学校14所。市教体局被评为2016年全国科普日特色活动优秀单位、全国青少年五好小公民"老师您好,我的好老师"主题教育活动先进集体、教育新闻宣传先进单位;市四届人大议案建议办理工作先进集体、政协提案办理先进单位、全市"安全生产月"和"安全生产江淮行"活动先进单位、全市政务信息工作先进单位。

【学前教育】　继续实施学前教育三年行动计划,新建公办幼儿园41所、改扩建14所,超省定计划23所。2014—2016年,累计建设公办幼儿园255所,其中新建124所、改扩建131所,超任务102.4个百分点,位居全省第一。2所幼儿园创建成为省级一类园,全市有省级一类园6所、市级一类园18所。开展全市乡镇中心园、省市级一类园保教工作开放日活动、全市民办幼儿园保教工作展示观摩活动,赴湖北宜昌、安徽广德学习考察,引导提高学前教育管理水平。

【义务教育】　推进义务教育均衡发展工作,灵璧县义务教育发展基本均衡县创建通过省级评估、国家级验收。完成155所义务教育学校标准化建设,累计完成1010所,达标率100%。实施市区名校办分校,缩小校际办学差距,形成市政府会议纪要,结对办学6对、涉及12所学校(校区)。加快淮北千亩园小学等3所学校建设。启动新一轮义务教育教学质量监测,促进义务教育质量提升和素质教育实施。积极发展特殊教育,在砀山县召开全市特殊教育学校功能室建设、管理和使用工作现场会。

【普通高中教育】　加强高中阶段教育内涵和特色建设,推进普通高中多样化、特色化发展。赴高考改革试点省市浙江、上海学习考察走班教学工作,督促学校提升教学质量。2016年高考,全市考生46602人(包括参加自主招生考试6206人),较2015年减少3539人,录取36838人,录取率79.05%,其中本科录取14316人,录取率30.72%;专科22522人,录取率48.33%。一本达线3267人,其中文科335人、理科2932人。北京大学(含医学部)录取15人,清华大学录取6人。

【职业教育资源优化整合】　编制出台《宿州市职业教育发展"十三五"规划》《关于加强职业教育市级统筹的实施意见》,统筹推进现代教育体系建设。会同财政局、发改委等部门印发通知,部署优化职业教育布局结构,按照"一校一策"要求编制发展规划;邀请专家举办中职学校发展规划编制培训会。

统筹推动职业教育和普通高中协调发展，坚持开展“职业教育进校园”专题宣讲和职业教育周宣传活动，提高职业教育吸引力，扩大中职招生规模。全市中职招生23951人（不含到外地就读人数），其中全日制招生较2015年提高24.9个百分点。

【中职学校基础能力建设】 加快市职教园区建设，宿州逸夫师范学校新校区于2014年建成使用，后期建设持续完善，累计投资2.53亿元，落实土地21.53公顷，使用土地13.33公顷；2016年投资0.53亿元。宿州工业学校新校区一期，累计投资0.95亿元，使用土地11.87公顷；2016年，投资0.57亿元，7万平方米建筑加快建设。宿州应用技术学校（区属二职高），市政府同意入园建设，埇桥区下达立项批复，选址意见明确。实施中职教育质量提升工程，60个项目入选省级工程项目库。

【中职学校管理】 印发实施《宿州市职业学校管理水平提升行动计划实施方案（2016—2018年）》，规范职业学校办学行为，建立和完善现代职业学校制度。规范职业学校类别名称，砀山县职教中心、宿州二职高、灵璧县高级职业中学、泗县职教中心分别改名为砀山县中等专业学校、宿州应用技术学校、灵璧县高级职业技术学校、宿州环保工程学校。对中职学校新专业申报进行核准，对办学资质和办学专业进行全面清查，10所学校申请新增专业28个，审核同意24个。

【职业教育教学改革】 以改促教，印发实施《宿州市深化职业教育教学改革全面提高人才培养质量实施意见》，督促提高技术技能人才培养质量。以赛促学，坚持每年举办全市中职学校技能大赛，2016年大赛设12个大类39个项目，并获全国竞赛奖2项、全省竞赛奖52项，其中全省一等奖4项；市教体局和宿州应用技术学校获优秀组织奖。以德育人，强化学生职业道德教育，获全省“文明风采”活动奖156项，其中一等奖21项，26名教师获优秀指导教师奖；市教体局和宿州环保工程学校获优秀组织奖。

【社区及成人教育】 埇桥区被国家教育部评为全国社区教育示范区，埇桥区三八街道和三里湾街道被评为全国社区教育示范街道。埇桥区教体局获全国全民终身学习活动周组织奖。全市有国家级社区教育示范区1个，国家级社区教育示范街道3个；省级社区教育示范街道15个，省级示范乡镇成人文化技术学校14所。

【民办教育】 审批新增2所职业教育民办学校：砀山县铁路职业高级中学、宿州航空职业学校。加强民办学校管理，组织开展无证办学清理整顿，开展高中阶段民办学校年检，召开民办教育工作座谈会，查处约谈相关学校，督促整改违规补课、招生等方面苗头性问题，促进民办教育健康发展。

【教师资源调配】 补充新任教师1350名，居全省前列；招聘特岗教师1020人。出台实施《宿州市乡村教师支持计划（2015—2020年）》，落实向乡村教师倾斜、乡村教师定向培养、乡村教师补贴、乡村教师荣誉证书制度，首批34人签订乡村教师定向培养协议，从教20年以上教师10493人、30年以上25927人申报落实乡村教师荣誉证书制度；对在乡镇教师给予200—500元不等补助，依然保留原定偏远地区乡村教师每月补贴80元，省教育厅给予充分肯定。出台实施《关于推进县（区）域内义务教育学校校长教师交流轮岗的意见》，推进教师区域内交流，选派281名城区优秀教师赴农村支教，做好马鞍山10名教师支教对接工作，选派2名教师赴新疆支教，首次选派3名教师赴西藏支教。

【师德师风建设】 实行中小学教师职业道德考核证书管理制度，完善师德师风建设领导组织管理网络，管好德师风建设与教师管理投诉平台。开展正风肃纪、规范廉洁从业从教专项纠治和预防职务犯罪专项活动，集中纠治损害群众利益的问题，推动教育管理部门廉洁从政、学校廉洁办学、干部教师廉洁从业。开展有偿补课专项治理行动，查处有偿补课教师23人，乱补课局面基本得到控制。

【教师培训工作】 实施紧缺学科教师培养计划，培训教师150名。完成2015—2016学年度国培任务15312人、省培任务345人，超额争取1个国培项目县。完成新下达国培派训任务1448人、省培派训任务246人。举办高中、初中、小学英语外教培训班，93名骨干教师参训。组织206名骨干教师参加东北师范大学高级研修活动。自主设计“1+5+N”（1次省外高级研修、5次市集中辅导、N次小组交流互助学习)培训模式,对60名音乐、美术、书法骨干教师进行跟踪培训。启动教师信息技术能力提升工程,17831名教师2015—2016学年度信息技术应用能力提升测评全部合格,组织16500名教师参加2016—2017学年度信息技术应用能力提升培训。选派23名校长参加国家级、省级培训,举办初中校长任职资格培训班。

【教师队伍管理】 38133人参加教师职称过渡,其中高级职称4892人、中级职称16935人、初级职称16306人。制定《宿州市中小学教师专业技术职称评审标准补充说明》。首次开展中小学教师专业技术正高级职称评审,推荐13人参加省级评审。完成教师资格首次注册,注册合格41912人,暂缓注册12人。组织1750人参加教师资格面试。做好农村原民办教师身份和教龄认定工作,市级审核通过29500人,报省批准备案29500人;10197位符合条件的原农村民办教师领到教龄补助3018.326万元。开展教师节庆祝和走访慰问活动,市长史翔走访慰问宿州十一中、宿城一初中教师,视察指导学校建设。

【义务教育经费保障】 稳步实施义务教育经费保障机制,截至2016年10月,提前完成全市任务,拨付义务教育经费保障资金47632万元;发放义务教育贫困寄宿生生活补助4092.65万元,超任务32.53个百分点,资助学生36767人;春季、秋季免费教科书开学全部发放到位。

【家庭经济困难学生资助】 《宿州市学生资助工作人员持证上岗制度》被省教育厅推广并列入全省绩效评价考核,市教体局被评为全省学生资助工作先进单位。全市发放国家助学金及免学费资金11930.26万元,受助学生50803人,其中普高资助资金4295.8万元,受助学生23469人;中职国家助学金1076.76万元,受助学生3483人;中职学校免学费资金6557.7万元,受助学生23851人。为30944名大学生办理生源地信用助学贷款,合同贷款金额2.1821亿元;发放大学生新生路费资助资金59.9万元,901人受助。秋季学期起,免除公办普通高中在籍在校建档立卡困难学生学杂费208.955万元,惠及学生3267人;发放校内资助资金681.48万元,受助学生13358人。

【基础教育项目建设】 全面改薄土建类项目,开工2434个、面积262万平方米,完工2294个、面积248.9万平方米,分别占五年规划面积的98.9%和94%,分别超规划38.9和34个百分点;设备购置类项目,完成投资额2.77亿元,购置生活设施24674台套件、图书195万册、数字教育资源10.8万GB、课桌凳6.7万单人套、计算机和教学仪器及其他设备7.7万台套件,投资额和购置量分别占五年规划的94.3%和98.3%,全省排名第二。民生工程校舍维修改造,481个项目全部完工、建设面积33.2万平方米,超省定任务114.2个百分点。主城区校舍改造提升工程,第一批3所学校项目完工,第二批4所学校教学楼11月开工。城区新建3所学校,皖北千亩园九年一贯制学校,一期教学楼封顶,进行装墙粉刷;二期项目开工。南翔恒泰九年一贯制学校,一期教学楼封顶,进行装墙粉刷;二期项目开工。淮北千亩园小学,开工建设。

【教育科研】 在全省率先建成20个市级普通高中学科教科研基地。推动信息化手段在课堂教学中广泛应用,组织师生在省基础教育资源应用平台注册并使用平台资源进行教学或学习,师生上传下载资源总量和师均量在全省排名第二。开展“一师一优课、一课一名师”活动,教师“晒课”28068节,占教师总数的63.70%。教科研竞赛成绩优异,获全国初中语文优质课评选一等奖3人、二等奖2人;1人在皖北片小学语文连片教研活动展示口语交际课;2节小学科学优质课参加全省评选;获全省自制教具评选奖7项,其中省一等奖3项,并被推荐参加全国展评;获全省青少年信息学奥赛竞赛高中组二等奖5项。完成全市教师优秀论文评选1100篇。市教研室被省教育厅被评为全省“优秀教研室”,代表省参加全国教研工作会议。

【教育信息化】 做好智慧教育推进工作,全省率先制定《宿州市智慧教育规划初步方案》。提升教育信息化基础支撑能力,校均出口带宽小学、初中29.38M,超省定目标值19.38M;高中78.04M,超省定目标值58.04M;配备多媒体设备班级比例平均值98.38%,超省定目标值4.58个百分点;城区、县镇及中心校师机比平均值0.87∶1,超全省师机比平均值(1∶1);其他学校师机比1.33∶1,超全省平均值(不高于2∶1);每百名学生拥有教学终端(计算机)

数(台/百人)平均值10.97台,超全省目标值0.97台。做好中小学电脑制作、教师教育教学信息化大赛及互动课堂教学视频课例大赛等工作,获电脑制作国家级奖10件、省级奖63件,并获最佳组织奖;获教育信息化大赛国家奖7件、省级奖51件;获全国互动课堂教学视频课例大赛奖19项,其中一等奖2项。开展第二届在线课堂优秀单位和优秀个人评选,8个单位被评为全省优秀单位,12人被评为全省优秀教师,13件作品被评为部级精品课例。做好第三批在线课堂项目学校申报工作,实现在线课堂全覆盖。

【教育装备应用管理】 印发《宿州市中小学校各功能室规章制度指导意见》《宿州市中小学校各功能室管理与应用考核细则(试行)》,加强功能管理人员培训,组织初中毕业升学理科实验操作考试和教育装备竞赛评比活动,提高装备管理和使用效率。获自制教具评选、信息学奥赛、装备技能管理维护比赛、实验教学说课评比等活动全省奖119项,其中一等奖10项。埇桥区九中3名教师自制教具获省一等奖,并被推荐参加全国展评。举办全市义务教育生物学学科实验室管理和应用培训班,200人参训。

【学校安全】 出台《关于加强校园及学生安全工作的实施意见》。修订创建标准,提高"平安校园"创建水平,全市中小学校基本达到"平安校园"创建要求。坚持每年邀请专家举办全市学校安全管理专题培训班,完善落实学校安全隐患排查、考核评比等一系列常规制度,抓好防溺水、食品卫生安全和传染病防控、交通安全和校车安全管理等重点工作,开展校园及周边治安综合治理专项整治,努力遏制发生学校安全责任事故。

【教育考试】 教育考试安全平稳实施,包括普通高考46602人,中考47707人,成人高考5992人,2017年研究生考试3003人等。做好中考阅卷和试卷分析评价工作,再次实现零失误。海军招飞人数连续3年位居全省前列,7位考生被录取,宿州市被评为海军招飞先进单位。空军时隔11年后再次在宿州市招生,5位考生被录取,位居全省第一(并列),被东部战区评为空军招飞先进工作单位,5人被评为空军招飞先进个人。推进标准化考点建设,省考试院在埇桥区、砀山县试点建设标准化考点考生身份验证系统。

【教育督导】 遴选建立市级兼职督学人才库,吸纳教育管理干部、骨干教师、教研人员,教育界"两代表一委员"参与教育督导。组织参加北师大教育督学专业化发展高级研修班,推进教育督导专业化。组织开展教学工作、义务教育发展基本均衡县创建、责任督学挂牌督导创新县(区)创建、校园欺凌专项治理、全面改薄工作、学校体育工作等一系列专项督导和综合督导检查,与市委组织部联合开展2015年度县区党政领导干部履行教育职责督导考核,督促县级党委、政府履行教育职责。

【语言文字工作】 创建省级语言文字规范化示范校5所,创建市级语言文字规范化示范校10所,全市有国家级语言文字规范化示范学校4所、国家级规范汉字书写特色学校1所,省级语言文字规范化示范学校32所。组织2次专项督查,督促各县开展三类城市语言文字评估工作。组织中国汉字听写比赛、规范汉字书写活动、推普宣传活动等一系列活动,组织书法骨干教师赴中央美术学院参加书法教育高级研修。

（李　成）

·高校、职业院校、重点中学·

【宿州学院】 宿州学院是安徽省省属全日制普通本科院校,是该市唯一一所本科高校,前身是创办于1949年的皖北宿县地区师范学校,1983年升格更名为宿州师范专科学校,2004年升格更名为宿州学院,2008年获得学士学位授予权,2014年顺利通过教育部本科教学工作合格评估,2015年成功获批为安徽省地方应用型高水平大学立项建设单位。

校园占地76万平方米,预留用地77万平方米,建筑面积44.47万平方米,教学科研仪器设备总值17185万元。图书馆面积3.46万平方米,馆藏图书279.7万册,其中纸质图书106.7万册,期刊993种。设有15个二级学院,59个普通本科专业,涵盖工、管、理、文、经、艺、教七大学科门类,全日制在校生17359人,成人教育生3692人。有专任教师720余人,其中正高58人、副高218人。

2008 年以后,获省级教学成果奖 40 项,其中特等奖 2 项、一等奖 4 项;获省级以上"质量工程"集体项目 67 项,其中国家级大学生校外实践教育基地、特色专业、综合改革试点专业各 1 个,省级综合改革试点专业 12 个、特色专业 9 个。

学校有国家级基金项目 15 项,获省部级科研奖励 36 项,14 项成果通过省科技成果鉴定,3 个新品种通过省非主要农作物品种鉴定;获批 3 项地方标准。"十二五"规划以来,获省(厅)部级以上科研项目 485 项,发表论文 4000 余篇,其中一类 526 篇,二类 400 篇,出版教材、专著近 100 部。现有 1 个国家级科研平台(煤矿水害防治工程技术研究中心)、7 个省级科研平台(煤矿勘探工程技术研究中心、矿用绞车工程技术研究中心、复合酶提取工程技术研究中心、自旋电子与纳米材料重点实验室、大学文化研究中心、皖北城乡一体化研究中心、宿州区域发展协同创新中心)、1 个省级创新平台团队(光电信息材料与新能源器件创新团队)以及安徽省智库项目 1 项(安徽新型城镇化建设发展研究中心)。其中煤矿勘探工程技术研究中心获批设立博士后科研工作站。学校积极推进应用性科学研究,与地方和企事业单位签订产学研合作协议 500 多项,部分研究成果达到世界先进水平,为企业创造数亿元经济效益,曾受到《人民日报》等媒体的广泛关注。

学校注重开放办学,与美国、新西兰、韩国、菲律宾等国家和地区及中国台湾的高校在青年教师海外研修、学生出国交流学习等方面开展合作,每年都有大批师生到以上国家和地区的高校进行交流学习。

学校高度重视文化育人,积极践行"友善、博学、务实、奋进"的校训、"崇德尚能、敬业乐群"的校风、"严教、善教、乐教"的教风、"笃学、笃行、笃信"的学风,深入推进以"敬业向学"为核心的校园文化建设,提升学生综合素质。近三年,普通本科毕业生就业率一直保持在 95% 以上,名列省属高校前列;学生在各类赛事中获得省(厅)级以上奖项 600 余项。

升本以后,学校被评为安徽省首批示范应用型本科高校、国家级大学生创新创业训练计划实施高校、安徽省普通高校首批大学生创新创业示范高校、安徽省地方应用型高水平大学立项建设单位。学校先后荣获全国群众体育运动先进单位、安徽省人才工作先进单位、安徽省文明单位(3 次)、安徽省就业工作先进单位、安徽省高等学校优秀教学管理集体(2 次)、安徽省普通高校毕业生就业工作先进集体(5 次)、安徽省普通高校毕业生就业工作标兵单位(4 次)、第一届安徽省教育系统文明单位立项建设学校等称号。

【宿州职业技术学院】 宿州职业技术学院是一所以农科为办学特色、培养高端技能型人才的综合类高职院校。现有在职教职工 262 人,其中教授、副教授以上职称 85 人。省级以上专业带头人、教学名师 18 人。教学科研创新团队 2 个。设有农艺系、动物科学系、经济管理系、计算机信息系、机电工程系、教育系、外语系、基础教学部等 8 个教学机构和高等成人教育学院。开设有 45 个专业(其中国家级特色专业 2 个、省级特色专业 7 个)。学院被教育部、农业部等部门评为中央职业教育园艺技术专业实训基地、国家电子信息产业技能人才培养实训基地、农业部现代农业技术培训基地和农民专业合作社培训实训基地、安徽省中职骨干教师农林畜牧类培训基地、安徽省青年农场主培训基地等。

开展"教师听课月"活动。优化专业、课程建设。规范教学管理,落实学院领导联系系(部)和听课制度。加强教学检查与督导。

完成当年立项的安徽省教育厅人文社科、自然科学项目研究经费资助工作。对近三年教科研工作取得显著成绩的个人和集体进行表彰。发放安徽省教育厅质量工程项目研究经费一次性资助。

新聘任 3 位教师和引进录用 7 位教师。新进的 15 位教师到各职能处室挂职锻炼。选派 19 名教师进行骨干教师国培、省培和双师素质培训,2 名教师赴国外培训,2 名教师到企业挂职锻炼。

在各类职业技能大赛中,获得 1 个一等奖、2 个二等奖、九个三等奖的成绩。

成功申报一个高职类专业,"工程测量技术"(专业代码:520301),学制三年。

老教学楼加固改造工程、农培二期工程建设基本完工,部分投入使用。

与江苏舜诺教育投资有限公司合作办学投资 500 万元建设的汽车实训工场投入使用;与湖北伊赛特教育集团开展"体育保健与健康"及"电子商务"两个专业的合作办学并开始招生。

加强学生宿舍文明监督、团员干部晚间值班、辅导员班主任到公寓检查等学生管理制度。提升突发事件处理能力，保障校园安全、有序。对学生上课迟到、早退、外宿、上夜网等行为进行集中整顿。

组织发放国家奖助学金和校内奖学金计273.26万元。

特困生勤工助学方面，支付学生勤工助学560人次，发放经费10.84万元。临时困难补助方面，特困生学费、书费减免共计30人次，减免金额12.09万元。

学院党委和纪委完成换届工作。评选表彰3个先进基层党组织、5名优秀党务工作者和18名优秀共产党员。发展39名学生党员。对2008年4月以来党员交纳党费情况进行专项检查，及时清理补交党费。开展省委巡视组巡视整改和省委"管党治党宽松软问题"专项治理工作。

核查发放教职工岗位课时津补贴、绩效奖励和高层次人才科研补助。依据相关文件精神，发放双拥模范城市、省级文明城市、全省卫生先进单位奖励。改每两年一次体检为一年一次体检。调整住房公积金比例。改善教职工住房条件，教职工小区建设全面完成。

何庄搬迁工作取得突破性进展。顺利完成何庄100多户村民拆迁的签约工作，陆续拆除。

各类考生实际到校1356人。截至12月31日，就业率达到95%以上。

承办退役士兵培训、公安干警培训、埇桥区"三区"科技人才培训、安徽省现代青年农场主培训、萧县扶贫创业致富带头人培训等各类培训共13次，培训人数达2205人。做好精准扶贫和秸秆禁烧等上级安排部署的各项工作。

（左　欣）

【皖北卫生职业学院】　皖北卫生职业学院是2014年被安徽省政府批准、教育部备案、宿州市人民政府举办的全日制卫生类学历教育高等职业院校。学院是经省、市机构编制部门批准的副厅级事业单位，业务上接受省教育厅指导。学院前身是安徽省宿州卫生学校，始创于1949年，是省级重点职业学校、省级办学合格学校、蚌埠医学院教学点、乡村医生培训基地。历经66年不断求索奋进，开创办学层次与规模快速发展的良好局面，培养3万余名优秀毕业生，形成"成人成才、优秀习惯、管理规范、文化引领、平安和谐"的办学理念，为皖北及安徽省医学事业的发展做出巨大贡献。

学院占地24.33公顷，预留20公顷。2016年，为了缓解学生住宿压力，新建男生学生公寓楼6765平方米；教学综合楼、室内体育馆的建成，进一步改善学院办学条件。

学院始终坚持以服务为宗旨、以就业为导向的高等职业教育办学思路，主动适应产业升级和地方经济发展需求，不断优化专业结构，2016年学院新增3个专业，发展到助产、护理、医学检验技术、康复治疗技术、药品经营与管理、医学美容技术、药物制剂技术、临床医学、口腔医学技术和影像医学技术10个专业。

注重技能培训，强化实践教学，学院积极选拔培训学生参加国家级、省级技能大赛，2016年学院在省级技能大赛中荣获二等奖两名、三等奖两名，在国家红十字会应急救护大赛中荣获团体三等奖。

教科研工作成绩显著，发表论文76篇，参编省级以上规划教材11人次，获批立项省教育厅质量工程项目7项；组织全国"十三五"高职规划教材的编写申请工作，有14人入选，其中主审1人、主编2人，此教材由人民卫生出版社出版；开展教学督导工作10余次。完成21项校级研究项目的申报、审核、立项和行文工作，并监督研究过程的管理工作。

2016年，全院有教师148人，其中校内专任教师129人，占87.16%；具有双师素质的教师35人，占27.13%。副高以上职称有28人（其中教授3人，副教授11人），占21.7%。；硕士研究生47人，占36.43%。学院现有省级教学名师2人。

2016年，学院初中起点五年制高职招生录取312人，其中护理专业214人、助产专业98人。专科、五年制高职招生录取数为1232人，新生实际到校报到1113人，报到率为90.3%。

2016年度，学院继续将家庭经济困难学生的资助管理工作纳入整体工作部署，在努力提高资助工作公信力和满意度的基础上，不断推动学院学生资助工作步入正常化、规范化、科学化管理轨道。学院学生资助工作严格执行国家及省教育厅有关学生资助的政策，在"全面掌握家庭经济困难学生情况，全面宣传各种资助政策，全面实施教育计划"的基础上，做到"确保资助政策人人清楚，确保资助体系全员覆盖，确保资助、教育并重，达到资助育人的目的"。2016年度，学院为237名同学申请国家助学贷款，合计金额为168.24万元。2016年，院校评审通过获得国家奖学金的学生1人，获得国家励志奖学金46人,获得国家助学金395人,发放国家奖助学金83.05万元;评审通过获得校级优秀学生奖学金108人,发放2.635万元;对于家庭特别困难学生给予资助,有91人获得生活补助金,计9.39万元。同时,学院提供勤工助学岗位,有100位同学通过勤工助学获得资助,发放勤工助学金1.5万元。

【安徽宿州技师学院】 安徽宿州技师学院是省政府批准、市政府主办、人力资源和社会保障序列的高等技工院校,为国家重点技工院校、国家级高技能人才培训基地、全省机电高技能人才培训基地、安徽鞋业人才培养基地、国家职业技能鉴定站,市政府挂牌的"宿州鞋业学院"。学院位于市经济开发区206国道东侧,占地8.59公顷,建筑面积6万多平方米,开设智能制造、车辆工程、现代鞋服、信息技术等七大类20多个专业,建有与专业配套的20多个实训车间,各类实训设31000多台套。有教职工150多人,"双师型"教师占教师总数的70%以上,各类学制教育学生5000多人,年培训6000多人,年各类考试20000多人。

学院与近百家国内外知名企业、天津职业技术师范大学、安庆师范大学等高校建立长期合作关系,毕业生就业率保持在98%以上,天津职业技术师范大学单独招生升学率70%以上,全省居前。学院以服务就业、服务企业、服务发展、服务民生为宗旨,高端引领、多元办学、校企合作、内涵发展。学院创新办学模式,学制教育和职工培训"双线"并进,率先在全省开展"工学一体"改革,经验在全省推广。学院坚持高端引领,建设3个"技能大师工作室"和"创客空间",承担百丽鞋业鞋面胶漆涂装"机器换人"、区张亚洲农业植保机械等技改项目,构建企业技术服务平台,正在积极争取创办"宿州创业学院"。学院主动服务产业发展,承担园区职工培训和煤矿分流、安全生产、快递员、残疾人按摩师等社会培训,服务社会能力不断提升。形成了适应地方经济发展的专业特色,理论扎实、技能精湛的质量特色,高端引领、示范辐射的品牌特色。初步建立了技能培养、学历教育融合贯通,学院、企业、行业多元互通的技能人才培养体系。

(周茂盛)

【宿州电大】 2016年春秋两季招生3301人,有在籍生总人数达10589人,招生总数位居全省市级分校第二名。2016年5月,获国家开放大学招生工作优秀集体,是学校历史上第一次获得国家开放大学的表彰。

全年完成公需课培训6388人,参加专业课网络培训140人,参加转岗培训36人。举办书画艺术产业化发展高级研修班1期。顺利通过省人社厅对学校基地建设工作考评验收。完成全市干部在线学习支持服务工作,现有注册学员11832人。

教学工作。一是开展各项教学活动,大力提升教学水平。1.坚持每年两次配合省电大的教学检查制度。2.积极组织和参加省校开展的"财税知识大赛""网上精彩一课""微课制作比赛"和"全省电大首届市场调查与分析大赛"等活动。二是加强统筹引导,科研工作取得明显进展。有三位教师在省市组织的论文比赛中获奖4次。三是加强师资队伍建设。积极选派优秀教师外出培训。注重师德师风教育。注重外聘教师选聘管理工作。四是举办"宿州电大第三届微课件制作比赛"和全市电大系统国开平台应用培训班。

保障服务。一是配合宿州市老城区改造,学校整体搬迁到工业学校过渡办学。通过市公共资源管理局依法依规公开招标,在南翔云集购置新校舍。二是宿州终身学习网初步建成,平台有411门课程,15680个媒体资源,为开展社区教育搭建平台,对全市开展学习型社会和终身教育建设奠定坚实基础。三是教学管理经验受到上级电大肯定。2016年6月,召开的全省电大系统招生考务工作会议上,学校作2015年度办学先进单位典型发言;国家开放大学《在线教育》杂志2016年第10期,对宿州电大招生、办学、管理等进行专题报道,提高了宿州电大的美誉度和影响力。四是2016年荣获全省电大系统办学先进单位和宿州市第九届文明单位称号。

(戴　奇)

【宿州逸夫师范学校】 宿州逸夫师范学校坐落于宿州市职教园区。学校创办于1952年,原名为安徽省宿县师范学校。1992年,爱国人士邵逸夫先生捐资助学,学校更名为安徽省宿州逸夫师范学校。2002年,安徽省中师布局调整,学校保留办学,定位为幼儿师资培养学校。学校现有全日制教学班59个,在校学生3216人,非全日制教学班20个,学生2000余人。有各类学科教师130人。其中,高级讲师35 人,讲师33 人,双师型教师60 余人。

学校主要开设五年制学前教育、音乐教育、美术教育、舞蹈等专业,三年制幼儿教育、二年制高中幼师专业,主打“幼师”品牌,着力培养适应幼儿教育的教学和幼儿园管理人才,具有明显的专业特色。学校被省厅确定为省级特色示范学校、省级重点建设学校。是省教育厅授牌的皖北地区学前教育师资培训基地,宿州市教师资格考试中心、育婴师培训基地。学校先后荣获一至九届宿州市文明单位、首届宿州市文明校园、安徽省第十、十一届文明单位、安徽省语言文字规范化示范学校、全国职业学校德育先进单位等光荣称号。

学校坚持以服务地方经济社会发展为目标,充分利用学校幼师教育的品牌特色,发挥学校办学优势,拓宽和提高办学层次,全面提升学校办学质量。为宿州市及周边地区的幼儿教育事业提供师资保障。60 多年来,为社会培养输送逾 2 万名优秀合格人才。

2012 年 5 月,安徽省宿州市人民政府决定,建设学校新校区。新校区位于宿州市职教园区,占地 28.67 公顷,建筑面积约 14 万平方米,总投资约 3 亿元。新校区投入使用土地 23.33 公顷,完成 1 号教学楼,1 号、2 号、3 号宿舍楼及食堂综合楼、艺术楼、图文信息楼、实训楼合计 8.85 万平方米建设任务,投入建设资金 2.2 亿元。2014 年,学校整体迁入新校区,进入崭新发展时期。二期工程教师周转房、标准运动场落实用地、建设资金。

【宿州二中】 2016 年,学校有 106 个教学班,在校学生 5706 人,在岗教职工 397 人,专任教师 348 人,其中特级教师 6 人,正高级教师 3 人,高级教师 156 人。国家、省、市级学科带头人及骨干教师 36 人。

学校扎实推进学生核心素养提升,在加强常规教学管理的基础上,积极开展社团活动。夏荷文学社、紫芦文学社、春雷话剧社、碧柳书画社、天地人地理社团、校园足球俱乐部等 20 余个学生社团先后成立,社刊定期出版发行。其中,天地人地理社团活动影响全国。2016 年度,中国地理学会在宿州二中成功举办第八届全国中学生地理奥林匹克竞赛暨第十四届国际中学生地理奥林匹克竞赛选拔赛,填补了宿州教育史上举办全国赛事的空白;足球俱乐部组队参加全市赛事荣获冠军,代表宿州市出征 2016 安徽高中足球联赛,跻身全省五强,创造了宿州市校园足球历史最好成绩。宿州二中有教育科研国家级课题 6 项、省级课题 16 项、市级课题 30 余项;全省化学教研员会议暨高三化学教学研讨会在宿州二中召开;学科竞赛、自主招生双项跻身全国 200 强。标志着宿州二中办学水平达到了新高度,学校持续发展的软实力和美誉度进一步提升。

成功举办第八届全国中学生地理奥林匹克竞赛。这是中国该学科奥赛有史以来规模最大、规格最高,国际化程度最高的一次大赛。有北京人大附中、上海华东师大附中、武汉华中师大附中、厦门一中、合肥一中等名校 87 个代表队近 400 位同学参赛。全省化学教研员会议和高三化学教学研讨会在二中召开,标志着学校化学教研达到新高度。

珍珠班 48 人达一本分数线以上,一本率 96%,600 分以上 15 人,12 人通过“985”“211”高校的自主招生。高三(2)卓越班,42 人达一本分数线,本科率 100%。高三(3)卓越班,43 人达一本分数线,本科率 100%,12 人通过“985”“211”高校的自主招生。高三(28)班文科实验班,26 人达一本分数线,23 人达二本分数线以上,本科率 100%。自主招生在省内居第 8 位,全国居 115 位。

中国自主招生权威品牌——中国自主招生网(www.zgzzzs.com)发布 2016 年全国竞赛“500 强中学排行榜”,宿州二中荣登全国榜单前列,竞赛在省内居第 10 位,全国居第 196 位。

继全省珍珠班管理经验交流会在宿州二中成功召开后,年内学校被浙江新华爱心基金会评为全国优秀合作学校,珍珠班班主任代表应邀参加两岸教育文化交流活动,校长王伟作为全国优秀合作学校代表在“育珠论坛”上发表演讲;珍珠班招生规模扩大一倍,优质生源进一步向宿州二中集聚。

两名教师评为省特级教师。百多位班主任赴京参加高级研修,业务素质大大提升。教师参加教育部组织的精品课评选获部级奖 7 人、省级奖 14 人,撰写论文获省市级奖 66 人,在国家级学术刊物发表论文 27 篇。

获省一等奖 1 项、二等奖 7 项,三等奖 7 项。学校获“全国科技发明示范基地”称号,也是安徽省唯一一所科技发明示范基地学校。

宿州二中足球队代表宿州市出征 2016 安徽高中足球联赛,以 7 战 5 胜 2 负的总成绩获第五名,创造宿州市校园足球的历史最好成绩。

鸿流读书会正式成立;宿州市青少年创作基地

落户二中;天地人地理社团管理的气象站被确定为全国示范校园气象站,学校被确定为全国气象科普教育基地。夏荷文学社隆重庆祝成立五周年,紫芦文学社组织学生参加全国赛事,为学校赢得"全国新课程写作教学示范学校"荣誉。

表彰优秀共产党员、优秀党务工作者24人和先进党支部;中央国家机关工委老龄办领导到校调研,充分肯定学校改革发展及离退休教职工党建工作取得的成绩;校团委法治宣传教育成绩显著,学校获全国五好小公民主题教育示范学校称号,被共青团市委、市司法局确定为法治宣传教育中心。

国家机关事务管理局、国家发展改革委、财政部授予学校节约型公共机构示范单位称号;省、市档案局领导充分肯定学校档案行政执法工作,拟在皖北地区树为中学档案管理示范点;学校被确认为安徽省防震减灾示范学校。

省气象学会秘书长周倍顺、市科学技术协会副会长孙洁、市气象局张丙振科长一行到二中,考察校气象站、气象观测室、地理教室,对气象科普工作进行指导。

1月27日,校党委书记马强作为"脱贫攻坚第一书记"赴萧县孙大庙村,走访慰问老党员和部分困难群众。1月28日,王伟校长作为"脱贫攻坚第一书记"赴萧县柳园村走访慰问老党员和部分困难群众。

为进一步落实好"捡回珍珠计划",浙江新华爱心教育基金会以费用全额资助的方式组织了两岸交流访问活动。宿州二中校长王伟和珍珠班班主任杨争光、老师程波受邀参加活动。

百位班主任赴北京国家教育行政学院参加为期一周的"班主任专业发展之核心能力"高级研修培训活动。

刘争、孙少帅、杜俊杰三名同学参加东盟教育活动周全国第十二届宋庆龄少年儿童发明奖作品展示活动。他们的作品从2266件全国参赛作品中胜出,荣获铜牌。

社会各界资助宿州二中2016年考取高校的贫困学生:市关工委、市民政局、市福彩中心资助22人,每人3000元,总金额达66000元;爱心基金会资助22名学生,每人发放100元的手机话费卡合计价值达2200元。团市委资助项目,资助1人,金额达5000元。市政协常委、市红十字会副会长杨玉洁资助位明媚同学1万多元的入学费用。

1982届校友、上海市作家刘弘新作《洋山港 盛东人》由复旦大学出版社出版发行。文汇报、人民日报先后载文,举刘弘创作《洋山港 盛东人》为例,指出怎样才能创作出直面时代的精品力作,改变中国文艺。

11月24日,省档案局副局长程潜龙、法规处处长邱旻,市档案局局长王伟、副局长张民等一行7人到校督查档案行政执法工作。程副局长一行认为宿州二中现任领导高度重视档案行政执法工作,对学校发展各阶段的资料收集归档较为齐全完整,档案管理走在了同类学校的前头。

12月1日,中央国家机关工委老龄办副主任夏九焘、国务院国资委离退休干部工作局原局长姜晓云,中央国家机关工委老龄办老龄工作处处长张淑兰、工作处干部徐霄翔等,宿州市人大常委会副主任石文庆,市委副秘书长杨维志,市委组织部副部长、老干部局局长张斌,市委老干部局副局长赵文光、关利娟,市老龄办主任王勇等到学校调研离退休干部党建工作。夏九焘一行对学校离退休教职工党建工作和学校改革发展取得的成绩表示充分肯定,表示将把宿州二中的经验材料带回去认真研究,把好的经验、做法推介出去。

(张士奎)

·体 育·

【概况】 全市体育人口210万人。全市有省级全民健身苑34个、市级全民健身苑46个、社区体育俱乐部24个、示范晨晚练点184个,国家级全民健身广场3个、省级乡镇全民健身广场42个,1205个行政村完成农民体育健身工程建设,基本建成宿州体育馆。各类体育社团组织155个,会员达6.86万人。省级体育传统项目学校6所,市级体育传统项目学校17所,市级青少年体育俱乐部10所,市级青少年户外体育活动营地1所。市教体局被评为全省体育彩票销售先进单位、全省优秀体育后备人才输送奖、安徽省第四届全民健身运动会"优秀组织奖"和"体育道德风尚奖"、全省青少年"未来之星"阳光体育大会分会场优秀组织奖;宿州国际网球公开赛被评为"安徽省十佳体育品牌赛事"。

【申办省运会】 市委、市政府成立申办工作领导小组,将申办工作列入"十三五"规划。市教体局成立申办工作办公室，印发《关于建立省运会申办工作有关制度的通知》。加快体育场馆建设，主体育场规划选址经市规委会审查同意；水上运动中心（赛艇站房）选址确定，位于新汴河城区段区域，赛艇站房布置在新汴河南岸；综合训练馆规划选址经市规委会审批同意，进行征地协议制定及上报土地报批相关手续。市体育馆建成。宿州学院体育馆概念性设计和设计招标完成；博雅国际学校游泳馆概念性设计完成，土地摘牌。

【群众体育】　完成建设省级全民健身广场8个、全民健身苑10个、街道或社区体育俱乐部4个、省示范晨晚练点30个。实施市政府惠民实事：在市区新建篮球场10个、足球场10个，安装户外健身器材30套（约400件）。组成历史上规模最大的宿州市代表团、运动员240余人，参加安徽省全民健身运动会23个大项的比赛，获一等奖24项、二等奖29项、三等奖51项，并获“优秀组织奖”和“体育道德风尚奖”。开展各类群众体育活动100余项次，直接参与人数8.5万人，间接参与人数40余万人。其中，省级以上活动8次，包括宿州国际半程马拉松赛、皖北六市足球邀请赛、环江淮万人骑行活动等。体育社团组织建设持续壮大，新成立市羽毛球协会、内家拳研究会、广场健身操舞协会、钓鱼协会、健身走运动协会、鞭陀运动协会，新增会员18580人。做好健身气功推广普及工作，市本级建有26个健身气功站（点），坚持参与健身气功10000多人。完成市本级1000人、各县区500人国民体质监测抽样测试。培训各级社会体育指导员650人，其中省一级75人、市二级175人、县区三级400人。获全国全民健身广场操舞大赛（安徽赛区）集体一等奖、全国广场舞总决赛广场健身舞自选动作第一名和大赛特等奖、全省健身气功大赛一等奖。

【竞技体育】　出台《宿州市体育赛事管理实施办法》《宿州市体育竞赛裁判员管理实施办法》。制定《宿州市足球发展改革总体方案》。强化业余训练工作，重点推进砀山县武术套路、古典跤、宿州学院附属实验中学篮球、宿州九中手球、宿州十一中女子篮球、射箭等项目训练；在埇桥区曹村中学、大营初中设立男子手球项目。成功举办宿州国际网球公开赛（连续第五年举办），吸引27个国家和地区的100余名职业球员参赛，是安徽省规模最大的国际单项赛事，被省体育局评为“2016安徽省十佳体育品牌赛事”。提升运动员在国际国内重大比赛贡献率，在全国及国际赛事中，宿州籍运动员8人获冠军、2人获亚军、5人获季军，2人获第五名，1人获第八名。王春雨获全国田径大奖赛（太原站）800米冠军、全国田径锦标赛冠军赛800米冠军、全国田径锦标赛冠军赛400米亚军，并代表国家参加巴西奥运会。张杰杰获第五届亚洲沙滩运动会赛艇四人双桨冠军、全国赛艇冠军赛赛艇双人单桨亚军、全国赛艇锦标赛赛艇双人单桨季军，李园获第八届武术散打世界杯武术散打75公斤级冠军、全国武术散打锦标赛冠军赛75公斤级冠军，邵芬芬获2016年世界跆拳道大奖赛总决赛女子团体冠军、全国跆拳道锦标赛57公斤级冠军、全国跆拳道冠军赛57公斤级季军，张峰获全国自由式摔跤锦标赛86公斤级冠军、全国自由式摔跤冠军赛86公斤级季军。

【青少年体育】　深化体教结合，加强市级青少年体育组织建设，审批创建市级体育传统项目学校4所，审批创建市级青少年体育俱乐部4个。印发《宿州市体育传统项目学校管理办法》，组织年度考核评估，18所市级体育传统项目学校，评出优秀3所、良好10所、合格5所。青少年阳光体育活动积极开展，在宿州九中成功举办“未来之星”青少年阳光体育大会分会场活动，被评为全省优秀组织奖；参加安徽分会场活动，获二等奖。选派宿州学院附属实验中学代表安徽省参加全国青少年体育户外营地活动，获一等奖。成功承办安徽省青少年围棋比赛，积极举办市级青少年体育篮球、羽毛球、足球、田径、跆拳道等项目比赛。参加安徽省青少年锦标赛，获金牌39枚、银牌28枚、铜牌51枚。市体育职业中学向省输送优秀体育人才45人。大力推广校园足球，会同财政等部门印发《关于加快发展校园足球的实施办法》，成功举办宿州市首届校园足球联赛，获安徽省高中足球联赛第五名。制定印发《市直学校体育设施对外开放实施细则》，要求县区出台具体措施。

【体育经济】　实施《宿州市加快发展体育产业促进体育消费的实施意见》，推动体育产业及体育经济有序发展。建立体育产业联席会议制度，筹建宿州市体育产业协会。加大资金投入，从2014年起，市级财政每年安排100万元体育产业扶持资金；2016

年,安排1000万元用于体育事业发展。落实新建小区“四同步”要求,新建小区配套群众健身设施,并与住宅区主体工程“同步设计、同步施工、同步验收、同步投入使用”。做好体育彩票销售工作,全年销售体育彩票2.74亿元,超额完成销售任务,同比增幅45.78%,增幅排名全省首位。业务考核排名全省首位,综合考核排名全省第二位。电脑型彩票销售2.62亿元,创历史新高。即开型彩票销售1237万元,全年任务完成率居全省首位。市教体局被省体育局评为2016年度安徽省体育彩票销售先进单位。

【体育文化】 在宿州体育职业中学设置“宿州体育名人墙”,宣传介绍运动员和体育工作者。在宿州国际网球公开赛、宿州国际半程马拉松赛等大型赛事期间,宣传介绍网球、马拉松等运动项目文化、赛事规则、文明观赛事项,举办文艺演出、武术表演、体育运动项目展示等活动。在青少年体育比赛期间,举办丰富多彩的体育文化展示、展览活动,扩大运动项目文化社会影响力。大力宣传体育明星王春雨,邀请王春雨担任马拉松赛代言人。做好宿州国际网球公开赛等重大赛事信息宣传工作,大力展示宿州体育良好形象。

(李　成)

·科　技·

【高新技术产业】 2016年,宿州市以高新技术企业培育认定为抓手,加快培育创新主体,提升企业创新能力,推动高新技术产业发展。高新技术产业成为全市经济发展的“新亮点”,有力推动全市经济又好又快发展。高新技术产业全年累计实现产值233.3亿元,比上年增长27.4%,高于全省平均水平(19%)8.4个百分点,增幅全省第四;累计实现增加值55.4亿元,比上年增长25.9%,高于全省平均水平(11.3%)14.6个百分点,增幅全省第二。截至2016年底,全市高新技术企业数达到77家,比上年新增15家,增幅24%,全省第五。

【科技计划实施】 组织申报创新型省份建设项目32项,获批27项,其中企业购置研发设备补助项目21项,安徽省科技重大专项项目6项;组织申报省科技计划项目17项,获批6项。

【科普工作】 市科技局深入贯彻中共十八大和十八届三中、四中、五中、六中全会精神,实施创新驱动发展战略,在全社会大力普及科学知识、弘扬科学精神,提高全民科学素养,科学技术部于2016年组织开展了全国优秀科普作品推荐活动。宿州市推荐的《“苍穹之上”天文科普丛书》,从来自34个中央、国务院部门和36个省(区、市、计划单列市和副省级城市)推荐的298部作品、626册图书中脱颖而出,被评选为2016年全国优秀科普作品。

市科技局、市委宣传部、市科协以“创新引领共享发展”为主题,于5月14—21日联合举办2016年科技活动周。在宿州市雪枫广场举办科技活动周现场宣传咨询活动,组织科技下乡、科技服务企业行活动以及开展科普进校园、进社区活动等。活动周期间印发科技宣传资料80000余份,赠送科普图书3000余册,展出科普图片、挂图200余幅,制作、更新科普画廊、墙报100多块,指导咨询达15000人次,宣传展板300多块。

【科技管理】 市科技局贯彻落实全国、全省科技创新大会精神,增强企业科技创新能力,打造企业核心竞争力,根据市政府工作安排,进一步整合省、市创新政策,结合宿州市实际,以市委、市政府名义出台《宿州市支持科技创新增强经济发展动力实施办法》(宿政秘〔2016〕142号),完善科技创新政策。文件以中央、省科技创新大会精神为指导,以实施创新驱动发展战略为核心,结合宿州市科技工作实际,明确奖励的对象、奖励的类别和奖励的具体金额,着力从高层次科技人才团队到宿州创业、支持企业研发投入、研发平台建设等方面,提出了十四条具体办法,有力的促进宿州市自主创新能力的提高。

2016年,全市研究与试验发展经费投入4.64亿元,较上年增长21.5%,超过全省平均增幅11.8个百分点,增幅全省排名第三;研究与试验发展经费投入占GDP比重0.38%,较上年提高0.05个百分点。

科技局经各县区(园区)现场查验后,组织申报2016年度企业购置研发设备补助项目21项,全部获批立项,争取省财政资金700.2万元,比2015年增加153.86万元;同时,市、县区(园区)财政先行拨付企业购置研发设备配套补助经费557.86万元。省、市、县区(园区)三级财政拨付企业购置研发设备补助经费1258.06万元。

超前组织项目凝练，经各县区（园区）推荐并报市政府审定后，推荐11个项目申报2016年度安徽省科技重大专项项目，获立项6项，获省财政资金880万元，比2015年增加260万元。

全面推进产学研合作，加快推动科技与经济结合、成果与产业对接。一是大力推动高校院所与企业无缝对接。组织企业到高校院所学习，带着问题去、带着需求去，和专家教授面对面、一对一交流；邀请专家教授到企业进行指导帮扶，根据企业需求和困难，现场辅导。2016年4月，组织15家企业赴安徽工程大学、安徽工业大学开展产学研合作，效果显著。二是大力支持高校院所在宿州市设立实训基地。北京大学、复旦大学、上海交通大学、中国科学技术大学、合肥工业大学、安徽大学、安徽理工大学、安徽农业大学、上海应用技术学院等高校纷纷在宿州市设立大学生创业基地、校企联盟实训基地，并与部分企业签订技术合作协议，进一步推动高校、科研院所与地方的深入合作。

科技人才队伍建设。全市四县一区都是三区科技人才支持县区，为切实将人才对口支持优惠政策落实到位，科技局一是积极与农科院、市农委下属事业单位、宿州学院、宿州职业技术学院等相关部门沟通，协调人员选派工作；二是鼓励有产学研合作的企业根据实际需求，申报急需科技人才；三是支持企业与大专院科研院所，以共建工程技术研究中心、博士院士工作站等创新平台的形式，申报科技特派团。2016年，全市申报96名三区科技人才，人员来自北京、上海等12个省市、自治区，专业涉及农作物栽培、农产品加工、机电、医药等。科技部、科技厅为支持三区人才工作，拨付经费93.4万元。

【科技成果转让及应用】　加快科技成果产权制度改革，打通"最先一公里"。重点把握好"三权"（科技成果的使用权、处置权和收益权）管理改革，在政策的操作层面、细化层面和有效落实层面进行制度创新，精简程序、简化手续，让科技成果转化更加顺畅、更加有效、更加便捷。加快建立科技成果信息共享与发布平台，构建线上线下融合的技术市场网络，让科技成果更好地与经济需求对接、更快地转化为现实生产力。大力推动宿州学院、宿州职业技术学院、市农科院等，立足本地实际，加强校地校企合作，面向市场、围绕首位产业发展需求开展科研活动。加强知识产权保护。继续健全保护知识产权的有效体制机制，完善知识产权保护社会信用体系，维护公平市场秩序，保障创新人才的合法权益不受侵害。

【创新平台建设】　为进一步贯彻落实国务院、省政府推进大众创业、万众创新战略部署，努力营造良好的创新创业生态环境，激发大众创新创业活力，不断开创大众创业、万众创新新局面，经省政府批准，安徽省科技厅和宿州市人民政府拟于2016年11月18日联合举办"江淮双创汇　走进宿州"专场活动。

组织企业参加中国创新创业大赛。宿州市组织举办第五届中国创新创业大赛宿州赛区赛事，10家企业和团队进入最终决赛。根据大赛结果和评委意见，推荐2支队伍参加全省总决赛（宿州金鼎安全服务有限公司、怡科农业团队）。

推进众创空间等新型孵化机构发展。2016年，全市组织3家众创空间（萧县龙城久有创业天地、泗县慧佳农业有限公司、宿州技师学院）申报安徽省众创空间备案，目前省科技厅正组织专门人员进行实地核查工作。

组织团队参加2016年国际徽商大会。根据大会安排，科技局组织参加宿州市2个专场活动和省科技厅科技专场活动，组织拟申报2017年安徽省高层次科技人才团队的团队进行现场签约。

【企业创新】　以政府科技投入带动引导企业加大研发投入。鼓励支持企业建设研发机构、购置研发设备，带动和引导企业主动加大研发投入。用足用好鼓励企业创新的政策，认真落实省"1+6+2"政策和《宿州市支持科技创新增强经济发展动力实施办法》，加大对企业研发平台的支持和奖励。切实加大政策宣传指导力度，推动更多的企业了解政策、掌握政策、利用政策，真正做到"企业愿意干、政府就支持"。在全市范围内重点摸排规模以上企业情况，对照高新技术企业和产品认定条件，抓紧培育和认定工作。围绕园区、基地主导产业和战略性新兴产业的发展方向，以促进转型发展为主线，明确主导产业发展方向，完善产业创新链和总体布局。围绕重点产业，加强资源整合，支持龙头企业、领先企业积极争取国家和省各类科技计划项目。

【重大科研成果】 宿州市龙华机械制造有限公司的“无极绳连续牵引车系统研究及应用”项目获2015年度安徽省科学技术奖三等奖。该项目由“安徽省矿用绞车工程技术研究中心”于2012—2013年度研究开发,项目拥有自主知识产权授权发明专利5项及其他多项核心技术。

·科研机构·

【宿州市农科院】 *科技创新* 一是2个品种通过省农作物品种委员会审定;二是获宿州市科技进步奖2项;三是推荐19个小麦品系、15个玉米新组合、10个大豆新品系分别参加国家和省各级试验;四是蔬菜育种获35份杂交组合,65份自交品系,引进22个辣椒品种、彩(甜)椒品种和甘蓝新品种;五是顺利完成国家和省级各项试验任务。

项目建设 全年实施24个项目,58个子课题。按照省农委的要求,对承担的3个农业部项目进行自查,并做好结题验收准备。全年申报3个项目:安徽省科技项目——大豆“皖宿5717绿色增产模式攻关”获批,资助资金30万元;申报的国家玉米育种创新基地建设和中央引导地方科研基础条件和能力建设发展两个项目待批。

试验站平台和试验课题建设 为加快推进宿州市现代农业建设,借助小麦、玉米、大豆、蔬菜四个国家级试验站平台,按照国家产业技术体系的要求,开展各项试验、调研、示范等工作任务。一是国家小麦综合试验站圆满完成体系18个小麦新品种赤霉病、白粉病和锈病发生程度对产量影响的试验任务和示范工作,完成“十三五”时期小麦技术需求和农业竞争力提升调研,形成调研报告上报体系。二是国家玉米综合试验站继续承担国家西南春玉米组区域试验、国家黄淮海区夏玉米区域试验和品种比较试验,以及后2个试验所有品种的接收、编码、分装等任务。在海南进行玉米加代复配面积1.53公顷,育成初级鉴定组合3000多个,高级多点鉴定组合331个。三是国家大豆综合试验站开展多功能麦茬地免耕覆秸精量播种机系列化等15项研究,组织示范县技术负责人和技术骨干进行绿色增产增效生产模式学习示范推广。四是国家蔬菜综合试验站开展皖北地区春胡萝卜栽培试验示范,完成非主要农作物124个品种的鉴定试验,开展番茄集约化嫁接技术研究和辣椒土传病害防控技术研发,收集瓜类、辣椒资源10多份。五是实施植保绿色防控技术试验、示范课题15项,完成5项,发布植保信息6期,接受农民群众咨询和下乡服务指导50余次。全年培训基层农技员、种粮大户及新型农民3000余人次。

东区研发基地建设 完成种子库货运电梯的安装、“三库一房”设备基础建设、种子加工成套设备的安装、冷库建设、种子资源库改建等工作。玉米区试站项目(网室、道路、桥涵、机井、排水渠硬化、土地平整等)通过招标。投资70万元进行大楼规划设计招标,已经完成方案设计和论证,正与规划局沟通,待批。投资350万元的连栋温室和投资85万元的供电项目都已完成招标工作,待开工建设。

积极服务现代农业 一是开办科技讲堂。邀请本地及外地科技人员讲座15场次。二是承办国家、省大型学术会议,推广科学技术。1月28日,承办的农牧复合循环项目研讨会在宿州国际大酒店召开。会上,国家循环农业负责人、中国农业大学李国学教授对农牧复合循环取得的成果给予充分肯定,并指出今后循环农业的发展方向。3月25日,承办的第八届黄淮海大豆育种协作网会议在宿州隆重召开。中国工程院院士盖钧镒等近20位专家作报告和学术交流,对推动大豆科研和加工提出新的思路。4月5日,承办的国家大宗蔬菜产业技术体系华东区年度会议在宿州召开。与会专家、代表深入田间地头、棚室现场,进行现场指导,肯定宿州市的做法、指出问题、给出发展建议。5月19日,承办了安徽省玉米新品种比较试验交流协作会议。会议不仅加强了与会者的业务交流,同时提高了试验人员的理论技术水平,对提高安徽省整体玉米试验水平起到积极的促进作用。6月5日,与国家大豆产业技术体系、泗县人民政府在泗县大杨乡联合举办麦茬夏大豆免耕覆秸精量播种技术现场会,国家大豆产业技术体系首席科学家、中国农科院研究员韩天富介绍大豆体系的科研成果—麦茬大豆免耕覆秸精量播种机械的原理和使用效果,该播种机械在小麦不限茬收割的情况下实现机播作业,大豆增产显著,示范效果良好。该项技术能有效解决麦茬处理、播种质量和全程机械化问题,解决了秸秆焚烧的技术难题,并且能大幅度提高大豆产量。三是对接服务企业。先后赴埇桥区淮河粮食产业联合体、宿州市皖豆香豆制品有限公司、宿州市化东

农业科技有限公司、安徽弘大种业有限公司、埇桥区八张村富民瓜菜专业合作社、埇桥区兴农瓜菜种植专业合作社等提供技术指导，累计服务次数50余场次，达到培训一人，示范一群，辐射一片，带动一方的效果。

深化改革　按照省农委等五厅委文件精神，农科院作为“扩大种业人才发展和科研成果权益改革试点”单位之一，在借鉴中国农科院扩大种业人才发展和科研成果权益改革试点经验的基础上，本着权益改革试点方案科学合理，既要保证科研人员和职工收入不能“改少”，又要保证院科研实力和收益不能“改小”；既要调动科研人员参与科技创新的积极性，又要维护院创新能力的可持续性，经充分酝酿，班子讨论、修改、补充和完善，制定《宿州市农科院扩大种业人才发展和科研成果权益改革试点实施方案（试行）》，征求宿州市相关部门意见并经分管农业副市长同意后备案安徽省农委，为下一步权益改革试点工作探索一条可复制、可借鉴之路。

完善制度　2016年，出台《宿州市农科院公务接待实施细则》《宿州市农科院公章使用管理制度》《宿州市农科院工人管理考核办法》《宿州市农科院考勤制度》《宿州市农科院信访举报工作制度》《领导班子成员接待群众来访工作制度》《信访工作督查督办工作制度》《信访归口制度》《信访首问责任制度》《宿州市农科院党风廉政建设考核制度》等一系列规章制度，用制度规范行为，靠制度管人管事，努力形成顺畅高效的工作体系和运转格局。

项目经费管理　为进一步加强院项目资金管理，解决经费使用管理中可能存在的苗头性、倾向性问题，印发《宿州市农科院关于开展科研项目资金检查工作的通知》，要求各科所对“十二五”规划以来的项目资金使用情况作全面自查。在此基础上，院纪检组会同有关部门，历时近2个月对各科所项目资金使用情况进行全面检查，未发现有违规现象。

“一岗双责”　认真落实党组主体责任和纪检监督责任。制订《宿州市农科院党风廉政建设实施方案》，对领导班子和部门负责人进行责任分解，按照“一岗双责”和“谁主管谁负责”的原则督促党员干部认真履行责任。党组在年中、年末等阶段都要听取专题汇报，分析研究部署党风廉政建设工作，并组织力量定期、不定期开展督查，发现问题及时纠正。

廉政风险防控　印发《宿州市农科院廉政风险防控工作实施方案》，各部门负责人填写《部门廉政风险点排查表》，签订《宿州市农科院党风廉政目标责任书》。5月，集中开展中层干部集体廉政谈话，要求干部围绕自身工作重点，结合“两学一做”学习教育，做到“五个带头”。

全员宣传教育　以《党员必须牢记的100条党规党纪》辅导读书为蓝本，向干部职工每天发送一条短信，对条例进行分解学习。同时向广大干部职工家属发放《宿州市农科院家庭助廉倡议书》80余份。编印《宿州市农科院纪检监察工作简报》26期，印发500余份。发布廉政教育相关信息23篇，被市直工委网站采用2篇，先锋网采用1篇，报送党风廉政建设信息5篇。

日常监督检查　一是根据《宿州市农科院关于进一步加强纪律作风建设工作的通知》《宿州市农科院考勤制度》文件要求，办公室及时公示考勤结果，同时纪检组会同办公室不定期对各部门工作人员出勤情况进行突击检查，针对督查情况，以红头文件形式下发《宿州市农科院关于工作人员出勤情况通报》，通报中对出现问题人员点名曝光，不姑息、不迁就、不护短。二是印发《宿州市农科院关于加强会风会纪的通知》，明确要求广大干部职工要做到“严格落实参会人员、严格执行请假制度、严格遵守会场纪律、严格问责违纪行为”等“四个严格”。三是紧盯重要时间节点，通过院飞信群向全院干部职工发送廉洁过节警示短信和“十个严禁”具体内容，进行反复敲打、经常提醒，切实做到防患未然，提高职工廉洁自律意识，切实把纪律和规矩挺在前面。

【市农机所】　**科研项目完成情况**　2016年，市农机所采取多项有效措施，强力推进科研水平再上新台阶。加大科技人才培养力度，实施“1带1”人才培养制度；强化科研平台建设，加强与安徽农业大学、南京机械化研究所等高校、科研院所的紧密关系。2016年新晋副高级工程师1名，工程师1名，“小麦灭茬大豆免耕播种机”获得国家发明专利，秸秆粉碎还田抑尘装置进入实验阶段，申请国家技术认定。

创新推广模式　扎实开展走访调研和学习考察，及时了解农民需求，把握市场行情；扎实开展送科技下乡活动和举办现场演示会，2016年分别在夹沟镇和扶贫联系村开展了送科技下乡活动，在北杨寨举办节水灌溉机械现场演示会，共发放技术资料2000余份，提供技术咨询1500余人次。积极参加埇桥区“2016年三夏大豆机械化播种技术现场演示培训现场会”和埇桥区农机深松整地演示培训现场会，自主研制的秸秆还田大豆玉米两用精量播种机成为亮点，受到广大与会人员的一致好评。农机经营推广站全年推广销售各种农机具100多台，实现销售额近100万元。竞标埇桥区农机采购项目，中标埇桥区50台大豆精量播种机等项目。

服务工作　立足农机，面向农村，急民所急、想民所想，一心为农民办实事、办好事。在芦岭、夹沟、北杨寨、大营等重点乡镇设立8家农机农资服务网点，为农机户提供维修、培训、咨询服务。午收和秋种期间，开通24小时服务热线，配置抢修服务车，到田间地头提供现场农机维修服务。开展志愿者服务活动和送科技下乡活动，指导农民正确使用、维护农机具，宣传农机冬季保养知识和宿州市有关农机政策。全年维修农机具240多台(套)，提供技术咨询服务1500多人次。

效能建设　以提升效能促推进工作为目标，持续深化“点燃激情、提升效能”活动，强力推进效能建设升级。一是建立轮流值班制度。当天值班人员对照《效能建设实施细则》，检查在岗情况、办公精神状态等。设立举报电话，全面接受社会监督。二是突出重点督查。聚焦突出问题，紧盯重要时间节点，开展多频次、全方位的明察暗访。三是完善制度。进一步完善《宿州市农机研究所效能建设工作实施方案》《效能建设实施细则》，有针对性地堵塞制度漏洞，把制度的“笼子”扎地更紧更密。

·防震减灾·

【概况】　2016年，全市“四县一区”均被中国地震局划入一类地震重点危险区。面临严峻震情形势，宿州市地震局全面贯彻中共十八届三中、四中、五中、六中全会以及习近平总书记系列讲话精神，以“两学一做”学习教育活动和“讲看齐，见行动”学习讨论活动引领防震减灾事业发展，紧紧围绕地震监测预报、地震灾害防御、地震应急救援三大工作体系扎实开展全市防震减灾工作，各项工作取得显著成绩。

2016年度宿州市被评为全国防震减灾工作先进单位；在全省市县防震减灾工作综合评比中获得一等奖；防震减灾工作获得全国先进单位这一荣誉被写入2016年度市政府工作报告。萧县、泗县获得2016年度全省县级防震减灾工作一等奖。

【地震监测】　持续推进宿州市地震监测中心建设。各县地震监测中心建设顺利，泗县、萧县地震监测中心已投入使用，灵璧地震监测中心已具备资料下载、数据跟踪分析功能，加快砀山地震监测中心的搬迁，打好观测井，落实监测中心用房，安装仪器。积极做好“一县一台”数据产出和运行管理工作。强化制度建设，市政府出台《宿州市地震台网(站)运行管理与保护办法》，市局下发《加强春节期间震情监视和跟踪工作的通知》和《2016年宿州市震情跟踪工作应对方案》等文件。设立“监测环境保护范围标志”和“地震监测设施和监测环境保护公告牌”，划定监测环境保护范围，建立健全监测设施和监测环境保护档案，地震监测设施和地震观测环境得到有效保护。2017年度全省趋势会商报告获二等奖，2016年度全省地震台站观测资料质量检查评比中，泗县钻孔应变获第一名、数字石英摆获第二名，宿州台测震学系编目(含速报)获得第三名，其他参评台站均达到优秀档次。

【地震群测群防体系建设】　进一步完善群测群防体系，四县一区全部按要求建立地震群测群防网络，建立地震宏观观测点、选聘乡镇(街道)防震减灾助理员，有37个市级宏观观测点和114名防震减灾助理员。健全群测群防工作管理制度，制定并完善《宿州市“三网一员”体系建设方案》《宿州市群测群防工作管理办法》《关于清理调整群测群防网点加强工作规范化的通知》《宿州市地震宏观观测员考核细则》，严格执行群测群防信息零报告制度，宏观观测员补助经费全部落实到位。组织“三网一员”业务培训，做到“管理到位、措施到位、经费到位、人员到位”，确保群测群防网高效运转。

【抗震设防工作】　健全震灾防御体系，推进实施《宿州市抗震防灾规划2014—2020》，提高城市的综合抗震能力。为进一步做好行政审批服务工作，成立行政审批服务“三集中、三到位”工作领导小组，制定行政审批服务工作实施方案，设立行政审批服务科，行政审批服务科整体进驻政务服务中心，有效开展地震业务行政审批工作。编制《宿州市地震局政府权力运行监管细则》，召开全市中国地震动参数区划图宣贯会议，贯彻落实第五代《中国地震动参数区划图》（GB18306—2015），严格按照第五代《中国地震动参数区划图》，对 S303 徐明高速出入口连接线改造工程场地、大店梁家机场场址、宿州城市地下管廊、大众汽车耐久性测试场地等工程项目提出抗震设防要求意见。联合市美丽办共同下文《关于开展宿州市美丽乡村地震安全工程示范点申报认定工作的通知》，在全市范围内开展农村民居地震安全工程示范点建设工作，经过召开评审会议，年内建成 5 个地震安全民居工程示范点。

【地震应急工作】 2016 年国务院地震应急准备工作督查组对宿州市应急准备工作进行检查，并给予肯定。根据《宿州市地震应急管理办法》，指导学校、医院等人员密集场所开展地震应急疏散演练；开展全市地震应急处置桌面推演，省地震局副局长王跃亲临现场，各单位按照预案要求，分工明确，处置科学，配合有序，达到预期效果。完善应急避难场所的建设和运行，2016 年建成Ⅱ类应急避难场所一处，完善Ⅲ类应急避难场所 11 处，有效避难场地 168.07 公顷，人均 3.2 平方米。4 个县建成 14 处地震应急避难场所，基本满足群众应急疏散、应急避险需求。进一步创新应急联动机制，牵头召开皖北四市地震应急联防联动协作会议，审议通过《2016 年度皖北四市地震应急联防联动工作方案》，强化区域震情跟踪、通讯保障、震灾评估等应急处置能力。

【防震减灾科普宣传】 按照《宿州市防震减灾知识普及办法》要求，开展防震减灾科普教育基地、示范学校、示范社区创建工作，2016 年创建一批新的示范点：创建 5 所省级示范学校、1 家省级示范社区，12 所市级示范学校、6 家市级示范社区。加大防震减灾宣传工作力度，做好防震减灾知识“六进”活动，建立防震减灾宣传长效机制，努力提高全市人民群众防震减灾意识。利用电视台、政务微博、门户网站等现代媒体手段，与《拂晓报》合作，常年开设“防震减灾知识窗”栏目，广泛开展防震减灾公益性宣传。2016 年，新编印地震知识宣传彩页，制作科普宣传展板。同时新购科普宣传、培训相关书籍千余册。充分利用特殊时段（“5·12”防灾减灾日、“6·16”安全生产月宣传咨询日、“7·28”唐山大地震纪念日、“10·13”国际减灾日、“10·14”国际标准化日等），积极开展形式多样的防震减灾社会宣传。全年宣传活动发放法律法规及地震科普宣传材料 3 万份，接受群众咨询近万人次。依托市地震科普馆为平台，加强对群众的防震避震知识宣传教育工作，强化地震科普知识宣传。2016 年，宿州市广播电视台小记者、宿州市第一小学、宿州市旭日幼儿园、留守儿童、宿州市红十字会志愿者、宿州市移动公司、市委关工委等机关团体及社会人员在工作人员的带领下参观科普馆，普及地震知识。

·气　象·

【综合监测网建设】 新建多要素区域站 6 套，升级改造 7 套，实现 94 个乡镇多要素区域站全覆盖；开展现场核查区域站 25 个；完成全市实景观测系统更新和山洪项目建设任务；全市观测网络质量综合指数达到 99.98%。市气象局和市发改委、市经信委联合印发《宿州市气象监测设施规划建设和资源共享协调办法》的通知，规定各部门、行业气象监测相关站点建设纳入统一规划。

【现代预报业务】 明确市级气象预报业务机构、岗位设置、工作职责与业务流程；编制《市、县级气象预报与服务业务工作手册》；完成 5 项任务和 7 项规范建设；建立了 0—12 小时短时临近预报和重要天气过程业务服务流程和规范。

【预报准确率稳步提升】 24 小时晴雨、温度预报准确率分别为 87%、84%；24 小时订正技巧综合评分 0.85 分，位于全省第六名；24 小时降水、高温预报订正位于全省第三、第四名。

【防灾减灾】 一是政府主导气象防灾减灾机制更加完善。市县（区）气象灾害应急预案修订全部完成，实现 94 个乡镇预案全覆盖，202 个示范村完成村级预案编制。县（区）两级编办批复成立突发公共事件预警信息发布中心，解决编制和经费。市政府组织召开气象防灾减灾会议，与各县（区）政府签订责任书。二是部门合作气象防灾减灾水平明显提升。与农委、民政部门合作共建 94 个乡镇气象灾害防御管理所（气象信息服务站）。市政府印发《宿州市人民政府办公室关于建立宿州市防雷安全监管工作联席会议制度的通知》,确定与住建、安监、消防等部门建立防雷减灾联席会议制度,防雷安全监管全部纳入市政府考核评价指标体系。与市城管局联合开展城市内涝会商、信息共享和预警发布,联合发布宿州市暴雨强度公式。与市环保局联合开展重污染天气会商300次,发布预报100余期。三是决策气象服务获政府领导肯定。全市气象部门积极应对年初雨雪冰冻、汛期强对流天气、秋种旱涝急转、秋冬雾霾等重要天气过程,启动重大气象灾害应急响应7次,报送决策气象服务材料118期,发布预警信号230余次、彩信800余条、短信560余次、微博1800条,其中决策服务材料3次被市政府明传电报转发,市防指在气象局组织召开3次汛期联合会商。市委书记张曙光在6月份到市气象局调研期间,对市气象局预报及决策气象服务给予充分肯定。四是气象为农服务工作扎实推进。气象为农服务产品进一步丰富,年内编发为农服务材料78期;出具政策性农业保险气象灾害认证10份;开展40万公顷小麦"一喷三防"气象保障服务5次;针对5000家新型农业主体开展直通式服务47次;与涉农单位联合调查与会商27人(次);持续开展农用天气预报服务;与市农科院联合开展小麦异常迟播和乳熟后的降温降雨天气影响模拟试验,建立砀山酥梨气候品质评价技术体系,开展砀山酥梨气候品质评价。实施39轮次人工增雨消雹作业,为农业增产增收发挥积极作用。

【科普宣传】 一是以主题活动为载体开展科普宣传。积极开展以"直面更热更旱更涝的未来"为主题的"3·23"世界气象日系列科普宣传活动。开展气象科普进社区、进农村活动;组织气象预报、农业气象等专家深入社区、农村和田间地头进行宣传和现场答疑解惑。开展气象科普进校园活动,以宿城二中和一小校园气象站为载体,给400多个中小学生讲解基本气象知识和实际的观测设备的发展等。开放气象科普教育基地。宿州二中学生代表40多人,在老师的带领下到气象科普教育基地参观,气象专家为他们讲述了全球气候变暖背景下,全市气象灾害的发生和发展以及极端天气的发生和危害等。积极参与"5·12"防灾减灾日、"科技活动周""安全生产月"和"全国科普日"等科普宣传活动。通过摆放气象知识展牌,发放气象知识宣传册,现场咨询问答等形式,让市民们更多的了解气象和如何应对气象灾害等相关知识。二是组织开展气象科普知识竞赛活动。市气象局与市科协、教体局联合开展2016年宿州市中学生气象科技论文竞赛活动,激励中小学生学习了解气象常识和气象灾害等知识,提高他们的防灾自救能力。上报论文23篇,推荐5篇论文参加全省竞赛,推荐2篇参加全国竞赛。获全省一等奖3篇、二等奖2篇和优秀组织奖的好成绩。宿州一小一名同学的文章《彩虹的话》获全国第三。

文化　旅游　传媒

·文　　化·

【概况】　2016年，市文广新局按照“特色凸显年”工作要求，以开展“两学一做”学习教育和“讲看齐、见行动”学习讨论为契机，着力在完善公共文化服务体系、文艺精品创作、文博非遗保护利用、新闻出版广电管理、文化旅游产业发展、文广新旅市场管理等方面彰显特色，抓主抓重、提升效能，实现了“十三五”时期文广新旅事业发展的精彩开局。截至2016年底，先后荣获第六届全国服务基层文化建设先进集体、全省治理规范旅游市场先进单位、全省节约型公共机构示范单位、宿州市第九届文明单位、2015年度岗位目标责任制考核优秀单位、全市扫黄打非工作先进单位、全市拥军优属先进单位、宿州市文化惠民消费季优秀组织单位、2015—2016年度提案办理先进单位等完成了“2016特色凸显年”目标任务。

【帮扶工作】　文广新局包保埇桥区时村镇时南村，高度重视帮扶工作，不断创新方法、强化措施、精准施策，脱贫攻坚工作取得新成效。2016年，时南村脱贫91户157人全部通过国家、省组织的第三方考评，贫困发生率1.86%，村集体收入达5.8万元，特色种养殖业初具规模。积极协调脱贫项目实施，完成路灯项目、光伏发电项目、村路面硬化项目、农业大棚项目、危房改造项目；争取资金12.5万元，帮助时南村实施农业大棚项目；积极招商引资服装加工项目，安排就业人员45人；投入资金2万余元，购置文化娱乐器材，丰富群众文化生活。

【“两学一做”学习教育】　按照建设学习型班子、学习型机关的要求，局党组制定切实可行的学习计划，系统学习中共十八大和十八届三中、四中、五中、六中全会，尤其是习近平总书记系列重要讲话精神，牢固树立看齐意识，坚决维护中央权威，确保政令畅通，政治理论素养和领导能力进一步增强。认真执行民主集中制，凡人事、财务、基础设施建设等重大事项，广泛征求群众意见，经领导班子集体研究决定，坚决杜绝个人说了算或个人凌驾于组织之上的行为。深入开展“两学一做”学习教育和“讲看齐、见行动”学习讨论，更好适应新常态、把握新常态、引领新常态，率先垂范，善抓善管，用铁的肩膀扛起肩负的责任，以领导班子的辛苦指数换取文广新旅事业提升指数和全局干部职工的幸福指数，为连续评为市直岗责考核优秀单位奠定了坚实的组织基础和政治保障。

【文化民生工程建设】　免费开放公共文化场馆，全市6个图书馆、6个文化馆、4个博物馆、1个美术馆、102个乡镇综合文化站全部实行免费开放，丰富广大群众的精神文化生活。落实农村文化建设专项补助，全市1198个行政村，每村补助专项资金1.2万元主要用于文化建设。开展文艺演出1432场，完成全年计划的119%；公益电影计划放映14476场，完成全年计划的103%；农家书屋出版物配送和文化信息共享工程资金239.6万元全部到位。

【示范工程建设】　全市49个贫困地区百县万村综合文化服务中心示范工程（农民文化乐园）试点建设任务，投入资金882万元，全部按照“一场两堂三室四墙”标准完成建设任务。建成后的文化乐园开展科普培训讲座360余场,送戏演出300余场,电影演出600余场。开展文艺人才培训,组建各种形式的业余文艺团队,引领群众不断丰富文化生活。

【文艺精品创作】 完成《平安是福》全省、全市巡演和晋京演出,受到省委主要负责人和中纪委领导的好评。创排大型梆子戏《风涌大运河》、大型坠子戏《少年闵子骞》。复排大型泗州戏《垓下绝唱》。泗州小戏《鞭打芦花》赴黄山参加第十一个非物质文化遗产日展演,得到省委宣传部和省文化厅领导的好评。泗州小戏《陈寔遣盗》受邀参加第七届中国(张家港)长江流域戏剧艺术节,成为重点展演剧目。《情满小岗村》跻身于中国文联、中国曲协“十首优秀作品”之列并晋京演出;广场舞《牵牛花开》在省大赛中获二等奖。

【符离旅游大道建设】 2016年,大力营造招商项目宣传氛围。着力强化招商项目服务保障,在土地政策、财政政策、服务保障、奖励兑现等方面,制定招商优惠政策。有30多家客商与宿州市进行联系洽谈,有投资意向并开始深度规划设计有5家,项目建成后,是一条集“花园、家园、乐园、果园、田园”五位一体的一站式旅游景区带。

【文化交流活动】 年初,市演艺集团赴新加坡参加“春城洋溢华夏情”文化交流活动,成果丰硕,是宿州市一次大规模的文化国际交流活动。10月下旬,韩国江原道文化代表团一行18人访问宿州市,开展主题为“魅力文化　传承共享”的中韩文化交流活动,将宿州市深厚的文化底蕴和旅游精品展示给韩国艺术家,使他们近距离感受宿州文化的独特魅力,让更多韩国朋友们了解宿州、喜欢宿州、宣传宿州。

【文化市场管理】 积极推动政府职能转变。成立局行政审批科,率先向社会公布权力清单和服务清单。加强对辖区经营单位监管,出动执法人员8000余人次,检查经营单位2300余家次,立案查处216家,行政处罚105起。查缴非法出版物近万册、非法光盘音像制品1800余盘,配合工商部门收缴非法卫星地面接收设施220余套,有效遏制文化市场违规经营行为,净化文化市场,赢得社会赞许,助推宿州市省级文明城市创建工作。

(丁　宁　李　丽)

·旅　　游·

【概况】 宿州资源丰富,拥有多个国家级名片:“中国酥梨之乡”“中国书画艺术之乡”“中国书法艺术之乡”“中国马戏之乡”“中国民间艺术(钟馗画)之乡”“中国观赏石之乡”“中国烧鸡之乡”“泗州戏之乡”。特色鲜明,有天下第一奇石——灵璧石,有世界最大百万亩连片果园——砀山梨园,有中国最大的古青檀树群落——皇藏峪,有世界非遗隋唐大运河;砀山酥梨、萧县葡萄、符离集烧鸡、夹沟香稻米等名优特产久负盛名。

宿州有AAAA级景区3家:萧县皇藏峪国家森林公园、灵璧县现代农业博览园、灵璧奇石文化园;AAA级景区6家:灵璧虞姬文化园、灵璧钟馗酒文化博物馆、萧县饮马泉山庄、砀山天鹅洲风景区、泗县清水湾公园、泗县江上青烈士纪念园;世界级文化遗产1处:泗县隋唐大运河通济渠活态遗址;世界级果林资源1处:吉尼斯认证世界最大百万亩连片果园——砀山梨园;国家级地质公园1处:灵璧磬云山国家地址公园;国家级水利风景区1处:宿州市新汴河景观带;国家级湿地公园1处:泗县石龙湖国家湿地公园;国家级红色旅游资源1处:萧县蔡洼淮海战役总前委会议旧址;国家级示范区2处:全国休闲农业和乡村旅游示范县(灵璧县)、国家全域旅游示范区(砀山县列入第二批创建名单)。

【文化旅游产业发展】 5家进入文化部特色文化产业项目库、6家进入省重点文化产业项目库、2家进入国家动漫企业资源库、14家进入省文化直接融资后备企业库、31家进入省文化产业项目库。成功申报3家省级文化产业基地。中国微电影集团等大型影视企业落户宿州,南翔云集文化商业街投入运营。基础文化产业稳步发展,全年实现产值约10亿元。2016年,实现旅游总收入120.47亿元,增幅21.18%,增幅排名全省第四;国内旅游人数1877.54万人次,增幅18.25%,增幅排名全省第六;入境旅游人数39907人次,增幅10.98%,增幅排名全省第三。旅游项目建设,新录入项目3个,完成投资总额73.36亿元,完成率80.69%。灵璧县现代农业博览园、萧县皇藏峪国家森林公园成为省级研学旅行基地；砀山县、灵璧县、新汴河景观带申报为省级旅游度假区；积极推进旅游小镇工作；大力发展乡村旅游和旅游扶贫工作，评定五星级农家乐1家、四星级农家乐5家、三星级农家乐5家；评定省级优秀旅游乡镇6家、省级优秀旅游村19家。省旅游局对我市2015—2016开展治理规范旅游市场秩序工作给予充分肯定，获得优秀等次。

【创建评定工作】 砀山县被列入第二批国家全域旅游示范区创建名单，灵璧县获批全国休闲农业和乡村旅游示范县。宿州(䏔 sā)汤获评为中国金牌旅游小吃。宿州国际大酒店获批为五星级旅游饭店。

砀山县官庄坝镇被评定为省级优秀旅游乡镇；砀山县良梨镇良梨村、灵璧县虞姬乡虞姬村、埇桥区符离镇沈圩村等9个村被评定为省级乡村旅游示范村。泗县慧佳农业生态园获评省五星级农家乐。灵璧县现代农业博览园获批省级研学旅行基地。灵璧县奇石小镇获评为安徽省特色旅游商品街区，灵璧县渔沟镇获评为安徽省特色小镇；灵璧县虞姬乡获评为安徽省首批旅游小镇创建示范单位。灵璧磬石茶壶、砀山酥梨、泗县药物布鞋等9家获评安徽特色旅游商品，埇桥区夹沟香稻米、乐石砚等7家获评安徽必购旅游商品。

【乡村旅游扶贫】 出台《宿州市关于乡村旅游扶贫工程的实施意见》，市级旅游发展资金增至1000万元，优资金扶持秀旅游乡镇、乡村旅游示范村、旅游厕所建设、重点旅游扶贫村、优秀旅游商品等。2016年拨付市级旅游品牌创建补助资金170万元，争取省级旅游公共服务设施补助资金182万元。泗县乡村旅游富民工程(9个国家级旅游扶贫村+1个重点乡村旅游项目)，争取国家发改委资金1000万元，用于乡村旅游扶贫及旅游基础设施建设。推进"厕所革命"，全年旅游厕所申报建设31座，完工30座，完成率97%，总投资近1500万元。开展乡村旅游产品开发，推选出"宿州市十佳优秀农家乐"和"宿州市十佳特色旅游商品"。

【旅游营销宣传】 2016年，砀山梨花旅游节期间，通过举办梨园马拉松赛等系列活动，实现到砀游客突破43.6万人次，旅游综合收入接近2亿元。皇藏峪第二届汉文化旅游节，举办"苏鲁豫皖旅游景点联盟签约仪式"暨汉文化发展研讨会，促进苏鲁豫皖旅游的合作与发展。灵璧举办第五届国际奇石文化博览会暨钟馗文化旅游节、虞姬文化旅游节等活动，进一步扩大了宿州旅游影响力。宿州市旅游局官方微博获评安徽省十佳旅游微博，宿州旅游微信公众号正式运营。积极参加安徽省央视旅游宣传项目，投入资金300万元，在CCTV-1新闻30分和新闻联播节目时段，全年覆盖播出，宣传宿州旅游。

【旅游规划】 编制完成《宿州市旅游业发展"十三五"规划》《乡村旅游规划》《红色旅游规划》和《符离生态旅游大道沿线旅游景区点专项规划》等规划文本。

【旅游项目建设】 宿州市博物馆创AAAA级景区通过评审验收。灵璧县钟馗文化园创AAAA级景区参加省景观质量评审获好评。新汴河景观带被批准为国家级水利风景区，启动创建AAAA级景区、省级旅游度假区工作。有序推进萧县蔡洼淮海战役红色旅游经典景区、宿州市天下第一石城创建AAA级景区。皇藏峪AAAAA创建提升工程、南翔·云集文化旅游商业街等项目进展顺利。建成泗县运河人家园林景观综合项目(一期)，投资20亿元。隋唐大运河遗址泗县段保护性利用工程，入选国家发改委"十三五"重点项目库。符离生态旅游大道启动建设，道路总投资20亿元，景区总投资12亿元，着力打造生态旅游文化长廊。

·广播影视·

【新闻宣传重点突出】 以《宿州新闻联播》《直播宿州》栏目为宣传主阵地，各栏目发挥各自优势，从不同角度、层面配合宣传，形成宣传合力、节目互动的新格局，在做好常规性宣传、领导活动和"两会"等重点宣传工作的同时，紧紧围绕学习"习近平总书记视察安徽重要讲话精神""两学一做"学习教育、园区建设、扶贫攻坚等重点工作、重大活动，精心组织一系列新闻宣传战役。各新闻栏目先后开设了"学习贯彻习总书记讲话精神""深入开展'两学一做'学习教育"等40多个专栏，形成强大的舆论声势，发挥较好的舆论引导作用。以"三贴近"为宗旨，着眼全局，围绕重点，关注民生，强化监督，努力在党和政府与百姓之间,发挥好桥梁和纽带的作用。

《直播宿州》栏目组对栏目内容、播出时长等进行调整,开办《早听晚看》和《效能观察》《小刘调查团》等专栏,提升《直播宿州》栏目舆论监督的力度。《政风行风热线》充分发挥舆论监督、群众监督作用,知民心、察民情、解民忧。31家职能部门和窗口行业以"政风行风热线"节目为载体,积极推进政风行风建设,强化执政为民的理念,提高办事效率。新闻频道围绕丰富节目内容、细化宣传阵地等方面加大人力和物力投入,开设了《县域传真》《教体新闻》、《法制宿州》等栏目,宣传质量、收视效果等达到预期。

【外宣工作】 2016年,宿州广播电视台加大对外宣工作的领导和投入力度,加强与省台联系、合作,根据省台用稿需求不断拓宽采访渠道,外宣工作态势良好,较好地传播了宿州声音,展示了宿州形象。2016年,宿州广播电视台在《安徽新闻联播》发稿量位居全省第四。

【做大做强主流新媒体】 面对新媒体的迅猛发展,2016年,新媒体队伍进行重组后,以重点项目和重点工作为抓手,扎实推进新老媒体融合发展。在确保本台自制节目及时在网络发布工作的同时,开设新的版块,突出视听产品的推广和自制视频的制作。掌握宿州手机客户端启用"推送"功能,开设的网络直播平台,受到广泛关注和好评。全媒体采编平台的指挥调度、采编资源整合和多介质传播一体化进一步优化。

【注重栏目品牌建设】 按照打造属于老百姓自己的本土栏目、节目的工作思路,各栏目、节目在确保播出任务的同时,积极策划特别节目、特色活动,提高收视效果,促进栏目创收。《咱们结婚吧》《企业风采录》《幸运大翻牌》《大话宿州》等整合后的一批本土化、服务性和互动性强的新节目与听众观众见面,栏目特色和优势得以彰显,扩大了自办节目的宣传效果和影响力,创收效果得以提升。

1.完善平台建设,推行频道专业化。2016年,是宿州广播电视台深化改革的关键之年,频率、频道改革稳妥实施,针对不同的受众群体,开设专业栏目,满足受众需求,拓展传播渠道,全力打造宣传的专业化频道,频道专业化初见雏形。

2.选贤任能完善机构。为推动频道改革的的稳步进行,确保强化领导,执行有力,各频率、频道报经台领导同意,公开选聘人才,让真正有志有为者,并形成良性竞争的新局面。

3.全员量化,奖优罚劣。为调动干部职工干事创业的积极性,2016年,各频率频道频道相继出台系列考核、奖惩措施,实行全员量化考核、一岗双责、一专多能的工作机制,激发出全体采编人员的工作热情和创新动力。

【彰显社会性公益性】 1.做好节目编排、上载和节目引进工作。根据台内各频道、频率以及广告播出实际情况,对节目编排架构表和节目单进行调整,力求特色鲜明,同时继续做好节目上载工作,实行严格的每日审查和重播重审制度,规范上载审看行为,确保上载审看环节不出问题。在台资金极为困难的情况下,想方设法,大幅度压缩购片经费,多渠道开拓节目源,确保全年各频道节目运行需要。2016年,上载各类电视剧1100多集,戏曲节目600多期,栏目2400期,电影100多部,并编辑月、周、日节目单1500多档。按照宣传和播出的工作要求,各频率、各频道、网站、报纸重点推出有关学习习近平系列讲话精神、十六城同创、创建园林城市等公益广告,每个频道、频率平均每天播出各类公益广告达到50条次以上,播出密度大,宣传效果好。

2.抓好节目创优工作。2016年,完成宿州广播电视新闻奖和安徽广播电视新闻奖、文艺奖、播音主持奖等各类奖项的申报参评工作。《砀山县奏响精准扶贫"三重奏"》获2015年度安徽新闻奖二等奖,另有两件作品获安徽新闻奖三等奖。8件作品分别获得安徽广播电视奖一、二等奖;《远离毒品永远不尝试》公益广告获得2015年度安徽广播文艺奖二等奖;《同学情》《珍惜节约每一滴水》分别获得2015年度安徽广播文艺奖三等奖。

3.完成宿州市重要专题片、形象片拍摄制作。创优工作室紧紧围绕创优和创收两项任务,完成宿州市各类专题片、形象片20余部。较好的完成年初确定的各项目标任务,总收入70余万元。

【技术保障运行】 技术部门按照加强安全生产、安全播出的要求,在技术保障、机房管理、数据维护等方面,做了大量认真细致地工作,完成了安全播出、安全发射和技术保障工作。完成了全市工作任务调度会、两会、大讲堂、报告会等活动的直播、录像任务。

针对采编播技术设备的现状，7 月，宿州广播电视台积极工争取省财政文化广电基础设施项目改造资金 500 万元，市财政配套资金 400 万元，对制播网络、播控系统和摄录设备进行高清改造。完成广播系统的总控机房、录音站升级改造，实现数字网络播出；完成高清非编制作系统和媒资系统的安装和改造和高清硬盘播出系统的安装和调试等工作；完成电视转播车的改造，转播车通话系统、节目录制等转播功能得到较好的改善。宿州广播电视台的广播电视节目的采编、制作、播出的技术指标、质量和安全性得到大幅提升。

【千方百计抓创收】 2016 年，在新媒体的强力冲击下，广告市场环境非常严峻，随着新“广告法”和“食品法等”法律法规的出台实施，国家加大了对医疗、药品、房产类等广告市场的监管力度，宿州广播电视台从 7 月开始，围绕人事、创收、分配等方面，研究制定改革方案，将广告经营创收任务，向各频道、频率和有创收条件的部门进行任务分解，传导压力，人人有压力，人人有任务，以增加广告经营收入。各频率、频道、产业中心等还结合自身优势，把搞好活动营销作为增强媒体影响力的重要手段和创收的重要增长点，积极策划、举办各类活动，注重打造品牌，形成品牌效应，增加营收。

【扎实开展“两学一做”学习教育】 宿州广播电视台党委把深入学习贯彻习近平总书记系列重要讲话精神作为一项重大政治任务，组织全体党员干部，以支部为单位深入学习宣传贯彻习近平总书记系列重要讲话精神，在拓展学习的广度和深度上求深入；在加强宣传力度和思想引领上求深入；在武装头脑、指导实践、推动工作上求深入。通过深入学习，把思想和行动进一步统一到习近平总书记系列重要讲话精神上来，统一到中央一系列重大决策部署上来，统一到做好新闻宣传工作上来。在深入学习贯彻习近平总书记视察安徽重要讲话精神的同时，推进“两学一做”学习教育，根据市委统一部署，市广播电视台采取有效措施，组织开展了党章党规知识测试活动，举办了党务骨干培训会。通过党课、自主学习等形式，使全体党员的党性要求内化于心、外化于行。

【强化基层党组织建设】 1. 加强组织基础建设。一是构建良好机制抓党建。坚持党建和业务同部署、同落实、同考核，做到党建和业务工作一起抓、工作推动力度一样大、工作标准一样严。二是健全党建工作制度。认真落实民主集中制、“三会一课”、民主生活会、民主评议党员等制度，听取思想汇报，积极开展批评与自我批评。三是加强各党支部领导班子建设。以党组织建设为核心，全面加强支部领导班子的思想建设、组织建设、制度建设、作风建设和廉政建设，增强党务干部抓党建、带队伍、促发展的意识。四是做好组织发展工作。按照发展党员的“十六字”方针，严格党员发展的条件和程序，把一线的政治素质好、业务能力强、作风正派、思想进步的优秀分子吸收到党组织中来。五是落实党务公开和监督工作。完善了党务公开制度，细化和规范党务公开的内容、程序和方式，进一步扩大党员的知情权和监督权，鼓励更多的党员民主参与党内事务，切实维护了党员的合法权益。

2. 认真执行“三会一课”制度。各支部能够按时组织开展活动，党课参学率达 97% 以上。全体党员积极参加党内各种活动，并通过党员组织生活会交流思想工作学习情况。

3. 及时做好党费的缴纳工作。严格遵守《中国共产党章程》和《中国共产党党费收缴、使用和管理的规定》，积极做好党费的缴纳工作。各支部认真执行党费缴纳标准，及时核定党费基数，按时按标准向党组织缴纳党费。

4. 加强对群团工作领导。年初将工会工作和妇女工作纳入整体工作计划，定期听取工会工作和妇女工作汇报。开展“2016 迎春跳绳、拔河比赛”等形式多样的职工活动，丰富多彩的文体活动增强了团结协作、融洽和谐的工作氛围，激发了良好的精神状态和饱满的工作热情。组织开展全台新闻类、技术类劳动竞赛，在广大职工中营造“劳动最光荣”的氛围，充分展示宿州市广电人的风采和良好的职业技能。

《新视界》杂志围绕台里各项工作，改版和扩版成功，集中刊发一批传统媒体与新媒体融合，提升节目质量的重点稿件，刊登学习习总书记讲话精神、学习时代楷模高思杰、新媒体融合、走转改等文章，《新视界》杂志已成为台内职工交流经验、切磋技艺、展示媒体从业人员精神风貌的新平台。

【党风廉政建设】 1. 强化党风廉政建设、惩防体系建设领导体制和工作机制,形成反腐倡廉工作的整体合力。宿州广播电视台党委主要负责人坚持率先垂范,带头参加教育、查找问题,同时站在一线、靠前指挥,着力抓好重点工作,切实负起"第一责任人"责任。领导班子其他成员根据工作分工,对职责范围内的党风廉政建设负"直接领导责任",并认真履行"直接责任人"的职责。按照"集体领导与个人分工负责相结合的原则",实施"一岗双责",严格执行《中国共产党廉洁自律准则》和《中国共产党纪律处分条例》,认真落实述职述廉、诫勉谈话、个人重大事项报告等制度,持续优化积极向上的良好政治生态和立足岗位、开拓创新、奋发有为的工作作风。通过设立"台长邮箱"、公示栏,基层群众测评,就交通工具使用、个人住房、公务接待、公款消费、财务管理、改善会风等方面,向有关方面征求意见等主动接受社会和群众的监督。

2. 积极开展了内容丰富,形式多样的反腐倡廉教育系列活动,强化廉政教育,增强了党员干部廉洁意识。各党支部充分利用各种类型的学习会、党员组织生活会等,组织党员干部认真学习党章、纪律处分条例、廉政准则等内容。党组织把学习廉政准则作为提高党员干部政治素质,加强党风廉政建设,进一步强化党内监督作用的重要手段,通过采取讨论、座谈、写心得和利用学习园地等多种形式营造了学习贯彻廉政准则的浓厚氛围。开展"再读《忏悔录》、再敲警惕钟"活动。引导全体党员干部汲取反面典型的经验教训,筑牢思想防线,树立全心全意为人民服务的意识。

3. 在贯彻落实中央、省、市委关于全面从严治党部署要求和全省宣传文化系统全面开展从严治党工作会议精神的同时,市委巡察工作、"4 +4"专项整治落实工作为契机,把开展专项整改、整治作为深入推进全面从严治党的具体抓手,制定了工作方案、整改清单等,对照整改任务,着力解决工作中存在的问题,坚决纠正执行不到位、整改不彻底等现象,确保整改工作落实到位。

·拂晓报社·

【概况】 报社宣传工作牢牢把握正确舆论导向,围绕全市经济社会改革发展大局,讲好宿州故事,传播宿州声音,为创新型"四个宿州建设"提供强大舆论支持,多次得到市委、市政府主要负责同志和宣传部领导的肯定。报社党组紧紧团结和带领广大干部职工,扭住转型主题,紧扣发展主线,克服种种困难,内聚力量、外树形象,团结奋斗、开拓创新,各项工作取得了来之不易的成绩。2016 年,报社获"创建国家级园林城市先进集体""双拥优秀单位""市文明单位""市老干部信息、调研、信访工作先进单位"等多项殊荣。在 2015 年度安徽新闻奖、安徽经济好新闻奖、宿州新闻奖等各类奖项评选中,报社获 16 项新闻奖,名列全省第一方阵。

【落实年度党建工作任务】 坚持做到党建责任常思在心、党建工作常抓在手。严格按照年初与市直机关工委签订的《2016 年党建工作目标责任书》的要求,报社党组定期听取党建工作情况汇报并提出要求,始终把党建工作与业务工作同安排同部署同落实同奖惩,切实加强对党建工作的组织领导。报社党建连续多年受到市直机关工委表彰。

【抓好"两学一做"学习教育】 针对党员和党员领导干部存在的突出问题,坚持边学边查、立行立改,做到思想问题和实际问题一起改,大问题和小问题都不放过。新的"四个专项整治"工作部署后,报社先后 3 次召开党组会安排部署,成立领导小组,制订工作方案和整改清单,明确责任领导和责任科室,认真抓好整改落实。制定"酒桌办公"等管理规定,进一步完善公车使用等制度。

【推进党风廉洁教育】 坚决贯彻落实中央和省、市委决策部署,精心谋划年度党风廉政建设工作,切实履行党风廉政建设"两个责任"。制订党风廉政建设和反腐败斗争实施工作方案。全面落实集体领导和个人分工负责制。坚持和实行重大问题一律由报社班子成员民主讨论决定,班子决定重大问题严格执行少数服从多数原则。严格落实一把手"五个不分管"规定。

【提升人员政治素质】 坚持"政治家办报"的方针,教育引导采编人员认真学习中共十八大、十八届三中、四中、五中、六中全会精神,尤其是习近平总书记系列重要讲话精神,内化于心,外化于行,进一步增强"四个意识",特别是核心意识、看齐意识,切实做到从思想上行动上与党中央保持高度一致,不折不扣执行市委的决策部署。

【按时完成党费补缴任务】　按照市委组织部和市直机关工委的统一部署要求，7 月，报社 2008 年 4 月－2016 年第一季度的党费补缴工作全部结束，足额补齐党费。

【做好党员发展工作】　严格程序、严格把关，切实做好入党积极分子培养、发展党员和预备党员转正工作。2016 年，确定入党积极分子 3 名，吸纳预备党员 3 名，批准 4 名预备党员按期转正。

【抓好主旋律报道】　突出抓好“两学一做”学习教育报道，抓好学习习近平总书记系列重要讲话精神的宣传报道，做好十八届六中全会精神报道。紧盯市委市政府中心工作，围绕每月工作任务调度会主题，跟踪报道好重点任务的落实情况和进展成效，尤其是在首位产业培育、园区建设、县域经济发展、统筹城乡建设等领域，瞄准聚焦，精耕细作。开设“深入开展‘两学一做’推动全面从严治党”“辉煌十二五”“调结构转方式促升级”“动起来、干起来、快起来”“建设创新型农业现代化先行区”等一大批重头栏目，及时宣传各地的好思路、好举措、好经验，努力创造良好舆论氛围。此外，认真组织好、县区乡镇党委换届、“酒桌办公”专项整治、“讲看齐、见行动”学习讨论活动等重点工作的宣传报道，受到社会各界的广泛关注。

【完成 2016 年市“两会”报道】　再次实现“零差错”。首次以图文并茂形式对政府工作报告进行摘要解读，得到现任市委书记史翔的表扬。出色完成市“第五次党代会”报道。首次以 H5 形式制作《影像宿州·这五年》党代会报告专页，让网友在大美宿州歌声中，轻松读懂市第五次党代会报告，社会反响较好。全力推进扶贫攻坚宣传。深入扶贫一线，挖掘鲜活实例和创新举措。通过推出“脱贫攻坚在行动”专栏、专版等形式，宣传扶贫政策，报道扶贫动态，展示扶贫成果。全面打赢秸秆综禁宣传战役。开设“午收快报”“来自禁烧一线的报道”“秸秆综禁造福于民”等专栏，重点报道各级包保干部深入一线、坚守岗位、不怕吃苦的奉献精神，深挖各地综禁工作中的新举措和新成效。浓墨重彩做好庆祝建党 95 周年和纪念红军长征胜利 80 周年报道，精心推出“领航宿州”等栏目。

【助力全国文明城市创建】　《拂晓报》精心组织刊发“推进十六城同创建设美好新宿州”“弘扬雷锋精神争当时代楷模”“志愿服务让宿州充满爱”“弘扬乡贤文化建设美丽乡村”等专刊，开设“不文明行为曝光台”“争创全国文明城市共建和谐幸福宿州”“好人宿州”等栏目。《皖北晨刊》开设“创建进行时”“最美志愿者”“文明宿州”“向十大陋习宣战”“文明创建应知应会知识”等栏目。报社各媒体平台集中报道“诚信妈妈”李雪英、“最美孕妇”彭伟平、“大国工匠”许启金等一大批具有广泛社会影响的道德模范事迹，激发全市广大干部群众争做宿州好人、争做模范人物的积极性，营造浓厚舆论氛围。

【关注民生服务百姓】　在服务好市委市政府中心工作的同时，《拂晓报》关注民计民生，重点宣传市 33 项民生工程、十件惠民实事、大气污染防治等市民关注度较高的民生工程，传播惠民政策。《皖北晨刊》立足服务市民，在办好“民情热线”的同时，报道户籍改革、全民医保、新农保、民生工程、网球公开赛等民生热点。

【经营创收新突破】　面对全国报业总体营收继续下滑、一批知名报纸纷纷倒闭的严峻形势，报社去年底就提前谋划，实施多元发展，拓宽经营思路，努力拓展广告增量。

政务类宣传经营稳定攀升。专刊部、工商部、农村部、各县区记者站始终抓住政务宣传这个增收主渠道，开拓创新，政务类宣传经营稳定攀升。

活动带动商广创收明显。大活动带动。宣传策划中心成功主办了第九届拂晓报读者房车节，第八届安徽省少儿艺术大赛宿州赛区、第九届安徽省青年模特大赛宿州赛区等赛事。小活动拉动。成功举办“我笔下的中秋节佳节”少儿书画活动、“春华秋实蓓蕾开放”舞蹈会演等多项经营活动。自选活动补充。《皖北晨刊》组织实施首届中老年“我爱运动”社区行活动。这些活动的开展，有效拉动创收的同时，提高了报社的品牌形象和影响力，并为持续经营创收奠定了基础。

专版特刊运作增加营收。在多个标志性时间及重大事件前，宣传策划中心先期策划、积极运作，成功策划市“两会”祝贺专版、春节特刊、“3·15”特刊、市第五次党代会祝贺专版,带动了创收。

【媒体融合新提升】 无线宿州 Wi－Fi 项目有序推进。完成城区 61 个区域安装工作,累计服务市民突破 420 万人次。广告投放见成效,与宿州万达完成总额 6.6 万元的广告收入。拂晓新闻网影响力不断提升。网站成功入围安徽省第二届文明网站。网站日均访问量超过 2.2 万人次。全网首发的原创新闻,日均被人民网、新华网等知名网站转载达 30 篇次以上。

《宿州手机报》安全稳定运行。《宿州手机报》安全刊发 530 余期,未发生一起重大内容安全事故,全年累计创收 11 万余元。手机报总用户(免费及付费用户)约 2 万人。

【扶贫包保村有望出列】 在做好全市扶贫攻坚宣传报道的同时,报社自身也肩负着扶贫攻坚艰巨任务——负责包保的灵璧县虞姬乡灵光村。拂晓报社全体同志,倾真心、用真情、出实效,与灵光村贫困家庭结对帮扶,精准扶贫。每月开展对接走访活动,指导贫困户创业增收,脱贫致富。2016 年度,拂晓报社援赠灵光村扶贫资金 5 万多元,协调争取各类扶贫资金 200 万元。

【健全选人用人机制】 始终坚持按照《党政领导干部选拔任用工作条例》的规定和要求,做好科级干部选拔任用工作,把握用人标准,规范操作程序。加快推进干部人事制度改革步伐。通过民主推荐、民主测评,经报社党组研究决定,并报经市委宣传部批准,选拔任用 2 名正科级领导。加强干部档案管理工作,通过认真整理和对"三龄两历"的核对,在规定的时间内圆满完成档案整理工作。

·文物保护·

【成立大运河保护与管理工作领导小组】 为加强对大运河遗产的保护,规范大运河遗产的利用行为,促进大运河沿线经济社会全面协调可持续发展,申遗成功后,宿州市成立了由市政府分管负责同志任组长,市文广新局、市住建委、市财政局、市国土局、埇桥区人民政府、市发改委、市广播电视台、市交通局、市住建委、市水利局、市城管局、市环保局、市文物管理局的负责人为成员的"大运河保护与管理工作领导小组",具体负责协调大运河保护与管理工作。

【建立大运河遗产保护长效管理机制】 完成大运河会商机制向大运河协调保护与管理机制转变,将"宿州市大运河申遗办公室"改为"宿州市大运河保护与管理办公室",办公室设在市文广新局,加大资金投入,从强配备人员。促进遗产保护与经济社会协调发展,由市大运河保护与管理工作领导小组牵头,加强与各部门的沟通与协调,在项目立项、方案审批和工程实施等各环节,严格按照《大运河遗产(安徽·宿州段)保护规划》要求,付诸实施。建立大运河保护与管理领导责任制,将大运河保护与管理纳入经济和社会发展计划,纳入城乡建设规划,纳入财政预算,纳入体制改革,纳入各级领导责任制。

【加大大运河遗产本体保护工作力度】 完善大运河档案数据库,在原有大运河档案的基础上,对现有的资料进行整理和分类,归纳为上级来文、本级文件、建设工程、大运河考古勘探、大运河考古发掘、图片资料综合类等;及时按照有关规定报送大运河检测数据。制定大运河安全巡查制度,实行大运河定期巡查,发现有破坏大运河本体的现象,立即启动文物行政执法程序,确保大运河本体安全。在大运河保护区范围内不得进行任何建设工程,在缓冲区的工程建设,严格履行报批手续。根据国家、省文物主管部门及大运河保护文本的要求,与市城管局、市规划局协商确定,在 10 处大运河重要遗址点树立保护标志碑。

【配合城市建设开展勘探发掘】 委托专业机构,对流经宿州市城区的道东大街、西关大街的运河遗址进行考古勘探,准确掌握运河断面相关信息,为保护运河遗址提供科学依据。道东棚户区改造是宿州市的一项重点工程,也是列入省棚户区改造计划的重点项目。考虑到运河遗址穿越该项目地块,根据勘探结果和保护规划,及时调整道东棚户区改造规划设计,改变建筑风格,融入隋唐元素,努力将其建设成为一个具有浓郁古隋唐文化的老街,作为一个隋唐文化景观传承下去。对西关大街等拆迁地段,结合勘探结果,着力控制工程建设,努力保护运河遗址。

【大运河泗县段展示工程】 大运河泗县段展示工程分为“大运河通济渠泗县段展示”和“大运河通济渠泗县段展示基础设施配套”两个工程。其中，“大运河通济渠泗县段展示工程”于2015年6月9日获国家文物局同意立项。2016年3月，由中国文化遗产研究院编制展示文本获国家文物局审批，进入资金申请阶段，项目资金预计2017年到位。建设内容包括运河污水治理及水质提升、休闲步道及照明、环境整治与绿化、道路及景观廊建设、文化节点展示、滨水平台、服务中心等。

大运河通济渠泗县段展示基础设施配套项目，于2016年初列入国家“十三五”发展规划，为省发改委、文物局重点项目。大运河展示基础设施配套项目由4个子项目组成，包括垃圾收集中转设施300平方米、休闲参观步道36000平方米、生态停车场4000平方米、服务及管理用房2000平方米。项目争取国家资金1200万元。

【文化遗产保护】 切实做好文物保护基础工作，加强对世界文化遗产大运河宿州段、古台寺遗址、小山口遗址、萧县蔡洼淮海战役总前委会议旧址、萧县古窑遗址群、虞姬墓、垓下古战场遗址、霸王遗址、蕲县古城遗址、涉故台——陈胜吴广起义遗址等各级文物保护单位的保护与管理，科学编制全市重点文物保护单位的保护利用规划，形成较为完善的历史文化古迹保护利用体系。想方设法让文物资源“活起来”。突出馆藏文物的公共文化服务功能，大力发展文化创意产业，积极推动文物与旅游产业融合发展，切实把厚重的文物资源转化为文化旅游产业发展优势。

【省级重点文物保护单位的保护维修工作】 宿州市文广新局(旅游局)文物科和宿州市文物管理局一年四次分别对全市文物保护单位进行安全巡查，并建立相关规章制度。2016年，完成林探花府、涉故台的维修方案工作。

【市级保护单位的申报工作】 组织文物专家实地考察四县一区拟申报第三批市级文物保护单位，并开展专家座谈会，经多次论证，拟申报第三批市级文物保护单位55处，文本资料档案均存放宿州市文物管理局，待市政府审批。

【地下文物的考古、勘探、发掘工作】 配合宿州市基本建设和重点工程进行考古调查。完成省道S404、S302，国道G206建设，做好考古调查工作。完成夹沟镇、灰古镇光伏电站项目做好考古调查工作。完成灵璧朝阳镇京渠、渔沟镇光伏发电项目选址进行文物调查。配合省考古所对灵璧县东关鹿鸣大市场进项考古勘探。配合省考古所对大运河遗址灵璧段(灵城镇刘赵村)进行考古勘探及发掘。

卫生与计划生育

·卫　生·

【医疗卫生体制改革】 落实政府办医责任,全市各级财政投入3.36亿元,用于保障公立医院基础设施建设等六项投入。推进分级诊疗制度建设,组建2个城市医联体和5个县域医共体,实施全市“2+5”、县区“1+4”重大疾病医联体、医共体建设。推进现代医院管理制度建设,建立完善公立医院绩效考核机制,落实医院用人自主权,2016年全市公立医院自主招聘329人。推进药品供应保障制度改革,实施药品、耗材网上采购,加强重点药品监控,推进按病种付费、临床路径管理等支付方式改革,控制医药费用不合理增长,市公立医院住院次均费用4703元(城市医院7909元、县级医院3659元),全省最低。

2016年11月23—25日,中国计生协基层组织建设研讨会在宿州市召开

(摄影:张　献　任明辉)

【实施健康脱贫工程】 实施“五免两降四提高一兜底”组合优惠政策。免除贫困人口参保个人缴纳费用、住院预付金、诊疗费、床位费、输液费;降低基本医保住院补偿起付线、大病保险起付线;提高基本医保补偿比例、慢性病及重大疾病保障水平、大病保险分段补偿比例、医疗救助水平;实行“351+90%”财政兜底保障,贫困人口住院补偿比由61%提高到98%以上。在全省率先实施“一站式”即时结算服务,对2万余例贫困人口给予补偿。在全省率先完成家庭医生签约服务任务,签约贫困人口40.44万人,签约率100%。健康脱贫工作得到国家和省卫生计生委充分肯定,在全国健康脱贫会议、省卫生与健康大会、省卫生计生大会上分别作典型发言,中央电视台一套《人口栏目》进行专题报道,省委《安徽信息(情况专报)》《省政府公报》刊载交流。

【实施民生工程】 实施新农合制度,参合522.78万人,参合率达104%,筹资标准提高到540元/人,全市筹资28.23亿元,补偿支出23.57亿元,受益867万人次,住院实际补偿比61.05%。实施新农合大病保险制度,补偿14261人次,补偿9845万元。实施妇女儿童健康水平提升工程,免费婚检10.88万人,婚检率99.11%;农村孕产妇住院分娩补助6.77万人;预防接种率93.85%。实施基本公共卫生服务,建立城乡居民健康档案458万份,孕产妇、3岁以下儿童、65岁以上老年人以及高血压、糖尿病、肺结核病患者管理率均超过年度目标任务。实施计划生育家庭特别扶助,为1397名计划生育家庭特别扶助对象发放566.71万元。

【推进医疗卫生项目建设】 积极推进市立医院新区建设,425张床位的儿科病房楼基本完工,总面积

25 万平方米的门急诊医技楼主体封顶。积极推进泗县、萧县、灵璧县人民医院新区和各县区中医院新区、妇幼保健院建设。实施基层医疗机构“四年提升计划”，推进乡镇卫生院、村卫生室标准化建设，2016 年创建国家级群众满意乡镇卫生院 13 家，创建达标数全省最多。

2016 年 12 月 21 日在银河广场举行健康中国行宿州站启动仪式　　　　（摄影：胡厚强）

【疾病预防控制】 做好艾滋病、结核病、疟疾等重大疾病和人感染禽流感、手足口病等重点传染病防控，全面落实各项防控措施，传染病发病率控制在较低水平。加强免疫规划管理，推进免疫规划信息管理系统建设，保持较高接种率。强化精神卫生干预，做好严重精神障碍患者的发现、管理、治疗工作，在全省率先举办精神科医师转岗培训班，严重精神障碍检出率 4.21‰，管理率 89.93%。深入开展“健康进万家”活动，围绕“健康知识普及、健康生活方式推广、健康环境促进、健康服务提升”四大行动，联合工青妇等部门开展“健康学校、健康机关、健康企业、健康餐厅、健康促进医院、健康村庄、健康社区、健康家庭”八大创建，推进健康促进关口前移。

【推进创建工作】 积极推进无偿献血工作，顺利完成“无偿献血先进城市”创建任务，被国家卫生计生委、红十字会、中央军委后勤部卫生局授予“全国无偿献血先进城市”。启动实施“省级卫生城市”创建，创卫制度建设、健康宣传教育、环境卫生整治、创卫示范点建设等工作有序推进，病媒生物防制通过省级验收，为 2017 年申报“省级卫生城市”奠定基础。

【加强服务监管】 成立 28 个市级医疗质量控制中心，积极开展医疗质量检查，全面参与医疗机构评价，提高医疗质量专业化管理水平。创新医院管理模式，公立医院实施“创新型、活力型、平安型、满意型”四型医院创建，民营医院实施“ABCD”四级管理，基层医疗机构实施“十佳十差”考核，推进医院科学化、规范化、精细化管理。开展二级以上医疗机构群众满意度调查，群众就医满意度 94.8%，呈持续提高态势。加强医院感染、临床用血安全、院前急救等管理，推进平安医院建设。

【严格监督执法】 推进卫生计生监督体系建设，提升监督执法工作水平，在全国卫生计生监督执法案例评选中，宿州市选送的案例被评为国家级优秀案例。积极开展公共卫生、医疗卫生、计划生育综合监督工作，落实国家抽检年度重点监督检查任务。组织开展基层医疗卫生机构和民营医疗机构执法执业专项整治，持续开展打击非法行医工作，开展二类疫苗接种工作专项监督检查，加强医疗废物管理。推进卫生计生食品安全工作体系建设，食源性疾病监测哨点医院从 8 家增至 16 家，全面完成食品安全监测任务。

【推进政风行风建设】 加强医德医风教育，举办优秀医务人员表彰大会，对获得“省十佳护士、省百优医生、省百优护士、市十佳医生、市十佳护士”荣誉称号的 29 名医护人员进行表彰。承办全国卫生计生系统先进事迹报告会，宣传先进典型事迹，在全市掀起“学先进、争先进”的热潮。贯彻落实医疗卫生行风建设“九不准”，针对“药品耗材器械采购、新农合资金监管、违规转诊病人收受回扣”等 8 个重点领域和突出问题开展专项治理，查办案件 252 起，执纪审查收缴 20.6 万元，廉洁谈话 227 人，组织处理 9 人，党纪政纪处分 76 人，移交司法机关 1 人。建立健全“目标类、运转类、保障类”三个层面的管理制度，不断提升工作效能。

【全面实施两孩政策】 广泛宣传全面两孩政策，集中宣传 155 场次、入户宣传 300 多万人次、发送手机短信 317 万条。严格执行省条例规定，全面实行生育登记服务制度，取消两个以内子女生育审批，推行村级生育登记和网上办公，全市政策内生育登记审批率 92%，群众对计生服务的满意度在 95% 以上。实施“4＋4”配套措施。落实“宣传引导、政策解读、动态监测、违法追责”4项服务和“建立高龄高危孕产妇生育指导门诊、提供高龄孕产妇专用病房、每天公布产科床位信息、提高高龄孕产妇并发症新农合报销比例”4项工作，着力营造良好生育环境。2016年度全市出生人口10.1万人，同比增加1.3万人，出生率15.72‰，同比增加1.83‰；死亡人口3.0万人，死亡率为4.66‰；人口自然增长率为11.06‰，同比增加1.78‰，符合政策预期。截至2016年12月31日，全市总人口为642.28万人。

【落实性别比综合治理】 加强B超和终止妊娠药品管理，开展“关爱女孩”行动，强化与山东、江苏、浙江等地的性别比治理区域协作，重拳打击“两非”行为。2016年，查办“两非”案件92件，其中大要案40件（判刑6人，缓刑1人，吊销证件40件）。打造全国首个以“关爱女孩，综合治理出生人口性别”为主题的“两非”警示教育基地，先后组织10余次500多名医务人员接受警示教育。2016年，全市出生人口性别比109.21，比2015年下降0.99，优化出生人口结构工作取得明显成效。

【流动人口计划生育服务管理】 2016年，宿州市流出人口1360528人，其中跨省流出1329351人，占总量97.71%；省内跨县流出31177人，占总量2.29%。流入人口6957人，其中跨省流入978人，占总量14.06%；省内跨县流入5979人，占总量85.94%。稳步推进流动人口区域协作，按省级“四位一体”工作站模式，共建驻浙江省绍兴市、浙江省慈溪市、驻南京浦口区、驻上海黄浦区、驻徐州市流动人口区域协作工作站5个。2016年11月18日，省卫计委为宿州驻绍兴流动人口卫生计生区域协作工作站升级为省级站揭牌。完善城市生活e站功能，全市16个城市生活e站均建立“4＋N”服务阵地，东关街道携手红黄蓝早教中心在北苑社区e站开发活动项目，开展“迎国庆亲子涂鸦展”活动，安徽新闻网、搜狐首页和宿州电视台进行了报道；西关街道环宇社区e站组织辖区内10对老年夫妻开展“50周年金婚庆典活动”，安徽经济频道“第一时间”栏目和宿州直播进行了报道。

·医疗机构介绍·

【市立医院】 宿州市立医院始建于1913年，集医疗、教学、科研、预防、保健和急救为一体的公立三级甲等综合医院，是安徽医科大学附属宿州医院、安徽医科大学硕士培养基地、蚌埠医学院教学医院、安徽省立医院区域医疗中心网络医院、上海长海医院宿州协作医院、解放军总医院远程会诊和教学医院。拥有高级职称医疗专业技术人员近200人，其中安医大和蚌埠医学院兼职教授45人，安徽省“江淮名医”2人，国家和省名老中医2人。医院拥有硕博研究生130余人。省、市级重点学科11个，其中神经内科为安徽省重点培育学科、急诊科为安徽省特色专科。医院形成了以飞利浦256层螺旋极速CT、高场核磁共振等先进医疗设备为主体的医学装备体系。

2016年，宿州市立医院坚持“实干兴院、科技强院”新理念，深入推进综合医改，以大型医院巡查暨等级医院复审为契机，加强医疗质量管理、提升工作效能，突出矛盾治理、改进行业作风，医院获评“全国百姓放心示范医院”“国家级节约型公共机构示范单位”“安徽省健康促进医院”“安徽省医院感染管理先进单位”等称号，荣获市科学技术进步奖2项。

【市中医院】 宿州市中医院筹建于1984年，是集医疗、教学、科研、预防、保健、康复和急救为一体的二级甲等中医院，编制床位450张，现有职工379人，其中高中级职称100余名，享有国务院特殊津贴1人，跨世纪中医学术带头人2人，省名老中医1人，江淮名医2人。拥有国家级重点肝病专科1个，心血管内科、妇科、针推科、骨伤科等4个市级重点学科，肝病科及脑病科完成了省“十二五”时期中医重点专科专病项目评估验收，骨伤科、脾胃科及老年科完成了安徽省“十三五”时期重点专科申报。

【市第二人民医院】 宿州市第二人民医院始建于1966年，占地2.93公顷，是集精神和心理疾病预防、治疗、康复、教学和科研为一体的综合性医院，是宿州市及周边地区新农合定点医院和医保定点医院，市城乡医疗救助定点医院，宿州市精神和智力残疾评定定点医院，宿州市未成年人心理健康辅导中心。设置有普通精神科、心理科、儿童精神科、老年精神科、精神康复科、身心医学科等科室，承担宿州市及周边城市精神科医师培训和考核公益任务，社会"肇事肇祸"患者和"三无"病人的收治工作。开通24小时"12351"心理求助热线，有司法精神病鉴定机构——安徽淮海司法鉴定所，连续五年获得司法部精神病鉴定司法能力验证"满意"结果（最高等级）。蝉联宿州市第五、六、七、八、九届连续5届文明单位。

【中煤矿建总医院】 中煤矿建总医院（皖北卫生职业学院附属医院）为二级甲等综合医院，国家安监总局矿山医疗救护淮北分中心核心成员单位，淮北市工伤医疗救治市级定点医院，市级新农合、各类医保定点和工伤、交通事故救治定点医院。医院始建于1972年，前身为国家煤炭工业部淮北煤矿基本建设局职工总医院，1978年医院更名为"淮北煤炭基地建设会战指挥部职工总医院"，1985年更名为"淮北煤矿建设公司职工总医院"，1994年更名为"中煤第三建设公司职工总医院"，2012年5月改制后更名为"中煤矿建总医院"。

医院设20个临床科室，18个医技科室，下辖淮北特凿医院等5所分院，托管宿州学院东校区医院、淮北师范大学相山校区医院，实际开放床位650张。现有员工928人，卫生类专业技术人员826人，"淮北名医"4人，具有高级职称的医护人员52人，中级职称268人。拥有1个安徽省重点特色专科：ICU；4个市级重点学科：骨科、心血管内科、康复医学科、医学影像科；2个市级特色专科：微创外科、核医学科；设有创伤与关节置换研究所、职业病（矽肺）防治所。有西门子1.5T磁共振、西门子64排128层CT、飞利浦数字减影血管造影（DSA）、钼铑双钯乳腺X射线机、高压氧舱、西门子DR、西门子彩超、贝克曼生化分析仪、奥林巴斯电子喉镜等高精尖设备60余台。开展心脑血管微创介入技术、股骨头坏死治疗、全髋（全膝）关节置换、微创治疗椎间盘突出、颈椎前路外科手术、消化道狭窄内支架置放、布加氏综合征治疗、腹腔镜技术、妇科微创技术、骨科、口腔颌面外科显微整复技术、钬激光微创技术、医学影像三维重建和增强技术、甲亢、糖尿病治疗等先进诊疗项目。

医院先后荣获国家"爱婴医院"，安徽省卫生系统"先进单位"、安徽省"价格诚信承诺单位"，淮北市"诚信医院""优秀单位"，宿州市"先进单位""消费者信得过单位"等荣誉。连续8届被宿州市委、市政府授予"文明单位"称号。

【市疾控中心】 宿州市疾控中心组建于2003年4月，是全市疾病预防控制、卫生检测检验、健康教育、预防技术咨询与服务的中心，同时承担全市疾病控制机构的业务指导、技术考核和专业人员培训职能。中心核定编制70人，实有61人，拥有多名高、中级卫生专业技术人员。中心占地面积1公顷，拥有业务用房5000平方米、建有标准化实验室4000余平方米，设有艾滋病初筛实验室、理化实验室和微生物实验室等省级认证的高水平实验室。

【市卫生监督局】 宿州市卫生监督局是市卫生计生委行使卫生计生执法职责的专门机构，现有职工30人，设医疗机构监督科、环境卫生监督科、职业放射卫生监督科、学校卫生监督科、稽查科、许可科、办公室7个科室。主要职责是对辖区医疗机构和采供血机构、医疗执业人员、放射诊疗单位、公共场所、学校、消毒产品生产经营使用单位、集中式供水单位、涉及饮用水卫生安全产品的生产单位等开展卫生监督执法活动，并指导下一级卫生监督机构的工作。2016年，开展以打击非法行医专项活动、医疗机构专项整顿、职业卫生、放射卫生、传染病防治监督等为重点的卫生监督执法工作，全面加强卫生监督体系建设，推进卫生综合执法，加大执法力度，严肃查处违法案件。

【市中心血站】 宿州市中心血站成立于1997年，占地面积1万平方米，建筑面积4100平方米；现有职工66人，其中卫生技术人员52人，高级职称3人，中级职称14人，初级职称35人；设置献血服务科、质管科、体采科、检验科、质控科、成分科、总务科、办公室、核算办、人事科等10个科室，是集血液采集、检测、加工、储存为一体的采供血机构，担负着全市无偿献血宣传招募、临床供血及输血技术指导工作。实现血液自动化检测、自动化成分分离、采供血工作全过程信息化管理，在满足临床用血需求的基础上保障了血液的安全。多次获得全省卫生系统先进单位、宿州市文明单位等称号。

【市医学检验中心】 宿州市医学检验中心成立于

1978 年,负责全市临床检验质量控制、医院检验科业务管理、临床检验的教学和培训、医学检验的科学研究和宿州市临床检验社会化、中心化服务工作。编制 20 名,现有工作人员 25 人,副主任检验师 1 人、主管检验师 7 人。医学实验室下设质控组、样本登记准备组、信息资料组、临床生化组、临床免疫组、分子生物组和血液体液组等 8 个专业组。承担全市 60 多个社区卫生服务中心和社区卫生服务站的临床检验业务。医学检验中心坚持"提高检验质量,扩大社会服务"的宗旨,配备日立 7600 全自动生化分析仪、蓝怡全自动电化学发光检测仪、迅达自动电解质分析仪、科华全自动酶免分析系统、全自动 PCR 基因检测仪、五分类血细胞分析仪、尿常规分析仪等一系列高精尖检验仪器,运用中心参与研制的 LIS 实验室网络管理系统,将多种实验仪器与计算机联网,实现了检验数据的实时传递、自动控制及综合分析。

【市紧急救援中心】 宿州市紧急救援中心(简称"宿州 120")是政府举办的从事院前急救和突发公共事件的紧急医疗指挥调度机构,核定事业编制 20 人(其中 15 名为政府购买服务岗位),建设类型为指挥型,纳入统一指挥调度的有 5 家急救网络医院(宿州市立医院、宿州市中医院、皖北煤电集团总医院、中煤矿建总医院、宿州市第一人民医院)和埇桥区急救中心直属的 3 个乡镇急救点(祁县、夹沟和永安),纳入统一调度的救护车 25 辆,院前急救工作人员 200 名。2016 年,接打电话 149471 次,急救派车 33096 次,救治 28860 人,平均摘机时间 1 秒,平均派车时间 52 秒,平均出车时间在 1 分钟之内,回访满意度 99. 02% 。

社 会 民 生

·民族宗教·

【概况】 2016年，市民委（宗教局）深入贯彻中共十八大和十八届三中、四中、五中、六中全会和习近平总书记系列重要讲话精神，依法推进全市民族宗教事务管理，着力解决民族宗教领域突出问题，着力凝聚广大少数民族群众和信教群众力量，加强民族团结、促进宗教和谐、维护社会稳定，为打造创新型“四个宿州”营造良好环境。

【领导重视】 2月5日下午，市委书记张曙光听取全市民族宗教工作汇报，分管副市长马杰参加会议。张曙光充分肯定2015年民族宗教工作，对2016年全市民族宗教提出四点要求：一是按照美丽乡村标准抓好民族村、民族聚居地建设，并做好城市民族工作。二是“清真三项”工作要见成效。三是严防外部敌对势力渗透，坚决打击非法宗教活动。四是正确处理好宗教界内部纠纷。

2016年9月26日，宿州市召开第四届人民代表大会常务委员会第三十次会议，审议市政府关于全市民族宗教工作情况报告。市民委主任（宗教局长）马志刚受政府委托作民族宗教工作报告。

【工作调研】 2016年1月15日，宿州市宗教局局长马志刚、副局长王慧等领导到萧县调研宗教工作，萧县民族宗教局负责人陪同。马志刚一行实地察看有关宗教活动场所，随后进行座谈，听取萧县宗教局负责人关于宗教活动场所建设情况的汇报。

3月3日，宿州市民委主任（宗教局局长）马志刚到宿州市草源牧业股份有限公司调研清真食品生产供应工作。区民宗局局长钟西强陪同调研。马志刚一行实地察看了位于埇桥区杨庄乡苏湖村的草源牧业肉牛养殖基地和肉羊牛加工车间，详细了解企业发展规模和肉牛加工情况。

4月6日，省民委副巡视员王俊贵带领省委统战部、省民委有关业务处室工作人员到宿州市调研宗教教职人员社会保障和城市民族工作，市民委党组成员陈杨、砀山县民宗局长郭兴龙等陪同调研。调研组实地察看宗教活动场所，听取工作汇报。

6月16日，市政协副主席、农工党宿州市委主委张生率市政协调研组一行，到埇桥区调研城市少数民族流动人口服务管理工作，区政府副区长李云英等陪同调研。调研组先后走访沱河街道派出所和宿东社区，并看望到宿州少数民族经商户，听取埇桥区政府关于城市少数民族流动人口服务管理工作汇报。

8月3日，市人大常委会副主任张忆秋带领市人大调研组一行到埇桥区调研民族宗教工作，调研组一行首先实地察看宿州清真寺、地藏禅寺等宗教活动场所，与宗教教职人员、信教群众代表就依法管理宗教活动场所、宗教教规教义与中华优秀传统文化相结合方面进行深入交流。

【地藏禅寺改扩建】 2015年3月29日，地藏禅寺改扩建举行开工典礼。2016年5月10日，省佛教协会副会长、九华山佛教协会会长、百岁宫方丈慧庆大和尚为大雄宝殿举行上梁仪式。

（黄华兵）

·民 政·

【概况】 宿州市民政局是主管社会事务、社会救助工作的市政府组成部门,承担社会救助、社会福利、社区建设、民间组织管理、双拥优抚安置和专项社会事务管理等社会管理和公共服务职能。各级民政部门紧紧围绕全市经济社会发展大局,有担当、有作为,各项工作有创新、有突破,“十三五”规划实现良好开局。宿州市实现全国双拥模范城“七连冠”,宿州市民政局局被市委、市政府表彰为“全市文明单位”,多项民政重点业务工作获得省民政厅表彰,机关党建、人口和计划生育、综治(平安)建设、消防安全、秸秆综合利用和禁烧、政务信息、信访等工作受到市委、市政府的表彰。

【社会工作与社区建设】 大力推进“三社联动”。市社会组织管理工作领导小组下发《关于加快社会组织发展大力推进“三社联动”构建和谐社区的实施意见》,在全市确定16家城市社区开展三社联动建设试点。加快社会组织服务平台建设。14个社区先行完成社区社会组织联合会和社区社会组织孵化基地,预计2017年底全市所有的城市社区全部建立社区社会组织联合会和社区社会组织孵化基地。全面做好社区建设及管理工作。2016年度,11个城市“四有”标准示范社区建设任务全面完成。农村社区建设试点工作成效显著。2013—2016年,市县投入5000多万元,省级福彩公益金1200多万元,建设试点乡镇服务中心44个,试点村592个,农村社区覆盖率达到100%,农村社区公共服务综合信息平台正在全面建设中。加快城市社区信息化建设步伐,市区建成社区综合信息服务平台。按照200—300户配备1名网格员,对各网格进行服务管理。在社区开展减负增效活动,取得了一定成效。扎实推进四大班子领导联系社区工作。各位市级领导结合在职党员社区报到,分别到所联系的社区调研走访,帮助社区解决问题。调整规范全市社区工作经费和专职工作人员报酬标准。2016年8月25日,市政府第76次常务会议研究决定,从2017年1月1日起,城市社区正职报酬平均达到3266元/月,副职级委员2980元/月,其他工作人员2800元/月;社区工作经费按照管辖2500户以上的社区每年不低于8万元,管辖2500户以下的社区每年不低于6万元的标准拨付,同时要求社区专职工作人员报酬标准每3年左右进行一次评估,建立与经济社会发展相适应的增长机制,极大地调动了社区工作人员的工作积极性。不断优化社区“两委”成员结构,大专以上文化程度达到67.8%。

【社会组织管理服务】 完善脱钩政策,推进行业协会商会与行政机关脱钩工作。全市有行业协会商会96家,注销60家,第一批试点单位11家,基本实现脱钩试点。推进集中整治行动,有46名兼职公务员退出行业协会工作人员队伍。全面落实和完善社会组织直接登记,按照市委、市政府“三集中三到位”工作要求,行政审批事项全部授权行政审批科,民政窗口受理行政许可事项177件。全面启动“三证合一、一照一码”改革,全市赋码工作完成率达到市属社会组织总数的33%。优化社会组织发展环境。积极推进社会组织孵化基地建设。宿州市社会组织孵化基地建成并投入使用,入驻15家社会组织。加强社会组织综合监管。全面实行网上年检,152家社会组织上报年检材料。推进社会组织党的建设有效覆盖。扎实开展社会组织党建工作,成立了社会组织联合党支部。做好社团违规清理工作,注销社会组织60家、变更35家。

【社会救助工作】 扎实实施社保兜底脱贫工程。市政府专门下发了《关于社保兜底脱贫工程的实施意见》,认真组织实施社保兜底脱贫工程。在城乡低保工作中,宿州市进一步完善与经济社会发展相适应的城乡低保标准动态调整和自然增长机制,巩固动态管理下的分类施保和应保尽保,完善乡村干部近亲属低保备案制度和分类施保制度、农村低保复核制度,建立完善跨部门、多层次的低保家庭经济状况核对机制,进一步提高城乡低保的准确性和公信力,全市社会救助能力和水平进一步提升。2016年,全市农村低保标准由2015年的2200元/人年提高到3000元/人年,增长率为36.36%;城市低保标准由2015年的430元/人月提高到480元/人月,增幅为11.63%。农村低保标准略高于扶贫线标准,超额完成市政府在民生工程规定低保核准年增幅达10%的目标任务,预计2017年可顺利实现扶贫线和低保线“两线合一”。2016年,全市保障农村低保对象237.5250万人次,平均月保障人数19.794万人,发放农村低保资金37344.7613万元,月人均补助157.22元,12月当月保障面2.51%;全市保障城市低保对象37.39万人次,平均月保障人数3.12万人,发放城市低保资金10718.29万元,月人均补助286.65元,12月当月保障面3.11%;医疗救助病患者34.8292万人次，支出医疗救助资金10611.909万元；临时有效救助13213户次，支付临时救助资金1868.34万元。

【特困人员供养】 进一步提高五保供养标准和工作人员待遇。全市分散供养标准由2015年2400元/人·年提高到3200元/人·年，集中供养标准由2015年的3600元/人·年提高到4800元/人·年。保障农村五保供养对象3.37万人，发放供养资金11927.6万元。按照“应保尽保”和儿童利益最大化原则，将事实无人抚养儿童纳入孤儿基本生活保障体系，按照社会散居孤儿基本生活费每人每月600元，福利机构集中供养孤儿每人每月1000元标准，落实孤儿基本生活保障资金，2016年全市救助孤儿3593名（含事实无人抚养儿童2714人），发放基本生活保障经费2599万元。重度残疾人护理补贴顺利实施。及时将符合条件的重度残疾人纳入保障，按照每人每月60元的标准，向50775名重度残疾人发放护理补贴2965.04万元。

【养老服务业发展】 切实做好老龄工作。贯彻落实《安徽省实施〈中华人民共和国老年人权益保障法〉办法》，组织千名老人展风采活动。实现高龄津贴常态化。切实加强基层老年协会建设，现有老年协会社居委80个，村民委728个，基层老年协会覆盖面50%以上。加快推进城乡养老服务设施建设。2016年全市新建社会办养老床位4100张，新增社会办养老机构床位全部符合《安徽省社会办养老机构建设指导意见要求》，任务完成率和达标率均达到100%。市级财政向全市新建的99个城镇日间照料中心和90个农村幸福院下达补助资金504万元，宿州市城镇社区日间照料中心基本全覆盖；农村养老服务设施覆盖率达62%。建立并落实社会办养老机构和社区养老设施一次性建设补贴、运营补贴、购买服务补贴制度，进一步完善高龄津贴和低收入老人居家养老服务补贴制度。发放建设补贴和运营补贴计834.8万元，向13.9万名高龄老发放高龄津贴3921.58万元，发放居家养老服务补贴104.75万元。高龄津贴和低收入老人居家养老服务补贴覆盖率达到100%。进一步完善居家养老服务。吸引社会力量参与建设城镇日间照料中心，对于城镇日间照料中心给予建设运营补贴。建立居家养老服务信息系统，建设社区居家养老服务站，吸引各类养老服务商户加盟，向老人提供优质的居家养老服务。宿州市利用互联网平台，将机构养老、社区养老与居家养老有机结合的“机—居”养老模式得到民政部和省民政厅充分肯定。持续推进医养融合发展。积极探索“医养结合”的新型养老模式，市政府办公室印发《关于推进医疗卫生与养老服务相结合指导意见的通知》，鼓励150张床位以上的社会办养老机构建设医疗卫生室（所）或依托医疗机构提供医疗服务，为养老机构在院老人提供高效便捷的医疗服务，实现医疗康复保健与养老服务有机融合。指导各农村敬老院与乡镇卫生院签订协议，委托乡镇卫生院给老人提供医疗卫生服务。

【社会福利和慈善事业发展】 积极做好关爱留守儿童工作。市政府出台《宿州市加强农村留守儿童关爱保护工作实施意见》（宿政发〔2016〕28号），建立26家单位组成的部门联席会议制度。开展留守儿童摸排工作，对全市所有农村留守儿童进行一次“拉网式”排查，基本查清农村留守儿童的数量、构成、特点、家庭状况等基本情况，宿州市有农村留守儿童5.8万人。根据排查结果，在村、镇、县三级分别建立留守儿童信息库，并及时维护更新。健全留守儿童关爱保护网络，宿州市113个乡镇（街道办事处）均设立儿童保护督导员和专干，其中儿童保护督导员221人，儿童保护专干1337人。留守儿童关爱保护市、县、乡镇和村四级网络初步建立。认真开展农村留守儿童“合理监护、相伴成长”关爱保护专项行动。认真贯彻落实国务院《关于加强困境儿童保障工作的意见》，全力保障困境儿童基本生活、基本医疗和康复，健全困境儿童服务保障工作体系。全力支持发展慈善事业。深入贯彻落实《慈善法》。专门制定活动方案，部署慈善法宣传活动。通过组织干部职工和慈善组织进社区、进村组，举行广场宣传活动、举办文艺演出等多种有效形式，把慈善法知识和服务送到广大群众手中。利用广播、电视、新媒体等平台，宣传慈善先进典型，利用在居民小区、集市投放公益宣传广告等形式，向社会各界深入广泛宣传，普及慈善知识，推动慈善法深入人心。出台《宿州市人民政府关于促进慈善事业健康发展的实施意见》，落实企业和个人公益性捐赠所得税税前扣除政策。出台《宿州市向社会力量购买养老服务等实施办法》，支持以政府购买服务的方式鼓励慈善公益组织参与社会福利工作。积极做好生活无着人员救助工作。联合市财政局出台《宿州市生活无着人员社会救助实施办法》,积极募集资金开展各项救助活动,全市共救助流浪乞讨人员6713人,使用救助资金1026.42万元,其余资金由市县级财政给予兜底配套。另外市本级财政还下拨300万元用于市救助管理站建设。市政府下发《关于贯彻落实〈安徽省生活无着的流浪乞讨人员救助办法〉的通知》,进一步加强寻亲工作,建立滞留人员档案,完善人员影像资料,及时发布寻亲公告,将一周内查找不到来源的流浪乞讨人员报告当地公安局采集DNA信息,确实无法查找到来源的人员及时妥善安置。指导各救助管理站使用全国救助寻亲网并开展寻亲行动,寻亲公告发布率达到100%,寻亲服务人次达到420人次。

【双拥优抚安置工作】 认真做好双拥工作。宿州市实现"全国双拥模范城"七连冠,市委、市政府召开了庆祝宿州市荣获全国双拥模范城"七连冠"暨宿州市双拥工作会议,推动宿州市双拥工作再上新台阶。与交投集团联合命名宿州市"拥军爱心车队",隆重举行了公交线路28路"拥军线路"揭牌仪式。对驻宿部队、重点优抚对象、省军区、省武警总队、省消防部队、十二集团军、徐州装甲二旅、济南、蚌埠、徐州空军、"宿州舰"开展走访慰问活动。优抚政策不折不扣落实到位。宿州市严格按时发放国家抚恤补助资金,发放抚恤补助款1.7亿余元,惠及优抚对象4.7万余人。"八一"优待10889人,发放优待金6000万元。开展"爱心献功臣"活动,有序开展重点优抚对象短期疗养工作。市光荣一院、二院共组织5期短期疗养,284人参加。全力做好涉军群体信访稳定工作,确保安全稳定。扎实做好零散烈士纪念设施管理保护工作,发挥烈士纪念设施教育基地作用。烈士园区对全社会开放,清明期间,接待社会各界祭扫人士50余万人次;七一前夕,纪念建党95周年,社会各界自发组织在烈士陵园举行重温入党誓词和参观彭雪枫纪念馆;"9·30"烈士纪念日市四大班子领导和社会各界在烈士纪念碑前举行向烈士敬献花篮仪式,缅怀纪念烈士,弘扬烈士精神,充分发挥烈士纪念设施的红色教育资源作用。市、区越战退伍战士下岗人员相关问题得到解决。为138名越战退伍战士下岗人员购买养老保险并解决职工医疗保险待遇。2016年,全市接收2015年秋、冬季退役士兵2217人,退役士兵安置政策得到了较好的落实。全市发放各项经济补助4852.05万元,33名符合安置条件的四类退役士兵全部得到安置。认真做好退役士兵培训,组织1608名退役士兵参加培训,教育经费投入224.66万元。全市举办6场退役士兵专场招聘会,组织106家企业参加招聘,为2123名退役士兵提供就业指导。

【救灾减灾工作】 2016年,宿州市先后遭受5次风雹自然灾害的侵袭,萧县、埇桥区、灵璧县部分乡镇受灾损失相对较重。灾害造成13.7048万人受灾,因灾受伤5人,农作物受灾面积受灾面积2090.3公顷,直接经济损失4541.15万元。面对灾情,各级民政部门全力以赴投入抢险救灾工作,确保灾区群众生命安全,切实维护灾区的社会稳定。认真开展受灾群众冬春救助工作,对2015年受灾群众安排冬春救助资金1733万元,发放救济粮36.7775万公斤、救济款1448万元、棉衣被12678床(件),13.4495万名灾区困难群众基本生活得到有效救助。对2016年受灾群众全市安排冬春救助资金2674万元,于2017年春节前全部发放完毕。认真开展2016年"送温暖"慰问活动。全市安排慰问资金193.5万元(其中市直79.5万元)及米、面、油、棉衣被等慰问品对全市城市低保户、农村五保户、低保户、特困优抚对象等近万户困难群众进行走访慰问。妥善做好因灾倒损房恢复重建工作。宿州市因灾倒损农房重建29户,修缮加固86户,地方财政落实补助资金40万元。认真开展防灾减灾宣传活动,开展5月12日救灾减灾日集中宣传活动,发放宣传材料5000余份。加强救灾应急准备工作。全面发挥各级减灾救灾委员会综合协调作用,加强汛前准备。加强物资储备,确保救灾物资到位。健全完善救灾物资储备,保障救灾应急期间的物资供应。接收省民政厅代储救灾帐篷200顶,与华夏集团、苏果超市两家企业签订应急物资储备协议,提高救灾物资储备能力。安排财政资金109万元采购救灾储备设备和物资,全市储备有可紧急救助2000人的救灾物资。推进社区综合减灾工作,2016年宿州市3个社区获"全国综合减灾示范社区"称号、2个社区获"全省综合减灾示范社区"称号。又组织5个社区申报"全国综合减灾示范社区"。

【专项社会事务工作】 加强婚姻收养登记管理工

作。在全市民政婚姻收养登记系统开展“净化办公环境、提升民政形象”整治活动。宿州市办理结婚登记67421例,离婚登记14969例,收养登记26例,全部符合法定程序要求。继续深化殡葬改革。认真做好清明祭扫保障工作,各殡仪馆、公墓、烈士陵园共计接待祭扫群众70余万人次,祭扫车辆30000余台,实现“文明祭祀、平安清明”的工作目标。认真做好区划地名工作。宿州市第二次全国地名普查工作在全省率先完成市级审核验收,成为安徽省率先完成二普工作的省辖市。科学谋划宿州市新型政区的优化设置,拓展城区发展空间,有序推进撤县设市工作置,积极推进泗县萧县撤县设市等工作,全面谋划埇桥区行政区划调整。对市主城区18条河沟、11座雕像、5个场馆景区、15条道路、204座桥涵闸、11个住宅区进行名称命名更名工作。有序推进保护地名文化清理整治不规范地名工作。整改简写名称标志4起,重新更名不规范地名9个,4个省级千年古镇,2个千年古村。积极开展“苏皖线”徐州、宿迁与宿州段省级界线和砀山县与萧县县级边界联合检查工作,完成2016年度省级、县(区)级边界联检工作任务。2016年度,平安边界创建活动取得实效。全市销售福利彩票38968万元,同比增加142万元,同比增幅0.37%,筹集公益金10801.48万元。

(赵金泉)

·人力资源和社会保障·

【概况】 2016年,在市委、市政府的正确领导下,在省人社厅的精心指导下,市人社局认真贯彻党中央、国务院和省委、省政府关于人力资源社会保障工作的安排部署,牢固树立创新、协调、绿色、开放、共享的发展理念,主动适应经济发展新常态,落实加快“调转促”行动计划,坚持“民生为本、人才优先”工作主线,围绕深化改革重点任务,创新工作机制,认真履行职能,完成全年各项目标任务,为建设美好宿州做出积极贡献。

2016年,市人社局先后荣获市直目标管理考核优秀单位、全省农民工入会工作先进集体、市国土资源管理优秀集体、市人口和计划生育工作特殊贡献单位、市政协提案办理先进单位、市拥军优属先进单位、全市法治宣传教育先进集体等多项荣誉称号;2016年4月,市政府给予市劳动监察支队集体嘉奖一次;市人社局组织参赛企业在第一届“赢在江淮”安徽省创业大赛决赛中夺得全省唯一的一等奖,并在9个获奖名额中占据了4个,夺得半壁“奖”山;2015年,省政府对市政府目标管理绩效考核,市人社局承担的城镇新增就业人数考核排名全省第一,被市政府评为目标管理绩效考核一等奖。

【就业再就业工作】 2016年,全市城镇新增实名制就业人数5.4万人,完成省下达任务的186.63%,其中用工备案人数50881人,单位稳定就业人员比重达94.01%;失业人员再就业13657人,就业困难人员再就业1315人,两项再就业率分别为70%和95%,均超过省厅要求的50%和60%再就业率;城镇登记失业率2.99%。制定《宿州市2016年就业工作要点》,出台《就业扶持民生工程实施办法》,下发了《关于进一步做好新形势下就业创业工作有关政策的通知》,推进就业创业政策落实。大力推进“创业江淮”行动计划,发放创业担保贷款20332万元。统筹推进高校毕业生等重点群体就业,补录基层特岗145个,组织885名高校毕业生就业见习,开发公益性岗位2252个,安置就业困难人员1279人,失业人员再就业18118人,就业困难人员再就业1424人,发放就业扶持各项补贴资金2330.2万元。大力实施就业脱贫工程,建立17.9万名贫困劳动者精准台账,认定39家企业为市级就业扶贫基地,累计帮扶10.1万名贫困劳动者实现就业。埇桥区人力资源产业园、宿州市(鞋城)第二人力资源市场投入使用,市级公共人力资源服务中心建设工作开始启动。

【社会保障体系建设】 2016年,全市城镇职工基本养老、失业、医疗、工伤、生育保险和城乡居民社会养老保险参保人数分别为28.76万人、20.1万人、31.24万人、25.34万人、19.94万人和328.42万人,分别完成省下达指标任务的102%、100%、101%、101%、101%和110.1%。加大参保扩面工作力度,超额完成省下达的扩面任务。城镇居民基本医疗保险参保人数51.5万人,完成指标任务的100%,城镇居民和职工医保政策范围内住院医疗费用支付比例均达到75%,大病保险实际支付比例达到64.8%,超过省50%的目标要求。城乡居民养老保险当年缴费241.9万人,完成省下达指标任务的115.7%,征收保费2.8亿元,3月底便提前超额完成全年参保任务,符合领取条件的人员养老金发放率100%。启动实施并扎实推进机关事业单位养老保险制度改革,制定《宿州市机关事业单位养老保险制度改革工作方案》,成立宿州市机关事业单位养老保险管理中心,抽调9名工作人员开展前期业务经办工作,全市机关事业单位养老保险制度改革信息采集和参保登记工作取得阶段性成效。

【人才队伍建设】 2016年,市人社局围绕“调转促”行动计划,着力打造创新创业人才高地。全年招录公务员529人,市直机关遴选公务员26人,市直事业单位公开招聘工作人员29人,招募“三支一扶”高校毕业生80名。推荐战略性新兴产业技术领军人才5人,选拔推荐享受国家津贴4人、享受省政府津贴1人、享受市政府津贴48人,选派人员学习国外先进农业技术。完成2015年公务员统计工作,举办两期新录用公务员初任培训班和两期脱贫攻坚能力提升专题培训班,培训公务员250余人、扶贫干部120人。实施专业技术人员知识更新工程,全市近5万名专业技术人员参加继续教育培训。举办首届省内高校巡回招聘会,组织百丽鞋业等19家本地企事业单位赴安庆师范大学、安徽理工大学等高校招聘人才。拟定技工大市建设实施意见,组织编写《宿州当代工匠》,实施“农民工圆梦”工程。大力推进技能大师工作室建设和“工学一体”就业就学试点,新建8个技能大师工作室,招录“工学一体”学员2500余人。开展就业技能培训3.33万人次,为近百家企业培训新职工1.8万人,培训中级工以上技能人才11563人,完成职业技能鉴定4.04万人。推进军转安置工作改革,军转干部自主择业16人,计划安置20人,全部安置到党政机关或参公事业单位。

【综合制度改革】 2016年,市人社局认真落实降低企业缴纳社会保险费率政策,积极推进供给侧结构性改革,机关事业单位养老保险制度改革稳步推进,中小学教师职称制度改革启动实施,公车制度改革和县以下机关公务员职务与职级并行制度改革如期完成,机关事业单位基本工资标准和人民警察警衔津贴标准调整到位,国有企业负责人薪酬制度改革初见成效。扎实推进供给侧结构性改革,严格执行降低企业缴纳社会保险费率政策,企业职工基本养老保险单位缴费比例降到19%,失业保险总费率降至1.5%,其中单位费率降至1%,全市涉惠企业4600余家,惠及职工112万人次,为企业减负约6000万元。积极推进行政审批制度改革,全局18个服务窗口整体进驻市政务服务中心,承办行政审批和服务事项65项,6—12月完成办件13万件,实现“四个百分之百”。

【和谐劳动关系建设】 2016年,出台宿州市构建和谐劳动关系实施意见,严格执行《安徽省最低工资标准规定》。全市劳动合同签订率90%,“两网化”覆盖市县区比例达到100%,劳动监察举报投诉结案率100%。加大调解仲裁力度,全市受理劳动人事争议仲裁案件642件,结案606件,市本级受理305件,涉案人数357人,涉案金额871万元,调解186件,裁决101件,结案率为94.4%,完成省下达的指标任务,企业和劳动者的合法权益得到有力维护。积极完善劳动关系协调机制,推进建设领域农民工工资支付“一卡通”专用账户建设,新开工项目全部纳入“一卡通”专户管理。通过专户发放农民工工资4641万元,涉及农民工7124人。强化监察专项执法检查,受理投诉案件324起,立案245起,结案率100%,涉及农民工1.16万人,涉及金额8461万元。全年开展劳动能力鉴定292人。加强会商交流,企业军转干部政策落实和维稳工作更加扎实有效。

【系统自身建设】 2016年,市人社局坚持“四个全面”战略布局,秉承“一岗双责”,夯实“两个责任”,强力推进管党治党。制定并落实“两个清单”,“两学一做”学习教育和“讲看齐、见行动”学习讨论扎实开展,组织开展“重细节、守规矩、讲纪律、严作风”大讨论及“领导干部大调研”“人社之星评选”等活动,全年组织集中学习32次,开展学习研讨30余次。成立砀山县李庄镇振兴社区、萧县丁里镇张山头村、程庄镇坡里王屯村3个脱贫攻坚工作队,开展扶贫攻坚“支部结对、干群结亲”活动,加快帮扶村贫困群众增收脱贫步伐。坚持落实中央和省委巡视反馈意见整改工作,持续开展“4+4”专项整治工作,完成市委第四巡察组反馈的16个具体问题53项整改任务,建立完善12项机关党建和廉政制度,党风廉政建设不断巩固加强,人社部门为民、务实、清廉的形象进一步树立。加强窗口作风效能建设,严格执行上岗亮“三牌”举措,落实“三少”便民服务措施，深化“创五个好窗口”“争当五个好标兵”活动，着力提升窗口服务水平。切实加强党风廉政建设，印发“两个责任”清单，加大党员廉政教育力度。注重加强人社系统重点部位和关键环节监督检查，联合审计、财政部门，对社保基金、专项资金进行监督检查，发现问题及时整改，确保基金安全。强化考风考纪建设，规范考试工作，全年安全完成22项、69332科次人事考试任务。

（张　博）

·居民生活·

【概况】 2016年，宿州市全体居民人均可支配收入为15511元，同比增长9.1%，高于全省平均增速0.2个百分点，其中，城镇居民人均可支配收入为25533元，同比增长8.1%，低于全省平均增速0.1个百分点；农村居民人均可支配收入为9917元，同比增长8.5%，高出全省平均增速0.2个百分点。从居民收入构成来看，工资性收入、经营性收入、财产性收入和转移性收入四项均有不同程度增长，居民收入保持稳定增长态势。

2016年，宿州市居民消费价格总水平（CPI）同比上涨1.4%，比上年同期涨幅扩大0.9个百分点，呈温和上涨态势。其中，消费品价格上涨1.4%，服务项目价格上涨1.3%。

2016年，宿州工业品出厂价格（PPI）同比下降1.5%，降幅持续收窄，回暖势头明显，且月度指数“止跌转正”，环比上涨0.3个百分点。

2016年，国家统计局宿州调查队以中共十八大和十八届三中、四中、五中、六中全会精神为指导，全面落实国家统计局、安徽调查总队（以下简称“总队”）各项工作部署和宿州市委、市政府的各项要求，坚持以“三个提高”为中心，扎实开展“两学一做”学习教育，不断完善自身建设，稳步推进业务建设，优化升级服务功能，高质量完成了各项工作任务。

【“两学一做”学习教育】 根据总队统一部署，宿州队结合统计调查工作实际，精心组织，周密部署，严格按照规定程序，扎实开展“两学一做”学习教育。

1. 及时召开动员大会，传达总队会议精神。4月28日下午，宿州队党组书记、队长徐晓东主持召开全体干部职工大会，传达学习骆飞总队长在全省调查队系统“两学一做”学习教育动员会上重要讲话精神。会上，徐晓东对本单位“两学一做”学习教育进行全面部署，并就贯彻落实总队会议精神及推进“两学一做”学习教育提出具体要求。

2. 制订实施方案，确保学习教育扎实开展。坚持把学习教育与贯彻落实中央领导同志关于统计调查工作重要指示批示精神紧密结合，及时制定《国家统计局宿州调查队“两学一做”学习教育实施方案》，明确指导思想，加强组织领导，确定方法步骤，提出目标要求，确保专题教育扎实开展。

3. 制订学习计划，认真组织学习。坚持以集中学习为主，个人自学为辅；学习资料为主，讨论交流为辅的方式。全年开展专题党课4次，开展集中学习10次，组织专题研讨6次。

【自身建设】 1. 完善组织机构，规范内部管理。修订完善党组中心组学习制度，不断提高领导班子和领导干部的理论素质和领导水平；制定调查资料呈报审批制度，确保调查数据质量；积极开展岗位轮换，优化人员配备；下发科室任务分解表，夯实主体责任；“两微”平台同步运行，构建外宣新模式；积极探索市县联动新模式，打造市县调查“一盘棋”新格局；完善谈心谈话制度，提高统计调查水平。

2. 加强队伍建设，提高调查能力。坚持以队领导班子建设为龙头，切实加强年轻干部培养，努力打造一支信念坚定、敢于担当、精通业务、忠于职守的干部队伍。新配1名副队长，增强了班子力量；注重基层调研，队领导带队到基层调研25次；开展准则、条例专题学习活动，树立底线意识；培养选拔4名科级干部，增强工作激情和干事热情；再次选派1名优秀干部挂任辖区县队副队长，进一步开阔视野、磨炼意志、增强本领；继续秉承市县调查队一体化意识，创新培训方式，充分发挥新媒体、国家局在线学习平台作用，统筹安排培训，全面提升思想政治、统计业务水平。

3. 加强党风廉政建设，防控廉政风险。根据总队统一部署，制定年度党风廉政工作计划，全面落实党风廉政建设主体责任和监督责任。2016年，组织开展5次全体人员参加的党风廉政专题学习；党组书记、成员及各科室负责人签订《党风廉政建设承诺书》；调整财务监督小组，加强财务管理和物品采购监督；积极配合所辖县队财务审计，认真组织审计整改；积极开展严肃财经纪律和“小金库”自查自纠、办公用房清理;认真组织学习从严治党严肃执纪警示教育视频会议精神;积极开展"廉志尚能"活动,切实加强本市调查队系统党风廉政建设;认真落实总队和国家局部署,扎实推进党风廉政建设市管县工作。

4.加强统计法制建设,确保数据质量。成功举办全市调查队系统统计法制培训班,邀请总队法规处领导授课;充分发挥法规示范点作用,积极参加总队执法骨干人才库建设;坚持以提高数据质量为中心,加强统计普法宣传,加大统计执法力度,不断提高依法行政、依法统计工作水平。

【业务建设】

1.夯实"双基"工作。一是加强对县(区)统计机构管理,规范调查工作,认真开展培训,积极组织协调;二是收集整理各项调查专业样本分布和辅调员队伍信息,根据样本变动,实行动态管理;三是各专业及时建立统计台账,建立健全台账管理制度,切实加强对调查数据、调查资料上报、提供、发布管理。

2.财会业务市管县工作扎实推进。修订完善《宿州地区调查队系统财会业务市管县工作实施细则(试行)》,细化分类、规范流程、明细权责,夯实了财会业务市管县工作基础;安排专人负责财务工作,切实减轻县级队财务核算工作负担;认真组织培训,切实提高县级队财务管理和会计核算工作水平。

3.常规工作稳步开展。围绕总队工作部署,严格执行国家调查制度,积极创新调查工作思路,按时、准确、高效完成城乡住户一体化调查、农民工统计监测调查、产粮大县粮食产量抽样调查、畜禽监测调查、规模以下工业抽样调查、采购经理调查、规下服务业、限额以下商业、居民消费价格、劳动力调查、输入地农民工调查、万头猪场联网直报等18个调查项目定期报表任务。

4.重点工作扎实推进。根据总队统一部署,宿州队精心组织、规范操作、着重抓好现场调查、督查检查工作和数据集中汇审工作,确保数据质量;邀请地方多家主流媒体宣传报道,积极营造氛围,圆满完成2016年"三农普"农作物面积遥感测量工作。

5.专项调查高质量完成。按照总队统一部署,加强组织协调,认真组织培训,周密组织实施,注重现场调查,圆满完成省政府政务服务社会公众满意度调查、国有企业反腐倡廉民意调查等专项调查任务。严谨的态度、规范的操作给调查对象留下了深刻的印象,政府统计公信力得到进一步提高。

6.信息化建设水平明显提升。一是提高政务系统运行效率,通过宿州市政府"政务办公平台"系统程序,拓宽与市"两办"、各部门之间公文交换、信息上报渠道;二是以调查队网站改版升级为契机,完善调查队内网建设,促进栏目清晰、内容充实、结构合理;三是统筹考虑"两地三处"办公实际,加强与地方电信部门联系,圆满完成主干网络建设实施环境准备工作。

【服务功能】

1.调查服务水平显著提高。2016年,国家统计局宿州调查队更加注重任务分解,明确考核要求,认真组织培训,加强审核把关,信息、分析在数量和质量两方面比去年均有大幅提高。全年分别向总队报送各类工作动态150篇、经济信息263篇、综合分析73篇,总队内网分别采用78篇、105篇、51篇,其中《宿州埇桥农村"两权"抵押贷款试点问题探讨》《"一带一路"战略背景下宿州建筑业发展现状分析》两篇综合分析被国家局内网首页采用;全年编写《宿州调查》45期,并及时报送市委、市政府"两办",据目前"两办"通报情况看,国家统计局宿州调查队在全市78家信息考核单位中位列第三位,比2015年提高7个位次。

2.调查服务品质不断优化。一是增强服务针对性。及时获取总队、市委市政府发布的信息报送要点,掌握党政领导关心的热点问题,有针对性的调查走访;二是加强经济形势分析。建立经济形势分析及数据评估机制,每季度召开内部专业数据质量评估会议,各专业开展主要数据质量评估及经济形势分析,对于整体把握主要调查数据质量、推动调查队综合分析质量有很大促进作用。

3.调查服务形式更加多样。一是借助官方政务微信公众号进行数据发布、解疑释惑、统计科普、统计宣传和舆论引导功能,搭建起政府统计调查与民沟通互动、为民服务的平台;二是实现与《拂晓报》等地方媒体信息共享,及时公布重要调查数据资料;三是通过《宿州调查》,及时将主要调查数据报送市主要领导及地方各相关部门。

·民生工程·

【概况】 2016 年,按照省委省政府的部署,宿州市继续实施 33 项民生工程,在市委市政府的领导下,市财政局认真履行牵头抓总职责,市直各主管部门、各县区园区全面组织实施,较好完成省下达的年度目标任务。全年 33 项民生工程投入 89.7 亿元,2016 年省政府目标管理绩效考核民生工程实施工作位列全省第四;宿州市 33 项民生工程继续获全省民生工程绩效奖补先进市(全省共奖补 6 个市)。

【扶贫工作】 农村道路畅通工程完工 2781 公里,完工率 126%,支出资金 15 亿元。11000 户农村危房改造任务于 8 月底全部完工,通过"一卡通"发放补助资金 1.35 亿元。建设 19 个农村饮水安全工程项目主体全部完成,支出资金 9522 万元,解决 16.25 万农村人口饮水问题。累计发放低保金 3.74 亿元,保障 134616 人。农村五保供养及运行维护实际供养人数 33727 人,累计发放农村五保补助资金 1.19 亿元。对 61269 名 1—4 级贫困残疾人发放生活补助 4420.52 万元、7600 名贫困精神残疾人发放药物补助 760 万元,完成率 100%;对 551 名残疾儿童提供医疗康复训练,占目标任务的 117%;为 200 名儿童适配辅助器具,完成率 303%。重度残疾人护理补贴保障 50775 人,发放护理补贴 2965.04 万元。向 1397 名计划生育家庭特别扶助人员发放扶助资金 578.84 万元,全部完成年度任务。为 3569 名孤儿发放保障资金 2598 万元。为 6713 名无着人员发放救助资金 1026 万元。受理城乡困难群体法律援助案件 7206 件,完成任务的 120%。

【"三农"工作】 完成 43 个美丽乡村建设工程省级中心村建设、41 个乡镇驻地环境整治建设,完成投资 2.69 亿元。实施改水改厕 41 个乡镇 3529 户,改造完成 3529 户,完成率 100%;实施农村垃圾治理省级中心村 43 个,完工 43 个,完工率为 100%。小型水利工程改造提升项目全面超额完成年度任务。种植业,完成小麦、玉米、大豆承保面积分别为 37.93 万公顷、29.33 万公顷、8.73 万公顷,补贴金额分别为 7520 万元、5949 万元、1068 万元;养殖业,完成能繁母猪、奶牛投保数量分别为 223244 头、696 头,补贴金额 1166 万元、18 万元。落实提升农村基层党建与服务经费保障资金 31868.2 万元,其中村干部基本报酬、村级运转经费、活动场所建设资金均足额发放到位,并在全面落实村干部基本养老保险、医疗保险和人身意外伤害保险制度的基础上,探索为 208 名村干部购买了城镇职工养老保险。

【创业就业】 完成就业技能培训 32695 人,占年度任务的 145%;培训合格 29737 人,培训合格率 92.6%;培训新型职业农民 3910 人,完成计划的 100%。完成公益性岗位开发 2252 个、高校毕业生见习岗位 885 个,分别占目标任务的 102%、110%,发放补助资金 2330 万元。

【社会保障】 完成新型农村合作医疗参保 522.7 万人,累计补偿 971 万人次,基金支出 26.26 亿元。城镇居民基本医疗保险实际参保人数 54.79 万人,享受待遇 25.49 万人次,支出 2.35 亿元。全市筹集新农合大病保险基金 1.23 亿元,累计补偿 16896 人次,支出资金 1.18 亿元。筹集城镇居民大病保险基金 1408 万元,享受待遇 1261 人次,支出 865.64 万元。城乡居民基本养老保险实际完成 329.01 万人参保,其中当年参保缴费 242.33 万人,为 86.68 万人发放养老金 8.15 亿元。完成基本公共卫生服务 443 万人,建档率 80.82%。城乡医疗救助 348292 人次,发放救助金 10611 万元。妇女儿童健康水平提升免疫规划接种完成 1826492 剂次,完成率 103%;65 岁以上老人规范管理数完成 514310 人,规范管理率 145%;高血压患者规范管理率 108%,投入资金 3470 万元。社会养老服务体系建设完成 4100 张床位建设任务,为 23452 名老年人发放高龄津贴 1387.24 万元。

【教育文化】 免费为 587161 名义务教育阶段学生补助公用经费和免除学杂费 4.76 亿元,为 529455 名学生免费提供教科书 5574.8 万元,为 36767 名寄宿生补助生活费 4092.65 万元;校舍维修改造完成 324592 平方米,完成全年任务。向 3645 名中职学生发放国家助学金 653.28 万元,25518 名中职学生发放补助资金 7505 万元,21479 名普通高中学生发放国家助学金 4295.8 万元。农村文化建设专项补助资金支出 1432.2 万元,共开展文艺演出 1302 场、放映电影 14539 场、开展体育活动 6666 场、农家书屋更新出版物 10251 册。

【其他公共服务】 完成75个乡镇蔬菜快速检测室、40个畜产品快速检测室建社任务,并投入使用。完成“三品一标”认证企业71家,占计划的116%。完成26个乡镇食品药品监管所食品检验室和9个城区农贸市场食品快速检测室建设任务,拨付省级奖补资金605万元。棚户区改造基本建成25710套,基本建成率202%。城市老旧小区整治改造7个,改造面积20.21万平方米,涉及用户1976户,全部完成年度任务。

围绕民生工程目标任务,各级各部门不断创新工作机制,完善推进办法,细化时间节点,有力地推动了33项民生工程的顺利实施。2016年全市计划投入89.7亿元,较上年增加10.3亿元,增长13.4%。各县区积极调整支出结构,优先保障民生预算,其中扶贫工作类11个项目财政投入22亿元,为精准扶贫、精准脱贫提供有效资金支持。强化后续管养,发挥工程效益,各县区先后修订完善民生工程建后管养机制,通过以奖代补的形式,引导社会资本参与投入,建立财政投入为主、村民自筹、市场化运作相结合的多元化投入机制。2016年,全市安排建后管养资金8000余万元,安排各县区结合实际,选取5个建后项目探索政府购买服务试点,推动建后工程正常运营。如泗县选取屏山镇等敬老院开展建后管养试点、埇桥区多举措提升小型水利工程养护水平等后续管养工作取得初步成效。

·精神文明建设·

【督查调度】 宿州市高规格成立了“16城同创”、创建全国文明城市指挥部和6个督查组,市委、市政府主要领导亲自挂帅,班子成员担任督查组长。一年来先后五次召开了“16城同创”专项调度会、八次召开创建文明城市月中调度会、四次召开全市测评迎检推进会和督查工作调度会。市领导带队督查65次,实地解决问题400余件。

【集中整治】 开展“告别十大陋习”“礼让斑马线”、路段包保责任制、“大干40天干净文明过大年”、市容环境治理“百日会战”和“自揭家丑”行动。举办了全国文明城市测评体系培训。市文明办组织专人每季度对城区、县城进行模拟检查,排出位次。“自揭家丑”梳理问题2600项,落实责任单位,限期整改,拂晓报、市电视台开辟专栏进行跟踪督查。

【工作品牌创建】 宿州市在城区探索建立“城管服务超市”,让广大市民分享“一站式”服务:只要一个电话、一个点击,“城管服务超市”应急管理系统就会立即启动为市民提供全方位服务。泗县先后在171个行政村试点设立了“乡贤志愿工作站”,将村里德高望重的贤能组织起来,为推进移风易俗、邻里和谐发光发热。砀山县坚持开展“百姓大舞台、文明树起来”活动,吸引更多群众自觉参与到文明创建工作中来,引导形成良好社会新风。

【道德典型选树和教育实践活动】 坚持开展“十佳系列评选”,理顺市县区道德模范、身边好人评选时序,逐级规范工作流程,发掘出大量凡人善举。全年入选“中国好人”5人、入选“安徽好人”25人。灵璧县推动建立一整套礼遇和帮扶道德典型暂行办法,获得全国道德模范称号的可奖励2万元,给予省级以上道德模范、身边好人缴纳养老保险和免费体检。市文明办还为市级以上道德模范、各类好人、志愿服务典型免费订阅《拂晓报》。安徽省首场道德模范与身边好人现场交流活动在宿州市成功举办,各县区相继举行了道德模范颁奖典礼,示范效应影响深远。宿州好人馆正在筹建。泗县140平方米“家风馆”已建成开放,同时在东关、花园井等6个社区相继建成了社区“乡贤馆”。

【未成年人思想道德建设】 实施“三个纳入”:把思想道德教育纳入社区重点工作,把活动场所建设纳入社区建设总体规划,把少年宫建设纳入社区精神文明建设总体规划,通过整合资源、创新载体,充分发挥社区与学校联动、与家庭联手、与社会联合的“三联”作用。2016年,全市共投入资金1000多万元,完成自建乡村学校少年宫52所,实现全覆盖。

【公益宣传氛围营造】 围绕培育和践行核心价值观,在全市设立了20多个文化长廊、7个主题公园和37个“主题社区”广场。分四季开展了“友善季”“敬业季”“诚信季”“爱国季”社会主义核心价值观“主题季”教育实践活动,采取多种举措促进24个字“六进”活动:进机关、进企业、进学校、进社区、进农村、进公共场所。

【学雷锋志愿服务常态化】 立足公交站台、交通路口，常态化开展志愿服务文明劝导，引导市民遵守交通规则。完善“月评志愿服务典型”推报、评选机制，建立市、县（区）、街道、社区4级培训体系，分级、分类组织培训。招募大批有一技之长的志愿者，公开联系方式，实施点对点服务。全年获评志愿服务典型7例，其中光明驿站、乡贤志愿服务站、薛金珉分别被评为全国年度“4个100”项目和个人。

【打牢工作基础】 围绕“六无”标准和“六有”目标，继续实施“六个一”精品工程。各县区均在“六个一”的基础上，实现“三线三边”全覆盖，着力把基层、基础、基本工作做实、做细。

【文明习惯养成】 全市广泛开展移风易俗、培育文明乡风活动，制定完善村规民约，组建村民理事会，深化星级文明户、文明家庭创建评比，开展“五老”人员志愿服务、“小手拉大手，携手护环境”等活动，以环境整治中涌现出的先进典型，组织巡回演讲，感染群众。灵璧县实施“宣传教育、志愿帮扶、文化服务、教育培训、环境整治、典型选树”六大行动，不断深化贫困村精神文明建设，推动文明习惯养成，树立文明乡风。

【强化督查考核】 将“三线三边”工作纳入文明城区、文明县城、文明村镇、文明单位的考核范畴，设置达标分数线，线下实行一票否决。2016年，市领导开展专项督查50余次，月考核10次(6月、9月午收、秋收只督查没考核)，督查问题1337个，下发整改通知书116份，约谈县乡干部11人次，发放以奖代补资金1750万元。

【市场化运作探索】 市财政投入5000万元，各县、区按照人均不低于25元的标准列入财政预算，推进全市“三线三边”环境治理市场化，以ppp模式加快垃圾发电厂项目建设，解决垃圾出路问题。砀山县试点推行“每人每月一元钱、垃圾杂草全扫完”活动，引导群众积极参与。

（谢亚清）

园　区　建　设

·宿州经济技术开发区·

【园区概况】 宿州经开区是2001年经安徽省人民政府批准成立的省级开发区,批准面积6.8平方公里,2006年基本建设完成。2016年6月,省政府批准同意经开区扩区至27.2平方公里。经开区托管面积47.5平方公里,规划建设面积46.5平方公里,辖1个办事处、4个社区、10个村,总人口约10万人。2015年8月9日,经省政府批准,宿州经开区加挂“安徽宿州现代制鞋产业园”牌子。

截至2016年底,宿州经开区签约项目443个,建成或部分建成项目287个。现有高新技术企业14家;规模以上工业企业84家,其中产值超亿元企业33家。现逐步形成生化医药、鞋服制造两个首位产业以及新材料新能源、高端装备制造两个主导产业的“2+2”产业体系。

【经济社会发展概况】 2016年,宿州经开区紧盯“保八争六”的工作目标,全力实施“项目·质量·环境·效能”提升工程,经济社会发展取得了阶段性成果。扩区申报成功获批,获“2016中国产业园区营商环境百佳”称号,在2015年度市政府目标管理绩效考核中位列市管园区第一,18亿元的整体城镇化项目加速实施,国家发改委核准同意新区建投发行12亿元公司债券,生物医药产业园获批市战新产业基地,鞋城成功举办第五届制鞋产业发展高层论坛,为实现“争创国家级经开区”的奋斗目标,奠定了坚实基础。

【经济发展情况】 2016年实现地区生产总值同比增长6.8%;工业总产值完成139亿元;财政收入16亿元,同比增长6.3%,总量再创历史新高;实现营业收入260亿元,同比增长6.5%;固定资产投资68.18亿元,其中,工业投资28.31亿元;规上工业增加值33.01亿元;招商引资到位资金86亿元;实际利用外资5371万美元;社会消费品零售额30.08亿元,同比增长9.86%;外贸进出口总额5311万美元。其中,鞋城2016年工业总产值完成44.61亿元;财政收入7.52亿元,同比增长8.2%;固定资产投资32.39亿元,其中,工业投资11.99亿元;规上工业增加值11.94亿元;社会消费品零售额17.58亿元,同比增长11.3%;招商引资到位资金35.5亿元,同比增长10.2%;实际利用外资1694万美元。

【社会事业情况】 加强人力资源和社会保障。城乡居民社会养老保险参保1.27万人,续保缴费9758人;办理被征地农民养老保险1.11万人;城镇登记失业率控制在4.5%以内;市人力资源第二市场投入使用。做好社会事务。实现计划生育奖扶政策覆盖率100%;农(居)民子女高考升学奖励政策覆盖率100%。河拐社区示范建设。秸秆综禁工作夏、秋两季实现“零火点”目标。完成土地流转约0.08万公顷。完成房屋征收26.16万平方米,土地征收79.89公顷。狠抓文明创建。加强“三线三边”环境卫生整治,0.10万公顷土地按照工程造林标准有效推进,7.9公里道路绿化提升工程正在加紧实施。推进脱贫攻坚。落实“脱贫攻坚第一书记”责任,坚持“输血”“造血”相结合,帮扶蕲县镇大江村建设120千瓦光伏发电项目,积极协调推进60千瓦光伏发电扶贫项目,两个项目建成后每年为大江村增加集体收入15万元;援建大江村3.33公顷大棚蔬菜项目。2016 年，大江村实现 24 户 88 人脱贫。

【园区规划建设】 经开区总体规划、扩区发展规划编制完成，经开区中心区控规、2 个专项规划、涉及埇桥区的 2 个乡镇规划基本完成编制。开展重点工程建设"百日会战"活动，全年完成城市基础设施建设总投资约 8.9 亿元。生化医药产业园及鞋城共 40 公里污水管网建设完成；宋刘安置区一期等约 25 万平方米安置房已开工建设；金江路改造提升、外环三路等工程正在加紧推进；鞋城标准化厂房一期 6.8 万平方米已建成投入使用，二期 5.4 万平方米及配套附属设施正在建设。污水处理厂项目投入试运营，第二污水处理厂项目正在加紧建设。

【招商引资政策及成果】 突出专业精准，招商引资质高步稳。坚持规划引领招商，编制生化医药、鞋服制造两个首位产业招商路线图，实施链式招商、以商招商、专业招商，"2 + 2"产业体系逐步健全。落实"三个一"工作制度，开展了招商引资春季"突击月"和秋季"百日会战"活动，充分发挥 5 个驻外招商局"小分队"作用，紧盯京津冀、长三角、珠三角、闽三角等区域，紧锣密鼓开展招商活动，鞋城成功举办第五届制鞋产业发展高层论坛，2016 国际徽商大会等推介活动成效逐步显现。健全招商引资配套政策，完善项目预审、评审机制和法律顾问制度，招商引资规范机制逐步建立。全年新签约项目 48 个，协议总投资约 63 亿元，其中亿元以上项目 23 个，5 亿元以上 3 个。班子成员、各部门负责人等外出招商 310 余次，拜访企业 750 余家。招商引资项目库储备在谈项目近 70 个，协议总投资超 200 亿元；储备客商信息库、企业信息库 800 余家。

坚持问题导向，项目建设提速增效。加强项目谋划推进，全年"大新专"项目库 62 个项目完成投资 47.29 亿元，"5161"项目库 146 个项目完成投资 60.94 亿元。落实"四督四保"制度、推进经开区"五包六帮"工作制度、实施项目交办制度，突出问题导向，强化一企一策，存在问题及时销号，项目建设提速增效。丰汇制药、兴源精纺助剂、恒邦新材料等 43 个项目新开工建设，其中，亿元以上项目 18 个，5 亿元以上项目 1 个，10 亿元以上项目 1 个；科立华化工、圣佳服饰等 81 个项目正在续建，其中，亿元以上项目 38 个，5 亿元以上项目 2 个，亿帆药业、美克瑞思等 42 个项目竣工投产，其中，亿元以上项目 27 个，5 亿元以上项目 1 个。狠抓骨干企业挖潜增效、盘活重组，亿帆药业、东艺鞋业等一批项目新增了生产线、实现快提升，华润化工、达铭实业等企业与区外优质企业实现新合作、扩大再投资。

【主要产业】 宿州经开区坚持以招商引资为抓手，以项目建设为载体，以科技创新为动力，推动产业加速聚集、产业结构调整、企业转型升级，努力形成结构优化、技术领先、集群发展、特色鲜明的产业体系。2016 年，生化医药、鞋服制造、新材料新能源、高端装备制造四大产业实现产值 121.13 亿元，占全年工业总产值的 87.14%，形成较强竞争力的特色产业集群。现有战略性新兴产业企业 18 家，2016 年实现产值 36.61 亿元，同比增长 15.36%。

生化医药首位产业，安特食品、新宇药业、亿帆药业等一批龙头企业先后入驻并相继建成投产。2016 年，20 家生化医药规上工业企业实现产值 48.85 亿元，税收 1.1 亿元。作为全省首批 2 家化工园区之一，目前，生化医药产业园建设成为皖北地区唯一具有集中供中压蒸汽、管道燃气、污水集中处理及双回路供电园区。

现代制鞋产业，截至 2016 年底，正式签订入区项目 109 个，从 2010 年到 2016 年，皮鞋产量、年产值、利税分别由 210 万双、3500 万元、1550 万元发展到 3400 万双、44.62 亿元、7.3 亿元，分别增长 16 倍、127 倍和 47 倍，注册登记企业及工商个体户等 1913 家，吸纳就业人口 5.6 万人，已成为国内重要的制鞋产业基地。

新能源新材料产业，发展势头强劲，冠军建材、紫金科技、首文高新、湛蓝光电、坤盛新能源等一批知名企业相继入驻，逐步形成以金属新材料、电子信息新材料、新能源电池、光伏发电等为核心的产业链和配套体系。

高端装备制造产业，重点做大做强高端装备机械、矿山机械、电工电器、金属制品等制造产业，入驻大盘特种装备、电光防爆、江淮重工等企业 40 余家。

·宿马现代产业园区·

【园区概况】 宿马现代产业园区位于宿州市埇桥区境内，是在省委、省政府振兴皖北的战略部署下，依托京沪高铁宿州东站规划建设的一个园区。2012年1月18日,园区经省人民政府批准成立,由马鞍山、宿州市合作共建,独立运作,享受省级开发区政策。现托管埇桥区部分乡镇(东部新城行政管理委员会、蒿沟乡、苗庵乡),面积253平方公里,人口15万人。2016年,园区党工委、管委会在市委、市政府的坚强领导下,主动适应经济发展新常态,积极抢抓中央和省市政策机遇,完成了省市下达的各项目标任务,既实现了第一轮南北合作共建圆满收官,又实现了"十三五"规划的良好开局。

【经济运行】 2016年,园区积极适应经济新常态形式变化,紧密结合园区实际,突出工业经济和实体经济,全力推进"调转促"工作,实施产业错位发展,全力打造"四个园区",全面推动实施六项工程。各项经济指标完成情况超前,排名均居全市前列。园区完成工业总产值51亿元,其中规模以上工业总产值33.3亿元,同比增长204.8%;战略性新兴产业完成产值6.86亿元,同比增长182.7%;完成规模以上工业增加值8.29亿元,同比增长94.5%;完成固定资产投资61.06亿元,同比增长15.1%,其中工业投资33.95亿元,同比增长54.7%;社会消费品零售总额达6.41亿元,同比增长16.3%;公共财政收入完成4.2亿元,同比增长27%,完成市委、市政府下达的年度目标任务。

【社会事务】 园区始终以群众满意度为出发点和落脚点,强化社会管理。2016年,园区紧密结合托管工作,统筹推进社会事务全面发展,先后支出民生资金4681.54万元,全力保障农村孤儿救助、农村医疗补助、农村道路畅通工程、"十个一"等民生工程建设。园区进一步加快城市公共服务均等化向农村延伸,稳步推进现代农业、"三线三边"整治、美好乡村建设、计划生育、信访维稳等各项社会事业,倾力提升园区群众幸福生活指数。计划生育人口出生率为15.62‰,政策符合率为92.37%;信访排查矛盾纠纷及不稳定隐患946件,化解913件,化解率96.5%;1412人顺利完成脱贫,贫困人口脱贫率为15.1%,后场村、石桥村2个贫困村顺利出列。

【规划建设】 园区立足建设宿州东部新城和高铁新区,高标准完成了控制性详细规划及11项专项规划;坚持"建设优先、人气优先、社会事业优先、生态功能优先"的原则,组建多层次、服务功能全覆盖的多元体系,打造集生产、居住、交通、商贸、物流、休闲为一体的复合型城市系统。2016年,园区列入市调度项目18个,累计完成投资14.7亿元,应急储备中心、食品检测中心、一期保障房、二期公租房、四期保障房等项目顺利完工。二期保障性住房建成并交付使用3192套,基本建成三期保障性住房2304套,开工建设五期安置房1500套;顺利完成110.87公顷土地征收和53.86万平方米房屋协议签订及征收工作。核心区建成道路50公里、自来水管网35公里、燃气管网17公里,各项城市功能和产业配套日趋完善。

【招商引资】 园区充分发挥比较优势,突出产业链延链、补链、强链,全面加强招商引资工作。将招商引资工作作为"一号工程",举全力攻坚重大项目。积极推行"一岗双责与脱岗招商、全员招商与专业招商相结合"的工作思路,举全力推进招商引资工作,主动承接产业转移,力争在重大领域、重点产业、重点企业招商方面取得新突破,着力推动园区经济持续快速健康发展。2016年,园区紧紧围绕"2+2"产业发展规划,依托六大招商平台,累计外出招商引资140余批次,先后举办宿马园区招商推介会7次,签约项目32个,其中工业30个,协议引资额140亿元,到位资金56亿元,外资5287万美元,31个项目顺利开工,20个项目顺利竣工。首位产业食品和农产品深加工业入驻的项目24个,实现产值30亿元;机械装备制造产业入驻项目15个,实现产值10亿元。

【主要产业介绍】 在产业规划上,园区积极构建"2+2"产业体系,发展专用车暨机械装备制造、农产品食品深加工双首位产业。

【专用车暨机械装备制造产业园】 近年来,专用车暨机械装备制造产业园,产业发展迅速,新开工、新投产企业快速增多,成为园区提质增速,快速发展新引擎。

入驻建设项目有:马钢机械、金马泽尔拖拉机、艾默森电梯、兴邦环保专用车、皖鹏节能挂车、骐骏新能源电动车、汽车滤清器项目、汽车铝合金轮毂项目、汽车及摩托车刹车片项目、汽车减震器生产项目等10个项目,总投资达34亿元。其中兴邦环保专用车、皖鹏节能挂车、金马泽尔拖拉机竣工投产。汽车滤清器生产项目等4个项目正在做前期工作。该产业预计2017年实现产值10亿元。随着专用车暨机械装备制造产业项目的不断增多，预计“十三五”末可实现产值100亿元。

入园优秀企业：

1. 安徽金马重机制造有限公司：安徽金马拖拉机项目由安徽金马重机制造有限公司投资兴建。项目总占地8公顷，总建筑面积约3万平方米，总投资约5.6亿元，其中生产用钢结构厂房2栋，综合办公及研发楼2栋。现由马钢机械产业园投资建设，采用先租后买的方式以减轻企业资金压力。项目全面建成后，预计可年产90—280马力拖拉机1.2万辆、轻型履带拖拉机3万辆及相应配套的农机具。项目建成后，可提供300个就业机会，年产值26.5亿元，税收1.3亿元。

2. 安徽皖鹏新能源车辆制造有限公司：公司成立于2015年3月18日，注册资金3000万，总用地20公顷、总投资人民币3亿元、项目分两期实施，2017年预计产挂车1500辆、实现销售收入1.5亿元、利税2000万元。是一家拥有多项自主知识产权的企业。节能半挂车是由从事半挂车技术研究15年的李晓秋工程师研究发明，工程师李晓秋获得了18项国家发明和实用新型专利，另有6项已由国家知识产权局受理。2013年，取得国家专利局半挂车悬挂装置发明专利。公司拥有技术人员20多人，员工80多人，主要产品为挂车悬浮桥、新型节能挂车，产品主要销往内蒙古、江西、青海、浙江、河北、山东等省市。

3. 宿州农翔植保无人机有限公司：项目由安徽宿州天翔航空科技有限公司投资建设，项目位于佳达创智物流园二期标准化厂房内，2016年成立，总投资1亿元。2016年，生产1000架植保无人机，实现产值0.5亿元，预计2017年可生产2000架植保无人机，实现产值1亿元，预计2018年达到5000架的生产规模，三年内总纳税金额不低于1000万元。项目引入中国农业航空战略产业联盟、国内无人机专业展览展示峰会。2018年可实现大学生就业千人以上，打造中国无人机农业现代化生产与综合服务中心，为全省、全国推广建立示范基地。

【食品(农产品)加工产业园】 食品(农产品)加工业是宿马现代产业园区的首位度产业，园区三横六纵的道路及地下管网、地上绿化亮化基本结束，完全具备企业入驻条件。签约入住企业有普健医药、鸿丰生物、王老吉饮品、上海正新鸡排、至诚和信肉制品深加工、无锡瑞年国际保健品等知名企业32家，建成投产7家。

入园优秀企业：

1. 安徽吉之宝食品饮料有限公司：安徽吉之宝食品饮料有限公司位于宿州市宿马现代产业园区食品工业园楚江大道东侧。项目占地近13.33公顷，总投资6亿元，规划总建筑面积15万平方米。项目基础设施建设基本完成，2栋主生产车间及附属车间、办公楼、宿舍楼将陆续投入使用。生产设备全部加工完成并开始进场安装调试，预计2017年3月底部分生产线可投入试生产。

项目建成后生产“王老吉”“好想你”及公司自主品牌“吉之果语”等各类食品饮料10万吨，主要产品包括玻璃瓶、PET、易拉罐等3个包装形式，以及果汁、果味饮料、维生素饮料、蛋白饮料及功能性饮料等五大类28个系列产品。年产值超过10亿元，可直接带动就业岗位500个。

2. 上海正新食品有限公司：公司是专业从事休闲餐饮连锁店的开发、投资与营运的综合性管理企业。计划在宿投资7.2亿元，建设宿州正新食品有限公司生产鸡排、肉串等肉制品深加工产品。项目总占地6.67公顷，分两期建设投产，每期占地3.33公顷，其中，一期于2016年10月落成并开工生产。全部建成后，专业生产正新连锁店畅销的鸡排、肉串和烤肠等肉制品，有利于稳固和提升正新作为中国鸡排第一品牌，为集团布局中国连锁事业助力腾飞。

3. 安徽鸿丰生物科技有限公司：公司位于安徽省宿州市宿马现代产业区内。注册资本1000万元，投资建设生物科技(氨基酸系列产品)产业园项目，主要生产10多种氨基酸成品、保健品、白酒、保健酒。形成年产量5万吨，年产值10亿元，年税收5000万元的规模。标准化厂房36000平方米，辅助设施用房约10000平方米，办公楼、研发楼约14000平方。2016年，办公楼、研发楼主体工程结束，进入内部装修阶段；车间设备安装完毕，氨基酸车间投产。公司拥有现代化的GMP标准生产车间和先进的生产及检测设备，融合国际先进的管理经验，建立了科学规范的企业管理体系，生产过程严格遵循科学规范的操作流程，产品质量全程监控从原料采购入厂到最终产品出库所有环节层层把关,完善的质量检测和质量保证体系确保该公司向市场提供高品质的产品。公司产品全部按照国际标准生产,可以为客户提供 FCCIV 版, EP5 版, USP 版及 CP2005 版等,公司拥有自己的销售、技术、生产、研发团队。并与中国计量学院、武汉大学等多所高等院校合作,为人才培养基地,不断推出新产品。

·高新技术产业开发区·

【概况】 宿州市高新技术产业开发区(简称"高新区")于 2013 年 2 月被安徽省政府正式批复为省级高新区。下辖汴北新区行政管理工作委员会,辖北十里、大王、邵杨、新汴河、秦湖 4 个村 1 个社区,现有常住家庭 7114 户,人口 22584 人。规划面积约 19 平方公里,托管面积约 17.5 平方公里,总体管辖面积 37 平方公里。

2016 年,高新区按照市委市政府工作部署,以创新驱动为引领、项目建设为支撑、要素聚合为保障,瞄准高端产业,多点着力,全面培育,云计算、智能制造、石墨烯产业加速突破,园区建设快速推进,全面完成各项年度目标任务,主要经济指标增幅领跑全市。全年完成财政收入 2.51 亿元,同比增长 77%,完成年度任务 100%;完成"3111"产值 104 亿元,同比增长 9 倍,完成年度任务 104%,完成固定资产投资 35 亿元,同比增长 23%,完成年度任务 100%,实现工业到位内资 41 亿元,完成年度任务 118%,实现外商投资 5174 万美元,完成年度任务 104%。

【云计算首位产业厚积薄发、蓬勃发展】 2016 年,高新区"3111"工程云计算首位产业厚积薄发、加速崛起,实现 426 家企业注册落地,104 亿元产值突破。2016 年,高新区成功获批安徽云计算产业集聚发展基地、省级信息消费示范县区,举办 2016 中国 IT 创新年会、CCG2016 中国电子竞技大赛 2 场全国大会大赛,亮相 2016 中国国际徽商大会、中国(芜湖)科博会,全国"云计算名城"名片越叫越响。

【招商引资引智同频共振、两翼齐飞】 2016 年,高新区全力推进招商引资向引智引技转变,实现签约项目百余个,协议引资 75 亿元。在云计算领域,云服务、动漫渲染、手机游戏、电子商务、智能制造产业板块初成规模,与省内外 15 所高校开展云计算科研合作,与省科技厅开展 5 项云计算科研课题研究合作,与中科大国盾量子公司合作共建量子通信实验室、保密应用工程中心,获批贝斯康医学大数据省级工程实验室。在石墨烯领域,成立黄淮石墨烯研究院,获批全省首家石墨烯实验室,与中科大、南大等 7 所高校开展产业合作,柔性引进乔振华、金钟等 10 位国家青年千人计划、高层次人才开展产业研究,筹建石墨烯云计算平台、等离激元实验室等 5 家研究机构,与萧县新大陆涂料公司、海螺水泥宿州分公司等 4 家企业开展石墨烯产业化合作,有力推动石墨烯产业服务地方经济发展。

【创新创业平台加速建设、量增质优】 2016 年,高新区全力建设企业孵化服务平台,全面加快各类创业及服务平台建设,提升各类标准化厂房孵化功能。一是加快创新创业平台建设,加快云计算数据机房、手游产业园、石墨烯科技馆等创新创业项目建设,投入使用标准化厂房超 20 万平方米,恩源青年创新创业中心等一批众创空间建成使用,2 万平方米腾讯众创基地成功签约,掀起园区"双创"热潮。二是加快专业服务平台建设,加快"智能+"、手机芯片、手机游戏、VR 科技、智能硬件等服务平台项目建设,为企业提供专业技术服务。什伯互联"智能+"平台半年聚合东洋之花化妆品、好想你枣业、獐子岛海鲜 3 家一流企业,实现产值 1 亿元;新亚电子智能硬件平台半年建成触摸屏生产线 12 条,实现出口业务 1.5 亿元,与京东方洽谈业务合作。三是加快政府公共服务平台建设,在科技服务中心、电子商务产业园引入 5 家法律、会计、融资、评估事务所,为企业提供多层次科技中介服务。

【政策配套服务全面深化、持续完善】 2016 年,高新区通过出台"2+7"政策体系文件,着力构筑企业优惠政策、优化环境、优质服务、优秀创意的"四优"服务高地。以产业集聚年、供给侧改革为引领,出台产业发展、创新创业等综合扶持政策,兑现电力网络补贴、个人所得税全奖等政策,引导企业加强自主创新。建立 1 亿元天使基金、2 亿元九一文化基金、10 亿元徽新云计算(手游)基金,实施 3500 万元徽行科技孵化贷项目,为创新创业提供金融支持。完善园区公交车、公共自行车等功能配套,提供人才公寓吃、住、行便利,努力构建职工"十分钟生活圈”,为企业提供“保姆式”服务。加强大气污染、水防治治理工作,建设碧水蓝天高新区,打造宜居生活环境。

【重点企业介绍】 宿州小马电子商务有限公司 宿州小马电子商务有限公司(简称小马科技)是一家综合性的电子商务公司,成立于2015年,于2016年1月经宿州市高新区招商引资迁至宿州市高新区省级电子商务产业园,现注册资本为2000万元。公司致力于通过先进的互联网优质平台,如:天猫,京东,苏宁易购,一号商城等,全面整合丰富的网络资源,专业运营和服务承包企业电子商务业务,互联网产业孵化器运营、电子商务培训以及互联网产品研发。平台主营三大类目,婴童用品,化妆品,农特产品。在婴童用品类目,全国各个地区都有地区级线上代理商,公司的国外客户也在逐渐增加,越南,吉尔吉斯斯坦,乌兹别克斯坦等中亚五国,俄罗斯等国,也有稳定的客户资源。在农特产品类目上公司开发建立有专业的农村电商平台,让农产品及其他产品通过线上进城,通过平台采购专业农业合作社的农特产品,线上自营,所售产品实现在线溯源机制,提高农特产品的附加值,让更多的土特产品直接进入用户手中。

经过一年多的发展,线上业务范围囊括儿童用品及智趣用品,休闲零食,游戏道具,茶与文化,品牌蜂蜜,宠物用品,化妆日化用品,汽车配件用品等多品牌运作。运营模式灵活多样,如:双赢合作,自营品牌,合并收购,跨境电商等。2016年,实现产值1.5亿元,预计2017年实现产值2.5亿元。

安徽省什伯互联科技股份有限公司 什伯互联于2016年6月入驻高新区,注册资金1000万元。什伯互联是新一代互联科技公司,专注于建设“智能+”产业互联平台,通过投资、孵化与产融互动,致力于品牌营销创新、企业经营改造、行业数据挖掘,产业结构转型,为批量打造创新企业集群和构筑新型产业生态贡献力量。

针对消费品产业当下关键痛点“卖不出去”,什伯互联综合五大板块能力(品牌策划、产品定位、渠道建设、营销组织管理、终端效能提升),通过三项举措(整合经销渠道、创新智能终端、贯穿操作流程),建立线上线下互动的立体营销平台。什伯互联能够并行服务大量上游产品制造企业,以完备的营销能力拉动企业管理全面升级,通过“能力互补”“合并同类项”“建一条高速公路多跑几辆车”,分担营销成本、提升运营效率、充分挖掘客户企业的潜在资源与价值。由此,什伯互联尤为擅长推广地方特产和激活老字号,为发展本地民生经济、打造强势区域名片做出贡献。以产业互联重构产业要素,什伯互联将逐步建设“4.0模式”的产业孵化平台。2016年,什伯互联与好想你枣业股份有限公司合资成立了安徽省好想你智能营销科技有限公司,实现销售收入8000多万元;与瑞慈医疗服务控股有限公司合资成立的上海瑞慈化妆品有限公司实现销售收入3677万元;与獐子岛集团股份有限公司合资成立的安徽省獐子岛智能营销科技公司已注册完成;与河南汉威电子股份有限公司的合作正在洽谈。

宿州恩源双创基地项目 源家园·宿州双创基地是基于源家园体系下的区域性电子商务基地,总投资1亿元。项目一期7000平方米,其中一层源家园体验中心约1500平方米,约60个展位,包括10个展台和50个展橱,建成后将是宿州最大、产品最全的O2O体验中心,集展示、体验、销售为一体的多功能展厅,建成后将预计年接待来访领导、客商、游客约2万人次。二楼为创客中心,建成后将为约30家创业类企业提供孵化、金融、技术及平台支撑;三楼至五楼可为企业提供办公场地,并为其提供支持服务。目前已经开始运营,入驻了壹零客、上海同粲国际、修正电子商务等30家企业。

宿州宿易城乡OTO项目 项目拟打造区域性城乡电子商务综合服务平台,主要经营城市生活服务、农村电子商务、跨境电子商务及大宗农产品交易服务,打造全新可复制的区域性电子商务生态体系,建设5000平方现代化配送中心,6000平方实体商业,实现线上线下闭环消费体系。项目全部建成投产后,可实现年产值5000万元。完成B2C网站宿易生活网、O2O体验馆宿易云超建设,开展智慧社区项目建设。公司员工70人,截至9月底营业收入820万元。

宿州爱尚分期购项目 项目基于移动互联网和大数据风控技术,为银行服务不到的年轻消费者提供快速、便捷的店内产品分期付款服务。与宿州近100家手机用户开展合作,与恒安、金安、安通等驾校开展驾校驾照分期业务,与三大运营商开展购机分期付款业务,营业收入100万元,流水1000万元。

宿州鑫亿讯呼叫中心项目 项目为客户提供

企业管理咨询、商务信息咨询、呼叫中心、投资咨询、展览展示服务、投资管理、资产管理、企业形象策划、市场营销策划等服务。已开展华尔街英语、英孚英语、韦伯英语、五一 talk、VIP 等业务，营业收入 100 万元，项目全部建成投产后，可实现年产值 5000 万元。

安徽喵语小调电子商务有限公司 喵语小调为安徽东方果园生物科技有限公司旗下品牌，占地面积 6.67 余公顷，建筑面积 68000 平方米，立足于全国最大黄桃连片种植基地，专业从事果蔬制品研发、加工及销售，是一家集研发、种植、生产、销售为一体的现代化企业。公司主要以生产真空脱水蔬菜、水果、食用菌为主，引进国外最先进生产设备及生产工艺，以现今最新的真空脱水技术为原理，采用 100% 天然新鲜果蔬及食用菌为原料，运用特殊技术加工原理进行生产，产品有蘑菇、香菇、豌豆、紫薯、红薯、秋葵、胡萝卜、草莓、苹果、香蕉、黄桃、奇异果等数十种休闲系列产品，通过互联网经营模式销往海内外。

华为运营中心 华为运营中心是由宿州市高新区与华为公司共同投资建设，于 2016 年 7 月建成并投入使用，使用面积 600 平方米，主要由展示区、监控运营区和办公区构成。运营中心主要面向政府、企业和公众展示宿州云计算产业发展成果、宿州与华为的合作进展、“四个中心”建设情况及智慧城市应用展示，通过创新展示和交流手段，宣传云计算的基本概念和应用价值，推动宿州市云计算应用创新和产业合作。

阿尔法游戏运营中心 阿尔法游戏公司成立于 2008 年，是国内最早、最专业的全球大型网络游戏运营支持服务中心。阿尔法游戏公司与国内外数百家游戏公司保持战略合作。阿尔法在宿州投资 25 亿元打造占地 12 公顷的游戏产业园，将引入游戏企业 50 家以上，产业链覆盖游戏软件外包、美术动画外包、客户服务呼叫中心、游戏运营推广等全方位服务体系，同时布局移动互联网、手机游戏研发制作及海外运营领域，打通人才、创意、产品、推广、服务等整个游戏产业链，打造具有游戏产品研发、企业孵化、人才培训等为一体的多功能复合型游戏产业园区。建成投运 1500 平方米总部中心，项目全部建成投产后，可实现营业收入 20 亿元，带动产值 100 亿元、税收 10 亿元

创客咖啡 创客咖啡，总建筑面积 1200 平方米，分为创客交流、创业展示、创业路演、创业教室、创业卡座、健身娱乐等功能区，为园区百余家企业创新创业群体提供“创新实践、创业辅导、产品孵化、创客教育”等服务。

宿州国盾量子云数据技术有限公司 公司是科大国盾的全资子公司，公司专注于量子安全传输技术在数据异地远程灾备的工程化应用研究，致力于为用户提供绝对安全的云计算基础设施服务，目标成为基于量子通信和量子计算全球领先国内知名的大数据和云计算的服务提供商。

母公司在量子通信领域获授权专利数量全国第一，全球第五，是中国量子通信产业联盟首批发起单位、中国信息协会量子通信分会发起单位、国家密码行业标准化技术委员会首批会员单位、国际云安全联盟（CSA）成员、量子安全国际工作组（QSSWG）发起人。

宿州量子保密通信项目是将国际领先的高可靠高安全性的量子通信技术应用于宿州相关领域，项目建设内容包括宿州量子城域网建设、京沪干线宿州接入点建设、保密大数据中心、量子信息技术政务应用工程研究中心。

项目建成之后，主要有以下三个建设目标：

1. 以宿州政务、金融领域应用示范平台为基础，形成独具特色的量子安全保护的云平台系统，并逐步在省内、全国推广应用；

2. 成立量子信息技术政务应用工程研究中心，做好量子通信技术在政务领域的应用研究和工程化技术研究，树立宿州在量子通信技术应用研究方向上的创新基地地位；

3. 借助宿州量子应用示范平台，构建量子技术应用的商业模式，实现规模化商业应用，带动量子通信上下游产业要素在宿州的集聚，以实现社会效益和经济效益的双增长。

宿州贝斯康医学检验中心项目 宿州贝斯康医学检验科技有限公司是宿州市政府为提升云计算产业在医疗、民生和公共安全领域的应用，通过与中国上海科学院上海生物信息技术研究中心、苏州贝斯派生物科技有限公司（以下简称：苏州贝斯派）、宿州市立医院、宿州学院、华为软件技术有限公司（宿州）合作，并由苏州贝斯派建立的全资子公司。公司立足宿州，通过与宿州市立医院共建实验平台，与华为软件技术有限公司（宿州）签约展开“个体化医疗云华东节点”项目，打造由安徽辐射周

边省市地县的个体化医疗、转化医疗和区域医疗信息化服务的产业链条。完成工程实验室办公场地及配套设施、实验室及配安徽省精准医学大数据工程实验室基础设施建设，成立遗传分子精准检测技术研发中心和高通量测序标准化中心，通过与上海市儿童医院合作，建立了基于 NGS 技术的遗传病检测的平台，2016 年 3 月以来，完成检测 300 余例。通过与上海市肺科医院、胸科医院等合作，建立肺癌液态活检平台，月平均检测量为 80 例，自 2016 年 9 月，完成检测 270 余例。

魅色网络直播平台项目　深圳魅色网络传媒有限公司计划在高新区成立“深圳魅色网络传媒有限公司分公司”，在宿州打造直播团队和运营管理团队。人员总规划为 1000 人以上。一期建立 1000 平方米的运营基地，预计年产值可达 2 亿元。二期规划打造一个不低于 10000 平方米，人员总数 500 人左右的综合基地，能满足公司在游戏、演艺、资讯以及专题内容运营团队的办公和业务需求。建成后预计年产值 10 亿以上。

宿州炫云渲染云平台项目　炫我团队于 2014 年底在安徽省宿州市高新区成立了宿州炫云信息科技有限公司，累计投资固定资产约 1000 万元，当地拥有高配服务器 800 多台，建立了大型数据中心作为炫云平台的核心节点，立足安徽，辐射华东、华北乃至全国，落地本地化网络体验的云渲染服务，为炫云的全球用户提供 7 × 24 小时的全天候服务。现职工总数 16 人，全部为大专以上学历的专业技术及管理人才。

宿想渲染云平台项目　宿州宿想落户宿州借助宿州高新技术开发区优质云计算资源打造亚洲最大的集群渲染基地，首批 500 台计算节点已上线运营，规模模逐年以每年 400 台递增，终期规模达到 5000 台，塑想渲染云平台在宿州高新区落地并服务于全国乃至世界动漫产业，通过自身行业影响力举办行业峰会为宿州高新区引进动漫企业，构建宿州动漫生态链，成为宿州城市产业结构升级的一个突破口，五年时间极大地推动宿州产业布局从第一、第二产业到第三产业的转型升级。宿想公司于 2015 年 12 月 29 日于安徽省股权交易中心成长板挂牌。

中网信通“智慧无线城市”项目　中网信通科技有限公司是一家专注于为传统小微商行业研发设计、提供 O2O 解决方案的移动互联网公司。该公司是宿州大数据智能云的实践者，对宿州提出打造“一市两库一平台”（One City 无线城市，Two Data 企业大数据库、用户大数据库，One Platform 生活服务大数据平台）智慧城市设想，成为宿州“智慧城市”十大服务商之一，负责承接“智慧无线城市”建设，将实现无线 Wi－Fi 热点网络全市覆盖。

甲骨文宿州技术人才创新中心　Oracle（甲骨文）宿州技术人才创新中心集软件产品研发、高校 IT 人才培训、Oracle 特色众创平台于一体，负责 Oracle 甲骨文培训的运营及教育云平台的日常使用维护与管理，同时积极开拓软件服务外包业务，帮助区域周边传统企业进行互联网 + 业务转型升级。同时，该中心幅射对接高等院校，依托 Oracle 强大技术优势，帮助高校强化提升人才专业知识水平层次，帮助在校大学生基于移动互联网进行创新创业。该中心着力为区域高新企业进行人才的培养与储备，努力打造成为区域内高新人才的储备池与创新创业项目孵化池。

县　　区

·埇桥区·

【概况】 宿州市埇桥区,位于安徽省东北部,是宿州市唯一市辖区。地处淮北平原,属暖温带半湿润气候,中国重要的商品粮、棉、油、肉、蛋生产基地,享有“中国书法之乡”“中国马戏之乡”“中华烧鸡之乡”美誉,为“国家现代农业示范区”“国家农村综合改革实验区”“中国杨木产业示范区”。2016 年,全区总户籍人口 170.08 万人,其中:出生人口 2.79 万人,出生率为 16.39‰;死亡人口 8423 人,死亡率为 4.94‰;自然增长率为 11.45‰;城镇人口 486605 人,乡村人口 1214180 人;城镇化率 28.61%。

【历史沿革】 埇桥区是全国最大的县级行政区,古称甬桥镇。曾用名宿州、宿县、宿州市,历史悠久,但建区时间不长,系由原县级宿州演变而来。自唐宪宗元和四年(809 年)置宿州起,即为历代州、县、区治所。民国元年(1912 年)废宿州改为宿县。中华人民共和国成立后宿县隶属安徽省宿县地区。1992 年底,宿县和宿州市(县级)合并为新的宿州市(县级)。1998 年 12 月 6 日,经国务院审批同意撤销宿县地区和县级宿州市,设立地级宿州市和埇桥区。

【行政区划】 截至 2016 年底,全区辖大营镇、永镇乡、蕲县镇、桃园镇、大泽乡镇、芦岭镇、大店镇、朱仙庄镇、西二铺乡、符离镇、灰古镇、蒿沟乡、苗庵乡、桃沟乡、时村镇、永安镇、支河乡、夹沟镇、曹村镇、杨庄乡、栏杆镇、解集乡、褚兰镇、顺河乡 24 个乡镇和三里湾街道、埇桥街道、北关街道、西关街道、南关街道、东关街道、道东街道、沱河街道、城东街道、三八街道、汴河街道和北杨寨行政管理区 12 个街道(行管区)。

【位置面积】 埇桥区位于淮北平原,北纬 33°20′—34°02′,东经 116°59′—117°20′,。东临宿州市灵璧县,南接蚌埠市固镇县、怀远县,西靠淮北市,北与江苏省徐州市接壤。辖境南北长 91 千米,东西宽 44 千米,国土面积 2868 平方千米,常用耕地面积 14.2 万公顷。地处苏、鲁、豫、皖四省交界区域,淮海经济区的中东部,东部沿海经济发达地区向西部内陆的过渡地带。交通便利,京沪铁路、合徐高速、206 国道纵贯南北,5 条省道穿境而过。

【山脉】 埇桥区北部和东北部,分布有岛状低山残丘,系淮阳山脉余脉。全区有大小 387 座山,以徐州为中心,呈扇状向东南和西南方向继续延伸 75 千米左右。高度一般在 100—200 米之间。其分布情况:1. 黄山位于符离镇西部,黄山西部一次排列高皇山、蛇山、龟连山。符离镇的东北部依次排列灵鹫山、灵蛇山和灵寺山。符离镇正东部有马山,再向北有乾山,乾山西部是定陶山,再向西依次排列着三山、四山和离山。符离镇北部有力顶山。2. 八山、青山位于夹沟镇南部。青山南部是尖山。尖山东部是鹤山,偏东南部是二郎山。夹沟镇西部是芳岩山,再向西有孤山、唐山,以及镇疃寺林场附近诸山。夹沟镇北部有丰山,丰山西部是龟山。3. 曹村镇周围皆山。西南部有秦山、武里山。正南部有荽山。西北部有大山口、小山口、齐山。正北部有马弯山、桃山、庙山、瞻凤山、望山。东部有大黄山、鱼山、陈疃山、尚山、白虎山。4. 褚兰镇南部有桂山、东平山、广龙山、马山、夏疃山、墓山孜。东南部有九顶山、梅山。北部有鲁山、宝光山、湖山等。5.栏杆镇偏北部有凤凰山。东北部有宣山、青铜山、蝙蝠山、大龙山、张山、香山。栏杆镇解集南部有黑风岭、塔山、贡山、藕塘山、巍山。栏杆正南部有孙寨山、柏山，柏山北部有孟寨山、石河山。6.时村镇西北部有刁山、葛山。

【河流】 埇桥区河流可分为三大水系：濉河水系，包括濉河支流和奎河支流；新汴河水系，包括其支流；浍河及其支流澥河等全部属于淮河水系。境内河道主要有8条：澥河、浍河、沱河、新汴河、萧濉引河、濉河、奎河、萧濉新河。

流经全区的大小河流有20多条，河道总长400多千米。自南而北依次有：澥河、浍河、浍澥新河、运粮河、沱河、小黄河、新汴河、新河、唐河、濉河、萧濉引河、股河、双庆河、方河、欧河、新霞河、韩河、奎河、阎河、孤河、灌沟河、郎溪河、拖尾河等。在诸河流中，南部以浍河为主，浍河支流有澥河、浍澥新河、运粮河。中部以濉河、新汴河为主，濉河支流有西唐河（新河上源）、股河、双庆河、萧濉引河；新汴河支流有沱河、小黄河、新河、唐河。北部以奎河为主，其支流有方河、欧河、新霞河、韩河、阎河、孤山河、灌沟河、郎溪河、拖尾河。

【经济运行情况】 2016年，在中共宿州市委、市政府和区委的正确领导下，埇桥区深入贯彻落实中共十八大和十八届三中、四中、五中、六中全会精神，主动适应经济发展新常态，坚持稳中求进总基调，以提高经济发展质量和效益为中心，紧扣“五个埇桥”，较好地完成了区九届人大六次会议确定的各项目标任务，经济社会平稳较快发展。2016年，全区实现地区生产总值354.9亿元，按可比价格计算，同比增长8.8%，并列四县一区第三位。其中，第一产业增加值62.4亿元，增长3%；第二产业增加值135.95亿元，增长10.1%；第三产业增加值156.52亿元，增长10.3%。三次产业之比为17.6∶38.3∶44.1. 财政收入33.5亿元，增长6.4%；固定资产投资400.27亿元，增长10.2%；社会消费品零售总额108.12亿元，增长12.2%；城镇居民人均可支配收入29851元，增长8%；农村居民人均可支配收入10113元，增长8.6%。经济运行情况较为平稳，主要经济指标平稳增长。其中，规模工业增加值增速达10.5%，高于全市1.2个百分点，位居四县一区第二位。

【农业】 2016年，全区实现农林牧渔业增加值为69.91亿元，增长4.62%。全区农林牧渔业总产值达到120.82亿元，增长5.1%。2016年，生猪出栏112.16万头，牛1.79万头，羊55.67万只，家禽1720万只，同比增速依次为-2.15%、-4.67%、-6.83%、2.32%；全区蛋类总产量5.7万吨，增加1.4%、奶类总产3830吨，同比下降10.09%、肉类总产量12.03万吨，同比下降2.05%。水产品产量1.47万吨，同比增加13.2%。粮食产量104.26万吨，比2015年减少2.21%。蔬菜总产量105.46万吨，同比下降3.71%。

【工业】 全年，全区373家规模以上工业企业累计完成工业总产值484.04亿元，同比增长14.72%，累计实现工业增加值106.9亿元，同比增长10.5%，位居四县一区第二位。全年累计实现销售收入473.6亿元，同比增长15.47%；实现利税合计32.96亿元，同比增长5.2%，其中实现税金7.19亿元，同比增长5.86%，实现利润25.77亿元，同比增长5.02%。

六大支柱产业累计完成工业总产值471.2亿元，同比增长14.81%。其中：农副食品加工业完成112.83亿元，同比增长5.51%；纺织服装业完成56.6亿元，同比增长41.35%；板材家具业完成101.09亿元，同比增长13.25%；医药化工业完成30.41亿元，同比增长28.15%；新型建材业完成108.07亿元，同比增长11.62%；机械电子业完成62.21亿元，同比增长16%。60户市重点调度企业累计完成工业总产值160.59亿元，占总量的33.18%，同比增长16.55%。

【固定资产投资】 2016年，全区固定资产投资完成400.27亿元，同比增长10.2%，居全市第四位。其中，城镇和农村投资260.87亿元，同比增长10.24%；房地产开发完成投资139.39亿元，同比增长10.15%。工业投资200.34亿元，同比下降1.12%，居全市第四位。全区500万元以上城镇及农村投资项目施工273个，5000万元以上在库项目106个；5000万元以下在库项目167个。

【商贸及进出口】 2016年,全区实现社会消费品零售总额108.12亿元,同比增长12.2%,在县区中总量排名第一、增幅位列第5。其中,限额以上销售额为67.45亿元,同比增长18.7%,限额以下销售额40.67亿元,同比增长2.7%;按区域分:城镇销售额68.90亿元,同比增长17.6%,乡村销售额39.22亿元,同比增长3.7%。埇桥区进出口总量为1.4亿美元,居全市首位;同比下降13.76%,居四县一区第2。其中,出口9558万美元,同比下降15.31%;进口4398.5万美元,同比下降10.19%。

【引进外资】 2016年,全区实际利用外商直接投资14961万美元,同比增长39.3%,在县区中总量排名第一、增幅排名第二,完成全年目标任务的130.1%。

【财政收入】 2016年,全区财政收入33.5亿元,同比增长6.4%。其中,中央收入10.96亿元,同比下降9.45%;地方财政收入21.74亿元,同比增长18.79%。全部财政支出64.03亿元,同比增长5.94%,其中地方财政支出60.71亿元,同比增长7.81%;民生支出53.82亿元,同比增长8.65%;八项支出合计45.38亿元,同比增长6.29%。

【金融机构存贷】 2016年,全区金融机构存款余额828.59亿元,比上年同期增长18.4%,居全市第三位;金融机构贷款余额610.02亿元,比上年同期增长18.6%,居全市第五位。

【工业项目及平台建设】 强化项目建设,成立重点项目建设指挥部和十大专项指挥部,开展"千名干部推千个项目"活动,促进项目建设提速提效。实施重点项目465个,完成投资312亿元,博德尔环保、温氏养殖等209个项目开工建设,安真木业、淮宿建材等235个项目建成投产。加快经济建设,招商引资到位资金180亿元,实际利用外资1.5亿美元,实现外贸进出口总额1.36亿美元。农业总产值120亿元,增长4.5%,加工产值280亿元,增长13.2%。新增"四上"企业96家,总数745家。工业总产值484亿元,增长14.7%,产值超亿元企业162家;纺织服装和家居板材"双首位"产业规上企业121家,产值157.6亿元。新认定高新技术企业8家、新申报战略性新兴产业企业15家,专利申请1928件、授权1099件,获批省著名商标12件。推动园区发展,埇桥经济开发区路网等基础设施建设加快,宿州市循环经济示范园标准化厂房一期投入使用,宿州绿色家居产业园启动建设,埇桥国家现代农业示范园农展馆主体完工。

【农业农村】 2016年底,埇桥区造林0.69万公顷,被授予全国绿化模范县区。朱仙庄镇、芦岭镇、褚兰镇获省森林城镇称号。曹村镇马湾村、夹沟镇五柳村、芦岭镇陈堂村、桃园镇钱营村、蕲县镇浍南村、蕲县镇邱园村、大泽乡镇和谐村获省森林村庄称号。农田水利建设再获省江淮杯一等奖。夹沟等7个国家和省级农田整治项目通过验收。深入开展大气、水污染防治和非煤矿山专项整治,生态环境进一步改善。继续推行秸秆综禁四级包保,首次实现全年"零火点"的目标。美丽乡村建设卓有成效,投入3.6亿元,整治8个乡镇政府驻地建成区,建设15个中心村,夹沟夏刘寨、桃园光明荣获全国文明村镇称号,符离沈圩、西二铺沟西被评为省级乡村旅游示范村。"三线三边"环境整治常态推进,文明城区创建成果持续巩固。

【民生民计】 财政向民生倾斜,民生支出53.8亿元,占财政支出的88.7%。33项民生工程全面完成,6件惠民实事高效落实。积极扩大创业就业,区人力资源产业园投入运营。新建农村安全饮水工程7处,解决8.9万人饮水安全问题。改造农村危房2000户,新建、扩建农村敬老院6所。新农合、城镇居民医保、大病保险全覆盖。实施精准扶贫,全年出列45个村、脱贫2.43万人。新建农村公办幼儿园10所、乡村学校少年宫19所,改造提升城区学校8所,全面改薄校舍2.77万平方米,获评全国社区教育示范区。圆满承办省第8届曲艺节。在全国率先采取"互联网+残疾人托养服务"模式,被评为全国残疾预防综合试验区、全国残疾人工作先进单位。军民融合深度发展,为宿州再获全国双拥模范城作出新贡献。启动第三次全国农业普查。计生工作连续5年全省先进。

【改革创新】 在全省率先完成国家农业补贴"三合一"改革攻坚,稳步推进国家农村承包土地经营权证抵押贷款和省级农村"三变"改革试点;在全省首推农业信贷担保"劝耕贷",发放贷款3.02亿元,创新做法在全省推广。农民专业合作社1447家，家庭农场1021家，农业产业化龙头企业365家。深入推进机关公务用车、公共资源交易、国有林场、供销社等综合改革。整合国有资产，组建埇桥城投集团及7家子公司，新设工业投资公司，规范区担保公司和汇谷粮油公司管理机制，全年融资56.9亿元，为企业担保贷款12.3亿元。金鼎安全新三板挂牌，绿洲森工主板在审。

【医药卫生体制综合改革】　2016年是埇桥区深化医药卫生体制改革的关键之年，全区坚持以患者为中心，以分级诊疗制度建设为重点，以医保支付方式改革为重点，着力突出破除药价虚高、公立医院补偿、基本医保统筹管理等关键环节，注重破解公立医院发展建设、人事薪酬制度改革等难点问题，切实加强医疗、医保、医药三医联动，逐步将医药卫生体制改革推向深入，明显提升医疗卫生服务能力，有效缓解人民群众看病难、看病贵问题，构筑起守护百姓健康的屏障。

深化公立医院改革，提高医院运行管理质量。公立医院改革是医改的重点和难点所在，也是医改的主攻方向。一是落实政府办医和监管职责。进一步加强对公立医院6项投入的财政保障，特别是公立医院重大项目建设要由政府负责，实施"交钥匙"工程。将公立医院债务纳入同级政府性债务统一管理，按有关规定和原则逐步化解。二是健全合理补偿机制。理顺不同级别医疗机构间和医疗服务项目的比价关系。健全调整医疗服务价格、增加政府补助、改革支付方式以及医院加强核算、节约运行成本等多方共担的补偿机制。三是建立现代医院管理制度。落实公立医院人事管理、内部分配、运营管理等自主权，实行院长任期目标责任制和问责制。四是健全完善薪酬制度和绩效考核体系，积极借鉴北京朝阳医院绩效考核的先进经验。五是深化人事制度改革。落实编制备案管理和医院用人自主权，依据区域卫生规划床位设置标准及相关规定，明确公立医院编制总量。六是建立完善控费机制。合理确定并量化区域医疗费用增长幅度，定期对医疗费用控制情况进行排名公示。加强对辅助、营养性等高价药品以及抗生素和用量异常增加的药品使用情况实施重点监控，严格控制医疗费用不合理增长。

构建分级诊疗制度，促进优质资源延伸下沉。建立分级诊疗制度，是合理配置医疗资源、促进基本医疗卫生服务均等化的重要举措。一是完善以利益为导向的医共体运行机制，贯彻落实16个病种分级诊疗指南，开展技术帮扶、双向转诊。高血压、糖尿病患者规范化诊疗和管理率达到30%以上。二是完善不同级别医疗机构医保差异化支付政策，适当拉开不同级别医疗机构起付线和支付比例差距，探索基层医疗卫生机构慢性病患者按人头打包付费。三是推进家庭医生签约服务，制定费用分控合理、服务内容丰实的分档签约服务包。2016年底，城市家庭医生签约服务覆盖率达15%以上，重点人群签约服务覆盖率达30%以上，全面推进农村家庭医生签约服务。四是提升基层服务能力，实施"学长丰、赶泗县"基层医疗机构三年提升计划，开展"两转变、两整治、两提升"（转作风、转观念，整环境、整秩序，提水平、提满意）专项行动，开展"三百"（百位名医下基层、百名乡医进名院、百个专科结对建）结对帮带活动。引导城市医生到基层开展全科医疗服务、城乡对口支援、医师多点执业、适宜技术推广等，促进医疗资源下沉基层和农村。

完善医疗保险体系，织牢社会保障体系网底。要充分发挥医保在引导诊疗行为、完善价格、控制费用等方面作用，保证医疗投入真正使群众获益。一是改革医保支付方式。完善医保付费总额控制，实行"临床路径＋按病种付费"制度改革，探索按病种付费浮动定额管理机制，2016年底，公立医院40%以上的住院患者实现按病种付费。在此基础上，系统推进按人头付费、床日付费、总额付费等多种方式结合的付费方式改革，控制医疗费用不合理增长，同时将医保对医疗机构服务的监管延伸到对医务人员医疗服务行为的监管。二是整合城乡居民基本医保制度。积极推进城乡居民基本医疗保险经办机构整合，落实"三保合一"。三是完善城乡居民大病保险和医疗救助制度。制订"实施健康脱贫，打造健康乡村"行动计划，对建档立卡贫困人口实行倾斜支付政策，实行大病报销、慢病救助，进一步减轻大病患者负担。四是积极引导社会力量参与医疗救助，推动完善基本医保、大病保险、慢病救助、医疗救助、疾病应急救助、商业健康保险、慈善救助、补充保险、兜底解困等有效衔接的政策，织牢社会保障体系网底。

改革药品耗材流通体制，规范医疗卫生市场秩序。药价虚高是群众反映强烈的焦点问题，也是制约医改向纵深突破的关键所在。一是推进药品耗材集中采购。完善药品耗材采购管理,改进医院与药品生产经营企业结算办法,进一步实施和规范药品耗材带量采购。二是规范药品流通秩序。推行“两票制”,药品从药厂销售到经销商开一次发票,从经销商销售到医院再开一次发票,强化购销票据管理和监管措施,严厉打击违法违规行为,降低药品虚高价格。三是强化药品监控监测。对省重点药品监控目录内药品实行预警管理,加强采购和使用行为监管,做好短缺药品监测和信息报送工作,将低价常用药配送不及时的企业列入“黑名单”,取消区域内药品配送资格。四是健全综合监管工作机制。加强医疗质量监管,强化医疗服务收费和价格监督检查,建立医疗卫生机构医疗费用等信息公开机制。五是组织开展经常性督导检查,严厉打击各种形式的非法行医,严肃查处违法违规行为,加快推动医药卫生行业信用体系建设,促进各类医疗卫生机构依法执业。六是加强医疗卫生行风建设,对药品耗材设备采购、公立医院人员招录、行政审批服务行为、红包现象、收受回扣行为、诱导患者不合理转诊并收受“好处费”行为、新农合资金监管、效能建设等八个重点领域开展专项治理。

补齐医疗卫生短板,满足人民群众健康需求。要结合实际着力补齐全区医疗卫生发展的短板,进一步提升医疗服务质量,满足人民群众日益增长的健康需求。一是做好社会办医政策落实。引导社会资金在医疗资源短缺区域和产科、儿科、精神科等紧缺专科领域办医,举办高水平、有特色的社会办医疗机构。优化医师多点执业政策环境,放开公立医院在职或退休主治以上医师到基层医疗卫生机构执业或开设工作室。二是推进中医药改革与发展。完善中医药发展政策和机制,细化落实对中医医院投入倾斜政策,制定实施差别化的价格调整、绩效考核等政策。三是推进儿童医疗卫生服务改革。随着全面二孩政策放开,短期内儿科医疗资源不足的矛盾还将有所上升。要加快推进区妇幼保健院的规划建设,加强妇幼保健计生服务中心的标准化建设和规范化管理。四是加快信息化建设。加快实施“智慧医疗”项目,推动建立各级医院互联互通、信息共享的人口健康信息服务平台。积极发展远程医疗,建立签约服务和双向转诊管理系统,全面普及村卫生室“健康一体机”项目。五是加强卫生人才队伍建设。实施“名医培养、天使成长、专科创优”计划,加强以全科医生为重点的基层卫生人才和儿科、精神医学、助产等紧缺人才培养,加大对高层次人才和老年医学、康复、健康管理等方面的专门人才培养力度,创新人才培养引进和学科建设激励机制,推动形成人才辈出的生动局面。

【埇桥区在全省率先实施农村“三变”改革调查】 2016年以来,埇桥区选择灰古镇付湖村在全省率先开展以“资源变资产、资金变股金、农民变股东”为主要内容的“三变”改革试点,实现2016年底土地承包经营权抵押贷款500万元、村集体经济增收17万元、入股农民亩均增收150元以上,促进了农业增效、企业增利、农民增收、集体增值。

精准对标确定“由谁试”,充分体现“埇桥特色”。埇桥区优先选择付湖村作为全省首批“三变”改革试点村,主要鉴于该村具备农村改革有经验、农业发展有基础和农民增收有保障的“三有”优势条件。

精准谋划推动“怎么试”,积极探索“埇桥路径”。在这次全省农村“三变”改革试点中,埇桥区重点承担“资源变资产、农民变股东”的“两变”改革任务,精准指导付湖村立足村情民意,确立围绕“两个目标”、做好“两项试点”的改革路径。围绕“两个目标”,充分发挥目标的导向作用。通过开展农村土地承包经营权抵押贷款,2016年全村完成抵押贷款500万元,有效破解农业“融资难”,实现“资源变资金”的目标;通过土地股份合作经营方式,利用11.6公顷村集体新增耕地、42.13公顷农民新增耕地入股淮河粮食产业联合体,村集体收入年新增17.4万元,入股农民人均年增收346.68元,有效破解农民“增收难”,实现“农民变股民”的目标。做好“两项试点”,充分发挥试点的示范效应。深入推进国家农村土地承包经营权抵押贷款试点,在完成农村土地承包经营权确权颁证的基础上,稳步推进农村土地流转经营权证办理、土地经营权价值评估等工作,选择付湖村淮河种植植保专业合作社、茂丰种植专业合作社,颁发土地流转经营权证,分别发放经营权抵押贷款400万元、100万元。积极推进省级土地股份合作试点,抓住“人地挂钩”试点机遇,复垦新增村集体土地11.6公顷、农民耕地42.13公顷,依托淮河种植植保专业合作社,开展村、户、社三方土地股份合作,按亩折股,设置总股份3236股,实行年终每股1000元保底分红后,参与二次分红，实现入股农民亩均增收150元以上。

精准施策种好“试验田”，力求形成“埇桥样本”。在农村“三变”改革试点中，埇桥区紧扣“破题、解题、应用”三个关键环节，做到思路精密、方法精准、保障精细，着力打造可学可用可推广的“埇桥样本”。在改革破题上，坚持把中央关于农村改革的决策部署作为最高遵循，在“三变”改革中，坚持“因地制宜、尊重意愿，政府主导、市场运作，依法依规、规范操作，稳妥推进，风险可控”基本原则，以确权确股为基础、赋权活权为重点、股份合作为主要形式，积极探索农村生产要素合理有效配置，盘活农村资源、资产、资金，激发农村发展活力，建立农民增收长效机制，确保改革始终保持正确方向。及时出台《关于印发“资源变资产、资金变股金、农民变股东”改革试点方案的通知》，明确规定资源变资产，就是在清查核实、确权登记、评估认定的基础上，将集体土地、林地、水域等资源要素，通过一定形式入股农业经营主体，取得股份权利，或作为抵质押物进行融资贷款。农民变股东，就是引导和组织农民自愿以土地(林地)承包经营权、集体资产股权、住房财产权，以及自有大中型农机具、资金、技术等生产要素，通过协商或者评估折价后，投资入股经营主体，按股比获得收益分红。在推进“两变”改革的同时，积极探索“资金变股金”的改革路径，为农民增收、农业增效和农村改革发展培育示范样板。

在改革应用上力求拿准区情。始终把农民群众“答应不答应、支持不支持、满意不满意”作为唯一标准，真正做到“四个坚持”：即坚持改革底线，尊重各方意愿；坚持循序渐进，把握正确方向；坚持保障权益，确保风险可控；坚持配套跟进，加强统筹协调。尤其是在实施农村土地股份合作试点时，自觉站在农民群众的立场谋划改革实施路径，着重从入股土地、股份合作、分红模式、经营管理、风险防控等关键环节，进行制度上固化、措施上细化、收益上量化，既打消了农民群众保全土地“命根子”的顾虑，又享受了农村改革土地变成“金饭碗”的利好。

【激活志愿服务】 近年来，埇桥区文明办给予各级各类好人引领的志愿服务队伍“量身定制”式的专业化、针对性的指导，切实通过后“推”的模式，引领志愿服务队伍，打造一批志愿服务领域的先锋模范，立起可看、可学、可鉴的典型，从而激发其他志愿服务组织自觉学习。

“中国好人”李彦、褚家国，“安徽好人”印飞，“宿州好人”许春华、王伟民……这些“好人”引领的志愿服务队伍广泛吸收医生、教师、理发师、水电修理工等热心志愿服务的各界人士参加，形成禁毒防艾、节俭养德、关爱留守儿童、助老扶老等志愿服务体系。

诚实守信“中国好人”李彦于2006年注册的宿州市禁毒防艾公益宣传中心是一支多年来致力于禁毒防艾、助老扶老及关爱未成年人的志愿服务队。这支队伍拥有固定的核心骨干7人，累计服务时长超过2000小时。近3年来，这支队伍又深入农村开展秸秆禁烧志愿宣传服务活动，成了守卫蓝天的一支公益队伍，赢得了群众的赞誉。4月，宿州市禁毒防艾公益宣传中心，被安徽省卫生厅授予先进集体。7月，被评为宿州市“月评”志愿服务典型集体。宿州家国义工服务队是由“中国好人”褚家国组织成立的宿州市家国义工服务队。54岁的褚家国在宿州三角洲公园锻炼时，奋不顾身跳入冰冷的河水救出一落水女孩，荣登2016年4月“中国好人榜”。为了能够帮助更多需要帮助的人，7月，褚家国发起成立了宿州市家国义工服务队。

宿州市印飞“三关爱”志愿服务队的创始人—印飞，是集“安徽好人”“安徽省优秀离休干部”等多种荣誉于一身的退而不休的86岁的老人。他九年如一日，用共产党员的优秀品质和助人为乐的情怀，积极投身于社会公益事业，尽己所能，发挥余热，贡献社会，服务人民，用奉献社会的不朽精神，感召和带动了一个又一个追随者。

“宿州好人”许春华发起成立的宿州阳光天使公益助学中心，历时8年，2000多名志愿者，开展公益活动400多次，累计服务时常6600小时，资助贫困学生2000多人，受益面积2个省，受益群体达30多万人。自2008年始，该团队开展了结对助学、动动手指爱心助学、壹基金温暖宿州娃、暖冬计划、壹基金净水计划、留守儿童心理素质拓展、乡村学校支教、特困学校教学设施添置、壹基金壹乐园儿童服务站、壹基金平安小课堂、青少年环境知识科普课—水与生命等一系列的公益助学项目。还开展了以“小心愿，大梦想”为主题的“童梦行动”“拥抱灿烂明天，携手放飞梦想”“圆梦韩村小学”“未来之星圆梦”“凝聚点滴爱心　播撒人间真情”“博爱送万家　温暖我成长”“书香溢满乡村校园”等一系列活动。该中心于2015年,被评为宿州市优秀社会组织,并通过宿州市社会组织孵化基地首批入驻组织评审后,入驻孵化园;其"助学项目"被评为安徽民间十大公益项目以及安徽省"感动江淮十佳志愿服务"优秀典型项目;2016年3月,宿州团市委授予其"优秀集体"称号。

针对三角洲公园夏季溺水事件频有发生的现象,埇桥红十字应急救援大队成员——"宿州好人"王伟民做足水上救援预案,组织成立水上救援中队。其自费购买救生衣、皮划艇、救生绳索、泳圈等设备,在宿州市新汴河部分水域主动承担起义务救生员的任务。据统计,仅2015年夏季,水上救援队劝阻无护具下水人员600余名;劝阻不会游泳的妇女儿童下水500多名,发放防溺水自救知识宣传单2万余份,用不计报酬的辛勤值守将一切可控风险扼杀于萌芽状态。埇桥红十字应急救援大队水上救援中队的事迹被当地群众传为佳话。

【"两学一做"学习教育】 "两学一做"学习教育开展以来,埇桥区坚持高起点谋划、高质量落实、高标准推进,以"三精准三突出"为引领,扎实有效推进"两学一做"学习教育深入开展。

精准施策,突出系统性。该区创设活动载体,确立"456"工作思路,切实做到分类指导,精准施策。"四查四看"把好脉,即查是否足额及时缴纳党费,看党的意识强不强;查是否按时参加组织生活,看党员意识强不强;查是否按规接转党员组织关系,看纪律意识强不强;查是否定期组织开展活动,看组织观念强不强。"五个清单"开好方,即学习清单明确学什么、何时学、怎么学等,逐支部逐党员画好"路线图"、列好"时间表";问题清单明确对照标准、查找方向,通过自己找、群众提、上级点、互相帮、集体议的方式,逐支部逐党员瞄准"自画像",查找问题3980个;整改清单明确具体措施、责任人、完成时限、整改效果,逐支部逐党员"盘点销号"问题3850个;制度清单明确每一项制度执行实效,确定"废、立、改"的具体措施、责任领导、责任单位、具体承办人、完成时限;时效清单明确目标管理,分行业落实措施、载体、时限,逐支部逐党员在有效期内深学、细照、笃行。"六个方案"抓对药,即制定机关单位、村社区、窗口单位服务行业、医疗卫生、学校、非公企业和社会组织6个工作方案、6种指导安排表,明确"读、讲、看、写、查、改、评"7种形式,让各类党组织和党员学有遵循、做有标尺。

精准督导,突出实效性。明确工作任务。专门制发《全区"两学一做"学习教育施工组织设计图》和《全区"两学一做"学习教育工作任务和材料清单》,直观反映"两学一做"学习教育时间节点、工作任务和具体要求。围绕学习教育时间节点、阶段性工作重点和不同行业、领域、单位特点,每月制定工作任务清单,明确学什么、干什么。严格督促检查。全区各级党组织根据任务清单,细化具体措施,谋划创新动作。建立落实"每日电话抽查、半月专项督查、每月巡回督查"工作机制,定期组织有关部门紧扣任务清单和督查清单,对全区各级党组织学习教育开展情况进行督查检查。抓好问题整改。每次督查结束后,各督导组及时梳理存在问题,提出整改建议,提炼工作亮点,形成具体的督查报告和整改清单。依据整改清单,对相关单位进行"回头看"和"再督查",直至问题全部整改到位。

精准整改,突出长效性。始终坚持问题导向,深入排查、持续聚焦基层党组织建设和党员队伍建设方面存在的突出问题,通过采取自己找、组织点、相互提、群众评等方式,逐级逐支部逐党员精准建立问题清单、整改清单、时效清单和整改台账,精准制定整改措施,给定每个党组织、每名党员的整改事项、整改时限和整改目标。逐项盘点销号。严格实行对账销号制度,根据自行申报、群众评议和组织认定情况,定期对每个党组织和每名党员的"三单"进行对账、验账、销账。精准聚焦"4+4"专项整治行动,针对中央和省、市委巡视反馈的问题及群众反映强烈的突出问题,逐项梳理,列清问题清单、任务清单、责任清单,"挂图作战"、对账销号,确保专项整治件件有着落、事事有结果。建立长效机制。持续开展"两学一做"学习教育"回头看"活动,全面排查、深入分析基层党组织建设、党员教育管理、党员作用发挥、党内组织生活等方面存在的普遍性突出问题12类45条,逐项逐条研究制定问题清单、整改清单、时效清单和制度清单,同步推进问题整改和建章立制,逐步健全从严管党治党制度体系,确保"两学一做"学习教育落地生根,长期见效。

【重要企业简介】 2016年,全区373家规模以上工业企业累计完成工业总产值484.04亿元,同比增长14.72%,累计实现工业增加值106.94亿元,同比增长10.5%,增速在四县一区中居第二位,总量占全市的26.73%,位居全市第一。

安徽东平木业股份有限公司 公司创建于1996年10月,是一家以研发、生产和销售细木工板、多层板、集成板、生态板、UV板、实木橱柜为主的装饰材料企业。拥有资产1.9亿元、9条生产流水线、2条整体橱柜生产线,有就业岗位1086个。2016年完成产值3亿元,实现销售收入2.14亿元,实现利润7719万元,上缴税金600万元,产品销售网络遍布华东、华北、华中等地区,并出口至欧美市场。

东平木业与著名木业研究机构、木业权威专家、高校广泛合作,打造国内顶尖研发团队,引进国内外先进的生产设备,聘请业内经验丰的生产管理人员和技术人员,优化生产工艺参数和流程,执行ISO 9001:2000质量管理体系标准。建立基地化原材料采购模式,精挑细选,分别在安徽淮北平原、江西、湖南、福建、广西、云南、贵州等地建立国内原材料采购基地,分别在印尼、马来西亚建立国外原材料采购基地,实现"从源头到用户"全过程品质把控。执行欧盟CE认证、FSC国际森林认证、REACH化学品法令,以及美国CARB认证标准并进行检验。

宿州市东大木业有限公司 是一家主要从事木业深加工等领域的产品开发、生产、销售的股份制企业。主要生产胶合板、细木工板、强化地板和环保型多层复合木地板等。公司通过ISO 9001质量管理体系认证、ISO 14000环境管理体系认证、美国CARB、欧盟CE等多项国际权威认证及FSC产销监管链认证。"红树湾"商标被评为"中国驰名商标"。公司注册资金1000万元,员工586人。占地13.33余公顷,拥有标准厂房4万余平方米,建成胶合板生产线6条,异型板生产线2条,地板生产线5条,年产各类胶合板10余万立方米、环保型实木复合地板200余万平方米。同时公司拥有自己配套的胶水生产工厂,可生产各种级别的环保胶、三聚氰胺胶等,能满足生产用胶的各项标准。产品远销美国(洛杉矶、华盛顿、休斯敦等城市)、欧洲(德国、比利时等国家)和中东等30多个国家和地区。并与这些国家和地区建立供需关系和战略合作伙伴关系。2016年,实现出口创汇2000万美元,实现出口创汇安徽省同行业第一。

2015年下半年,柬埔寨二期工程开工建设,2016年上半年建成投产,销售也十分可观。

宿州市鸿正服装服饰有限责任公司 是与江苏海澜集团合作,集研发、生产、销售为一体的大型服装生产基地。现是中国人民解放军总后勤部、中国人民武装警察部队后勤部军服被装定点生产供应商。企业坐落在宿州市汴河工业园区,占地面积8.4公顷,计划总投资5.7亿元,总建筑面积7.8万平方米。引进意大利、德国、美国、日本、瑞典等先进服装生产设备2200台套,可年产各类高档服装450万件套。一期建成标准化厂房4幢,职工集体宿舍1幢,职工公寓3幢,职工餐厅、办公楼等相关配套设施,总建筑面积6.8万平方米。2016年度,实现产值3.7亿元,上缴税收700多万元,是宿州市诚信纳税20强企业,宿州市纺织服装龙头企业。

绿洲森工股份有限公司 坐落在宿州市埇桥区循环经济园区,成立于2004年1月,公司原名为安徽人造板有限公司,2011年9月进行股权变更和更名,2015年4月公司股份实现在"新三板"挂牌交易。公司注册资本金为1.2亿元,资产总额26549万元,员工总人数260人,年销售收入2亿元(不含税)。公司是宿州市重点招商引资企业,安徽省林业产业化龙头企业。公司主要利用林木三剩物和次小薪材(即枝丫材)为原料生产中、高密度纤维板,年产量12万立方米,产品广泛用于建筑、装饰、家具、包装等各个领域,变废为宝,属于国家鼓励发展的资源综合利用行业。

公司依托先进的生产技术,集行业领先的管理经验,以"团队、责任、竟创"的企业精神,逐步确立产品的市场信誉,生产经营运行情况良好。公司通过ISO 9001和ISO 14001双体系认证,以及美国CARB认证,产品质量优良。甲醛释放量达到E1环保标准,在国内处于领先地位。产品主要销往常州、苏州、上海、南京等地区的中高端木地板厂家,如圣象、财纳福诺、德尔、世友、升达、久盛、洛基、欧龙、龙华和菲林格尔等。

宿州市徽香源食品有限公司 公司坐落于符离集烧鸡原产地——安徽宿州埇桥区符离镇新型工业园区,是集符离麻鸡育种、养殖、研发、加工、网络化销售于一体的现代化综合性专业生产烧鸡及食品加工的企业。是皖北地区民营企业的优秀代表,是省、市级农业产业化优秀龙头企业。公司成立于2004年4月,注册资金1320万元,固定资产6879万元。拥有烧鸡加工场1座,占地3.33公顷,年加工能力超过200万只。年销售额占符离集烧鸡总产值的30%以上。公司在继承传统工艺、秉承传统风味，传承徽派文化的基础上，坚持依靠科技，创新推动，标准化生产，建立起一套严格的管理体系和运行机制。公司所有产品通过 ISO 9001：2008 质量管理体系认证、ISO 14001：2004 环境管理体系认证、HACCP 食品安全管理体系认证。公司与中国食品科技领域著名学府江南大学食品学院合作建立了徽香源牌符离集烧鸡食品技术研发中心，共同研发符离集烧鸡标准化生产、保鲜配送、休闲食品等课题。产品涵盖鲜货系列、软包装系列、秘卤休闲系列等 6 个系列，近 80 个品种。公司下辖的宿州国基禽业有限公司是集符离麻鸡原种场、标准化散养基地、养殖小区、养殖专业合作社于一体的综合性禽类养殖公司。它的成立使徽香源公司形成了集种鸡饲养、烧鸡加工、销售为一体的企业集团，成为符离集烧鸡产业中的龙头企业。

宿州市皖神面制品有限公司 公司位于宿州市埇桥区循环经济园区，成立于 2003 年 9 月，注册资金 1.9 亿元，是一家以小麦蛋白粉（谷朊粉）、颗粒谷朊粉、淀粉、面粉、面条、水溶性豌豆蛋白、豌豆淀粉等产品为主的现代化农业粮食深加工的循环经济高新技术企业。现有职工总数 628 人。其中有科技人员 68 人，成立了省级技术中心（技术中心建有 200 多平方米现代化的实验室，拥有进口谷物快速分析仪、进口气相色谱仪、电子分析天平、高级发酵罐、糖罐先进检测和研发设备）。公司拥有安徽省技术领军人才 1 人，宿州市“551”创新团队一个；拥有 3 个发明专利及 14 个实用新型专利。宿州皖神是国家级高新技术企业、省农业产业化龙头企业、省粮食产业化龙头企业、省“专精特新”企业、海关总署 AA 类管理企业（一个自用型保税仓库），首批省外贸转型升级示范出口基地企业、全国粮食行业首批“节粮减损示范企业”、省两化融合示范企业、省创新性试点企业、省质量奖获得者、宿州市工业十强企业，公司拥有“省级技术中心”。先后取得 ISO 9001、ISO 22000、KOSHER、HALA 认证。“迎客松”牌谷朊粉、“皖神”牌豌豆蛋白及淀粉产品畅销欧、美、亚等国际知名企业，形成遍布全球的营销网络。

2016 年，公司发挥产业化、规模化、科技创新、人才和带动农户等综合优势，年底公司资产总额 83678 万元，销售收入 12.7 亿元，进出口总额 8090 万美元，其中出口 3700 万美元，实际缴纳各项税费 5600 余万元。 （张　忻）

·砀山县·

【基本县情】 砀山县是位于安徽省最北端具有地标意义的古县名城，隶属宿州市，被称“安徽省的北大门”。地理坐标为北纬 34°16′至 34°39′，东经 116°09′至 116°38′之间，周边分别与安徽省宿州市萧县、河南省永城市、夏邑县、永城县、山东省单县和江苏省丰县相毗邻。东距江苏省徐州市 84 公里，西距河南省商丘市 72 公里，东南距宿州市 126 公里、距省会合肥 400 公里。陇海铁路（设有砀山站）、310 国道和郑徐高铁（设有砀山南站）横贯县境东西，已建成的通车的济祁高速（又称德上高速，设有砀山和砀山北两个出入口）、101 省道和正在建设中的 237 国道纵穿县境南北。周边 300 公里范围内有徐州观音、郑州新郑、合肥新桥三大国际机场和连云港出海口，已经获批的砀山通用机场建设项目开始征地。今县境南北长约 42.8 公里、东西宽约 44 公里，总面积 1192.92 平方公里。现辖砀城、周寨、葛集、唐寨、朱楼、程庄、李庄、良梨、关帝庙、曹庄、赵屯、官庄坝和玄庙 13 个镇，另设砀山经济开发区、薛楼板材加工园、高铁新区等。2016 年末，全县家庭总户数 319134 户，总人口 992717 人，其中回族等少数民族占 1%。

【历史沿革】 砀山县是一个历史古邑名区。秦朝境内置砀县、下邑，隋开皇十八年（598 年）始定名砀山县，县名因境内有芒砀山脉之砀山而得名。这里曾隶属砀郡、梁国、豫州、宋州、辉州、单州、归德府、永城州、济州、济宁府、徐州等，1955 年起归属安徽省至今。境内曾置梁国国都、砀郡治所、辉州治所。秦始皇二十六年（公元前 221 年）实行郡县制，县域属砀郡辖区的砀县、下邑地。汉高祖五年（公元前 202 年），改砀郡为梁国，县域属梁国砀县、下邑地。东汉建初四年（79 年），梁国辖区缩减，迁都至县境下邑城。三国魏革梁国，县境属豫州。晋武帝泰始元年（265 年）复置梁国，砀县并入下邑，隶属豫州梁国。南北朝复置砀县，县境为砀县、下邑之地。北魏孝昌元年至二年（525—526 年），下邑治所西迁至栗城（河南夏邑），复置砀郡、砀县，县境内置砀郡治所。北齐（555 年）废砀郡、砀县，置安阳县。隋开皇十八年（598 年）改安阳县为砀山县，属宋州。唐朝时期砀山县先属宋州，光化二年（899 年）改属辉州。

五代十国时期县域归属多变。宋朝时期砀山县属单州等。金兴定元年(1217 年),砀山县改属归德府。金兴定五年(1222 年),砀山县属永州。元朝时期砀山县先后属济州、济宁路。明朝时期于明太祖洪武八年(1375 年)起,隶属徐州。清朝顺治二年(1644 年),砀山县隶属江南省直隶徐州,康熙六年(1667 年)改属江苏省直隶徐州,雍正八年(1730)改属江苏省徐州府。中华民国元年(1921 年)至民国 27 年(1938 年)5 月仍属徐州。抗日战争时期曾隶属淮海省第三专区,砀山县一度被分割为砀南县和砀北县,直到 1948 年 11 月砀山县解放,县境得以合并。1949 年 10 月起,砀山县划归皖北人民公署宿县专区。1952 年 11 月划归江苏省徐州专区。1955 年 2 月起,划归安徽省,先后隶属宿县专区、蚌埠专区。1961 年 4 月起,划归宿县专区。1999 年 5 月起,隶属宿州市。

砀山县是后梁太祖朱温的望乡故里,出生于宋州砀山午沟里。砀山有近 700 年黄河流经县境的历史。1168 年,黄河在上游河南境内大改道向东始流经砀山,直到 1855 年黄河再次在上游大改道北流迁徙出砀山县境为止,黄河在砀山境内整整流淌了 687 年,最后给砀山大地留下一条蜿蜒崎岖的黄河故道(又称废黄河)成为砀山重要的地理文脉。砀山人民经过百年的不懈努力,在黄河故道两岸建成了百万亩连片果园,堪称世界之最,森林覆盖率达 70%以上,年产各类水果在 15 亿公斤以上。砀山逐步成为全国闻名的水果种植大县、加工大县和世界梨都。

砀山是“国家级水果加工产业化示范区”、国家级电子商务进农村综合示范县、安徽省首批农产品质量安全示范县、省级园林县城。砀山果园场被中国绿色食品协会授予“中国绿色食品荣誉企业”称号,终生免收绿色食品审核费和标志使用费。这是全国仅有 7 家不间断进行绿色食品生产的企业之一,也是安徽省唯一一家。黄河故道现代农业(水果特色)示范区晋升省级现代农业示范区,4. 67 万公顷果园获无公害基地认证。“砀山酥梨”荣获中国驰名商标,进入“全国果品业最具投资价值品牌 30 强”。在首届全国农村电商美丽乡村建设(半汤)论坛上,砀山县荣获“2016 中国十大农村电商合作探索奖”,是安徽省唯一获此殊荣的县(区)。

【综合实力】 2016 年是实施“十三五”规划的第一年,砀山县坚持稳中求进工作总基调,以打造创新型“五个砀山”和“三中心四基地”为目标,以加快“调结构转方式促升级”为主线,强力推进“首位产业升级、城镇建设提升、数字果园创新、现代服务业培育”四大工程建设,经济社会发展持续保持良好势头。全县地区生产总值完成 175. 01 亿元,增长 8. 8%;全部财政收入完成 11. 5 亿元,增长 13. 9%;规模以上工业增加值 65. 08 亿元,增长 10. 2%;砀城镇率先实现财政收入超亿元零的突破;社会消费品零售总额实现 62. 22 亿元,增长 12. 4%;固定资产投资完成 148. 36 亿元,增长 5. 5%;三次产业结构由 32. 5∶44. 5∶23 调整为 22. 9∶44. 7∶32. 4。

【工业经济】 2016 年末,规模以上工业企业达 228 家,完成工业增加值 65. 08 亿元,其中,轻工业完成增加值 332681 万元,增长 9. 6%,重工业完成增加值 310781 万元,增长 10. 8%。从行业看,农副食品加工下降 3. 1%,饮料制造业增长 7. 0%,纺织服装制造业增长 16. 5%,木材加工业增长 8. 4%,造纸及纸制品业下降 29. 8%,化学原料及化学制品业增长 4. 1%,交通运输设备制造业增长 1. 1%,仪器仪表办公用机械制造业增长 22. 1%,电力供应业增长 2. 9%。在 228 家规模以上工业企业中,产值超亿元企业 120 家,科技食品、圣沣食品产值突破 5 亿元。全年工业固定资产投资 85. 47 亿元,同比下降 2. 88%。

【现代农业发展】 2016 年,全县农作物播种面积 113146 公顷,其中:粮食播种面积 66918 公顷(其中小麦播种面积 25710 公顷,增长 0. 74%)。棉花播种面积 5960 公顷,下降 1. 0%;油料播种面积 18915 公顷,增长 1. 7%;蔬菜播种面积 10433 公顷,增长 5. 6%。

全年粮食总产量 27. 95 万吨,下降 2. 24%,其中:夏粮 16. 13 万吨,下降 1. 10%。油料产量 5. 26 万吨,增长 1. 75%。棉花产量 5560 吨,下降 2. 11%。蔬菜产量 41. 68 万吨,增长 5. 99%。水果总产量 142. 56 万吨,增长 2. 38%,瓜类产量 33. 73 万吨,增长 6. 2%。水果产量达 170 万吨。畜牧产值实现 65 亿元。全县市级以上农业产业化龙头企业达 95 家,其中国家级重点龙头企业 2 家,规模以上农产品加工产值实现 180 亿元,发展农业产业化联合体 41 家,家庭农场 1100 个,农民专业合作社

2566家。黄河故道现代农业示范区跻身省级示范区,4.67万公顷果园获无公害基地认证。“砀山酥梨”荣获中国驰名商标,进入“全国果品业最具投资价值品牌30强”。“数字果园”创新工程成效明显,建成物联网应用示范点18个,100家合作社及家庭农场实现产品质量可追溯,成功创建安徽省首批农产品质量安全示范县。

【商贸物流服务业】 2016年,实现社会消费品零售总额62.22亿元,增长12.4%,其中城镇52.76亿元,增长14.7%,乡村完成9.46亿元,增长1.2%。从单位规模看:限额以上完成35.88亿元,增长17.7%,限额以下完成26.34亿元,增长5.9%。全年进出口总额8379.17万美元,比同期增长18.06%,其中:进口总额完成214.66万美元,出口总额8164.5万美元。全年实际利用外资11888万美元,下降0.11%。深入实施现代服务业培育工程,增加值完成51.4亿元,限额以上贸易企业总数达64家,汽博城、光彩大市场、中原农贸市场等商贸项目建成使用。交通、运输、仓储邮政业快速发展。全年完成增加值5.39亿元,增长5.9%;全年运送旅客192万人次,其中:铁路运输102万人次;客运周转量34403万人公里,铁路货运量25万吨。信息传输计算机服务业平稳较快发展。全年完成增加值1.16亿元,增长6.0%。本地固定电话用户数11.49万户,移动电话用户65万户。年末,每百人拥有电话94.2部。国际互联网用户121236户。砀山县入选第二批“国家全域旅游示范区”,为旅游业发展注入新的活力。

【金融业】 2016年,全县金融机构存、贷款余额大幅增长。年末金融机构存款余额214.46亿元,比年初增加26.07亿元,比上年同期增长13.8%。其中:居民储蓄存款余额172.22亿元,比年初增加17.94亿元,比去年同期增长11.6%。金融机构贷款余额89.33亿元,比年初增加13.01亿元,比同期增长24.8%。徽商银行、淮海村镇银行、华安证券、太平洋保险先后入驻,农商行成功改制,宇宁果胶成功登陆新三板,沃福肥业、汇金木业等10家企业在省股权托管交易中心挂牌。

【房地产市场】 2016年,全县房地产开发投资完成175606万元,比上年同期增长8.46%,其中:住宅投资完成129024万元,比上年同期下降5.73%。施工面积2415301平方米,比上年同期增长8.21%,其中住宅施工面积1990589平方米,比上年同期增长6.20%。新开工面积536908平方米,比上年同期增长71.23%,其中住宅新开工面积434981平方米,比上年同期增长96.89%。商品房销售面积690816平方米,比上年同期增长53.01%,其中住宅销售面积527873平方米,比上年同期增长28.14%。商品房销售额251152万元,比上年同期增长58.27%,其中住宅销售额172693万元,比上年同期增长31.23%。商品房竣工面积253139平方米,比上年同期下降21.76%,其中住宅竣工面积156963平方米,比上年同期下降38.81%。

【首位产业升级工程】 规模以上首位产业企业达59家,产值实现95亿元,战略性新兴产业发展迅猛,通用机场即将开工建设,光大垃圾发电、兴华电缆等11个项目投产运营,实现产值16.5亿元,获批首批市级“战略性新兴产业集聚基地”。大力发展高新技术产业,高新技术企业达11家,建成省级工程技术研发中心1家,开发自主创新产品3项、省名牌产品5个,注册著名商标11个。

【电商产业】 为实现地方农产品网上销售,砀山县积极抢抓“互联网+”机遇,以国家第二批电子商务进农村综合示范县为契机,大力发展农村电子商务产业,探索一条政府积极作为、草根踊跃创业、企业自愿转型的农产品销售电商模式,催生一批电商微商,形成微商集群效应,电子商务产业呈现井喷式发展,促进大众创业、企业增效、农民增收,打造经济增长“新引擎”,探索精准扶贫新路子,形成电子商务进农村的“砀山模式”。全县有电商平台21个、电商企业344家,网店、微店超10000家,注册农产品品牌900多个,带动5万多人从事电商、物流等工作。电子商务产业园被认定为省级现代服务业集聚区。全县电子商务交易突破30亿元,其中农产品网上销售额达27.2亿元。

【园区建设】 经济开发区建成区面积增加到17平方公里,产值实现75亿元,薛楼板材加工园产值实现35亿元,高铁新区产值实现10.4亿元,园区基础设施不断完善,3个园区累计新建道路60公里,建成标准化厂房44万平方米。经济开发区被批准为

"全省新型工业化示范基地",薛楼板材加工园被批准为安徽省第三批"新型工业化林木加工示范基地"。

【城乡面貌】 砀山县完成城区总体规划修编,主城区面积达35平方公里,城镇化率达43.2%。2016年,征迁大幕在全县范围内拉开。依法征迁、阳光征迁、和谐征迁,使征迁这个热点难点问题变得顺畅有序,百姓放心、社会满意。全年完成征收地块22个,征迁房屋面积184.7万平方米,征迁整理净地257.67公顷。征迁信访案件大幅下降,涉诉案件全市最低,部分遗留多年的老问题得以解决,实现了既拆的快,又拆的稳,为城市大建设打下了坚实基础。大征迁大建设大创建首战告捷,棚户区改造强力推进,2016年完成22个棚户区改造项目,征收面积达185万平方米,征迁整理净地257.67公顷。市民活动中心、全民健身运动中心、2.5万吨水厂等一批惠民工程投入使用。高速高铁建成运营,310国道升级改造完成,生态大道、梨都大道等12条主次干道建成通车,东升路、科技路等10条断头路全部打通,上跨陇海铁路立交桥、芒砀南路下穿陇海铁路涵扩孔全面完成,"六纵四横"交通大格局初步形成。镇村面貌显著改善。美丽乡村建设名镇、名村(社区)、名企、名校简介持续推进,完成8个镇政府驻地建成区整治,新建和改造农贸市场9个,建成省级美丽乡村示范村29个,许庄回族村被评为"全国少数民族保护与发展特色村寨"。镇村基础设施建设不断加强,县乡道路257公里;村级道路362公里;解决33.2万人安全饮水问题;建设改造农村电力配网线路860公里;全县村级光纤实现全覆盖;"三线三边"环境综合整治深入开展,农村垃圾综合治理通过省级验收。汽车南站即将投入使用,公交线路增至9条,投放公共自行车500辆。

【生态建设】 积极创建国家级生态县,创建省级森林城镇5个,省级森林村庄34个,森林覆盖率达70.23%。省级园林县城创建通过专家评审,环城河公园、利民公园等15处公园相继开放。城区新增绿化面积347万平方米。秸秆禁烧连续五年实现"零火点"。新建污水管网108公里,污水处理厂二期投入使用,污泥处置工程建成试运营。完成文家河、大沙河等河流治理。

【科教文卫事业】 2016年末,全县各类教育学校254所,其中:小学130所,普通中学54所,特殊教育1所,幼儿园69所。在校学生132109人,其中:普通中学在校生37579人,比上年下降3.3%;小学在校生59149人,比上年增长4.4%。普通中学专任教师2969人;小学专任教师3017人。学龄儿童入学率100%。深入实施科技兴县发展战略,不断提高科技创新能力,2016年申请发明专利超165件,新增发明专利授权13件。2016年,高新技术申报企业7家:砀山泰来电气设备有限公司、砀山万佳联众电子有限公司、安徽亿度电子商务有限公司、北海果业砀山惠丰有限公司、砀山县跃讯网络技术有限公司、安徽省田丰牧业科技有限公司、安徽省兴达罐业食品有限公司。高新技术企业保有量为11家,涉及农业、化工、机械制造等多个行业领域。县级公共文化场馆建设取得突破性进展,其中县博物馆、图书馆、文化馆、美术馆纳入市民活动中心建设;积极申报创建省级乡镇综合文化服务中心示范点工作。砀城镇综合文化站被省文化厅列为全省乡镇综合文化服务中心示范点试点,已按标准完成创建任务;新建11个贫困地区村综合文化服务中心示范点,为全县17个文化站和31个村级文化活动场所配备了音响设备和文体器材。全县共有各类文化经营单位299家,其中文化演艺业108家,网吧57家,歌舞娱乐场所6家,艺术教育培训业20家,电影发行放映业1家,印刷企业5家、打复印39家、书店摊26家。全县各类文化产业经营单位现有从业人员5000余人,年创收入1.5亿余元。2016年,是卫生事业继续深入改革的一年。全年参加新农村合作医疗的人数836091人。年末,拥有医院、卫生院36个,实有床位数3631张,卫生技术人员3577人,增长3.4%,其中:执业医师1351人,执业助理医师575人,注册护士1399人。乡镇卫生院18所,床位972张,卫生技术员1107人。

【社会民生】 2016年,城镇居民和农村常住居民人均可支配收入分别达到27445元、10128元,分别增长11.0%、8.5%。城镇登记失业率控制在4.3%以内。城乡最低生活保障标准提升至5760元、3000元。建设保障性住房33.3万平方米,连续实施"33项民生工程",持续做好十件惠民实事。有3人当选"中国好人",1人被评为"全国最美志愿者",1户家庭荣获全国"最美家庭"和"全国五好文明家庭"

称号。义务教育均衡发展顺利通过国家验收,新二中、一小、开发区实验小学等学校建成招生。梨园马拉松、环江淮万人骑行大赛总决赛成功举办。十三届省运会成绩名列县级积分榜第八名。平安砀山建设扎实推进,实行"三警合一",全面构建交通治安巡逻防控体系,社会治安整体防控能力显著增强。荣获安徽省首批食品安全示范县称号。

【稳步实施改革】 完成市场监管体制和卫生计生机构改革,顺利整合不动产统一登记机构。机关事业单位工作人员养老保险制度改革全面启动,公务用车、职务与职级并行等改革顺利完成。"营改增"、户籍制度改革全面推开。供销社综合改革、盐业体制改革有序推进。集体林权制度改革进一步深化,规范流转林地0.11万公顷。农村集体资产确权到户和股份合作制改革稳步实施,土地确权颁证全面完成,实行"五证合一、一照一码"。政府职能转变和行政审批制度改革持续深化,县级政府行政权力事项由1783项精简到1515项,行政审批事项由205项精简到135项,镇级权力事项精简到161项。标准化政务服务中心投入使用,入驻窗口单位36家。建成13个镇级为民服务中心、164个村级为民服务代办点。电子政务系统高效运行,主动公开政务信息6.3万余条。廉政建设不断强化。扎实开展党的群众路线教育实践活动、"三严三实"专题教育和"两学一做"学习教育,严肃廉洁纪律,"四风"问题得到有效整治,"三公"经费支出持续下降。

【名镇、名村、知名企业简介】

李庄镇 位于砀山县东部地区,镇中心距离砀城约14公里,东与唐寨镇毗邻,西与开发区接壤,南与朱楼镇交界,北与良梨镇相连,辖区东西跨度距离8公里,南北跨度距离9公里,镇域总面积68.5平方公里,其中耕地面积4324.87公顷。全镇辖8个行政村、94个自然村、216个村民组,总户数17945户、总人口56576人。

李庄镇区位优势明显,道路交通便捷,是砀山县乡村公路密度和通车里程最高的乡镇,境内310国道、李永(李庄—永城)、李园(李庄—园艺场)、薛黄(砀山薛口—萧县黄口)公路在此纵横交织,公路总里程长达45.5公里。乡村公路92.5公里,全镇晴雨通车里程137.5公里,拉近李庄对外开放和物流运输的空间距离,形成"公路通、百业兴"的繁荣局面。2008年,李庄镇被省交通运输厅授予"全省公路建设示范镇"称号。济祁高速公路在李庄境内长达9.4公里,并在辖区贾庄自然村设立道交路口。镇委、镇政府所在地李庄是一个历史悠久的重要集镇,是苏鲁豫皖边缘地区的重镇要塞,有着"四省通衢、商贸重镇"的地域特色和承东启西、经纬南北的区位优势。境内主要为黄河冲积平原,处温暖带大陆性半湿润气候。人文传统深厚,产业优势明显,果香四季飘溢,自古以来就是一块钟灵毓秀之地。

李庄镇历史悠久,早在民国时期就有砀山县第二区李庄镇的记载。民国5年(1916年),陇海铁路建成通车,在李庄设置李庄站,进一步彰显了李庄重镇的地位。新中国成立以来,李庄镇的行政区划历经多次变化,地位优势更加突出。1985年8月,李庄区升格为副县级建制镇。1988年3月,李庄撤区建镇,1996年被省住建厅授予小城镇建设试点镇,2003年6月被省政府确立全省重点、中心建制镇,2012年被国家发展和改革委员会列入全国第三批发展改革试点镇,是安徽省政府批准的60个中心镇之一。2015年,县委、县政府做出把李庄镇确定为"镇当县建"的重大决策,该镇抢抓机遇,当年通过招商引资等渠道投资近3000万元,加强市政基础设施建设,编制了《李庄镇总体规划》,积极推进城镇化进程。贾楼、卞楼美丽乡村建设取得明显成效。

李庄镇土地肥沃,以沙淤土壤为主,适宜水果、林木、粮食、棉花、蔬菜等多物种生长,是砀山县水果生产大镇。2016年,全镇形成三屯油桃、万家福"香妃梨"、唐庄拱棚西瓜、大梨园绿壳鸡蛋、卞楼车厘子、振兴火龙果等优质农产品品牌。发展种养专业大户50多家、家庭农场30家。2016年,全镇协议引进工业项目11个,实现到位资金6.15亿元;规模以上工业企业完成产值11.49亿元,同比增长12.36%;固定资产完成投资3.8亿元;全镇实现财政收入1600万元。

良梨行政村 良梨行政村位于砀山县良梨镇东部2公里,所辖11个自然村分布在黄河故道支流文家河的两岸,西部有梨树王景区,东部有乾隆御植园景区,北部有鳌头观海景区,砀唐路和梨花观赏路线在这里交汇穿行,交通便利,区域位置优越。全村总人口9600人,土地面积566.67公顷,其中果林面积520公顷。

良梨村所辖自然村栽植梨树历史悠久,生产的酥梨品质优良,有砀山酥梨发源地之说。清朝乾隆年间，该村的酥梨以贡品晋京，这也是“良梨村”村名的由来。该村果园等林木覆盖率达88%以上，生态环境良好，被誉为“天然氧吧”。依托境内独特的果林资源和生态优势，大力发展“花果旅游”产业，著名旅游景点有“梨树王”“乌龙披雪”和文家河生态观光带等自然景观，以及具有独特魅力的斗鸡、斗羊特色民俗等人文景观。“梨树王”年逾300高龄、年产砀山酥梨2000多公斤，入选省级“名木”。每年4月，有梨花节、马术节、砀山梨园国际马拉松比赛，9月，有酥梨采摘节，吸引大批中外游客来此休闲度假。

2014年，良梨村被评为“安徽省景观旅游名村”，所属的崔庄中心村被选定为县美丽乡村建设示范村，重建、改建房屋147套，新修道路2200米，安装LED太阳能路灯80盏，打造成宜居宜游的“青砖、黛瓦、马头墙”徽派风格美丽乡村，建成了乡村大舞台、扇形休闲广场、便民服务综合楼等村民娱乐休闲和便民配套设施，群众的生产生活环境显著改善。该村有10户县妇联命名的“徽姑娘”农家乐，先后接待多批自行车驴友团和中外游客。

2016年11月26日，良梨·全域电商高峰论坛暨创梦空间开园在良梨村举行，全国近百家主流电商平台及协会高层、知名行业专家和学者，省市相关部门负责人，农业电商上下游代表性企业参加论坛。2016年，全村电商从业人员达2000多人，实现销售额8000余万元，成为远近闻名的“微商村”。

安徽砀山海升果业有限公司　该企业是由全国农业产业化龙头企业、香港主板上市公司—陕西海升果业发展股份有限公司出资控股设立的果蔬汁加工企业。职工总数169人，技术人员90人，总投资2亿元，占地33.33余公顷，设计年生产能力5万吨浓缩汁，是国内外工艺最先进，加工规模最大的浓缩果汁加工企业，年可实现出口创汇5000万美元，实现利税5000万元，具有良好的经济效益。2015年10月，获得国家级高新技术企业称号。公司先后通过了出口食品生产企业卫生注册、KOSHER认证、质量管理体系ISO 9001认证和HACCP体系认证。客户遍布全球知名的食品和饮料制造商，北美、欧洲及亚太地区是海升的主要客户分布区。90%以上产品自营出口远销至近30个发达国家和地区，包括美国、加拿大、德国、法国、澳洲、俄罗斯和日本等国家。

公司与砀山县团结养殖种植合作社签订了666.67公顷果园作为原料基地。依托当地政府和农业相关部门政策，建立标准化基地，并且以农科院所、高校作为支持团队，解决了一家一户分散抵效种植和农业质保问题，按市场要求科学管理和种植，即可以给企业提供稳定充足货源，减少生产成本，又能保证农户有稳定销售渠道，收入稳定。海升公司请有经验的农业专家对农户进行专业培训，提高了农户的种植水平，从根本上保证农户利益。同时在全国多地建立果树示范基地，走自主创新的道路，以期自身的发展带动农户、行业的共同发展和进步。

安徽耐得电气设备有限公司　该企业位于享有“世界梨都”和“中国酥梨之乡”美誉的砀山县境内的经济开发区内，注册资金6000万元，占地面积5.336万平方米，建有变压器车间、高低压成套柜车间、钣金车间、组装车间、注塑车间、铁附件车间等。2016年，公司再度征地4余公顷，成立安徽悦得自动化设备有限公司，致力于机器人装备的制造与研发。公司主要产品有：箱式变电站、高低压成套开关设备、农网JP柜、动力柜、配电箱、计量箱、户内外高压真空断路器、复合外套金属氧化物避雷器、复合绝缘子、跌落式熔断器、电力设备护具护套等。拥有先进的数控冲床、数控折弯机和剪板机、磨床、大中小型注塑机、模压机、多功能母排加工机、氩弧焊机、SF6真空气体回收装置等生产加工设备近40台，还拥有计算机（CAD）辅助设计系统和高压测试仪、涂层测厚仪、光谱分析仪、压力试验机、高压试验仪、高压开关特性测试仪、大电流发生器、内阻测试仪、局放测试仪、微水检测仪、SF6气体测漏仪等试验和检测设备，以确保所有产品的质量指标全部达到国家规定的数值。公司已通过ISO 9001：2008质量管理体系认证及其每年一次的年检，高压电气设备均在国家指定的专业院所完成型式试验和型号注册，低压电器均通过国家质量监督局（CQC）的3C强制性认证及其相关年检。企业重视自主知识产权的开发与应用，获得发明专利、实用新型专利12项，专利涵盖电力行业高压、中压、低压、户内、户外的电力产品。先后获“国家级高新技术企业”“安徽省认定企业技术中心”“安徽省高新技术产品”“安徽省科技民营企业”“安徽省电力工程行业协会会员单位”“宿州市名牌产品”等荣誉。

【安徽省砀山中学】　该校始创于1930年。其前身苏鲁豫边疆中学是根据中国共产党早期领导人王若飞的提议创建的。在王若飞亲自拟写的《建校宣言》中,明确提出了“广招英才而育之,以隆其德,以广其智,以健其体”的办学宗旨,被誉为“红色学校”。八十多年的风雨沧桑,为砀山中学积淀了丰厚的文化底蕴;使砀山中学成为享誉省内外的历史名校。1960年,砀山中学被确定为安徽省重点中学,1999年首批通过省示范性高中验收。先后被评为“全国教育战线先进集体”“安徽省教书育人先进单位”“安徽省文明单位”以及省、市、县学校管理先进单位等,被誉为皖北的教育明珠,人才的摇篮。学校现有86个教学班,5000多名学生;教职工342人,其中特级教师3人,高级教师120人,中级教师137人,获得硕士学位的17人,市级学科带头人4人、市级骨干教师16人,县级骨干教师30人,还拥有一批在省、市、县有影响的模范教师、优秀教师。学校占地19.13公顷,建筑面积8万余平方米。设施齐全、设备先进、校园布局合理,区位分明,环境优美,景色秀丽,为师生提供了良好的工作、学习、生活环境。学校坚持以教学为中心,不断推进教育教学改革,注重学生社会主义核心价值观教育和核心素养教育。教育教学成效显著,2014—2016年有8位同学被清华、北大录取,本科上线人数、达线率和各科平均分始终居全市前茅,稳居全市第二,多次受到市、县政府的通报嘉奖和表彰。

·萧　县·

【概况】 2016年,萧县年末人口139.5万。实现生产总值242.57亿元,比2015年增长9.3%,人均GDP达到2390美元;财政收入突破20亿元,增长33%,其中地方财政收入15.7亿元,增长38.9%;固定资产投资290亿元,增长25%;社会消费品零售总额89.5亿元,增长12.6%;金融机构存款余额318亿元,增长30%;贷款余额122亿元,增长18%;城镇居民人均可支配收入20530元,增长12%;农民人均纯收入9856元,增长8%。县域经济发展速度竞争力全省第一,发展活力竞争力全省第三。

【工业经济】 主要经济指标较快增长。2016年全县工业增加值74.4亿元,与2015年同比增长10.6%,发展速度居全市各县区之首;固定资产投资214.4亿元,同比增长26.6%;规模以上企业资产总值131.2亿元,同比增长14.6%。企业规模不断扩大。2016年销售收入超过1亿元的企业77家,比上年增加4家;销售收入超过5亿元的10家,比上年增加3家,其中有2家销售收入超过20亿元。工业产业结构进一步得到调整、优化。陶瓷、建材等首位产业占总量的比重上升到34.8%,17家新兴战略性新兴产业完成工业产值25.6亿元,同比增长40%。民营经济突飞猛进。在国家、省、市、县“双创”政策的激励下,全县全民创业热情持续高涨。当年新注册民营经济5000多户,同比增长40%。2016年底,全县计有民营经济实体户39016户。对传统产业进行了升级改造。全年对106个传统产业项目进行技术改革,计划投资38.5亿元,实际完成投资38.9亿元。

【农业经济】 农业实现“十三年连续丰收”。2016年全县农业总产值53.45亿元,比上年增长3.9%。粮食总产量116万吨。其中高产创建示范区粮食单产增长显著,比全县粮食单产高出15个百分点。高标准农田建设获全省国家级绩效评价第一名。全县畜牧业生产也取得显著成效,特别是重点扶持了84个规模养猪场,使畜禽饲养量稳中有升,养殖量占全县养殖业的70%。持续推动农业向现代化、产业化发展。全县市级以上农业产业化龙头企业达到87家,农产品加工产值达190亿元,产值超亿元15家,新培育1家超20亿元龙头企业。新增产业化联合体13家,总数达46家。农民专业合作社1662个,新增270个;家庭农场1149个,新增372个。土地流转4.57万公顷,新增0.39万公顷。土地确权已基本完成。建成国家级果树、蔬菜标准园4个,省级8个。全县形成权酒路果蔬产业带、黄河故道三产融合发展产业带、东南山区生态旅游带、环县城休闲观光产业带等7个产业带。全县农机总动力达170.02万千瓦,大中型拖拉机5504台,收割机5093台,小麦机收率达99.9%,玉米机收率达90.8%。2016年成片林绿化0.14万公顷,林业有害生物防治面积2.64万公顷。当年水利工程改造提升完成投资1.5亿元,新增及改善灌溉除涝面积1.73万公顷;投入4517万元建成农村饮水安全工程7处,解决5个乡镇17个贫困村6.48万人饮水不安全问题。

【第三产业】 旅游开发取得新成效。投资6300万元，对皖北名胜皇藏峪风景区软硬件设施进一步升级，现正紧锣密鼓地向国家级AAAAA景区进军，当年还被评定为中国最佳森林康养目的地及安徽省文化产业示范基地。一期工程投资1.3亿元，对淮海战役总前委旧址——蔡洼内外环境、设施进行修复、改造，现以全国重点文物保护单位及100个红色经典旅游基地之一的崭新面目亮相。全县乡村旅游也有很大拓展。新建、扩建具有浓郁地方特色的民俗村、观光村、“农家乐”10余处。其中，梅村生态园被批准为AA级风景区，白土镇费村被省旅游局、省农委命名为“农家乐旅游示范点”，饮马泉山庄（徐里生态园）建成萧县第一家五星级“农家乐”，天和旅游度假村、快活林地锅村、皇藏峪饭店被省旅游局、省林业厅命名为首批“森林旅游人家”。当年，萧县获“2016年中国最佳乡村旅游目的地”称号。商贸物流业又有长足发展。一是商业网点布局日趋合理。全年新增限上商贸企业6家，大个体8家。皖王商业综合体进一步规范。博文广场大卖场开业运营，新建亿州城商业综合体项目稳步实施，志宏商贸综合物流园项目积极跟进。特别是通过发挥新联华商贸有限公司、商联大润发超市、华润万家购物中心等龙头商贸流通企业的消费主渠道作用，城乡市场消费环境进一步改善。二是新兴电子商务产业快速发展。龙城西市电商产业园初具规模，入驻企业30多家，2016年销售额2亿余元。30多个本地农产品上线运营。农村电商服务网点建设发展迅速，淘实惠、乐村淘设立村级服务站点90家，建立邮乐购便民服务站点260家，实现行政村全覆盖。三是现代服务业队伍不断扩大。至2016年底，登记注册的个体工商户37931户，从业人员18.3万人，第三产业增加值达到95.4亿元，超过了第一产业和第二产业。

【招商引资】 萧县县委、县政府加大招商引资工作力度，调整和充实招商引资工作领导小组，把招商引资作为“一号工程”来抓，成立以县委、县人大、县政府、县政协四套班子领导任团长的招商团，坚持“高位推进”，开展全员招商。大力实施“走出去，请进来”战略，多次赴长三角、珠三角、北京、上海、西安、无锡等地开展招商引资活动。瞄准重点区域、高效承接北京、上海、山东、江苏、福建、广东等经济发达地区产业转移，做好产业招商、精准招商这篇大文章。完善政策、优化环境。进一步完善《萧县鼓励投资扶持政策》，优化外商来萧投资兴业的服务环境，全县招商引资工作取得显著成效。2016年，共实现招商引资项目202个，总投资额473亿元，实际到位资金175.6亿元，位居全市第一。其中新建项目113个，续建项目89个，在建亿元以上项目125个。

【城乡建设】 继续开展“城乡建设突破年”两年行动。全县实施重点工程92项，开工建设81项，竣工41项，39项正在施工，累计完成城乡建设总投资50.1亿元。县城建设强劲发力。特别对凤城新区基础设施建设强力推进，2016年，在该区安排路网、环境提升、公益设施、保障性住房等32个项目，完成投资2.9亿元。其中，凤山隧道、龙腾大道（含北延）、岱湖路、站前路一期、迎宾路、站前广场、新区供电所8个项目，在郑新徐高铁萧县北站9月10日正式运营前竣工交付使用；芦屯安居小区、新区水厂、新区污水处理厂、新区公交枢纽站正在建设中；总投资百亿元的岱湖项目正式开工建设，新区2所中学、3所医院全面开工建设，城市基础设施新理念项目龙腾大道北延地下综合管廊试验段已基本完工。老城改造突出棚改、排污等项目，共实施31项。其中龙山子棚户区改造已全面开工建设；打通5条断头路，新建10个街头游园，77个公交站台，42个公共自行车服务站点，15个公厕改造，升级城区道路50万平方米，瑞泰城市广场、嘉鸿花园建设进展顺利。萧（县）徐（州）快速通道萧县段基本完工，G310黄口至徐州段、S239南出口改扩建工程全面启动。586公里农村路网畅通工程全面完工，获全省先进。省级森林城市、园林城市、文明城市顺利通过验收。美丽乡村建设取得阶段性成效。已建成精品村、重点村各4个，特色产业村13个。丁里镇石碑座、白土镇白土等9个中心村的美丽乡村建设正在按规划实施，杜楼、王寨等9个乡镇政府驻地建成区整治规划也在加快步伐。全县所有中心村水泥路、自来水等基础设施实现户户通达，文体中心、健身广场、便民超市等村村布点。白土镇费村、龙城镇李台村分别荣获全国和全省“民主法制示范村”称号；杜楼镇杜楼村被纳入国家级美丽乡村示范村，黄口、张庄寨两镇被列为全国小城镇建设重点镇。白土镇和车牛返村分别荣获安徽省第三批“千年古镇”和“千年古村”称号。

【社会事业】 全年民生工程成效显著。支出42.6亿元,建成保障性住房595套,改造棚户区32万平方米,农村危房2800户。完善社保网络兜底建设,发放城乡居民养老保险金1.96亿元,城乡低保金10131.3万元,医疗救助69500人次,发放救助金2214.1万元,五保供养金3731万元,发放高龄津贴31857人,990.7万元,新增城镇就业岗位8599个。脱贫攻坚力度加大。严格落实扶贫工作责任制,建立健全“1+26”政策体系,打好脱贫攻坚“组合拳”,创建“六个一”扶贫项目对接机制,实现贫困村、贫困户帮扶全覆盖。落实帮扶项目资金11亿元,5.15万人脱贫,完成30个贫困村出列年度任务,县扶贫办被评为全国扶贫先进集体。全县义务教育均衡发展。2016年,该县教育投入12.29亿元,启动新一轮农村中小学布局调整,撤并小学教学点35所,合并中小学20所,取缔非法办学机构14所,新建幼儿园7所,整合九年一贯制学校14所。建立校长、教师、职工、学生等四种奖励制度,推动“五好”教育常态化。出台《萧县2016—2020年全民健身实施计划》。全民健身活动扎实开展,先后投资200万元购置近百套各类体育健身器材。文化广电事业又有新进步。该县“六馆一中心”正在按规划建设中,乡镇综合文化站、村公共电子阅览室及农家书屋等实现全覆盖。调动社会力量利用特色文化资源举办各类群众性文化节庆活动,送戏、送电影、送书画下乡2000多场次,开办文化大讲堂、文明礼仪讲座30多场(个),全年开展4次“扫黄打非”专项行动,净化文化市场和网络空间。在北京全国政协礼堂成功举办水墨龙城大型书画展。摄制萧县专题片和大型书画宣传片等产生较好社会影响。启动地面无线数字化工程和新媒体建设工作,集电视节目接收、娱乐、通信、购物等多功能于一体的“智慧萧县”APP新媒体平台开发运行。精神文明建设迈上新台阶。以“文明创建”为抓手,将公民道德、公共环境等“七项提升行动”落在实处,软硬件建设大为改观。全县注册志愿者38022人,志愿者队伍达200支;道德模范和“我推荐我评议身边好人”评选表彰活动开展得有声有色,受到上级宣传部门和社会各界的好评。孝善文化、乡贤文化进一步弘扬。全县120个道德讲堂开展活动1000余次。文明单位、文明集市、文明社区、文明家庭、文明校园、星级文明户等基层文明创建活动进一步深化。

【名镇、名村简介】 *“淮海名镇”——黄口* 该镇地处萧县西北部,西与砀山县相连,建镇较早,1915年陇海铁路徐州开封段通车,黄口车站启用,该处从此渐渐形成商旅重镇。1927年,蒋介石曾率李宗仁等在徐州的将领乘专车西上迎接冯玉祥,在黄口车站举行隆重的欢迎仪式。1930年7月,中共萧县县委组织黄口武装暴动成功。1937年,中共苏鲁豫皖书记郭子化自延安至黄口,在这里召开特委扩大会议。该镇总面积92平方公里,其中镇区面积7.8平方公里,现辖13个行政村、5个社区居委会,常住人口9.87万人,其中镇区人口4.2万人。2014年,黄口镇被住建部、发改委等七部门列为全国小城镇建设重点镇,更加促进了城镇建设的发展。镇区规模进一步扩大,镇区街道拓展为五纵五横,而且全部实现了硬化、亮化。2016年,宿萧砀快速通道改建通车,进一步拉开了城镇建设的大发展框架,该镇重新修订了总体发展规划和控制性详规,计划到2020年镇区面积扩大到9.2平方公里,人口增加到5万人,城镇化率48%。全镇现有电视转播台、文化活动中心、自来水厂、变电站、垃圾中转站等基础设施。有敬老院两所、幼儿园8所、小学13所、初中6所、高中1所、职业中学1所,在校学生13000人,专任教师1100人。全镇有县级医院1所,村级卫生室20个,镇级计生服务站1个,医务人员240人。黄口火车站为四等甲级站,每天有四对快客停靠。全镇村村通公路150公里,形成了以陇海铁路、310国道、301省道为主线,县乡村道路为支线纵横交错的交通格局。近几年,在镇党委政府的领导下,经过全镇人民的奋力拼搏,农工商等各项事业有了较快发展,特别是工业和商贸服务业发展成效显著。2016年,实现国内生产总值41.8亿元,其中工业产值28.5亿元,工业增加值6.7亿元,工业固定资产投资25亿元。全镇有中小企业34家,其中规模以上企业11家,皖王面粉集团为国家级农业产业化龙头企业。全镇初步形成了以农产品加工、纺织、铸造、建材等产业的工业体系。全镇现有商贸服务业4500户、从业人员2万多人,日交易额500万元以上。特别是每逢春节、中秋、国庆等节日,丰、沛、永、砀等市县的经商人员涌入黄口镇,川流不息,商贸繁荣,是苏鲁豫皖接壤地区重要的工农业产品集散地,1998年被淮海经济区评为“淮海名镇”荣誉称号。

“千年古镇”——白土 该镇位于萧县东南皇

藏山区内，地处皖苏两省交界处，北邻徐州市，至徐州市中心仅15公里，是萧县东部门户乡镇。连霍、合徐高速在镇内交汇，S301省道穿境而过，距萧县东高速路口仅1公里，地理及区位优势明显。全镇辖区总面积61.5平方公里，下辖7个行政村，总人口3.9万，耕地面积0.21万公顷，山林坡地0.27万公顷。小麦、玉米、反季节蔬菜及干杂果为主要种植作物。历史人文厚重，自然风光旖旎。白土成镇于1900余年前的东汉时期。早在四五千年前的新石器时代就有人类在此繁衍和生产，后因白垩土储量丰富而得名。更因兴盛的制瓷业而名噪一时，特别是时任徐州知府的苏东坡在此发现煤炭后，出现了瓷窑林立，矿井连绵，人口云集，商贾穿梭的繁华景象，时有“七十二座窑、八十二口井”之说。镇区境内峰峦叠秀，树茂林丰，古刹掩映，人文厚重。孔子周游列国时曾在天门山晒书、洗砚、设坛讲学；皇藏峪庇佑刘邦逢凶化吉，后创立大汉基业；生于绥舆里的刘裕后为南朝宋的开国皇帝；处于白土镇西北部的朱陈村名流万世，史称“秦晋之好，朱陈之谊”，白居易为此写下了传颂千古的《朱陈村》；宋朝王安石发出了“相看楚越常千里，不及朱陈是一家”的赞叹；苏东坡也写下了“我是朱陈旧使君，劝农曾入杏花村”的诗句；同时，宋代辛弃疾对此地亦赞誉有加，并留下了诗词墨宝。清代还诞生了“字冠江南”的大诗人书法家张太平，出生于白土村的朱德群，荣获当代法兰西艺术院历史上第一位华裔终身院士的至高荣誉。明末这里接连发生过著名的反明、抗清斗争；抗日战争时期是抗日游击队的重要根据地之一；淮海战役时这里发生过惨烈的“纱帽山”战斗……除此之外，白土镇另有国家AAAA级旅游景区天门寺，花甲寺新石器时代遗址、张村汉墓群、隋唐宋代萧窑遗址、魏大明王墓群、苏轼发现石炭处、倒流河农家乐、孤山湖湿地等，自然风光与历史遗韵交相辉映。2016年12月，该镇被批准为安徽省第三批“千年古镇”。近几年，该镇相继引进宿州市华夏集团、林洋集团、金石科技有限公司、昆仑燃气、福珀弘工艺品有限公司、隆裕矿业有限公司等一批规模以上企业进驻。2016年，招商引资8.2亿元，完成固定工业投资4.5亿元。在强化工业经济发展的同时，该镇立足地处山区的实际情况，深化农业发展的转型升级。近几年共流转土地533.33余公顷，建设草莓、乳黄瓜、圣女果等冬暖式大棚200余个，打造采摘、观光、餐饮、娱乐于一体的农家生态乐园2处。发展以核桃、杏、石榴、柿子等为主的干杂果种植近600余公顷。现已成为远近闻名的风光、文化、农家乐旅游地及无污染绿色蔬菜、瓜果供应基地。

安徽省首批“美好乡村建设示范村”——费村

该村隶属萧县白土镇，位于县城东南15公里处，与天门寺景区隔路相望，仅1公里，距国家AAAA级森林公园皇藏峪5公里；紧靠合徐高速和连霍高速朱圩子出入口，村口有通往徐州、宿州、萧县的客运班车停靠站，交通便利。该行政村下辖3个自然村，8个村民小组，1320户，4880人，总面积26平方公里，土地面积523.33公顷，其中耕地面积391.33公顷，山坡地132公顷。费村虽地处淮北平原，但四面环山，村内有条淮北地区少见的“倒流河”，自南向北从村中流过，全年流水不断。1966年，费村在河上建一座拦河大闸，身兼抗旱蓄水、防汛排涝两大要职，这也造就了费村独具一格的倒流河风景线。村内农田和山坡地种有小麦、玉米等农作物和果树，可耕地灌溉条件优良，土壤肥沃，是淮北地区著名的小麦良种繁育基地。行政村办有隆裕矿业公司、华夏世贸、新联华等企业，年集体收入200多万元，2016年，农民人均纯收入1.2万元。费村党委、村委会抢抓省确定该村为安徽省首批“美好乡村建设示范村”的机遇，依托与天门寺旅游景区毗邻及倒流河便于旅游开发和农田灌溉的先天条件，积极发动群众，开展美好乡村建设。一是请省城乡建设规划设计院和宿州学院专家先后编制了高起点的《费村建设整体规划》和旅游发展总体规划，并体现新农村建设的“顺其自然、因地制宜、合理规划、量力而行”的原则。二是多方筹措资金，抓好村庄硬件建设。采取集体和个人投资相结合的方法，将村内主要街道两侧居民房屋突出汉文化特色，将屋顶、门楼、墙头等全部采用琉璃瓦铺设装饰，楼房及院墙涂上灰白相间的外墙漆。全村全面落实“四化”（道路硬化、村庄绿化、路灯亮化、卫生洁化）建设，新建水冲式公厕多处，购置垃圾车多部，村内垃圾及时收集。扩建村图书馆阅览室，新建了农民文化乐园，新添置了体育健身器材。三是拓展农家乐旅游项目建设。在倒流河沿岸建起景观长廊，仿古凉亭、蘑菇亭、游船码头、垂钓中心等，并建起“炭歌”“奇石”“桃岛”、干杂果、有机“蔬菜大棚观光园”等五园。四是常抓精神文明建设。坚持不懈地对农民进行社会主义价值观教育，开展“五好文明家庭”“六好媳妇”评比活动,形成并多年保持了村风文明、社会和谐的良好局面。2012年以后,该村相继被国家和省有关部门评定为“全国文明村(镇)”“全国民主法治示范村”“巾帼示范村”省级“美好乡村示范村”“农家乐旅游示范点”等殊荣。

孝文化教育基地——鞭打芦花车牛返村 该村简称车牛返村,是2700多年的古村,系全国最长的村庄地名,中国孝文化教育基地,有中国最美地名的荣誉。位于萧县西南约10公里处,五洞山的南麓,隶属杜楼镇孟窑行政村。全村共有23个姓氏,人口1000人左右。鞭打芦花车牛返村的村名起源于闵子骞的孝行故事。闵子,名损字子骞,春秋时鲁国人,后迁居萧地(埇桥区闵贤乡)。闵子少时丧母,其父续弦,又生二子。某年冬天,闵子兄弟三人随父外出,车行至杜村象山口,适逢天降大雪,闵子冻得打颤,缩成一团,但两弟弟却安然无惧,其父震怒,用牛鞭抽打闵子。闵子棉衣绽开,露出芦花,其父恍然大悟,遂掉转车头回家,欲休其妻。闵子哀劝其父说:“母在一子单,母去三子寒。”其父感动,听其劝而未休妻,继母亦悔而向善。孔子听说此事后称赞道:“孝哉闵子骞!人不间于其父母昆弟之言。”这就是《二十四孝之四“芦衣顺母”》的故事,被世人传颂。为了弘扬他的孝行精神,就把故事发生地称为“鞭打芦花处”,并立碑纪念,把杜村更名为“鞭打芦花车牛返村”。2016年12月,安徽省民政厅等六部门批准该村为安徽省第三批“千年古村落”。村内现存历史遗址遗迹20余处,有完好的百年古井2口、古石桥2座、孔子“晒书岩”、闵子骞覆车古道、康熙圣旨碑及乾隆皇帝巡访该村时题写的“孝道永弘”“惠我南黎”等墨迹、四贤祠遗址1处、古泉3处、百年古树30余棵等。其中,“鞭打芦花传说”和“千佛禅寺”是安徽省非物质文化遗产和萧县重点文物保护单位,也是孝文化旅游景点之一。

【知名企业】

安徽省金玉米农业科技开发有限公司 该公司始建于2008年1月,经过多年发展,现已成为萧县城北循环经济产业园园区主体。公司占地面积33.33公顷,其生产车间、仓库等建筑面积7万平方米,有圆形立桶仓六座、普通钢构仓六座,总仓容10万吨,拥有两条国内技术先进玉米淀粉生产线,年耗玉米70万吨,年加工玉米淀粉50万吨,是安徽省最大的玉米淀粉加工企业。公司连续8年荣获安徽省农业产业化龙头企业、省粮食企业排头兵,全国放心粮油示范企业,2006年被评为安徽省循环经济示范企业,2010—2016年连续7年被评为宿州市十强企业。公司现有职工1640人,本科以上学历占30%。按照现代企业管理制度要求,企业实施人员绩效标准与激励约束机制,提高了企业的管理水平和经济效益。2016年,公司营业收入26.48亿元,利润4026万元,上缴税收1428万元,获全市十强纳税企业称号。该公司近期新上一台220吨/小时燃煤(燃气)耦合锅炉,配套1台2.5万千瓦时背压式汽轮发电机组,并建起生物质高温炭化窑炉,以当地农作物秸秆、果树枝为原料,生产的可燃气体供给锅炉燃烧,生产的活性炭供给公司污水处理厂进行污水深度净化,达到废物零排放,彻底实现循环利用,清洁生产。

安徽虹光企业投资集团 该集团成立于2000年,坐落于萧县东北部的循环经济产业园区,占地面积54.67公顷,公司东距江苏徐州市区17公里,南距萧县县城14公里,连云港通往乌鲁木齐的310国道从公司门前穿过,距京台高速出口4公里,距高铁萧县北站仅3公里,交通非常便利。2016年底,公司资产总额4.8亿元,上缴税收4200万元,实现净利润3300万元,企业员工1200名,其中技术人员215名。集团拥有造纸、玉米淀粉、彩印包装三项产业。主要产品有玉米淀粉、玉米浆、玉米纤维、玉米胚芽、复合塑料包装膜(袋)纸塑复合产品及高强度瓦楞纸、茶板纸、A级纸等。公司年加工玉米50万吨,年产淀粉35万吨,是安徽省大型的玉米淀粉生产企业之一,是省内第二大复合包装袋彩印基地。公司年造纸30万吨,是安徽省较大的造纸企业之一。虹光集团拥有4项发明专利、11项实用型专利、2个高新技术产品。公司先后完成《印刷、复合过程中静电解决办法》《淀粉技术指标内控标准》《玉米低酸浸泡工艺及应用研究》《玉米低酸浸泡自动检测系统应用》等课题,其中,玉米淀粉“一浸、二磨、三分离”的湿法生产工艺和彩印项目均达到国内先进水平。

【安徽省萧县中学】 该校始创于1942年。1948年,校址定于城南梅村。1953年,被确定为江苏省九所省属重点中学之一,1955年被确定为安徽省重点中学。2000年4月,被省教育厅正式批准为安徽省示范性普通高中。学校占地14公顷,建筑面积

10 万多平方米，在校学生 8200 余人。现有教职工 428 人，其中专任教师 380 人，有特级教师 3 名，省市教坛新星 8 名。图书馆藏书 30 万册。实验室、电教馆、微机室、语音室、多媒体教室、天文观象台，设备精良，学生公寓标准化，体育场地器材齐全。该校严格规范办学行为，全面实施素质教育，积极创新教育模式，取得了累累硕果并已形成自己独特的风格和优秀的传统。多次被命名为宿州市“教育教学管理先进单位”“十佳学校”“文明单位”“花园式单位”“教育系统模范单位”“先进基层党组织”。是省市爱国主义教育示范学校。学校秉承“守时守信，成人成事”的校训，形成了“自强不息，追求卓越”的萧中精神，养成了“严谨、务实、和谐、竞进”的校风、“博学乐教、德业并进”的教风、“勤学、精思、求真、求新”的学风。高考连续多年取得佳绩，其中 2016 年高考，赵皆岩同学被清华大学录取，祖琦同学位居全县文科第一名，宋祥立同学（高二）被中科大少年班录取。当年，在校学生获省级奖励 83 人次，其中数学 8 人（省一等奖 1 人），物理 19 人，化学 33 人，生物 23 人（省一等奖 1 人）。

·灵璧县·

【县情概况】 灵璧位于淮北平原，北依徐州，南邻蚌埠，辖区总面积 2125 平方公里，辖 6 个乡 13 个镇和 1 个省级经济开发区，总人口 130 万人，耕地 12.07 万公顷，是全国生态文明先进县、全国平安建设先进县、全国农田水利建设先进县；安徽省 21 个新型城镇化建设试点县、安徽省文明县城、安徽省园林县城；安徽省综治模范县（平安县）、安徽省双拥模范县。

灵璧历史悠久。灵璧始建于宋元祐元年（1086 年），是闻名遐迩的千年古县，“山川灵秀，有石如璧”，故名“灵璧”。这里是奇石之乡、钟馗故里、垓下之战古战场，素有“奇石虞姬钟馗画，一奇一美一神，灵璧三宝甲天下”之美誉，先后被评为“首批全国旅游文化典范基地”“中国最美观光旅游名县”“中国十大文化特色旅游名县”等称号，荣膺第十八届、十九届、二十届亚洲旅游业金旅奖，入选“大中华区最具魅力特色旅游目的地”名单。灵璧石被乾隆皇帝御封为“天下第一石”，是中国观赏石之乡、中国观赏石多功能综合展销基地、“中国民间艺术（钟馗画）之乡”。

灵璧区位优越。104 国道，201、301、303 省道贯穿境内，距京沪高铁 20 公里、观音机场 60 公里，新汴河横贯东西，距离连云港、南京港两大港口 200 公里，可以便捷地通江达海；京台高速、徐明高速纵贯南北，泗许高速、宿淮铁路贯通东西，自古就有苏鲁豫皖四省通衢之称。

灵璧资源丰富。盛产小麦、玉米、花生、大豆等，是全国重要的商品粮基地、粮食生产百强县，安徽省用材林基地、黄牛生产基地、瘦肉型猪基地、禽蛋生产基地，全省畜牧十强县。矿产资源遍布全境，皖螺矿、墨玉矿、石灰石矿储量丰富。劳动力资源富裕，在外务工人数达 40 余万人，是首批“全国劳务输出工作示范县”。

灵璧砥砺奋进。灵璧结合县情，坚持以“四个全面”战略布局为统领，以创新、协调、绿色、开放、共享五大发展理念为指导，坚持“四区统筹”“八业联动”，深入推进“6 + 4”工业园区创建计划、“6 + 2”文旅品牌打造计划和八大创城提升行动，着力建设实力灵璧、活力灵璧、生态灵璧、幸福灵璧，为全面建成小康社会注入强大动力。坚持工业化、城镇化“双轮驱动”，大力实施工业振兴计划，全面加快新型城镇化进程，县域经济综合实力不断增强。

灵璧特色鲜明。坚持整合资源要素，大力发展第三产业和文化旅游产业，文化旅游产业异军突起。大力实施“6 + 2”文旅品牌打造，高标准规划建设奇石文化园、虞姬文化园、钟馗文化园、现代农业博览园、天一园、钟馗酒文化博物馆等 6 个国家 A 级景区和磬云山国家级地质公园。2016 年 11 月被农业部评为“全国休闲农业和乡村旅游示范县”。文旅产业的知名度、美誉度，吸引力和辐射力显著提升。

灵璧环境优美。全面落实“双五十”规划和八十平方公里城市形象设计，完善征迁控违体制机制，加快棚户区改造，着力打造具有地区影响力的新兴工业城、生态园林城、特色旅游城、文明和谐城。城市建设快速推进，城市面貌焕然一新。坚决信守“逢山开路、遇水架桥，一路绿灯”的承诺，着力打造政策洼地、建设服务高地、营造创业福地，形成了重商、亲商、安商、兴商的创业环境，被评为中国最具投资价值县和徽商最佳投资区域。

【经济社会】 2016 年，是“十三五”规划开局之年。灵璧县面对宏观经济持续下行、要素制约日益加剧的复杂局面，主动适应经济发展新常态，有效应对风险与挑战，精准发力，全力打好稳增长、抗下行“组合拳”和调转促、全创改“主动仗”，在全面建成小康社会的道路上迈出了坚实步伐。全年生产总值实现186.87亿元，增长8.5%；三次产业结构进一步优化，调整为27.8∶32∶40.2；财政收入连跨两个亿元台阶，达到10.5亿元，增长16.4%；固定资产投资完成127.9亿元，增长22.1%左右；社会消费品零售总额54.21亿元，增长12.3%；城乡常住居民可支配收入分别增长9%。

【脱贫攻坚】 坚持精准扶贫、精准脱贫，组建驻村工作队，落实“双包”责任，开展驻村帮扶，强化精准识别、动态调整，做到“一村一策”“一户一法”，实现“四个全覆盖”，精准实施“十大工程”和到村到户扶贫项目538个。有效整合社会资源，凝聚各方合力，统筹财政涉农资金1.89亿元、地方债6410万元，成功对接中国扶贫志愿服务促进会包县脱贫，启动中利腾晖73个光伏扶贫电站建设。县政府班子成员强化责任意识，严格按照县委统一安排，深入联系点开展定点帮扶工作，精准掌握扶贫对象及贫困情况，逐村逐户制定脱贫计划，强化分类指导、因户施策，分别采取产业扶贫、易地搬迁扶贫、医疗救助扶贫和社保兜底扶贫等办法，为顺利实现2016年度5831户、18121人预脱贫目标奠定坚实基础。

【工业经济】 聚焦“推进去降补、加快调转促”，围绕做大工业总量、提升发展质量，紧盯首位产业和主导产业，深入实施“3111”工程，积极推进县域经济补短板，工业发展跃上新台阶，新增规上企业33户、总数达190户，实现规模工业增加值58亿元、工业总产值290亿元，双首位产业初具规模。大力发展新能源产业，着力打造新能源建设示范县，阳光电源、林洋电子、远景风能、江山永泰等新能源项目进驻灵璧县，装机容量达350兆瓦，新增战新企业1家。强化政策支持，降低企业运行成本，完成工业投资58亿元，投入技改资金8.5亿元，实现工业税收5000万元。深入推进“6+4”园区发展计划，经济开发区基础设施配套不断完善，新建标准化厂房12.2万平方米，入园企业达135家，实现产值60亿元。

【城乡建设】 坚持城乡全覆盖、规划一张图、建设一盘棋，着力提升城镇化发展质量和发展水平。强力实施县城规划建设管理“六项行动”，完成县城及重点乡镇棚改规划、县城海绵城市和地下管廊专项规划编制，“智慧城管”平台建成投用，在全市率先实现城乡环卫一体化保洁、市场化运营。坚持以房屋征收工作为突破口，组建新机构，打造新队伍，健全新机制，征收工作迈入良性轨道，解决了21个历史遗留地块，组织征迁3个新地块，整理净地67.33公顷。重点工程稳步推进，龙山大道西延、虞姬大道北延、滨河家园基本完工，潼河路、建设南路、建设北路、杨河路快速推进。大力开展“三线三边”环境整治，城乡统筹进程加快，新建改建县乡公路679公里，5个美丽乡村示范村即将建成，渔沟、冯庙入选全国重点镇，城乡环境进一步优化。

【现代农业】 突出转型升级，大力发展现代农业，创新型农业现代化先行区建设全市领先，现代农业产业化联合体建设模式受到中央农村工作领导小组和人民日报等主流媒体广泛关注，荣获全国休闲农业与乡村旅游示范县称号。加快推进三产融合，扶持壮大龙头企业，促进农副产品就地加工转化，新增市级以上龙头企业15家、农民合作组织740家，建成部级省级蔬菜标准园8个，现代农业重点项目完成投资20.74亿元，实现农产品加工产值185亿元。积极对接和县，签署蔬菜产业战略合作协议，规划建设灵璧—和县现代农业合作生产示范基地，落实“五统一”措施，农业产业结构调整迈出新步伐。积极推进秸秆综合利用和禁烧工作，午秋两季全面实现秸秆禁烧“零火点”。

【招商引资】 强化招商引资“一号工程”地位，完善招商引资优惠政策，建立重点项目并联审批机制，实行“一把手”上门服务、“一套班子”靠前服务、“一张进度表”跟踪服务，招商引资“洼地效应”日益凸显。大力开展招商推介活动，成功举办“一会两节”项目推介会和杭州、上海招商推介会，全年招商引资到位资金190亿元，新增省外资金入库项目20个，派杰食品、徽正电力、婴儿乐食品等85个项目签约落地。妥善解决招商项目遗留问题，逐一明确解决方案或工作路径，加文汽配、兴程鸭业等项目规划用地问题成功化解，一汽产业园等项目稳步推进。

【商贸旅游】 坚持绿色发展、错位发展，大力挖掘

"三元文化"资源优势,文化旅游产业异军突起,磬云山地质公园基础设施配套工程进展顺利,钟馗文化园一期开园迎宾,现代农业博览园跻身国家AAAA级景区,A级景区总数达7个,位居全省前列,截至目前,全县共接待游客240万人次,旅游总收入16亿元。"万村千乡"市场工程稳步推进,新建改造乡镇综合市场20处,建成村级直营店10个,城乡商贸服务体系进一步完善。同步推进新兴服务业态,商贸流通、电子商务等发展迅速,电子商务产业园建成使用,第三产业完成增加值75.2亿元,外贸进出口总额达257.3万美元。

【深化改革】 严格落实中央全面深化改革重大任务,正确处理政府与市场、与社会的关系,统筹推进重点领域和关键环节的改革攻坚,进一步释放加快发展的正能量。新一轮政府机构改革全面完成,工商、质监、药监和卫生计生机构调整顺利完成,公共资源交易中心、不动产登记局挂牌成立。深化行政审批制度改革,全面推行权力清单、责任清单、涉企收费清单制度,取消归并涉企收费项目13个。加强政务服务信息化平台建设,广泛推行网上审批,1600项权责实行网上公开,政务服务中心标准化建设皖北领先。持续深化商事制度改革,积极推进"先照后证""三证合一",新增登记注册企业1860家、个体工商户5320户。全面放开城市户籍限制,办理落户事项841人。探索融资模式创新,积极发行政府债券,总规模达26亿元;鼓励金融机构创新产品,贷款余额突破82亿元;加强企业上市辅导,荷金来"新三板"成功挂牌,实现零的突破。农村综合改革稳步实施,土地确权登记基本完成,教育、文化、基层医药卫生等改革取得积极进展。

【民生事业】 加强社会建设,创新社会管理,建立更加完备、更高标准的公共服务和管理体系,切实增强广大群众的幸福感、安全感和满意度。投入16.8亿元深入实施33项民生工程,每年办好10件惠民实事,"学有所教、老有所养、病有所医、劳有所得、住有所居"取得新进展。积极优化教育资源布局,实行城区初高中分离办学、划区招生,组建灵璧县初级中学,实验学校投入使用,办学条件明显改善,顺利通过国家均衡教育考核验收。医药卫生体制改革不断深化,全面二孩政策有效落实,生育水平保持稳定,卫生计生服务水平进一步提高。《灵璧县志》二轮修编完成,荣获安徽省第二轮修志成果评奖活动志书类一等奖。社会矛盾调处化解工作得到加强,安全生产和应急处置能力明显提高,社会大局和谐稳定。

【名镇】

渔沟镇 渔沟镇位于灵璧县东北部,镇域面积113平方公里,耕地面积0.63万公顷,总人口7万人,辖18个行政村、1个居委会,80个自然庄,268个村民组。南距县城40公里,北距徐州观音机场20公里、京沪高铁徐州东站50公里,东距连云港150公里,S233(灵双公路)、S301(山闵路)两条省道在渔沟境内交汇,徐明高速穿境通过,并在渔沟留有出口。

渔沟是灵璧石的原产地、"中国观赏石之乡",全国生态文明先进镇,国家发改委百名小城镇综合开发示范镇,安徽省文明集镇、文化产业示范基地、优秀旅游乡镇、环保先进镇,安徽省首批生态镇、安徽省首批"扩权强镇"试点镇、首批全国重点镇、第三届"全国文明镇"。相继建成了一品石苑、中国灵璧石国际交易中心、灵璧石汇展中心、天一园、灵璧石林等一批景点。磬云山国家地质公园,已通过国家地质公园评审委员会验收,并授予国家地质公园建设资格。

冯庙镇 冯庙镇地处皖北,毗邻江苏。全镇拥有8万人口,辖18个行政村,0.69万公顷耕地。区域面积107.9平方公里,集镇规划面积6平方公里。镇区常住人口2.5万人。镇政府所在地距灵璧县城25公里,距泗许高速、宿明高速10公里,距京沪高铁20公里,距观音机场30公里,省道233、301和县道044在此交汇穿境而过,交通十分便利。被国家批准为"国家综合改革试点镇",连续7年被宿州市评为"十佳集镇",先后被安徽省政府列为百家"中心镇""省小城镇建设试点镇"。2013年被省政府认定为"安徽省产业专业集群镇",2014年7月被住建部、国家发改委等七部委命名为"全国重点镇",2016年获评"安徽省森林城镇"。

2016年,实现农民人均纯收入10077元,财政收入实现1300万元,连续四年实现"双超"目标,连续3年综合考核位列全县第一。拥有金丰机械、傲华粮机、侯王食品、宏伟制粉、达园油脂等规模以上企业15家,小微企业23家。商业贸易限上企业5家,各类商铺近1500家。组建专业合作社54家,成立家庭农场8家,拥有现代农业企业6家、农业产业化龙头企业6家。

虞姬乡 虞姬乡位于灵璧县东部,乡政府设在朱腰庄,距县城3.5公里。东邻泗县长沟镇,西接灵璧县经济开发区,南濒新汴河与向阳乡相望,北濒新濉河,面积83平方公里。2016年,辖10个村民委员会,118个村民小组,10889户,总人口45008人,耕地面积5333.33余公顷。宿淮铁路、宿泗路、303省道穿境而过,县乡道路通达全乡,交通运输十分便利。新汴河、奎濉河、唐河、灵东运河等河流为全乡提供丰富的水资源。虞姬乡历史悠久,文化灿烂,楚汉古战场、举世闻名的虞姬墓和古汉墓群坐落其境,是首批省级旅游小镇创建示范单位。先后荣获"安徽省无邪教示范乡镇"称号、全市安全生产规范化管理示范乡镇称号等。

2016年,财政收入完成1173.49万元,实现三年连破千万。粮食总产量达69602吨,实现"十三连丰"。新增规模化养殖场3个,扩建圈舍12000平方米。推进创新型农业现代化先行区建设,打造千亩示范园1个,百亩示范点5个。流转土地360公顷,土地确权登记颁证任务基本完成。

【名村】

冯庙镇沟涯村 灵璧县冯庙镇沟涯村位于冯庙镇政府所在地北约2.5公里处。全村现辖12个自然庄、14个村民组,1061户、4883人,417.53公顷耕地。是安徽省确定的首批新农村建设示范村,也是2015年美好乡村建设试点村,同时还被国家发改委和国家旅游局等七部委认定为"第二批乡村旅游扶贫重点村"。党建工作曾多次荣获全县"先进基层党组织""红旗村党组织"称号;计划生育工作荣获全国"计生协工作先进单位";农业经济被省农委授予"省级专业示范村";妇女工作获省妇联颁发的"巾帼创业示范村"荣誉称号等。

尹集镇菠林村 菠林村地处灵璧县尹集镇东部,唐河北岸,是2015年度安徽省美丽乡村建设示范村。共有2个自然庄、10个村民组,4276余人,现有耕地313.33余公顷。菠林喇叭是尹集镇菠林村民间乐班所创造的唢呐演奏艺术,自清末形成以来,一直以曲牌丰富、音乐独特、彰显礼仪、盛传不衰而著名,又以周家唢呐班为杰出代表,2010年被列入安徽省非物质文化遗产保护名录。近年来,菠林村在着力推进非物质文化遗产保护和传承,创建特色美丽乡村的同时,依托生态建设大环境,以发展养殖业和苗木种植为主导产业,以菠林生态园和晟鑫养牛专业合作社为龙头,集聚全民力量,狠抓特色产业,实现村级集体经济发展和群众生活水平质量双丰收,2016年被选为全国生态绿化村,为创建美丽宜居乡村提供了强劲动力。

大庙乡大庙村 大庙中心村位于灵璧县东北部,面积27.9平方公里,1332户、5945人,耕地243.33公顷、林地8.67公顷、水域3.33公顷,距县城35公里,省道、县道、高速公路穿村而过,以旅游、种植、养殖为主。历史文化底蕴浓厚,小白龙探母故事广为流传,大庙白龙文化园属宿州市文物保护单位,先后荣获"县级文明村""县级特色旅游景观名村""市级文明村""市级特色旅游景观名村"等荣誉称号。2010年7月23日,《拂晓报》公示其为宿州市第一批非物质文化遗产,2014年获评"安徽省特色景观旅游名镇(村)"。创作出《小白龙探母》琴书获得安徽省第五届曲艺大赛获第二名、宿州市第三届曲艺大赛获二等奖。

【名校】

灵璧县第一中学 安徽省灵璧县第一中学,是省级示范高中、省级特色学校、安徽省语言文字规范化示范学校、安徽省文明单位、全国青少年科普示范学校、全国教育科研重点课题实验基地、中国素质教育百强示范学校、全国家庭教育指导实验基地。灵璧一中秉承"依法治校,以德立校,科研兴校,质量强校"办学理念,逐步形成"和谐、勤勉、图强、致远"的校风,"厚德、弘毅、诚信、博爱"的校训,"有教无类,教学相长"的教风以及"乐学好思,明理笃行"的学风,投资近4亿元建设新校区,占地面积24.67余公顷,建筑面积13.9万平方米。本着"活动育人、活动砺志"的新理念,强化办学,突出特色,灵璧一中艺术教育、经典诵读、演讲比赛等活动有声有色,每年本科和重点本科达线人数占全县总人数的60%和80%以上。至2016年,灵璧一中已经培养出3个省状元、14个市状元,创造了宿州教育历史的奇迹。

灵璧中学 安徽省灵璧中学是省级示范中学,前身为明朝万历年间的正学书院,中学建制始于1944年。1966年由县重点中学升格为宿州市重点中学,2001年9月被批准为"安徽省示范高中"。学校占地14公顷,教职工555人,专任教师近525人,

特级教师3人，高级教师178人，学校拥有162个教学班，在校学生近8644人。学校管理水平不断提高，教育教学质量大幅度上升。有2人被评为全国模范教师，9人被评为省市级优秀教师，53人被评为县级优秀教师，涌现出省市级“教坛新星”8名，18名教师具有硕士学位。有4项课题获国家级立项，6项课题获省级立项，一项课题圆满结题并获省优秀教科研成果二等奖。多次被评为市县“高中教学管理先进单位”“德育工作先进单位”“社会治安综合治理先进单位”等，连续4年被县委评为“先进基层党组织”。先后被评为“全国青少年爱国主义读书教育活动示范学校”“安徽省绿色学校”，被团省委授予“五四红旗团委”荣誉称号，被省委、省政府授予省级“文明单位”荣誉称号。

【名景】

灵璧钟馗文化园 钟馗文化是由远古“大傩之仪”衍化而来，在民间习俗礼仪中不断发展，其主旨是驱鬼辟邪，迎祥纳福。钟馗文化园规划占地200公顷，总投资10亿元，一期占地47.33公顷，投资3.2亿元，一期工程的总体空间布局体现“1148”旅游产业空间架构，“一条轴线，一个中心，四大功能区域，八大旅游景区”：一条轴线，就是1800米的旅游景观中心线；一个中心，是以钟馗大殿为主的钟馗文化民俗展示馆；四大功能区，一指馗风塔、山体景观及环山水体景观区，二指以钟馗大殿、馗风苑、钟馗故居为主的钟馗民俗展示区，三指以钟馗百态雕塑园、钟馗博物馆和钟馗文化演绎广场为主的钟馗文化展示区，四指钟馗文化生态园及综合旅游服务区，八大旅游景区，指馗风塔及山体景观、环山水体景观、钟馗大殿展示区、馗风苑景观、钟馗故居、钟馗文化展示区、钟馗百态雕塑园、综合旅游服务区（生态园）。

灵璧现代农业博览园 现代农业博览园位于灵璧三河省级现代农业示范区内，是国家AAAA级旅游景区。由德国G&P公司按照“中国一流、世界领先”高标准设计，按照工业化、城镇化、信息化、农业现代化的要求，倾力打造集农业生产、科普研发、试验示范、教育培训、休闲旅游、餐饮娱乐、养生益智、生态环保等八大功能于一体的现代农业博览园。园内四大主题展馆：农业科技展示馆，主要展示现代农技农艺和未来家居生活趋势，进行新品种、新技术试验示范，实现栽培模式的多元化；都市森林体验馆，模拟原始森林景象，展示热带雨林的神秘，充分表达“林在城中，城在林间”的美好生活意境；沙漠植物展示馆，汇集亚、美、非、澳四大洲标志性沙漠植物同室争奇竞姿，诠释荒漠植物顽强的生命力；城市花园菜园展示馆，名特优新蔬菜荟萃一堂，环球名贵花卉云集争艳。

灵璧奇石文化园 奇石文化园占地20余公顷，投资1.2亿元，是国家AAAA级旅游景区。园内亭台楼阁，灰瓦白墙，错落有致，中心建有6.67公顷环形湖以及江北第一楼汴阳楼。以“九龙璧”磬石和“笑口常开”纹石为代表的近千块园林石如珍珠般散落园内，沿湖五大功能区交相辉映，相得益彰。石之音主题区，内设八音广场、亲水观景台、石啸广场，突出表现灵璧石的声音特点；石之园—张氏园亭主题区，以灵璧奇石再造《张氏园亭记》描述的历史园貌；石之史主题区，建设历史人文景观，体现灵璧石历史文化；石之萃主题区，建设天下第一石赏石博物馆，馆内分为奇石精品展厅、他山之石展厅、将军石展厅、磬石工艺品展厅；石之艺主题区，为游人提供休息、观景、餐饮、娱乐、交流等服务。

灵璧虞姬文化园 虞姬文化园坐落于灵璧县城东部，地处垓下之战主战场，倚临古汴河。园内虞姬墓于1986年被安徽省人民政府批准为省级文物。虞姬墓冢墓阜高6米，基宽11米，墓侧有碑。颂虞姬碑廊由清代安徽巡抚冯煦撰写的墓碑文和著名书法家启功、舒同等书写的碑林构成。2009年，灵璧县扩建虞姬文化园，占地面积由2公顷扩大到20余公顷，计划总投资2.3亿元。一期工程占地533余公顷，投资5000万元，重点对墓冢进行修复，建有虞姬展示区、虞姬享堂、虞姬文化广场、霸王展示区、霸王享堂、亲水平台、景观桥、书法碑廊、虞姬故事长廊、唐河水上景观等，景区于2012年12月被评定为国家AAA级旅游景区。二期工程重点打造综合旅游文化区，集休闲度假、旅游购物、商务活动于一体，建成后，年可接待游客30万人次。

磬云山国家地质公园 磬云山国家地质公园位于渔沟镇东2公里，规划占地面积约4.25平方公里。距灵璧县城42公里，距徐州观音机场20公里，距徐明高速公路出入口仅2公里，交通十分便利。2011年11月被批准为省级地质公园，2014年1月被国土资源部批准为国家地质公园。公园始建于2011年6月，园内遍布长石阵、飞来石、拔剑泉、万卷书、摩崖石刻、十八罗汉、将军洞、臼齿构造、山顶

观景台、地质构造、磬石层、古地震遗迹（震积岩）、宋代采石坑遗址、现代采坑等景点，被誉为上元古时代地球演变的“黑匣子”，地壳运动历史的活教科书。

【名企】

安徽禾吉循环经济园投资股份有限公司 公司是在安徽灵璧东风纸业有限公司基础上，于2016年2月设立，注册资金10000万元。安徽灵璧东风纸业有限公司始建于1984年，地处灵璧县灵城东关外3公里处宿泗南侧，地理位置优越，交通便利。公司现有资产5500万元，员工180人，其中各类专业技术人员58人，总占地面积27.27公顷，先后被授予全国、省守合同重信用单位、农业部全面质量管理先进单位、AAA级信用企业，连续9年被省政府授予明星企业，连续9年被市国税局授予纳税先进单位，是灵璧县十强工业企业和灵璧县十强纳税企业。公司具有20多年麦草秸秆制浆造纸的经验和技术，拥有独立的年产30万吨造纸专用型污水处理场，现利用废纸进行制浆造纸，年生产60000吨高强瓦楞包装用纸，2016年实现销售收入6500万元、入库税金611万元，在全县民营企业评比中，税收名列全县第一。

安徽省立腾同创生物科技股份公司 公司坐落灵璧县游集工业园区，成立于2013年注册资金1300万元，2015年11月改制为股份公司，占地3.33公顷，是一家集饲料加工生产、生物技术研究、畜禽绿色食品开发、生产销售为一体的综合性科研基地。公司以生物科技为核心，以发酵工艺为基础，不断地寻找开发，打造可持续发展的现在农牧业。目前公司通过ISO 9001管理体系认证，国家高新技术企业，并拥有国家发明专利17项，其中4项获得省级科技成果，先后承接了国家“中央预算项目”和农业部秸秆饲料化试点项目，在科技创新、科技成果转化，推动国家创新创业等领域作出了突出贡献，入选“2016年中国科技创新先进企业”候选名单。先后获得过科技部财政部科普惠农兴村致富先进单位、安徽省质量标兵企业、行业十佳创新型企业、安徽省知识产权优势企业等30多项殊荣。

灵南生态农业科技发展有限公司 公司成立于2011年，是以当地农民专业合作社为依托，集生产、加工、销售于一体，全面实行标准化生产、品牌化经营、规模化管理，实现产、学、研一体化管理与经营的新型农民科技经济型企业。旗下灵南生态农业专业合作社主要从事种植黑色小麦、黑玉米、黑花生、大棚油桃、双色冰激凌西瓜等，解决了200多名有劳动能力贫困人口的就地转移就业。有社员460人，带动农户1200余户，社员出资总额500万元，其中土地入股折资150万元，2015年实现经营收入4200万元，盈余1200万元，2015年农户分配720万元。先后被评为全国农民合作社加工示范单位社、省土地股份合作试点合作社、省农民合作社示范社等。

安徽荷金来农业发展股份有限公司 安徽荷金来农业发展股份有限公司成立于2012年9月，注册资本2亿元，实收股本2亿元，主营业务为肉牛繁育、养殖、屠宰、加工、销售及生态循环农业、环保科技发展。该公司于2016年12月23日实现在全国中小企业股份转让系统（简称新三板）正式挂牌（股票代码：870144），成为灵璧县第一家、全市第六家新三板挂牌公司。公司坐落于宿州市灵璧县荷金来工业园区，占地面积近66.67公顷，注册资本和实收股本2亿元。公司主营业务有：肉牛繁育、养殖、屠宰、加工与销售；肉牛及牛肉的进出口贸易；冷冻、冷鲜牛肉及调理牛排生产与销售；饲料及有机肥生产与销售；农作物种植及产品销售；农业项目投资与管理；农产品电子商务等。

公司具有国家战略牛肉储备冷库、国家级优质肉牛标准化养殖示范区、出口动物产品配套养殖场备案、出口食品生产企业备案、ISO 9001质量管理体系认证、ISO 22000食品安全管理体系认证、安徽省伊斯兰教协会清真食品认证、国家级高新技术企业、安徽省农业产业化龙头企业等多种资质。先后荣获安徽省名牌产品、安徽省著名商标、2013年度至2015年度十强民营工业企业、县长质量奖、第三届宿州市政府质量奖、中国质量诚信企业等荣誉称号。

灵璧县九家味种植专业合作社 合作社成立于2009年，现有大棚基地10公顷，核心区管理模式主要采取农场化管理。辐射区种植面积53.33余公顷，辐射区采用“合作社+农户”的管理模式，实行订单生产，主要种植虞姬辣椒、芹菜等反季节蔬菜。虞姬羊角椒种植始于1963年，20世纪80—90年代，形成了以霸离、后桥、灵光、玄庙、虞姬村为中心的万亩辣椒生产基地，因其口感好，耐储存，产品远销上海、南京、杭州等10余个省市，被誉为皖北辣椒之乡，直接供应当地和销往省外10余个省市蔬菜市场，满足消费者新鲜蔬菜需求。先后成为当地康君调味品有限公司、九家味调味品有限公司、共创食品有限公司的原料来源。2015年，九家味商标被评为安徽省著名商标。

·泗　县·

【概况】 泗县位于安徽省东北部（北纬33°16′—33°46′，东经117°40′—118°10′），淮北平原东部，地处苏皖两省五县交界地带，为安徽省东北边缘县。地近沿海，背靠中原，是“中国山芋之乡”、计生工作国家先进县、国家返乡创业试点县、国家扶贫开发重点县和安徽省扶贫开发连片地区县。现辖泗城镇、黄圩镇、大庄镇、山头镇、刘圩镇、黑塔镇、屏山镇、草庙镇、长沟镇、墩集镇、丁湖镇、草沟镇、大杨乡、瓦坊乡、大路口乡15个乡镇，1个省级经济开发区，173个行政村、15个社区。截至2016年底，全县总人口96.19万人，其中城镇人口14.39万人，农村人口81.80万人。

【县域经济】 2016年，泗县生产总值174亿元，年均增长9.3%；财政收入11.5亿元，年均增长17.7%；固定资产投资128.3亿元，年均增长18.1%；三次产业结构由32.2∶35.4∶32.4调至29.6∶31.8∶38.6。主要经济指标快速增长，在24项主要经济指标中，增速超过全市平均水平的有20项。工业经济提质增效，全县规模以上工业企业新增27家，总数达176家，预计实现产值165亿元，增长20%以上；首位产业产值突破100亿元，增长30%。盘活闲置厂房16万平方米，吸引入驻企业20家，新增产值12亿元。招商引资实现新突破，全年引进亿元以上项目52个，到位资金190亿元，完成市下达任务的112%。农村经济稳步发展，全县农林牧渔业产值约97亿元，增长4.5%；实现增加值52亿元，增长4%。服务业快速增长，预计实现增加值67亿元，增长12.6%。工业主导作用日益显现，2016年规模以上工业增加值34.7亿元，年均增长14%。农村经济稳步发展，粮食生产实现“十三连丰”，荣获全省粮食工作先进单位；全县市级以上龙头企业75家，农民专业合作社1536个，认定家庭农场979家，农业产业化联合体42个。服务业发展提质提效，2016年社会消费品零售总额48.9亿元，年均增长16.6%；成功入选全国电子商务进农村综合示范县，全县电商企业150家、网店（微店）3100多个；2016年末，金融机构存款余额181.99亿元，比2011年末增加99.42亿元；金融机构贷款余额91.56亿元，比2011年末增加55.12亿元。

【深化改革与对外开放】 2016，泗县农村土地承包经营权确权登记颁证、新一轮政府机构改革等顺利完成，供销合作社综合改革、事业单位养老保险制度改革等稳步推进。卫生计生基层机构整合模式、社会治理乡贤模式、鼓励农民进城政策等改革举措，得到国家和省充分肯定。积极推进招投标、投融资、国土资源、城市管理等方面改革，成立了公共资源交易局、不动产登记局，组建了虹乡建设发展公司、中冶建设投资公司，建成了公安、城管一体化的数字化管理平台。徽商银行、淮海村镇银行顺利入驻，农村商业银行成功改制。强力推进行政审批服务“三集中、三到位”，在全省率先实行“三证合一”登记制度。积极推进广电台内部管理体制改革，广电事业、产业快速发展。招商引资成效显著，每年都超额完成市政府下达任务。2012—2016年外贸进出口总额4.79亿美元，年均增长10.8%；实际利用外资2.51亿美元，年均增长43.5%。与英国柴郡在全省率先建立了中外县级友好城市。泗许高速、徐明高速、宿淮铁路、G343等重大交通工程建成通车，对外开放通道更加便捷。

【城乡建设】 “十二五”规划以来，泗县始终坚持城乡统筹，切实加大资金投入，城乡面貌显著改观。确立了“双50”（到2030年，城区面积50平方公里，人口50万）发展目标和“水韵泗州·运河名城”的城市定位，高标准编制完成新一轮县城总体规划和一系列专项规划。项目建设成效显著，省“大新专”、市“5161”和县重点调度项目完成投资106.9亿元，占年度计划的118.7%。城乡建设重点工程快速推进，泗墩路路面大修工程、花园路西段、南柳路中段、汴河公园、城区道路“白改黑”等工程全面竣工，G104泗县段一级路改建、S303徐明高速泗县出入口连接线改建等工程开工建设。小型水利改造提升和重点县工程完成年度任务。完成植树造林1838.27公顷，占省下达任务的110.3%，创建省级森林长廊示范段16公里、省级森林城镇1个、省级森林村庄6个。以实施“555”工程为契机，强力推进城乡重点工程建设,G104市政化改造、彩虹大道、城区路网、上青大道、山闵路等一批城乡主干道路建成通车,全民健身中心暨体育馆、新党校、生活垃圾填埋场及城市供水、供气、污水管网等工程建成使用,一批农村道路、农网改造、水利工程、土地治理项目相继建成,有线广电、宽带、4G网络基本实现县域全覆盖。坚持以大征迁推动大建设,累计完成征迁面积450万平方米、拆违面积150万平方米。县城建成区面积由17平方公里扩大到24平方公里。强力推进城乡环境整治,突出抓好市容市貌整治、美丽乡村建设、"三线三边"环境治理,城乡面貌焕然一新。

【社会事业】 2012年以来,泗县大力推进科技创新,培育高新技术企业34家,申请发明专利444项。科技工作不断加强,获得发明专利授权22件,万人有效发明专利拥有量提高到0.53件。办学条件持续改善,开发区中心校及幼儿园、明德小学、衡尤小学主体工程竣工,宿州环保工程学校挂牌招生,泗城中心校及幼儿园加快建设。完成新集高中撤并,在长沟镇实施九年一贯制管理体制改革试点。教学质量稳步提升,全县高考应届本科上线1367人,上线率提高3.8个百分点,中考各科成绩平均分稳居全市前列。优化配置教育资源,义务教育学校标准化建设、校安工程等较好完成,思源学校建成使用,新一中主体竣工,办学条件和教学质量稳步提高。深化医药卫生体制改革,全面加强医疗卫生服务体系建设,县人民医院新院、中医院迁建工程即将竣工,医疗服务能力大幅提升。人口计生工作扎实开展,成功创建全国计划生育优质服务县,残疾人工作荣获"全国白内障无障碍县""全省残疾人工作示范县",泗县工商联被评为全省五好县级工商联。文化旅游业蓬勃发展,大运河泗县段列入世界文化遗产名录,泗州戏学院成功挂牌并顺利招生,泗县文化馆被命名为国家一级馆,"运河人家"被列入2016年全国优选旅游项目名录。大力弘扬社会主义核心价值观,上榜"中国好人"2人、"安徽好人"11人、全国劳动模范1人。文化旅游业快速发展,全县文化旅游产业实现产值17亿元,增长16%。人口计生工作扎实开展,被评为全国计划生育协会工作先进县。泗城镇花园井社区荣获"2016年度全国社区侨务工作示范社区"。加强质量管理,成功创建安徽省质量强县示范县。生态文明建设取得明显成效,节能减排完成市控目标,秸秆禁烧连续3年实现"零火点",石龙湖国家湿地公园顺利通过国家验收。强化社会治安综合治理、安全生产、信访维稳、普法等工作,社会大局和谐稳定。大力支持人武部、消防、武警、民兵和人民防空建设。民族宗教、地方志、档案、对台工作得到新加强,科协、气象、防震减灾工作取得新成效,妇女、儿童、老龄、红十字事业实现新发展。

【民生保障】 2016年,泗县城镇居民人均可支配收入19508元,年均增长8.5%(按可比口径);农村居民人均可支配收入9627元,年均增长10.6%(按可比口径)。连续实施民生工程和惠民实事,五年累计民生支出131.7亿元,占财政总支出的82.6%。棚户区改造强力推进,建设各类保障性安居工程3906套、政府安置房6522套。完成农村危房改造9680户,新建、改扩建敬老院16所,社会福利中心、残疾人康复中心建成使用。脱贫攻坚扎实推进,全年投入各项扶贫资金17.96亿元,实施扶贫项目583个,顺利通过省脱贫攻坚第三方评估验收,实现4566户、13721贫困人口脱贫和25个贫困村出列。33项民生工程圆满完成,实际支出14.28亿元,荣获2016年"全省民生工程绩效奖补先进县"称号。积极推进农村低保线与贫困线"两线合一"工作,重合率达到72.5%。城乡低保和五保供养标准进一步提高,农村低保和城市低保月人均补差标准分别提高18.2%、9.5%;五保供养标准提高33.3%。社会保险覆盖面进一步扩大,城镇职工养老保险、城乡居民养老保险、城镇职工医保、工伤保险、生育保险均超额完成年度任务。创业就业工作取得新成效,被列为国家农民工等人员返乡创业试点县,全年城镇新增就业7101人,完成年度任务的149.5%;转移农业劳动力35.47万人;城镇登记失业率控制在4.5%以内。社会保障体系日益完善,城乡居民基本养老保险和基本医疗保险实现全覆盖,城乡居民最低生活保障、农村五保供养、医疗救助标准逐年提高,人民群众获得感进一步增强。

【效能提升】 中共十八大以来,泗县始终坚持从严治政,着力加强自身建设,行政效能显著提高。扎实开展党的群众路线教育实践活动、"三严三实"专题教育、"两学一做"学习教育、"讲看齐、见行动"学习讨论,政府系统党的建设全面加强。自觉接受县人大及其常委会的法律监督和县政协的民主监督，共办理人大代表议案、建议和政协委员提案855件，办复率100%。开办“百姓热线”1200期、“电视问政”27期，群众提出问题办结率95%以上。坚持“法定职责必须为、法无授权不可为”，积极推行政府权责清单和涉企收费清单制度。扎实开展“点燃激情提效能、正风肃纪树形象”活动，行政效能全面提升。严格落实中央“八项规定”精神和省市30条要求，全县“三公经费”逐年下降。强化行政监察和审计监督，严肃查处违纪违法案件，政府系统反腐倡廉建设取得新成效。

【电商产业园】 泗县电子商务产业园项目位于县经济开发区，由原来规划的文体中心商贸超市改建而成，产业园总建筑面积7000平方米，总投资约3000万元，可入驻100余家电商企业，提供1000余个就业岗位，是集全县“线下产品展示、线上产品交易”为一体的电子商务集群化项目。产业园设有电商精英集聚中心、大众创业示范中心、电子商务企业服务中心、名特优产品体验和展销中心、办公区、物流区等，此外还设有餐厅、健身房等休闲场所，为广大电商创业者提供全产业链一站式管理服务。

【乡贤志愿工作站】 为充分发挥乡贤传播社会主义核心价值观、促进乡村和谐稳定的作用，2013年，泗县积极探索、创新基层民主管理方式，率先在彭鲍村设立了村级乡贤志愿服务站，用老百姓的“法儿”平老百姓的“事儿”。乡贤工作站由村里家族中德高望重、辈分高、有影响力的老干部、老党员、老退伍军人、老医生、老模范等组成，他们熟悉农村了解百姓；他们以献良策、助和谐、督效能、助关爱为服务宗旨，是联系村、镇两委和群众的桥梁，帮助村、镇级干部化解百姓之间矛盾纠纷；他们传播着传统文化，宣传教育、助力关爱留守儿童，感染、教化身边的百姓，潜移默化地影响着村民的整体文化素养。乡贤志愿服务站依托乡贤之力、彰显乡贤所能，积极协助村“两委”干部，发挥地缘、人缘、亲缘优势，妥善化解基层“鸡毛蒜皮”的“小事儿”和事关乡村和谐稳定的“大事儿”，为乡风文明、邻里和谐注入了活力。泗县在全面分析和总结彭鲍村乡贤志愿服务站成功经验的基础上，迅速在全县乡、镇、村范围进行推广。这一做法也被中央电视台、人民日报、安徽日报、拂晓报等多家媒体宣传报道，并在全市进行推广，引起良好的社会反响。

【农民工返乡创业】 泗县是农业大县，劳动力资源丰富，全县在外务工人员近年来一直保持在25万人左右，随着一批早期在外务工人员积累了资本、技术和管理经验后，纷纷返回家乡成功创业。对此，该县县委、县政府高度重视，把农民工创业园区建设作为实施“开放兴县、工业强县、项目立县”战略的重要组成部分，坚持“科学规划、快速启动、分类实施、滚动发展”的总体原则，科学规划农民工创业园的产业布局和发展方向，强力推进农民工创业园建设。先后申请筹建开发区、泗城、大庄、长沟、草沟、刘圩和黄圩等七个农民工创业园。入驻农民工创业园的企业累计实现产值近1亿元，吸纳安置城乡富余劳动力799人，按员工平均年收入1万元计算，每年可从园区获得工资性收入799万元。2016年，泗县被列为“全国农民工等人员返乡创业试点县”，以此为契机，全面激发大众创业、万众创新热潮，培育县域经济新的增长点，催生民生改善、经济结构调整与社会和谐稳定新动能。

【运河申遗】 隋唐大运河开凿于隋炀帝大业元年(605年)，是古代贯穿中国南北的重要水运交通线，也是当时世界最长的运河。它的开通，大大促进了我国南北经济的交流。隋唐大运河(泗县段)28公里故道是大运河仅存的故道，尤其是泗城东段8公里故道原始风貌保存完好，是全国唯一的“活运河”。泗县“虹乡八景”中的“隋堤烟柳”“汴水晴波”均源于当年的繁华盛景。2014年6月22日，第38届世界遗产大会《卡塔尔多哈决议》，把中国大运河列入世界文化遗产名录。泗县以发展创新的理念，积极盘活运河文化资源，认真打造好运河这块“金字招牌”，在《古汴风貌区保护规划》基础上，编制了占地333.33公顷的泗县隋唐大运河旅游文化产业园规划，致力打造还河于民的“民心工程”，保护环境的“生态工程”，继承历史的“文脉工程”，提升城市品位的“给力工程”，让世代滨水而居的百姓享受到运河文明带来的文化魅力和丰硕果实。

【104国道泗县段改建】 G104泗县段一级公路改建工程位于安徽省泗县境内，起点位于泗县与徐州市睢宁县交界处许庙村，沿老路途经大庄镇，屏山镇至彩虹大道，向西改线经泗县火车站，折向南跨

新濉河、新汴河后,利用 G343 至 G104 交叉处,沿老路向南经大路口乡,止于泗县与五河县交界处,路线全长 50.422 公里,项目整体南北走向,路线向北可至江苏省,向南进入蚌埠市。本项目公路等级为一级,设计时速 80 公里/小时,主体工程主要包括路基土方、路面及桥梁涵洞工程。全线共设置桥梁 23 座,桥梁总长 1442.4 米;设置涵洞 34 道,总长 763.3 米,圆管涵 16 道,总长 913.8 米。项目总投资约 17.39 亿元,本工程建设将加快沿线城镇开发,完善区域路网格局,有力带动泗县旅游资源及经济快速发展。

【泗县实验学校】 泗县实验学校是一所内含小学、初中的全日制寄宿制学校。学校创办于 2005 年 9 月,位于泗县县城北关 104 国道西侧,交通便捷,环境优美,师资雄厚,设备完善,管理严格。学校占地 4 公顷,现有教学用房、生活用房 3 万平方米,在校师生两千余人。泗县实验学校高度重视学生德育及校园文化建设,以班级德育活动为抓手,不断提升班级德育工作的品位与档次,提高学生们的思想境界和道德素养;以校园文化活动为平台,展示学生们的才艺与特长,陶冶学生们的情操,丰富校园文化生活,为学生们提供愉悦的学习和生活环境。学校在教学上全力追求精致、精细、精品,创造性地开展课堂教学改革,探索出《"1+1"课课清》课堂教学新模式。坚持从最后一名学生抓起,培养习惯,塑造品质,成功解决学困生掉队的难题。分层教学、分类指导,力争人人成才,人人成功,有力地提升了教育教学质量:2013 年,在宿州市中考"四率"(参考率、优秀率、合格率、低分率)考核评比中获得泗县第一、全市第八的好成绩;2016 年,被县委、县政府表彰为"初中教育教学管理先进单位";在宿州市民办学校年度综合考核评比中,连续 3 年获得泗县第一名,成为泗县唯一获得"优秀"等次的民办学校。

(刘　站)

荣　誉　榜

受国家部委办表彰的先进集体和个人

表4

荣誉获得者	荣誉称号	授予者
宿州市	国家园林城市	住房和城乡建设部
宿州市	全国双拥模范城	全国双拥工作领导小组、民政部、解放军总政治部
宿州市	全国无偿献血先进城市	国家卫计委、中国红十字会总会和解放军总后勤部卫生部
宿州市	国家首批电信普遍服务试点城市	财政部、工业和信息化部
宿州市	“宽带中国”示范城市	工业和信息化部、国家发展和改革委员会
宿州市	全国防震减灾工作先进单位	中国地震局
宿州新汴河水利风景区	国家水利风景区	水利部
宿州市法律援助中心	全国老年法律维权工作先进集体	全国老龄工作委员会、最高人民法院、最高人民检察院、公安部、民政部、司法部
宿州市法律援助中心	第五届全国法律援助工作先进集体	司法部
宿州市科学技术协会	2016年全国科普日活动优秀组织单位	中国科协、教育部、科技部、中科院
宿马园区	中国产业园区营商环境百强	第二届“一带一路”园区建设国际合作峰会暨第十三届中国企业发展论坛

续表 4

荣誉获得者	荣誉称号	授予者
高新区	中国产业园区创新力百佳	第二届“一带一路”园区建设国际合作峰会暨第十三届中国企业发展论坛
宿州循环经济园	2015 中国纺织服装行业十大产业园区	中国纺织工业联合会纺织产业转移工作办公室、《纺织服装周刊》
埇桥区	全国绿化模范县(区)	全国绿化委员会
埇桥区	全国社区教育示范区	教育部
埇桥区道东街道东方社区	全国科普示范社区	中国科协
灵璧县科学技术协会	2016 年全国科普日活动优秀组织单位	中国科协、教育部、科技部、中科院
灵璧县	全国休闲农业与乡村旅游示范县	农业部
泗县	国家级电子商务进农村综合示范县	商务部
泗县	全国计划生育优质服务县	国家卫生计生委
萧县	中国最佳乡村旅游目的地	中国林业与环境促进会、新华每日电讯社共同主办的“2016 中国旅游 + 新型养老产业融合发展峰会”
萧县青少年之家	全国示范性“青年之家”综合服务平台	共青团
萧县酒店乡西赵楼村(西瓜)	全国一村一品示范村镇	农业部
砀山县	国家全域旅游示范区	国家旅游局
砀山酥梨	全国名特优产新农产品	农业部优质农产品开发服务中心
砀山酥梨	2016 年全国 100 个名优果品区域公用品牌	农业部优质农产品开发服务中心
砀山酥梨	全国果品业最具投资价值品牌 30 强	中国国际农产品交易会 2015 品牌农业论坛
砀山县回民许庄	中国少数民族特色村	国家民委会
砀山县	第三届国土资源节约集约模范县	国土资源部
砀山神农合作社	国家级林业合作社示范社	国家林业局

续表 4

荣誉获得者	荣誉称号	授予者
杨德飞	第五届全国法律援助工作先进个人	司法部
薛金珉	全国“最美志愿者”	中共中央宣传部、中共中央组织部、中央文明办、民政部、环保部、共青团中央、全国妇联、中国文联、中国残联
赵雪剑	中国青年志愿者优秀个人	共青团中央
方少杰	中国青年志愿者优秀个人	共青团中央
张占胜	全国电力行业技术能手	中国电力企业联合会
许启金	全国技术能手	人社部
许海洋	优秀内审员	中国计量测试学会
丁雪可	中国好人	中央文明办
李玉斗	中国好人	中央文明办
褚家国	中国好人	中央文明办
刘玉兰	中国好人	中央文明办
薛金珉	中国好人	中央文明办

附　　　　录

文 件 选 登

宿州市城镇绿化条例

（2015年11月26日宿州市第四届人民代表大会常务委员会第二十四次会议通过 2015年12月18日安徽省第十二届人民代表大会常务委员会第二十五次会议批准）

第一章　总　　则

第一条　为促进城镇绿化事业发展，推进生态文明建设，增进人民身心健康，根据国务院《城市绿化条例》及有关法律、法规，结合本市实际，制定本条例。

第二条　本条例适用于本市城镇规划区内城镇绿化的规划、建设、保护和管理。

第三条　各级人民政府应当将城镇绿化建设纳入国民经济和社会发展规划，制定年度建设计划，确定城镇绿化目标，实行绿化目标责任制，将城镇绿化建设和养护经费列入本级财政预算。

第四条　市、县（区）人民政府确定的城镇绿化行政主管部门负责本行政区域的城镇绿化工作。

镇人民政府负责本行政区域的绿化工作。街道办事处依照职责做好辖区内的绿化工作。

城乡规划、国土资源、住房与建设、林业、环保、房管、水利、交通运输、公安等部门按照各自的职责，共同做好城镇绿化工作。

第五条　城镇绿化建设坚持惠民、生态原则，推广节约技术，促进海绵型城市发展。

鼓励单位和个人以投资、捐资、认建、认养等形式，参与城镇绿化的建设和养护。经城镇绿化行政主管部门同意，投资、捐资、认建、认养的单位或者个人可以享有绿地、树木一定期限的冠名权。

鼓励社会组织和志愿者开展城镇绿化服务工作，引导市民参与城镇绿化保护活动。对在城镇绿化中成绩显著的单位和个人，按照国家和省有关规定给予表彰和奖励。

第六条　单位和个人有权对损害城镇绿化及其设施的行为进行劝阻、投诉和举报。

城镇绿化行政主管部门以及镇人民政府应当建立举报投诉制度，公布举报投诉电话、信箱和电子邮箱等。

第二章　规划和建设

第七条　市、县(区)人民政府组织城乡规划行政主管部门、城镇绿化行政主管部门编制城镇绿化规划,纳入城镇总体规划,经本级人民政府批准后,向社会公布实施。

镇规划区内的绿化规划由镇人民政府组织编制,报县(区)人民政府批准后,向社会公布实施。

编制城镇绿化规划,应召开论证会、听证会或其他形式征求有关部门、社会组织和公众以及专家学者的意见,并将规划草案予以公示。

第八条　各级人民政府应当根据城镇绿化规划,制定和实施城镇绿化建设方案,定期组织检查,督促城镇绿化规划的落实,并接受公众监督。

第九条　城乡规划行政主管部门应当会同同级城镇绿化行政主管部门,根据城镇绿化规划,确定各类绿地范围的控制线,经同级人民政府批准后,向社会公布。

第十条　任何单位和个人不得擅自改变城镇绿化规划和绿地的性质、用途。确因特殊需要改变的,应当按照原批准程序重新审批;涉及城镇总体规划重大变更的,应当提请本级人民代表大会或本级人民代表大会常务委员会审议后,依法履行报批程序,并向社会公布。

第十一条　调整绿地范围控制线不得减少规划绿地的总量,因调整而减少规划绿地的,应当在新规划的绿地中补足减少的部分。改变绿地性质、用途造成绿地面积减少的,应当在城镇绿化行政主管部门会同城乡规划行政主管部门、国土资源行政主管部门确定的地点,补足相应面积的绿地。

第十二条　建设项目应当按照规划安排绿化用地。建设项目绿地率应达到下列标准:

(一)新建居住区不低于百分之四十。

(二)城镇道路绿地率按下列标准执行:园林景观道路绿地率不低于百分之四十;道路红线宽度大于五十米,绿地率不低于百分之三十;道路红线宽度四十至五十米,绿地率不低于百分之二十五;道路红线宽度小于四十米,绿地率不低于百分之二十。

(三)机关团体、文化娱乐、教育体育、卫生、科研院所等单位一般不低于百分之三十五。

(四)商业、金融、交通枢纽、市政公用设施等单位,一般不低于百分之二十。

(五)产生有毒有害气体及污染的工厂,铁路、高速公路、河道两侧及水工程周围应当按照国家规定配套建设防护林带。

(六)开发区内工业建设项目绿地率为百分之十至百分之十五,有大气、噪声等污染的厂矿企业单位应达到百分之十五至百分之二十。

属于旧城区改造的,绿地率一般不低于前款规定标准五个百分点。

第十三条　加强城镇公园、游园、街头绿地建设,三百米半径内应规划建设不少于一处一千平方米以上的公共绿地,五百米半径内应规划建设不少于一处五千平方米以上的游园。

第十四条　城镇道路应当栽植行道树。行道树应当选择当地适宜的树种,主干道行道树胸径不得小于十二厘米,其他道路行道树胸径不得小于八厘米。人行道的乔木覆盖率不得低于百分之七十。

行道树栽植应当符合行车视线、行车净空和行人通行的要求。

道路两侧红线外零星空地,由道路建设单位同步实施绿化。

城镇高压电线下适宜绿化的空地,应当按照规范要求实施绿化。

第十五条　绿化工程项目,乔木和灌木的覆盖率应当占绿地总面积的百分之七十以上,其中乔木覆盖率不得低于百分之五十。

第十六条　鼓励、推广和大力发展利用阳台、屋顶、立交桥等建筑物、构筑物的立体绿化,但不得侵害他人合法权益或者影响建筑物安全和公共安全。

室外公共停车场、停车位具备绿化条件的,应当科学配植庇荫乔木、绿化隔离带,铺设植草地坪。

单位和居住区有可以绿化的空地,应当限期绿化。绿化应当选用适宜的植物种类,综合考虑居住环境与采光、通风、安全等要求,合理布局,科学配置。

闲置土地具备绿化条件的,土地使用权人应进行临时绿化。

第十七条　建设项目附属绿化工程必须与主体工程同步规划、同步设计,统一安排绿化工程施工,并在主体工程建成后的第一个绿化季节完成,所需资金列入工程总预算。

建设项目附属绿化工程的设计方案必须有城镇绿化行政主管部门参加审查。城镇绿化行政主管部门对设计方案是否符合绿化设计规范和标准、绿地面积是否符合规定标准等提出审查意见。

公园绿地、风景林地、居住区绿地和道路绿化等绿化工程的设计方案,应当按照规定报同级城镇绿化行政主管部门审批。

建设单位、绿化工程施工单位应当按照批准的设计方案进行施工。设计方案确需变更的,应当经原批准机关审批,并不得降低绿化指标。

第十八条 城镇绿化工程和建设项目附属绿化工程的设计、施工、监理,应当委托具有相应资质的单位承担。

第十九条 城镇绿化工程和建设项目附属绿化工程竣工后,建设单位应当依法组织验收。

城乡规划行政主管部门应当按照规定对相关绿化工程面积和位置是否符合规划许可事项予以核实。

城镇绿化行政主管部门应当按照有关规定参与验收,对相关绿化工程是否符合设计方案予以核实。对未达到绿化设计方案要求的,城乡规划行政主管部门不得核发建设工程规划查验合格证明文件,主体工程不得交付使用。

居住区附属绿化工程竣工验收合格后,建设单位应当在居住区的显著位置公示绿地平面图。

城镇绿化工程和建设项目附属绿化工程在验收合格之日起十五个工作日内,将竣工验收资料报送城镇绿化行政主管部门备案。有关资料应当纳入城镇建设档案进行管理。

第二十条 政府投资建设的各类绿化工程,城镇绿化行政主管部门应当跟踪监督工程质量。

施工单位在绿化工程养护期满、并经过竣工验收后,应及时办理移交手续。

第二十一条 各级人民政府及其城镇绿化行政主管部门应当科学规划种植绿化植物,广泛应用环保、节水技术,培育适合本地生长的乔、灌、花、草等绿化植物品种,提高绿化植物成活率。

第三章 养护和管理

第二十二条 城镇绿化养护管理责任按照下列规定确定:

(一)公园绿地、风景林地、行道树及干道绿化带等,由城镇绿化行政主管部门负责。

(二)各单位管界内的绿化,由该单位负责。

(三)实行物业管理的居住区的绿地,由物业服务企业负责;未实行物业管理的居住区的绿地,由产权人或者街道办事处、镇人民政府负责。

(四)铁路、公路、河道等管理范围内的防护绿地,根据职责分工由相应的主管部门负责。

(五)建设项目用地范围内保留的绿地,在施工期间由施工单位负责。

(六)苗圃、草圃和花圃等,由其经营者负责。

前款规定以外的绿化,由各级人民政府确定的单位或个人负责。

各级政府及其部门作为绿化养护主体的,应采取政府购买服务的方式实施绿化养护。

第二十三条 城镇绿化的养护管理责任人应当按照国家、省、市绿化养护技术规范和标准进行养护。对死亡缺株的,适时补植更新;发生病虫害的,及时灭治;设施损坏的,及时修复;对损害绿化及其设施的行为,及时劝阻并报告城镇绿化行政主管部门。

第二十四条 任何单位和个人不得擅自占用城镇绿地。

因建设或者其他特殊需要临时占用绿地的,应当经城镇绿化行政主管部门同意,按照有关规定办理临时用地批准手续,并将临时占用绿地的范围、期限及批准文件在醒目位置公示。

临时占用绿地的期限不得超过一年,确需延长的,应当办理延期手续,且延长期限不得超过一年。临时占用期满后,应当及时归还并在规定期限内恢复原状。

第二十五条 申请临时占用绿地应当提交下列材料:

(一)申请书;

(二)工程立项或者用地、规划等有效证明文件;

(三)绿地养护管理责任人的书面意见。

城镇绿化行政主管部门应当自受理之日起十五日内作出是否同意的决定。不予批准的,应当书面说明理由;予以批准的,在申请人签订绿地恢复承诺书后,发给临时占用绿地批准文件。

因抢险救灾确需临时占用绿地的,可以先行占用,抢险救灾后应当恢复原状。

第二十六条 公园绿地、防护绿地、道路绿地、其他绿地内配套建设的公共建筑、设施,不得擅自扩建或者改变性质和用途。确需扩建或者改变其性质和用途的,由城镇绿化行政主管部门会同城乡规划行政主管部门组织论证,征求群众代表和有关方面意见后，经本级人民政府决定，并报本级人大常委会备案。

第二十七条　占用道路进行绿化养护影响交通安全畅通的，应当征得公安机关交通管理部门同意，公安机关交通管理部门应当为道路绿化养护作业提供道路交通安全保障。电力、通信等部门对道路附属绿地的养护工作应当予以配合。

第二十八条　因城镇建设等确需在城镇干道绿化带开设机动车出入口的，经城乡规划行政主管部门批准、城镇绿化行政主管部门和公安机关交通管理部门同意后，方可实施。

第二十九条　城镇内的树木，不论其所有权归属，除正常养护需要外，不得擅自大修剪、移植和砍伐。确需大修剪、移植和砍伐的，应当经城镇绿化行政主管部门批准后进行。

因抢险救灾和处理突发事故确需大修剪、砍伐树木的，有关部门应当及时告知城镇绿化行政主管部门，并且在险情排除后三个工作日内到城镇绿化行政主管部门补办手续。

因树木生长影响管线、交通设施等公共设施安全的，养护责任人应当按照兼顾公共设施安全使用和树木正常生长的原则组织修剪。不修剪的，相关单位可以向城镇绿化行政主管部门提出修剪请求，城镇绿化行政主管部门应当组织修剪，修剪费用由养护责任人承担。

第三十条　符合下列条件之一的树木，应当由养护管理单位或者个人申请城镇绿化行政主管部门批准后，及时砍伐、更新：

（一）发生严重病虫害已无法挽救或者自然枯死的；

（二）严重影响交通、电力、通信、建筑物及其他设施或者人身安全，且无移植价值的。

第三十一条　禁止下列损坏城镇绿化及其设施的行为：

（一）损毁绿化设施；

（二）在绿地内非法设置营业摊点、非法设置广告设施；

（三）在草坪内停放车辆、露营等踩踏毁损草坪；

（四）在花坛、绿地内堆放物品、倾倒垃圾；

（五）在绿地内取土、挖石、填埋、焚烧物品；

（六）擅自采摘花果枝叶、攀折花木、掘取树根、剥取树皮；

（七）依树搭建或者在树木及绿化设施上拴挂、钉钉、刻画、晾晒衣物、涂抹、粘贴宣传品；

（八）在绿地内种植蔬菜等农作物或者饲养家禽家畜；

（九）向树穴、树池内倾倒热水、酸液、机油等妨害树木正常生长的物质或者硬化树穴、树池；

（十）其他损害绿化及其设施的行为。

第三十二条　城镇绿化行政主管部门应当制定城镇绿化养护技术规范和标准，根据社会发展情况进行修订，并对城镇绿化养护工作进行检查、监督和指导。

第三十三条　城镇绿化行政主管部门应当建立植物疫情监测预报网络，编制城镇绿化防灾应急预案，健全有害生物预警预防控制体系，加强城镇绿化资源调查、监测，完善城镇绿化管理信息系统。

城镇绿化行政主管部门应当加强日常巡查工作，行道树和其他成片林木发生病虫害的，应当及时指导、督促、组织城镇绿化养护责任人灭治。

第三十四条　城镇绿化行政主管部门应当会同相关部门建立工作协调机制，加强城镇绿化工作监督检查，依法查处违反城镇绿化管理规定的行为。

城镇绿化行政主管部门、镇人民政府及其工作人员发现损害城镇绿化及其设施的行为或者接到举报后十五日内应作出处理，并反馈举报人；对不属于自己职权范围内的，应及时移送有关部门处理，并将移送情况及处理结果反馈举报人。

第四章　法律责任

第三十五条　有下列行为之一的，由城镇绿化行政主管部门予以处罚：

（一）违反本条例第十条、第二十四条第一款规定，未经批准擅自占用城镇绿地、改变绿地规划用途的，责令限期退还、恢复原状，并处所占绿地面积每平方米五百元以上一千元以下的罚款；造成损失的，应当承担赔偿责任；经批准占用城镇绿地但未及时归还、恢复原状的，责令限期退还、恢复原状，并处所占绿地面积每平方米五百元以下的罚款。

（二）建设项目竣工后未达到本条例第十二条规定的绿地率标准的，责令限期改正，并按照不足绿地面积数处以每平方米三万元以上五万元以下的罚款。

（三）违反本条例第十七条第一款规定，建设单位未按照规定期限完成绿化工程建设的，责令限期完成;逾期未完成的,处以未完成绿化工程预算费用一倍以上三倍以下的罚款。

(四)违反本条例第十七条第四款规定,建设单位、施工单位不按照批准的绿化设计方案进行施工的,责令限期改正,并处以工程合同价款百分之二以上百分之四以下的罚款;造成绿化工程质量不符合规定标准的,责令限期改正,并赔偿因此造成的损失;情节严重的,责令停业整顿,吊销相应的绿化施工企业资质证书。

(五)违反本条例第十八条规定,未取得相应资质等级或者超越资质等级从事绿化工程设计、施工、监理的,责令限期改正,对设计或者监理单位处以合同约定价款的一倍以上二倍以下的罚款;对施工单位处以工程合同价款百分之二以上百分之四以下的罚款;建设单位委托不具有相应资质等级的单位承担设计、施工、监理任务的,责令限期改正,可以并处一万元以上三万元以下的罚款。

(六)违反本条例第十九条第五款规定,建设单位未在规定期限内将绿化工程竣工验收资料报城镇绿化行政主管部门备案的,责令限期改正;逾期不改正的,处以二千元以上一万元以下罚款。

(七)城镇绿化养护责任人未按照本条例第二十三条规定履行养护义务的,责令限期改正,逾期不改的,处以二千元以上一万元以下的罚款。

(八)违反本条例第二十九条规定,擅自移植、砍伐城镇绿化树木的,责令停止违法行为,按照规定补植树木或者采取其他补救措施,并处以每棵二千元以上一万元以下的罚款;造成其他损失的,应当承担赔偿责任。

(九)违反本条例第三十一条第一项至第八项规定的,责令停止侵害,恢复原状,造成损失的,应当赔偿损失,可以并处损失额三倍以上五倍以下罚款;未造成损失的,可以并处五十元以上五百元以下罚款。

(十)违反本条例第三十一条第九项规定的,责令停止侵害,恢复原状,造成损失的,应当赔偿损失,可以并处五百元以上五千元以下罚款。

第三十六条 城镇绿化、城乡规划等行政主管部门、镇人民政府及其工作人员未履行或不当履行本条例规定的管理职责的,对单位负责人进行行政问责;情节严重的,对直接责任人和单位负责人给予行政处分;构成犯罪的,依法追究刑事责任。

第五章 附 则

第三十七条 本条例所称绿地率是指建设工程配套绿化用地面积占建设用地总面积的比例。

第三十八条 本条例所称城镇绿化设施,是指城镇绿地内的亭、台、楼、廊、假山、花坛、景石、雕塑、桥、广场、亮化照明设施、监控设施、音乐设施、道路、护栏、座椅、标识牌等园林建筑物、构筑物以及健身和服务设施等。

第三十九条 本条例所称大修剪,是指为消除树木对环境的不利影响而进行的超出常规修剪技术规范要求的重度修剪行为。

第四十条 市城镇绿化行政主管部门应当会同市价格主管部门根据市场价格制定城镇绿化树木价值参考标准,并定期公布、调整。

第四十一条 古树名木的保护和管理依照《安徽省古树名木保护条例》和有关法律法规执行。

第四十二条 本条例自 2016 年 3 月 1 日起施行。

宿州市住宅小区管理办法
宿州市人民政府令
第1号

《宿州市住宅小区管理办法》已经2016年7月6日市人民政府第74次常务会议审议通过，现予公布，自2016年9月15日起施行。

市　长　史　翔
2016年8月12日

宿州市住宅小区管理办法

第一章　总　　则

第一条　为规范住宅小区管理，改善居民的生活环境，促进和谐社区建设，根据《中华人民共和国物权法》、国务院《物业管理条例》和《安徽省物业管理条例》等有关规定，结合本市实际，制定本办法。

第二条　本办法适用于市、县城市规划区范围内住宅小区管理活动及其监督管理。

本办法所称住宅小区，是指统一规划、综合开发、配套建设形成的居住小区、居住组团，以及街区制住宅小区。

第三条　住宅小区由所在地县、区人民政府负责统一管理，由街道办事处（乡镇人民政府，下同）具体实施。

市、县人民政府房地产管理部门、区人民政府住房和城乡建设部门是住宅小区行政主管部门，负责本行政区域内住宅小区的监督管理工作。

城乡规划、城市管理、发展改革（物价）、公安、环保、财政、民政、工商、质监、消防等有关部门，依照各自职责，相互配合，做好住宅小区相关监督管理工作。

第四条　业主对住宅小区专有部分享有所有权，对共有部分享有共有和共同管理的权利。

物业服务企业受业主委托，为业主提供专业化物业管理服务。

第五条　根据业主意愿，业主可以自行管理住宅小区，也可以委托物业服务企业或者其他单位、个人管理：

（一）成立业主大会的住宅小区，由业主大会或其授权的业主委员会委托物业服务企业管理；

（二）未成立业主大会的住宅小区，由街道办事处成立临时管理委员会选聘物业服务企业管理，直至业主大会成立；

（三）不能施行独立管理的连片住宅或者单幢楼宇，由街道办事处会同住宅小区行政主管部门按照道路或自然分界线合理划定区域，形成区域连片、利于管理的街区制住宅小区，逐步实现按区域成立业主大会，实施物业管理或委托管理。

第六条　市、县、区人民政府应当加大对老旧住宅小区基础设施和公共服务设施的整治改造投入，逐步推行街区制，实行规范的物业管理。

第七条　街道办事处和住宅小区行政主管部门应当建立投诉举报制度，公布投诉举报电话、信箱和电子邮箱等。

第二章　管理标准

第八条　新建住宅小区的建设，应当符合以下条件：

（一）执行国家、省、市有关设计规范和工程建设标准；

(二)按照规划完成物业服务用房的配置,物业服务用房包括物业服务办公用房、业主委员会办公用房等,其中,业主委员会办公用房建筑面积不低于二十平方米;

(三)按照规划完成教育、文化、医疗卫生、体育、环境卫生等设施以及社区工作和活动用房建设;

(四)按照规划完成绿化建设及车库、车位的配置;

(五)按照规划完成消防设施建设;

(六)法律、法规、规章规定的其他条件。

已建成住宅小区,未规划建设物业服务用房、社区工作和活动用房、养老服务设施等公共配套设施的,由县、区人民政府负责建设,或者通过购买、置换等方式解决。

单位以解决职工住房为主建设的住宅小区,由单位负责建设物业服务用房、社区工作和活动用房、养老服务等基本公共配套设施。

第九条 老旧住宅小区整治改造应符合以下标准:

(一)道路达到规范标准,路面平整;

(二)水、电、气实现出户管网改造,收费到户;

(三)排水通畅;

(四)合理设置垃圾桶(箱)等环卫设施;

(五)设置必要的消防设施;

(六)合理规划设定行车线路和停车位;

(七)满足基础设施和公共服务设施的其他基本功能需要。

第十条 物业服务企业提供的服务应当符合以下标准:

(一)环境保持干净、整洁,垃圾及时收集、清运;

(二)公共绿化及其设施定期检查、养护、保持状态完好;

(三)机动车停车位正常使用,非机动车定点停放;

(四)消防通道保持畅通,消防设施设备保存完好;

(五)按规定时间和路线巡逻,发现异常情况,及时处理,安保设施设备二十四小时运转正常,图像保存时间不少于三十天;

(六)道路、排水管道、窨井、电梯等共用设施设备及时清理、维修、保养,保持完好;

(七)法律、法规、规章规定和物业服务合同约定的其他标准。

街区制住宅小区,应当实现保洁、保绿、保安等基本要求。

第十一条 住宅小区内的公共建筑和共用设施未经业主大会同意,不得改变用途。

利用住宅小区共用部位、共用设施从事广告等经营性活动的,物业服务企业应当在征得有利害关系的业主同意、提请业主大会或者其授权的业主委员会决定后,按照规定办理有关手续并公示。所得收益按照省有关规定或者物业服务合同约定使用。

第十二条 住宅小区内应当规划和划定用于停放汽车的车位、车库。车位、车库应当首先满足业主的需要。

车位、车库不能满足业主需要,确需占用共用道路或者其他场地停放车辆的,应当经业主大会或者其授权的业主委员会同意后,由物业服务企业划定车位进行管理。

第十三条 住宅小区内的单位和个人应遵守以下规定:

(一)不得在装修过程中擅自变动房屋建筑主体和承重结构;

(二)不得侵占、损坏物业的共用部位、共用设施设备;

(三)不得违反法律、法规和管理规约,以及未经有利害关系的业主同意,改变建筑物及其附属设施的用途;

(四)不得违法搭建建筑物、构筑物;

(五)不得违反规定摆摊设点、占道经营;

(六)不得违反规定倾倒垃圾、污水和杂物;

(七)不得在建筑物、构筑物上涂写、刻画或者违反规定悬挂、张贴宣传品;

(八)不得饲养家禽家畜、散养或者遛逛大型宠物;

(九)不得损坏公共绿化及其设施;

(十)不得擅自占用道路停放车辆,妨碍其他车辆和人员正常通行;

(十一)不得占用、堵塞、封闭消防车通道、楼梯间和安全出口等;

(十二)不得在午间(中午十二点至十五点)、夜间(晚二十二点至晨六点)和周六、周日装修装饰住宅,以及进行其他产生环境噪声污染,影响居民正常休息的施工、娱乐等活动;

(十三)未经有利害关系的业主同意,不得占用楼顶、平台等共用部位安装空调等设施；

（十四）不得从事法律、法规和规章禁止的其他行为。

第三章　行为规范

第十四条　建设单位应当履行下列义务：

（一）建设的住宅小区符合本办法第八条第一款规定的条件；

（二）向前期物业服务企业移交竣工验收、设施设备的安装、使用和维护保养等相关资料；

（三）对住宅共用部位、共用设施设备查验发现的问题，及时进行整改；

（四）按工程建筑安装总造价的百分之二提取工程质量保证金，按照国家规定的保修期限和保修范围，承担保修责任；

（五）法律、法规、规章规定的其他义务。

第十五条　业主在住宅小区管理活动中，享有下列权利：

（一）按照约定接受物业服务企业的服务；

（二）参加业主大会会议，享有表决权、选举权和被选举权；

（三）依法使用共用部位、共用设施设备；

（四）监督业主委员会工作和物业服务企业履行物业服务合同，向业主委员会和物业服务企业提出建议或者咨询；

（五）法律、法规、规章规定的其他权利。

第十六条　业主在住宅小区管理活动中，履行下列义务：

（一）遵守管理规约；

（二）遵守共用部位、共用设施设备的使用、公共秩序和环境卫生等方面的规章制度；

（三）执行业主大会及其授权业主委员会作出的决定；

（四）按照规定缴纳服务费用；

（五）法律、法规、规章规定的其他义务。

业主逾期交纳服务费用的，物业服务企业可以向业主书面催交。业主在收到物业服务企业催交通知后，可以向业主委员会申诉，由业主委员会予以调解，调解不成的，业主委员会可以提出处理建议。

业主逾期交纳服务费用超过一年，经两次书面催交仍未交纳，且未申请仲裁或者提起诉讼的，经业主委员会审核，物业服务企业可以将相关资料报送住宅小区行政主管部门，依法纳入业主个人信用记录。物业服务企业可以对拒不交纳服务费用的业主申请仲裁或者提起诉讼。

物业服务企业催交通知应当载明业主有向业主委员会申诉、依法申请仲裁或者提起诉讼等权利，以及拒交服务费用应当承担的法律责任等。

第十七条　业主大会履行以下职责：

（一）每年召开一次以上定期会议，有百分之二十以上业主提议或者有紧急事件、重大事项等需要处理的，及时召开临时会议；

（二）制定业主大会议事规则、管理规约；

（三）决定涉及业主利益的重大事项；

（四）选举业主委员会，听取业主委员会工作报告；

（五）决定业主大会和业主委员会工作经费、业主委员会委员补贴和执行秘书酬金的标准，确定资金来源和筹集方式；

（六）选聘和解聘物业服务企业；

（七）决定授权业主委员会行使的职责；

（八）法律、法规、规章规定的其他职权。

住宅小区业主人数较多的，可以以栋、单元或者楼层为单位，推选业主代表成立业主大会。

第十八条　业主委员会执行业主大会的决定事项，履行以下职责：

（一）召集业主大会会议；

（二）每两个月召开一次业主委员会会议，需议决重要事项的，及时召开；

（三）代表业主与物业服务企业签订物业服务合同，并监督履行；

（四）监督管理规约的实施；

（五）审议物业服务企业制定的住宅小区管理方案、配套工程和重大维修工程项目年度计划；

（六）对公共配套设施的局部微调作出决定，涉及较大布局调整的，业主委员会提出方案，经业主大会同意后，按规定报有关单位批准；

（七）对侵占共用设施设备、拒交服务费用等损害其他业主合法权益的行为，向有关部门举报并依照法律、法规和管理规约规定，要求行为人停止侵害、消除危险、排除妨害、赔偿损失；

（八）受理业主的申请、申诉，调解业主和物业服务企业间的纠纷；

（九）法律、法规、规章规定和业主大会授权的其他职责。

业主委员会任期一般为三年。业主委员会实行委员会负责制,会议由主任负责召集,作出决定应当经全体成员过半数通过,并在住宅小区内公告。

第十九条 物业服务企业依法享有收取物业服务费用等权利,同时应当履行下列义务:

(一)在承接新建住宅小区物业服务前,对住宅小区共用部位、共用设施设备进行查验,发现问题及时书面告知建设单位,并报告住宅小区行政主管部门;

(二)按照第十条规定的标准提供服务;

(三)定期公布服务费收支情况;

(四)向业主大会报告物业服务情况,接受业主和业主委员会的监督;

(五)劝阻、制止住宅小区内违反本办法第十三条规定及其他有关治安、环保等方面法律、法规、规章规定的行为,劝阻、制止无效的,及时报告街道办事处和有关部门;

(六)物业服务合同解除或终止时,与业主委员会办理有关资料移交和物业服务用房、共用设施设备等交接手续,未办理交接手续的,不得擅自撤离住宅小区、停止物业服务;

(七)法律、法规、规章规定和合同约定的其他义务。

第二十条 新建住宅小区,建设单位应当通过招投标方式,或者经住宅小区行政主管部门批准采用协议方式选聘物业服务企业,并按照《宿州市前期物业服务合同示范文本》签订合同。

业主大会或者其授权的业主委员会可以采用招标或者协议的方式选聘物业服务企业。业主委员会应当与物业服务企业按《宿州市物业服务合同示范文本》签订合同。

已聘用物业服务企业,但尚未签订合同的,建设单位、业主委员会应当与物业服务企业按本条规定补签合同。

建设单位、业主委员会应当将合同在住宅小区内公示,公示时间不少于30日。

物业服务企业未履行规定义务或者未按有关规定和合同约定提供服务的,业主大会或者其授权的业主委员会可以提前解除合同,书面告知物业服务企业、县、区住宅小区行政主管部门和街道办事处,并在住宅小区内公告。

第二十一条 供水、供电、供气、供热、通信、电视等单位,应当依法承担住宅小区内相关管线和设施设备维修、养护的责任。

第四章 监督管理

第二十二条 县、区人民政府履行以下职责:

(一)组织、领导住宅小区管理工作;

(二)监督有关部门依法履行住宅小区监管职责;

(三)实施老旧住宅小区整治改造;

(四)负责或者监督已建成住宅小区的基本公共配套设施建设;

(五)健全住宅小区监管体制和考核奖惩、联席会议等工作机制。

第二十三条 市、县、区住宅小区行政主管部门依照职权划分,履行以下职责:

(一)对物业服务企业进行资质管理和从业人员培训,建立物业服务质量量化考核制度;

(二)建立物业服务企业、业主不良行为记录制度,依法将相关信息纳入社会信用体系;

(三)健全专项维修资金的使用、管理和监督制度;

(四)指导业主选择确定科学的住宅小区管理模式;

(五)组织住宅小区管理工作考核;

(六)对新建住宅小区的配套建筑及设施设备进行综合查验;

(七)受理业主、业主委员会、物业使用人和物业服务企业的投诉,并于5日内将处理情况书面答复投诉人,属其他有关部门职责的,及时转送有关部门并告知投诉人;

(八)协调处理业主、业主委员会与建设单位之间的矛盾,监督建设单位履行义务。

城市管理、城乡规划、公安、物价、环保、质监、消防等有关部门,在接到当事人投诉、物业服务企业报告或者街道办事处通报后,应当于5日内进行调查、处理,并反馈调查、处理情况。

第二十四条 街道办事处在县、区住宅小区行政主管部门指导下,履行以下职责:

(一)组织协调成立业主大会;对暂不具备成立业主大会条件的住宅小区,组织居(村)民委员会、建设单位、社区服务机构、业主代表等组成临时管理委员会,代行业主大会、业主委员会职责;

(二)指导、监督业主大会和业主委员会开展工作,对业主大会、业主委员会作出的违反法律、法规、规章的决定，责令限期改正或者撤销；

（三）组织居（村）民委员会、业主委员会等有关单位对物业服务企业进行服务质量年度考核；

（四）协调物业管理与社区管理、社区服务之间关系，调处业主、业主委员会、物业使用人、物业服务企业在住宅小区管理活动中的纠纷；

（五）会同住宅小区行政主管部门召集联席会议，协调处理业主委员会未依法履行职责、业主委员会未依法换届、物业服务企业未依法退出和办理交接手续、重大矛盾纠纷等相关事宜；

（六）组织、指导、监督老旧住宅小区和街区制住宅小区的规划组建和管理工作。

居（村）民委员会应当予以协助和配合。

第五章　法律责任

第二十五条　违反本办法第十三条第一项规定的，由住房和城乡建设部门责令限期改正，恢复原状，处五万元以上十万元以下罚款。

违反本办法第十三条第八项规定，饲养家禽家畜，影响市容环境卫生的，由城市管理行政主管部门责令限期处理或者予以没收，并可处五十元以上二百元以下罚款；散养或者遛逛大型宠物的，由公安部门责令限期改正，处二百元以上五百元以下罚款。

违反本办法第十三条第十项规定的，由住宅小区行政主管部门责令限期改正，处一百元以上五百元以下的罚款。

违反本办法第十三条第十一项规定的，由公安机关消防机构责令改正，单位处五千元以上一万元以下罚款，个人处警告或者二百元以下罚款；拒不改正的，单位处一万元以上五万元以下罚款，个人处二百元以上五百元以下罚款；造成严重后果的，依法追究刑事责任。

违反本办法第十三条第十二项规定的，由环境保护行政主管部门责令停止违法行为，并可对经营单位处五千元以上一万元以下的罚款，对其他单位和个人处五百元以上一千元以下的罚款。

违反本办法第十三条第十三项规定的，由住宅小区行政主管部门责令限期拆除；逾期不拆除的，处五百元以上一千元以下罚款，并依法强制拆除。

第二十六条　建设单位不履行本办法第十四条第一项规定义务的，由城乡规划行政主管部门责令限期改正；逾期不改正的，不予核发建设工程规划核实合格证。

建设单位不履行本办法第十四条第三项规定义务的，由住宅小区行政主管部门责令限期改正；逾期不改正的，处五千元以上一万元以下罚款。

建设单位不履行本办法第十四条第四项规定义务的，由住宅小区行政主管部门责令限期改正；逾期不改正的，不予竣工综合验收备案。

第二十七条　物业服务企业不履行本办法第十九条第一项规定义务的，由住宅小区行政主管部门责令限期改正，逾期未改正的，处二千元以上五千元以下罚款。

物业服务企业不履行本办法第十九条第五项规定义务的，由住宅小区行政主管部门处二千元以上五千元以下罚款。

第二十八条　住宅小区内的单位和个人违反本办法第十三条规定、业主未履行本办法第十六条规定义务的，纳入单位或者个人不良行为记录；除本办法另有规定外，发生三次以上的，依法纳入单位或者个人信用记录，并由业主委员会在住宅小区内公示；给他人造成损失的，依法承担赔偿责任。

建设单位未履行本办法第十四条规定义务或者受到相关行政处罚的，依法纳入企业信用记录，并向社会公示；给他人造成损失的，依法承担赔偿责任。

物业服务企业未履行本办法第十九条规定和物业服务合同约定义务的，纳入不良行为记录；发生三次以上或者受到相关行政处罚的，依法纳入企业信用记录，并向社会公示；给他人造成损失的，依法承担相应责任。

第二十九条　住宅小区行政主管部门、街道办事处和其他有关部门及其工作人员有下列情形之一的，由有关行政机关责令改正，对直接负责的主管人员和其他直接责任人员依法给予处分：

（一）违法干预依法成立业主大会和业主委员会，或者选聘物业服务企业的；

（二）未按照规定筹备、组织召开业主大会会议的；

（三）未按规定处理住宅小区管理投诉、举报的；

（四）发现违法行为或者接到违法行为报告，不及时作出处理的；

（五）有滥用职权、徇私舞弊、玩忽职守等其他行为的。

第三十条 违反本办法其他规定的,由有关部门依据相关法律、法规、规章处理。

第六章 附 则

第三十一条 市管各园区范围内的住宅小区,由各园区管委会负责统一管理。

市、县城市规划区以外的住宅小区管理,可参照本办法执行。

第三十二条 大型宠物的种类由市公安局规定。《宿州市前期物业服务合同示范文本》和《宿州市物业服务合同示范文本》,由市住宅小区行政主管部门会同市政府法制部门制定。

第三十三条 本办法自2016年9月15日起施行。

宿州市农村垃圾治理条例

（2016年9月28日宿州市第四届人民代表大会常务委员会第三十次会议通过　2016年11月10日安徽省第十二届人民代表大会常务委员会第三十四次会议批准）

第一章　总　　则

第一条　为了规范农村垃圾治理，改善农村生活环境，推进美丽乡村建设，根据《中华人民共和国固体废物污染环境防治法》和有关法律、行政法规规定，结合本市实际，制定本条例。

第二条　本条例适用于本市行政区域内农村垃圾的清扫、分类、投放、收集、运输、处置及监督管理等活动。

本条例所称农村垃圾，是指市区建成区、县人民政府所在地镇建成区以及其他实行城市化管理区域以外区域的农村生产、生活、建设等活动中产生的固体废物。

法律、法规和部门规章对工业固体废物、危险废物等固体废物的管理已有规定的，从其规定。

第三条　农村垃圾治理遵循政府主导、社会参与、分级负责、统筹推进、源头治理、综合利用的原则。

鼓励采用市场化运作模式，引导社会资本参与农村垃圾治理。

第四条　市、县（区）人民政府应当将农村垃圾治理工作纳入国民经济和社会发展规划，并采取有利于农村垃圾治理的经济、技术政策和措施。

县（区）、乡（镇）人民政府应当将农村垃圾治理费用纳入年度财政预算，基本保障农村垃圾治理需要。市人民政府予以财政支持。

第五条　市、县（区）人民政府住房和城乡建设行政主管部门负责本行政区域内农村垃圾治理工作。

开发区、风景区的管理机构承担市、县（区）人民政府指定区域内的农村垃圾治理工作。

城乡规划、国土资源、城市管理、环保、财政、发展改革（物价）、商务、教育、农业、卫生等部门，应当依照职责分工，做好农村垃圾治理相关工作。

第六条　乡（镇）人民政府、街道办事处配合做好农村垃圾收集、转运设施建设和日常运行等管理工作，监督、指导村（社区）的垃圾清扫、分类、投放、收集、运输等工作。

村（居）民委员会负责组织动员村（居）民，制定和完善村规民约（居民公约），配合做好本村（社区）的垃圾清扫、分类、投放、收集、运输及其他有关工作。

第七条　农村垃圾处理应当采取符合农村实际和节能、环保、生态要求的填埋、焚烧、堆肥或者发展生物质能源等方式。

鼓励、支持垃圾处理的科技创新，促进垃圾减量化、资源化、无害化先进技术、工艺的研究开发与转化应用，提高垃圾再利用和资源化的科技水平。

第八条　有条件的县（区）、乡（镇）应当探索建立村（居）民自愿付费、村（居）集体补贴、财政补助相结合的农村垃圾治理资金投入机制。

村（社区）可以通过“一事一议”方式筹集资金用于村（社区）的日常保洁。

单位和从事生产经营的个人应当缴纳垃圾处理费。

第九条　政府及其职能部门、街道办事处、村（居）民委员会以及工会、妇联、共青团等群众团体应当开展农村垃圾治理宣传教育活动。

广播电视台、报纸、期刊、网络等媒体应当加强垃圾治理宣传，发布一定比例的垃圾治理公益广告。

第十条　市、县（区）人民政府应当建立和完善农村垃圾治理的监督机制和综合考核制度，并纳入政府绩效考评体系。

第十一条　任何单位和个人有权对违反本条例的行为进行劝阻、投诉和举报。

市、县（区）人民政府住房和城乡建设行政主管部门应当建立举报投诉制度，公布举报投诉电话、信箱和电子邮箱等。住房和城乡建设行政主管部门接到举报后，应当在十五日内作出处理，并将处理结果反馈举报人。对于不属于本部门职权范围内的,应当及时移送相关部门处理,并将移送情况反馈举报人。相关部门应当及时处理,并将处理结果反馈住房和城乡建设行政主管部门。

第二章　专项规划与设施建设

第十二条　县(区)人民政府住房和城乡建设行政主管部门应当会同县(区)城乡规划、城市管理、发展改革、环保、农业、国土资源等部门,组织编制农村垃圾治理专项规划,报县(区)人民政府批准后实施。

编制农村垃圾治理专项规划,应当征求有关部门、专家和社会公众意见。

第十三条　农村垃圾治理专项规划应当根据区域面积、垃圾产生量、垃圾分类要求等合理设置垃圾转运站和垃圾处置设施、场所;农村建筑垃圾、农作物秸秆等存储、消纳、综合利用设施、场所应当单独设置。

县(区)人民政府应当将农村垃圾处置设施、场所的建设用地、建设计划纳入土地利用年度计划、城乡规划年度实施计划。

第十四条　农村垃圾转运站的选址应当符合下列要求:

(一)符合乡(镇)总体规划、环境卫生专业规划以及国家有关标准的规定和要求;

(二)按照区域统筹、乡(镇)统筹的原则合理布局;

(三)交通便利,易于安排垃圾收集和运输路线;进出垃圾转运站的道路满足垃圾收运车辆通行要求;

(四)有可靠的电力供应、供水水源和污水排放收集或者处理系统;

(五)转运站污染排放点与医院、学校、居住区等周边敏感区(点)的卫生防护间距不低于五十米;如果受条件限制无法满足,应当采取必要的隔离、防护措施。

第十五条　垃圾处置设施、场所选址不得在下列区域:

(一)饮用水水源保护区;

(二)洪泛区和泄洪道;

(三)基本农田保护区;

(四)风景名胜区;

(五)自然保护区;

(六)其他法律、法规规定的区域。

第十六条　农村垃圾收集、转运、处置设施、场所由县(区)人民政府负责建设。

新建、改建、扩建农村垃圾收集、转运、处置设施、场所应当符合农村垃圾治理专项规划。

第十七条　乡(镇)人民政府、街道办事处应当根据农村垃圾治理专项规划制定农村垃圾治理方案,明确本辖区内垃圾收集点的布局,保证每个自然村、居民小区都有适量的垃圾收集点。

村(居)民委员会负责确定自然村、居民小区垃圾桶(箱)设置地点,便于村(居)民投放。

农村垃圾治理方案的制定和垃圾桶(箱)的设置地点应当充分听取村(居)民意见。

第十八条　任何单位和个人不得擅自拆除、迁移、改建、停用农村垃圾收集、转运、处置设施、场所或者擅自改变其用途。确需拆除、迁移、改建、停用的,应当经县(区)人民政府住房和城乡建设行政主管部门核准,并按照规定先行重建、补建或者提供替代设施。

第三章　清扫、分类、投放、收集、运输与处置

第十九条　任何单位和个人不得随意倾倒、丢弃、抛撒、堆放、焚烧垃圾。

禁止非法向农村转移堆弃垃圾。

第二十条　实行农村垃圾清扫、投放责任人制度,责任人按照下列规定确定:

(一)村(居)民的宅基地、承包地和住处,该村(居)民为责任人;

(二)村(社区)范围内的道路、沟塘等公共区域,村(居)民委员会为责任人;

(三)集镇、农贸市场,管理者为责任人;

(四)旅游、餐饮、娱乐等经营场所,经营者为责任人;

(五)公园、广场、公共绿地等公共场所,管理者为责任人;

(六)机关、企事业单位、社会团体以及其他组织的办公和生产场所,该单位为责任人;

(七)施工现场,施工单位为责任人。

按照前款规定不能确定责任人的,由所在地乡(镇)人民政府、街道办事处确定。

第二十一条　农村垃圾清扫、投放责任人负责清扫责任区内的垃圾,并将生活垃圾投放至垃圾桶(箱)、收集点或者其他指定地点;建筑垃圾、农作物秸秆等按照有关规定处理或者投放。

第二十二条　提倡农村垃圾分类投放、分类收集、分类运输和分类处置。

市、县(区)人民政府应当采取资金扶助、垃圾分类回收、建立村(社区)有毒有害废弃物便民回收中心或者制定激励政策等措施,引导、鼓励企业、个人以提供资金、商品、服务等方式积极参与垃圾分类与减量。

第二十三条　市人民政府应当制定和公布农村垃圾的分类处理指导意见。县(区)人民政府应当制定和公布本辖区内农村垃圾分类处理具体办法。

前款规定的指导意见和具体办法应当包含以下内容:

(一)建筑垃圾、农作物秸秆、工业固体废物、畜禽粪便、医疗废物、废弃电子产品应当分类收集、分类投放、分类运输和分类处置,不得与生活垃圾混合;

(二)农村生活垃圾可以分为可回收物、有机易腐垃圾、有害垃圾和其他垃圾;

(三)农村垃圾分类后可以按照以下方式处理或者投放:

1. 可回收物交相关企业回收利用;

2. 有害垃圾单独收集,送相关废物回收中心或者按照有关规定处理;

3. 易腐垃圾就近堆肥,或者与畜禽粪便等合并处理,发展生物质能源;

4. 建筑垃圾无法利用或者就地消纳的,按照县(区)人民政府住房和城乡建设行政主管部门的规定处置;

5. 农作物秸秆进行肥料化、饲料化、能源化、原料化和基料化综合利用。

第二十四条　禁止将已分类的垃圾混合投放、混合收集、混合运输和混合处置。

第二十五条　农村垃圾从收集点至转运站、垃圾处置设施、场所的收集、运输由县(区)人民政府住房和城乡建设行政主管部门负责组织实施。

农村垃圾从垃圾桶(箱)至收集点的收集、运输由所在地乡(镇)人民政府、街道办事处或者县(区)人民政府住房和城乡建设行政主管部门负责组织实施。

实行市场化运行的地方,农村垃圾的收集、运输活动由确定的专业企业实施。

第二十六条　农村垃圾的清扫、收集、运输和处置活动,可以通过公开招标等市场竞争方式确定专业企业具体实施。

第二十七条　农村垃圾收集、运输活动应当遵守下列规定:

(一)按时将农村垃圾运输到转运站或者垃圾处置设施、场所;经过转运站转运的,应当密闭存放,存放时间不得超过二十四个小时;

(二)及时清理作业场地,保持垃圾收集点、转运站和周边环境干净整洁;

(三)垃圾运输车辆应当密闭,运输过程中不得滴漏、丢弃、抛撒垃圾。

第二十八条　农村垃圾处置设施、场所的运行管理单位应当按照有关规定、技术标准处置垃圾。

第四章　法律责任

第二十九条　违反本条例第十八条规定,擅自拆除、迁移、改建、停用农村垃圾收集、转运、处置设施、场所或者擅自改变其用途的,由县(区)人民政府住房和城乡建设行政主管部门责令停止违法行为,限期改正,逾期不能改正或者造成严重后果的,处一万元以上十万元以下罚款。

第三十条　违反本条例第十九条第一款规定,随意倾倒、丢弃、抛撒、堆放或者焚烧垃圾的,由县(区)人民政府住房和城乡建设行政主管部门责令停止违法行为,限期改正,逾期不能改正或者造成严重后果的,对单位处五千元以上五万元以下罚款,对个人处二百元以下罚款。

违反本条例第十九条第二款规定,非法向农村转移堆弃垃圾的,由县(区)人民政府住房和城乡建设行政主管部门责令停止违法行为,限期改正,逾期不能改正或者造成严重后果的,处一万元以上十万元以下罚款。

第三十一条　违反本条例第二十一条规定,农村垃圾清扫、投放责任人不按规定清扫、投放责任区内的垃圾的,由县(区)人民政府住房和城乡建设行政主管部门责令限期改正,逾期不能改正的,对单位处五百元以下罚款,对个人处二百元以下罚款。

第三十二条　违反本条例第二十四条规定,将已分类的垃圾混合投放的,由县(区)人民政府住房和城乡建设行政主管部门责令限期改正,逾期不能改正或者造成严重后果的,处二百元以下罚款。

违反本条例第二十四条规定,将已分类的垃圾混合收集、运输的,由县(区)人民政府住房和城乡建设行政主管部门对垃圾收集、运输单位处五千元以上三万元以下罚款。

违反本条例第二十四条规定,将已分类的垃圾混合处置的,由县(区)人民政府住房和城乡建设行政主管部门对垃圾集中转运、处置设施、场所的运行管理单位处五万元以上十万元以下罚款。

第三十三条 农村垃圾收集、运输单位违反本条例第二十七条规定的,由县(区)人民政府住房和城乡建设行政主管部门责令限期改正,逾期不能改正或者造成严重后果的,处五千元以上三万元以下罚款。

第三十四条 违反本条例第二十八条规定,农村垃圾处置设施、场所的运行管理单位未按照有关规定处置垃圾的,由县(区)人民政府住房和城乡建设行政主管部门处三万元以上十万元以下罚款。

第三十五条 农村垃圾治理相关部门及其工作人员有下列情形之一的,对直接负责的主管人员和相关责任人员依法给予行政处分,并对单位负责人进行行政问责;构成犯罪的,依法追究刑事责任:

(一)未履行或者不当履行法定职责的;

(二)不按照法定程序执法的;

(三)收缴罚款不出具专用收据的;

(四)打骂、侮辱当事人的;

(五)故意损坏、擅自处理或者侵占当事人财物的;

(六)其他违法行为。

第五章 附 则

第三十六条 本条例下列用语的含义:

(一)生活垃圾,是指在日常生活中或者为日常生活提供服务的活动中产生的固体废物以及法律、行政法规规定视为生活垃圾的固体废物;

(二)可回收物,是指适宜回收和资源利用的垃圾,包括纸类、塑料、橡胶、金属、玻璃、木料和织物等;

(三)有害垃圾,是指对人体健康或者自然环境造成直接或者潜在危害的垃圾,包括电池、灯泡(管)、药品、农药包装物、油漆(容器)、日用化学品、水银产品等;

(四)有机易腐垃圾,是指餐饮垃圾及废弃食用油脂、厨余垃圾和集贸市场有机垃圾等易腐性垃圾,包括废弃的食品、蔬菜、瓜果皮核以及家庭产生的花草、落叶等。

第三十七条 从事畜禽规模养殖应当按照《畜禽规模养殖污染防治条例》的有关规定收集、贮存、利用或者处置养殖过程中产生的畜禽粪便,防治污染环境。

医疗废物的收集、运送、贮存、处置以及监督管理等活动依照《医疗废物管理条例》和有关法律、法规执行。

废弃电器电子产品污染环境防治依照《废弃电器电子产品回收处理管理条例》和《电子废物污染环境防治管理办法》的有关规定处理。

第三十八条 本条例自 2017 年 4 月 1 日起施行。

中共宿州市委 宿州市人民政府
关于坚决打赢脱贫攻坚战的实施意见

（2016年2月29日）

宿发〔2016〕8号

为贯彻落实省委、省政府关于坚决打赢脱贫攻坚战的决定，全力推进我市精准扶贫工作，确保与全国同步实现小康社会，现就坚决打赢脱贫攻坚战制定如下实施意见。

一、指导思想、总体目标和基本原则

（一）指导思想。认真贯彻中央和省关于新时期精准扶贫、精准脱贫的扶贫开发战略思想，围绕“四个全面”战略布局，牢固树立创新、协调、绿色、开放、共享的发展理念，以产业扶贫为重点，以增强内生动力为关键，坚持扶贫开发与经济社会发展相互促进，坚持精准扶贫与社会保障有效衔接，坚持扶贫开发与生态保护并重，以改革创新为动力，着力消除体制机制障碍，以贫困县、村为主战场，动员各方力量，举全市之力，坚决打赢脱贫攻坚战。

（二）总体目标。实行“三年集中攻坚、两年巩固提升”，到2018年，实现现行标准下贫困人口总体上达到脱贫标准，五县区全部摘帽。到2020年，稳定实现不愁吃、不愁穿，义务教育、基本医疗和住房安全有保障，实现贫困地区农民人均可支配收入增长幅度高于全市平均水平，基本公共服务主要领域指标接近全市平均水平；贫困村年集体经济收入达到5万元以上，解决区域性整体贫困。

（三）基本原则。坚持政府主导，实施合力攻坚。坚持精准扶贫，实行分类指导。坚持群众主体，激发内生动力。坚持改革创新，完善体制机制。

二、实施脱贫攻坚十大工程

按照“123456”扶贫工作格局，即明确“一个目标”，到2018年提前两年达到脱贫标准，贫困人口全部脱贫，贫困县全部摘帽。落实“两项要求”，强化责任担当，确保攻坚任务精准落实。扎实做好建档立卡工作，解决扶持谁、怎么扶、谁来扶“三个关键问题”。贯彻“四个切实”，切实落实领导责任、切实做到精准扶贫、切实强化社会合力、切实加强基层组织。按照“五个一批”路径，通过发展生产脱贫一批、易地搬迁脱贫一批、发展教育脱贫一批、生态补偿脱贫一批、社会保障兜底一批，确保扶贫对象、项目、资金、措施、帮扶、成效“六个精准”。大力实施脱贫攻坚十大工程，有效解决25万贫困人口脱贫问题，对五保和完全或部分丧失劳动力的15万低保人口通过社保政策兜底实现脱贫，全面完成脱贫攻坚任务。

（一）实施精准识别工程

扎实做好建档立卡。把建档立卡当做精准扶贫“首要”工程，建立精准识别长效机制，实现建档立卡“回头看”工作常态化，实时掌握扶贫对象脱贫、返贫情况，把好贫困户进退审核关，确保建档立卡的真实性。建立市、县、乡、村四级互联互通的扶贫信息系统平台，实行分级管理，动态监测。落实四项清单，掌握致贫原因，梳理问题，细化扶贫措施，明确扶贫责任，建立市县乡村齐抓共管的工作机制。

（二）实施产业脱贫工程

因地制宜，发展十大特色产业。把产业发展作为脱贫致富的根本途径。发挥比较优势，大力发展光伏产业、食品加工、果蔬、养殖、食用菌种植、板材加工、中药材种植、花卉苗木、电商、乡村旅游业等十大富民产业。各县区要结合自身优势，选择1+N个富民产业，制定发展规划，实施计划，出台具体扶持政策，引导承包土地向专业种养大户、家庭农场、农民合作社、农业龙头企业流转，增加贫困户财产性收入。推行“公司十合作社（基地）+贫困户”等扶贫模式，提高贫困户的组织化水平，发挥产业基地对贫困户的辐射带动作用，加快形成“一村一策、一村一品”的特色产业发展格局，建设一批贫困人口参与度高的特色农业基地。到2018年，每个贫困村至少发展1项特色种养业，每个有劳动能力的贫困家庭能有一个稳定的增收项目。要加快一、二、三产业融合发展，强化与贫困户的利益联结机制，让贫困户更多分享农业全产业链和价值链增收收益。将“互联网+”与扶贫开发相对接,大力开展电商扶贫。加强农村电商人才培训,对贫困家庭开设网店给予网络资费补助、小额信贷等支持。完善县级电商服务中心、乡镇服务站和村级服务点功能及配套设施。支持电商企业拓展农村业务,加强农产品网上销售平台建设,推动特色农副产品网上销售,增强贫困户创业、就业能力。力争到2020年,通过产业发展带动20万人实现脱贫。

(三)实施就业脱贫工程

统筹使用各类培训资源,加大职业技能培训力度,提高补贴标准,创新补贴方式,开展劳务信息服务,搭建贫困劳动力和用人单位对接平台,搞好定向培训、订单培训和创业培训,特别是创业致富带头人培训工程,积极促进大众创业、万众创新。2016—2017要培训1800个致富带头人,带动1.6万以上的贫困人口增收脱贫。大力实施“农村劳动力转移就业培训”,开展订单式免费技能培训。加大农村实用技术培训,提升贫困家庭劳动力创业就业技能。对贫困家庭离校未就业的高校毕业生提供就业支持。支持外出务工人员回乡创业,带领贫困群众就业增收,真正实现“就业一人,脱贫一户”。强力推进农民市民化进程。积极探索政府购买公益性岗位就业方式。开发一批农村公路养护、保洁、服务业、治安巡逻等公益性岗位,用于扶持贫困人口就业。

(四)实施教育脱贫工程

优先支持建设贫困村义务教育学校,同步实现标准化和现代远程教育。支持贫困村利用闲置校舍改建公办幼儿园、村小增设附属幼儿班,扶持民办幼儿园建设,实现贫困村普惠性、低收费幼儿园布局的合理性。加大贫困生资助力度。对建档立卡的贫困生要直接落实享受现有国家济困助学政策,并逐步提高资助标准。落实好农村义务教育阶段“两免一补”政策;对考取全日制普通高等学校的贫困生进行资助,为当年被全日制大专以上院校录取的贫困家庭大学生办理国家生源地信用助学贷款。对贫困户家庭未能升学的初高中毕业生参加职业教育实行免费学习,并连续两年每年补助1500元。推动社会力量开展“一对一”帮扶活动,减少因学返贫现象,阻断贫困的代际传递。

(五)实施光伏脱贫工程

加快实施光伏扶贫工程。按照政府统一规划、集中与分散建设相结合、受益动态分配的原则,采取政府投资、企业垫资、银行贷款、乡镇、村或农户出资等方式,统一建设一批村级和户用光伏电站,解决无劳动力、无资源、无稳定收入来源的“三无”贫困户及集体经济薄弱、资源缺乏的贫困村收入问题。要积极探索光伏扶贫新模式、新路径,加大招商引资力度,建设一批光伏扶贫园。建立光伏扶贫工程管护机制,培训一批技术管理人员,加强日常维护管理。加快实施电网配套工程,确保满足光伏发电上网需求,到2020年,实现全市359个贫困村村级光伏电站全覆盖,5.5万户、16万贫困人口直接从光伏扶贫项目中受益。

(六)实施基础设施建设脱贫工程

1.实施农村道路畅通工程。推进县、乡、村道路升级改造4500公里,2018年实现全市贫困村通畅工程全覆盖。加强产业基地生产道路建设,健全道路管养机制。

2.实施安全饮水和小型水利改造提升工程。加快实施贫困村安全饮水工程,每年推进5个贫困村安全饮水项目,提高管网延伸入户率和水质达标率。发展适度规模集中供水,大力提高贫困地区集中供水率、自来水普及率、供水保障率、水质合格率。到2018年,实现贫困村自来水“村村通”。“八小水利”工程建设投入要重点向贫困村倾斜,努力打造“亲水宜居、水清岸绿、渠通河畅”的农村水利。

3.实施农电保障工程。改善农村用电条件,加快实施农网升级改造工程,优先安排贫困村农网升级改造项目。加快完善扶贫搬迁安置点、乡村旅游示范点和实施光伏发电村的电力配套设施。到2018年,有效解决贫困地区线路老化、电压低的问题,全面保障贫困群众生产生活用电需求。

4.实施危房改造工程。制定危房改造计划,重点向贫困村、贫困人口倾斜,优先解决残疾人和少数民族贫困户。用好政策叠加,把危房改造与易地搬迁项目和人居环境改善项目结合起来。到2018年,完成全部贫困人口的危房改造任务,确保每个贫困户都有安居之所。

5.实施贫困村信息化建设工程。完善农村及偏远地区电信普遍服务补偿机制,强化政策和资金支持,加强信息基础设施建设,加快推进宽带网络覆盖贫困村。开展互联网为农便民服务,提升农村互联网服务水平,扩大信息进村入户覆盖面。到2020年,实现贫困村宽带网络全覆盖。

（七）实施金融脱贫工程

全面推进扶贫小额信贷工作。加快实施贫困户贷款信用评级活动，大力支持农村商业银行、村镇银行等金融机构为评级授信贫困户提供5万元以内、3年以下免抵押、免担保扶贫小额贷款，财政按基础利率贴息。加大扶贫贴息贷款投放力度，增加财政贴息资金额度，扩大贴息贷款规模，重点扶持产业化龙头企业、专业合作社、家庭农场和扶贫示范基地。针对特定对象设置特惠贷款项目，对农民工返乡创业和贫困乡村青年、妇女发展特色种养申请贷款的，允许实行信用或保证方式担保并给予利率优惠。全面落实扶贫再贷款利率优惠政策，支持涉农金融机构发放扶贫贷款，对有稳定还款来源的扶贫项目，允许采用过桥贷款方式，撬动信贷资金投入。加大创业担保贷款、助学贷款、妇女小额贷款、康复扶贫贷款实施力度。支持设立扶贫贷款风险补偿基金和政府出资的融资担保机构，重点开展扶贫担保业务。加快扶贫开发投融资平台建设，切实解决扶贫开发融资需求。

（八）实施社保政策兜底脱贫工程

1. 完善农村最低生活保障制度。建立五保户集中和分散相结合的供养制度和农村低保与建档立卡贫困人口数据互通互联、资源共享信息平台，将所有符合条件的贫困家庭纳入低保范围，做到动态管理、应保尽保。加大临时救助制度的落实力度。提高农村特困人员供养水平，改善供养条件。出台农村最低生活保障制度与扶贫开发政策有效衔接的实施办法，力争到2017年全面实现扶贫线和低保线“两线合一”。

2. 实施健康脱贫和“助医”工程。加强县乡村医院、卫生室建设，保障贫困人口享有基本医疗卫生服务。加大重大疾病和地方病防控力度。完善新型农村合作医疗补偿政策，对贫困人口个人缴费部分增加财政补贴，门诊统筹实现全覆盖，降低贫困人口大病费用实际支出。将贫困人口全部纳入重特大疾病救助范围。大病保险制度对贫困人口实行政策倾斜，对大病保险支付后自负费用仍有困难的，加大救助力度。加大农村贫困残疾人康复服务和医疗救助力度，扩大纳入基本医疗保险范围的残疾人医疗康复项目。建立贫困人口健康卡，对大病实行分类救治和先诊疗后付费的结算机制。全面实施贫困地区儿童营养改善、新生儿疾病免费筛查、妇女“两癌”免费筛查、孕前优生健康免费检查等重大公共卫生项目。到2018年，实现县、乡、村三级卫生计生服务网络基本健全，技术水平和服务能力显著提升。

3. 健全留守儿童、妇女、老人和残疾人关爱服务体系。建立农村“三留守人员”和残疾人信息管理系统。加强儿童福利院、救助保护机构、特困人员供养机构、残疾人康复托养机构、社区儿童之家等服务设施和队伍建设。建立家庭、学校、基层组织、政府和社会力量相衔接的留守儿童关爱服务网络。加强对未成年人的监护。健全孤儿、事实无人抚养儿童、低收入家庭重病重残等困境儿童的福利保障体系。健全发现报告、应急处置、帮扶干预机制。加大贫困残疾人康复工程、特殊教育、技能培训、托养服务实施力度。针对残疾人的特殊困难，全面建立困难残疾人生活补贴和重度残疾人护理补贴制度。对低保家庭中的老年人、未成年人、重度残疾人等重点救助对象，提高救助水平，确保基本生活。

（九）实施生态保护脱贫工程

加大对重点生态功能区的投入和生态保护修复力度，积极争取开展生态综合补偿试点，实施新一轮退耕还林、防护林建设、坡耕地综合整治和水生态治理等重大生态工程。创新生态资金使用方式，利用生态补偿和生态保护工程资金，使当地有劳动能力的部分贫困人口转为护林员等生态保护人员。加大传统村落保护力度。积极开发原生态体验、观光采摘、农家乐、垂钓休闲、养生度假等乡村旅游特色产品，推进多业态旅游融合。以“易地扶贫搬迁和农村人居环境改善”项目为抓手，开展以安置小区建设、危房改造、污水、垃圾处理、乡村旅游开发等系列工程为重点的生态保护与整治工程，加快改善贫困地区农村人居环境。

（十）实施行业和社会扶贫工程

坚持政府主导和行业、社会参与相结合，充分发挥政治优势和制度优势，广泛动员和凝聚各方力量参与扶贫，形成政府、市场、社会互为支撑，专项扶贫、行业扶贫、社会扶贫“三位一体”的大扶贫格局。进一步完善领导联系和单位帮扶制度，健全“单位包村、干部包户”和驻村扶贫工作队定点帮扶制度，实现全市359个贫困村县处级以上干部任脱贫攻坚第一书记全覆盖，做到不脱贫不脱钩，形成党委主责、政府主抓、干部主帮、基层主推、社会主扶的工作格局。充分发挥各民主党派、工商联、无党派人士在人才智力扶贫上的优势和作用，鼓励民营企业积极参与“万企帮万村”精准扶贫行动。增强扶贫龙头企业辐射带动贫困户增收的能力,吸纳农村贫困人口就业的企业。鼓励各类社会组织开展到村到户到人精准扶贫,实施扶贫志愿者扶贫行动计划和社会工作专业人才服务贫困地区计划。构建社会扶贫信息服务网络,探索发展公益众筹扶贫。发挥好“10·17”全国扶贫日社会动员作用,释放社会公众扶贫济困的巨大潜力,形成全社会关注扶贫、参与扶贫、支持扶贫的浓厚氛围。

三、保障措施

(一)强化领导责任。建立市、县、乡、村四级书记一起抓扶贫的治理格局,层层签订脱贫攻坚责任书,落实工作责任制。各级党政主要负责同志是脱贫攻坚的第一责任人,对重大问题亲自研究、难点事项亲自协调、任务落实亲自过问。县区党委、政府是脱贫攻坚的责任主体,每年要向市委、市政府专题报告扶贫脱贫进展情况。市直各部门、各单位要切实按照职责落实扶贫开发责任,实现部门专项规划与脱贫攻坚规划有效衔接,充分运用行业资源做好扶贫开发工作。

(二)强化资金投入和监管。建立与脱贫攻坚任务相适应的市、县财政专项扶贫资金稳定增长机制,实现财政专项扶贫资金规模较大幅度增长。发挥财政政策统筹、资金聚合作用,整合各类涉农资金用于扶贫开发。推广政府与社会资本合作、政府购买服务等模式。实行“群众参与、村级申报、乡镇审查、县级审批、市级备案”制度,坚持谁审批、谁负责。县级对项目的立项、实施和管理负主体责任。强化扶贫开发项目资金监管,加强财政监督检查和审计、监察以及稽查等工作,健全公告公示制度,发挥社会舆论监督作用,从严惩处扶贫资金使用过程中出现的违法违规违纪行为。

(三)强化基层组织建设。加强乡镇领导班子建设,选配政治素质高、工作能力强、熟悉三农工作的干部担任乡镇主要负责同志。抓好村级党组织建设,选好配强村级领导班子,把能带头致富、又能带领群众致富的人选进村“两委”班子。完善落实村级组织运转经费保障机制,选派县处级以上党员领导干部到贫困村任“脱贫攻坚第一书记”,切实发挥好“领导、指导、引导、督导”作用。加大驻村干部考核力度,实行贫困村不出列、工作队不撤出,贫困户不脱贫、帮扶责任人不脱钩。对干出成绩、群众欢迎的驻村干部,要重点培养使用。加快推进村务监督委员会建设,落实好“四议两公开”、村务联席会等制度,健全党组织领导的村民自治机制。

(四)强化考核监督。制定脱贫攻坚考核办法,对党政领导班子和领导干部实行严格考核。充分发挥考核的导向作用,把扶贫开发工作实绩作为干部选拔任用的重要依据。对扶贫实绩突出的优先提拔使用。对未能完成年度扶贫开发目标任务的实行“一票否决”,对其党政主要负责同志进行约谈,3年内不得提拔、重用或调离。加强对行业扶贫和定点帮扶工作的考核,对工作开展情况进行通报。完善推进机制,实行月点评、季调度、年考核。加强对扶贫工作绩效的社会监督,开展群众满意度调查。对扶贫开发工作作出突出贡献的组织和个人,给予鼓励;对弄虚作假搞“数字脱贫”的,严肃追究责任。

(五)强化舆论导向。坚持正确舆论导向,大力宣传习近平总书记关于新时期扶贫开发的重要战略思想,准确解读党和政府扶贫开发的决策部署和政策举措,大力弘扬社会主义核心价值观,增强脱贫攻坚的合力,坚定脱贫攻坚的必胜信心。加强乡风文明建设,深化文明村镇和文明家庭创建,挖掘保护和开发红色、民族、民间文化资源。生动报道各地各部门脱贫成效、实践经验和先进典型,加强扶贫开发的交流合作,着力营造坚决打赢脱贫攻坚战的舆论氛围。

(六)强化扶贫开发队伍建设。稳定和强化各级扶贫开发领导小组和工作机构,强化各级扶贫开发领导小组决策部署、统筹协调、督促落实、检查考核的职能。建立与精准扶贫工作要求相适应的市、县、乡三级扶贫机构和队伍,充实加强各级扶贫开发工作力量,市、县二级独立设置扶贫机构,乡镇设扶贫工作站,村设扶贫专干,保障扶贫机构和人员工作经费,确保扶贫工作有效开展。加强各级领导干部和扶贫干部思想作风建设,加大干部培训力度,把贫困地区干部,特别是脱贫攻坚第一书记和扶贫系统干部培训纳入各级党政干部培训计划,提高培训的针对性和培训层次,党校要把脱贫攻坚政策措施作为培训内容,努力提升扶贫干部队伍能力水平。

全市各级党委、政府和广大干部群众要认真学习贯彻习近平总书记重要讲话精神,切实把思想和行动统一到市委、市政府的决策部署上来,牢记责任,强化担当,一心一意谋发展,聚精会神抓扶贫,坚决打赢脱贫攻坚战,为与全国同步全面建成小康社会、建设美好宿州而努力奋斗。

中共宿州市委 宿州市人民政府
关于贯彻落实全面两孩政策 改革完善计划生育服务管理的实施意见

（2016年12月2日）

宿发〔2016〕29号

为深入贯彻落实《中共中央 国务院关于实施全面两孩政策 改革完善计划生育服务管理的决定》（中发〔2015〕40号，以下简称中央《决定》）和《中共安徽省委 安徽省人民政府关于实施全面两孩政策改革完善计划生育服务管理的意见》（皖发〔2016〕30号，以下简称省委《意见》）精神，全面实施一对夫妇可生育两个孩子政策（以下简称全面两孩政策），进一步改革完善计划生育服务管理，促进人口长期均衡发展，现提出以下实施意见。

一、始终不渝地坚持计划生育基本国策

人口问题始终是我国面临的全局性、长期性、战略性问题。实行计划生育40多年以来，有效控制了人口过快增长的势头，极大缓解了人口对资源环境的压力，较好促进了经济快速发展和社会进步，有力支撑了改革开放和社会主义现代化事业，为全面建成小康社会奠定了坚实基础。但在未来相当长时期内，我国人口众多的基本国情不会根本改变，人口对经济社会发展的压力不会根本改变，人口与资源环境的紧张关系不会根本改变，计划生育基本国策必须坚持。实施全面两孩政策，有利于更好地满足群众生育意愿、促进家庭幸福与社会和谐，有利于优化人口结构、减缓老龄化压力、增加劳动力供给，有利于促进经济持续健康发展。坚持计划生育基本国策，就是要实施好全面两孩政策，推进计划生育服务管理改革，引导家庭负责任、有计划地安排生育，调控人口总量、提升人口素质、优化人口结构、引导人口合理分布，促进家庭和谐幸福和人口均衡发展。

二、稳妥扎实有序落实全面两孩政策

1.*依法实施全面两孩政策*。认真落实中央《决定》、省委《意见》和新修改的《中华人民共和国人口与计划生育法》《安徽省人口与计划生育条例》，从2016年开始实施全面两孩政策。抓好政策宣传、基线调查、动态监测、妇幼保健、部门配合等工作，依法妥善处理全面两孩政策实施前后有关政策衔接问题，完善生育支持、幼儿养育、就业、计划生育家庭保障与奖励等措施，确保政策平稳实施，人口总量控制在规划目标之内。

2.*严控政策外多孩生育*。加强已婚育龄妇女孕情随访服务，提倡二多孩妇女落实长效避孕措施，完善社会抚养费征收制度，依法依规查处政策外多孩生育。加强人口变动情况监测，科学预测出生人口变动趋势，开展政策实施情况效果评估和风险评估，积极应对可能出现的出生堆积风险，确保两孩政策实施过程可控、生育秩序可控、社会风险可控，生育水平不出现大幅波动。

3.*实现人口信息共享*。加强各级人口信息化基础设施建设，抓好基层信息员队伍建设，完善人口信息服务管理网络。健全卫生计生、公安、民政、统计、教育、人力资源社会保障等部门人口信息共享机制，强化卫生计生内部系统人口信息交流，落实人口信息保密制度，不断完善人口信息库，为加强和改进计划生育服务管理提供信息支撑。

三、改革完善计划生育服务管理

1.*改革生育服务管理制度*。推行生育登记服务制度，对生育两个以内（含两个）子女的，不实行审批，由家庭自主安排生育。规范再婚等情形的再生育管理，实施生育审批。优化办事流程，简化办理手续，全面推行网上办事，进一步简政便民。推进村级（社区）办理生育登记、乡镇（街道）代理生育审批工作，落实事前通知、事中告知、事后随访、送证上门、限时办结制度，做好政务公开，提高服务效率。推进生育服务证与孕产期保健手册、预防接种证等有机结合，实现多证合一、一证多用，严禁将计划生育与户口登记、入学挂钩。

2.*合理配置公共服务资源*。各县区根据生育服务需要和人口变动情况，合理配置妇幼保健、儿童照料、学前和中小学教育、社会保障等资源，满足新增公共服务需求。积极引导和鼓励社会力量举办非营利性妇女儿童医院、普惠性托儿所和幼儿园等服务机构。

3.综合治理出生人口性别比偏高问题。深入开展"关爱女孩行动",广泛宣传"男女平等"、"生男生女一样好"等文明生育理念,创造有利于女孩健康成长的社会环境。依法保障妇女的宅基地、房屋等财产继承权和土地承包权。依法保障女性就业、休假等合法权益,支持妇女生育后重返工作岗位,鼓励用人单位制定有利于职工平衡工作与家庭关系的措施。支持工会、妇联对用人单位加强女职工劳动保护、维护女职工合法权益和特殊利益情况进行监督。落实《安徽省非医学需要鉴定胎儿性别和选择性别终止妊娠的规定》,按照"党政负责、部门履职、群众参与、区域协作"的工作机制,坚持标本兼治,强化源头治理,落实性别比综合治理"单项预警"制度,依法严厉打击非医学需要的胎儿性别鉴定和选择性别人工终止妊娠行为,促进出生人口性别比进一步下降并逐步趋于正常。

4.推进流动人口基本公共卫生计生服务均等化。将流动人口纳入城镇基本公共卫生和计划生育服务范围,优先落实好流动人口健康教育、健康档案、儿童计划免疫、传染病防控、孕产妇和儿童保健、计划生育等基本公共卫生计生服务。进一步加强流动人口基本公共卫生计生服务区域协作,不断加强与宿州流动人口较多地区的沟通协调,推广党组织、计生协会、工作站、民非组织"四位一体"的流动人口区域协作模式,巩固完善流动人口信息互通、服务互补、管理互动的"一盘棋"工作机制。推进网上信息核查和共享,做好流动人口在现居住地的生育登记服务。广泛开展生殖健康科普宣传,增强流动人口自我保健意识和防护能力,提高流动人口健康素养。关怀关爱流动人口和留守人群,促进社会融合。

四、夯实基层基础工作

1.加快卫生计生资源整合。夯实基层工作网络和队伍,稳定和加强县、乡、村级计划生育工作力量。抓好乡镇行政队伍、服务队伍、群团组织建设,接受县级卫生计生行政部门和乡镇党委政府双重管理。推进卫生监督与计划生育执法资源整合,建立健全卫生计生综合监督行政执法体系,大力推进卫生计生综合执法工作。

2.推进村级计生工作转型。村级建立家庭发展服务中心、计生协、卫生室"三位一体"服务模式,以乡镇卫生和计划生育办公室管理为主,乡镇卫生院、扶贫部门参与管理。村计划生育专干更名为村卫生计生专干,在做好计划生育工作的同时,参与公共卫生服务、健康扶贫等工作。村卫生计生专干基本工资和养老保障不低于村"两委"副职的标准,绩效工资不低于总工资的40%,纳入财政预算,实现动态调整。乡镇卫生院、扶贫部门依据对村卫生计生专干的工作考核情况,按月兑现公共卫生服务补助和扶贫补助。

3.完善长效工作机制。完善宣传倡导、依法管理、优质服务、政策推动、综合治理的计划生育长效工作机制。坚持将工作重点放在农村、工作重心放在基层,完善"县指导、乡负责、村为主"工作机制,充分发挥村"两委"班子在计生工作中的主体作用,压实工作责任,优化诚信计划生育工作模式。坚持"月分析、月督查、月积分"的工作制度,严格进行考核,确保计划生育经常性工作的落实。积极争创国家级、省级计划生育优质服务先进单位,提升基层计划生育服务水平。

4.发挥社会组织作用。加强政府与社会协同治理,广泛动员工会、共青团、妇联等群团组织和其他社会组织共同做好计划生育工作。充分发挥计划生育协会的生力军作用,坚持市、县协会参公管理,完善县、乡、村级计划生育协会的组织和能力建设,更好地承担宣传教育、生殖健康咨询服务、优生优育指导、计划生育家庭帮扶、权益维护和流动人口服务等工作。鼓励社会组织依法开展人口和计划生育公益慈善与帮扶救助活动。在城乡社区和企事业单位,引导群众广泛开展计划生育自我管理、自我服务、自我教育、自我监督。

五、构建有利于计划生育的家庭发展支持体系

1.加大对计划生育家庭扶助力度。建立健全政府为主、社会补充、覆盖城乡、公平合理的计生家庭发展支持体系,切实保障计划生育家庭合法权益,支持计划生育家庭发展,使他们优先分享改革发展的成果。对全面两孩政策实施前的独生子女家庭和农村计划生育双女家庭,继续按规定落实各项奖励扶助政策;对全面两孩政策实施后自愿只生育一个子女的夫妻,不再实行独生子女父母奖励优惠政策。加强对失独家庭的关爱,完善计划生育家庭特别扶助制度,实行扶助标准动态调整。加大对计划生育特殊困难家庭的帮扶力度,落实部门倾斜政策

和“3对1”（村干部、乡镇干部、医生与计生特殊困难家庭）帮扶制度，按照“兜底解困、精准扶助”的原则，妥善解决他们的生活照料、养老保障、大病治疗、精神慰藉和再生育等问题。推进计划生育与扶贫开发相结合，加大对贫困户中计划生育家庭的扶助力度。

2. 增强家庭抚幼和养老功能。建立完善包括生育支持、幼儿养育、青少年发展、老人赡养、病残照料等在内的家庭发展政策，加大对残疾人家庭、贫困家庭和独居老人的帮扶支持力度，深入开展生育关怀行动，鼓励公民按政策生育。完善计划生育奖励假制度，保障职工依法享受计划生育奖励假及生育保险津贴，县级人民政府应将用人单位履行计划生育奖励假情况纳入社会信用体系。强化社区幼儿照料、托老日间照料和居家养老等服务功能，推行家庭医生制度。推进医疗卫生与养老服务相结合，开展试点建设和典型推广，推行老年人社区健康管理服务。对经评估符合条件的养老机构内设医疗机构，可纳入基本医疗保险协议服务范围。探索建立长期护理保险制度和贫困老年人健康保险制度。

3. 增强家庭综合发展能力。全面推进计划生育家庭发展创新工作，落实“十百千”工程，广泛开展“幸福家庭”、“新家庭计划”示范点和“家庭发展服务中心”创建活动，提高计划生育家庭发展能力。完善计划生育家庭奖励扶助制度和特别扶助制度，实行扶助标准动态调整。对计划生育家庭在扶贫开发、社会保障、教育扶助、社会救助、集体收益分配、就业创业、生产扶持、新农村建设等方面予以倾斜，做到应奖尽奖、应扶尽扶。

六、大力加强妇幼保健能力建设

1. 完善妇幼健康服务网络体系。建立健全以基层医疗卫生机构为基础，妇幼健康服务机构以及妇女儿童专科医院为主体，大中型综合医疗机构、相关科研教学机构为技术支撑，民营医疗机构为补充的妇幼健康服务体系。全面完成各级妇幼保健机构与计划生育技术服务机构资源整合，市、县区均设置一所政府举办、标准化的妇幼健康服务机构。加强技术服务队伍建设，市、县、乡妇幼保健计划生育服务机构卫生技术人员不低于总人数80%。加强基层妇幼健康服务能力建设，全面实现妇幼健康服务机构转型升级。

2. 加大妇幼医疗卫生资源供给。加强基层妇幼健康服务能力建设，统筹增加各级医疗保健机构妇产科、儿科医疗保健服务资源供给，二级综合医院产科和新生儿科床位至少增加15%，合理确定服务价格。加快产科和儿科医师、助产士等人才培养，建立激励机制，在薪酬分配等方面加大政策倾斜力度，改善医务人员待遇。推广避孕节育、优生优育、生殖保健的新技术新产品。整合优化婚检、孕检、孕产期保健等服务项目。

3. 加强优生优育服务和高龄高危孕妇的健康管理。推进优生优育的全程服务，抓好妇女儿童保健服务，提高孕产妇系统管理率、儿童系统管理率、住院分娩率，降低剖宫产率、孕产妇死亡率和新生儿死亡率。加强高危孕产妇筛查与专案管理，二级以上妇幼保健院和三级综合医院开设“再生育门诊”、“高龄（高危）孕产妇生育门诊”，“十三五”期间每县区至少设立一个新生儿病房。加强市、县危急重症孕产妇和新生儿救治中心标准化建设和规范化运行管理，完善急救转诊网络，切实保障母婴安全。

4. 加强出生缺陷综合防控工作。加强婚前与孕前保健中心、产前诊断中心、新生儿疾病筛查中心建设，积极开展出生缺陷三级预防工作，优化整合服务项目，做好婚前保健、孕前保健、产前筛查和诊断、新生儿疾病筛查服务等工作，提升遗传病诊断水平，围绕出生缺陷早发现、早干预，提高婚检率、孕前优生健康检查目标人群覆盖率、产前筛查率、新生儿先天性疾病筛查率，努力降低出生缺陷总发生率和残疾水平，提高出生人口素质。

5. 积极开展技术服务工作。大力开展计划生育咨询指导和相关技术服务工作，为再生育人群规范提供取环、复通等计划生育技术服务，落实免费计划生育基本技术服务项目。加强科普宣传和健康教育工作，推进避孕节育知情选择，向育龄人群提供安全、有效、适宜的避孕节育服务，提高计划生育技术服务的公平性和可及性，努力提高避孕措施有效率和续用率，努力减少非意愿妊娠。

七、加强组织领导和工作保障

1. 加强宣传教育工作管理。各级卫生计生部门要以宣传全面两孩政策、改革完善计划生育服务管理为主题，大力开展卫生计生人口文化宣传工作。广播、电视、报刊、出版等部门，要发挥自身优势，通过策划专题、开辟专栏等形式，积极做好计划生育和公共卫生宣传教育工作。要充分利用互联网、各级文化场所和宣传阵地，开展群众喜闻乐见的文化宣传活动。中等以上学校要将青春健康教育纳入教学计划。乡、村要建立人口文化园、健康广场，宣传全面两孩政策、关爱女孩行动、健康教育、健康促进、健康扶贫等内容。

2.强化党政领导责任制。各级党委、政府要坚持计划生育基本国策不变，坚持党政一把手亲自抓、负总责，落实人口计生工作领导小组制度，定期听取计生工作汇报，研究解决卫生计生部门领导班子建设、机构设置、队伍建设、人员编制、经费投入等实际问题。各地要把履行人口计生工作职责的情况，作为对各级党政领导班子实绩考核和干部选拔任用考核的重要参考，促进计划生育目标任务的完成。各县区党委和政府每年要向市委、市政府专题报告本地区计划生育工作目标责任完成情况，市委、市政府将定期开展督查。坚持和完善计划生育目标管理责任制，中央《决定》、省委《意见》及本意见纳入年度计划生育责任目标考评，确保责任到位、措施到位、投入到位、落实到位。对人口和计划生育工作主要目标任务未完成、严重弄虚作假、违法行政造成恶劣影响等情形，实行“一票否决”。

3.强化部门综合治理责任。卫生计生部门要加强基层卫生计生服务能力建设，注重发挥计生协会的优势和作用，牵头负责全面两孩政策实施工作，落实改革完善计划生育服务管理的具体措施；公安部门要加强户籍管理，与卫生计生部门进行入户、迁移人口信息交流，对阻碍计划生育工作的违法行为加大打击力度；人民法院要依法及时受理涉及计划生育的各类案件，顶格上限办理“两非”案件；民政部门要加强婚姻登记管理，做好婚姻法律法规宣传，配合卫生计生部门宣传婚检、孕前优生健康检查、生育登记服务内容，与卫生计生部门定期交流婚姻、收养、人口死亡信息；发展改革部门要把人口规划纳入经济社会发展规划；教育部门要统筹规划布局教育资源配置，避免入园难、入学难的问题发生，与卫生计生部门交流幼儿教育信息；人力资源社会保障部门要落实好生育保险政策，支持妇女平等就业，与卫生计生部门做好计生家庭养老保障等信息交流；财政部门要加大投入，落实好计划生育奖励扶助、特别扶助、特殊家庭帮扶政策以及免费优生健康检查、加强妇幼健康和幼托教育服务体系建设、基层队伍建设等所需经费；其他部门和群众团体要结合自身职能，切实履行计划生育综合治理职责，健全部门执法配合、政策衔接、信息共享的计划生育工作综合治理机制。各级各部门在制定和出台政策时要向计划生育家庭倾斜，在单位考核和干部职工招考聘用、选拔任用等过程中，要把计划生育工作任务完成情况作为重要依据。

4.加大计划生育投入保障力度。健全完善以公共财政投入为主、社会补充、稳定增长、分级负担、城乡统筹的计划生育投入保障机制，确保计划生育家庭扶助政策、独生子女父母奖励政策、计划生育服务管理工作、计划生育经常性工作、妇幼保健计划生育服务机构基本建设、基层网络阵地队伍建设、免费计划生育基本技术服务项目、孕前优生健康检查项目、宣传教育服务等经费的落实。各级财政投入计划生育事业费增长幅度要高于经常性财政增长幅度，逐年递增。各级政府要积极探索建立多渠道筹资机制，鼓励企业、社会团体和个人投入计划生育事业，鼓励按照国家有关规定设立人口和计划生育公益基金。积极运用项目合作机制，吸引国内外资金，促进计划生育事业发展。

宿州市人民政府
关于创建市级战略性新兴产业集聚发展基地的实施意见
宿政发〔2016〕11号

各县、区人民政府，市政府各部门、各直属单位：

根据《安徽省人民政府关于加快建设战略性新兴产业集聚发展基地的意见》（皖政〔2015〕48号）和《中共宿州市委宿州市人民政府关于印发加快调结构转方式促升级实施方案的通知》（宿秘〔2015〕48号）精神，为充分发挥战略性新兴产业引领带动作用，推动战略性新兴产业集聚发展，促进产业结构调整和转型升级，结合我市产业基础和发展实际，市政府决定创建一批市级战略性新兴产业集聚发展基地，现提出以下实施意见：

一、基地条件

根据“战略思维、遵循规律、创新驱动、立足现有、市场引领、政策支持”的基本原则，坚持高水平起步、高标准要求，按照以下5个方面条件，在各县区、园区中优先选择创建市级战略性新兴产业集聚发展基地（以下简称基地）：

（一）产业领域。符合国家及省提升制造业竞争力战略方向，具有广阔成长空间，现有和未来预期增长明显高于全市规模以上工业增速，主要产品市场需求旺盛的战略性新兴产业。

（二）产业基础。园区内已经形成一定的产业链和初具规模的产业集群，技术研发、检验检测、金融服务、市场开拓、现代物流、人才培养、社会保障等公共服务体系相对完善，水电路网和污染物处理等基础设施较为完备。

（三）龙头企业。园区内拥有（或者近期有明确投资意向）一家或几家产业规模、技术水平、产品质量和性能处在国内、省内先进水平，在行业内有重要影响力，对上下游企业有较强辐射带动作用的优势骨干企业。

（四）创新能力。拥有至少一家国家级、省级或者市级创新平台，拥有高水平的创新创业团队、行业领军人才和持续丰富的创新资源，具备较强的技术成果转化能力，主导或参与地区、行业标准制定，在本领域创新体系中有较强话语权。

（五）支撑项目。围绕产业链发展的关键环节，拥有一批重大项目开工建设，一批前期项目顺利推进，能在较短时间内大幅提升产业规模和核心竞争力。

二、发展重点

根据国家和省战略性新兴产业发展政策等情况，结合我市基础条件、资源优势和产业发展现状，以新一代电子信息，生物医药，高端装备制造，新能源，新材料，节能环保，新能源汽车和现代服务业等八大产业，以及属于新技术、新模式、新产品的产业，作为我市战略性新兴产业集聚发展的重点领域，根据集聚发展、错位发展、示范带动原则，着力加快培育和扶持，促进其尽快做大做强。在“十三五”期间，每年创建一批市级战略性新兴产业基地，并实行动态管理、滚动发展。

三、发展目标

到2018年，单个基地的产业链上下游企业总产值达到100亿元或3年（2016—2018年）翻一番，税收累计增长不低于30%。到2020年，单个基地的产业链上下游企业总产值超过200亿元或再翻一番，税收累计增长不低于25%。通过加大建设力度，力争在若干重点领域掌握一批关键核心技术并实现产业化，建立一批具有持续创新能力的产业联盟，培育一批具有国内或省内影响力的领军企业，打造一批省市制造的知名品牌，形成支撑宿州经济发展新的增长极。

四、支持政策

（一）设立专项引导资金。设立市战略性新兴产业集聚发展基地建设专项引导资金，同时整合市财政已安排的专项资金共计2.5亿元，统筹用于战略性新兴产业集聚发展基地建设。支持重大项目建设、新产品研发和关键技术产业化、重大技术装备和关键零部件及新工艺示范应用、关键共性技术研发平台和第三方检验检测平台建设等。市级其他相关专项资金优先向基地倾斜。

(二)做大产业投资基金规模。“十三五”期间,通过财政注资、引进社会资本等方式,将市战略性新兴产业基金规模逐步扩大到5亿元以上,重点对基地内符合条件的企业和重大项目予以支持。

(三)强化要素保障。支持基地所在县区、园区筹集资金专项用于基地公共服务项目建设。鼓励金融机构为基地制定系统性融资规划,合理提高综合授信额度。通过多渠道扩大股权投资规模,引导保险资金等参与基地建设。支持基地符合条件的企业在境内外资本市场上市融资,发行各类融资工具。基地重大项目建设用地按需申报,在市级预留建设用地指标中优先安排解决。

(四)优先争取国家、省支持。优先申报省战略性新兴产业集聚发展基地等示范工程。优先争取基地内符合条件的企业或建设项目申报国家或重点产业技术与开发、重大科技专项、发行战略性新兴产业债券等各类支持。优先争取国家、省重大项目、重大创新平台在基地布局。

(五)支持创新能力及机制建设。市政府优先扶持高层次科技人才团队创新创业向基地倾斜。支持基地以龙头企业为主体,联合科研院所、上下游企业、重要用户建设各类创新平台。鼓励境内外龙头企业在基地设立地区总部和研发中心。充分发挥企业在基地建设中的主体作用,完善以企业为主体的产业技术创新机制。支持基地推进全面创新改革试验。

五、保障措施

(一)加强组织领导。市政府成立基地建设工作领导小组,由市政府分管负责同志任组长,市发展改革委、市科技局、市经济和信息化委、市财政局、市国土资源局、市金融办、市人力资源社会保障局等单位负责同志为成员,负责政策制定、指导协调和督促检查工作。领导小组办公室设在市发展改革委,具体承担协调落实领导小组议定的各项任务和日常服务工作。

(二)明确工作责任。基地采取“申报制”,基地方案由县区政府和市管园区管委会报送。县区政府和市管园区管委会是责任主体,承担基地规划、建设管理和要素保障等任务。所在园区是推进主体,负责编制基地实施方案,推进基地建设。领导小组办公室集中组织评估,择优选择初选名单,报市政府审议确定后,在园区加挂“宿州市×××(产业名称)产业集聚发展基地”的牌子,实行“两块牌子、一套人马”管理。

(三)强化考核评估。建立优胜劣汰、动态调整机制,突出奖惩激励导向。基地获批后,按照实施方案,领导小组与所在县区政府和园区管委会签订工作目标责任书。领导小组办公室每年委托第三方机构对基地建设工作推进情况和产业发展情况进行检查督促和考核评估。对考评结果优秀的加大资金支持,对连续2年考评不合格的予以摘牌,对弄虚作假的追回市财政支持资金本息。

宿州市国民经济和社会发展第十三个五年规划纲要

“十三五”时期(2016—2020 年),是全面建成小康社会决战决胜的五年,是深化改革取得决定性成果的五年,是依法治市全面推进的五年,是加快调结构转方式促升级最为关键的五年。《宿州市国民经济和社会发展第十三个五年规划纲要》根据《中共宿州市委关于制定国民经济和社会发展第十三个五年规划的建议》编制,主要明确政府工作重点,引导市场主体行为,是全市各级政府依法履行职责的重要依据,是今后五年我市国民经济和社会发展的宏伟蓝图,是全市人民共同奋斗的行动纲领。

第一章 全面建成小康社会

第一节 “十二五”发展成就

“十二五”以来,在市委市政府的坚强领导下,全市上下牢牢抓住皖北振兴、中部崛起和产业转移的重大战略机遇,以“转型发展、加速崛起、兴宿富民”为主线,大力实施“整体承接、双轮驱动、三区共进、四化同步”发展战略,持之以恒抓主抓重、苦干实干、提速提效、争先争优,主要经济指标增速位居皖北地区前列,与全省平均水平差距进一步缩小,“十二五”规划确定的主要目标任务基本完成。总的来说,“十二五”时期是宿州市发展历程上综合实力提升最快、城乡面貌变得最美、人民群众得到实惠最多、干部作风转变最大的五年,为“十三五”时期科学发展、全面建成小康社会奠定了坚实的基础。

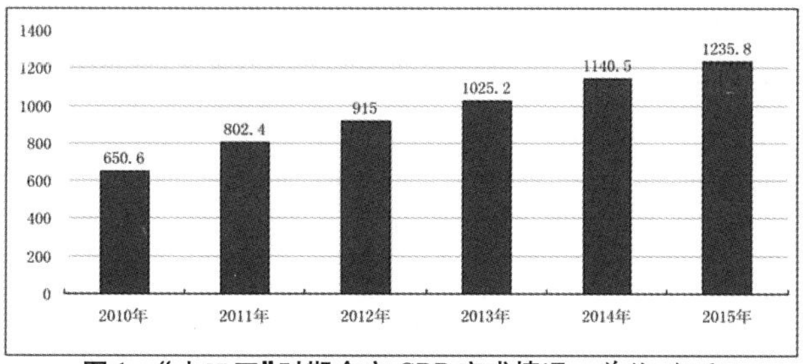

图 1 “十二五”时期全市 GDP 完成情况 单位:亿元

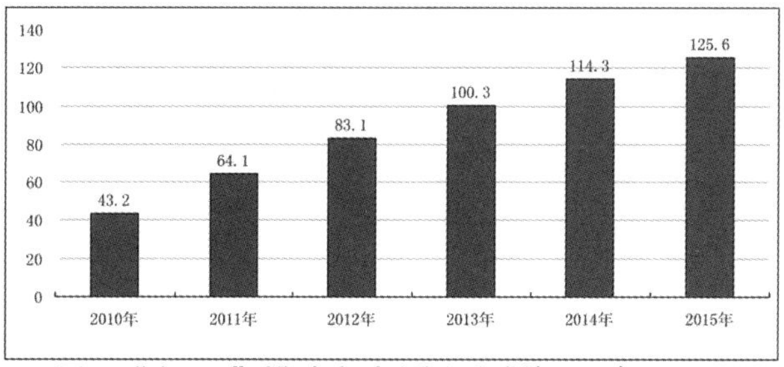

图 2 “十二五”时期全市财政收入完成情况 单位:亿元

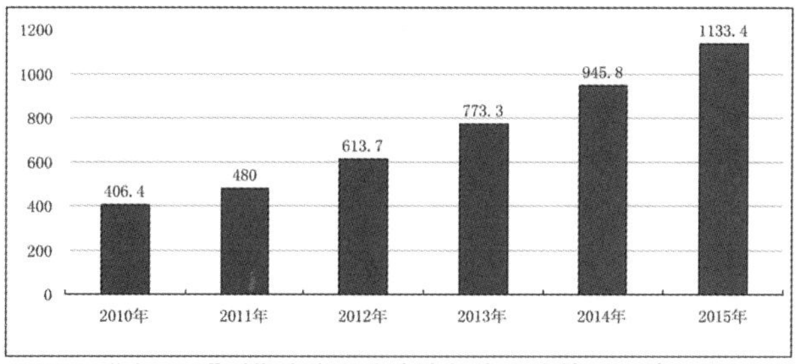

图 3 “十二五”时期全市固定资产投资完成情况 单位:亿元

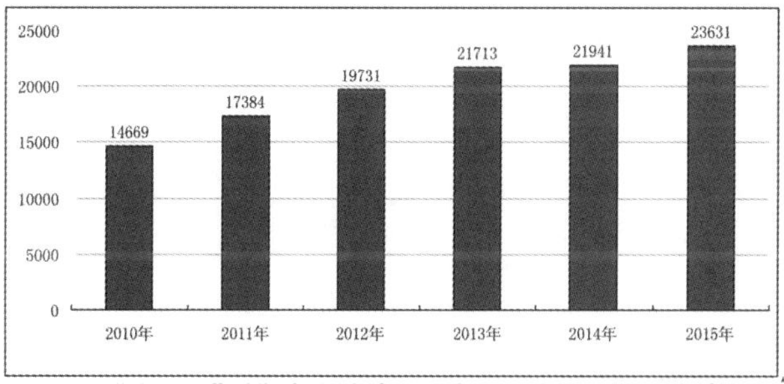

图 4 “十二五”时期全市城镇居民人均可支配收入完成情况

单位:元

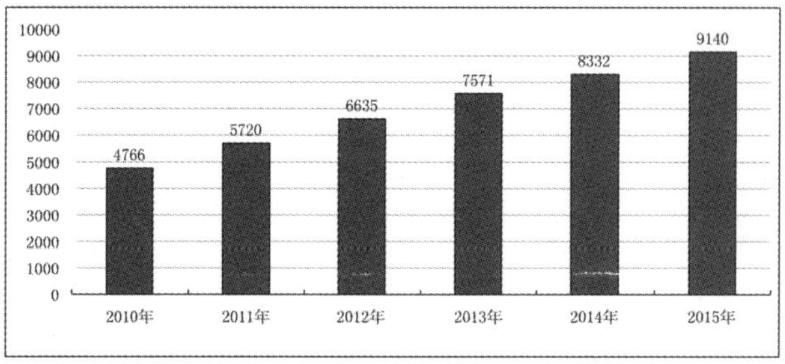

图 5 “十二五”时期全市农村居民人均可支配收入增长完成情况

单位:元

综合实力迈上新台阶。五年来,地区生产总值连跨六个百亿元台阶,达到1235.8亿元,基本实现翻一番,年均增长11.1%,高于全省平均水平0.3个百分点。人均GDP达到3599美元,步入中等收入发展阶段。财政收入达到125.6亿元,占GDP的比重由6.6%提高到10.2%,财力保障更加坚实。全社会固定资产投资五年累计3946.2亿元,年均增长25.7%。2011年、2013年、2014年荣获省政府目标管理绩效考核先进单位,分列第6位、第8位、第5位。

产业发展实现新跨越。三次产业结构由27.9∶37.9∶34.2调整到21.7∶41∶37.3,经济结构更加优化,转型升级迈出坚实步伐。全面实施"3111"工程,工业增加值达到437.2亿元,规模以上企业数突破千家,云计算、生物医药、新材料、新能源等战略性新兴产业加快发展,煤电能源、轻纺鞋服、食品加工、化工建材、板材家居产业集群效应进一步显现。服务业增长连续五年位居全省前列,现代金融、商贸服务等产业发展步伐加快,社会消费品零售总额实现翻番。粮食产量实现"十二连丰",农业产业化水平不断提高,农产品加工业产值达到922.4亿元,现代农业经营体系初步建立。

城乡建设展现新面貌。积极实施城镇扩容战略,城镇化率达到38.7%,提高7.3个百分点,市域空间布局持续优化。中心城区建成区面积达到75平方公里,人口达到75万人,县城和重点镇面貌显著改观,美好乡村建设扎实推进,城乡综合承载力显著提升。县(区)管开发区扩区工作全部完成,宿州高新技术开发区、宿州马鞍山现代产业园区、泗县当涂现代产业园获省政府批准设立,全市省级开发区规划面积由28.6扩大到130.1平方公里。"三线三边"整治提速,人居环境显著优化。首次跨进省级文明城市行列,成功获批国家级园林城市,城市建设水平和影响力显著提高。

改革开放迈出新步伐。主动融入长三角城市群、淮海经济区核心区建设,深入推进南北结对合作,区域合作范围和领域持续扩大。五年累计引进市外资金4532亿元,其中亿元以上项目1580个。五年累计实际利用外资23.6亿美元,年均增长38.2%。进出口贸易总额年均增长37.6%,宿州海关获批,宿州出入境检验检疫局正式揭牌开检。以简政放权为突破口,在市县乡逐级建立"三项清单",行政审批、政府投融资、公共资源交易管理、教育、文化、医疗卫生等体制机制改革取得重大进展,市场活力全面激发。农村综合改革取得显著成效,现代农业产业化联合体建设、农村土地承包经营权确权登记颁证试点走在全国、全省的前列。

项目建设实现新突破。坚持扩大有效投入,五年累计实施亿元以上项目2200个。京沪高铁、宿淮铁路、泗许高速、徐明高速、济祁高速通车,郑徐高铁加快推进,"三纵两横"的高速公路网和"两纵三横"的铁路网基本形成,区域交通枢纽地位日益巩固。以污水处理、垃圾处理、自来水厂、电网扩建等为重点的市政基础设施建设全面推进,综合承载能力不断提高。国电宿州热电、海螺水泥、冠军建材、鸿星尔克鞋服、世纪互联云计算建成投产,一批事关全局、引领产业发展的重大项目取得突破。

社会民生得到新提升。坚持把社会保障和改善民生摆在更加突出的位置,每年实施33项民生工程和10项惠民实事,民生支出占全部财政支出比重持续保持在80%以上,人民群众幸福感不断提升。新汴河景观工程、市文化艺术中心、公共自行车系统、跨铁路立交桥等一大批项目相继投入使用,基本公共服务水平进一步完善。城乡居民人均可支配收入分别达到23631元和9140元,年均增长分别为10%和13.9%,增速高于全省平均水平。扶贫开发扎实推进,五年累计减少贫困人口58.2万人。积极扩大就业,五年累计新增城镇就业16.3万人。社会保障制度逐步健全,城镇职工基本养老保险、城乡居民基本养老保险和城镇基本医疗保险参保率分别达到99%、93%和99%,社会救助和养老服务体系加快完善。加快推进棚户区改造,新建保障性住房14.9万套。教育、文化、卫生等各项社会事业全面发展,民主法治稳步推进,天网工程加快建设,社会治理不断创新,蝉联"全国双拥模范城"六连冠。

“十二五”规划纲要主要目标预计完成情况

表 5

指标名称	“十二五”计划目标	2015 年	年均增长(％)	指标属性
一、经济建设				
地区生产总值(当年价,亿元)	1300	1235.8	11.1	预期性
财政收入(亿元)	130	125.6	23.8	预期性
全社会固定资产投资(亿元)	1200 (50 万元以上项目)	1133.4 (500 万元以上项目)	25.7	预期性
社会消费品零售总额(亿元)	440	424.5	17	预期性
规模以上工业增加值(亿元)	650 (500 万元以上企业)	382.9 (2000 万元以上企业)	11.3	预期性
研发支出占生产总值比重(％)	1.5	0.34	—	预期性
城镇化率(％)	45	38.7	—	预期性
二、对外开放				
招商引资到位资金(亿元)	900	910	25.8	预期性
实际利用境外资金(亿美元)	2.5	6.8	38.2	预期性
进出口贸易总额(亿美元)	3	7.6	37.6	预期性
非公经济占经济总量比重(％)	>62	63	—	预期性
三、生态文明				
万元 GDP 综合能耗五年累计下降(％)	达到省控目标	达到省控目标	—	约束性
万元 GDP 二氧化碳排放量(万吨)	达到省控目标	达到省控目标	—	约束性
主要污染物排放量(万吨)	达到省控目标	达到省控目标	—	约束性
耕地保有量(万公顷)	≧62	57.14	—	约束性
森林覆盖率(％)	30	28.95	—	约束性
市区人均公共绿地面积(平方米)	10	12.4	—	约束性
四、社会事业				
人口自然增长率(‰)	≦8	7.9	—	约束性
城镇登记失业率(％)	<4.5	3.3	—	预期性
五年城镇新增就业(万人)	15	16.3	—	预期性
高中阶段毛入学率(％)	87	91.6	—	预期性

续表5

指标名称	“十二五”计划目标	2015年	年均增长（%）	指标属性
城镇职工基本养老保险覆盖率（%）	>99	99.01	—	约束性
城乡养老保险覆盖率（%）	90	92.93	—	约束性
城镇基本医疗保险覆盖率（%）	>95	99	—	约束性
五、人民生活				
城镇居民人均可支配收入（元）	29338	23631	10	预期性
农村居民人均纯收入（元）	9532	9140	13.9	预期性
农村安全饮水普及率（%）	>99	>99	—	约束性
城镇生活污水处理率（%）	80	89.9	—	约束性

说明：“十二五”期间，部分指标统计基数或口径发生变化。其中，约束性指标中，耕地保有量基数经省国土厅调整，森林覆盖率基数经省林业厅调整，2项指标完成目标；预期性指标中，全社会固定资产投资统计口径由50万元以上项目变为500万元以上项目，完成目标

第二节　“十三五”发展环境

“十三五”时期，国内外经济发展环境发生深刻变化。世界经济在深度调整中曲折复苏，新一轮科技革命和产业变革蓄势待发。我国经济社会发展总体向好的基本面没有改变，经济发展进入新常态，发展的动力、速度、结构发生深刻变化，对提高发展质量和效益提出更高要求。我市发展既面临难得的历史机遇，也面临一些问题和挑战，机遇大于挑战。

面临的机遇：

——创新改革深入推进。国家深入实施创新驱动战略，安徽省率先系统推进全面创新改革试验，全面深化改革持续推进，有利于我市破除制约发展的体制机制弊端，注入加速发展新动力，实现更有质量、更有效率、更加公平、更可持续的发展。

——国家和省重大战略布局叠加。“一带一路”、长江经济带、中原经济区等国家战略深入实施，省委省政府连续出台加快皖北发展的政策措施，多重区域经济发展政策叠加，有利于我市全方位扩大开放合作，加快形成新的经济增长点。

——供给侧和需求侧协同发力。国家大力推进以人为核心的新型城镇化，实施供给侧结构性改革，省加快推进调结构转方式促升级，将陆续出台更多支持新兴产业发展、完善基础设施建设、促进消费升级等方面的政策措施，释放巨大的产业升级、投资和消费需求，有利于我市促进经济结构调整和产业优化升级，打造发展新引擎。

——承接产业转移具备比较优势。产业调整和空间重构深化，“互联网＋”行动计划大力实施，产业融合与集聚发展趋势增强，有利于我市发挥资源、产业等比较优势，承接高端产业转移，实现加快发展。

——区位交通优势更加凸显。京沪高铁、宿淮铁路、泗许高速、济祁高速、徐明高速等建成通车，郑徐高铁等一批重大项目加快建设，有利于我市发展区位交通优势，开辟新的发展空间。

——发展基础进一步夯实。经过多年持续较快发展，我市发展条件更加坚实，产业基础更为扎实，发展环境更加优化，发展动力不断增强，广大干部群众干事创业热情高涨，进入了加速发展新阶段。

面临的挑战：

——结构调整压力较大。我市资源性产业的比重偏高，传统优势产业的支撑力在减弱，具有引领作用的大企业较少，战略性新兴产业、现代服务业等经济增长新动力仍在培育之中。

——区域竞争日益激烈。宿州地处苏鲁豫皖交界，市场化水平不高，与周边市资源同质、产业同

构现象突出，在资金、资源、技术、人才等要素资源竞争中处于不利地位。

——创业创新资源短缺。公共创新平台、创业创新载体、人才引进、配套服务等方面均存在短板，创业创新氛围不浓，对高端产业、企业、人才的吸引力较弱。

——资源环境约束强化。耕地、生态红线保护与建设用地紧张之间的矛盾更加突出。可利用水资源相对短缺，节能减排和环境保护任务更加艰巨。劳动力外流状况仍未改变，劳动力成本逐年提高。财政增收难度加大，资金紧张压力不减。

——协调发展难度增加。县域经济、园区经济和民营经济发展不足，城镇化水平较低，协调发展任重道远。扶贫攻坚任务较重，社会文明素质有待提高，人民对公共服务和社会治理水平加快提升的要求更加迫切。

综合分析，未来五年仍是宿州大有可为的战略机遇期，具备加快发展的内外环境和有利条件。在多年来快速发展蓄积的潜能和物质基础上，我们有条件乘势而为、加快发展。

第三节　“十三五”发展思路

“十三五”时期，我们要认清形势，坚定信心，主动适应发展新常态，积极培育发展新动力，加快补齐发展各项短板，努力把宿州发展推向新的更高水平。

指导思想。高举中国特色社会主义伟大旗帜，全面贯彻党的十八大和十八届三中、四中、五中全会精神，以马克思列宁主义、毛泽东思想、邓小平理论、“三个代表”重要思想、科学发展观为指导，深入贯彻习近平总书记系列重要讲话精神，认真落实“四个全面”战略布局，牢固树立创新、协调、绿色、开放、共享的发展理念，坚持发展是第一要务，坚持整体承接、双轮驱动、三区共进、四化同步，坚持抓主抓重、苦干实干、提速提效、争先争优，以提高经济发展质量和效益为中心，以供给侧结构性改革为主线，以调结构转方式促升级为主引擎，以增进人民福祉为目的，加快形成引领经济发展新常态的体制机制和发展方式，统筹推进经济建设、政治建设、文化建设、社会建设、生态文明建设和党的建设，确保如期全面建成小康社会，奋力开创实力宿州、活力宿州、和谐宿州、幸福宿州建设新局面。

基本理念。实现“十三五”发展目标，必须深刻理解、准确把握、自觉践行创新、协调、绿色、开放、共享的发展理念，立足宿州实际，增强战略定力和发展自信，突出重点任务，破解发展难题，激发内生动力，补齐发展短板，厚植发展新优势。创新是引领发展的第一动力，必须突出创新发展，为发展提供持续动力，推动经济实力和产业结构“双提升”。协调是持续健康发展的内在要求，必须突出协调发展，不断增强发展整体性，推动经济发展与社会文明“双提质”。绿色是永续发展的必要条件和人民对美好生活追求的重要体现，必须突出绿色发展，不断把生态优势转化为发展优势，推动生产方式转变和生态环境改善“双提速”。开放是拓展发展空间的必由之路，必须突出开放发展，不断拓展未来发展空间，推动引进来和走出去“双提效”。共享是中国特色社会主义的本质要求，必须突出共享发展，使全体人民在共建共享发展中有更多获得感，推动居民生活水平和质量“双提高”。

发展战略。围绕上述指导思想，重点实施以下战略：

——工业强市战略。坚持走新型工业化道路，接力“3111”工程培育首位产业，推动战略性新兴产业集聚发展，引导传统产业智能化、绿色化改造升级，努力实现产业层次向中高端转变，基本形成较为完备、具有较强竞争力的工业主导产业体系，打造制造业强市。

——创新驱动战略。把创新摆在发展全局的核心位置，深化创新型城市建设，不断推进制度创新、体制创新、科技创新、文化创新等各方面创新，全面掀起“大众创业、万众创新”热潮，增强创新驱动经济发展的核心动力，实现全面科学发展。

——城乡统筹战略。深入推进以人为核心的新型城镇化，坚持城区、产业园区、农村新型社区“三区共进”，优化城镇空间布局，提升中心城市能级，加快县城、重点镇和美丽乡村建设，加强扶贫攻坚，促进城乡统筹发展和产城融合发展。

——绿色发展战略。坚持走生产发展、生活富裕、生态良好的绿色发展道路，推行低碳循环的生产生活方式，加强生态环境综合治理，促进资源节约集约和永续利用，实现“绿水青山”和“金山银山”有机统一，促进人与自然和谐发展，建设美丽宿州。

——开放合作战略。抢抓“一带一路”和长江经济带等重大战略机遇，用足用好中部崛起、中原区经济区、加快皖北发展等区域协调发展政策，坚持对内对外开放并重、引资和引技引智并举、引进来和走出去互促,在开放合作中拓展发展空间,打造皖北开放高地。

——县域突破战略。坚持"上新课、补老课",按照突出特色、错位发展的理念,简政放权,多予少取,调整优化县域经济结构,加快培育县域主导产业,促进县域经济占全市经济总量比重进一步提高,全面提高县域经济发展水平和综合竞争力。

力争经过五年的努力,把宿州打造成为全国创新型农业现代化先行区,区域性综合交通中心和区域性综合物流中心,全国重要的大数据云计算产业基地、现代鞋服产业基地、农产品生产加工基地、新能源新材料基地和区域性特色文化旅游目的地。

第四节 "十三五"发展目标

按照皖北领先、省内争先、全面建成小康社会的总体要求,综合考虑发展环境和条件,"十三五"时期经济社会发展的目标是:

经济实力明显提升。经济保持中高速增长,主要经济指标聚焦"保八争六、争先进位"目标,加快推进总量、质量和均量全面提升。力争地区生产总值年均增长9%(可比价),到2020年达到2000亿元,努力向2200亿元冲刺,总量进入全省前六。财政收入年均增长10%,到2020年达到200亿元,努力向230亿元冲刺,财力水平进入全省前八。人均地区生产总值与全省差距进一步缩小。努力打造两个左右省级经济强县(区)和开发园区,综合实力和竞争力迈上新台阶。

产业结构持续优化。三次产业结构调整为16.5:45:38.5,产业发展迈向中高端水平,工业主导地位更加突出,农业现代化取得明显进展,服务业比重稳步提高,大幅度提升高新技术产业增加值占规模以上工业比重、现代服务业增加值占服务业增加值比重、农业加工产值与农业产值之比,努力打造三个左右在国内有影响力的战略性新兴产业集聚发展基地。投资效率和企业效率显著增强,全要素生产率明显提高,品牌经济加快发展,消费对经济增长贡献率显著提升。

人民生活质量普遍提高。居民收入增速快于经济增长,城镇居民人均可支配收入增长9%,农村居民人均可支配收入增长10.5%,城乡居民收入差距逐步缩小。就业、教育、文化、社保、医疗、住房等公共服务体系更加健全,基本公共服务均等化水平稳步提高。扶贫开发取得突破,现行标准下农村贫困人口提前两年全部脱贫,贫困县区全部摘帽。人口结构趋向合理,法治宿州建设深入推进,社会更加和谐稳定,群众生活更加幸福安康。

城乡发展更加协调。发展空间格局得到优化,户籍人口城镇化率加快提高,城镇化水平和质量进一步提升。中心城市实现"双100"目标,建成区面积达到100平方公里、常住人口100万人。县城提质扩容,力争2个以上县城建设成为30万人口的I型小城市。美丽乡村建设深入推进,80%以上布点中心村达到美丽乡村建设标准。城乡建设、基础设施、产业发展、公共服务、管理体制等一体化进程进一步加快,综合承载力显著提升。

生态环境加快改善。生产方式和生活方式绿色、低碳水平上升,主要污染物排放、单位GDP能耗达到省控目标,万元GDP用水量显著降低,城市重污染天气天数逐年降低。森林覆盖率提高到32.8%,水、土地、煤炭等资源得到合理开发和保护。城市环境综合治理成效明显,空气质量、水源水质、土壤质量大幅提升,污水、垃圾处理水平提高。主体功能区布局和生态安全屏障基本形成,生态文明重大制度基本确定,生产、生活、生态空间更加科学完善。争创全国森林城市、绿化模范城市、生态城市和环保模范城市。

文明程度显著提高。中国梦和社会主义核心价值观更加深入人心,爱国主义、集体主义、社会主义思想广泛弘扬,向上向善、诚信合作、创新创业的社会风尚更加浓厚,全市人民思想道德素质、科学文化素质、健康素质明显提高,法治意识不断增强。文化事业和文化产业更加繁荣,文化强市建设取得新进展。以"16城同创"为抓手,争创全国文明城市。

体制机制更加优越。行政体制、投融资体制、国资国企等重点领域和关键环节改革取得决定性成果,政府职能实现根本性转变,农村综合改革、现代农业"两区"建设等改革试点走在全国、全省前列。对内对外开放广度和深度不断拓展,进出口总额达到9亿美元,招商引资到位资金五年累计突破7000亿元。加快创新型城市建设,创新驱动能力显著提升,研究与试验发展经费支出占地区生产总值比重超过2.3%,社会创业创新活力进一步激发。

宿州市“十三五”经济社会发展主要目标

表 6

指标名称		2015 年	2020 年目标	年均增长(%)	指标属性
一、经济总量					
地区生产总值(亿元)		1235.8	2000	9	预期性
全员劳动生产率(元/人)		33141	50000	8.5	预期性
财政收入(亿元)		125.6	200	10	预期性
固定资产投资(亿元)		1133.4	2200	15	预期性
社会消费品零售总额(亿元)		424.5	680	10	预期性
二、创新发展					
战略性新兴产业增加值占 GDP 比重(%)		2.24	5	—	预期性
研究与试验发展经费投入强度(%)		0.34	2.3	—	预期性
高新技术企业数(个)		62	100	—	预期性
每万人口发明专利拥有量(件)		0.43	3.5	—	预期性
互联网普及率	固定宽带家庭普及率(%)	35.4	55	—	预期性
	移动宽带用户普及率(%)	59.5	85	—	预期性
三、协调发展					
城镇化率	户籍人口城镇化率(%)	17.1	28	—	预期性
	常住人口城镇化率(%)	38.7	50	—	预期性
工业化率(%)		35.4	41	—	预期性
服务业增加值比重(%)		37.3	38.5	—	预期性
民营经济增加值占 GDP 比重(%)		63	70	—	预期性
四、绿色发展					
耕地保有量(万公顷)		57.14	省下达	—	约束性
新增建设用地规模(万亩)		—	—	[5.3]	约束性
空气质量	细颗粒物(PM2.5)浓度下降(%)	—	省下达	—	约束性
	空气质量优良天数比例(%)	72.5	省下达	—	约束性
森林发展	森林覆盖率(%)	28.95	32.8	—	约束性
	森林蓄积量(万立方米)	1431	1800	—	约束性

续表 6

指标名称		2015 年	2020 年目标	年均增长(%)	指标属性
地表水质量	劣 V 类水比例(%)	9.09	省下达	—	约束性
	好于 III 类水体比例(%)	54.5	省下达	—	约束性
万元 GDP 用水量下降(%)		—	省下达	—	约束性
非化石能源占一次能源消费比重(%)		2.4	省下达	—	约束性
单位 GDP 能耗降低(%)		完成	省下达	—	约束性
单位 GDP 二氧化碳排放降低(%)		完成	省下达	—	约束性
主要污染物排放总量减少	化学需氧量(%)	完成	省下达	—	约束性
	氨氮(%)	完成	省下达	—	
	二氧化硫(%)	完成	省下达	—	
	氮氧化物(%)	完成	省下达	—	
五、开放发展					
进出口总额(亿美元)		7.59	9	2.5	预期性
外商直接投资(亿美元)		6.8	9	6	预期性
招商引资到位资金(亿元)		910	1800	15	预期性
六、共享发展					
城镇新增就业人口(万人)		[16.3]	—	[16.3]	预期性
城乡居民人均可支配收入	城镇常住居民(元)	23631	36500	9	预期性
	农村常住居民(元)	9140	15100	10.5	预期性
劳动年龄人口平均受教育年限(年)		—	11.2	—	约束性
基本养老保险参保人数(万人)		358	370	—	预期性
农村贫困人口脱贫(万人)		[58.2]	—	[40.4]	约束性
城镇棚户区住房改造(万套)		3.044	—	[11.5]	约束性
人均预期寿命(岁)		76.4	77.7	—	预期性

说明:1.“[ ]”代表五年累计变化

2. GDP 增速和全员劳动生产率按可比价计算

第二章　突出创新发展,培育提质增效新动力

把发展全局的基点放在创新上,紧紧抓住和用好新一轮科技革命和产业变革重大机遇,加快供给侧结构性改革,培育发展新动力,拓展发展新空间,推进大众创业、万众创新,加快形成有利于创新驱动的体制机制,推动经济发展迈上新台阶。

第一节　培育经济发展新动力

在适度扩大总需求同时,从供给端入口,优化

劳动力、土地、资本、技术、管理等要素配置，以供给体系创新释放新需求，加快实现发展动力转换。

加快推进供给侧结构性改革。加快推进供给结构与需求结构相匹配，矫正要素配置扭曲，扩大有效供给，提高供给结构适应性和灵活性，提升全要素生产率，提高供给体系质量和效率。

——积极参与全省全面创新改革试验。等高对接合芜蚌自主创新综合试验区建设，开展系统性、整体性、协同性创新改革试验，以新思路、新技术、新模式，培育新业态和新产业，加快形成有利于调结构转方式促升级的创新驱动发展新机制。主动接受中科大先进技术研究院、中科院合肥技术创新研究院、合工大智能制造研究院等一流研究平台辐射和带动，提升一批技术研发和转化平台，培育一批创新领军人才和团队，发展一批高端产业项目和企业。积极争取实施省科技重大专项，创造条件争取纳入国家重点实验室布局。

——深化科技管理体制改革。优化科技创新环境，构建普惠性创新支持政策体系，推动政府职能从研发管理向创新服务转变、发展方式由要素驱动向创新驱动转变。探索开展投贷联动、股权众筹、国资创投等科技创新融资模式，鼓励企业加大创新投入。实施针对创新型企业税收优惠和费用减免，加大研发费用加计扣除、研发仪器加计折旧等税收优惠政策执行力度，促进企业扩大再投资、设备更新和技术成果应用。大力推广股权激励政策及个人所得税优惠政策，保障科技成果使用权、处置权、收益权。落实企业和高校院所科研人员双向流动等政策。营造尊重知识产权环境，完善知识产权保护制度，进一步加强知识产权的创造、运用、保护和管理。推进产学研结合，推进科技成果产权化、资本化、商业化，提高创新成果工业转化率。

——提高劳动生产率。积极盘活劳动力存量资源，综合运用宣传媒介、政策措施和便捷服务等方式，引导外出劳动力回流，培育新的人口红利。推广订单式人才培养模式，提高合格技工人员就地入职率。实施新生代农民工职业技能提升计划，健全面向全体劳动者的职业培训制度，开展技能型人才培养示范，倡导“工匠”精神，推动我市由“民工大市”向“技工大市”转变。

——降低企业经营成本。探索政府管理方式创新，加快完善市场化、法治化制度体系，减少行政审批，实现政府精准服务，降低企业制度性交易成本。开展降低实体经济企业成本行动，有针对性地制定实施方案和实施细则，降低企业财务、人力、用电、物流等成本。严格落实结构性减税和普遍性降税政策，完善收费清单管理，加快清理垄断性中介服务收费等各种不合理收费，进一步减少行政事业性收费，降低企业税费负担。增强金融支持实体经济能力，引导金融机构加大对中小微企业的支持力度，落实企业续贷政策，扩大“税融通”、小额贷款保证保险等业务规模，持续提升融资担保增信功能，降低企业融资成本。

——化解落后产能。坚持企业主体、政府推动、市场引导、依法处置，按照“做好增量、盘活存量、主动减量”的要求，采取差别化措施，积极稳妥处置资不抵债、扭亏无望的“僵尸企业”。探索建立落后产能退出机制，建立问题清单、责任清单和措施清单，积极稳妥引导煤炭等过剩产能在供给侧减量，通过兼并重组、债务重组乃至破产清算，倒逼过剩产能退出。落实好不良资产处置、破产清算、失业人员再就业和生活保障、财政专项奖补等支持政策，主动防控风险。坚持分类施策、有进有退，支持有市场、有效益但暂时有困难的实体企业发展；支持企业技术改造和设备更新，补齐软硬基础设施短板，促进产业结构优化升级。

——促进房地产市场平稳健康发展。坚持从供需两端发力，多措并举推进房地产市场稳定发展。以提高户籍人口城镇化率为切入点，加快推进农业转移人口市民化，有效释放住房刚性需求和改善性需求。加快住房制度改革，建立市场配置和政府保障相统一、购租并举的住房制度，发展住房租赁市场，对符合条件的居民和非户籍人口实施货币化租金补助，切实解决中低收入人群住房困难问题。完善房地产信贷政策，改进住房公积金提取、使用、监管机制，发挥住房公积金在需求端的作用。改善房地产供给结构，科学调整土地供应规模，促进房地产市场需求基本平衡。提高棚户区改造货币化安置率，全面完成棚户区改造任务。推进房地产开发企业兼并重组，提高产业集中度；鼓励房地产开发企业调整营销策略，加快房地产去库存。

着力增加有效投资。立足补短板、增后劲，优化投资结构，不断增加有效投资。加强“大、新、专”项目谋划建设，推动经济工作项目化。重点在交通、水利、能源、生态环保、公共服务、城乡建设、扶贫开发、节能减排等领域加大全局性、牵动性项目谋划和储备力度,突出抓好新一代电子信息、先进装备制造、现代农业、现代物流、城市基础设施、保障性安居工程、环境污染防治等项目,做实做足前期工作,编制实施三年滚动投资计划,形成接续不断、滚动实施的良性循环,推动更多项目纳入国家和省级重点项目计划。充分发挥专项建设基金和企业债券的带动作用,推动城市停车场、地下综合管廊、"双创"孵化、战略性新兴产业、棚户区改造、异地扶贫搬迁等关键领域、薄弱环节重大工程建设。健全项目工作机制,落实"四督四保"制度,加强对重大项目的跟踪服务和全程调度。强化项目风险预判和评估,确保政府主导投资项目的公共性和公益性。最大限度发挥市场化机制作用,探索推广 PPP 等模式,吸引社会资本更多参与基础设施及公共服务领域投资和运营。

积极释放消费新需求。落实和出台消费政策,积极发挥新消费引领作用,加快培育形成新供给、新动力。围绕服务消费、绿色消费、信息消费、时尚消费、品质消费和农村消费等居民消费升级的重点领域和方向,不断完善消费供给,创新消费模式,改善消费环境、培育消费热点。积极扩大移动互联网、物联网等信息消费,大力促进休闲旅游消费。积极推进线上、线下消费融合,推广"网订店取""网订店送""线下体验线上消费"等新型商业模式。加快布局城镇停车场建设,启动新能源汽车充电设施建设,促进汽车消费。加强消费者权益保护。

加强经济运行调节。把握国家和省宏观调控政策导向,落实产业政策、区域政策、投资政策、消费政策,研究完善促进经济持续健康发展的措施,加强全市经济精准调控,更加注重扩大就业、稳定物价、调整结构、提高效益和保护环境,确保经济运行在合理区间。建立风险预警防控机制,重点提高财政、金融、农业、水资源、生态环保、安全生产、网络安全等方面风险防控能力。

第二节　构建发展新体制

坚持顶层设计和基层探索良性互动、有机结合,全面落实国家和省级改革试点任务,突出宿州特色,积极稳妥从广度和深度上推进各项改革。

加快行政体制改革。深化权力清单、责任清单、涉企收费清单三项清单制度改革,优化政府机构设置、职能设置和工作流程,加强事中事后监管服务创新。全面实施政府权力运行监管办法,有效履行职责,避免管理缺位。继续发挥好行政审批制度改革牵引作用,持续推进简政放权、放管结合、优化服务,减少前置审批条件,简化办事程序,提高政府效能。加快推进政企分开、政资分开、政事分开。加大政府购买公共服务力度。深入推进公共资源交易监管体制改革。加快事业单位分类改革。积极推进开发园区管理和招商体制机制改革。

深化农村综合改革。围绕建设全国创新型农业现代化先行区,积极推进农村综合改革。稳定农村土地承包关系,完善土地所有权、承包权、经营权分置办法,依法推进土地经营权有序流转。完成农村土地承包经营权、集体土地所有权、集体建设用地和宅基地使用权确权登记颁证,分类实施农村土地征收、集体经营性建设用地入市改革。推动农村集体产权制度改革,完善集体资产股权量化和集体成员身份界定。健全农村集体"三资"管理监督和收益分配制度。加大对土地流转和适度规模经营支持力度,建立统一规范的农村产权交易平台。继续实施城乡建设用地增减挂钩。加快农村金融改革创新,探索推行林权、农村土地承包经营权和农民住房财产权抵押担保试点。创新小型水利等农村公共基础设施监管机制。统筹推进国有林场、集体林权、供销社等改革。加快发展村级集体经济,健全村级组织运作经费保障机制。

分类推进国资国企改革。完善国有资产管理体制,建立健全产权清晰的企业法人治理结构和国有资产监督管理体系。坚持以管资本为主,加强国有资产监管,提高国有资本运营效率。支持具备条件的国有企业整体上市和兼并重组,加快完善现代企业制度。探索推进市属国有投融资平台公司向国有资本运营公司转变。支持国有资本与各类资本共同设立股权投资基金、产业投资基金,更多投向战略性新兴产业、现代服务业领域和成长性强的非国有企业。支持社会资本以出资入股、认购可转债、收购股权、股权置换等方式,参与国有企业改制。稳步发展混合所有制企业,国有资本可以绝对控股、相对控股、参股,探索完善优先股和国家特殊管理股方式。

综合做好其他改革。按照国家和省总体部署,结合我市基层改革试验,统筹推进各个层面各类各项改革试点,贯彻落实国家财税、投融资、司法、医药卫生、文化、养老等体制改革,积极营造宽容包容改革氛围。深化预算管理制度改革,实施全面规范、公开透明的预算制度，建立跨年度预算平衡机制和中期财政预算规划管理。

第三节　推动大众创业万众创新

逐步完善企业、人才、政策、金融、平台为支撑的创新创业生态链，加快培育小微企业，打造经济发展新引擎。

激发创新创业主体活力。 落实和完善股权激励、财政补助、税收优惠、创业担保贷款、辅导培训、个转企等扶持政策，降低创办企业门槛，优化创新创业环境，鼓励高层次人才、科研人员、大学生、大学生村官、海外留学人员、返乡农民工等参与众创，推动草根创新、小微创新和创客发展。支持创业团队参加青年创业大赛、青年创业者协会等，培育一批创客之星。打造崇尚创新、宽容失败、开放包容的创新文化。

夯实创新创业载体。坚持市场导向，以社会资本为主要力量，借鉴创客空间、创新工场等新型孵化模式，充分利用行业领军企业、科技企业孵化器、科技企业创业服务中心、高校等资源，建设一批低成本、便利化、全要素、开放式的众创、众包、众扶和众筹空间。加快建设电子商务创业园、大学生创业园、大学生村官创业示范基地和农民创业基地，为创客搭建更多平台。把发展民营经济和促进创新创业紧密结合起来，加快小微企业创业基地建设，每年重点支持建设1—2个小微企业创业基地，力争引进培育10个基础设施完善、服务标准规范、服务功能健全、服务质量不断提升的省级小微企业创业基地。

加强创新创业服务。 建立健全政府创新创业服务平台，加强辅导培训，降低创办企业门槛，进一步清理规范行政收费和中介服务。大力发展第三方服务，积极为初创企业提供法律、知识产权、财务、咨询、检验检测认证、技术转移等服务。吸引社会资本广泛参与众创，建立健全天使投资、股权投资、创业投资、产业基金、知识产权质押等创业投融资服务体系。创新政府采购制度，优先支持绿色产品、创新创业产品。

第四节　拓展网络经济空间

顺应“互联网+”发展趋势，以深化互联网与经济社会各领域融合发展为主线，加快推进国家智慧城市试点，大力发展云计算和大数据产业，提升公共服务便捷化和城市管理精细化水平，全面建成“智慧宿州”。

促进云计算产业加快发展。 按照“规划引领、政府推动、园区主导、市场运作”的原则，以大数据存储基地建设为基础，以云计算应用开发为核心，以构建云计算全产业链为目标，大力引进一批国内外知名的云计算企业，建设一批领先水平的应用示范，突破与实施一批主导行业的核心技术，打造一批引领发展的云计算服务平台。围绕基础云、平台云、应用云服务层级，建设一批智能制造、大数据处理、动漫渲染应用、手机游戏应用、电子商务应用、生物医疗应用、服务外包应用等云计算产业链平台。加强与各级政府机关、三大电信运营商以及知名互联网企业合作，引进建设数据中心、服务中心、交易中心和数据银行，打造“大数据应用示范区”“云服务应用示范区”“电子商务产业园区”等特色产业带。积极引进云计算成长企业和团队，做好创新孵化工作，培育一批“宿州云”知名品牌。力争到2020年，把宿州建设成为立足安徽、服务华东及中原、辐射全国的中国云计算大数据中心、增值服务中心、技术创新中心。

推进互联网向各产业渗透融合。 大力发展互联网经济和分享经济，促进互联网与重点产业领域的深度融合，推动产业生产方式和发展模式变革。

——“互联网+”智能制造。在重点领域试点建设智能工厂、数字化车间，鼓励人机智能交互、工业机器人、智能物流管理等技术和装备在生产过程中的应用，推进生产装备智能化升级。支持开展故障预警、远程维护、质量诊断等互联网在线增值服务，推进工艺流程智能化改造。支持企业利用互联网采集、对接个性化需求，推进生产经营关键环节的柔性化、精细化改造。

——“互联网+”现代农业。建设农业生产经营和农业政务管理信息体系，用互联网提升农业生产、经营、管理和服务水平，培育一批网络化、智能化、精细化的现代生态农业产业化新模式。鼓励互联网企业建立农业服务平台，加强产销衔接。加快推广成熟可复制的农业物联网应用模式。

——“互联网+”金融。鼓励金融机构利用互联网拓宽服务覆盖面，支持互联网企业依法创新金融产品，探索构建金融云服务平台，提供多样化、个性化、精准化互联网服务。规范发展网络借贷、消费、私募、众筹等互联网服务和新兴业态。

——"互联网+"文化。积极推进文化创意、设计服务、动漫、旅游等产业与互联网深度融合发展,激发文化消费需求,促进文化产业整体业态升级。

实施国家智慧城市试点。开展国家智慧城市试点工作,加强公共基础信息资源整合和共享,不断提升城市规划建设、运行管理和公共服务水平。

——建设高效电子政务平台。加快建设高效政务信息系统,逐步形成网上服务与实体大厅服务、线上服务与线下服务相结合的一体化新型政府服务模式。积极推进政务云建设,加快构建基于云平台跨层级、跨部门的统一电子政务平台,实现政府行政审批等事项"一站式"网上办理与"全流程"效能监督,强化政务云数据硬件防护体系和云安全评估体系。

——建设城市公共信息平台。完善城市公共基础信息体系,加强基础数据库建设,建设城市公共信息平台,完善数据协同、交换、共享、整合等系统,建成公共信息平台门户系统和接口服务系统,提供全市空间地理信息、政务信息资源等服务。加快建设企业综合服务运行平台,完善企业直报、数据采集处理、经济运行分析、信息服务及推送等系统。

——建设智慧城市管理平台。加快城市管理数字化、网格化体系建设,完善无线采集、监督受理、地理编码、综合评价等系统,提供智慧园林、市政、环卫等服务。打造智慧管网,实现地下管线信息与数字城管信息整合,完善城市地下管线基础设施结构体系和三维可视化系统。建设综合交通信息平台,完善道路交通监控、智能公共交通、物流公共信息、车辆动态监管系统。建设综合应急救援指挥平台,完善火灾、抢险救援等灾害预警事故处置调度系统。建设智慧社区综合信息服务平台,完善服务应用、信息采集、网络传输等系统,向市民提供智慧家居服务。

——建设基本公共服务平台。建设教育统一信息门户,完善班级"三通两平台"、教育视频自动录播系统、集成管理系统。完善市、县(区)两级卫生信息平台建设,提供电子病历、健康档案、移动护理和随访,实现"医疗一卡通"二级医院全覆盖。建设人力资源社会保障综合服务平台,完善社会保险自助、阳光就业、社保基金监控、电子档案系统,推进社会保障一卡通服务、医保费用跨市即时结算等服务。加快发展基于移动互联网的旅游服务系统和旅游管理信息平台。加强数字图书馆、数字档案馆、数字博物馆、数字方志馆等公益设施建设。

构建普惠泛在安全的信息基础设施。加快"宽带宿州"建设,支持下一代互联网、第四代移动通信、公共无线网络、广播电视网和物联网等网络基础设施建设,努力构建泛在普惠、人人共享、安全可信的信息网络。加快宽带网络光纤化改造,深入推进城镇光纤到户。加快TD-LTE网络建设和4G业务发展,加快下一代互联网商用部署,扩大无线宽带网络覆盖范围,大幅提升网络速率,不断降低网络资费,建设"无线城市"。聚合通信运营商网络接入,打造共享性和开放性的公共资源平台,提升市民访问的便捷性。积极推进三网融合,促进网络基础设施共建共享、互联互通。支持农村及偏远地区宽带建设和运行维护。建立健全以等级保护、网络信任体系和应急处理机制为重点的信息安全保障体系。到2020年,宽带网络全面覆盖城乡,固定宽带家庭普及率达到65%,移动宽带用户普及率达到85%,城市互联网出口带宽增加到2Tbps,城市家庭宽带接入能力达到100Mbps,农村家庭宽带接入能力达到20Mbps。

第三章　突出协调发展,形成统筹推进新格局

坚持城乡统筹,推进产业布局、基础设施网络、公共服务设施、生态环境一体化发展。坚持物质文明精神文明并重,经济建设国防建设融合,在协调发展中拓宽发展空间,在加强薄弱领域中增强发展后劲。

第一节　优化城镇空间格局

落实"一个尊重、五个统筹"的城市发展理念,以宿州中心城市为核心,京台高速和206国道发展轴联接宿州、淮北和徐州,310国道和301省道发展轴联接萧县、砀山县城镇板块,343国道发展轴联接灵璧县、泗县城镇板块,优化"一核、多轴、两板块"的城镇空间结构,努力形成以市区为核心、以县城为骨干、以乡镇为节点,功能定位清晰、片区布局合理、协同互动发展的区域城镇新格局。

提升中心城市能级。全面推进"大宿城"发展战略,编制"大宿城"发展规划,加快完善城市空间格局,提高城市综合承载能力。重点向东、向北发

展，向南适当发展，积极争取新设市辖行政区。主城区（老城区）加大改造力度，改善人居环境，提升城市品质，增强城市中心商圈的吸引力和辐射力。汴河新区重点发展云计算、文化创意、智能制造等产业，强化城市副中心功能，提高人口集聚能力，打造政务、文化、人居和高新技术研发中心。城南片区重点发展制鞋、生物医药、机械装备产业，完善城市功能，优化用地结构，推进产城融合，打造产业新区、人居新城。城东片区重点发展纺织服装、商贸物流等产业，加快推进旧城改造，加大基础设施投入，强化产业集聚，建设城东新城。高铁片区重点发展食品加工、机械装备制造、新能源新材料等产业，加快建设物流服务业集聚区，打造合作共建、产城融合、创业创新示范区。促进符离镇融入汴河新区、朱仙庄镇融入城东新区、桃园镇融入城南片区、蒿沟乡融入高铁片区一体化联动发展，加强与中心城区功能共享。

提升园林城市建设水平。强化建筑色彩、景观轴线、节点地标的高水平设计，塑造皖北水城和汉风雅韵的城市风貌特色。编制和完善中心城市绿地系统规划、门户景观建设规划等专项规划，围绕新汴河、沱河、濉河和唐河、芦岭湖、桃园湖等景观区，形成"两河三岸，三园抱城"的城市园林景观总体结构，构建"绿水穿城、绿楔润城"的空间格局。深入挖掘汉文化建筑元素，开展汴北新区核心区、道东片区、新汴河两岸地区等重点街区和滨水廊道、景观廊道城市设计，改造提升三角洲公园、沱河景观带、环城公园、运粮河公园、雪枫公园。结合旧城改造，充分保护开发隋唐运河遗址，挖掘运河文化，探索古运河两岸特色街区塑造，增加城市历史记忆。

加快县城提质扩容。推进县城进一步拉开城市框架，加快向重要交通节点拓展建成区范围。大力实施"555"工程，支持县城按照中等城市标准规划建设。以治脏、治乱、治违和增强功能、增加绿量、增进文明为突破口，建设特色彰显、功能完善、环境优美的县城，不断提升县城对县域经济社会发展的集聚、辐射和带动作用，打造区域次中心城市。支持有条件的县有序推进县改市工作。到 2020 年，力争 2 个以上县城建设成为 30 万人口的 I 型小城市。

加强重点镇建设。充分发挥人口集聚型、交通枢纽型、历史文化型和特色产业型重点镇功能，推进乡镇差异化、特色化、品质化发展。加快建设芦岭镇、大店镇、蕲县镇、李庄镇、白土镇、渔沟镇、大庄镇等重点镇，提高乡镇综合承载力，增强产业和人口集聚能力，构建新型城镇化和城乡统筹发展的重要载体。稳步开展撤乡并镇、撤乡设镇工作，适当减少乡镇数量。推进符离镇等开展"镇当县建"试点，每个县区打造 1—2 个具备小城市功能的重点镇。

第二节　推进以人为核心的新型城镇化

围绕"人、地、钱、规划、建设、管理"，加快形成有利于新型城镇化发展的体制机制，增强城镇承载能力和要素保障能力，有序引导农业转移人口就地市民化。到 2020 年，全市常住人口城镇化率达到 50%，户籍人口城镇化率达到 28%。

深化户籍制度改革。全面放开城镇落户限制，促进有能力在城镇稳定就业和生活的农业转移人口举家进城落户，并与城镇居民有同等权利和义务。实施居住证制度，拓宽居住证的服务保障功能，全面实现城乡创业就业、义务教育、住房保障、医疗卫生保障、养老服务等基本公共服务"五有并轨"，努力实现基本公共服务常住人口全覆盖。实现进城落户农民土地承包权、宅基地使用权及其地上房屋所有权、集体收益分配权、征地补偿权等"五权保障"，支持引导依法自愿有偿转让。建立农业转移人口市民化配套机制，健全实际居住人口登记制度、人口信息管理制度，完善城镇人口统计相关工作机制。落实和实施财政转移支付同农业转移人口市民化挂钩机制、城镇建设用地增加规模同吸纳农业转移人口落户数量挂钩机制。

提高城市规划建设管理水平。坚持精品规划。高位对接全省城镇体系规划，完善全市城镇规划体系，推进"多规合一"，加强空间开发利用管制。加强对城市空间立体性、平面协调性、风貌整体性、文脉延续性等方面的规划和管控，加强城市特色塑造。有效协调各类专项建设规划，划定城市发展空间、生态保护空间、重大基础设施建设廊道空间，强化空间资源配置。加快制定城市开发边界，划定"三区四线"和基本农田、生态保护红线。坚持精致建设。加快提升公共基础设施、公共服务设施、精品建筑等重点领域城市建设水平，增强城市的综合承载功能。深入开展治理违法建筑、违法用地和改造棚户区、城中村、老旧小区专项行动，大力提升城

市建设水平。坚持精细管理。健全城市治理委员会管理机制,健全城市管理问题、任务、措施、责任等清单制度,加快构建政府主导、部门共治、社会协同、群众参与的城市综合治理系统。深入推进城市管理执法体制改革,理顺管理体制,强化队伍建设,提高执法水平,创新治理方式,促进城市运行高效有序。

第三节　加快美丽乡村建设

坚持农民主体地位,广泛开展自然村环境整治,提高美丽乡村规划建设管理水平,加快推进中心村建设,全面实施美好乡镇建设,实现美丽乡村建设由“以点为主”向“由点带面”战略转换。提高村庄规划建设水平,优化空间布局,加强对农村居民住宅建设管理,合理控制村庄聚集规模。充分尊重传统的村落布局模式,形成地域性的乡村风貌,系统保护乡村历史文化遗产、景观风貌和人文资源,推进历史文化名村建设,传承乡土文化形式和内涵。加大财政投入力度,完善涉农资金整合机制,加快农村道路、电网、通信、安全饮用水等基础设施建设,不断完善学校、卫生所、文化站、邮政网点等公共服务设施。加强和改善农村社会综合管理,倡导文明新风,培育科学、健康、文明的生活方式。结合农村清洁家园、清洁田园、清洁水源建设,深入推进“三线三边”和农村环境综合治理,全面改善农村生产生活条件,健全环境长效管护机制,努力打造农民幸福生活美好家园。优先开展乡镇政府驻地中心村建设,同步推进乡镇政府驻地建成区整治建设,到2017年,全市所有乡镇基本实现乡镇政府驻地美丽乡村建设和建成区环境治理的“全覆盖”。加快泗县美丽乡村建设整县推进试点工作,到2018年,80%以上布点中心村达到美丽乡村建设要求,90%以上村庄生活垃圾得到有效治理。到2020年,确保美丽乡村建设目标与全面建成小康社会同步实现。

第四节　强化城乡基础设施建设

按照“提质提效、完善功能、保障发展、改善民生”的原则,继续扩大有效投入,加快提升基础设施现代化水平,着力增强经济社会发展承载力。

加强水利基础设施建设。按照“节水优先、空间均衡、系统治理、两手发力”的治水思想,大力发展现代水利,提升防洪减灾能力,保障水资源供给。

——工程水利。加快实施怀洪新河洼地治理、中小河流治理、城市及工业园区防洪排涝、老汪湖蓄滞洪区改造、中型病险水闸加固等工程,大力推进奎濉河治理、新汴河洼地治理等工程,逐步建立较为完善的防洪排涝减灾体系。力争新汴河大堤城区段及城市防洪能力达到100年一遇,奎濉河、沱河、北沱河、唐河、大沙河等重要支流防洪标准达到20年一遇。

——资源水利。加快实施淮水北调宿州配水工程、城市和县城应急(备用)水源地及配套管网建设工程、抗旱应急水源工程,大力推进南水北调东线调水至萧砀工程、采煤沉陷区雨洪资源利用蓄水工程。全面实施城市水源工程,有序推动城区和县城应急(备用)水源地及配套管网工程建设,逐步提高水资源供给能力。全面实施农村饮水安全巩固提升工程。

——民生水利。加快粮食主产区农田水利建设步伐,推进小型农田水利重点县、农田水利“八小工程”、新增千亿斤粮食田间工程等重点项目。加快推进大中型灌区续建配套,重点实施新汴河灌区续建配套与节水改造等工程建设。加强农村沟渠与排水系统建设和整治。力争在“十三五”期间,每年建设1－2个重点中型灌区,新增有效灌溉面积1.47万公顷,改善灌溉面积2万公顷,恢复灌溉面积0.4万公顷。

强化能源基础设施支撑。坚持保障发展和环保优先,进一步优化能源供给和利用方式,推动煤电产业、新能源产业可持续发展,构筑多元、安全、高效、绿色能源供应保障体系。

——稳步推动煤炭资源开发。加大化解过剩产能力度,推进矿权整合,关闭退出资源枯竭、灾害严重、扭亏无望等矿井,有序开发煤炭资源。实施煤炭资源安全改造工程,推进煤炭绿色开采,加强矿区资源综合利用,促进煤炭清洁高效转化,延伸产业链条,重点推进宿南煤层气开采。开展张大屯、朱楼煤矿前期工作。

——有序推进煤电联营电源点建设。重点发展低热值煤发电、资源综合利用发电项目。建成宿州钱营孜低热值煤发电工程,推进宿州祁县低热值煤发电、华电宿州电厂二期扩建工程。

——大力发展新能源发电产业。因地制宜发展风能、太阳能、生物质能等新能源和可再生能源,有序替代传统煤电消费。支持建设低风速技术装备的风电场，促进风电集中连片开发。鼓励利用荒山荒坡、滩涂、大棚、采煤沉陷区等建设光伏电站，利用企业厂房、公共设施、城乡社区等发展分布式光伏发电。充分利用农业秸秆资源，推动城乡垃圾资源化利用，大力发展生物质发电和生活垃圾发电。积极推广普及新能源汽车应用，加快推进电动汽车充电基础设施建设。稳步开展地热能、空气能利用。力争到2020年，全市新增风电装机容量500兆瓦，新增光伏发电装机容量1300兆瓦，生物质能发电装机规模达到200兆瓦，新能源电力装机累计2000兆瓦，建成集中式充换电站50座和分散式充电桩1.8万个，打造国家新能源应用示范城市。

——加快电网、油气管网基础设施建设。适应城乡发展和产业升级新要求，全面实施电网滚动规划，加快电网建设。大力发展智能电网，加大城乡配电网建设改造力度，力争2020年，电网结构更加优化合理。实施天然气综合利用工程，全面落实天然气发展利用规划，加快建设天然气输气管道、门站、加气站和液化天然气储备设施，积极发展天然气分布式能源。到2020年，实现天然气管道县县通，全市年用气量达3亿立方米，为“气化宿州”奠定基础。

改善城市基础设施。加快完善城市交通、供排水、综合管廊、公共安全等基础设施，构建安全高效便利的市政公用设施网络体系，不断提升城市综合承载能力。

——城市交通。加快中心城区和县城道路、桥梁等工程建设，构建高效便捷的城市快速路网体系。加强城市功能片区间联系，积极谋划推进宿州城市轨道交通项目，适时推动轨道交通延伸至灵璧、泗县，支持萧县对接徐州地铁1号线建设。坚持公共交通优先发展，优化线路布局，谋划设计公交专用道，加快公交首末站建设，推动农村客运班线公交化，方便城乡居民出行。进一步健全城市慢行交通体系，完善公共自行车系统，加快城市绿道建设，主城区绿道实现循环。

——供排水和垃圾处理设施。以“海绵城市”的理念修编城市总体规划、控制型详细规划，科学编制城市排水防涝、绿地水系等专项规划，在新建城区、新建园区、旧城改造等领域，优化城市绿地与广场建设，综合采取“渗、滞、蓄、净、用、排”等措施，加快建设“海绵城市”。推进供水、排水、污水处理统一规划、建设和管理，加快雨污分流改造，提高供排水管网有效覆盖率、城镇集中供水率、污水集中处理率，提升给排水保障能力。加快配置城乡标准化垃圾收集箱、垃圾处置点、垃圾收集车、机械化清扫车等垃圾处理设施，实现中心城区和县城垃圾集中处理厂全覆盖。

——城市地下管线。编制城市地下管线综合规划，统筹城市燃气、热力、电力、通信、广播电视、工业等管线及其附属设施入地，改造老旧管网，提高维修、养护和改造管理水平。推进城市新建道路、工业园区地下综合管廊建设，同步配套消防、供电、照明、监控与报警、通风、排水、标识等设施。探索建设维护、定价收费、运营管理等新模式，提高综合管廊建设管理水平。

——公共安全设施。加快完善城市气象灾害监测和预警体系建设，重点推进县区气象防灾减灾工程。高标准建设地震预报、监测系统和防震工程。加强公共消防基础设施建设，加快布点消防站和消火栓，提升城镇抵御火灾的能力。加快人防设施建设，推进组织指挥系统和通信警报网络系统。有序建设突发灾害和安全事件的人口疏散、隐蔽和物资储运基地及相应的配套工程。

第五节　加强精神文明建设

坚持社会主义先进文化前进方向，坚持以人民为中心的文化工作导向，积极构建和完善现代公共文化服务体系和开放有序的文化市场，不断提升文化引领力、服务力和竞争力，建设充满活力的文化强市。

提高公民素质。用中国梦和社会主义核心价值观凝聚共识、汇聚力量，弘扬社会主义先进文化，全面提高公民文化素质。加强思想道德建设和社会诚信建设，增强国家意识，倡导文明、和谐、进取、自律，唱响主旋律，传播正能量，形成讲正气、知荣辱、乐奉献、敢担当的良好风尚。弘扬法治理念、法治精神，引导人们自觉尊法学法守法用法。传承中华民族优秀传统文化，深入推进社会公德、职业道德、家庭美德、个人品德建设，构建崇德向善的社会价值取向。培育科学创新精神，弘扬创新创业风尚，建设学习型社会，营造奋发进取、开放包容、风清气正的社会风气。广泛开展群众性精神文明创建及文体活动，不断提高社区文化、村镇文化、企业文化、校园文化等建设水平。倡导全民阅读，提升公民人文素养和审美情趣,塑造良好的人文环境,共建人文宿州。以“十六城同创”为抓手,争创全国文明城市。

完善公共文化服务。发挥文化在提升居民整体幸福指数中的巨大作用,推动基本公共文化服务标准化、均等化发展。继续完善市、县(区)、乡(镇)三级公共文化基础设施,基本实现公共文化服务设施规范化,人才队伍建设制度化。加快市级文化设施、县(区)公共图书馆、博物馆、文化馆、科技馆等场馆建设。优化提升街道、乡镇综合文化活动中心,建设农民文化乐园和城市社区文化活动中心。

丰富文化产品供给。创新文化服务方式,加大政府文化服务采购力度,推进公共文化设施、文化资源和文化产品“菜单式”“订单式”服务。鼓励文化协会、经纪人和中介机构等民间文化组织发展,活跃和繁荣文化市场。积极开展群众性、公益性文化艺术活动,推进文化、戏曲进社区、乡村、校园、园区等,提高全民文化活动参与率。支持文化艺术创作,深入挖掘本土文化资源,力争创作一批具有全国影响力的文化精品。重视网络文化产品供给,加强网上思想文化阵地建设,发展健康向上的新媒体和网络文化。

保护开发文化资源。健全和完善文化遗产保护机制,建立市级文化遗产名录,加强隋唐大运河遗址等重点文化遗产、遗址和文物的保护性开发。支持申报千年古县、千年古镇、千年古村。挖掘和整合楚汉文化、孝贤文化、书画文化、钟馗文化、戏曲文化、马戏文化等历史文化资源,创新载体,打造人文荟萃、特色彰显的宿州文化,为城市发展提供精神动力和文化支撑。

发展文化产业。推动传统特色文化产业整合发展,推进文化产业与金融、旅游、科技创新等产业融合发展,大力发展文化创意、动漫等现代文化产业,加快形成集聚效应、市场效应和区域效应。鼓励文化企业跨地区、跨行业、跨所有制兼并重组,扶持民营文化企业转型升级,支持市演艺集团加快发展,培育一批主业突出、成长性好、品牌效应明显、核心竞争力强的现代骨干文化企业或企业集团。推动文化产业品牌建设,打造文化产业聚集区。

第六节　推动军民融合发展

统筹经济建设和国防需求,探索推动全要素、多领域、高效益的军民融合发展。推进重点领域军民融合,完善提升高速公路、国省道干线等交通战备功能,引进社会资本参与城市人防等国防设施建设。大力推进军转民、民参军,支持军民融合产业发展,促进优势民营企业进入军品科研生产和维修领域。完善市场准入和退出机制,采取公开招投标等方式保障军队和国防动员需求。扶持军民结合产业示范基地创建、特色产业集群培育和军民信息服务平台建设。建立健全适应军民融合新要求的军地协调对接机制、军地需求对接机制和资源共享机制。普及深化全民国防教育,增强全民国防观念。加强国防动员和后备力量建设,提高平战转换能力,增强国防动员潜力。加强现代化武装警察部队建设,抓好人民武装、民兵预备役和人民防空工作。密切军政军民团结,争取蝉联“全国双拥模范城”荣誉称号。

第四章　突出绿色发展,实现生态环境新改善

坚持绿色和可持续发展,牢固树立尊重自然、顺应自然、保护自然的生态文明理念,把生态文明建设融入经济社会发展各方面、全过程,强化健全生态文明制度体系,全面促进资源节约集约利用,进一步加大环境治理和生态保护力度,努力将生态优势转化为发展优势,建设“天蓝、地绿、水净”的美丽宿州。

第一节　落实主体功能区战略

发挥主体功能区作为国土空间开发保护基础制度的作用,编制市县主体功能区规划,逐步建立健全以主体功能区划为基础的差别化区域开发政策和绩效考核办法,促进人口、经济、资源环境空间均衡发展,形成城镇建设有序、产业定位清晰、人与自然和谐相处的区域空间开发总体战略格局。

城镇化与工业化集聚发展区。主要包括市中心城区(含4个卫星城镇)、县城、省级开发区,以及芦岭镇、大店镇、祁县镇、李庄镇、白土镇、圣泉乡、渔沟镇、下楼镇、屏山镇等重点乡镇,是全市新型工业化发展的集聚区,新型城镇化建设的核心区和承载农村人口有序转移的重点区。着力推进工业化、城镇化进程,加大基础设施建设投入,增强公共服务功能,推动产城一体化发展,提高区域综合承载能力,打造成为全市人口、产业和经济密集区。

农业发展区。主要包括除城镇化与工业化集聚发展区域外的其他乡镇，是粮食安全重点保障区、优质安全农产品主产区、特色种养集聚发展基地，现代农业和农业产业化发展示范区，美丽乡村建设和城乡统筹的重点区域。以基本农田和一般农田保护为重点，以保障国家粮食安全、促进农业农村发展为目标，适度进行点状开发，限制进行大规模、高强度的工业化城镇化开发活动。切实保护耕地，优化农业产业结构，开展农业规模化经营，全面推进农业现代化进程，加快形成高效安全的农业发展战略格局。

生态涵养区。主要包括大方寺、小山口、皇藏峪、石龙湖、大运河、老汪湖等各类自然保护区、文化遗产、森林公园、湿地公园，以及饮用水源地保护区、地下水防护区、采煤沉陷区、地质灾害易发区、蓄涝洪区、城市绿地、防护林带、文物保护单位保护范围等区域，是全市重要的生态屏障和生态产品供给区，维系城乡居民生活、传承历史文化的重要载体。依法严格管制各类开发活动，积极引导与主体功能不符的产业迁移退出，适度发展生态旅游、生态农业等绿色产业。实行更加严格的产业准入环境标准和碳排放标准，确保生态平衡和自然文化特色。

第二节　节约集约利用资源

坚持节约优先，树立节约集约循环利用的资源观。强化约束性指标管理，实行能源和水资源消耗、建设用地等总量和强度双控制度，大力发展循环经济，努力建设资源节约型社会。

深入推进节能降耗。严把固定资产投资项目节能审查关，对高耗能行业新增产能实行能耗等量或减量置换。突出抓好工业领域节能，实施高耗能行业产品能耗限额标准体系。推行合同能源管理。强化电力需求侧管理，落实环保电价政策。推进建筑、交通运输、公共机构、农业生产等行业节能，加快节能新技术、新材料、新设备的推广利用。开展省级节能示范城市创建工作。

实行最严格的水资源管理制度。编制节水规划，合理制定水价，建设节水型城市。推进工业、农业、城镇等重点流域节水改造，推广使用节水技术、工艺和产品，加大再生水利用。积极推进地下水资源管理立法工作，加强水源地保护，开展水资源勘界及普查，推动地下水超采区综合治理，强化供水全过程管理，确保饮用水安全。积极发展节水型工业，推动工业用水循环利用。大力发展节水灌溉，改善农业节水设施设备，推广抗旱节水品种和技术。

实施最严格的节约用地制度。强化土地利用总体规划和年度计划管控，加强土地用途转用许可管理。建立建设用地使用标准体系，明确各类开发园区新建项目供地条件，严控限制类项目用地。全面推进城区、开发区节约集约用地评价，强化开发园区用地管理，建设标准化厂房。严格控制农村集体建设用地规模。推进城镇低效用地再开发和工矿废弃地复垦。

大力发展循环经济。按照减量化、再利用、资源化的原则，加快建立循环型产业体系和资源回收利用体系。加强产业园区、重点企业循环化改造，构建循环型工业体系。积极发展再制造产业。加快发展高效生态农业，推广种养结合、农林牧渔多业共生的循环型农业生产方式，建设一批特色循环农业示范园。开展煤矸石、粉煤灰、煤系伴生高岭土、残矿等大宗固体废弃物综合利用。开发利用“城市矿产”，进一步完善城乡再生资源和垃圾分类回收体系，推动可再生资源利用产业化。继续推进宿州建筑垃圾处置和资源化再利用试点。力争到2020年，工业固体废物综合利用率达到95%，农作物秸秆综合利用率达到85%，城市生活垃圾资源化利用率达到50%左右。

第三节　加大环境治理力度

以提高环境质量为核心，实行最严格的环境保护制度，深入实施大气、水、土壤污染防治行动计划，形成政府、企业、公众共治的环境治理体系，创建国家环保模范城市。

实施大气污染防治行动计划。严格实行环境空气质量和大气污染防治工作“双考核”制度，持续加强建筑施工、矿山、道路扬尘治理，提升改造电力、化工、水泥等工业领域低氮燃烧、除尘、脱硝、脱硫设施，强化二氧化硫、氮氧化物、颗粒物及挥发性有机物污染治理。全面开展市、县级PM2.5监测。

实施水污染防治行动计划。严格执行水污染物排放标准和总量控制制度，加大造纸、化工、食品饮料等重点行业废水治理，加强生活污水治理，实现中心城区、开发区、重点镇污水处理设施全覆盖和稳定运行。落实水功能区达标行动计划，综合应用控源截污、内源治理、生态修复等措施，集中消灭一批城镇黑臭水体,基本消除劣五类水质。

实施土壤污染防治行动计划。加大农业面源污染防治力度,统筹农村饮水安全、改水改厕、垃圾处理。大力发展生态农业,推广测土配方施肥,推动畜禽水产标准化养殖。加强秸秆综合利用和禁烧工作,推进种养业废弃物资源化利用、无害化处置。加强重点地区土壤监测、评估和恢复治理。

第四节 筑牢生态安全屏障

严守生态红线,坚持保护优先、自然恢复为主,加强山、水、林、田、湖保护和修复,加强自然保护区、湖泊湿地、森林公园等未开发利用地、生态敏感地保护,加强城市生态园林景观打造和水生态恢复,全面提升城乡自然系统稳定性和生态服务功能,创建国家生态市。

打造森林生态屏障。以农田保护为中心,高标准平原绿化为抓手,构筑生态安全屏障,打造砀萧果林生态区、皇藏峪－大五柳风景名胜区、灵泗文化旅游区等生态板块。以主要河流、铁路、高速公路、国省道干线、城市快速路为骨架,加快建设市域生态廊道、防护绿带、景观绿地,筑牢水系林网、农田林网、骨干道路林网等生态安全网络。加快推进千万亩森林增长工程,实施重要生态公益林保护和退耕还林、封山育林、石质荒山、未利用地或废弃地造林等绿化工程,增加森林面积和蓄积量。扎实推进“三线三边”绿化提升和森林城市、森林长廊、森林城镇、森林村庄创建工作。力争到2020年,全市森林覆盖率达到32.8%以上,积极创建国家森林城市。

改善水生态环境。建设“水生态文明城市”,编制完成中心城市水系治理规划,实施中心城市河湖水系沟通工程,增强蓄排水调节能力和生态功能。加快推进埇桥采煤沉陷区综合治理,以生态宜居、产业创新为重点治理目标,以水源调蓄、土地复垦、生态重建、产业转型为主要治理手段,提升芦岭湖和桃园湖等沉陷区生态功能,建设皖北地区水生态示范工程,推进宿州中心城市由“滨河时代”(新汴河、沱河)向“滨湖时代”跨越。建设“水环境优美乡村”,实施新汴河、濉唐河、奎河、奎濉河、沱河、浍河、唐河、石梁河等流域环境综合治理和水功能区达标建设。开展黄河故道综合治理,以水源充沛、交通便捷、生态自然、环境优美、文化厚重为目标,实施水系沟通与水源调蓄、城乡供水与农田灌溉、农村交通与路桥改造、环境保护与生态修复、遗址保护与文化传承等工程,努力打造成一条清水河道、生态廊道、旅游故道和优美水道,恢复黄河故道自然风貌和历史风情。完善隋唐大运河水生态环境,保护世界文化遗产。

增加城市生态空间。开展城市生态环境绿化美化行动计划,加快实施门户节点景观、城区主干道全面增绿、道路节点游园、水体岸线绿化、新建改建道路绿化达标、林荫步道建设、市民农园建设、单位和小区绿化提升等工程。鼓励县城和乡镇以多种形式增加绿化面积和生态空间。力争到2020年,中心城市建城区绿化覆盖率达到40%以上。

第五节 加强生态文明制度建设

深入推进多层次生态文明建设试点示范,形成有利于生态文明健康发展的长效机制。健全政绩考核和责任追究制度,把生态环境指标纳入目标管理考核评价体系,建立领导干部任期生态文明建设责任制、问责制及离任审计制度。建立健全自然资源资产产权制度和用途管制制度。健全生态环境保护管理制度,建立覆盖所有固定污染源的企业排放许可制,实施工业污染源全面达标排放,落实环保机构监测监察执法垂直管理制度,健全环境信息公布制度和突发事件应急管理机制。健全资源有偿使用和生态补偿制度,推进节能量、碳排放权、排污权、水权交易试点和环境污染强制责任保险制度,积极实施环境第三方治理。完善矿产资源有偿使用制度,推进能源、水资源、矿产资源按质量分级、梯级利用。

第五章 突出开放发展,打造合作共赢新高地

抢抓国家和省重大战略机遇,全面加强区域经济合作,积极推动对内对外开放相互促进、引进来和走出去更好结合,实现开放合作向结构优化、空间拓展、效益提高方向转变,加快形成内陆开放新高地。

第一节 主动融入国家三大战略

充分对接国家“一带一路”、长江经济带和京津冀协同发展战略,找准自身发展定位,加快适应对外开放新格局,为全市经济社会发展注入新动力、拓展新空间。

主动参与“一带一路”建设。在基础设施互联互通、交通物流、通关一体化、产业配套协作等方面，加强与陇海兰新铁路沿线城市合作，积极推动新亚欧大陆桥经济走廊建设。充分利用各类合作交流平台，推动与“一带一路”沿线国家和地区开展经贸往来、产业投资和文化交流活动。

积极参与长江经济带建设。主动融入长三角分工合作，把握长三角地区产业转型升级和产能转移大趋势，大力承接装备制造、电子信息、轻纺鞋服、食品加工、商贸物流等产业转移。进一步强化在资金、技术、信息、人才等方面的交流合作，深化泗县海盐工业园、萧县泉山工业园等园区合作共建，推进与上海张江高新技术产业园战略合作。积极利用长三角开放合作平台，通过“多三角、放射状”大交通联动发展和区域通关一体化改革，营造更加便捷高效的对外开放环境。

加强推进与京津冀、珠三角、港澳台等其他区域合作，承接非首都功能疏解和鞋服、电子信息等产业转移，培育增长新优势。

第二节 加强区域合作交流

主动衔接中原经济区发展战略，全面参与淮海经济区核心区和淮河经济带合作发展，进一步加强南北结对合作，促进区域间产业、市场和要素资源的全方位对接，不断提升区域合作发展水平。

加强对接中原经济区建设。抓住中原经济区一体化发展机遇，全面推进经济区内产业、交通、旅游、环保、人才等方面的合作对接。强化产业互补和联动发展，推进煤电化、现代农业、农副产品加工、现代物流等重点项目和企业间合作，共同构建区域大产业链。加快经济区内铁路、公路、水运等重大基础设施项目建设，在“四化同步”发展方面，努力争取先试先行政策。

主动推进淮海经济区核心区一体化建设。加快建立跨省际区域合作协调机制，共同争取淮海城市群早日上升为国家战略。强化核心区之间交通联网畅通，实现与连云港海港、徐州空港的便捷连通，加快融入区域物流体系，进一步畅通对外开放渠道。立足比较优势，加快装备制造、能源、建材、食品及农副产品加工等产业对接。推动区域旅游同城化，共同打造“两汉文化”“运河文化”“淮海战役红色文化”精品旅游线路。协同推进采煤沉陷区治理和生态环境修复工程，提升区域环境质量。进一步拓展区域合作领域，积极推动市场准入、科技创新、金融服务、人力资源和社会保障、环境保护等一体化进程。

全面参与淮河流域综合治理和振兴发展。加强与淮安、蚌埠、信阳等城市的产业分工合作，共同促进淮河经济带产业振兴。加强淮河流域生态环保协作，促进生态保护和水资源优化配置。强化与沿淮城市基础设施对接，积极开发沱浍河、新汴河航道，连接淮河黄金水道。

深化南北结对合作。用足用活支持皖北发展各项政策，加强与马鞍山市多层次合作，借助产业、资本、人才和管理经验，推进优势互补、产业互促，促进跨越式发展。发挥宿州马鞍山现代产业园区示范作用，推动两市县区结对共建园区，加快建设泗县当涂现代产业园区，进一步提高合作共建水平。

第三节 提升招商引资水平

以建设招商强市为目标，以“工业项目、招大引强、税源企业和环境保护”为导向，构建稳定透明可预期的法治化营商环境，打造发展政策洼地、服务环境高地、投资兴业宝地。加快承接沿海地区转移趋势明显的电子元器件装配、家电、金属制品、通信设备、计算机、仪器仪表等产业，加大新材料、新能源、高端装备制造等新兴产业招引力度。推进招商方式与时俱进，突出精准招商、以商招商、产业链招商，实施专题推介招商、商会招商、委托招商和驻点招商，鼓励依托标准化厂房、低效闲置土地等开展“零土地招商”和“二次招商”，努力提高招商精准度和产业集聚度。推动引资引智引技并举，拓展招商引资新内涵。加强与央企、省属国有企业的战略性合作。积极做好利用国际金融组织贷款工作，探索收购兼并、清洁发展、项目融资等利用外资新方式。到2020年，全市引进世界500强企业20家以上，其中各县区、市直园区每年引进1家以上；引进全国500强民营企业40家，其中各县区、市直园区每年引进2家以上。

第四节 大力发展外向型经济

加快推广中国（上海）自由贸易试验区可复制改革试点经验，在投资、贸易便利化、金融、服务业开放等领域，推进准入前国民待遇加负面清单、全面备案有限核准等外资管理体制改革。以技术、标准、品牌、质量、服务为核心，提高产品科技含量和附加值,培育外贸竞争新优势,扩大出口规模。推动加工贸易转型升级,做大做强一批外贸骨干企业,鼓励企业借助境内外展会平台,积极打造具有国际竞争力的优质农产品和服装成鞋出口基地。加快发展服务贸易,依托云计算基地,引进培育竞争力强、成长性好的服务外包企业。通过数据共享、资源整合和增值服务提升进出口企业综合竞争力。支持企业进口先进技术设备和关键零部件,稳步增加一般消费品进口规模,提高经济外向度。推进海关监管制度创新、检验检疫制度创新,加快海关及配套设施建设,实现宿州海关建成开关,主动参与区域通关一体化。加强口岸和特殊监管场所建设,筹备建立公安边防机构,争取设立宿州二类铁路口岸,积极与出海港口对接合作,推进建设内陆"无水港"。支持企业和园区建设各类保税仓库,争取申报建设保税物流中心。加快"走出去"步伐,着力完善"走出去"支持服务体系。引导有实力的企业采取贸易、投资、工程承包等方式开展对外合作,推动装备、技术和劳务走出去,支持企业在境外建设原材料基地和生产基地。

第五节　强化大通道建设

以打造区域性综合交通中心为目标,加快构建立体综合交通运输体系,积极发展多式联运,推进交通运输现代化,基本形成高品质的快速运输网和广覆盖的基础运输网。

铁路。以完善网络、扩大能力、提高水平、构筑枢纽为方向,提升改造既有线路,加快推进合肥—泗县—新沂高速铁路、三门峡—亳州—宿州—江苏沿海港口铁路、合肥—蚌埠—宿州—淮北和徐州—淮北—宿州—阜阳城际铁路等项目,建设铁路客货运站场,有效提高宿州对接省内、通达苏豫鲁等周边地区的快速客运、货运能力。到2020年,在全市范围内形成"四纵三横"的铁路网。

公路。加快高速公路网络化,打通现有高速公路,新建徐州—宿州—蚌埠高速,开展宿州—阜阳等高速前期工作,有序推进连霍高速改扩建,到2020年,在全市范围内形成"四纵三横"的高速公路网,进一步提升对外通行能力。积极对接联通四省交界区域公路网,加强国省干线公路改造,力争国省干线公路全部达到二级以上公路标准,实现跨区域市到市、市到县、县至县、高速公路出入口等主要节点一级公路通达。实施农村道路畅通工程,县道有条件的争取达到二级公路标准,乡道有条件的争取达到三级公路标准。改造或新建符离大道等一批旅游公路,提升旅游通达能力。

水运。提升航道等级,强化重点港区和沿河船闸建设。加快推动沱浍河、新汴河航道升级整治和综合开发,谋划开发濉河新河航道,力争贯通洪泽湖,连接大运河,实现通江达海。

航空。积极推进宿州民航机场建设,按照4C级标准建设跑道和航站楼,力争2020年建成投入使用。加快全市通用航空布局,积极引入社会资本参与通用机场建设运营和管理,重点推进砀山、泗县、埇桥通用机场项目。

客货运站场。依托重点交通节点,规划建设一批客运中心、货运枢纽,大力发展甩挂运输、集装箱运输和多式联运,提升客货集疏运能力。加快推动县乡客运站场升级改造。

第六章　突出共享发展,着力增进民生新福祉

以共建共享为核心,实施民生工程,兜住民生底线,全面消除贫困,促进基本公共服务均等化,提高社会发展和社会保障水平,实现全体居民共同迈入全面小康社会,建设"幸福宿州"。

第一节　打赢脱贫攻坚战

积极贯彻国家和省市扶贫工作部署,深入实施扶贫开发,构建政府、社会、市场协同推进的大扶贫格局,不断提高贫困群众生活水平和质量,确保现行标准下农村贫困人口2018年全部脱贫,四县一区全部摘帽。

实施精准扶贫。坚持分类施策,深入实施扶贫对象、措施到户、项目安排、资金使用、因村派人、脱贫成效等"六个精准"。对有劳动能力的贫困居民加强就业创业基本技能培训,对居住在采煤沉陷区等"一方水土养不起一方人"的贫困居民实施异地搬迁安置,对居住地生态特别重要和脆弱的贫困居民实行生态保护扶贫,对无劳动力的五保户、低保户等贫困居民实施兜底性保障政策,对患重大疾病或身体残疾的贫困居民提供医疗救助保障。实行低保政策和扶贫政策衔接,对贫困人口应保尽保。

突出专项和行业扶贫。坚持普惠政策和特惠政策相结合,在加大对农村、农业、农民普惠政策支

持的基础上，对贫困人口实施特惠政策，进一步加强专项和行业扶贫。持续推动整村推进、“雨露计划”、产业扶贫、光伏扶贫、电商扶贫、乡村旅游扶贫等专项扶贫载体建设，发挥行业管理部门扶贫作用。加强金融扶贫，加大财政扶贫投入，不断增加扶贫资金投放渠道和规模。

加强贫困村基础设施建设。整合各类资源、集中力量，加大贫困地区教育、医疗、文化等公共服务设施投入，加强贫困村道路改造、农网升级、安全饮水、清洁家园、危房改造等扶贫重点工程，切实解决贫困人口饮水、出行、住房、通电、网络、教育、医疗等问题。对开发矿产资源等占用集体土地的，试行给原住居民集体股权方式进行补偿，探索对贫困人口实行资产收益扶持制度。

健全扶贫机制。落实脱贫工作责任制，构建市县乡村层层落实责任的治理格局。市、县区、乡镇党政主要负责同志切实履行扶贫开发第一责任人责任，对县区重点考核脱贫成效。全面推进“单位包村、干部包户”制度，确保每个贫困村都有定点帮扶单位、每个贫困户都有帮扶责任人。健全扶贫动态管理机制，建立和完善全市扶贫信息管理系统，实现贫困村和贫困户建档立卡全覆盖。以县级为平台，加强扶贫资金整合，建立扶贫项目资金公开制度，定期开展扶贫资金审计。加强贫困村基层组织建设，坚持选派干部与贫困村自身班子建设相结合，发展村级集体经济。大力鼓励社会扶贫，鼓励和引导各类企业、社会组织和个人以多种形式参与扶贫开发。

第二节　加快发展教育事业

全面贯彻党的教育方针，落实立德树人根本任务，加强社会主义核心价值观教育，培养德智体美全面发展的社会主义建设者和接班人。深化教育改革，把增强学生社会责任感、创新精神、实践能力作为重点任务贯彻到国民教育全过程。

普及15年基础教育。实施第二个学前教育三年行动计划，健全学前教育办园标准，加快发展普惠性学前教育，重点发展农村学前教育、公办幼儿园和普惠型民办幼儿园，建立政府主导、社会参与、公办民办并重的办园体制。力争到2020年，城镇每3万常住人口建设1所公办幼儿园，学前三年毛入园率达到90%。促进义务教育均衡发展，合理配置城乡义务教育资源，改善义务教育薄弱学校办学条件，推进公办学校标准化建设，确保各县区通过国家义务教育均衡发展认定。推动普通高中多样化特色发展，促进办学体制多元化，扩大优质高中资源。保障进城务工人员随迁子女、农村留守儿童、残疾人士等困难人群平等享受义务教育的权利，公办学校普遍对随迁子女开放。建立健全中小学教师“无校籍”管理和“省考县管校聘”制度，以县域内师资平衡为重点，推进教师定期交流，解决择校难题，促进教育公平。加强教师队伍建设，提升教师队伍整体素质，提升乡村教师地位待遇。规范中小学办学行为、减轻中小学课业负担。解决城镇中小学大额班问题。重视和加强民族教育。完善资助方式，实现家庭经济困难学生义务教育资助全覆盖。逐步分类推进中等职业教育免除学杂费，率先从建档立卡的家庭经济困难学生实施普通高中免除学杂费。

大力发展职业教育。整合职业教育和技工教育资源，优化院校布局和专业设置，加快建设市、县、区职教中心，提升职业教育办学条件。改革职业教育培养模式，促进产教融合、工学结合、校企合作。加强职教基础能力建设和教师队伍建设，积极推动职业教育与高等学历教育融合互促发展。

积极发展其他教育。面向全市经济社会发展重点领域，积极发展成人教育，统筹学历、非学历的继续教育，办好城乡社区教育和老年教育，提高特殊教育办学质量，更好满足人民群众日益增长的多样化教育需求。推动教育信息化，发展远程教育，逐步构建终身教育体系和学习型社会。

支持在宿高校建设。支持宿州学院、宿州职业技术学院、皖北卫生职业学院改善办学条件，引导社会力量多元化投入，加强产学研合作，提升综合办学实力。

第三节　提高就业创业和居民收入水平

把扩大就业、提高居民收入放在经济社会发展更加突出的位置，实施更加积极的就业政策，构建完善的就业创业服务体系，促进居民收入增长和经济增长同步。

坚持就业优先战略。千方百计稳岗增岗，健全税费减免、社保补贴、岗位补贴、小额担保贷款等政策，大力发展吸纳就业能力强的制造业、服务业、民营企业等行业企业，完善创业服务平台，支持自主创业，加大对灵活就业、新就业形态的支持，促进劳动者自主就业,着力缓解结构性就业矛盾。完善就业援助制度,积极开发城市管理、社区服务、保洁绿化等公益性岗位。加强人力资源市场建设,完善市县就业信息服务平台建设,促进就业信息互联互通、共建共享。健全面向全体劳动者的终身职业培训体系,对贫困家庭子女、城镇困难人员、失业人员、转岗职工、农业转移人口、退役军人等重点群体实现免费培训。打破城乡、地区、行业分割和身份、性别歧视,维护劳动者平等就业权利。落实带薪休假等制度。建立和谐劳动关系,全面实施劳动合同制度,加强协调劳动关系三方机制建设,维护职工和企业合法权益。

提高居民收入水平。增加合理工资性收入,建立健全科学的工资水平决定和正常增长机制。完善工资指导线制度、最低工资增长机制和支付保障机制,推行企业工资集体协商。落实机关事业单位工资正常调整机制。拓宽居民财产增值方式,多渠道增加居民财产性收入。完善由市场评价资本、知识、技术、管理要素贡献并按贡献分配的机制,加快建立科技成果入股、岗位分红权激励等多种分配方式。实行有利于缩小收入差距的政策,完善个人所得税制度,增加低收入劳动者收入,扩大中等收入者比重。保护合法收入,规范隐性收入,遏制以权力、行政垄断等非市场因素获取收入,取缔非法收入。

第四节　完善社会保障体系

坚持广覆盖、保基本、多层次、可持续的基本方针,贯彻落实国家和省社保改革方案,健全城乡社会保障体系。

健全社会保险制度。大力实施全民参保计划,积极推进灵活就业人员、农民工、被征地农民、低收入困难群体参加社会保险,基本实现法定人员全覆盖。推进新型农村合作医疗和城镇居民基本医疗保险制度并轨,将生育保险和基本医疗保险合并实施,进一步扩大失业保险、工伤保险覆盖面,提高参保率和保障水平。健全医疗保险稳定可持续筹资和报销比例调整机制,完善异地直接结算方式。全面实施城乡居民、城镇职工大病保险制度,鼓励发展补充医疗保险和商业健康保险。进一步完善城乡居民基本养老保险制度,推进城乡居民养老保险与城镇职工基本养老保险转移接续,实施机关事业单位养老保险制度改革,鼓励发展职业年金、企业年金、商业养老保险。落实渐进式延迟退休年龄政策,完善社会保险关系转移接续政策。

提高社会救助水平。统筹救助体系,强化政策衔接,加强制度整合,确保困难群众基本生活。推动城乡低保制度统筹发展,完善特困人员救助制度和受灾人员救助制度,加快推进医疗、教育、住房、就业救助,全面落实未成年人、残疾人救助政策,完善社会救助体系。加强优抚安置工作,健全重点优抚对象普惠加优待的保障体系。大力发展慈善事业,广泛动员社会力量开展社会救济和社会互助、志愿服务活动。

第五节　推进健康宿州建设

优化城乡医疗卫生资源配置,构建与经济和社会发展水平相适应、居民健康需求相匹配的医疗服务、公共卫生服务和公共体育设施体系。

健全医疗服务体系。坚持中西医并重,促进中医药发展,支持市中医院创建三级中医医院。谋划建设儿童、肿瘤、传染病等市专科医院,鼓励各县区创建三级综合医院,支持有条件的中心卫生院创建二级综合医院。在市县新建城区、郊区、各级开发区,加大医疗资源配置。进一步健全乡镇卫生院、社区卫生服务机构、村卫生室等卫生服务网络。深化医药卫生体制综合改革,实施医保、医药、医疗"三医"联动改革,完善分级诊疗和现代医院管理制度。全面推进公立医院综合改革,坚持公益属性,完善医疗行业人事薪酬制度。建立和完善以国家基本药物制度为基础的药品供应保障体系。加大全科医生、家庭医生队伍培养力度,加强住院医师规范化培训。鼓励社会资本办医,推进非营利性非公立医疗机构和公立医院同等待遇。加强医疗质量监管,完善纠纷调解机制,构建和谐医患关系。

完善公共卫生服务体系。实施居民健康行动计划,健全重大疾病防控、预防接种、传染病防治、慢性病管理、妇幼保健等公共卫生服务体系,支持市妇幼保健所创建三级妇幼保健院,鼓励各县区创建二级妇幼保健院。提高传染病、慢性病、职业病等疾病的监控能力,通过多种方式降低大病慢性病医疗费用。建立并完善精神卫生预防、治疗和康复服务体系。倡导健康生活方式,加强心理健康服务。建立健全饮用水卫生监督监测体系。加强突发公共事件紧急医学救援能力和突发公共卫生事件监测预警、应急处理能力建设。

促进健康服务业发展。围绕提升全面健康素质和水平,逐步建立覆盖全生命周期、业态丰富、结构合理的健康服务体系。鼓励发展健康体检、健康咨询、健康文化、健康旅游等新业态,加快发展养老护理、中医药医疗保健等健康服务。鼓励社会资本举办康复、护理和医养结合型医疗机构。

大力推广全民健身。践行全民健身国家战略,不断完善城乡公共体育服务设施,推动市县体育场、体育馆、游泳馆、全民健身中心“四个一”建设,鼓励社区、学校、企业等建设校园足球、中小型篮球、羽毛球、乒乓球、游泳、网球等场馆,提高乡镇健身广场、全民健身苑、社区体育俱乐部覆盖面,满足群众多样化健身消费需求。以城市公园、绿地、社区为节点,建设城市社区15分钟健身圈。坚持体教结合,鼓励社会资本投资体育产业,鼓励企事业单位、学校体育设施创造条件向社会开放。大力推动群众体育与竞技体育协同发展,广泛开展万千百农村体育行动计划、511城市体育行动计划、亿万学生阳光体育运动等群众性体育活动,加强学生体质监测,不断提高国民特别是青少年体质水平。加快发展竞技体育,持续办好宿州国际网球公开赛等赛事,积极申办2022年安徽省运动会。到2020年,人均体育场地面积达到1.7平方米。

第六节 促进人口均衡发展

坚持计划生育基本国策,全面实施一对夫妇可生育两个孩子政策。加强流动人口计生服务水平。倡导优生优育,实施母婴健康、生殖健康促进、出生缺陷干预等工程,降低出生人口性别比,提高出生人口素质。健全计划生育特殊家庭帮扶机制,关爱计生家庭发展。坚持男女平等基本国策,加强妇女和未成年人权益保护。积极应对老龄化趋势,弘扬敬老、养老、助老的社会风尚。推动残疾人事业发展,加快公共场所无障碍设施建设,加强残疾预防和康复工作,缩小残疾人与社会平均水平的生活差距。

第七节 推进安全发展

牢固树立安全发展观念,加强全民安全意识教育,健全公共安全体系。按照“安全第一、预防为主、综合治理”原则,严格落实安全生产责任制,健全安全生产“党政同责、一岗双责、失职追责”责任体系。建立健全安全生产隐患排查治理体系和安全预防控制体系,强化对矿山开采、工程施工、危险化学品生产储运等高危险行业,以及道路交通、公共场所等重点领域的安全监管,降低安全事故发生率和事故死亡率。加强食品药品监管,理顺工商、质监、食品药品监督管理体制,完善生产经营企业准入和退出机制,建立食品原产地可追溯制度和质量标识制度,严厉打击制售假劣药品违法行为,保障食品药品安全,切实保障群众身体健康。健全突发公共事件应急机制和指挥体系,加强应急物资储备和公共安全信息发布平台建设,提高地震、洪涝灾害、重大疫情、环境污染等重大灾害和突发公共事件的预测预警与应急处置能力。健全消防安全责任体系,加强宣传教育培训,提升消防治理水平。加大网络管理力度,维护网络和信息安全。探索建立适应信息化和社会主义市场经济要求的现代保密管理体系,维护国家秘密安全。依法严密防范和严厉打击暴力恐怖活动、民族分裂活动、极端宗教等活动,坚决维护国家安全。

第七章 加快调结构转方式促升级,努力实现中高端发展

把调结构转方式促升级作为未来五年发展的主引擎和总抓手,实施“4105”行动计划,紧扣四大发展目标,抓好十大重点工程,强化五大保障措施,充分发挥市场在资源配置中的决定性作用,全面打好转型升级攻坚战,努力实现中高端发展。

第一节 实施战略性新兴产业集聚发展工程

瞄准产业链高端环节,引导企业、资金、技术、人才等要素资源加速集聚,加快推进新兴产业集聚发展,引领带动全市产业转型升级。到2020年,战略性新兴产业总产值超过300亿元,年均增长25%,对经济增长的支撑作用显著增强。

培育发展新兴产业。依托产业基础,发挥比较优势,定位发展方向,大力培育电子信息、生物医药、高端装备制造、新能源、新材料、节能环保等六大战略性新兴产业。

——电子信息。紧跟产业发展新趋势,着力引进国内外知名企业,积极发展新型显示、基础元器件、仪器仪表、半导体照明材料、通讯设备等产业。依托云计算产业发展基础,鼓励发展服务器、数据存储、智能终端等云计算上游硬件设备制造业,培

育以网络通信、信息安全、信息化办公、电器嵌入系统、手机游戏为重点的软件制造业。

——生物医药。积极引进和培育知名生物医药企业,着力提升龙头企业开发新型生物医药产品能力。重点发展创新药物、品牌仿制药、高端生物医用材料、中药材深加工、生物医药中间体、特色原料药及先进医疗器械等,拓展延伸生物基材料、现代发酵、酶工程、生物农药等相关产业链,打造宿州生物医药产业基地。

——高端装备制造。依托重点企业,大力扶持培育矿用机械、新型农业机械、工程机械、食品机械、液压机械、专用车等高技术装备制造业,积极引进基础部件和装备组装产业,依托市经济开发区、宿州马鞍山现代产业园区打造专用车及机械装备制造产业基地。

——新能源。积极培育太阳能和风能发电系统及其组件、封装与应用产业,做大做强优势企业,推动新能源产业链上下游企业和项目集聚。支持市经济开发区发展动力电池、太阳能电池组件等产品,支持宿州马鞍山现代产业园区、灵璧县发展新能源汽车制造业,支持泗县建设新能源设备制造产业园,打造全省新能源应用示范基地。

——新材料。以功能化、集成化为发展方向,做大做强碳纤维产业,积极发展新型铝基新材料、安全防护材料、建筑节能材料、高性能磁性材料、高技术陶瓷材料、纳米材料、煤矿灭火材料、高端工程塑料、功能膜、热塑弹性体、高性能纤维等产业。支持张江萧县高科技产业园建设研发孵化基地,依托市经济开发区、市高新技术开发区打造新材料生产基地。

——节能环保。加快发展LED应用、空气净化和净水设备等,积极引进国内外知名环保企业,大力发展室内车内环保设备、绿色照明、新型环保材料及涂料、净水及污水处理设备、煤矿洗选设备、噪声防治设备等产品,开展重大节能环保、资源综合利用、低碳技术产业化示范。支持泗县打造全国有影响力的室内车内环保设备产业基地。

谋划布局前沿性产业。围绕石墨烯、增材制造、智能机器人、动力电池、生物技术药物等前沿性领域,统筹科技研发、产业化和应用示范,加强竞争激励,广泛集聚人才,加强开放合作,强化金融支撑,加大招商引资力度,完善政策支持体系,营造良好制度环境,组织实施一批重大科技专项,突破一批核心技术和关键共性技术,抢占产业发展制高点。

建设产业集聚发展基地。接力“3111”工程和首位产业培育,围绕电子信息、绿色食品、生物医药、现代制鞋、新材料等优势产业和新兴产业,以整合创新提升为主线,以推进产业结构调整和布局优化为目标,发挥好各项产业发展专项资金、产业发展基金的作用,强化龙头带动,增强创新能力,完善产业配套,高水平规划、高标准建设、高强度推进10个左右产业集聚发展基地建设,实现县区、园区全覆盖,力争3家左右进入国家或省试点。

第二节　实施传统产业改造提升工程

抢抓“中国制造2025”和“互联网+”实施机遇,坚定不移实施工业强市战略,制定“中国制造2025”宿州实施方案,深化供给侧改革,围绕新技术应用、新产品开发、新业态拓展,推动传统产业创新驱动、绿色低碳、智能制造和服务化发展转型,提升产业整体素质和核心竞争力。

实施主导产业发展计划。打造食品加工千亿级产业集群,轻纺鞋服、煤电能源、化工建材、板材家居等4个五百亿级产业集群,基本形成较为完备、具有较强竞争力的主导产业体系。

——轻纺鞋服。立足现代制鞋和纺织服装产业城建设,进一步提高产业集聚度,着力完善上中下游产业链,推动产业品牌化、特色化、精细化、配套化、定制化发展。到2020年,轻纺鞋服产业产值达到500亿元,建设成为全国重要的现代鞋服产业基地。

制鞋。紧跟国内外产业转移新趋势,依托百丽、康奈、东艺、鸿星尔克等重点企业,吸引更多一流大型企业和众多中小配套企业入驻,不断完善集研发设计、皮革加工、鞋材辅料、整鞋生产、仓储贸易为一体的产业链条。充分利用产业集群优势,丰富产品层次和品种,推动高档合成革、皮具、箱包等相关产业发展,大力发展药物布鞋等地方特色产品,提高市场占有率。

纺织。巩固提高棉纺织产业优势,重点发展高档装饰布、产业用及医用高性能纺织品、高档服装面料、宽幅家纺面料、纯棉和混纺高档面料、生态家用纺织品等产品,推动向功能性、环保型和智能化纺织品方向拓展,提高纺织行业整体竞争力。

服装。大力发展儿童服装、体育服装、休闲服装等主要产品,积极发展中高档针织服装、梭织服装、精品服饰、品牌西服等，加强服装辅料等配套产业发展。鼓励企业创建自主品牌，加强创意、研发与培训，向个性化定制、创意服饰、特色服饰等方向拓展，提高行业发展层次和竞争力。

——食品加工。依托农产品资源优势，加快建设砀山绿色食品加工基地、宿州马鞍山现代产业园区食品深加工产业园、苏灵食品产业园、萧县食品产业园，做强果蔬、粮食、畜禽等优势领域，鼓励农副食品加工业向食品制造业延伸，从原材料初加工向快速消费食品和功能性食品拓展，推进农副产品深加工增值转化。力争到2020年，食品工业产值突破1000亿元，建设成为全国绿色食品和优质农产品生产加工基地。

果蔬加工。做大做强果蔬汁、浓缩原汁、水果罐头、水果干等优势产品，积极发展果胶、果糖、果酒、果醋、脱水蔬菜等新兴产品，向维生素、精油、功能饮料、果汁饮料等美容保健功能性领域拓展，适应多层次消费需求，建设全国重要的果蔬出口加工基地。

粮食深加工。利用小麦、玉米、大豆、花生、山芋等优势资源，大力发展谷朊粉、膳食纤维、胚芽油、淀粉糖、氨基酸、食用酒精、植物蛋白等深加工产品，加强研发和重大技术攻关。支持发展风味饼干、茶干、烘焙食品、膨化食品、谷物饮料等休闲食品。推动主食产业化发展。继续实施白酒振兴计划，鼓励发展啤酒、葡萄酒等产业，提高产品市场竞争力和占有率。

畜禽加工。做大做强符离集烧鸡产业，提升品牌在全国的影响力。发展壮大冷鲜肉、熟肉制品、低温肉制品、肉蛋休闲食品等优势产品。依托鸡、鸭、牛、羊等重点相关企业，完善基地—屠宰—肉制品精深加工产业链。积极采用生物技术，进一步发展蛋粉、蛋黄磷脂等功能性食品，提高畜禽副产品综合利用率。

——煤电能源。以煤电一体化为重点，提高煤电就地转化率和利用率。到2020年，煤电能源产业产值达到500亿元，建设全省煤电化一体化发展示范基地。

煤炭。以绿色低碳为方向，紧紧围绕“延伸产业链、提高产品附加值、提高本地利用率”，推动煤炭产业向电力、煤化工、新材料等延伸。加快发展煤炭物流产业，构建产销联营、煤运互保体系，谋划建设煤炭储配基地。

煤电。推动煤电一体化和低热值煤电厂建设，提高煤炭集中高效发电比重，引导发电企业战略转型。结合城市热网建设、工业园区发展、小锅炉替代等，积极发展热电联产。鼓励发电、用电企业积极参与电力直接交易。

煤化工。以煤炭液化、气化为主要方向，重点发展醇类燃料、烃类燃料、精细化工、清洁能源、化肥等产品，促进煤炭精深加工和多元转化。推动煤化工与石油化工、生物化工有机结合，大力发展各类新型合成材料。

——化工建材。以陶瓷、水泥、防腐化工、绿色合成革为重点，推进宿州经开区生化医药、萧县防腐化工与绿色合成革等产业基地建设，到2020年，化工建材产业产值达到500亿元。

陶瓷建材。坚持集群化、规模化、品牌化发展方向，充分发挥龙头企业作用，大力发展高中低端产品齐备、特色鲜明的陶瓷产业。依托煤炭、高岭土、页岩等矿产资源，鼓励发展以煤矸石、粉煤灰、煤渣等煤炭废弃物为主要原料的新型墙体材料，积极开发耐火材料、隔热材料、页岩空心砖、保温材料等新型建材，适度发展混凝土构件等产品。

精细化工。壮大提升防腐化工、绿色合成革、日用化工、塑料制品等产业，推进绿色工艺、技术和装备应用，加速实现生产技术升级和产品升值。优化产业布局，推动企业搬迁改造，促进产业集聚和集约发展。适度发展低毒农药原药及制剂。

——板材家居。以绿色、生态、环保为方向，进一步壮大实木复合地板、纤维板、密度板、木制部件、秸秆压缩板等产品，提高产品档次和市场竞争力。充分发挥板材优势，积极承接沿海地区办公家具、定制家具等产业转移，加快建设现代家居产业基地。严格执行环保标准，发展林纸一体化、草纸一体化、无制浆高强瓦楞纸等项目，推动造纸废液资源化利用。到2020年，板材家居产业产值达到500亿元。

实施产业转型升级计划。以“中国制造2025”和“互联网+”为引领，以加快工业化信息化深度融合为主线，着力提升传统产业供给质量和效率，加快推进产业转型升级。

——加快传统产业技术改造。通过财税政策支持、准入标准提高等措施，引导企业加大技术改造投入，全面提升设计、工艺、装备、能效等水平。在劳动强度和安全风险大、作业环境恶劣、加工精度高等制造环节,组织实施“机器换人”计划,加快建设数字化车间,建设一批智能制造试点示范基地。推动传统产业绿色化改造,重点在制鞋、纺织、化工、医药、煤炭、建材、机械、农产品和食品加工等行业,加强节能环保技术、工艺、装备推广应用,全面推行清洁生产,提高资源利用效率,强化产品全生命周期绿色管理。

——推进工业化信息化深度融合。加快推动新一代信息技术与制造技术融合发展,积极引进和培育发展智能制造装备和产品,推进生产过程和制造工艺的智能化,促进工业互联网、云计算、大数据在企业研发设计、生产制造、经营管理、销售服务等全流程和全产业链的综合集成应用,全面提升制造业数字化、网络化、智能化水平。

——促进制造业服务化转型。加快制造业与服务业的协同发展,引导和支持制造业企业延伸服务链条,鼓励和支持有条件的制造业企业增加服务环节投入,由提供设备向提供系统集成总承包服务转变,由提供产品向提供整体解决方案转变。鼓励优势制造业企业“裂变”专业优势,通过业务流程再造,面向行业提供社会化、专业化服务。

实施企业培育提升计划。实施“巨人”培育计划,坚持招大引强与内生培育相结合,支持优势企业实施跨地区、跨行业兼并重组,提升规模化、集约化经营水平,打造一批具有核心竞争力的大型企业集团。实施“专精特新”培育计划,围绕产业链填平补齐需要,引进和培育一批关键环节产业配套的中小企业,引导中小企业向专业化、精细化、特色化、新颖化方向发展,打造行业“单打冠军”“配套专家”和“专精特新小巨人”。鼓励企业间建立以产业链为基础的合作机制和产业联盟,引导大企业与中小企业通过专业化分工、服务外包等方式,建立稳定的协作配套关系,提高专业化协作水平。到2020年,全市规上工业企业超过2000家,其中100亿元企业10家以上、50亿元企业20家以上;“专精特新”中小企业突破100家。

第三节　实施服务业加快发展工程

顺应消费与产业升级新趋势,以增强产业服务能力和提高人民群众生活质量为重点,加快发展生产性服务业,提升发展生活性服务业,大力拓展新领域、新业态和新热点,引导规模化、集聚化和开放发展,推动服务业优质高效发展,促进服务业对全市经济增长的贡献率不断提高。

大力发展生产性服务业。以现代信息技术为支撑,以服务模式和管理方式创新为路径,推进现代物流、现代金融、科技服务等生产性服务业向专业化和价值链高端延伸。

——电子商务。围绕宿州特色优势产品,加快推进阿里巴巴宿州产业带、中国网库等知名电商平台的运营,进一步扩大宿州产品网上销售力度。大力发展农村电子商务,支持新型农业经营主体和农产品、农资批发市场对接电商平台,促进大宗原材料网上交易、工业产品网上定制,建设全国重要的区域性电子商务基地。依托亿赞普全球市场营销网络,谋划建设跨境电子商务基地。完善农村电子商务配送及综合服务网络,加强县区农村电子商务运营服务中心和乡镇、村服务点建设。积极创建电子商务示范园区、示范企业和电子商务进农村综合示范县,每县区、园区建成一个年产值超50亿元的电子商务产业园。支持砀山县加快全国电子商务进农村示范县建设,支持宿州高新技术开发区争创国家级电子商务示范园区。

——现代物流。推动物流节点与市重要交通站点、园区及商品交易市场建设相协调,加快宿州马鞍山现代产业园区、汴北新区、符离镇、现代制鞋产业城、南翔恒泰等物流园区和基地建设,建设区域性物流中心和节点城市。积极发展农村物流和综合配送,完善“市—县—乡—村”物流体系。引进和培育一批具有核心竞争力的第三方物流企业。进一步完善物流综合服务体系,大力推进集信息、运输、仓储、冷链于一体的重点物流项目建设,构建物流公共信息平台和货物配载平台,发展智慧物流。以“互联网+”快递为发展方向,加大对快递业发展的政策支持力度。

——现代金融。积极引进国内外银行、保险、证券、信托、基金和风险投资等各类金融机构落户,支持地方性中小银行、村镇银行等地方法人金融机构发展,规范发展小额贷款公司、典当行、融资租赁公司等金融机构。发展普惠金融,健全“银政担”和“银政保”信贷风险分担机制,加大中小微企业金融支持力度。健全农村金融服务体系,推进农业保险提标扩面。积极发展股权投资基金、风险投资基金、产业基金等各种投资基金。鼓励企业通过发行债券和多层次资本市场融资,力争每年有10家以上企业挂牌上市。

——商务服务。积极推动发展法律咨询、会计审计、工程咨询、认证认可、信用评估、广告会展、商业策划、市场调查等商务服务业，大力推广代理、代办、经纪、拍卖、担保等中介服务方式，为企业提供全方位、多层次、高质量的服务，加快释放商务服务有效需求。依托中心城市，培育商务楼宇经济。

——服务外包。依托云计算产业基础，引进和孵化一批服务外包企业，积极承接软件开发、数据共享、呼叫中心、财会核算、金融服务、供应链管理、研发设计、动漫游戏等服务外包业务，培育一批具有自主知识产权、自主品牌、高增值服务能力的服务外包企业。积极创建服务外包示范城市。

完善提升生活性服务业。把握消费需求升级大趋势，着力提升传统商贸流通业，培育旅游、养老等潜力产业，积极发展居民和家庭服务业，充分发挥生活性服务业对扩大消费、吸纳就业、提升居民生活水平的重要作用，推动生活性服务业向精细化和高品质转变。

——商贸流通。调整优化城市商业网点布局，提升中心城区和县城商贸功能，持续建设一批大型城市综合体、特色商业街、大型超市，提高商贸企业服务消费、满足消费的服务能力。适度整合、科学布局城镇商品交易市场，突出业态集聚，提升市场层次和规模，增强市场竞争力。完善城乡商品流通体系，支持流通企业开展电商交易，引导特色农产品进城直销，推进“电子商务进农村”等农村重点流通工程。支持优势流通企业利用参控股、联合、兼并等方式做大做强，到2020年全市限上企业超过900家，打造皖北新兴商贸流通中心。

——住宿餐饮。强化服务民生的基本功能，形成以大众化市场为主体，适应多层次、多样化消费需求的住宿餐饮业发展新格局。积极发展绿色饭店、主题饭店、客栈民宿、酒店式公寓、有机餐饮、快餐团餐、特色餐饮、农家乐等满足广大人民群众消费需求的细分业态。深入挖掘宿州传统餐饮名品，打造“舌尖上的宿州”。大力推进住宿餐饮业连锁化、品牌化发展，提高住宿餐饮服务的文化品位和绿色安全保障水平。

——文化旅游。大力发展文化旅游、乡村旅游、红色旅游、休闲度假旅游，打造奇石文化园、隋唐大运河文化园、黄河故道湿地公园等一批特色文化旅游精品。依托皇藏峪、五柳风景区等自然景观和东林草堂、闵祠等历史文化遗存，统筹规划新建符离大道沿线埇桥北部、萧县东南部景区，打造集悠久历史文化和自然山水风光于一体的精品旅游廊道。发展一批星级酒店、旅游饭店和农家乐，建设一批旅游商贸街区和商品市场。培育旅游品牌和节庆活动，强化旅游宣传，加强与周边地区旅游合作，共同打造黄淮海旅游精品线路。积极培育知名旅游品牌，重点打造“世界最大的百万亩连片果园——砀山梨园”“中国最大的古青檀树群落——萧县皇藏峪国家森林公园”“天下第一石——灵璧奇石”三大特色旅游品牌；打造灵璧奇石文化节、埇桥马戏节、砀山梨花节、萧县伏羊节、泗州戏文化艺术节、宿州唢呐文化节等节庆品牌。力争创建1个AAAAA景区，4个AAAA景区，建设区域性特色文化旅游目的地。

——养老服务。拓展养老服务领域，推动基本生活照料、康复护理、精神慰藉、文化服务、紧急救援、临终关怀等领域养老服务的发展。创新居家养老服务模式，发展紧急呼叫、健康咨询、物品代购等适合老年人的服务项目。推动建设一批日间照料中心、托老所、老年之家、互助式养老服务中心等社区养老设施。引导社会力量举办养老机构，通过公建民营等方式鼓励社会资本进入养老服务业，引进培育一批品牌化、连锁型民营医疗养老机构，促进医养融合发展。到2020年，全面建成功能完善、规模适度、覆盖城乡的养老服务体系，全市每千名老人拥有养老床位不低于45张。城市社区标准化养老服务设施实现全覆盖，90%以上的乡镇和80%以上的农村社区建立包括养老服务在内的社区综合服务设施和站点。

居民和家庭服务。培育多层次、多形式居民和家庭服务市场，推动社区菜市场、便利店、快餐店、配送站、再生资源回收点及婴幼儿看护、美容美发等生活性服务业规范化、标准化发展。优化社区商业网点、公共服务设施的规划布局和业态配置，支持建设邻里中心或社区综合服务中心。鼓励在乡村建立综合性服务网点，提高农村居民生活便利化水平。

推进服务业集聚发展。完善服务业布局规划，依托中心城市、产业园区和重点交通枢纽等，引导服务业企业合理集聚，打造一批主体功能突出的现代服务业集聚区。鼓励市中心城区重点加强现代物流、现代金融、文化创意、总部经济、商贸流通、商务服务、特色餐饮娱乐等现代服务业集聚，不断完善城区服务功能,推动降低综合商务成本,打造商务集中区。全面完成埇桥区服务业综合改革试点,创新政策支持,完善市场监管,健全有利于服务业发展的体制机制。鼓励各县区依托各开发区,集中打造投融资、科技信息、研发设计、政商服务、人才培训等公共服务平台和公共技术平台,打造园区服务业集聚区。加快建设灵璧文化产业、现代制鞋产业城生产性服务业、市高新技术开发区信息消费、宿州马鞍山现代产业园区物流业等省级服务业集聚区,为全市服务业发展提供示范。到2020年,全市建成8家省级服务业集聚区。

第四节　实施创新型农业现代化推进工程

以打造全国创新型农业现代化先行区为总目标,以国家现代农业示范区和全国农村改革试验区"两区"建设为平台,大力实施绿色增效、品牌建设、科技推广、主体培育、改革创新"五大示范行动",推进现代农业两大行动计划和四大提升工程,加快现代生态农业产业化示范县、示范区、示范主体建设,走产出高效、产品安全、资源节约、环境友好的农业现代化道路,努力实现农业大市向农业强市的跨越。

打造全国创新型农业现代化先行区。立足农业、农村和农民"三农"工作,强化农村基础设施、基本公共服务设施和基本技能培训"三基"建设,融合农村一、二、三产业"三产"联动发展,统筹中心城区、产业园区和新型农村社区"三区"共建,巩固农村基层政权、乡村治权和农民权益"三权",管控农业生产风险、农村生态风险和农民转化过程中的社会风险"三险",探索实践在保障国家粮食安全的前提下以农业现代化支撑新型城镇化、以农村改革发展支撑经济社会跨越发展的新路径,开创现代农业"两区"建设新局面,打造全国创新型农业现代化先行区。

提高农业综合生产能力。坚持最严格的耕地保护制度,坚守耕地红线,实施藏粮于地、藏粮于技战略。在稳定粮食生产的基础上,以市场需求为导向,深入推进农业结构调整,大力发展畜禽、果蔬、林木等农业支柱产业,不断增强主要农产品生产能力。

——粮食。按照稳定面积、依靠科技、提高单产的方针,实施粮食绿色增产模式攻关示范工程,继续建设小麦高产攻关、玉米振兴计划核心示范区,探索建立粮食生产功能区和重要农产品生产保护区。全面划定永久基本农田,加强农田水利、土地整治、中低产田改造和高标准农田建设。大力实施良种研发繁育、粮食标准化规模化种植、粮食加工流通和粮食产业社会化服务等四大工程。到2020年,全市粮食总产量稳定在400万吨,努力打造中部地区重要的优质粮生产基地和全省粮食加工与物流基地。

——畜禽。大力推进标准化规模养殖场(小区)建设,积极创建标准化健康养殖示范县、示范场、省级保种场(区、库),全面提升畜禽良种化、养殖设施化、生产规范化、防疫制度化、处理无害化水平。推进大水面增殖友好型渔业发展,大力发展池塘标准化健康养殖。到2020年,全市畜禽规模养殖比重提高到75%以上,肉蛋奶总产量达到100万吨。

——果蔬。以建设高标准现代水果示范园为抓手,稳定砀山和萧县酥梨、黄桃、葡萄、苹果等水果种植面积,提高果品品质,巩固提升全国水果主产区地位。深入实施新一轮"菜篮子"工程,加强"蔬菜标准化基地"建设,提高设施蔬菜种植面积。到2020年,创建市级以上蔬菜标准园80个,瓜菜播种总面积基本稳定在12.33万公顷;果园面积稳定在8.33万公顷,全部实行无公害标准化生产,努力打造全国重要的优质果蔬加工和供应基地。

——林木。大力开展荒山荒坡绿化,加大萧县东南部和埇桥区、灵璧县北部石质荒山绿化和利用力度,继续推进平原造林。积极培育林木资源,不断调整树种结构,加快特色林木产业基地建设。大力发展苗木花卉产业。到2020年,力争全市林地面积保有量达到31.33万公顷,活立木蓄积量达到2000万立方米,努力打造全国重要的林木产业基地。

构建现代农业经营体系。按照"两区一体化、基地化、项目化、工程化"的要求,强化体制机制改革,大力培育新型农业经营主体,积极构建以家庭经营为基础、合作与联合为纽带、社会化服务为支撑的立体式复合型现代农业经营体系,努力实现现代农业"两区"建设新突破。

——建设现代农业示范基地和园区。深化埇桥国家现代农业示范区核心区建设,积极推进埇桥灰古、灵璧三河、萧县杜楼、砀山黄河故道、泗县大路口和刘圩等6个省级现代农业示范区建设,创建

20个市级现代农业示范园区，加强基础设施及“四良”配套建设，促进各类要素向园区集中。充分发挥宿州国家农业科技示范园区平台示范作用，与“两区”建设有机结合，统筹安排，整体推进。

——实施农业产业化规模提升行动计划。加快推进农业产业化转型升级，实现由“生产导向”向“消费导向”转变，重点发展农产品精深加工，延长产业链，培育产业集群。加大对龙头企业的扶持力度，培育农业产业化龙头企业“甲级队”。鼓励支持龙头企业建设稳定的原料基地，发展农产品加工、销售和社会化服务，进一步提升龙头企业的核心竞争力，加快形成一批农业产业化产业集群。

——发展多种形式的适度规模经营。鼓励承包农户依法采取转包、出租、互换、转让及入股等方式流转承包地，引导农民以土地经营权入股合作社和龙头企业。按照设施现代化、管理信息化的标准，规范“一站式”农村土地经营权流转服务中心建设，拓展土地流转服务平台功能。支持种粮大户、农机大户和农民合作社开展全程托管或主要生产环节托管，实现统一耕作、规模化生产。加强土地流转用途管制，防止“非农化”和限制“非粮化”。

——培育新型农业经营主体。加快培育和发展专业大户、家庭农场、农民合作社、农业企业等新型农业经营主体，积极创建示范家庭农场和农民合作社示范社。促进产业、要素和利益联接，积极扶持和发展以农业龙头企业为核心，农民合作社为纽带，家庭农场为基础，集生产、加工、服务和销售为一体的现代农业产业化联合体。加快推进全国新型职业农民培育试点市建设，实施现代青年农场主培育计划和农村实用人才培养计划。到2020年，培育产业化联合体500家，市级以上示范家庭农场600家、农民合作社示范社1000个，新型职业农民1万人以上。

——建立现代农业社会化服务体系。实施农艺农机农信融合发展行动计划，提高农作物耕种收综合机械化水平，到2020年全市农机总动力达到950万千瓦。推进以设施农业和农产品精深加工为重点的产业技术研发，加强农业产学研合作和科技创新集成示范基地建设。继续实施种子工程，培育一批“育繁推一体化”种子企业。支持新型农业经营主体开展物联网技术示范应用，推进“信息进村入户工程”。进一步健全农技推广、动植物疫病防控、农产品质量安全监管“三位一体”公益性服务体系。整合农林水服务资源，建设“一站式”的乡镇农业公共服务中心和村级服务站点。加强气象为农服务能力建设，确保农业生产安全。培育发展合作服务组织、服务型农业企业和社会服务组织，加快建设农村产权交易、农业经营主体信用和农产品流通服务平台，提供全产业链、全生产要素的农业社会化服务。

提升农产品质量和食品安全水平。大力推进农业标准化生产，加强农业标准化示范区、园艺作物标准园、畜禽标准化示范场和水产健康养殖示范场的建设，不断扩大农业标准化生产规模。积极发展无公害、绿色、有机和地理标志农产品，不断扩大符离集烧鸡、砀山水果、萧县葡萄、夹沟香稻米、泗县山芋等特色优势农产品的品牌美誉度和影响力。加强县乡农产品质量安全检验检测体系建设，提升农产品质量和食品安全监管能力。依法加强对农业投入品的监管，实施化肥农药零增长行动。探索开展农产品质量安全追溯试点，加快建立产销区一体化的农产品质量安全追溯信息网络。积极创建国家农产品质量安全县、食品安全城市。

推进农村产业融合发展。立足资源优势，推进特色种养业、农产品加工业和农村服务业等农村三次产业融合发展，促进农业全产业链改造升级，实现“大粮仓”向“大厨房”、“大田地”向“大游园”转变。积极拓展农业多种功能，引进新经营业态和商业模式，大力发展乡村旅游和休闲农业。扶持发展“一村一品、一乡一业”，加快形成以种养业为基础，涵盖加工、流通、储运、生态、旅游、文化等一、二、三产业联动的多功能、综合性农村现代产业体系。

第五节　实施县域经济振兴工程

以工业强县为主导，突出项目带动和招商引资，强化产城融合和城乡一体化发展，不断增强县域经济发展的内生动力和综合实力。立足县域发展实际和阶段性特征，结合“3111”工程首位产业培育，制定和完善县域主导产业发展实施路线图和项目库、招商目标企业导引图，加快培育在全省知名乃至全国有一定重要影响力的首位工业产业，到2020年全面形成特色突出县域主导产业体系。围绕食品加工、轻纺鞋服、化工建材、板材家具等产业，加快建设14个省级产业集群镇，打造省、国家级产业集群专业镇建设示范点，力争建成1—2家国家级产业集群专业镇。加大要素支持力度，积极创新税融通贷款、债权融资、股权融资、收费权融资、融资租赁等服务,引导金融机构支持县域主导产业、重点项目和园区建设。继续扶持县域融资性担保机构扩大担保倍数,开展政银担企合作业务。加大县域闲置土地清理力度,推进工业标准化厂房建设。力争到2020年,县域经济总量突破1650亿元,县域经济主要指标年均增长高于全市平均水平。

第六节　实施园区转型升级工程

坚持集群发展、绿色集约、产城融合、示范带动,构筑产业联系紧密、空间布局合理、资源深度整合、区域特色明显的园区联动发展新格局。围绕制鞋、云计算、生物医药、食品加工、机械电子等园区主导产业,上下延伸产业链条,左右完善产业配套,做大做强产业集群,加快建设一批专业特色园区。推动园区产城融合发展,统筹产业、城市、生态等各类功能,不断完善教育医疗、文化休闲、交通出行、商贸服务、住房保障等生活配套,提高人口集聚能力。鼓励各类园区开展产城一体化试点,支持宿州现代制鞋产业园、宿州马鞍山现代产业园区等创建国家产城融合示范区。深化园区合作共建,创新合作机制,发展"飞地经济"。推动园区绿色低碳发展,严把园区项目投资强度、容积率、能耗等准入关,创建一批省级循环化改造示范试点园区、低碳工业园区等绿色园区。健全园区空间布局、产业发展等规划体系,探索开展园区整合,形成规模集聚效应。创新园区管理体制机制,进一步理顺园区与政府、行业主管部门之间的关系,深化市级经济管理权限下放试点工作,力争在审批改革、科技创新、社会管理等方面取得突破。支持宿州经济开发区加快完成扩区工作,积极争创国家级经济技术开发区。力争到2020年,省级开发区规上工业增加值占全市比重超过50%;创建1-2个国家级经济技术开发区、1-2个国家级产城融合示范区、8个左右省级特色产业园区。

第七节　实施创新驱动发展工程

全面深化创新型城市建设,逐步形成以企业为主体、以市场为导向、政产学研用相结合的创新体系,增强创新对经济社会发展的驱动力。

提高企业创新能力。发挥市场在创新资源配置中的决定作用,更好发挥政府的引导与服务作用,强化企业创新主体地位和企业在政府规划、计划、政策等创新决策中的重要作用,扩大企业在技术决策中的话语权。利用云计算、新材料等产业优势,围绕产业链部署创新链,依托企业研发需求部署政府创新资源。从技术创新、研发平台建设和人才引进等方面重点支持,加快培育引领产业高端发展的创新型龙头企业、科技型中小企业、技术成果转化服务企业,增强企业集成创新、消化吸收再创新能力。到2020年,高新技术企业达到100家,高新技术产业增加值超过100亿元。

加强创新平台建设。围绕重点行业重大关键共性技术研发需求,加快建设一批技术研发和转化平台,积极创建国家级创新平台。引导龙头企业自建或联合高校、科研院所共建一批工程(技术)研究中心、工程(重点)实验室、企业技术中心、产业共性技术研究院。鼓励建设具备独立法人资格、功能定位清晰、实行企业化管理的新型研发机构。支持国家煤矿水害防治工程技术研究中心建设,推进设立云计算研究院和3D打印研究院。以市高新技术开发区科创中心及宿州马鞍山现代产业园区科技孵化器为重点,建设创新型园区。建设市区域发展协同创新中心、市科技企业创业服务中心,完善工业设计平台、产业发展技术需求和科研成果发布平台等产业服务体系。到2020年,大中型工业企业80%以上建有研发机构,组建40个省级工程(技术)研究中心、省级企业技术中心,成立10家院士工作站。

第八节　实施民营经济提升工程

把民营经济发展提高到扩内需、稳增长、调结构、惠民生、促转型的战略位置,完善扶持政策,提升民营经济发展水平。优化企业发展环境,清理和废除妨碍统一市场和公平竞争的规定和做法,支持民营企业依法进入金融、教育、医疗、文化、保障房、铁路、电力等领域,推出更多符合产业政策、有利于转型升级的政府和社会资本合作项目。实施企业家能力提升及"新生代"培养工程,建立职业经理人制度,每年培养500名专业化、职业化、市场化的高素质企业经营管理者。大力弘扬企业家精神,依法保护企业家财产权和创新收益。大力推进"个转企、小升规、规改制、股上市",引导民营企业由家族式管理向现代企业制度转变。完善民营经济专项财政资金、谋划设立民营经济发展促进基金,对在转型升级中出现暂时性困难、有市场、有效益、信用好的重点民营企业，按照“一企一策”原则实施帮扶。支持本地民营企业做大做强，积极培育企业上市，大力发展总部经济。支持民营企业在研发、设计、物流、供应、品牌等产业链的关键节点上率先突破，鼓励开展技术、管理和商业模式创新，进一步提升核心竞争力。加强与省外知名民营企业合作，引进更多企业家、战略投资者、技术和管理人才投资兴业。到2020年，新增注册企业5万家，民营经济总量占GDP比重超过70%，民营经济对经济发展贡献率明显提高。

第九节　实施质量品牌提升工程

以提升质量品牌为核心，鼓励企业追求卓越品质，提升企业品牌价值和宿州制造整体形象，推动加快形成竞争新优势。

开展质量标杆和领先企业示范活动。推广先进质量管理技术和方法，积极争创中国质量奖、安徽省政府质量奖。实施工业产品质量提升行动计划，引导食品、建材、化工、鞋服、机械、医药、板材、家居等重点行业加强共性质量技术攻关与推广，产品质量达到国内同类产品先进水平。加快提升建设工程质量水平，重点工程质量达到国家先进水平。积极推进服务质量的标准化、规范化和品牌化，积极争取省级综合服务业标准化试点，骨干服务企业和重点服务项目的服务质量达到国内先进水平。建设一批省级以上质检中心、计量测试中心等高水平公共检测服务平台，加快发展第三方检验检测认证机构。深化标准化工作改革。完善质量监管制度。

推进商标品牌建设。综合运用市场培育、创新奖励、风险补偿等多种方式，推进名牌、商标等战略实施，支持企业争创驰名著名商标和国际国内名牌。加强品牌宣传保护力度，营造全社会创牌、用牌、护牌的良好氛围。充分发挥水果、禽类、粮食等原产地优势，发掘与运用地理标志资源，争创地理标志品牌。到2020年，中国驰名商标和安徽省著名商标200个，安徽名牌产品60个，无公害农产品、绿色食品、有机农产品和农产品地理标志500个。

第十节　实施人才高地建设工程

牢固树立人才资源是第一资源的理念，把人才队伍建设作为跨越之基、竞争之本、创新之要，以企业家、高层次创新创业人才和高技能人才队伍建设为重点，以实施重点人才项目为抓手，以创新人才发展体制机制为动力，以优化人才发展环境为保障，以提高人才对经济发展的贡献率为目的，为宿州发展实现更大突破提供有力的人才支撑和广泛的智力支持。

实施人才引进计划和“百企千人”支持计划。大力实施高层次创新创业人才计划，对接国家“千人计划”、“万人计划”和省“百人计划”、“特支计划”，强化人才基地建设，拓宽人才引进渠道，创新人才培养模式，继续实施“551”产业创新团队培养计划。抓好电子信息、生物医药、高端装备制造、新能源、新材料、节能环保等六大产业高层次人才的引进培养和急需专门人才的开发力度。加大优秀企业家培养力度。探索市场化引才新机制，充分发挥企业、高校、科研机构、人才中介等单位的引才主体作用，加大对紧缺创新创业人才的引进力度。统筹推进党政人才、企业经营管理人才、专业技术人才、高技能人才、农村实用人才、社会工作人才队伍建设。到2020年，人才资源总量从现在的53万人增加到73万人，年均增长10.7%，人才资源占人力资源总量的比重提高到18%。

实施高技能人才培养工程。以高级技师和技师为重点，采取校企联合、产教结合、工学交替、以师带徒等“订单式”方式培养技能人才。健全面向全体劳动者的职业培训制度，实行职业院校毕业生“双证书”（职业院校毕业证书、职业资格证书）制度，推进职业院校课程设置与国家职业技能鉴定标准、企业需要相衔接。充分发挥企业技能大师工作室创新创造、技艺传承作用。广泛开展技能竞赛和岗位练兵活动。到2020年，高技能人才总量达到10万人。

创新人才发展机制。实施“人才之家”营造计划，依托市高层次人才工作站，建设高层次人才创新创业孵化器，通过“培育孵化+引进生根”，带动更多的优质高端人才资源集聚宿州。指导各县区、园区建设人才之家、高层次人才俱乐部。加大人才服务力度，建立市县上下贯通的“一站式”人才公共服务平台，围绕户籍签证、子女入学、医疗保险、创业投资等内容，实行“一站式”受理服务。加强科技人才公共服务，推进科技创新公共服务中心及科研、孵化、产业等基地（一中心、三基地）建设。制定民营企业人才工作重点服务制度。完善创新人才评价机制，做好高层次人才评价认定工作，推进职称制度和职业资格制度改革。完善科技创新激励机制,调动科技人员积极性。加强高层次人才信息化建设,建立高层次人才专家库、项目库、成果库。大幅度增加人才发展投入,各级财政人才发展专项资金不低于本级财政一般预算收入的3%。鼓励企业和社会组织建立人才发展基金,建立多元化人才投入体系。到2020年,健全以品德、能力和业绩为导向的评价发现机制,市场主体公平竞争、人才自主择业的流动配置机制,不断激发人才活力和维护人才合法权益的激励保障机制,形成有利于创新创业的社会环境、工作环境和生活环境。

第八章　保障规划实施

坚持党的领导、人民当家做主、依法治市有机统一,优化发展环境,完善规划实施和评估机制,确保“十三五”规划确定的各项目标任务落到实处。

第一节　加强党的领导

坚持党总揽全局、协调各方,发挥各级党委(党组)领导核心作用,加强制度化建设,健全决策咨询机制,提高决策科学化水平。完善政绩考核评价体系和奖惩机制,调动各级干部工作积极性、主动性、创造性。加强党的基层组织建设,发挥战斗堡垒作用和党员先锋模范作用,激励广大干部开拓进取、攻坚克难,更好带领群众全面建成小康社会。坚持全面从严治党,落实“三严三实”要求,严明党的纪律和规矩,落实党风廉政建设主体责任和监督责任,健全改进作风长效机制,强化权力运行制约和监督,为经济社会发展营造良好政治生态。

第二节　发展社会主义民主政治

加强社会主义民主政治建设,贯彻党的群众路线,健全民主制度,丰富民主形式,提升社会主义政治文明水平。强化人民代表大会依法履职,切实使党和政府的主张通过法定程序成为全市人民群众的自觉行为。支持人民政协围绕团结和民主主题履行职能,推进政治协商、民主监督、参政议政。推进公共决策民主化,进一步完善深入了解民情、充分反映民意、广泛集中民智的决策机制。推进权力运行公开化,完善党务公开、政务公开、司法公开和各领域办事公开制度,健全质询、问责、经济责任审计、引咎辞职等制度。广泛发展基层民主,鼓励成立村民理事会、社区理事会等基层群众性自治组织,实行群众自我管理、自我监督。发挥基层各类组织协同作用,实现政府管理和基层民主有机结合。充分发挥工会、共青团、妇联等人民团体联系和服务群众作用。巩固和发展最广泛的爱国统一战线,全面落实党的知识分子、民族、侨务、宗教等政策,充分发挥民主党派、工商联和无党派人士作用,为全面建成小康社会提供广泛力量支持。

第三节　建设法治宿州

贯彻中央“依法赋予设区的市地方立法权”精神,深入推进科学立法、民主立法,积极主动开展城乡建设管理、环境保护和历史文化保护等重点领域立法工作。适时修订完善符合发展需要的规范性文件,制定地方性法规、政府规章。加强宪法法律实施监督,落实宪法宣誓制度。加强法治政府建设,建立健全重大行政决策制度体系,建立完善政府法律顾问制度,依法设定权力、行使权力、制约权力、监督权力,依法调控和治理经济。深化行政执法体制改革,推进综合执法,实施委托执法、联合执法、派驻执法,理顺园区、乡镇等重点区域执法体制,建立、健全“两法”衔接机制,不断创新行政执法监督方式。稳妥推进司法体制改革工作,保障依法独立公正行使审判和检察权制度,促进司法公正。深入开展法治宣传教育,弘扬社会主义法治精神,增强全社会特别是公职人员尊法学法守法用法观念,在全社会形成良好法治氛围和法治习惯。

第四节　提升社会治理水平

以建设和谐宿州为出发点,坚持以人为本、服务为先,创新社会治理,加快形成源头治理、动态管理、应急处置相结合的社会管理机制,提升社会治理水平。健全利益表达、协调和保护机制,加强社会治理基础制度建设,推广乡贤治理模式,强化社区服务功能,实现政府治理和社会调节、居民自治良性互动。深化城乡社区“网格化”管理,推进社会治理精细化。完善社会治安综合治理体制机制,加快建设社会治安立体防控体系和基础综合服务管理平台,严厉打击各类违法犯罪行为。完善大城管工作机制,全面提升城市管理常态化、市场化、精细化水平。实行重大决策社会稳定风险评估制度。推行“阳光信访”,加快建设网上信访信息平台,畅通民意表达渠道,健全利益表达协调保护机制。完善推广仲裁制度，提高仲裁公信力。完善调解、仲裁、行政裁决、行政复议、诉讼等有效衔接、相互协调的多元化纠纷解决机制。完善社会矛盾排查预警和调处化解综合机制，强化应急管理，提升突发事件防范、应对和处置水平。加强社会组织建设，激发社会组织活力，大力支持和发展志愿服务组织，促进社会力量成为社会治理的有益补充。

第五节　优化发展环境

以打造“优惠政策、优质服务、优良环境”三优品牌为抓手，进一步优化政务环境、市场环境、人文环境、信用环境。建立指导、服务、监管“三位一体”投资管理服务体系，促进企业投资便利化，不断增强政府服务的针对性、便利性和有效性。实行统一的市场准入制度，清理各行业准入规则中不适当的资金、技术、资质等限制性条件，营造宽松平等的准入环境。按照宽进严管原则，继续深化商事制度改革，探索全程电子化登记和电子营业执照管理，推进注册登记便利化。全面推进政务诚信、商务诚信、社会诚信和司法公信建设，建立守信激励和失信惩戒机制，弘扬“诚实、厚道，守信、担当”的诚信文化理念，努力构建“诚信宿州”体系。建立公共信用信息征集与共享机制，建成市公共信用信息共享服务平台，全面归集行政、司法和社会管理中产生的社会成员信用信息。加大政府信用信息公开和数据开发力度，发展信用服务市场。强化多层次、多领域文明创建，积极营造具有亲和力和感召力的宿州城市形象，推动人文社会环境大改善。

第六节　完善规划实施机制

加强城乡规划、土地利用规划、生态环保规划等与经济社会发展总体规划之间的衔接，推进“多规合一”。明确规划实施责任，科学分解落实规划目标任务，认真做好年度计划工作。分解落实规划任务，将目标具体化、措施化、可操作化，确保规划目标顺利实现。完善规划监测评估制度，开展中期评估。强化绩效评价考核，完善考核评价指标体系，增强对结构优化、民生改善、环境保护和基本公共服务等目标任务完成情况的综合考评。采取多种形式宣传解读规划，进一步统一广大干部群众思想认识，积极营造关心规划、支持规划、监督规划的良好氛围。加强对规划实施的监督检查和跟踪分析，与时俱进、适时调整，及时提出预测、预警意见和实施建议，自觉接受人大监督和社会监督。

索　　　　引

本索引采取主题分析索引法,按索引词首字汉语拼音字母顺序排列,同声同韵字按声调、同音字按笔画顺序排列,若首字相同则按第二字音序排列,依次类推。索引词后的阿拉伯数字表示该词所在页码,数字后的英文字母 a、b 分别表示该页文字的左、右栏。

D

H

J

M

N

P

Q

R

S

T

Y

Z

CN 34-1190 / R

中国基层医药®

ZHONGGUO JICENG YIYAO

2018年1月15日 第25卷 第2期

CHINESE JOURNAL OF PRIMARY MEDICINE AND PHARMACY

Volume 25 Number 2
January 15, 2018

中華醫學會
CHINESE MEDICAL ASSOCIATION

ISSN 1008-6706
9 771008 670182 02